Claudia Lenssen, Bettina Schoeller-Bouju (Hg.)
Wie haben Sie das gemacht?
Aufzeichnungen zu Frauen und Filmen

Die Herausgeberinnen

Bettina Schoeller-Bouju arbeitet als freie Autorin, Regisseurin und Produzentin. Sie hat zwei Kinder und lebt in Berlin. Website: www.depoetica.de

Claudia Lenssen ist Journalistin und Autorin für Zeitungen, Zeitschriften, Akademien und Museen, Radio und Fernsehen. Schwerpunkt Kulturthemen und Filmkritik, Literatur- und Sachbuchrezensionen. Website: www.claudia-lenssen.de

Claudia Lenssen, Bettina Schoeller-Bouju (Hg.)

Wie haben Sie das gemacht?

Aufzeichnungen zu Frauen und Filmen

Bibliografische Information der Deutschen Nationalbibliothek
Die Deutsche Nationalbibliothek verzeichnet diese Publikation in der Deutschen
Nationalbibliografie; detaillierte bibliografische Daten sind im Internet über
http://dnb.d-nb.de abrufbar.

Schüren Verlag GmbH
Universitätsstr. 55 · D–35037 Marburg
www.schueren-verlag.de
© Schüren 2014
Alle Rechte vorbehalten
Gestaltung: Nadine Schrey
Lektorat: Thomas Schweer
Umschlaggestaltung: Janine Sack
Druck: Print Group, Stettin
Printed in Poland
ISBN 978–3-89472–881-6

Inhalt

Vorwort   11

Die Fragen gingen alle an
Erika Gregor – Freunde der deutschen Kinemathek, Arsenal-Kino,
Internationales Forum des Jungen Films   20

Das „Fräuleinwunder" im deutschen Film
Helke Sander – Professorin, Regisseurin, Produzentin, Autorin   26

Wir wollten alles und das sofort
Claudia von Alemann – Regisseurin, Autorin, Professorin   32

Als ich plötzlich zwischen wunderbaren Frauen stand
Angela Haardt – Kuratorin, Festivalleiterin   38

Initiativ werden – Wege suchen
Brigitte Tast – Fotografin, Kuratorin   46

Das Schema „schlechte Mutter"
Heike Hurst – Filmkritikerin, Übersetzerin (Frankreich)   50

Kleberinnen waren Arbeiterinnen in einem technischen Beruf
Heide Breitel – Cutterin, Regisseurin, Dozentin, Produzentin   54

Eine unerhörte Geschichte. Die Wiederentdeckung der ersten Frauenbewegung
Inge von Bönninghausen – Redakteurin im Fernsehen des
Westdeutschen Rundfunks Köln   60

Mich interessiert der filmische Widerstand gegen bestehende Verhältnisse
Gabriele Röthemeyer – Dokumentaristin, Dramaturgin, langjährige
Geschäftsführerin der MFG Filmförderung Baden-Württemberg   64

20 Jahre Beeinflussung der Massen durch Berlusconis Privatsender zeigen Wirkung
Elfi Reiter – Kuratorin (Italien)   68

Phil van der Linden und Cinemien. Eine Hommage auf die am 1. Juni 2013 verstorbene Filmverleiherin
Annette Förster – Filmwissenschaftlerin, Kuratorin (Holland)   74

Körper als Schlachtfeld zwischen Fundamentalismus und Feminismus
Debra Zimmerman – Woman Make Movies, Verleiherin (USA) — 80

Geldausgeben ist eine Kunst
Renée Gundelach – Freie beratende Produzentin, Film-Consultant,
Sachverständige für Film- und Medienwirtschaft — 86

Ich habe beschlossen, es mir zuzutrauen
Sibylle Hubatschek-Rahn – Redakteurin Kleines Fernsehspiel ZDF — 94

Zuhause ist da, wo ich was verändern will
Ula Stöckl – Regisseurin, Autorin, Professorin — 100

Mein Herz sieht die Welt schwarz
Helga Reidemeister – Regisseurin, Autorin, Professorin — 108

Autobiografisch Filme machen
Jutta Brückner – Autorin, Regisseurin, Professorin — 114

Ich möchte wissender sein als meine Zweifel
Hanna Schygulla – Schauspielerin — 120

Ich will verstehen
Margarethe von Trotta – Regisseurin, Autorin — 126

Die Lust, mich auszudrücken. Über reale und virtuelle Bilder
Elfi Mikesch – Regisseurin, Fotografin, Kamerafrau, Dozentin — 134

Female Misbehaviour
Monika Treut – Autorin, Regisseurin, Produzentin, Dozentin — 144

Ich war nicht konform
Birgit Hein – Filmemacherin, Performancekünstlerin, Professorin — 152

Sie zum Beispiel
Ute Aurand – Filmemacherin, Kuratorin — 158

Der Netzwerkgedanke
Heide Schlüpmann – Filmwissenschaftlerin und -theoretikerin,
Professorin, Kuratorin — 162

Ohne Feminismus wäre ich nicht zum Film gekommen
Annette Brauerhoch – Filmwissenschaftlerin, Professorin — 168

Von Blickachsen zu affektiven Faktoren
Marie-Luise Angerer – Professorin für Medien- und Kulturwissenschaften — 174

Der Knast hat meine Kunst beeinflusst
Gabriele Stötzer – Autorin, Super-8-Filmerin, Performancekünstlerin,
Mit-Initiatorin der Gruppe „Frauen für Veränderung" Erfurt 1989 — 180

Irrwege im Osten
Beate Schönfeldt – Filmwissenschaftlerin, Dramaturgin, Dokumentaristin,
Redakteurin im Fernsehen des Mitteldeutscher Rundfunks MDR — 188

Emanzen High Noon
Helke Misselwitz – Regisseurin, Autorin, Professorin — 196

Wie man wird, was man ist
Evelyn Schmidt – Regisseurin — 198

„Kunst ist schön, macht aber viel Arbeit."
Iris Gusner – Regisseurin, Autorin — 206

Mich interessiert das große Kino, in das man seine Träume hineinlegt
Barbara Mädler-Vormfeld – Regieassistentin — 214

Man muss die Welt ändern, vielleicht geht's doch
Marion Voigt-Schöneck – Synchronregisseurin — 220

Die Alleinseglerin. Meine Versuche, Filme zu schreiben
Regine Sylvester – Journalistin, Autorin — 226

Wie ich wurde, was ich bin
Katrin Schlösser – Produzentin, Professorin — 234

Die Wahrheit mündet immer im Widerspruch
Aelrun Goette – Autorin, Regisseurin, Dozentin — 240

Die Frau im Judenpelz
Laura Laabs – Autorin, Regisseurin — 248

Das Kostüm hat seinen Platz im Gesamtkunstwerk
Anne-Gret Oehme – Kostümbildnerin — 254

Emotionalität ist eine besondere Qualität
Heide Schwochow – Autorin, Regisseurin — 260

Doppelt Leben
Annekatrin Hendel – Produzentin, Autorin, Regisseurin — 266

Mein ganz persönlicher Blick
Milena Gierke – Experimentalfilmerin — 272

Schwund
Nathalie Percillier – Regisseurin, Autorin, Produzentin — 276

Ich will leicht sein und im richtigen Moment Grenzen setzen können
Isabell Šuba – Autorin, Regisseurin — 282

Man wird nur als Frau wahrgenommen – aber man will ja Filme machen
Sabine Derflinger – Regisseurin, Autorin (Österreich) — 288

Gewalt gegen Frauen ist brutal und global
Claudia Schmid – Regisseurin, Autorin — 294

Die Frauen müssen befreit werden!
Irit Neidhardt – Verleiherin, Kuratorin, Produzentin — 300

Dies ist unsere Zeit, weil wir sie erschaffen
Tatjana Turanskyj – Filmemacherin — 306

Ethnologie zweier Welten
Aysun Bademsoy – Dokumentarfilmregisseurin — 312

Schlummerschlaf versus Sturm, Drang und Risiko
Britta Wandaogo – Regisseurin, Autorin, Professorin — 318

Keine formatierten Schablonen auf die Filme legen
Maike Mia Höhne – Regisseurin, Autorin, Kuratorin — 324

Kurzfilme von Frauen sind längst keine Nischenfilme mehr!
Julia Fabrick – Kuratorin Kurzfilmfestival Wien (Österreich) — 330

JA und NEIN sagen
Marijana Stoisits – Vienna Film Commission (Österreich) — 334

Ich wollte immer dort sein, wo ich jetzt bin
Sophie Maintigneux – DOP — 338

Wir müssen Netzwerke spannen
Christine Maier – DOP — 346

Strategien der Veränderung. FC GLORIA – Frauen Vernetzung Film
Wilbirg Brainin-Donnenberg – Mentorin (Österreich) — 350

Das Goethe-Institut und der Frauenfilm
Marina Ludemann – Goethe-Institut — 356

Wir können dich leider nicht voll bezahlen, weil du nicht voll einsetzbar bist. Du hast ja ein Kind.
Elena Bromund Lustig – Cutterin, Regisseurin … 364

Ich möchte nicht meine private Situation offen legen müssen
Julia von Heinz – Regisseurin und Autorin … 368

Der stille Wille zur Perfektion
Claudia Steffen – Produzentin … 374

Wie bestimmt das Frausein meine Arbeit?
Connie Walther – Regisseurin … 378

Der Eifersuchtsfaktor ist unser großes Handicap
Nina Grosse – Regisseurin, Autorin … 384

Frauen, die produzieren – geht das?
Regina Ziegler – Produzentin … 390

Aus dem Leben einer Fernsehredakteurin
Claudia Gladziejewski – Redakteurin im Fernsehen des Bayerischen Rundfunks BR … 394

„So what do you do?" – Karriere als Strategie des Ja-Sagens
Heike-Melba Fendel – PR-Agentur Barbarella, Filmkritikerin, Autorin … 398

Aufbrechen in andere Welten
Caroline Link – Regisseurin, Autorin … 404

QUI-QUA-QUOTE?
Imogen Kimmel – Regisseurin, Autorin … 410

Frauen, Filme, Lebensentwürfe
Katinka Feistl – Regisseurin, Autorin … 416

Feministin sein war uncool
Maren Ade – Regisseurin, Produzentin, Autorin … 422

Mich interessiert die starke Konstruktion
Pia Marais – Regisseurin … 430

Ich will noch lange sichtbar bleiben
Laura Tonke – Schauspielerin … 436

Ich vergesse oft, dass ich eine Frau bin
Sonja Heiss – Regisseurin, Autorin … 440

Don't blame the actor Anna Thalbach – Schauspielerin	446
Ich will Klischees brechen, anstatt sie zu reproduzieren Bettina Blümner – Regisseurin, Autorin	452
Ich probiere mich mit jedem Film neu aus Barbara Albert – Autorin, Regisseurin, Produzentin, Professorin	456
Volle Kraft voraus Fritzi Haberlandt – Schauspielerin	462
Denkanstöße geben, Ungleichheiten benennen, Wege aufzeigen Silke Johanna Räbiger – Leiterin des Internationalen Frauenfilmfestivals Dortmund | Köln IFFF	468
Spiele mit Rollen und Verhaltensklischees finde ich spannend Julia Jentsch – Schauspielerin	474
Die Girl's Box ist in Ordnung, solange sie gut funktioniert Melissa Silverstein – Aktivistin, Bloggerin	478
Die Medienbranche ist voller Frauen, was wollt ihr denn?" **Women in Film & Television Germany (WIFTG)** Cornelia Köhler – Dramaturgin / Alexandra Georgi – Producerin	482
Frauenpolitik ist Filmpolitik Ellen Wietstock – Filmjournalistin, Herausgeberin der Fachkorrespondenz *black box*	486
Filmregister	490
Bildnachweise	497

Vorwort

Frauen sind heute überall präsent, wo Filme erdacht, geplant, geschaffen, verliehen, gefeiert und vermittelt werden. Sie sind Regisseurinnen, Autorinnen, Produzentinnen, Kamerafrauen und arbeiten als professionelle Spezialistinnen in vielen Departments der Filmherstellung.

Frauen entscheiden in Fördergremien und Fernsehredaktionen über viel Geld und künftige Karrieren mit. Sie leiten Festivals und Schlüsselinstitutionen, lehren an Filmhochschulen und Universitäten, nehmen Stellung in Filmkritiken, kämpfen um die Zukunft des Kinos oder lotsen das Publikum als PR-Agentinnen in neue Filme. Eine Staatsministerin gibt derzeit die filmpolitischen Leitlinien vor, in einem Kanzlerinnen-Kabinett, dessen Frauenanteil die umstrittene Quote exemplarisch übererfüllt. Rund 40 Prozent Frauen studieren inzwischen an den Filmhochschulen. Groß ist der Pool der Festivals, in dem sie ebenso Preise gewinnen wie ihre Kollegen.

Rund 50 Jahre, nachdem die erste Generation an den Filmhochschulen ihren Platz in der Film- und Medienkultur zu reklamieren begann, scheint viel erreicht. Vorbei also die Zeit der Männerdomänen? Vergangen die abgestandenen Rollenklischees? Hat sich die Frauenfrage in der Mediengesellschaft erledigt? Haben Männer und Frauen dieselben Chancen bei gleicher Bezahlung?

Das vorliegende Buch *Wie haben Sie das gemacht? Aufzeichnungen zu Frauen und Filmen* stellt die Fragen neu: Wo stehen wir heute tatsächlich? Welche Forderungen der Aufbruchsgeneration haben sich erfüllt? Sind Frauen in Filmberufen gleichberechtigt? Spielt das Geschlecht beim Filmemachen überhaupt noch eine Rolle?

In einem Patchwork aus Erfahrungsberichten, Essays, Statements und Reflexionen verbindet dieses Buch den Blick zurück mit der Gegenwart. Was wurde erreicht, was ging verloren? Welche Wünsche und Ambitionen motivierten die erste Generation, welche sind es heute? Wie finden Frauen zu ihren Stoffen und Erzählformen? Was tun, wenn sie damit auf „Frauenfilme" festgelegt werden? Wie haben sich die Filme, die Arbeitsweisen und Selbstverständnisse angesichts der technologischen, ökonomischen und kulturellen Umbrüche verändert? Was erzählen die Lebensentwürfe über ihre Zeit und ihr gesellschaftliches Umfeld?

Den Anstoß zu unserem Buch gab ein Treffen mit Tee und Törtchen im Frühjahr 2010, bei dem wir uns kennenlernten – Bettina Schoeller-Bouju als Regisseurin und Produzentin gut vernetzt mit jüngeren Filmfrauen, Claudia Lenssen als Filmkritikerin und ehemaliges Redaktionsmitglied der von Helke Sander herausgegebenen Zeitschrift *Frauen und Film* in Kontakt zu vielen älteren Filmemacherinnen. Im Gespräch mit der Kuratorin und ehemaligen Festivalleiterin Angela Haardt, der Experimentalfilmerin Ute Aurand und der Regisseurin Helke Sander, bei der Bettina Schoeller studierte, kam die Rede auf das merkwürdige Phänomen, dass um einige Regisseure des Neuen Deutschen Films eine Art Geniekult entstanden ist, während ihre Kolleginnen weitgehend „unsichtbar" werden. Bei näherem Hinsehen zeigte sich, dass die meisten Regisseurinnen der Filmgeschichte dieses Schicksal ereilt. Weder Agnès Varda noch Mai Zetterling oder Vera Chytilová finden sich beispielsweise in dem Filmkanon, den die Bundeszentrale für politische Bildung seit 2003 als repräsentative Liste der Filmgeschichte empfiehlt. Jutta Brückner beklagte in einem Nachruf auf die im Mai 2014 verstorbene Regisseurin Helma Sanders-Brahms denselben Mechanismus des Vergessens. Mit diesem Buch möchten wir den Anteil der Frauen am deutschen Film der letzten 50 Jahre würdigen und zu einer anderen Betrachtung der Filmgeschichte einladen.

Wir griffen Helke Sanders Anregung auf, die verdrängte Geschichte der Initiativen einzubeziehen, die Bewegung, die die Filme der Aufbruchs-Generation schneeballartig verbreiten half. Ein Buch über die etwas andere Leidenschaft für Filme, die Frauen unter Frauen weiter trugen, schien uns ein spannendes Element alternativer Kinokultur, das bislang nicht auf dem Schirm der Filmhistoriker erschienen war. *Wie haben Sie das gemacht? Aufzeichnungen zu Frauen und Filmen* ist auch die Darstellung dieser Erfolgsgeschichte. Doch woran zeichneten sich die Brüche ab? Wie veränderte sich das Kino, das Fernsehen, die Öffentlichkeit? Wie stehen Frauen heute zu den feministischen Filmen? Zu ihrer Suche nach neuen Filmsprachen? Wie kam es dazu, dass der Begriff Feminismus sich zum Schimpfwort entwickelte? Was wissen sie über die einstigen Ausbrüche aus herkömmlichen Frauenrollen, über die Innenansichten alternativer Lebensentwürfe, was über die Dringlichkeit, mit der um Gleichberechtigung in den Verteilungskämpfen der Filmkultur, um Zugänge zu eingefleischten Männerdomänen, um gute Kinderbetreuung gerungen wurde?

In einer losen Chronologie macht unsere Textsammlung den Wandel sichtbar. Einundachtzig Beiträge fügen sich zu einer Geschichte in Fragmenten und Facetten. Wir waren neugierig auf ein genaueres Bild der Bruchlinien zwischen den Generationen und fanden wechselseitige Unkenntnis vor. Mit Feminismus wollen Frauen in der Öffentlichkeit heute meist reflexartig nicht in Verbindung gebracht werden, dennoch zeigte sich für uns – oft nur in den Hintergrundgesprächen -, dass trotz Karrieren und Erfolg die alten geschlechterspezifischen Probleme fortbestehen.

Niemand kann erklären, warum von den 40 Prozent talentierten und gut ausgebildeten Filmhochschulabsolventinnen nur 12 bis 18 Prozent später in ihrem Beruf Fuß fassen. Wissenschaftliche Studien zum „Verschwinden" der Frauen respektive ihre Festlegung auf Low-Budget-Produktionen im zunehmend kleineren Bereich kultureller Filmförderung gibt es nicht – Statistiken, die in diesem Buch zitiert werden, beruhen auf Recherchen, die Ellen Wietstock in ihrem Informationsdienst *black box*, die Schauspielerin Ruth Belinde Stieve in dem Blog *out-takes.de*, der deutsche Kulturrat und das Frauenkulturbüro NRW (siehe Silke J. Räbiger S. 468) unternommen haben. Mit diesem Buch, das sich auf die Suche nach den Chancen, Bedingungen und Problemen für Frauen in Filmberufen macht, ergänzen wir die neue Aufmerksamkeit um eine Vielzahl von Erfahrungsberichten, aus denen sich auf den zweiten Blick durchaus Lebens- und Schaffensmuster ablesen lassen.

Wir stellen fest, dass die Idee der Selbstverwirklichung, die die Frauenbewegung beflügelt hatte, heute ein Zwang zur Selbstbehauptung geworden ist. Die Filmemacherinnen der 1970er-Jahre entdeckten einerseits ihr Ego und pochten auf ihre persönliche Kreativität und Autorität, um sich als Autorenfilmerinnen im Team durchzusetzen, fühlten sich andererseits aber von einer starken Welle „kollektiver Wunscherfüllung" (Helke Sander) getragen. Heute identifizieren jüngere Frauen Feminismus mit Selbststigmatisierung; als Mangelwesen und „Opfer" zu erscheinen, gilt als Defekt, der ihre Funktionstüchtigkeit auf dem Dienstleistungsmarkt in Zweifel zieht. Im Spannungsfeld zwischen formaler Gleichberechtigung und Marktökonomie ist jeder und jede vorgeblich für das eigene Schicksal selbst verantwortlich. Individualisierung und Konkurrenzdruck ersticken gesellschaftliche Bewegungen im Keim.

Wir wurden auch mit tiefsitzenden Missverständnissen zwischen Frauen westdeutscher und ostdeutscher Sozialisation konfrontiert, die seit der Hälfte der von uns beobachteten historischen Periode gemeinsam, oft rivalisierend um ihre Chance im komplexen Filmbereich kämpfen. Obwohl die westdeutsche Frauenbewegung tatsächlich vielstimmig, bunt und kontrovers war, wurde sie von unseren Gesprächspartnerinnen mit ostdeutschen Wurzeln zumeist reflexartig mit der dominanten Medienfigur Alice Schwarzer und dem Reizwort Männerfeindlichkeit gleichgesetzt. Umgekehrt lässt sich rekapitulieren, dass westdeutsche Feministinnen verständnislos auf die Mentalität der Ost-Frauen reagierten, die sich unter der staatlich verordneten Gleichberechtigung und Frauenförderung der DDR entwickelte. Empörten sich Feministinnen dagegen, in den politischen Auseinandersetzungen der Linken um 1968 in der sich rasant verändernden BRD bloß als „Nebenwiderspruch" wahrgenommen zu werden, empfanden viele Frauen im Osten ihre charakteristische Doppelbelastung zwischen Familie und Beruf als das kleinere Übel. Im Gespräch betonten sie, dass es ihnen vielmehr darum gegangen sei, mit Freunden und Partnern gemeinsam der Gängelung und Freiheitsbeschneidung der geschlossenen Gesellschaft DDR zu entkommen. War das Motto der West-Feministinnen „Das Private ist politisch", um Macht- und Gewaltverhältnisse in den Nahbeziehungen dingfest zu machen, verstanden Frauen in der DDR den Gedanken anders: das Private sollte möglichst dem Diktat des Politischen und dem Zugriff durch die Staatspartei entzogen werden. Für westdeutsche Frauen war revolutionär, trotz ihrer Kinder einer erfüllenden Arbeit nachzugehen bzw. im Zeitalter der Verhütungspille auf Kinder zu verzichten, ostdeutsche Frauen wagten den Widerstand und riskierten die Kriminalisierung, wenn sie sich dem Zwang zur Arbeit verweigerten, in die Subkultur gingen und sich „nur" ihren Kindern widmeten.

Mit wachsendem Interesse baten wir Frauen aus unterschiedlichen Filmberufen, die im staatlichen DEFA-Studio der DDR gearbeitet, an der Hochschule für Film und Fernsehen „Konrad Wolf" studiert oder mit dem typischen Vorbild einer arbeitenden, auf finanzielle Selbstständigkeit bedachten Mutter in der DDR aufgewachsen waren, in ihren Erfahrungsberichten festzuhalten, „wie sie wurden, was sie sind" (Katrin Schlösser). Dieses Buch ist der erste Versuch, fünfundzwanzig Geschichten des Übergangs in das wiedervereinigte Deutschland in das Patchwork der Filmfrauengeschichte zu integrieren.

Wir baten Filmemacherinnen, Produzentinnen, Kamerafrauen und Kuratorinnen, das halbe Jahrhundert vor und zurück taumelnder Entwicklungen zu rekapitulieren und die Momente zu beschreiben, die über Einzelleistungen hinaus Netzwerke, Lobbies und Aufmerksamkeiten geschaffen haben – Aktivitäten, ohne die Öffentlichkeit nicht möglich ist, die aber Frauen immer noch schwerer zu fallen scheinen als Männern.

Wie Frauen ihre Produktionsmittel organisieren (können) und Netzwerke aufbauen, scheint uns ebenso bedeutsam für die Präsenz und Wirkungskraft ihrer Werke wie ihre künstlerischen Mittel und handwerkliche Perfektion. Doch gerade hier wird ein großes Manko beschrieben, das auch in der Konkurrenz von Frauen untereinander gründet. „Der Eifersuchtsfaktor ist unser großes Handicap" (Nina Grosse).

Dieses Buch verdeutlicht, dass Frauen nicht die „besseren Menschen" sind. Die Beiträgerinnen schilderten, meist bei ausgeschaltetem Aufnahmegerät, dass sich Frauen häufig mit Männern gegen andere Frauen verbünden, um Teil einer Erfolgselite zu sein. Frauen riskieren auch bei Frauen, als „zickig" und „problematisch" zu gelten, wenn sie die gleichen Stressunarten an den Tag legen wie ihre männlichen Kollegen. Gegen das Klischee sollten Frauen andere Frauen ebenso pragmatisch und wirkungsvoll fördern, wie sie es von den gut funktionierenden Buddies der Branche abschauen können, dazu regen die Regisseurinnen und Produzentinnen in ihren Beiträgen an.

Wie erklärt sich das Phänomen der abgebrochenen Traditionen und Diskurse, der Mangel an kritischer Sensibilität für die weibliche Seite der Filmgeschichte? Wir baten auch Filmhistorikerinnen und -wissenschaftlerinnen um ihre Einschätzung und staunten über das Resümee, dass gerade die Einführung der Gender Studies zur Domestizierung, Einhegung und Entpolitisierung beigetragen hat.

Wie haben Sie das gemacht? Aufzeichnungen zu Frauen und Filmen zitiert im Titel François Truffauts respektvolle Hitchcock-Befragung. Mit ähnlicher Neugier und Offenheit suchten wir die größeren Zusammenhänge hinter den individuellen Resümees.

Es bleibt festzuhalten, dass sich das Projekt im Lauf der fast vierjährigen Arbeit veränderte. Manche Filmemacherinnen hatten resigniert die Lust verloren, die Vergangenheit wiederaufleben zu lassen, andere waren auf lange Sicht unterwegs oder in ihren Schneideräumen vergraben und sagten am Ende ab. Helma Sanders-Brahms war zu krank, um vor ihrem Tod im Juni 2014 mit uns sprechen zu können. Die Filmkritikerin Heike Hurst starb im November 2012 nach einem Gespräch, das hier in ihrem unverwechselbaren Sound als Essay wiedergegeben ist.

Einige prominente Schauspielerinnen, die mit den Hypes der Klatschpresse konfrontiert sind und um die Kontrolle ringen, konnten unser Projekt – überhaupt die Anmutung der „Frauenfrage" – nicht immer einschätzen und zogen sich zurück.

Viele Filme, Selbstaussagen oder wichtige Szene-Dokumente sind uns im Lauf der Zeit zur Verfügung gestellt worden und waren uns indirekt in unseren Fragen, überhaupt im Horizont des ganzen Unternehmens eine wichtige Stütze, ohne dass sie explizit Erwähnung finden. So danken wir Julia M. Novak und Natalie Kreisz für ihren Film ZWISCHEN LUST UND LAST (1999), der Helke Sander, Ula Stöckl, Helga Reidemeister, Jutta Brückner und der Dramaturgin und Drehbuchautorin Regine Kühn porträtierte, derselbe Dank gilt Brigitte Kramer, die Ulrike Ottingers eigenwillige Filmkunst in DIE NOMADIN VOM SEE (2012) von ihren Anfängen bis heute nachzeichnet. Henriette Kaiser publizierte 2013 den anregenden Gesprächsband *Filme.Macherinnen* über die Frauen der HFF München. Elke Schieber wies auf ihre dankenswerten Recherchen zur Lebens- und Arbeitssituation der Frauen in der DEFA hin. Conny Klauss stellte anschauliche Dokumente aus ihrer Zeit in der subkulturellen Super-8-Szene der DDR zur Verfügung. Anne Even aus der legendären Redaktion Kleines Fernsehspiel versorgte uns mit Materialien zur spannenden Geschichte der Medienfrauen im ZDF.

Ein umfassendes Abbild der Aktivitäten und Initiativen, die gegen die Verdrängung des weiblichen Teils der Filmgeschichte immer wieder Lust auf die Wiederentdeckung machen, würde den Rahmen dieser Publikation sprengen. Wir weisen auf die Kinothek Asta Nielsen hin, auf das Projekt *re.act.feminism*, das Filmdokumente zur feministischen Körper- und Performancekunst zusammengetragen hat. Filmstudierende kuratierten 2013 das Programm *Counterculture from the kitchen*, mit dem sie an die Diskurse der Aufbruchsgeneration anschlossen. Die Kuratorin Madeleine Bernstorff arbeitet in Retrospektiven, Workshops und Publikationen fortlaufend Werke und Kontexte zur Produktion vergessener Filmemacherinnen auf, so 2014 zu den Super-8-Filmen von Margaret Raspé, die in den 1970er-Jahren u. A. die Küchenarbeit ihrer Hände mit dem Kamerahelm dokumentierte. Die Website von Madeleine Bernstorff gibt auch einen anschaulichen Überblick über die Geschichte der *Blickpilotinnen*, eine Initiative von Kino-interessierten Zuschauerinnen und Filmvermittlerinnen, die einst ein kommunales Frauenkino in Berlin forderten und dem Scheitern dieser Idee seither zahlreiche Veranstaltungen durch Madeleine Bernstorff, Silvia Hallensleben, die Leiterinnen und Mitarbeiterinnen des Berliner Arsenal-Kinos (Institut für Film und Medienkunst e.V.) und viele andere entgegensetzt.

Die Zeitschrift *Frauen und Film*, die Filmemacherinnen, Filmvermittlerinnen und ihr Publikum über die Ressortgrenzen hinaus gleichermaßen anregte, wird in mehreren Kapiteln dieses Buches gewürdigt. Mehr Platz hätten wir uns für die Geschichte des Verbandes der Filmarbeiterinnen e. V. (VeFi) gewünscht, der sich ab 1979 für die Interessen filmschaffender Frauen einsetzte, 1984 das erste umfassende Handbuch zur Arbeit von Frauen in Filmberufen herausgab, auf zahlreichen Festivals präsent war, Treffen organisierte, mit viel Eigeninitiative die spezifischen Arbeitsbedingungen recherchierte und nicht zuletzt mit der Aktion *Haben Sie heute schon einen Film von einer Frau gesehen?* den wunden Punkt der Auswahljuries vieler Festivals sichtbar machte. Hildegard Westbeld sei gedankt für zahlreiche Hinweise zur kaum bekannten Geschichte dieses Verbandes, der bis 2009 bestand. Clara Burckner von Basis Filmverleih, neben ihrer Verleiharbeit auch die Produzentin zahlreicher Projekte von Filmemacherinnen, früh aktiv in Branchenverbänden und in dem heute nicht mehr existierenden europäischen Netzwerk Pandora, trug ihr Wissen bei. Ellen Wietstock, deren netzwerkfördende Expertise sich seit ihrer Arbeit für den Verband der Filmarbeiterinnen in *black box* weiterentwickelt hat, gibt am Ende unseres Buches einen filmpolitischen Ausblick. Elfi Mikesch, Renee Gundelach, Helke Sander, die dem Verband unter 160 weiteren Frauen angehörten, kommen zu Wort – seine ausführliche Geschichte und Würdigung steht noch aus.

Nicht zuletzt aufgrund unseres Augenmerks für die Brüche und Kontinuitäten zwischen Ost- und West entschieden wir uns im Lauf der Arbeit, den Fokus auf den deutschsprachigen Raum zu legen. Einige Beiträge zur Situation in den USA, in Italien, Österreich, den Niederlanden, den Ländern des Mittleren Ostens sowie anderen Kontinenten aus Sicht der Goethe-Institute und des Internationalen Frauenfilmfestivals Dortmund|Köln verweisen indes anschaulich auf die grenzüberschreitende Bedeutung unserer Fragen und die im interkulturellen Vergleich komplex gewordenen möglichen Antworten.

Während wir an dem vorliegenden Buch arbeiteten, protestierte 2012 eine Initiative internationaler Filmfrauen gegen die rituell wiederholte Ausgrenzung von Regisseurinnen aus dem offiziellen Wettbewerb des Filmfestivals in Cannes. Das Sundance-Institut, das schwedische Filminstitut und die Initiatorinnen des Brüsseler Frauenfilmfestivals strengten Studien zur Situation der Regisseurinnen an.

Die Geschichte scheint sich in anderem Gewand zu wiederholen. In einer Rede während eines Medien-Hearings in der Berliner Akademie der Künste im März 1988 resümierte Helke Sander: „Der Mangel von Frauen im Filmgeschäft liegt nicht an der mangelnden Kompetenz von Frauen, sondern an einer fehlenden Bereitschaft, ihren Fantasien, Erfahrungen, Planungen und Entscheidungen über das, was für sie wichtig ist, Raum zu geben". Der Verband der Filmarbeiterinnen und eine große Zahl von Unterstützerinnen, unter ihnen Claudia von Alemann, Helke Sander, Jutta Brückner, Renee Gundelach, Helga Reidemeister reichte damals zum ersten Mal in der Geschichte der Bundesrepublik eine Verfassungsbeschwerde ein, die unter Berufung des Gleichheitsgrundsatzes in Artikel 3 GG eine geschlechterparitätische Besetzung aller mit öffentlichen Mitteln operierenden Film- und Fernsehgremien einforderte. „Frauen und Männer sind aufgrund ihrer verschiedenen Lebenswirklichkeiten unterschiedlich fasziniert von weiblichen und männlichen Erlebnissen und Erfahrungen, die das Sujet von Frauen sind", führte die Rechtsanwältin Helga Wullweber in der Begründung aus, die ein großes öffentliches Interesse bei dem Medien-Hearing in der Akademie der Künste fand und durch Redebeiträge u.a. von Valie Export, Dörte Haak, Annette Förster und Susanne Kappeler einen breiten Horizont der Unterstützung öffnete. Die Beschwerde wurde indes im Vorfeld abgelehnt. Begründung: „Die aus der faktischen Zusammensetzung der Förderinstitutionen und Gremien geschlossene abstrakte Gefahr diskriminierender Fördermittelvergabe reicht zur Begründung individueller Grundrechtsverletzungen der Beschwerdeführerinnen nicht aus."

Die Forderung ist jedoch nicht vom Tisch. 50 Prozent aller Gelder, 50 Prozent aller Ausbildungsplätze und 50 Prozent aller Gremiensitze für Frauen fordert die Gruppe Pro-Quote-Regie, in der sich 2013 eine Handvoll Regisseurinnen zusammenschlossen und die ein Jahr später auf 160 Unterstützer angewachsen ist. Auslöser waren auch hier Recherchen von Ellen Wietstock, die in *black box* anhand ihres Spiegels über die beantragten und geförderten Projekte sowie Fördersummen fortlaufend Zahlen zur Geschlechtergerechtigkeit dokumentiert und die Perspektiven des Berufs Regisseurin hinterfragt.

Ihre Zahlen zu den Fördererergebnissen im Herbst 2012 waren alarmierend. Die Filmförderungsanstalt FFA und die Filmstiftung NRW vergaben knapp 10 Millionen Euro an 47 Kinoprojekte, deren Regie-Positionen ausschließlich männlich besetzt waren. Da 42 Prozent der Filmhochschulabsolventen weiblich sind, fordert die Gruppe Pro-Quote-Regie eine Quote, um Abhilfe zu schaffen. *Wie haben Sie das gemacht? Aufzeichnungen zu Frauen und Filmen* diskutiert die Forderung in mehreren Beiträgen.

Während die tendenzielle Ausgrenzung in den 1970er-Jahren eine Frage festsitzender Ressentiments gegen Frauen in künstlerischen Berufen war, steht heute der ökonomische Verteilungskampf im Mittelpunkt und bestimmt die Mechanismen hinter den Entscheidungen. Die Quoten-Kampagne findet mit diesem Befund bei vielen Schauspielerinnen und Produzentinnen offene Ohren. Fritzi Haberlandt: „Für die Ungleichheit gibt es ja keinen Grund, außer dass Männer lieber sich selbst wählen und ihresgleichen um sich haben. Durch die Quote werden die fähigen Frauen endlich die Chance haben, diese Posten zu bekleiden."

Auch in anderen Ländern schließen sich Regisseurinnen zusammen und werden von europäischen Institutionen und Frauenfilmfestivals unterstützt, wie Silke J. Räbiger u.a. in ihrem Beitrag resümiert. Schweden hat eine Quote eingeführt, die 40 Prozent des Förderungsbudgets für ein Projekt an Frauen in den Positionen Regie, Drehbuch oder Produktion bindet. In England hat das Frauenkomitee *Directors UK* eine Gleichstellungskampagne ins Leben gerufen. In Frankreich formulierte eine Gruppe Regisseurinnen 2013 in Cannes den Appell *Le deuxième regard*, der Produktionsfirmen und Fernsehsender zu einer freiwilligen Selbstverpflichtung aufruft, mehr Frauen in Film- und Fernsehproduktionen zu beschäftigen.

Bei diesen Initiativen geht es um mehr als um die Befindlichkeit einzelner Regisseurinnen. „Gleichberechtigung ist keine Privatsache von uns Frauen, die einmal mehr Regie führen wollen, es ist eine grundsätzliche Angelegenheit", formuliert die Regisseurin Sabine Derflinger in ihrem Beitrag. Die erwähnte Studie des NRW-Frauenkulturbüros stellte 2014 fest, dass in allen künstlerischen Bereichen die Zahl prekärer Jobs und die massive Unterbezahlung auch durch die Ausweitung der Ausbildungskapazitäten rasant steigt. Frauen sind von den Folgen, vor allem durch den Druck, sich zwischen Kindern und Beruf entscheiden zu müssen, besonders hart getroffen.

Die Schauspielerin Ruth Belinde Stieve veröffentlicht mit viel Verve in ihrem Blog auf www.out-takes.de Statistiken zur Verteilung von Frauen- und Männerrollen im deutschen Fernsehen bzw. den von der Filmakademie für die höchstdotierten deutschen Filmpreise nominierten Kinofilmen. Ihr Befund: Der Augenschein trügt. Frauen sind als Ordnungshüterinnen auf den Bildschirmen allgegenwärtig, dennoch dominieren die männlichen Rollen. Die Casting-Direktorin Anja Dihrberg stieß sich auf einer Veranstaltung des WIFTG-Netzwerks im Februar 2014 in Berlin am zunehmenden Backlash, den diskriminierenden Vorgaben von immer mehr Produktionsfirmen, die Frauen wenn überhaupt nur mit jungen Puppengesichtern besetzen wollen.

Das vorliegende Buch skizziert Hoffnungen und Wünsche. „Es fällt mir auf, dass es keine klassische Tradition weiblicher Heldinnen gibt. Danach sehne ich mich manchmal, ohne zu wissen, wie sie aussehen könnte", gesteht die Regisseurin Maren Ade. Filme von Frauen können dazu beitragen, langfristig den Kanon und damit die Wahrnehmung zu verändern, doch dieses Projekt ist angesichts verlorengehender Traditionen und eines allgemeinen gesellschaftlichen Rückschritts kein leichtes Unterfangen. „Castingshows, Modelshows und die Werbung reduzieren die Frau wieder auf Superweibchen und Süßholzraspeln", kommentiert Anna Thalbach das Problem, gute Rollen zu finden, gerade in einer konsumorientierten Film- und Medienkultur, die Frauen jenseits der 40 gern von der Bildfläche verbannt.

Den Klischees, auch denen idealisierter Schwesterlichkeit und PorNo-Prüderie, stellten Birgit Hein, Elfi Mikesch, Monika Treut u. a. Gegenentwürfe entgegen, die sie in diesem Buch zur Wiederentdeckung anbieten.

Anfänglich sollte unsere Sammlung eine kleine Zahl filmschaffender Frauen vorstellen. 4218 Emails, zahllose Gespräche und vier Jahre später legen wir den Leserinnen und Lesern die Selbstzeugnisse, Statements und Resümees der 81 Beiträgerinnen ans Herz. Etwa die Hälfte von ihnen sandte uns ihre Texte zu, andere verständigten sich mit uns auf die Aufzeichnung von Gesprächen, die in einem nicht immer leichten Pingpong bearbeitet wurden.

Wie haben Sie das gemacht? Aufzeichnungen zu Frauen und Filmen setzt bei subjektiven Erfahrungen an und öffnet die Perspektive auf Zusammenhänge. Das Buch kann wissenschaftliche Studien zur Geschichte und Aktualität des weiblichen Teils der Filmkultur nicht ersetzen, sondern im Gegenteil dazu anregen. Es greift die Breite und Vielfalt der Berufsbilder, individuellen Lebensentwürfe und Stimmungsbilder auf, bewusst die üblichen Formate klassischer Werkmonografien, kunsttheoretischer Debatten und soziologischer Raster sprengend.

Unser Thema stößt auf breites Interesse, das zeigen uns die Unterstützer und Unterstützerinnen, die das Projekt begleitet haben. Wir danken den Institutionen und Persönlichkeiten, die einzelne Phasen und Schritte gefördert haben.

Annette Schüren unterstützte die Entstehung und Veröffentlichung im Schüren Verlag seit unseren Anfängen 2010 und stellte uns mit ihrem Team sachkundige Geburtshelfer an die Seite. Ohne Molto Menz und Franziska Schuster wäre die begleitende Edition zweier DVDs mit Kurzfilmen unter dem Titel *Wie haben Sie das gemacht? Filme von Frauen aus fünf Jahrzehnten I und II.* bei absolut Medien nicht in so fruchtbarer und vertrauensvoller Zusammenarbeit verlaufen. Ohne das Recherchestipendium, das uns die DEFA-Stiftung gewährte, hätten wir 2012 verzagt abbrechen müssen. Unser Dank gilt insbesondere Ralf Schenk und Sabine Söhner, die uns mit ihrem Wissen und ihrem großen Archiv großzügig und geduldig zur Seite standen. Dorett Molitor vom Filmmuseum Potsdam sei bedankt für ihr Interesse und der Vermittlung von Kontakten. Ein besonderer Dank geht an die Jury der VG Bild Kunst, die trotz finanzieller Krise durch ihren Druckkostenzuschuss die Produktion des Buches ermöglichte. Wir danken dem Hauptstadtkulturfond, der unser Projekt durch die Finanzierung einer Veranstaltung zur Buchpräsentation und einer Filmreihe im Zeughaus-Kino Berlin auf eine breite Basis stellt und nicht zuletzt auch den Start unserer projektbezogenen Website www.frauenmachenfilme.de anschiebt, die Aktivitäten und Veröffentlichungen über die Geschichte und Gegenwart der wiederentdeckten Fragen verlinken wird.

Unser Dank gilt vielen weiteren Helfern und Helferinnen, insbesondere Jutta Brückner und Ulrike Rösen, die uns fachlich berieten und voller Ideen die Präsentation des Projektes in der Akademie der Künste vorangetrieben haben. Jörg Friess und sein Team unterstützten die begleitende Filmreihe im Zeughaus-Kino des Deutschen Historischen Museums Berlin im Oktober 2014 mit Rat und Tat. Anke Hahn half in der Deutschen Kinemathek großzügig bei der Recherche nach Filmen und organisierte eine erste, gut besuchte Gesprächsveranstaltung mit der Filmemacherin Ula Stöckl und ihren frühen Dokumentarfilmen. Gesa Knolle vom Arsenal Institut für Film und Medienkunst sei für ihre Hilfe bei der Suche nach historischen Filmstills gedankt, vielen anderen Kontaktpersonen in Institutionen und bei Rechteinhabern ebenso.

Unser größter Dank gilt selbstverständlich den Beiträgerinnen zu diesem Buch, die uns in langen Gesprächen ihre persönlichen Geschichten anvertrauten, uns eindrucksvolle Begegnungen bescherten und sich die Zeit nahmen, Texte zu schreiben. Vier Jahre ehrenamtliche Sammelwut haben sich dank ihres enthusiastischen Mittuns gelohnt. Wir haben viele Lebensgeschichten und Innenansichten der künstlerischen Produktion erfahren, schöne Begegnungen erlebt. Bettinas zweites Kind wurde in dieser Zeit geboren, Verwandte und Freunde verließen uns für immer oder banden unsere Aufmerksamkeit während langer Krankheit. Ohne unsere Familien, insbesondere unsere Ehepartner Matthias Braun und Julien Bouju, ihre Langmut und ihr Verständnis für unsere Zweifel und Widrigkeiten wäre dieses Projekt nicht zu seinem schönen Ende gekommen. Wir danken insbesondere Bettinas Mutter Reinhild Schoeller, die sich während ihrer zahllosen Schreibtischstunden um die Kinder kümmerte, Claudias Tochter Dido, die für gelegentlichen digitalen Input sorgte, und Enkelin Ida, die inmitten der großen Materialberge darauf pochte, dass Spielen wichtig ist.

Berlin, 13. August 2014
Claudia Lenssen und Bettina Schoeller-Bouju

Erika Gregor

FREUNDE DER DEUTSCHEN KINEMATHEK,
ARSENAL-KINO, INTERNATIONALES FORUM
DES JUNGEN FILMS

Erika Gregor, geb. Steinhoff, kam 1934 in Sulingen in der Nähe von Bremen zur Welt. Sie studierte in Göttingen, London, München und Berlin Germanistik, Anglistik, Geschichte und Philosophie. 1957 lernte sie ihren Mann Ulrich Gregor kennen, mit dem sie zwei Töchter hat.

Erika Gregor gehörte 1963 mit Ulrich Gregor zu den Gründern der Freunde der deutschen Kinemathek e.V. in Berlin (heute Arsenal – Institut für Film und Videokunst e.V.), für die sie Programme kuratierte und die Schriftenreihe *Kinemathek* mitherausgab.

1969 organisierte sie mit den Freunden der deutschen Kinemathek und Ulrich Gregor erstmals eine Ergänzungsveranstaltung zum offiziellen Berlinale-Programm in der Akademie der Künste, die in Form und Inhalt andere Akzente setzte und ein großer Publikumserfolg war.

Nach der Etablierung des Internationalen Forums des Jungen Films als offizieller Parallel-Sektion der Berlinale 1971 arbeitete Erika Gregor als Mitorganisatorin und Mitglied im Auswahlkomitee des Internationalen Forums des Jungen Films. Außerdem übernahm sie für diese Sektion die Redaktion der Informationsblätter und Kataloge.

Erika Gregor kuratierte u. a. die Filmreihen STATIONEN DER MODERNE IM FILM und JÜDISCHE LEBENSWELTEN, JAPAN UND EUROPA, MOSKAU – BERLIN und gab begleitende Publikationen heraus. Sie war und ist als Jurymitglied zahlreicher internationaler Festivals und Kommissionen tätig.

1989 erhielt sie das Verdienstkreuz 1. Klasse der Bundesrepublik Deutschland, 2003 den Verdienstorden des Landes Berlin und 2010 zusammen mit Ulrich Gregor die Berlinale Kamera.

Milena Gregor, die Tochter von Erika und Ulrich Gregor, leitet heute mit Birgit Kohler und Stefanie Schulte-Strathaus das Arsenal – Institut für Film und Medienkunst e.V.

Ein anschauliches Selbstportrait ihrer Anfänge und ihres Alltags als Filmenthusiasten zeichnen Erika und Ulrich Gregor in einem Gespräch mit dem Filmjournalisten Matthias Dell (10.2.2010).[1]

---

1 Siehe www.freitag.de/autoren/mdell/wenn-der-vorhang-aufgeht (letzter Zugriff 23.4.2014).

Die Fragen gingen alle an

Ich habe mich immer dafür interessiert, was Frauen tun. Es ist mir früh aufgefallen, dass es wenige Filme von Frauen gibt und dass diese wenigen Filme kaum gezeigt werden. Als wir 1963 die Freunde der deutschen Kinemathek e.V. mit unseren Weggefährten im damaligen Westberlin gegründet haben, um die Filmkunst zu verbreiten und für eine Kinemathek einzutreten, habe ich immer wieder darauf gedrungen, dass wir so viele Filmemacherinnen wie möglich in unserem Programm präsentieren. Damit rannte ich bei meinem Mann Ulrich Gregor[1] natürlich offene Türen ein. Es kam hinzu, dass er als Dozent an der Deutschen Film- und Fernsehakademie (dffb) lehrte und ich Studentinnen und Studenten kannte. Manchmal brauchte ich den Rat von Helke Sander, wir haben miteinander geredet und sie machte die Filme, die ich sehen wollte.

Die Freunde der deutschen Kinemathek e.V. zeigten ab 1963 in der Akademie der Künste Filme, aber erst am 3. Januar 1970 konnten wir das Arsenal-Kino in der Welserstraße in Berlin eröffnen und zu einem Filmkunstkino ausbauen. Es war selbstverständlich, dass uns die neuesten Entwicklungen interessierten. Nach dem politischen Debakel bei den Berliner Filmfestspielen 1970[2] wurde uns dann angetragen, parallel zur Berlinale ein eigenes Festival zu veranstalten: das Internationale Forum des Jungen Films. Diesen Vorschlag haben wir unter der Bedingung akzeptiert, dass wir das Programm selbst gestalten konnten und die finanziellen Zuwendungen en bloc bekamen – nicht ein bisschen Geld für dies, ein bisschen Geld für das. So hatten wir freie Hand und konnten sofort beginnen, uns umzuschauen, was es an neuen Filmen gab. Schon im ersten Forum-Programm 1971 lief Helke Sanders Film EINE PRÄMIE FÜR IRENE (1971). Die Presse kritisierte: „Was, ihr zeigt den Film einer Studentin?" Aber ich fand, es war genau der richtige Film für das, was wir mit dem Forum des Jungen Films präsentieren wollten.

---

1 Ulrich Gregor, geb. 1932 in Hamburg, Filmhistoriker, Mitbegründer der Freunde der deutschen Kinemathek e.V., 1971–1979 Sprecher des Internationalen Forums des Jungen Films, 1981–2000 gemeinsam mit Moritz de Hadeln Leiter der Filmfestspiele Berlin.
2 1970 kam es in der Berlinale-Jury zu einer heftigen politischen Kontroverse um den deutschen Wettbewerbsbeitrag O.K. von Michael Verhoeven. Verhoeven inszeniert darin in ländlich-bayrischer Szenerie eine wahre Begebenheit nach, die 1966 während des Vietnam-Krieges geschah: Ein junges Mädchen (Eva Mattes) wird von einer Gruppe patrouillierender Soldaten (bayrisch sprechende junge Schauspieler, die sich zu Beginn des Films amerikanische Uniformen anziehen) drangsaliert, mehrfach vergewaltigt und ermordet. Der amerikanische Regisseur und Jury-Präsident George Stevens wertete den Film als „Amerika-feindlich", wollte ihn aus dem Wettbewerbsprogramm ausklammern und „zur Prüfung" an die Auswahlkommission zurückverweisen. Der jugoslawische Regisseur Dušan Makavejev, Mitglied der Jury, widersetzte sich dem Druck des Jury-Präsidenten, den er als Zensur empfand. Andere Filmemacher zogen ihre Filme unter Protest vom Festival zurück, eine heftige öffentliche Diskussion entbrannte, das Premierenkino Zoo-Palast wurde von Protestierenden besetzt. Schließlich wurde das Festival ohne Preisvergabe abgebrochen. In Folge dieses Skandals spitzte sich die Kritik an der Struktur der Berlinale zu, die den Themen und Ästhetiken des neuen Kinos zu wenig Raum biete. Das Ergebnis der Debatte war im darauffolgenden Jahr 1971 die Etablierung der Berlinale-Sektion Internationales Forum des Jungen Films.

V.l.: Ulrich Gregor, Erika Gregor und Alf Bold im Kino

Man spricht ja miteinander, und so kamen Claudia von Alemann und Helke Sander 1973 zu uns und sagten, sie hätten Lust, ein Frauen-Filmseminar zu veranstalten. Eigentlich war es ein Filmfestival, aber damals nannte man ein Festival nicht einfach Festival, sondern Seminar. Da ich das Arsenal-Kino und unsere Möglichkeiten als Freunde der deutschen Kinemathek immer als eine Institution gesehen habe, die Dinge ermöglichen konnte, sagten wir zu und redeten ihnen nicht dazwischen. Sie kamen mit ihren Ideen und Vorschlägen und hatten ein bisschen Geld von der evangelischen Kirche, um Filme zu recherchieren, das Seminar zu organisieren und Gäste einzuladen. Wir boten die Infrastruktur, das Kino und die technischen Dinge. Wir sprachen auch mit der Finow-Grundschule gegenüber vom Arsenal-Kino und baten um Klassenräume für die Seminarveranstaltungen. Die Direktorin war begeistert und machte mit.

Das politische Frauen-Filmseminar

So kam das Treffen im November 1973 zustande. Ulrich und auch Alf Bold, unser Kollege und Mitarbeiter, traten eigentlich nur in Erscheinung, wenn sie etwas Technisches zusammenstecken mussten. Ich habe dabeigesessen und den Seminaren zugehört.

Die meisten Filme aus Italien, Dänemark und Norwegen kannte ich, wir hatten sie im Forum oder im Arsenal gezeigt. Das Entscheidende für viele Frauen war, glaube ich, der Ort, wo sie sich trafen und redeten. Man sprach ja auch beim Essen miteinander, nach den Filmen und am Abend, und es war für mich, die ich daran glaube, dass man durch Diskussion Erkenntnisse gewinnt, wichtig zu sehen, dass die Filmemacherinnen aus ihrer Vereinzelung herausfanden.

Es ging darum, die politischen Positionen der Frauen zu bestimmen. Auch für mich war es in erster Linie ein politisches Seminar, denn wenn Leute sagen, sie seien unpolitisch, werde ich misstrauisch und denke, dass sie rechts sind. Es ging um Fragen, die uns zu der Zeit auf den Nägeln brannten: Der § 218 kriminalisierte Frauen, wenn sie eine Abtreibung brauchten, was man sich heute kaum vorstellen kann. Es ging auch um die Frage nach den körperlichen Auswirkungen der damals noch neuen, relativ unerforschten Antibaby-Pille. Und um die Frage, die heute immer noch nicht gelöst ist: Wie sind gleiche Rechte und gleiche Bezahlung für Frauen zu erreichen?

Die Vereinbarkeit von Arbeit und Familie war auch mein Problem. Ich arbeitete im Arsenal-Kino und für das Forum, ich tat das gern und kann mir mein Leben ohne Arbeit gar nicht vorstellen, aber ich hatte eben auch zwei Kinder und musste nach Hause rasen, um Mittag zu kochen, wenn sie aus der Schule kamen. In der schlimmen Zeit im Winter, wenn wir unter Hochdruck das Forum-Programm für die Berlinale vorbereiten mussten, kam immer meine Mutter, um den Haushalt zusammenzuhalten und zu kochen. Nur so konnte ich auch arbeiten. Es wäre besser gewesen, es hätte Ganztagsschulen gegeben, aber es gab sie nicht. Die Fragen, die beim Frauen-Filmseminar besprochen wurden, gingen alle an, mich auch. Da gab es keinen Widerspruch.

Filme

Wir sprachen weniger darüber, dass Filme von Frauen aus der Filmgeschichte verschwunden waren oder nicht gemacht werden konnten. Nein, es gab durchaus Filme von Frauen. Es gab sehr politische Filme von dffb-Studentinnen, es kamen auch sehr politische Filme aus Italien zu uns, z. B. L'AGGETTIVO DONNA – DAS ADJEKTIV FRAU[3] (1968), die anders gemacht waren, schnell geschnitten, mit Statements, zum Teil sehr ironisch und nicht so didaktisch wie die Berliner Filme. Es gab den Film DER SCHARFRICHTER (1971) von Ursula Reuter-Christiansen, ein sehr versponnener mythischer Film über die Rolle der Frau als Mutter.[4] Dann den harten nüchternen Film ABORT von Vibeke Løkkeberg (1971), den man heute in seiner Klarheit und Schärfe noch einmal sehen sollte. Ich erinnere mich auch an den sehr lebendigen witzigen Film der amerikanischen Schriftstellerin und Filmemacherin Sandra Hochman, THE YEAR OF THE WOMAN (1972), in dem sie Frauen beim Wahlkongress der Demokratischen Partei interviewt, Stripteasetänzerinnen genau so wie die berühmte Rechtsanwältin und Frauenrechtsaktivistin Bella Abzug. Auch den Schauspieler Warren Beatty verwickelt sie in ein Gespräch, in dem er sich ziemlich ungeniert als *male chauvinist* zeigt.[5]

---

3   L'AGGETTIVO DONNA – DAS ADJEKTIV FRAU (Dokumentation, I 1971), 60 Min., OmU, Regie: Rony Daopoulos/Annabella Miscuglio mit dem Collettivo Feminista di Cinema. „Ein Kollektivfilm aus der italienischen Frauenbewegung. Souverän und ironisch im Umgang mit der Montage dokumentarischen Materials, zeigt er, wie die Frau als ‚Adjektiv-Frau', als Anhängsel des Mannes definiert wird." (Zitat aus einem Flyer der Kinothek Asta Nielsen 2008, siehe www.kinothek-asta-nielsen.de).
4   Siehe www.arsenal-kino.de/nc/.../skarpretteren-der-scharfrichter.html.
5   Zur Geschichte des Films siehe Douglas Rogers (16.4.2004), www.theguardian.com (letzter Zugriff 5.3.2014).

DIE FRAUEN VON RJASAN (SU 1927,
Regie: Olga Preobashenskaja)

Über das Frauen-Filmseminar hinaus haben wir von Beginn an viele Filme von Frauen im Internationalen Forum des Jungen Films gezeigt und sie danach in den Verleih genommen.

Ein paar Beispiele, die inzwischen Klassiker sind: Wir haben JEANNE DIELMAN, 23 QUAI DU COMMERCE, 1080 BRUXELLES von Chantal Akerman (1975) gehabt, KALDALON von Dore O (1971) oder aus Afrika KHADU BEYKAT – NACHRICHTEN AUS DEM DORF (1975) der senegalesischen Filmemacherin Safi Faye, die als erste Regisseurin der Subsahara-Region einen Spielfilm drehte. Auch der Film der ungarischen Regisseurin Márta Mészáros, NEUN MONATE (1976), in dem sie von einer Frau erzählt, die beschließt, ihr Kind allein aufzuziehen, war mir immer sehr wichtig.

Wir haben als Freunde der Kinemathek und als Kuratoren des Internationalen Forums des Jungen Films immer wieder auch Entdeckungen aus der Filmgeschichte öffentlich gemacht, haben z. B. für das deutsche Kinopublikum Dorothy Arzners DANCE, GIRL DANCE (1940)[6] ausgegraben, der in den 1980er-Jahren als Gegenbild zu den üblichen Frauenrollen des Hollywood-Kinos diskutiert wurde. Da tritt eine Tänzerin, die für ihr Können als Balletttänzerin anerkannt sein will, vor das Männerauditorium und wehrt sich dagegen, angeglotzt zu werden. Erstaunlich, dass Dorothy Arzner diesen Film in Hollywood durchsetzen konnte. Oder wir sind auf Filme von Olga Preobashenskaja oder Margarita Barskaja aus der sowjetischen Kinematografie aufmerksam

---

6   Inzwischen ist DANCE, GIRL DANCE von der Library of Congress in Washington D.C. in die Liste der erhaltenswerten Schätze der amerikanischen Filmgeschichte aufgenommen worden. Die Begründung: Der Film sei „culturally, historically, or aesthetically significant", Arzner's „most intriguing film", „a meditation on the disparity between art and commerce. The dancers, played by Maureen O'Hara and Lucille Ball, strive to preserve their own feminist integrity, while fighting for their place in the spotlight and for the love of male lead Louis Hayward." (Quelle: en.www.wikipedia.org/Dance,_Girl_Dance, letzter Zugriff 5.3.2014).

geworden, konnten sie im Filmarchiv Gosfilmofond sehen und ins Forum einladen. Das war mir sehr wichtig. Die französische Stummfilmregisseurin Germaine Dulac war ebenfalls eine große Wiederentdeckung. Ich fand wichtig, dass es immer kreative Regisseurinnen gegeben hat, die à la longue aber von der männlich dominierten Filmindustrie „vergessen" wurden.

Natürlich hat uns die Entdeckung des weiblichen Anteils an der Filmgeschichte als solche begeistert, aber die Filme mussten gut sein und etwas zu sagen haben. Ich würde keine Abstriche machen bei der Qualität. Dass diese ganz unterschiedlichen Filme, die uns in all den Jahren der Arbeit begleitet haben, nicht gut gewesen wären, nicht auf der Höhe der Zeit, nur weil sie unter den schwierigeren Produktionsbedingungen der Frauen entstanden sind, das ist ein dummes Vorurteil.

Gemeinsam war den Filmen, die durch das Frauen-Filmseminar ins öffentliche Bewusstsein drangen, dass sie plötzlich überhaupt präsent waren in all ihren Besonderheiten. Es gab 16mm-Kameras und Synchronton, sodass es nicht mehr so teuer war, Filme zu machen. Wichtig war, dass Frauen Filme über ihre Situation machen wollten. Da wurde etwas entdeckt und genutzt, was es schon in den 1920er-Jahren gab. Germaine Dulac drehte Filme, die die Situation der Ehefrau behandelten, Olga Preobashenskaja über den rechtlosen Status der Frauen im Patriarchat. Eigentlich waren es immer Filme über die Situation, in der sie selbst steckten. Darin bestand der Aufbruch, der sicher eine Folge der '68er-Bewegung war, denn auch da hatten es viele Frauen mit Bürgersöhnchen zu tun, die die Revolution planten, sie aber mit den Kindern zu Hause sitzen ließen. Die Weltrevolution war wichtiger, als zu überlegen, was im kleinen Kreis zu ändern gewesen wäre. Plötzlich gab es die Möglichkeit, über das aufgestaute Bedürfnis der Frauen und diese Probleme zu sprechen und folglich gab es auch ein Publikum für die Filme.

Aufz. CL

Helke Sander

PROFESSORIN, REGISSEURIN,
PRODUZENTIN, AUTORIN

Helke Sander wurde 1937 in Berlin geboren und besuchte nach dem Abitur die Schauspielschule der Kammerspiele in Hamburg. Nach ihrer Heirat mit dem finnischen Schriftsteller Markku Lahtela arbeitete sie als Regisseurin zunächst am Studententheater in Helsinki und später u.a. für das finnische Arbeitertheater, für Mainos-TV und Suomen TV.

1959 kam ihr Sohn Silvo zur Welt.

1965 kehrte Sander nach Berlin zurück und studierte von 1966 bis 1969 an der Deutschen Film- und Fernsehakademie. 1968 gründete sie zusammen mit anderen Frauen den „Aktionsrat zur Befreiung der Frauen". Als dessen Vertreterin hielt sie bei der Delegiertenkonferenz des SDS im September 1968 in Frankfurt die sogenannte „Tomatenrede", die als Auftakt der Frauenbewegung in der BRD gilt.

1974 gründete sie die erste feministische Filmzeitschrift in Europa, *Frauen und Film*, deren Herausgeberin sie bis 1980 war.

FILMOGRAFIE (Auswahl)
2005 MITTEN IM MALESTREAM
1998/99 MUTTERTIER – MUTTERMENSCH
1997 DAZLAK
1990–92 BEFREIER UND BEFREITE: KRIEG – VERGEWALTIGUNGEN – KINDER (zwei Teile)
1989 DIE DEUTSCHEN UND IHRE MÄNNER. BERICHT AUS BONN
1987 FELIX
1985/ 86 NR. 5 und NR. 8 – AUS BERICHTEN DER WACH- UND PATROUILLENDIENSTE
1984/85 NR. 1 – AUS BERICHTEN DER WACH- UND PATROULLIENDIENSTE
1983/84 DER BEGINN ALLER SCHRECKEN IST LIEBE
1980/81 DER SUBJEKTIVE FAKTOR (138 Min, 16mm, Basis Filmverleih)
1977 REDUPERS – DIE ALLSEITIG REDUZIERTE PERSÖNLICHKEIT
1972 MACHT DIE PILLE FREI?
1971 EINE PRÄMIE FÜR IRENE
1969 KINDER SIND KEINE RINDER
1967/68 BRECHT DIE MACHT DER MANIPULATEURE
1966 SUBJEKTITÜDE

VERÖFFENTLICHUNG
Fantasie und Arbeit. Biografische Zwiesprache, Hg. zus. mit Iris Gusner, Marburg 2009.

Das „Fräuleinwunder" im deutschen Film

In der alten BRD gab es drei Filmausbildungsstätten, Berlin, München und Ulm, die bis 1968 u.a. Claudia von Alemann, Ula Stöckl, Jeanine Meerapfel, Ingemo Engström, Helke Sander, Cristina Perincioli, Renée Verdan, Elsa Rassbach und Vanessa Schöttle ausbildeten.

Ohne Filmhochschule setzen sich Erika Runge und Helma Sanders-Brahms durch.

Die ersten Film-Förderinstitutionen wurden gegründet, die ersten alternativen Verleihfirmen entstanden und die neue deutsche Frauenbewegung, die auch bei den sich gegenseitig allmählich kennenlernenden Filmemacherinnen eine Rolle zu spielen begann. Sie setzten sich mehrheitlich dafür ein, mehr Frauen an die Schulen zu bringen und durchbrachen erfolgreich das herrschende Muster an der dffb: „Ein Neger, ein Jude, eine Frau". Mehr oder weniger waren damals alle Einzelkämpferinnen und rege beteiligt an den Diskussionen darüber, wie und für wen Filme zu machen seien: Diese Diskussionen spielten sich überall ab, wurden beeinflusst durch die Studentenbewegung und schufen vielerlei neue Möglichkeiten, Filme zu machen und zu sehen. Es herrschte allgemeine Experimentierlust und so gut wie kein kommerzielles Interesse. Dass die „Armut weiblich sei" war anfangs noch nicht zu spüren. Der Gegenwind kam relativ schnell, als die Ansprüche und die Vorhaben größer wurden. Der Widerstand richtete sich einmal darauf, dass überhaupt Frauen in diesen Beruf strebten, aber vor allem gab es bald inhaltliche Kontroversen mit den Geld gebenden Instanzen. Durch die Frauenbewegung kamen neue Fragestellungen auf, die entweder nicht verstanden oder abgelehnt wurden. Ich erinnere hier nur an abgelehnte Themen, die sich wie ein roter Faden durch die Filmografien einzelner Filmemacherinnen zogen.

Sei es ein Film über lesbische Liebe, über Heldinnen der Geschichte wie Flora Tristan, über die Geschichte der verschiedenen Frauenbewegungen. Überhaupt war auffällig, welche Schwierigkeiten entstanden, wenn ein Film plötzlich aus der Perspektive einer Frau erzählt werden sollte. Aber dennoch herrschte eine unglaubliche Produktivität, sei es mit Super 8 oder 16mm, und es entstand das Bedürfnis bei den Regisseurinnen, auch mit Frauen im Team zu arbeiten, was noch ganz ungewöhnlich war. So entstanden Filmkollektive im Verfahren: Learning by doing, was mühselig und nicht immer befriedigend, oft aber die einzige Möglichkeit war, eigene Projekte umzusetzen. Die ersten Kamera- und Tonfrauen arbeiteten ausschließlich mit Regisseurinnen, bis sie berühmt genug waren und meist nur noch von Männern bezahlt werden konnten. In den Juries der Festivals gab es bis auf wenige Ausnahmen keine Frauen, es gab sie nicht in den neu entstandenen Fördergremien, es gab sie nicht unter den Produzenten und kaum in den Redaktionen der Sender. Regisseurinnen waren nicht in den Branchen-Adresskarteien vorhanden. Sie waren zwar da, aber wurden ignoriert. Selbst bei den symbiotischen Teams, wie Straub/Huillet, Stöckl/Reitz z.B.

wurden normalerweise nur die Männer erwähnt. So ungefähr war die Situation, als Claudia von Alemann und ich Anfang 1973 beschlossen, die Filmemacherinnen, die wir kannten bzw. von denen wir gehört hatten, zusammenzubringen und ein Festival zu veranstalten, das wir dann „1. internationales Frauen-Filmseminar" nannten. Das verlängerte Wochenende hatte vier Themenschwerpunkte: Frauen im Arbeitskampf, Frauen in der Darstellung der Medien, Frauen und der § 218, Sexualität und Rollenverhalten, Frauenbewegung in Europa und den USA. Im Nachhinein betrachtet, hätten wir uns nicht so rigide an diese Thematik halten sollen, weil dadurch einige Filmemacherinnen wegfielen und das als diskriminierend empfanden. Andererseits war die praktisch unbezahlte Arbeit von uns enorm. Wir mussten ja nicht nur die Adressen der Filmemacherinnen aus den USA, Großbritannien, den skandinavischen Ländern und Frankreich aufspüren, Uraufführungen ermöglichen und insgesamt 33 Filme an vier Tagen zeigen. Wir mussten auch Schwerpunktdiskussionen zu den oben genannten Bereichen vorbereiten und durchführen. Das alles fand im Berliner Arsenal in der Welser Straße statt. Weil das Kino dort sehr klein war, hatten wir uns überlegt, kein offenes Festival zu machen, sondern die Filme eben in Form eines Seminars zu zeigen, an dem möglichst viele „Multiplikatorinnen" teilnehmen sollten, also Filmemacherinnen, Journalistinnen, Kinofrauen, von denen wir uns versprachen, dass sie die Anregungen aufnehmen, darüber berichten und die Filme an anderen Orten zeigen. Dieses Konzept erwies sich als richtig. Nicht nur gründete sich als Folge dieser Tage der erste feministische Journalistinnenverband, sondern Frauen aus allen relevanten Bereichen konnten nun die Filme nach der im Anschluss von uns herausgegebenen Broschüre *Zur Situation der Frau – Modellseminar. Film-und Bücherverzeichnis* auch bestellen. Dafür bekamen wir eine kleine Unterstützung durch die Evangelische Konferenz für Kommunikation, Frankfurt, die auch auf der sehr didaktisch formulierten Broschüre bestand. Nichtsdestotrotz war sie die Grundlage dafür, dass nun in der ganzen alten Bundesrepublik diese vorher nicht zugänglichen Filme bestellt und nachgespielt werden konnten. Diese Möglichkeit sprach sich sehr schnell herum – meist über Mundpropaganda, denn die Presse berichtete nur kurz oder gar nicht über das Ereignis – und kam bei interessierten Frauen noch in den kleinsten Städten an. Frauen, die als Lehrerinnen oder in Volkshochschulen arbeiteten, setzten sich für die Filme ein, kleine Frauengruppen, die bisher wenig mit Film zu tun hatten, setzen Filmabende in oft sehr kleinen Orten mit diesen Filmen durch. Diese Vielzahl von Unterstützerinnen war wie ein Wunder, das ziemlich lange andauerte und immer neue Möglichkeiten eröffnete und andere ansteckte, Ähnliches zu versuchen. Es drängten Frauen in die Juries, die wenigen Redakteurinnen in den Fernsehanstalten unterstützten Frauen, und ganz besonders aktiv waren Frauen in den Goethe-Instituten, die vielen Filmemacherinnen zum internationalen Durchbruch verhalfen. Diese Aktivitäten fanden Anerkennung, Zuspruch und Öffentlichkeit im Ausland, aber kaum in der deutschen Filmszene oder der Filmpresse.

Das nächste Festival – Musidora – fand 1974 in Paris schon in weit größerem Rahmen statt. In den USA entstand die Zeitschrift *Women And Film* und der bis heute bestehende Verleih Women Make Movies wurde größer und etablierter. Mein mit

DIE ALLSEITIG REDUZIERTE PERSÖNLICHKEIT – REDUPERS (1978)

wenig Fernsehmitteln produzierter Film EINE PRÄMIE FÜR IRENE findet zwar heute Zuspruch und wird mehr gezeigt als damals, aber 1971 wurde er sowohl vom WDR als auch von der linken Szene aus unterschiedlichen Gründen in Grund und Boden diskutiert („Er spaltet die Arbeiterklasse"). Mehr aus Gründen der Not – ich musste Geld verdienen – denn aus Leidenschaft, gründete ich 1974 die Zeitschrift *Frauen und Film*. In der ständig sich erweiternden Redaktion besprachen wir Mainstreamfilme, aber vor allem machten wir neue Filme von Frauen aus dem In- und Ausland bekannt. Die Zeitschrift erschien unter meiner Leitung acht Jahre, zuerst im Selbstverlag, dann bei Rotbuch in Berlin und nach meinem Aufhören 1981 im Verlag Roter Stern in Frankfurt. Geld verdienten wir mit der Zeitschrift nie, sie hatte aber eine Auflage von 3000 und erschien regelmäßig viermal jährlich. Im Jahr 2000 wurde sie 26 Jahre alt, und dann und wann hört man auch jetzt noch von ihr.

Die Wirkung der Zeitschrift war nicht zu unterschätzen. Sie fand viele freiwillige Leserinnen und Verbreiterinnen, und erweiterte ständig das Repertoire der Filme, die bestellt werden konnten. Allerdings gab es auch Widerstand aus fundamentalistischen feministischen Kreisen, die zum Boykott der Zeitschrift in Frauenbuchläden aufriefen, weil wir in einem „Männerverlag" erschienen.

Um die Zeitschrift herum entwickelten sich viele eigenständige Initiativen, die alle das Ziel hatten, die Filme von Frauen sichtbar zu machen.

In Amsterdam hatte sich der feministische Verleih Cinemien etabliert, in Berlin gründete Hildegard Westbeld den Chaos-Filmverleih. Im Cinema am Walther-Schreiber-Platz zeigte sie mit Gertrud Zyber einmal wöchentlich Filme von Frauen und machte auch Uraufführungen, z.B. mit einem Film von Ulrike Ottinger.

Aber nach wie vor war es besonders für Regisseurinnen schwierig, Fördergelder von den neuen Institutionen zu bekommen oder Fernsehaufträge. Darum forderte *Frauen und Film* in einem Flugblatt während der Berlinale 1975 „Geschlechterparität in den Gremien". Das Wort „Quotierung", das sich später durchsetzte, kannten wir damals noch nicht.

Während der Berliner Filmfestspiele in den 1970er-Jahren trafen sich Filmregisseurinnen aus aller Welt bei mir oder Gesine Strempel zum Frühstück, und immer gab es heiße Diskussionen über die Geschlechterparität.

Allmählich erschienen auch in den Gremien und Vergabekommissionen vereinzelt Frauen. Und, was wichtig war, diese Forderung wurde dann auch von anderen gesellschaftlichen Gruppen aufgegriffen.

Als Folge von Musidora gelang es Esta Marshall und Vivian Ostrovsky, bei der Unesco Geld für ein Treffen zu bekommen, das in einem Luxushotel in St. Vincent im Aosta-Tal stattfand und Regisseurinnen und Schauspielerinnen aus 15 Ländern zusammenbrachte, u. a. Agnes Varda (Frankreich), Bibi Anderson und Mai Zetterling (Schweden), Larissa Shepitko (SU), Chantal Akerman (Belgien), Márta Mészáros und Judit Elek (Ungarn), Valie Export (Österreich), Anna Karina (Frankreich), Maria-Luisa Bemberg (Argentinien), Claire Clouzot (Frankreich), Atiat el Abnoudi (Ägypten), Anne-Claire Poirier (Kanada), Mira Hamermesh (England), Isa Hesse (Schweiz), Claudia Weill und Susan Sontag (USA) und aus der BRD Helma Sanders, Claudia von Alemann und ich. Vera Chytilova durfte nicht aus der CSSR ausreisen. An sie wurde ein Solidaritätstelegramm geschickt, dass alle außer Larissa Shepitko unterschrieben. Während dieser Tage verabschiedeten wir ein Statut und gründeten „Film-Women-International". Im Statut wurde unter Punkt vier formuliert: „Ziel dieser Assoziation ist es, alle von Frauen gemachten Filme zu unterstützen, zu fördern und zu verbreiten, die die weiblichen Stereotypen analysieren und ein neues und authentisches Bild der Frau schaffen, indem sie Geschlechterdiskriminierung und sexistische Haltungen in allen Medien entlarven." Wir wählten die ebenfalls anwesende damalige Direktorin vom Svenska Filminstitutet, Anna-Lena Wibom, zur Generalsekretärin. Allerdings hörten die Teilnehmerinnen nie mehr etwas von ihr. Aber das Gerücht ging um, dass sie im Namen von „Film-Women-International" und mit Mitteln der Unesco durch die Welt reiste.

Das ganze schöne Programm wurde mehr oder weniger vergessen, weil es keine Verbreitung in der allgemeinen (Film)-Presse fand und einige spätere internationale Gründungen von Frauen im Filmgeschäft hatten nie davon gehört. (Text des Programms in Anlage aus Nr. 6 *Frauen und Film*, S. 21–23.) In den 1980er- und 1990er-Jahren lagen die ersten Initiativen schon lange zurück, und neue filminteressierte Frauen wie z.B. die Blickpilotinnen machten schon eine Rückschau der ersten Festivals und Filmseminare. Birgit Durbahn gründete in Hamburg „bildwechsel" und sammelte Videos internationaler Künstlerinnen. Und in jüngster Zeit entstand in Frankfurt am Main die Kinothek Asta Nielsen, ganz zu schweigen von vielen Initiativen, die nach wie vor überall entstehen und oft nur lokal zur Kenntnis genommen werden, dort aber einen großen Stellenwert haben. In den 1980er-Jahren arbeitete der Verband der Filmarbeiterinnen mit der Rechtsanwältin Helga Wullweber an einer Verfassungsklage. Die gleichberechtigte Beteiligung an den Organen der Filmwirtschaft und kulturellen Förderung sollte durchgesetzt werden.

Die Klage wurde abgewiesen, führte dann allerdings zur Veranstaltung in der Berliner Akademie der Künste „Zur Krise der politischen Kultur" die ich als damals noch Akademiemitglied organisierte (ich verließ sie freiwillig Anfang 1990 wegen Filz und Frauenfeindlichkeit). Eingeladen waren Rednerinnen aus Eingeladen waren Rednerinnen aus dem In- und Ausland, z.B. Valie Export, Susanne Kappeler, Annette Foerster, Luise Pusch, Dörte Haak, die Rechtsanwältin Helga Wullweber.

Die Musik für den Abend hatte Mia Schmid komponiert. Als Libretto diente das ARD-Adressbuch, in dem sämtliche Intendanten, Abteilungsleiter, Chefredakteure mit Namen und Sitz genannt werden – nur Männer – und gesungen wurde das Stück z.B. von Mitgliedern der Schauspielabteilung der Akademie. Einige Hamburger Studentinnen der HFBK drehten Teile der Veranstaltung mit den damals leichten, aber noch nicht sonderlich guten Videokameras. Ein Zusammenschnitt der Bänder mit Ausschnitten aus den Reden und Statements des Fachpublikums während der Pausen befindet sich in der Stiftung deutsche Kinemathek unter dem Titel: „Zur Krise der politischen Kultur". Um also auf den Anfang zurückzukommen und die Idee, Filme von Frauen „unter das Volk" zu bringen: Es waren hunderte Frauen, die freiwillig dazu beitrugen und schließlich erzwangen, dass die Formen des Wissens größer wurden, die filmbaren Stoffe sich erweiterten, dass einige Filmemacherinnen auch an die größeren Gelder kamen und nicht nur in Nischen arbeiten mussten. Von Anfang an war es eine internationale Zusammenarbeit, die sich nie ausdrücklich so formulierte, sondern wie selbstverständlich an mehr oder weniger gleichen Zielen arbeitete. Aber es braucht auch nach Jahrzehnten immer wieder Aufmerksamkeit und Anstrengung. Feminismus ist auch eine Frage der Intelligenz. Bekanntlich gab es 2014 in Cannes wieder Proteste der versammelten Filmfrauen-Welt, weil kein Film einer Frau eingeladen wurde, obwohl es eine genügende Auswahl gegeben hätte.

Claudia von Alemann

REGISSEURIN, AUTORIN, PROFESSORIN

Claudia von Alemann wurde in Seebach/Thüringen geboren und wuchs in Köln auf. Nach einem Studium der Kunstgeschichte und Soziologie an der FU Berlin begann sie 1964 ein Filmstudium an der Hochschule für Gestaltung Ulm.

Sie lebte von 1968 bis 1969 und von 1974 bis 1980 in Paris. 1973 veranstaltete sie gemeinsam mit Helke Sander das „1. Internationale Frauen-Filmseminar" im Kino Arsenal in Westberlin.

1978 wurde ihre Tochter Noemi geboren, 1981 war sie Mitherausgeberin des Buchs *Das nächste Jahrhundert wird uns gehören. Frauen und Utopie 1830–1848*.

Von 1982 bis 2006 war sie Professorin an der FH Dortmund im Fachbereich Design, und Gastdozentin an zahlreichen Universitäten im Ausland, u.a. an der EICTV/Cuba.

Claudia von Alemann lebt in Köln, Berlin und Havanna.

FILMOGRAPHIE (Auswahl)
2014 Die Frau mit der Kamera – Porträt der Fotografin Abisag Tüllmann
1996–2000 War einst ein wilder Wassermann
1991 … wie nächtliche Schatten/Rückfahrt nach Thüringen
1988 Lichte Nächte (Dokumentar- und Spielfilm)
1986/87 Das nächste Jahrhundert wird uns gehören
1981/82 Nebelland (Spielfilm)
1981 Das Frauenzimmer (Spielfilm)
1978–80 Die Reise nach Lyon (Spielfilm)
1977 Filme der Sonne und der Nacht: Ariane Mnouchkine
1972/73 Es kommt drauf an, sie zu verändern
1970 Algier
1968/69 Das ist nur der Anfang, der Kampf geht weiter
1967/68 Fundevogel
1967/68 exprmentl knokke

Wir wollten alles und das sofort

Ich verbrachte meine Schulzeit in Köln, wo es damals eine einzigartige Musik-, Kunst und Theaterszene gab. John Cage und Merce Cunningham kamen oft nach Köln, und ich schrieb in unserer Schülerzeitung über ihre Aufführungen. Diese Konzerte haben mich nachhaltig beeinflusst. Als Schülerin hatte ich an politischen Schulungen teilgenommen, hatte Marx, Engels und Brecht gelesen. Doch die Faszination und Begeisterung für die neo-dadaistischen Aktivitäten, für die Musik der im Studio für elektronische Musik arbeitenden Komponisten wie José Luis de Delás, György Ligeti, Mauricio Kagel und Nam June Paik und die Fluxus-performances der in Köln lebenden Künstler beeindruckten mich noch weitaus mehr als die Marx-Lektüre. Nach dem Abitur wollte ich unbedingt nach Westberlin gehen und bekam wirklich einen der begehrten Studienplätze an der FU für Kunstgeschichte und Soziologie. Ich lebte in einer Art WG mit einer Freundin und deren Baby, das ich hütete, während sie Schauspiel studierte. Wir diskutierten ausgiebig über Kunst und Politik, Marxismus, Surrealismus und Musik – von den Rolling Stones über Free Jazz bis zu Neuer Musik. Bei uns gingen ständig unzählige Leute aus und ein, da meine Freundin auch sehr gut kochte. Jeden Abend war ich Platzanweiserin im Schillertheater, um meinen Lebensunterhalt zu verdienen. Spät nachts nach dem Dienst im Theater gingen wir aus und verbrachten unsere Nächte im „Zwiebelfisch" oder in der „kleinen Weltlaterne", einer legendären Kneipe in Kreuzberg.

Erbsensuppe mit Filmklassikern am Steinplatz

Ich traf mich mit meinem damaligen Freund, der Bildhauerei in der gegenüberliegenden HBK studierte, immer im Café der „Filmbühne am Steinplatz". Wir sahen uns nächtelang alte Filmklassiker und neue Filme an. Eine Vorstellung kostete eine Mark, es war warm in dem winzigen Restaurant im Vorraum des Kinos. Es gab drei Vorstellungen am Tag und zwischen diesen Vorführungen und der billigen Erbsensuppe erwachte meine Liebe zum Film. Ich wollte plötzlich unbedingt die Uni verlassen, weil mir die Fächer zu theorielastig waren. Mir wurde klar, dass ich etwas Handwerkliches, Technisches und Künstlerisches machen wollte, etwas, was meine Fantasie und Kreativität beanspruchte. Montage, Kamera, Ton, Drehbuch und Regie schienen all diese Bedingungen zu erfüllen. Ich war sehr naiv und idealistisch. Der Idealberuf schien für mich damals Filmregisseurin zu sein. Natürlich wusste ich, dass es sehr wenige Frauen gab, die Filmregie machten. Doch ich war mir vollkommen sicher, dass ich das kann, dass jede Frau das können würde. Ich setzte mir in den Kopf, auf die sich damals, 1964, in der Gründungsphase befindliche Berliner Filmhochschule (später dffb) zu gehen. Doch die Gründung wurde Jahr für Jahr verschoben. So fing ich an, Polnisch zu lernen an der FU, denn ich hoffte, in der legendären Filmhochschule in Lodz aufgenommen zu werden. Ich bewarb mich schließlich an der Hochschule für Gestaltung in Ulm, deren Reputation als Nachfolgerin des Bauhauses mich schon als Kunstgeschichtsstudentin sehr beeindruckt hatte und in der gerade die „abteilung für filmgestaltung" von Alexander Kluge, Edgar Reitz und Detten Schleiermacher gegründet worden war.

In Ulm und um Ulm herum

Anfang Oktober '64 traf ich im Frühnebel um sechs Uhr morgens mit dem Nachtzug aus Westberlin auf dem Bahnhofsvorplatz von Ulm ein und wäre am liebsten sofort wieder umgekehrt. Aber ich verbrachte dort vier Jahre. Das Filmstudium war sehr verschult. Es herrschten Disziplin und Anwesenheitspflicht, was mir am Anfang missfiel, da ich die Nächte in Berlin im „Zwiebelfisch" verbracht hatte und andere Arbeits- und Lebensweisen gewohnt war. Aber es hat mir viel gebracht; wir haben Ton- und Kameraseminare gemacht, Drehbuchschreiben gelernt, Regieübungen gemacht, an Schnittseminaren teilgenommen und wurden dann einfach ins Wasser geworfen. Wir waren viel uns selbst überlassen, hatten aber auch sehr gute Dozenten. Die Frauenquote war damals eindrucksvoll hoch: Sechs von 20 Studierenden in der „abteilung für filmgestaltung" waren Frauen: Ula Stöckl (s. S. 100), Marion Zemann, Jeanine Meerapfel, Recha Jungmann, Ursula Wenzel und ich.

Ich war froh, dass ich in diesen Jahren nicht in Frankfurt lebte und dass ich von der Uni weggegangen war.

Paris ... das ist nur der Anfang

Nach dem Filmstudium ging ich im Mai '68 nach Paris. Ich wollte drei Tage bleiben, um zu sehen, was los war, doch es wurde ein Jahr daraus. Bei Versammlungen und Gruppentreffen und allem, was die Linke damals im Mai und danach machte, wurde ich knallhart damit konfrontiert, dass Frauen kein Wort sagten, sondern dass fast ausschließlich die Männer redeten und die Entscheidungen trafen. Ich saß auch da und wagte nicht den Mund aufzumachen, aber ich ärgerte mich. Im September '68 reiste ich extra aus Paris zur SDS-Konferenz nach Frankfurt an. Ich war mit Helke Sander schon seit Herbst 1967 befreundet, denn ich fuhr oft von Ulm aus nach Westberlin, um mich mit dem ersten Studienjahr der dffb zu treffen und inhaltlich auszutauschen. Während der SDS-Konferenz in Frankfurt hörte ich Helke Sanders legendäre Rede und sah den Tomatenwurf von Sigrid Rüger[1]. Ich war total begeistert. Als ich nach

---

1 Helke Sander hielt 1968 als Sprecherin des „Aktionsrates zur Befreiung der Frau" eine Rede beim Delegiertenkongress des SDS (Sozialistischer Deutscher Studentenbund) in Frankfurt. Sie beschuldigte darin die Genossen, die Diskriminierung der Frau zu ignorieren. Da die Studenten des SDS nicht bereit waren, über diese Rede zu diskutieren, kam es zum Protest von Seiten der Frauen, die in dem berühmten Tomatenwurf durch Sigrid Rüger gipfelte. „Zunächst herrschte totale Erstarrung. Totenstille. Und dann war unglaubliches Tohuwabohu. Es wurde hitzig diskutiert, die Frauen haben sich zurückgezogen und am Abend eine Resolution entworfen. Am nächsten Tag schon gab es in jeder Universitätsstadt eine Frauengruppe. Und alle waren miteinander vernetzt", erzählte Helke Sander in einem Interview mit Bettina Schoeller-Bouju. Der Tomatenwurf wurde zum Startsignal der zweiten Welle der Frauenbewegung in der BRD.

Paris zurückkehrte, wollte ich die Frauenrevolte auch dort hintragen, was mir aber nicht gelang. Die westdeutschen Frauen waren zumindest damals sehr viel aktiver, mutiger und wütender als die französischen Frauen, die aber ein Jahr später schnell aufholten und militant wurden. Der „Aktionsrat zur Befreiung der Frau" hatte sich in West-Berlin bereits gegründet, und der erste „Weiberrat" war in Frankfurt direkt anschließend an die SDS-Konferenz entstanden, ging jedoch bald wieder ein.

Doch ich war so begeistert von der Pariser Mai-Revolte und den Folgen, dass ich ohne Geld fast ein Jahr dort blieb, bei Freunden auf dem Sofa schlief und an den Aktivitäten der „Generalstände des Films", der „Etats Géneraux du Cinema" teilnahm. Im Herbst '68 schlug ich der Filmredaktion des WDR vor, einen Film über „Film als Waffe im politischen Kampf" zu machen. Der Leiter der Filmredaktion, Reinold E. Thiel, erteilte mir den Auftrag und gab mir 30.000 DM. Ich dachte: Das geht mein Leben lang so weiter, ich werde die Filme drehen können, die ich drehen möchte. Ich kehrte nach Köln zurück, um den Film beim WDR zu schneiden. DAS IST NUR DER ANFANG, DER KAMPF GEHT WEITER wurde 1969 fertiggestellt. Obwohl Werner Höfer, dem Leiter des WDR 3 Programms, mein Kommentar missfiel und er Änderungen verlangte, die der Redakteur und ich ablehnten, wurde der Film im Frühjahr '69 gesendet

Anschließend zog ich nach Frankfurt. Mit einigen Freunden aus dem SDS wollten wir ein politisches Filmkollektiv für Dokumentarfilme gründen. Doch wir scheiterten an mangelnder Finanzierung und an Streitereien untereinander über die „richtige Linie".

Der zweite Weiberrat / Dreams and Dilemmas

Es gab keinen direkten Auslöser und keinen konkreten Zeitpunkt, zu dem ich mich stärker in der unabhängigen Frauenbewegung engagierte.

In Frankfurt gründeten wir im Januar 1970 mit einer Handvoll Frauen erneut eine Frauengruppe, die sich „Weiberrat" nannte. Es war wichtig, dass der Weiberrat nicht allein aus SDS-Frauen und aus Studentinnen bestand, sondern auch aus Hausfrauen und Frauen in anderen Berufen, die sich aufgrund ihrer Bedingungen und ihrer Lebenssituation der Frauenbewegung anschlossen und die keiner Organisation angehörten. Ich fand in dieser Gruppe endlich mein Aktionsfeld, in dem ich nicht den Eindruck hatte, dass alles, was ich sagte, intellektuell abgewertet wurde von den dominanten männlichen Genossen, die theoretisch daherredeten und uns nicht ausreden ließen.

Der Weiberrat war von wenigen Frauen, die sich im Januar 1970 zum ersten Mal trafen, in kurzer Zeit auf mehr als 200 Frauen angewachsen. Obwohl wir uns auch viel gestritten haben und Konflikte und Widersprüche heftig auszutragen waren, wollten wir eine autonome Frauenbewegung bleiben. Für mich änderte sich durch das Engagement in der Frauenbewegung meine Filmarbeit: Ich machte zunächst einen kurzen Film über Germaine Greer, deren Buch *Der Weibliche Eunuch* 1970 für Aufruhr in der Männerwelt sorgte, dann einen Film über die „1. antiimperialistische Frauenkonferenz" in Toronto, einen Kompilationsfilm über Frauen in Vietnam, und einen langen Dokumentarfilm über Frauenarbeit in der Metallindustrie, der sehr viel gezeigt und diskutiert wurde.

1970 hatten wir bereits mit der Regisseurin Hanna Laura Klar einen Film gemacht, in dem sechs Frauen je ein Statement abgaben (DAS SCHWACHE GESCHLECHT MUSS STÄRKER WERDEN)[2]. Jede wählte ihr Thema, und ich wollte unbedingt über mein Lieblingsthema reden: Die fehlende Automatisierung der Hausarbeit. Diese kritisierte ich im feministischen und im marxistischen Sinne: dass Hausarbeit eben keinen Mehrwert erbringe und deshalb im Kapitalismus nicht relevant sei. In der heftig umstrittenen feministischen Kampagne „Lohn für die Hausarbeit" wurde z. B. die Forderung aufgestellt, dass Hausarbeit automatisiert werden müsse. Ich behauptete also in dem Film, dass sich der Herd zu Hause durch Knopfdruck im Büro in Gang setzen sollte und dann nicht nur das Essen selber kocht, sondern es auf ebenfalls automatisch hergestellten Plastiktellern auswirft. Die ZuschauerInnen im Kino lachten besonders laut über die Plastikteller; 1970 hatte man noch nichts gegen Plastikteller! Ich hatte aber etwas gegen Hausarbeit, die allein von Frauen gemacht werden sollte.

Später bereitete ich einen aufwändigen historischen Spielfilm über die französische Frühsozialistin und Schriftstellerin Flora Tristan vor, die von 1803 bis 1844 lebte. Die nach jahrelanger Arbeit in Pariser Archiven und verschiedenen Drehbuchfassungen und dem Casting von Schauspielerinnen vorbereitete deutsch-französische Ko-Produktion platzte kurz vor Drehbeginn, und ich stand vollkommen deprimiert und frustriert da. Doch dann merkte ich, dass ich schwanger war und freute mich unendlich darüber und beschloss, hochschwanger, einen kostengünstigeren Film über die (vergebliche) Suche nach Flora Tristan zu drehen. Daraus wurde DIE REISE NACH LYON.[3]

Der Nebenwiderspruch

Als Feministin wurde man abgestempelt, in eine Schublade gesteckt und nicht mehr ernst genommen. Ich kam aus der linken Bewegung, gehörte keiner Partei an und sah mich als Teil der autonomen Frauenbewegung. In der BRD, anders als z. B. in England oder den USA zu der Zeit, galt Feminismus als etwas Verachtenswertes, womit sich eine vernünftige, intelligente, erfolgreiche Frau nicht beschäftigen sollte. Es war nicht einfach, sich öffentlich als Feministin zu bezeichnen. Die Diskriminierung, die dadurch aus der eigenen linken Organisation kam, war manchmal schwer zu ertragen. Sie fanden unsere autonome Frauenbewegung inakzeptabel, wir wurden quasi nicht mehr als Linke gesehen, sondern als „Nebenwiderspruch". Das hat mich manchmal sehr verletzt. Ich beschäftigte mich mit dem Begriff *Feminismus*: Der Satz „Nous sommes des feministes" („Wir sind Feministinnen") erschien zum ersten Mal in der ersten französischen Frauenzeitung *La femme libre* (Die freie Frau) aus dem Jahr 1832. Zusammen mit Dominique Jallamion und Bettina Schäfer habe ich ein Buch über diese Zeitschrift

---

2 DAS SCHWACHE GESCHLECHT MUSS STÄRKER WERDEN, Teil 1. Regie: Hanna Laura Klar, mit Claudia von Alemann, Suzanne Beyeler, Hanna Laura Klar, Erika Runge, Helke Sander, Ula Stöckl. 54 Min./WDR 1970.

3 DIE REISE NACH LYON, Spielfilm BRD 1978–80, Buch/Regie/Produktion: Claudia von Alemann Kamera: Hille Sagel, mit Rebecca Pauly, Denise Péron, Jean Badin, Nathalie Stern. Preis der Deutschen Filmkritik 1981.

herausgegeben: *Das nächste Jahrhundert wird uns gehören*, das die Zeitschrift vorstellt, in der in erstaunlich radikaler und moderner Weise die utopischen Ideale und Ideen der französischen Frühsozialistinnen von Frauen dargestellt werden.

Nachdem unsere Tochter Noemi geboren war, war abgemacht, dass mein Freund und Kindsvater (der damals freiberuflich arbeitete) und ich uns gemeinsam um unser Kind kümmern würden. Doch das hat nicht geklappt. Wir trennten uns, als unsere Tochter vier Jahre alt war, und ich war dann, auch bedingt durch unser Leben in zwei verschiedenen Städten, mehr oder weniger allein erziehend. Die dreifache Rolle als Mutter, FH-Professorin und Filmregisseurin kostete mehr Kraft, Energie und Improvisationstalent, als ich je gedacht hätte.

1. Internationales Frauen-Filmseminar

Helke Sander und ich lernten uns im Herbst '67 kennen, als ich noch in Ulm studierte und mal wieder zu Besuch in West-Berlin war. Helke und ich haben uns sehr oft gesehen, obwohl wir in verschiedenen Städten lebten, und nach fünf Jahren haben wir beschlossen, eine Veranstaltung im Kino Arsenal zu organisieren. Ich hatte erreicht, dass das „Gemeinschaftswerk der evangelischen Publizistik" (GEP), unter der Ägide von Walter Schobert, diese Veranstaltung finanzierte. Die Auflage war jedoch, dass die Veranstaltung einen didaktisch-pädagogischen Charakter haben musste und in Seminarform ablaufen sollte, und dieser Auflage kamen wir natürlich nach. De facto war es ein Festival, und zwar international das erste dieser Art, wir mussten es aber offiziell „Frauen-Filmseminar" nennen. (Den damals geprägten Begriff „Frauenfilme" haben wir immer abgelehnt.) Es war insofern neu und revolutionär, weil wir, was bis dahin noch nie geschehen war, in vier Tagen die Themen Abtreibung, Sexualität der Frau, Arbeit, Fabrikarbeit und Lohn für Hausarbeit besprachen und Filme zu all diesen Themen von Frauen sehr mühsam suchten und fanden. Wir bereiteten gemeinsam das Frauen-Filmfestival vor: Wir haben fast ein Jahr lang geforscht und nachgedacht, ganze Fernsehprogramme zur Rolle der Frau in den Medien analysiert (mit niederschmetternden Erkenntnissen) und Filme angesehen. Weil wir den pädagogisch-didaktischen Ansatz einhalten mussten und auch aus Budgetmangel haben wir fast ausschließlich Dokumentarfilme von Frauen, die von Frauen handeln, ausgesucht. Es war ein großer Erfolg, vier Tage lang zeigten wir ca. 40 Filme, fast alles Uraufführungen in der BRD. 300 Frauen und etwa fünf Männer waren zusammengekommen, 15 ausländische Regisseurinnnen hatten wir aus Budgetmangel nur einladen können, doch es herrschte eine wunderbare Atmosphäre.

Außerdem hatten wir die Absicht, die Frauen aus Fernsehen, Rundfunk und Printmedien mit den Aktivistinnen der Frauenbewegung zusammenzubringen. Zuerst wurden wir heftig kritisiert: „Ein Festival ausschließlich mit Filmen von Frauen? So ein Quatsch." Aber die Veranstaltung hatte einen Schnellballeffekt zur Folge, und die Jahre darauf wurden in allen möglichen Gruppen, Organisationen und Institutionen, in Groß- und Kleinstädten Frauen-Filmfestivals oder Workshops und Seminare veranstaltet.

Aufz. BSB

Angela Haardt

KURATORIN, FESTIVALLEITERIN

Geboren 1942 in Darmstadt, Studium in Hamburg, an der Ludwig-Maximilians-Universität in München und in Warschau, M.A. in Literaturwissenschaft und Ästhetik, 1977–1986 Fachbereichsleiterin an der VHS Duisburg, Aufbau der Duisburger Filmwoche zum nationalen Dokumentarfilmfestival, kündigte, um zu tanzen (Tanzhaus Düsseldorf und Gruppe 41 DU).

1990–1997 Leiterin der Internationalen Kurzfilmtage Oberhausen. Danach freiberuflich tätig in der Organisation von Kongressen und der Beratung für die Wüstenrot Stiftung (Europäische Kurzfilmbiennale), Lehrtätigkeit an der Hochschule für bildende Kunst in Hamburg und der Universität der Künste Berlin, daneben kuratorische Projekte.

Angela Haardt lebt in Berlin.

VERÖFFENTLICHUNGEN (das Thema betreffend als Herausgeberin)
- *iff, 1. Frauen-Filmseminar* (Dokumentation), Redaktion mit Ralph Kollat, München 1974 (vergriffen).
- *„Und vor allen Dingen, dat is wahr", Interviews mit Besucherinnen von Altentagesstätten in Duisburg,* Hg. mit Paul Hofmann und Frank Napierala, Duisburg 1978 (vergriffen).
- *Regisseurinnen aus NRW. Künstlerinnenpreis unterwegs,* Krefeld 2000.
- *Hearing zur Situation von Frauen in Filmberufen* (Dokumentation), Berlin 2004.

Als ich plötzlich zwischen wunderbaren Frauen stand...

Die Filmgruppe

Die Kollegen sagten: Mach uns keine Schande und Mach einen guten Eindruck. Indigniert über diese altväterliche Aufgabenstellung, machte ich mich an einem sonnigen Novembertag 1973 auf den Weg nach Berlin. In vier Wochen würde das von mir in München vorbereitete Frauenseminar starten. Ich hatte erfahren, dass Helke Sander und Claudia von Alemann ebenfalls ein Frauen-Filmseminar unter der Obhut der Freunde der deutschen Kinemathek organisierten. Ich freute mich über die Koinzidenz der Ereignisse, hoffte auf ein paar zusätzliche Filme und war gespannt.

Im Sommer des Jahres zuvor hatte ich es am Schreibtisch über meiner Dissertation nicht mehr ausgehalten. Ich brauchte ein Projekt, das der Kunst näher war, um zu überleben. Ich hatte getanzt und Theater gespielt, jetzt verkümmerte ich hinter all den Büchern bei dem Versuch, über die Anfänge der deutschen Literaturkritik im 18. Jahrhunderts zu schreiben. Durch einen Aushang fand ich zu einer studentischen Filmgruppe, der vier Männer angehörten, Peter, Fritz, Stephan und Ralph. Gerade hatten sie den Film 7 Thesen zum Agitationsfilm abgedreht, ich kam zum Schnitt hinzu.

Nach vier Monaten Probezeit durfte ich als einzige Neue in der Gruppe bleiben. Als der Film fertig war und wir über einen nächsten diskutierten, zeigten sich schwer vereinbare Positionen. Die eine forderte, dem damals populären Spruch „Kunst ist tot" folgend, Filme müssten das revolutionäre Potenzial vergrößern, Ästhetik sei zweitrangig, wenn nicht störend. Die andere wollte Schönheit und Sinnlichkeit, ohne die kein noch so wichtiger Inhalt überhaupt zu vermitteln sei (verkürzt formuliert).

Wir begannen mit Recherchen zu einem neuen Film über das Lehel, einen alten Stadtteil von München, der vom Abriss bedroht war. Erste Bürgerinitiativen hatten sich formiert. Wir besuchten – etwas lustlos – eine von deren Sitzungen. Noch unschlüssig überraschte uns ein Angebot von Herrn Falter, dem Besitzer der Kinos Isabella und Türkendolch, in der Form eines Vereins einmal wöchentlich im Isabella einen nichtkommerziellen Film vorzustellen. Eine legendäre Nacht hindurch diskutierten wir. Filme unserer Wahl zu zeigen, erschien schließlich als formidabler Ausweg, um Differenzen bei einer möglichen Filmproduktion auszuweichen. Mit einem Frühstück morgens um sechs Uhr auf dem Viktualienmarkt besiegelten wir unseren Entschluss. Das „internationale forum der filmavantgarde" (iff) war geboren.

Wir eröffneten mit Das Salz der Erde von Max Bibermann (USA 1956), der in den USA lange verboten war. Der Film schildert den Arbeitskampf von Minenarbeitern in Mexico, der vor allem durch den Einsatz und die Beharrlichkeit ihrer Frauen erfolgreich endete. Die mit neuem Selbstbewusstsein gestärkten Frauen verlangten anschließend mehr Respekt von ihren Männern.

Wir zeigten Filme von Godard und Chris Marker (die Kämpfe der Uhrenarbeiterinnen von LIP, die selbst die Kamera führten), Filme aus Oberhausen, vor allem die der StudentInnen der dffb, Filme der italienischen Kooperativen, Filme von Nelly Kaplan, Agnès Varda oder britischen Frauenkollektiven und schließlich die Filme über neue Psychiatrie-Ansätze von Ronald D. Laing oder Franco Bassaglia – die später mit großem Erfolg in den Programmkinos liefen. Wir produzierten zu jeder Vorstellung einen Flyer, führten in den Film ein und boten Diskussionen an.

Ich wollte bald größere Zusammenhänge vorstellen, grundsätzlicher über das spezifisch Filmische und seine Wirkung nachdenken. Ich schlug ein Frauen-Filmseminar vor. Die Gruppenmitglieder waren einverstanden, wollten sich aber nicht aktiv beteiligen.

Die Frauenfrage war virulent. Nicht nur revolutionierte die Pille das sexuelle Leben, auch das Selbstverständnis war im Wandel begriffen. Unsere Generation war aufgewachsen im double bind der Erfahrungen unserer Mütter. Nach dem Krieg standen sie oft ohne Ausbildung und ohne Mann da und mussten ihre Kinder ernähren. Sie wünschten eine Ausbildung für ihre Töchter, die diesen nötigenfalls bessere Chancen eröffnen sollte. Sie durfte aber nicht zu teuer sein, denn Heirat und Kinder und damit die Versorgung durch einen Mann galten weiterhin als Lebensziel. So studierten Abiturientinnen der frühen 1960er-Jahre überwiegend Pädagogik für das Lehramt (gebührenfrei z. B. in Hessen). Die Mütter hatten nicht berücksichtigt, was die Ausbildung bewirken würde: eine enorme Zunahme an Selbstvertrauen und Durchsetzungskraft und dazu – entscheidend – ökonomische Unabhängigkeit.

Was mich betraf, so hatte mein Vater eine zweijährige Ausbildung bei Siemens zur Ingenieursassistentin vorgesehen und zur Bedingung für andere Ambitionen gemacht.

Ich nahm Kontakt auf zu den 16 in München aktiven unabhängigen Frauengruppen mit höchst unterschiedlichen Themen, Vorgehensweisen und Mitgliederstrukturen. Es bedurfte diplomatischen Geschicks, sie zur gemeinsamen Teilnahme an einem Filmseminar zu bewegen. Überraschend einfach war es Geld zu beschaffen. Das Münchener Kulturamt und die Evangelische Kirche, vertreten durch Walter Schobert, den Leiter des kommunalen Kinos in Frankfurt am Main, gaben Geld für dieses Thema. Mit 5.000 DM ließ sich ein Wochenendseminar veranstalten. Die evangelische sowie die katholische Kirche stellten ihre Räume auf dem Olympiagelände zur Verfügung. Der Termin stand fest, alles war vorbereitet.

Das Frauen-Filmseminar in Berlin

Ich fuhr nach Berlin, betrat die Schulaula, den arsenal-Kinos in der Welserstraße gegenübergelegen, und sah mich etwa 200 Frauen gegenüber, eine schöner als die andere und – wie sich bald herausstellte – eine klüger und interessanter als die andere.

Derart viele Frauen beisammen! Das hatte ich noch nicht erlebt. Es traf mich wie ein Schock! Und: Alle hörten einander zu! Es gab unterschiedliche Meinungen, Konflikte, ja, auch Häme[1] – durchaus. Dennoch: Die Grundlage war Anerkennung. Ich war nicht allein, wir waren viele. Das war unglaublich befreiend. Die nervenaufreibende Selbstbehauptung konnte wegfallen. Gemeinsam nachzudenken und zu planen erlebte ich als lustvoll. Auch später gehörte die Zusammenarbeit mit Frauen zu meinen schönsten Arbeitserfahrungen.

Im philosophischen Seminar war ich eine von nur zwei Frauen. Bei den Germanisten waren wir Frauen zwar zahlreicher vertreten, im Doktorandenkreis aber auch nur zu zweit. Als Person nicht ernst genommen zu werden, forderte mir besondere Anstrengung ab. Ich nahm die Missachtung sofort wahr und versuchte (unbewusst) durch eigene Beiträge in den Seminaren aufzufallen.

So war mir unmöglich, in eine der K-Gruppen einzutreten. Dort schliffen Männer ihr Mundwerk für eine zukünftige Karriere, und ich spürte deutlich und wütend, dass Frauen und Freundinnen bei Versammlungen das Ambiente aufwerteten, nicht aber als Diskussionspartnerinnen ernst genommen wurden. Die meisten Studentinnen nahmen die Missachtung nicht wahr. Sie gehörte zum gesellschaftlichen Klima. Ich brachte die Überempfindlichkeit von zuhause mit. Dort hatte der Vater die Rollen präzise festgelegt, und zur Selbstbestimmung gelangte ich nur auf langwierigen und kompliziert verschlungenen Wegen.

Dem Schock beim Eintritt in die Aula folgte umgehend eine Erkenntnis, und die erst machte den Augenblick zu einem unvergesslichen und mich prägenden. Schlagartig wurde mir klar, dass ich Frauen mit dem Blick von Männern ansah, mich selbst aber aus diesem Blick ausschloss. In Männerrunden konkurrierte ich intellektuell, von Frauen erwartete ich Schönheit, Liebreiz und Vernunft. Mir wurde klar, dass ich an einer Korrektur meines Frauen- und meines Selbstbildes würde arbeiten müssen.

Das Frauen-Filmseminar in München

Zurück in München verkündete ich den Kollegen, sie könnten am Seminar nicht teilnehmen. Der daraufhin einsetzende Sturm der Entrüstung haute mich um. Auf solch starke Aggression war ich nicht gefasst. Die für uns Frauen alltägliche Erfahrung, ausgeschlossen zu sein, kannten die Männer nicht. Erst durch ihre Reaktion verstand ich, wie wichtig es war, den interessierten Männern die Erfahrung des Ausschlusses zu ermöglichen. Wir fanden den Kompromiss, sie zu Filmvorführungen und Plenumssitzungen einzuladen, die thematischen Gruppensitzungen jedoch den Frauen vorzubehalten.

---

1 Gerade waren zwei radikal persönliche Tagebücher in einer z.T. als vulgär empfundenen Sprache mit expliziten sexuellen Szenen veröffentlicht worden: Verena Stefan: *Häutungen* und Karin Struck: *Klassenliebe*, von der letzteren außerdem im *Spiegel* der – euphemistisch gesagt – sehr kontrovers diskutierte Artikel über das Muttersein, auf den sich die Journalistin stürzte, weil sich mit ihm so gut gegen das ganze ‚Emanzenpack' wettern ließ. Siehe Karin Struck: „Weg von den Müttern", *Der Spiegel* Nr. 48, 26.11.1973, www.spiegel.de/spiegel/print/d-41840281.html (letzter Zugriff 15.4.2014).

200 Frauen aus Münchens unabhängigen Gruppen besuchten das Seminar am 15./16. Dezember 1973. Aus Berlin hatte ich Helke Sander und Claudia von Alemann eingeladen und einige Filme mitgebracht. Die Diskussionen kreisten ausschließlich um gesellschaftspolitische Themen: um die Arbeit, die gesellschaftliche Stellung und die Sexualität von Frauen. Die Filme wurden nicht ästhetisch, sondern hinsichtlich ihres politischen Nutzens beurteilt. Allein die unvergessene Filmkritikerin Frieda Grafe[2], die an der Abschlussdiskussion teilnahm, bestand auf der ästhetischen Differenz des Mediums Film und warnte davor, ihn als direktes Abbild gesellschaftlicher Wirklichkeit misszuverstehen.

Film und Kino kannten die Teilnehmerinnen nur als Mittel zur Entspannung, als abendliches Vergnügen, vielleicht noch als nette Illustration politischer Thesen, nicht als Erweiterung von Erfahrung oder Gewinn von Erkenntnis durch ästhetische Wahrnehmung.

In der Folge wurden von den anwesenden Frauen weitere Seminare geplant, etwa zum Frauenbild in Spielfilmen. Vier neue cr-Gruppen entstanden. Einer solchen Gruppe schloss auch ich mich an.

cr, consciousness raising, war eine aus den USA kommende Bewegung, die Frauen ermutigte, aus ihrer Vereinzelung heraus zu gehen, ihre Erfahrungen anderen in einer Gruppe mitzuteilen und zu erkennen, dass ihre Empfindung individuellen Versagens bei der Bewältigung von Problemen von vielen geteilt wurden. Der Erfolg von cr beruhte auf der Einsicht in die gesellschaftliche Bedingtheit individueller Probleme und der dadurch bewirkten Entlastung der einzelnen Person.

Zehn Männer, regelmäßige iff-Besucher oder Freunde anwesender Frauen, waren zum Seminar gekommen. Sie bildeten notgedrungen eine eigene Gruppe, aus der die erste Männergruppe in der BRD entstand. Nachzulesen ist das im Buch *Männerbilder* von Volker Elis Pilgrim, in dem das iff-Mitglied Peter Syr von seinen Erfahrungen berichtet.[3]

Folgen

Beide Seminare hatten enorme Folgen für mich – private, berufliche sowie für mein gesellschaftspolitisches Engagement. Seither begleitet mich die selbstkritische Beobachtung meines Blicks auf Frauen und mir wird intensiver bewusst, wie komplex und spannungsvoll das Geflecht gesellschaftlicher Zuschreibungen und Anforderungen, Selbstgefühlen und Identitätsbestimmungen ist, das auch in der Genderdiskussion kaum entwirrt werden kann.

Das Berliner Seminar schenkte mir ein starkes Zugehörigkeitsgefühl zu den dort anwesenden Frauen, aber auch zu der gesellschaftlichen Situation von Frauen allgemein. Während meiner folgenden Bremer Jahre arbeitete ich am Frauenzentrum

---

2   Frieda Grafe (1934–2008), Filmkritikerin, Essayistin und Filmtheoretikerin.
3   Volker Elis Pilgrim (Hg.): *Männerbilder*, München 1976.

Podiumsdiskussion Duisburger Filmwoche 1977 – v.l.: Vertreter des DGB NRW, Vertrauensmann von Mannesmann, Angela Haardt (Moderation), Hans Helmut Prinzler (damals Studienleiter der dffb), Kommissionsmitglied Edgar Reitz (Filmemacher)

in verschiedenen Gruppen. Ein Jahrzehnt später organisierte ich in Duisburg mit aktiven Frauengruppen noch einmal eine Veranstaltungsreihe, die mich die Hochachtung vor der älteren Generation lehrte, die schon in den 1950er-Jahren gegen den gesellschaftlichen Trend und ohne medialen Rückhalt oder gesellschaftliche Anerkennung beharrlich um gleiche Rechte kämpfte.

Beruflich beeinflusste das Seminar meinen Weg, weil es in einem historischen Augenblick stattfand, als die Forderung nach geschlechterparitätischer Besetzung von Gremien und Institutionen laut wurde. Walter Schobert empfahl mich nach Duisburg, wo der Leiter des kommunalen Kinos (an der VHS), Horst Schäfer, die seit 1972 stattfindende Filmwoche 1977 zu einem nationalen Festival vergrößern wollte und Kommissionsmitglieder für die Filmauswahl suchte. Durch die Mitarbeit in der paritätisch besetzten Kommission, vor allem durch die Zusammenarbeit mit Gewerkschaftsvertretern während des Festivals, wurde ich in der Stadt bekannt. Als ich mich ein Jahr später um Schäfers Nachfolge bewarb, entschied sich der Dezernent schließlich – wir waren noch zwei Kandidaten – für die Frau, für mich.

Nach Jahren politischer Stagnation war die Stimmung in der Gesellschaft Ende der 1960er-Jahre umgeschlagen. Die SPD-Regierung reformierte alte Gesetzesparagrafen, die der in der

Verfassung niedergelegten Gleichberechtigung der Geschlechter Hohn sprachen. Einzelne Ministerien (zuerst nur in SPD-regierten Ländern, Berlin und NRW) begannen, Frauen in die Arbeit der Gremien einzubeziehen. Allerdings kannte man nur Frauen in Geld empfangenden Institutionen, die als erste berufen wurden. Erst allmählich weitete sich der Blick auf z. B. freiberuflich arbeitende Frauen.

Die gegenteilige Erfahrung machte ich zwölf Jahre später, bei der Bewerbung um die Leitung der Internationalen Kurzfilmtage Oberhausen. Der dortige Dezernent eröffnete mir v o r dem Bewerbungsgespräch, die Stadt wolle keine Frau mehr. Die Intrigen im Festivalbüro, die zum Hinauswurf der Leiterin geführt hatten (wie so oft vertrieb man das Opfer der Intrige, nicht die TäterInnen), wolle man in Zukunft vermeiden. Dieses Mal bekam ich – überraschend – die Stelle, obwohl ich eine Frau war.

Anmerken möchte ich: Die Durchsetzung als Frau in den Verwaltungen hatte ihren Preis. An der Volkshochschule Duisburg, wo ich Fachbereichsleiterin für kulturelle Bildung und verantwortlich für das kommunale Kino war, gab es nur eine weitere Frau (im FB Hauswirtschaft), in der Oberhausener Verwaltung war ich zeitweise die einzige Institutsleiterin. In der ersten Hälfte der 1980er-Jahre – ich war um die 40 Jahre alt – konnte ich an der Stimmlage meiner telefonischen Gesprächspartnerinnen heraushören, ob sie eine verantwortungsvolle Stellung (im Museum, im Verlag etc.) besetzten und etwa gleichaltrig waren. Ich habe mich nie geirrt. Wir alle hatten manchmal einen herrischen Ton und waren im Umgang oft zu rigide, was der Anstrengung, die uns die Alleinstellung abforderte, geschuldet war.

Gremienarbeit

Bundesrepublikanische Filmgremien wurden in der Regel von den Ländern beschickt. Das erste Gremium, in das mich das Kultusministerium NRW entsandte, war die FBW (Filmbewertungsstelle). Dort hatte die bekannte Journalistin und Filmkritikerin Christa Maerker, Entsandte aus Berlin, mit ihrem Rücktritt gegen das Faktum protestiert, jahrelang die einzige Frau im Gremium gewesen zu sein, wovon ich erst später hörte. Auch ich blieb lange Jahre die einzige Frau, und das kostete Nerven. Denn je nach Zusammensetzung des Gremiums war es mal taktisch unklug, mal klug, ‚die Frauenkarte zu spielen'. Schlimmer allerdings: Die meist älteren Herren hatten schon lange keine Filme mehr außerhalb des Fernsehens gesehen, und wenn, dann eher Blockbusters.

Nach sechs Jahren, 1985, entsandte das Kultusministerium NRW eine zweite Frau, Rosemarie Schatter, in die FBW und mich ins Kuratorium des jungen deutschen Films, wo ich mit der erfahrenen Ursula Ludwig vom Literarischen Colloquium Berlin zusammensaß. Es dauerte noch drei weitere Jahre, bis auch ein CDU-regiertes Land, Niedersachsen, eine Frau entsandte, die dann allerdings gleich für zwei weitere Gremien (in Niedersachsen und Bayern) tätig war. Obwohl sehr unterschiedlich in Werdegang und Lebenspraxis gab es wichtige Übereinstimmungen und fruchtbare Gespräche. Sie ermöglichten Entscheidungen, die wir einzeln kaum hätten durchsetzen können.

Einsichten

Wir neigen dazu, Erfahrungen der eigenen Generation zu verallgemeinern und hoffen darauf, die nachfolgende werde auf dem von uns Erreichten aufbauen. Dem ist nicht so. 1989, Anlass war das zehnjährige Bestehen des Verbands der Filmarbeiterinnen e.V., moderierte ich eine Podiumsdiskussion, auf der die Regisseurin Nina Grosse sagte, sie fühle sich eher denjenigen Kollegen verbunden, die abseits des Mainstreams ihre Filmprojekte verfolgten, als Filmemacherinnen per se. Das mag eine Einzelstimme gewesen sein. Mir erschien sie symptomatisch für die veränderte gesellschaftliche Situation.

Wir hatten unsere Ansichten wie unser Ethos im Widerstand gegen eine konservative, nach dem Krieg ideologisch und persönlich verunsicherte Gesellschaft geschärft und hatten insofern Glück, als wir uns in recht mühelos zu beschaffenden Arbeitsaufgaben beweisen und Erfolg haben konnten. Heute erscheint mir die Konkurrenz um gut bezahlte Arbeitsplätze härter.

Veränderungen zugunsten (nicht nur) der Frauen – möglicherweise – zeigen sich mir heute auf anderen Feldern: Wenn mir (in Berlin) der Anblick eines Mannes, der stolz mit einem Baby auf der Brust durch die Straßen läuft, allmählich zur alltäglichen Gewohnheit wird, so fällt mir doch jedes Mal ein, wie ich im Jahr 1978 bei einem Besuch in Bremen zum ersten Mal über einen Mann mit einem kleinen Kind auf dem Fahrrad staunte und etwa zur gleichen Zeit in Duisburg über einen Türken, der einen Kinderwagen vor sich herschob.

Brigitte Tast

FOTOGRAFIN, KURATORIN

Bereits während ihres Grafik-Studiums (FH Hildesheim) wurde für Brigitte Tast die Fotografie – auch durch ihren Fachdozenten Umbo – zu einem sehr menschlichen Ausdrucksmittel. Gerade durch ihren narrativen Umgang mit diesem Medium schuf sie sich Möglichkeiten, eigentlich Privates künstlerisch umzusetzen. Gelebte physische und psychische Erfahrungen wurden so zu einem wesentlichen Teil ihrer Arbeit. Noch in der Filmklasse der HBK Braunschweig (Meisterschülerin bei Prof. Gerhard Büttenbender) veröffentlichte sie zusammen mit ihrem Mann, Hans-Jürgen Tast, erste Foto-Text-Kombinationen in Buchform (in der eigenen Publikations-Reihe „Kulleraugen").

Den ganz direkten Kontakt zum Publikum suchte und erreichte sie aber in den darauf folgenden Jahren mit Diageschichten, einer Eigen-Erfindung. Ungewöhnliche Live-Aufführungen bei Film- und Foto-Festivals, in Museen, Galerien sowie Kunst-Kinos, für die sie immer selbst anreist.

Drei Fotobände, *Modell Gehen*, *Warten auf Lydia* und *Astarte und Venus*, entstanden – zum Teil als interdisziplinäre Dialoge mit anderen Künstlern – zeitlich parallel dazu.

Initiativ werden – Wege suchen

DARK SPRING[1] hieß Ingemo Engströms Abschlussfilm an der Münchner Hochschule für Film und Fernsehen (HFF). Ich erinnere mich, wie aufgeregt ich war, als bei der Hamburger Filmschau 1971 die junge Regisseurin mit langem, offenem Haar und femininer Ausstrahlung die Bühne betrat. Ich fieberte darauf, sie sprechen zu hören, und bangte gleichzeitig um sie. Wünschte mir, dass sie mit ihrem persönlichen Ansatz bestehen würde, entdeckte ich doch in ihrer inhaltlichen und formalen Herangehensweise wie auch in ihrer zurückgenommenen Art viel Ähnlichkeit mit mir. Sie zeigte schonungslos ihre Verletzlichkeit und verteidigte das Bedürfnis nach Sinnlichkeit im Leben und einer funktionierenden Beziehung. Bei ihr und Dore O.[2] begegnete ich, aus meiner persönlichen Sichtweise heraus, erstmals so etwas wie einer weiblichen Ästhetik im Medium Film.

Im Oktober 1973 wurde unsere Tochter geboren und in den folgenden Jahren wohnte ich häufig in Berlin. Dabei erfuhr ich von der Zeitschrift *Frauen und Film*. Unbedingt wollte ich mehr darüber wissen. Ich besuchte die Herausgeberin Helke Sander, die an ihrem Schreibtisch saß und arbeitete. Ich sah zuerst nur viel Papier, was mich immer einschüchtert. Trotzdem nahm ich die Einladung zum nächsten *Frauen und Film*-Autorinnen-Treffen glücklich an.[3]

In welcher Berliner Wohnung ich zum ersten Mal einem Treffen des Verbands der Filmarbeiterinnen (VeFi) beiwohnte, weiß ich nicht mehr. Aber an mein Herzklopfen, während ich eilig-gebremst die Holzstufen im Treppenhaus hinauflief und oben aus der geöffneten Wohnungstür ein angeregtes Stimmengewirr vernahm, daran kann ich mich erinnern.

Da ich stolz und froh war, dieser aktiven Gruppe anzugehören, schrieb ich manchmal für *Frauen und Film*.[4] Vor allem aber wuchs mein Bedürfnis, Filme von Frauen an meinem Hauptwohnsitz Hildesheim, in der Provinz, vorzuführen. Zu diesem Zweck legte ich ein Archiv[5] mit Text- und Bild-Informationen an, das ich regelmäßig aktuali-

---

1 DARK SPRING (BRD 1970; 70 Min; Farbe; B u. Regie: Ingemo Engström).
2 Von der Malerin, Fotografin und Filmemacherin Dore O., der Ehefrau des Filmemachers Werner Nekes, und ihren ersten Filmen ALASKA (BRD 1968, 18 Min.; Farbe; Buch u. Regie: Dore O.) und LAWALE (BRD 1969; 30 Min.; Farbe; Buch u. Regie: Dore O.) war ich besonders begeistert.
3 Brigitte Tast: „Außenseiterinnen". In: Linde Fröhlich, Brigitte Tast (Hg.): *Das Private wird öffentlich. Dokumentation über zwei Frauenfilmseminare im Zentrum*. Lübeck 1986. S. 55.
4 Z. B. Brigitte Tast: „Star Crash: Die Heldin, die immer gerettet wird". In: *Frauen und Film* Nr. 19. Berlin/West. März 1979. S. 9f.
5 Dieses Archiv wurde im Okt. 1998 von den „Blickpilotinnen. Verein zur Förderung Feministischer Filmbildungsarbeit e.V." (Berlin) übernommen.

sierte, und bot Filmseminare in der Hildesheimer Volkshochschule), im Kommunalen Kino Hannover[6] und im Lübecker „Zentrum"[7] an.

Als das „Kellerkino"-Team der Volkshochschule Ende 1978 vorschlug, eine Frauenfilm-Reihe zusammenzustellen, wollten die stellvertretende VHS-Leiterin Magdalena Zerrath und ich auf jeden Fall vermeiden, nur eine Alibi-Veranstaltung zu entwickeln. So forderten wir neben unserer Autonomie bei der Filmauswahl auch, dass die Reihe ein regelmäßiger Programmbestandteil werden müsse.

Auch bei den Film-Diskussionen wollten wir eigene Schwerpunkte setzen. „Es musste eine Atmosphäre bestehen, in der diese persönlichen Empfindungen geäußert werden konnten. Betroffenheit, Ratlosigkeit, Aggression, Trauer durften nicht schnell bewertet und erklärt werden. Außerdem war wichtig, dass sich niemand unter Redezwang und Zeitdruck fühlte."[8]

Für uns war es von Vorteil, dass wir die Reihe zu zweit betreuten. So konnten wir uns immer wieder gegenseitig motivieren. Denn wir spürten auch die Anstrengung, die eine Dauer-Veranstaltung verursacht. Aber wir konnten feststellen, dass unser Pflänzchen regen Zuspruch fand und andere Fraueninitiativen in unserer Stadt anregte. Selbst die Geschäftsstelle des Landesverbands der Volkshochschulen Niedersachsens e.V. wurde aufmerksam. Dadurch erhielten wir die Möglichkeit, unsere Reihe in einer Broschüre vorzustellen, um damit andere Frauen zu ermuntern.

1986 ging der 245-Seiten-Sammelband *Filme von Frauen. Sieben Jahre Filmclub-Arbeit in der Erwachsenenbildung* mit einem Vorwort von Jutta Brückner in den Druck. Neben einer detaillierten Rückschau und einer Zwischenbilanz in Form eines Gespräches reproduzierte das Handbuch sämtliche bis dahin erschienenen Film-Infos im Faksimile, ergänzt durch ein Verzeichnis mit den Namen der Regisseurinnen und ein Register der Filmtitel. Zusätzlich vermittelte es Tipps für die Arbeit mit Filmen, eine kommentierte Bibliografie sowie eine Adressenliste.

Für mich bedeutete die Betreuung der Reihe *Filme von Frauen* auch eine Arbeit an meiner eigenen Biografie und am gemeinschaftlichen Schmerz – und wäre es auch weiterhin geblieben. Doch parallel war mein Interesse an der Fotografie gewachsen, auch das Bedürfnis, eigene Geschichten zu erzählen. Immer deutlicher spürte ich, dass sich Fragestellungen angesammelt hatten, die ich angehen und künstlerisch umsetzen wollte. Dafür brauchte ich mehr Zeit und neue Freiräume für Kopf, Kamera und Dunkelkammer. So nahte der Moment, in dem ich zu entscheiden hatte, wie ich mit der Filmprogramm-Arbeit weitermachen könnte. Mein Archiv und die Film- und Verleih-Kenntnisse waren eine nützliche Ausgangslage, doch ließ sich das mit überregionalen Ausstellungen und Tourneen mit meinen Diageschichten nur schwer vereinbaren.[9]

---

6   Z. B. das Frauen-Filmseminar: Sexualität und Emanzipation am 30./31 Januar 1976 im Lister Turm bzw. Auf der Suche nach einer weiblichen Ästhetik, November 1976.

7   S. Linde Fröhlich, Brigitte Tast (Hg.): *Das Private wird öffentlich. Dokumentation über zwei Frauenfilmseminare im Zentrum.* Lübeck 1986.

8   Brigitte Tast, Magdalena Zerrath, Ute Magoulas-Frahm: *Filme von Frauen. Sieben Jahre Filmclub-Arbeit in der Erwachsenenbildung. Ein Beispiel.* Hannover 1986. S. 15.

9   Siehe Brigitte Tast: *Diageschichten.* Schellerten 2004.

Fotos von Brigitte Tast aus dem Text-Foto-Band *Die Hüterin des Weiß* (2011)

Die weibliche Sexualität ist mein Thema geblieben, meine Medien sind die stehenden Bilder der Fotografie und der selbst vorgetragene Text. Mein persönlicher Zugang blieb erhalten, wie auch mein Buch-Projekt *Die Hüterin des Weiß*[10] offenbart. Darin geht der Blick zurück in meine Kindheit im Nachkriegs-Deutschland, aber auch die Zeiten des Aufbruchs in den 1970er-Jahren, mein exzessives Suchen nach einem Lebens- und Arbeitskonzept, sind mir dadurch wieder ganz nah gerückt.

Sehr viel habe ich für die Vorbereitung und Zusammenstellung dieses Buches gelesen und angesammelt. Die Papierstapel in meinem Zimmer, auch wenn ich dadurch manchmal immer noch beunruhigt werde, wurden dabei wahrscheinlich höher als die auf Helke Sanders Schreibtisch, damals bei meinem ersten Besuch. Doch die damals gewonnene Überzeugung, dass ich diesen Themen einen sichtbaren Platz bieten und eine hörbare Stimme verleihen muss, stützte mich trotz des gewaltigen Umfangs dieses Vorhabens.

---

10 Siehe Brigitte Tast: *Die Hüterin des Weiß*. Schellerten 2011.

Heike Hurst

FILMKRITIKERIN, ÜBERSETZERIN,
(FRANKREICH)

1938 in Gotha geboren, wuchs Heike Hurst in Frankfurt/Main auf. Seit 1960 lebte sie als Verlagsmitarbeiterin in Paris, von 1963 bis 1967 in Algier, wo 1964 ihre Tochter zur Welt kam.

Von Paris aus, wo sie seit 1967 wieder ihren Lebensmittelpunkt hatte und als Deutschlehrerin tätig war, unternahm Heike Hurst regelmäßig Reisen zu den Filmfestivals in Berlin, Oberhausen, Cannes, Locarno, Venedig, Deauville u.a.m.

Von 1975 bis 1981 war sie Paris-Korrespondentin der Zeitschrift *Frauen und Film*. Sie arbeitete als Simultan-Übersetzerin für Filmfestivals, viele Jahre für das Internationale Forum des Jungen Films in Berlin und die Französischen Filmtage in Tübingen, für die sie ebenso Filmprogramme kuratierte wie auch für das Goethe-Institut Paris.

Sie schrieb Filmkritiken für französische Wochenzeitschriften, u. a. *Le Monde Libertaire*, arbeitete als Kritikerin für diverse französische Radiostationen und veröffentlichte Online-Festivalberichte und -Kritiken, u.a. auf www.programmkino.de.

Heike Hurst promovierte an der Universität Paris III in Vincennes. Mit Heiner Gassen publizierte sie das Buch *Tendres ennemis: Cent ans de cinéma entre la France et l' Allemagne*, Paris 1991.

Heike Hurst starb am 30. November 2012 in Paris.

Das Schema „schlechte Mutter"

Wie ich zu *Frauen und Film* gekommen bin? Alles begann mit meiner Rückkehr aus Algerien. Ich war mit einem Deserteur des Algerien-Kriegs zusammen, habe ihn sogar geheiratet, was ein schwerer Fehler war, aber immerhin. Nach der Unabhängigkeit 1962 ging er nach Algerien zurück, ich folgte ihm einige Monate später. Ich war aus Frankfurt/Main nach Paris gegangen und arbeitete in einem Verlag, bücher- und filmfixiert, wie ich war. 1964 kam in Algerien meine Tochter zur Welt. Dann wollte mein Mann den Mai 1968 in Frankreich erleben, während ich in Algerien sehr glücklich war. Aber weil ich meiner Tochter den Vater erhalten wollte, sind wir zurück, was nicht hundertprozentig meine Wahl war.

Dann sah ich meinen Mann in Paris überhaupt nicht mehr, bis er vorbeikam und vorwurfsvoll meinte: „In Berlin passiert doch so viel und Du sitzt hier mit unserem Kind." Er war ein Deserteur aus dem Algerien-Krieg, aber ein richtiger Chauvi. Ich fühlte mich in meiner Würde gekränkt, denn ich muss schon sagen, Deutschland hat mich wenig interessiert. Frankreich war für mich das bessere Land, in jeder Beziehung.

Als mein Mann lästerte „Du machst keine radikale Arbeit!", sagte ich, dass ich nach Berlin fahren würde. Ich wartete die Schulferien ab und nahm den Zug zur Berlinale, die damals im Sommer stattfand. Von irgendwelchen schrägen Gruppen kannte ich die Adresse von Helke Sander und klingelte einfach an ihrer Tür. Ihr damaliger Freund Uli Ströhle öffnete mir. Ich weiß noch, dass er uns ein schönes Spiegelei briet und mit Helkes Sohn Silvo beim Schach saß.

Es war Helkes Enthusiasmus, der mich zum Schreiben brachte. Sie hatte diese Art, an andere Frauen zu glauben. Kein Mensch traute mir vorher zu, dass ich gut über Filme erzählen und schreiben könnte. Das spielte eine große Rolle – mit einem Mann wie meinem. Von da an kam ich immer wieder zur Berlinale und wohnte bei Helke.

Für *Frauen und Film* schrieb ich später „Briefe aus Paris" über neue Filme und Bücher. In dem Heft zum Thema „Zuschauerinnen"[1] veröffentlichte ich 1978 meine Hommage „Geliebte Audrey". Audrey Hepburn ist zu einer Zeit berühmt geworden, als es im Kino nur Dicke-Busen-Frauen gab, und so hatte sie für mich die Ausstrahlung eines Anti-Stars. Davon handelte mein „Offener Brief aus der Erinnerung", in dem ich aufschrieb, was sie mir bedeutete, als ich 14 war und an meinen Augenbrauen, Ohren, Zöpfen und meiner Nase verzweifelte. Ich erinnere mich noch an die erste Zeile: „du hast mir vertrauen gegeben. plötzlich war ich schön" – alles klein geschrieben, so war das damals. Ich fand, da ist mir ein witziger Text gelungen. Leider ging der Witz *Frauen und Film* später vollkommen ab, die Zeitschrift bestand nur noch aus hochseriösen Filmanalysen à la *Sight and Sound*.

---

1   Heike Hurst: „Geliebte Audrey! – Offener Brief aus der Erinnerung". In: *Frauen und Film*, Nr. 17. Berlin 1978. S. 4.

Die Hepburn inspirierte mich, und es amüsiert mich, dass meine Hommage noch heute im Internet kursiert. Lustig, wenn man sich heute überlegt, wie spontan und unbedarft wir einfach auf Filme und Rollenbilder zugegangen sind.

Bei mir löste das etwas aus. Ich muss dazu sagen, dass ich einen großen Hass auf die Nazi-Vergangenheit hatte. Ich ging aus Frankfurt, wo ich aufwuchs, weg und fing sofort an, französisch zu sprechen, praktisch ohne Akzent. So kam es, dass ich Deutsch ein bisschen vergessen hatte, aber meine Begegnung mit Helke Sander weckte die Fähigkeit wunderbar wieder auf, deutsch zu reden, zu schreiben und lustig zu sein.

Ich arbeitete all die Jahre als Deutschlehrerin in Paris, so dass ich immer nur in den Ferien zu Festivals fahren konnte. Beim Internationalen Forum des Jungen Films in Berlin arbeitete ich als Simultan-Übersetzerin, später auch bei anderen Festivals, und bei den deutsch-französischen Filmtagen in Tübingen kuratierte ich Programme. Erst nach meiner Pensionierung konnte ich tun, was ich wollte: Ich fuhr zu vielen Festivals, nach Berlin, Venedig, Cannes, überall hin. Es hat mir nichts ausgemacht, in billigen Zimmern oder irgendwelchen Besenkammern zu nächtigen. Neue Filme und Diskussionen darüber waren mein Leben.

Schnulzen

Der Witz fehlt überall, finde ich. Damals haben wir uns als einzige über den hochgeschätzten Jean-Marie Straub lustig gemacht. Ich schätzte ihn auch, aber wenn *Frauen und Film* über die Filme spottete: „Legen Sie eine Platte von Bach auf und schauen Sie sich den Nacken von Othon an" – ungefähr so – fand ich die Idee wunderbar. Die Verstörung über Kunstwerke darf man darlegen. Irgendwie respektvoll war das schon.

Da fällt mir die Auseinandersetzung über Heiner Carows Film PAUL UND PAULA ein. Diesen Film „eine frauenverachtende Schnulze aus der DDR" zu nennen, war doch glatt ein Meisterwerk![2] Ich amüsiere mich noch heute! Als wir ihn später im Pariser Goethe-Institut zeigten, ließ ich es mir nicht nehmen zu sagen: Voilà, *Frauen und Film* hat einiges dazu geschrieben. Die Leute waren aus dem Häuschen, nie wären sie auf solche Ideen gekommen. Die Analyse war viel radikaler als heute. Es war ein polemischer Gegenpol zu sagen: Zum Teufel nochmal, was ist das? Paula *muss* ein Kind kriegen, obwohl sie weiß, sie stirbt daran? Dagegen Agnès Varda zur selben Zeit! Wir haben uns auch über LE BONHEUR gestritten, weil wir den Film kitschig fanden, aber er kommt mir revolutionärer vor als PAUL UND PAULA.

Trennungen

Filmemacherinnen wollen nicht in die Frauenecke gesteckt werden. Man sieht es bei dem traditionsreichen Frauenfilmfestival in Créteil, wo sie ihre Filme nicht hinschicken, weil sie sonst abgestempelt sind. Die meisten sagen: Ich bin Cineastin, keine Feministin. Feministin ist ein Schmähwort geworden – absolut.

---

2 Helke Sander, Renee Schlesier: „Die Legende von Paul und Paula – eine frauenverachtende Schnulze aus der DDR". In: *Frauen und Film*, Nr. 2. Berlin 1974. S. 8.

Denk' mal an Márta Mészáros, was sie damals mit ihrem Film Neun Monate auf die Beine gestellt hat. Da sagt die Frau: „Ich bleib nicht mit Dir zusammen" und steht einsam mit ihrem dicken Bauch in der leeren Wohnung am Fenster – das waren Bilder! Oder die wunderbar ambivalente Vibeke Løkkeberg! Sie liebte die Männer und hat trotzdem keine chauvinistischen erotischen Fantasien in ihren Filmen zugelassen.

Und heute? Was ist mit Hans Christian Schmid und der Großmutterrolle, die Corinna Harfouch in Was bleibt spielt? Ich schätze Schmid sehr, aber Was bleibt ist konventionell im Denken – grauenhaft. Die erwachsenen Kinder nehmen immer noch als Skandal wahr, dass der Vater die Mutter betrügt, selbst wenn er gute Gründe hat. Ich finde richtig, wie er das zeigt. Mich beschäftigt, wie Kinder die Trennung ihrer Eltern wahrnehmen, weil meine Generation die Perspektive der Kinder vollkommen unterschätzt hat. Das ist eine Frauenbewegungskatastrophe! Wir wollten alle Hausfrauen immer „wegschicken" aus der Familie, rein in die Fabriken. Wir dachten, alle Kinder gehören allen. So ein Quatsch! Wir haben es mitgemacht und jetzt sehen wir die tiefen seelischen Schäden, die wir angerichtet haben. Mir ist erst in der zweiten Generation klar geworden, wie meine Enkeltochter die Trennung ihrer Eltern miterlebt hat. Über sie habe ich erst verstanden, wie sehr meine Tochter unter unserer Trennung gelitten hat.

Ich spreche nicht von Schuld, ich spreche davon, dass Kinder mit solchen Situationen nicht fertig werden und sie oft das ganze Leben hindurch immer wieder reflektieren. Meine Enkelin, die als kleines Kind viel bei mir war, saß einmal neben mir im Bett und fragte – ich weiß es noch genau: „Warum habt ihr euch getrennt?" Sie meinte die Trennung von mir und meinem Mann. Ich dachte: „Verdammt nochmal, sie stellt nach 25 Jahren eine gute Frage." Ich hatte mir nicht vorgestellt, dass meine Tochter praktisch ohne ihren Vater und meine Enkelin ohne Großvater aufgewachsen ist.

Dass heute viele Eltern auch nach ihrer Trennung gemeinsam für die Kinder sorgen, kann sehr schön sein. Ich sehe manchmal Filme, die diese Situation nicht nur als Gag behandeln. Trennung in diesem Sinn könnte dann auch eine Chance sein. Manchmal denke ich, mein Enkelkind ist ein Kapitalist der Liebe. Ich sage zu ihr: „Du hast hier ein Zimmer, dort ein anderes. Du kannst zu mir kommen, wann Du willst." Meine Tochter hat das nie als Chance empfunden, sie hat immer nur mich als schlechte Mutter gesehen. Du bist eine schlechte Mutter, wenn du dich nicht hundertprozentig den Kindern hingibst. Das Muster siehst du überall, nicht nur in amerikanischen Filmen. Aber ich musste und wollte arbeiten, Geld verdienen und zu vielen Festivals fahren. Manchmal habe ich entgegnet: „Wenn Du nicht willst, dass ich fahre, hast Du keine Mutter, die interessante Gespräche führt und Dir von schönen Filmen berichtet." Manchmal konnte sie meine Argumente annehmen. Ich habe die Festivalreisen nicht aufgegeben.

Aufz. CL

Heide Breitel

CUTTERIN, REGISSEURIN,
DOZENTIN, PRODUZENTIN

1941 geboren in Berlin; 1957-1960 Fotolaborantin/Fotografin; 1960-1962 Ausbildung zur Filmcutterin; 1973-1979 Dozentin für Filmgestaltung und -schnitt an der Deutschen Film- und Fernsehakademie Berlin (dffb); seit 1977 eigene Filme, Dramaturgie, Editing und Postproduktion; 1980 Gründung der Heide Breitel Filmproduktion.

Heide Breitel ist seit 1982 als Cutterin für zahlreiche Filme von Elfi Mikesch tätig. Sie realisierte und produzierte eigene Dokumentarfilme und arbeitete als Produzentin u.a. für Verena Rudolphs Spielfilm FRANCESCA (1987), der den Max Ophüls Preis und das Filmband in Silber erhielt. Heide Breitel schreibt, dreht und produziert Dokumentarfilme für das Evangelische Medienhaus.

FILME (Auswahl)
2008 SPIELZONE – IM SOG VIRTUELLER WELTEN (Dokumentarfilm, ZDF arte, Buch, Regie, Montage, Co-Produktion)
2005 AUS ERFAHRUNG KLUG (Dokumentarfilm, ZDF arte, Buch, Regie, Montage, Produktion)
2002 ICH KANN DAS SCHON (Dokumentarfilm, ZDF arte, Buch, Regie, Montage, Produktion)
1999 LEBEN (Kino-Dokumentarfilm, Buch, Regie, Ton, Montage, Produktion)
1991 DASEIN (Dokumentarfilm, Buch, Regie, Ton, Montage, Produktion)
1987 ICH BIN NICHT SCHÖN – ICH BIN VIEL SCHLIMMER (Hommage an die Schauspielerin Gerty Molzen, Buch, Regie, Ton, Montage, Produktion)
1982 IM JAHR DER SCHLANGE (Dokumentarfilm, ZDF Kleines Fernsehspiel, Regie, Montage, Produktion; fünf Freundinnen, darunter die Filmemacherin, erzählen anlässlich ihres 40. Geburtstages im „Jahr der Schlange" 1981 von ihrer Kindheit im Krieg, dem Aufwachsen im Wirtschaftswunder und ihren durch die Frauenbewegung inspirierten Aufbrüchen. Der Film erhielt den Max Ophüls Sonderpreis.)
1981 ZWISCHEN DEN BILDERN – Teil 1: Montage im Erzählkino, Teil 2: Montage im Dokumentarfilm (Co-Regie mit Hans Helmut Prinzler, Montage)
1980 DIE KLEINEN KLEBERINNEN (Dokumentarfilm, Produktion, Regie, Ton, Montage)

Kleberinnen waren Arbeiterinnen in einem technischen Beruf

Als ich in den 1970er-Jahren Dozentin an der Film- und Fernsehakademie in Berlin (dffb) war, entstand in einem Montage-Seminar die Idee, einen Film über die praktische Seite des Filmschnitts zu machen. Die Mutter einer früheren Kollegin hatte zur Stummfilmzeit im Kopierwerk der Afifa (Aktiengesellschaft für Filmfabrikation) in Berlin-Tempelhof als Kleberin gearbeitet. In der frühen Filmindustrie saßen die Kleberinnen neben dem Regisseur und führten seine Anweisungen aus. Sie galten nicht als kreative Editorinnen, sondern als Arbeiterinnen in einem technischen Beruf. Wie Fotolaborantinnen halfen sie dem Meister im Kopierwerk beim Entwickeln, Fixieren und Wässern der Filmstreifen.

Da ich seit Beginn der 1960er-Jahre als Cutterin arbeite, hat mich der Rückblick in die alten Frauenberufe der Filmindustrie interessiert. Zu meinem Glück hatten die alten Damen der Afifa-Zeit noch Kontakt miteinander: Die Mutter der Kollegin traf sich mit ihren über 80-jährigen Freundinnen jedes Jahr zum Kaffeeklatsch. Sie konnten sehr lebendig von der unglamourösen Seite der Film- und Frauengeschichte erzählen, und so drehten wir mit Unterstützung der dffb den Film DIE KLEINEN KLEBERINNEN (1980), in dem sie von ihren Arbeitsbedingungen erzählten und die alten Techniken vorführten.

Im Labor

Für eine Ausstellung hatte die Stiftung Deutsche Kinemathek ein Labor aus alter Zeit nachgebaut, es gab sogar einen Rahmen, auf den man Filme aufziehen und zum Entwickeln, Wässern und Fixieren in Becken tauchen konnte. Auch eine kleine Holztrommel zum Trocknen der Streifen war da. Wir luden die Kleberinnen ins Labor ein, knipsten das Rotlicht an und baten sie, wie früher mit den Geräten zu arbeiten. Das „Spielzeug" amüsierte sie. Zu ihrer Zeit hatten sie nämlich endlose Meter Film auf riesengroße Trommeln gewickelt.

Margarethe Kunsemüller (historische Aufnahme aus DIE KLEINEN KLEBERINNEN)

„Wir waren die Kleenen", sagten sie von sich selbst, daher der Filmtitel DIE KLEINEN KLEBERINNEN. Frauen hatten in der frühen Filmindustrie keine Chance auf Plätze in den Männerdomänen an der Kamera, beim Schnitt oder im Kopierwerk.

DIE KLEINEN KLEBERINNEN: Frauen bei der Filmentwicklung und am Schneidetisch

Die Einstellungen eines Films wurden früher nass zusammengeklebt. Die Kleberinnen hatten Streifen mit der Blank- und der Schichtseite vor sich. Am Ende einer Einstellung schnitten sie das folgende Bild durch und schabten die Schichtseite des Stegs zwischen zwei Bildern ab. Den Bildsteg der folgenden Einstellung rauten sie auf der Blankseite mit dem Schabemesser an, legten den Filmstreifen in die Klebelade, trugen auf den Steg der abgeschabten Schichtseite ein wenig Leim auf und klebten ihn über die Blankseite des Anschlussstücks. Da war Präzision gefragt, denn auch der kleinste Fehler beim Schaben der Schicht war als Lichtspratzer bei der Projektion zu sehen.

In meiner Ausbildung lernte ich den nächsten Entwicklungsschritt kennen. Statt mit dem Schabemesser arbeiteten wir mit einem Hobel, der die schwierige Aufgabe, die Schichtseite abzurubbeln, elegant bewältigen half. Beim nächsten Schritt, dem Trockenkleben, wurde das letzte Bild der ersten und das erste Bild der zweiten Einstellung am Steg geschnitten und in einer Klebelade mit Tesafilm übergeklebt.

Tonfilm

Als Ende der 1920er-Jahre der Tonfilm aufkam, hätte man erwarten können, dass die Kleberinnen Cutterinnen werden würden. Aber das haben nur wenige geschafft, weil dieses aufwändige Handwerk den Männern vorbehalten war. Die Kleberinnen erzählen in meinem Film, dass viele Kameraassistenten Cutter wurden und die Frauen, die

Am Schneidetisch (historische Aufnahme aus Die kleinen Kleberinnen)

dieses Metier schon lange beherrschten, wieder nur assistierten durften. Auch die Söhne von Kameraleuten, Beleuchtern, Regisseuren und Produzenten übernahmen die aufgewertete Berufssparte, die jetzt Schnittmeister genannt wurde.

Frauen arbeiteten oft nachgeordnet. Der Schnittmeister gestaltete den Film mit einer Positiv-Arbeitskopie. Wenn keine Änderungen mehr durch den Regisseur oder die Produktion vorgesehen waren, wurden die Schnitte 1:1 im Negativ ausgeführt.

Die Gestaltung der Montage wurde Frauen nicht zugetraut. Als jedoch im Zweiten Weltkrieg viele Männer Soldaten wurden, übernahmen sie das Ruder, nicht nur in der Filmindustrie. Da schnitten die Assistentinnen plötzlich selbstständig auch größere Filme. Nach dem Krieg nahmen die Männer sukzessive wieder die Posten als Schnittmeister ein. Wie viele Schnittmeisterinnen es gab und wann sie wieder verschwanden, hat noch nie jemand recherchiert. Das Missverhältnis fiel mir immer wieder auf, wenn ich mir die Abspänne historischer Filme genauer angesehen habe.

Erst mit dem Aufkommen des Fernsehens änderte sich die Situation. Schnitt wurde zu einem Frauenberuf, weil die Bezahlung schlechter war.

Fernsehen 1

Als ich 1961 zum Sender Freies Berlin (SFB, Vorläufer des rbb, Rundfunk Berlin Brandenburg) kam, wollte ich zuerst nicht in den Schnitt. Ich hatte in der Familie durchgesetzt, eine Lehre als Fotografin und Fotolaborantin zu machen, obwohl mein Vater, ein Fleischermeister, mich lieber in seinem Handwerk oder in einer Konditorei gesehen hätte. Ich träumte aber vom Film, obwohl ich dafür ausgelacht wurde. Der Abteilungsleiter beim SFB hatte mich auf meine Bewerbung für eine Stelle als Kamerafrau eingeladen, doch die Kameramänner hielten meinen Berufswunsch für Jux: „Kamerafrau! Wo kommen wir da hin?" Ich erwiderte mit meiner Berliner Schnauze: „Was gibt es da zu lachen? Warum sind Kamerafrauen unmöglich, wenn Fotografinnen schon lange anerkannt sind?"

Meine Vorbildung gefiel und so bot mir der Chef ein Volontariat an, bei dem ich Filmschnitt lernen sollte. Damals drehte Matthias von Walden, ein erklärter Antikommunist, einen Film über die Berliner Mauer, dann einen ähnlichen mit dem Titel STACHELDRAHT. Bei diesen Filmen aus der rechten Ecke habe ich gelernt, was am Schneidetisch zu tun ist. Als die Cutterin krank wurde, übergab mir der Leiter der Feature-Abteilung das Projekt. Ein langes Feature wollten die Damen, die schon länger dabei waren, nicht gern an eine Volontärin abtreten. Aber ich schnitt den Film zu Ende und zwar mit Erfolg.

Beim Fernsehen wurde damals oft mit Umkehrfilm, einer Art Diafilm im 16mm-Format gedreht. Der Schnitt musste auf den Punkt stimmen, weil man direkt mit dem Original arbeitete. Große Features und Dokumentarfilme drehte man auf Negativ oder Umkehroriginal, bei dem das Originalmaterial im Archiv blieb, bis der Film fertig war und dann von der Negativcutterin nachgeschnitten wurde – nass geklebt, damit man die Klebestelle nicht sah. Jeder Schnipsel in den Dosen wurde aufgehoben, um die Sicherheit zu haben, Szenen umstellen und verlängern zu können. Machte man eine Klebestelle, fiel ja vom linken und vom rechten Streifen ein Bildfeld weg. Diese kleinen „Schnubbeldinger" hob man beim Nass- und Trockenschneiden auf, denn wenn die Szene verlängert werden sollte, konnte man sie wieder einfügen.

Dann suchte das neu gegründete Zweite Deutsche Fernsehen (ZDF) Personal. Mutig bewarb ich mich als Cutterin, obwohl ich ehrlich gestanden nicht viel Erfahrung hatte. Als ich im Oktober 1962 anfing, wurden jeden Tag Filme produziert, Nachrichtensendungen, Features auf Halde, denn der Sendebetrieb begann erst im April 1963. Die Mitarbeiter der ersten Stunde kamen von den Sendern der ARD und aus der Filmindustrie. Redakteure, die vorher bei Printmedien arbeiteten, haben Fernsehen „geübt". Ich fing bei der Nachrichtensendung HEUTE an, die jeden Abend fertig geschnitten wurde, so als würde sie ausgestrahlt. Alle Beteiligten sahen sich das fertige Stück an und diskutierten, über Qualität und Inhalt, ob die Technik funktionierte, die Redaktion gut vorbereitet war und der Journalist einen anständigen Text geschrieben hatte. Nach dieser „Probezeit" fühlte ich mich sicher.

Wechsel

Nach meiner Scheidung, inzwischen 30, stellte ich mich auf eigene Füße und wurde Chefcutterin der Manfred Durniok Filmproduktion. Als ich 1973 als Dozentin zur dffb kam, hat mir auch da die Arbeit ein Rundumwissen in allen Bereichen der Filmherstellung ermöglicht. Mit der Kamerafrau und Filmemacherin Gisela Tuchtenhagen hielt ich 1978 ein Seminar für Studentinnen des zweiten Jahrgangs. Zusammen entwickelten wir die Filme KÜCHE –THEATER – KRANKENHAUS. In der Gruppe wurde mein Wunsch, auch einmal Kamera zu machen, diskutiert und der damalige Leiter der dffb, Heinz Rathsack, gab das 16mm-Filmmaterial dafür frei. So konnte ich den Dokumentarfilm über eine Beiköchin drehen. Mein „informeller Abschlussfilm", der mir den Weg zur selbstständigen Dokumentarfilmerin ermöglichte.

DIE KLEINEN KLEBERINNEN empfanden das 16mm-Format wie Fummelzeug – furchtbar! Sie hatten im Kopierwerk nur 35mm-Filme in der Hand, das besser anzufassen war als die schmalen 16mm-Streifen. Sie mochten es nicht, und erst recht nicht den Wechsel zum digitalen Film.

Auch in meiner Generation haben viele den Übergang zum digitalen Schnitt nicht vollzogen. Mich hat als Cutterin und Dokumentarfilmerin interessiert, wie digitaler Filmschnitt funktioniert. Ich fand es toll, dass das Material jederzeit zur Verfügung steht, ich es abrufen kann und nichts mehr „durchgeschnitten" werden muss.

Aufz. CL

Inge von Bönninghausen

REDAKTEURIN IM FERNSEHEN DES
WESTDEUTSCHEN RUNDFUNKS KÖLN

Dr. Inge von Bönninghausen, hat von 1974 bis 1999 als Fernsehredakteurin beim WDR vorrangig das frauenpolitische Magazin FRAUEN-FRAGEN (ab 1997 FRAU-TV) geleitet und moderiert. Sie hat den Journalistinnenbund mitgegründet, ist Mitglied in der International Association of Women in Radio and Television (IAWRT), war Referentin bei Frauen-Medien-Konferenzen in Lateinamerika, Afrika und Asien und hat von den UN-Weltkonferenzen in Kairo und Peking berichtet.

1996 wurde ihr das Bundesverdienstkreuz verliehen.

Inge von Bönninghausen ist Vorstandsmitglied der Stiftung Archiv der deutschen Frauenbewegung in Kassel und der Lobby für Mädchen Köln.

Von 2000 bis 2004 war sie Vorsitzende des Deutschen Frauenrates, 2012 wurde sie mit dem Augspurg-Heymann-Preis ausgezeichnet.

Eine unerhörte Geschichte
Die Widerentdeckung der ersten Frauenbewegung

Es muss 1977 gewesen sein, als ich im Kölner Frauenbuchladen ein kleines Bändchen in die Hand bekam, grün mit dem Foto einer wunderschönen Frau. *Emanzipation* von Hedwig Dohm, erschienen im Ala Verlag, Zürich. Es enthielt ein Reprint der *Wissenschaftlichen Emanzipation der Frau* von 1874. Was für ein Lesevergnügen, bei dem immer wieder aufblitzte, wie viel Nachdenken ich mir hätte sparen können, wäre mir diese kluge, politische, witzige Frau nicht vorenthalten worden. So wie mir ging es vielen Frauen und nicht nur mit Hedwig Dohm, sondern der ganzen Heerschar von Vorkämpferinnen im 19. und frühen 20. Jahrhundert. Dass Helene Lange sich für Mädchenschulen eingesetzt hatte, stand in dem einen oder anderen Geschichtsbuch, aber nichts über Marie Stritt, Helene Stöcker, Minna Cauer, Anita Augspurg, Lida Gustava Heymann und Clara Zetkin, nichts über die Stimmrechtsbewegung, nichts über die Sittlichkeitsfrage.

Im selben Jahr trafen sich zum ersten Mal die autonomen Frauengruppen aus den ARD-Sendern und dem ZDF. Alle Berufsgruppen waren dabei, diskutierten über Arbeitsbedingungen, Unterrepräsentanz und Diskriminierung, über frauenfreie Programme in Hörfunk und Fernsehen, und vor allem lernten Frauen sich kennen. Aus ähnlichen Motiven entstand wenig später der Verband der Filmarbeiterinnen.

Für mich waren in diesen Jahren die Sommeruniversitäten an der Freien Universität Berlin besonders wichtig. An der FU hatte ich die schönsten Studienjahre verbracht, und jetzt bot die hier von Frauen für Frauen veranstaltete Woche Gelegenheit, ganz neuen Themen und Sichtweisen feministischer Wissenschaft zu begegnen. Die eigene Geschichte spielte in der neuen Frauenbewegung von Anfang an eine wichtige Rolle. Was haben Generationen vor uns gedacht und bewegt, welche Philosophien und Ideologien sprachen dem weiblichen Geschlecht schlichtweg ab, eine Geschichte zu haben. Frauen haben geforscht, gesammelt, veröffentlicht. Ab 1982 erschien die Zeitschrift *feministische studien*, 1984 wurde das Archiv der deutschen Frauenbewegung in Kassel eröffnet.

Als Journalistin wollte ich so viel wie möglich von dem weitergeben, was z. B. über Hebammen im Mittelalter, über Hausfrauisierung oder Frauenaktivitäten im Vormärz zu erfahren war. Das und die Berichterstattung aus der aktuellen Bewegung wurden möglich in der neuen WDR-Sendung FRAUEN-FRAGEN, die ich ab 1980 verantwortet habe. Die Bewegung wurde unübersehbar, auch in den Rundfunkanstalten, und einzelne Hierarchen waren bereit, Programmideen von Feministinnen anzuhören. Und so kam es 1984 zu ersten Gesprächen beim NDR, WDR und HR über eine mögliche Ko-Produktion zur Geschichte der Frauenbewegung. Barbara Schönfeldt (gest. 2008) in Hamburg gab den Anstoß, holte in Frankfurt Gudrun Güntheroth (gest. 2002) und Beate Veldtrup dazu und mich.

Vier Redakteurinnen in drei Sendern können sich ein grandioses gemeinsames Projekt ausdenken, sie müssen es aber bei drei Abteilungs- und drei Hauptabteilungsleitern durchsetzen sowie bei drei Direktoren. Da kann es monatelang über Geld und Sendeplätze hin und her gehen, und nie weiß man, ob nicht unausgesprochen die Inhalte auf Widerstand stoßen. Als ob diese Vielzahl zu koordinierender Personen, Interessen und Temperamente nicht genügte, wollten wir möglichst viele Filmemacherinnen beteiligen und ihre unterschiedlichen Handschriften sichtbar machen. Nach vielen Gesprächen haben für die zwölf Folgen UNERHÖRT – DIE GESCHICHTE DER DEUTSCHEN FRAUENBEWEGUNG VON 1830 BIS HEUTE Claudia von Alemann (zwei Folgen) (s. S. 32), Ula Stöckl (s. S. 100) mit Ulle Schröder (zwei Folgen), Christina von Braun (zwei Folgen), Sabine Zurmühl (zwei Folgen) Margit Eschenbach (zwei Folgen) Ann Schäfer (eine Folge) und Ingrid Oppermann (eine Folge) Buch und Regie übernommen.

Sie waren uns Redakteurinnen persönlich bekannt oder durch ihre Filme. Claudia von Alemann und Christina von Braun hatten sich bereits mit historischen Frauenfiguren filmisch beschäftigt, Sabine Zurmühl war als *Courage*-Herausgeberin und Dokumentarfilmerin prädestiniert vor allem für die Zeit der neuen Frauenbewegung. Ula Stöckl produzierte im Trio mit Ulle Schröder als Rechercheurin und Elfi Mikesch an der Kamera zwei Filme, in denen die Suche nach der Vergangenheit zu einem eigenen Thema wurde. Ann Schäfer, Redakteurin und Autorin beim SFB, brachte ihre Erfahrung und Begeisterung im Umgang mit dem Filmtrick ein, Ingrid Oppermann arbeitete mit Barbara Schönfeldt zusammen. Margit Eschenbach war den meisten schon begegnet, wechselweise verantwortlich für Kamera, Ton, Schnitt, Buch und Regie. Als Beraterinnen kamen Ute Gerhard und Ulrike Bussemer dazu. 1986 wurden die zwölf Filme produziert und ein Jahr später parallel in den Dritten Programmen von NDR, WDR und HR ausgestrahlt.

Die studentischen Aufbruchjahre haben politisch und künstlerisch die Entwicklung einer ganzen Generation geprägt. Dem Unterhaltungsfilm der Nachkriegsjahre setzten die Protagonisten des Neuen deutschen Films gesellschaftskritische Inhalte und betont subjektive Erzählweisen entgegen. Aber – wie überall sonst – herrschten auch hier Männer. Die Filmemacherinnen widersetzten sich mit neuen, emanzipatorischen Geschichten und gestalterischen Experimenten. UNERHÖRT war selbst ein Experiment, indem die Reihe erstmals das Massenmedium Fernsehen nutzte für die Erzählung einer unbekannten Geschichte aus dem Blickwinkel derer, die Erbinnen dieser Geschichte sind.

Ein weiteres, für das damalige Fernsehen völlig neues Element kam noch hinzu: Um die Filme als Reihe zu etablieren und um zu verhindern, dass Sender sich nach ihrem Gusto einzelne Filme herauspicken könnten, brauchten wir ein Bindeglied. Selten habe ich mich so unbeliebt gemacht wie mit der Erfindung der „Rote-Faden-Figur". Sie sollte nicht die allwissende Erzählerin sein, sondern die neugierige Frau, die recherchiert, kommentiert oder diskutiert, kurz, sich ihre Geschichte aneignet.

Ich konnte die Ablehnung dieser Idee gut nachvollziehen, denn diese Kunstfigur grenzte in der Tat die individuelle Gestaltungsfreiheit der Autorinnen ein. Für diese Person musste ein Raum geschaffen oder ein Ort aufgesucht werden, an dem sie sinnvoll auftritt. Ula Stöckl beispielsweise wählte das Filmmuseum Frankfurt, Ann Schäfer das Filmtrickstudio, Christina von Braun und Sabine Zurmühl richteten ihr einen Loft ein mit Schreibtisch, Schnittplatz und Sofa. Der Raum, in dem Claudia von Alemann

Christina von Braun und Kameramann Hans Danklev Hansen bei Dreharbeiten zu DER KAMPF UM BILDUNG (1986)

ihre Rote-Faden-Figur agieren ließ, erinnerte an eine reale Fabrikruine. Bei ihr war die von Lore Stefanek gespielte Figur stumme „Beobachterin" der Revolutionärinnen von 1830 und 1848, in späteren Folgen ließen die Autorinnen die „Entdeckerin" Dokumente, Fotos, Spielfilmausschnitte miteinander verbinden. Am besten erinnere ich mich an die Zusammenarbeit mit Christina von Braun und Sabine Zurmühl, da ich ihre Redakteurin war. Beide haben die fiktive Figur sehr unterschiedlich genutzt: Christina ließ sie in ihren beiden Folgen über den Beginn der organisierten bürgerlichen Frauenbewegung und über den Kampf um Bildung das Geschehen deuten und weiterdenken. Ein Beispiel: Dass den Frauen Bildung verwehrt wurde mit der Begründung, sie enthemme ihre durch Sittlichkeit gezügelte Sexualität, zeige – so die „Interpretin" – die Angst vor der Frau, die wiederum ihre Analogie findet in der Angst vor dem hoch sexualisierten Juden.

Bei Sabine Zurmühl war die Rote-Faden-Figur vor allem die „Abwägende", diejenige, die fragt, ob es uns Nachgeborenen zusteht, Frauen zu kritisieren, die sich im Ersten Weltkrieg sowohl in der Rüstungsindustrie als auch in der Lazarettpflege oft begeistert engagierten; sie fragt auch, ob die Hinwendung einiger zur Spiritualität für die neue Frauenbewegung Abspaltung oder Erweiterung bedeutete. Die letzte Folge endet mit dem Satz „Kein Versuch einer Bilanz", der auch für die ganze Reihe gelten kann.

So sehr wir damals als Gruppe und individuell mit dieser Figur gerungen haben, so spannend erzählt sie uns heute, warum die Aneignung der eigenen Geschichte so wichtig war und wie breit das Spektrum der Sichtweisen. Ich bin froh, dass die Begeisterung uns alle über viele Schwierigkeiten hinweggetragen hat und wir mit „Unerhört" 150 Jahre Frauenbewegung für ein großes Publikum wiederbelebt und damit die Geschichte weitergeschrieben haben.

Gabriele Röthemeyer

DOKUMENTARISTIN, DRAMATURGIN, LANGJÄHRIGE GESCHÄFTSFÜHRERIN DER MFG FILMFÖRDERUNG BADEN-WÜRTTEMBERG

Geboren 1947, Studium der Germanistik, Theaterwissenschaft und Zeitungswissenschaft in München. Danach Redakteurin und produzierende Feature-Autorin im NDR u. a. auch für das Kinderprogramm SESAMSTRASSE.

Für das Kinder-Bildungsprogramm des ZDF entwickelte sie ab 1979 als alleinige verantwortliche Redakteurin auf Seite des ZDF die ersten vier Staffeln der ältesten und langlebigsten Kinderserie LÖWENZAHN, wie zuvor schon für die Vorläuferserie PUSTEBLUME. Von 1982 bis 1989 arbeitete sie in Hamburg als Dramaturgin und Produzentin für eine der Produktionsfirmen von Guyla Trebitsch und als Chefdramaturgin der Provobis Film.

Danach freischaffende Autorin und Regisseurin von Dokumentarfilmen und Fernsehfeatures, vor allem zu kulturellen Themen.

Seit der Gründung 1995 bis zum Jahr 2013 war Gabriele Röthemeyer die Geschäftsführerin der Filmförderung Baden-Württemberg MFG in Stuttgart. Sie war über 25 Jahre lang Mitglied bzw. Vorstand in verschiedenen Gremien und Verbänden der Filmwirtschaft, (u. a. in der Jury Deutscher Filmpreis, dem Internationalen Filmkunsttheaterverband C.I.C.A.E., der Filmstiftung NRW und dem Kuratorium junger deutscher Film. Sie war die deutsche Koordinatorin des Europäischen Produzententrainings EAVE und im Hochschulrat der Staatlichen Hochschule für Gestaltung Karlsruhe.

Seit 2014 lebt Gabriele Röthemeyer wieder in Hamburg.

Mich interessiert der filmische Widerstand gegen bestehende Verhältnisse

Ich war von Jugend an am Kino interessiert. In München, wo ich studierte, gab es in den 1960er-Jahren Programmkinos, wo es richtig spannend losging mit dem Filmeschauen.

Damals sah ich viele französische und italienische Filme. Wenn ich heute zu Ko-Produktionsveranstaltungen reise, stelle ich fest, dass die Neugier für fremde Filme verschwindet. Ich sehe an den Zahlen, wie schwer es geworden ist, Filme ins Kino zu bringen, und anders als zu meiner Anfangszeit gibt es meist nur einen französischen Erfolgsfilm pro Jahr. Den deutschen Film mochte ich damals nicht sehr, weil er sich in gewissen Niederungen befand. Ich spürte auch das Defizit, dass die weibliche Perspektive in der Kultur fehlte, aber die ersten feministischen Filme oder die Frage nach einer weiblichen Ästhetik interessierten mich nicht wirklich.

Ich hatte keine Ahnung, was ich beruflich machen sollte, so studierte ich verblasene Dinge wie Theaterwissenschaft. Irgendwann landete ich bei den Zeitungswissenschaftlern, wo ich mit Dieter Kosslick, dem heutigen Leiter der Berlinale, und den RAF-Mitgliedern Brigitte Mohnhaupt und Rolf Heissler zusammen studierte. Wir hatten das erste „befreite" Institut, weil es im Amerika-Haus untergebracht war, was sich 1968 als unvereinbare Parallelwelt zu den Amerikanern herausstellte. Wie meine Idole wollte ich Theaterkritikerin werden und bewarb mich daher bei dem Kritiker und späteren Intendanten Ivan Nagel um einen Seminarplatz, obwohl fast nur gutaussehende junge Männer bei ihm saßen. Solche Dinge hatte ich nicht drauf, ich kam aus der Provinz.

Nach dem Studium fing ich beim Hörfunk an. Eines meiner Features, VOM SPIELEN ZUM LERNEN, das von Sprechererziehung handelte, gewann einen Preis. Als das NDR-Fernsehen anfragte, ob ich das Thema auch als Film bearbeiten wolle, sagte ich grenzenlos naiv zu. Im Lauf der Arbeit an meinem ersten halbstündigen Film plagte mich meine Inkompetenz in Sachen Film, sodass ich mich in die Materie hineinkniete.

Es ging gar nicht darum, dass ich meine Meinung und meinen Geschmack nicht hätte ausdrücken dürfen, mein Problem war, dass ich den Kameramann – es war immer ein Mann – nicht führen konnte. Erst im Schneideraum habe ich gelernt, was ich brauchte.

Zunächst frei tätig, bekam ich 1975 das Angebot, Redakteurin zu werden. Man muss sich die Situation anders vorstellen als heute, wo junge blonde Frauen auch politische Magazine moderieren. Neben Ursula Klamroth, der Abteilungsleiterin, gab es zu der Zeit im NDR nur zwei Frauen, denen ich meine Arbeit zu Füßen legte, weil ich sie sehr bewunderte: Luc Jochimsen und Lea Rosh. Aber beide vernichteten in ihrem Umfeld alles, was weiblich war. Den Männern verkauften sie damit: „Ihr müsst euch keine Sorgen machen, wir bleiben Einzelerscheinungen."

Gremienerfahrung

In Hamburg, wo ich lebte, ging ich viel ins Kino. Ich lernte Werner Grassmann, den Leiter des Abaton-Kinos, kennen, und wir liierten uns miteinander. Ende der 1970er-Jahre entstand eine öffentliche Diskussion darüber, dass zu wenige Frauen in den Filmfördergremien säßen. Werner Grassmann, der für die Seite der Programmkinos Einfluss im damals zuständigen Bundesinnenministerium besaß, brachte mich ins Gespräch. So wurde ich in den Ausschuss für den Bundesfilmpreis berufen. Am Ende war ich die am längsten im Amt befindliche Jurorin und über Jahre immer die jüngste. Es war eine tolle Zeit, in der ich die unglaublichsten Filmdiskussionen mit Enno Patalas vom Münchener Filmmuseum, Peter Buchka von der *Süddeutschen Zeitung*, Klaus Jäger vom Filmmuseum Düsseldorf und anderen genoss.

Die Filmemacherin Charlotte Kerr und ich waren die einzigen Frauen. Im ersten Jahr erschien sie nicht, weil ihr Mann, der Filmproduzent Henry Sokal, verstorben war. Die Männer freuten sich auf unser erstes Treffen, weil sie Streit zwischen der Älteren und Jüngeren erwarteten. Aber wir gaben ihnen nicht, was sie wollten, wir verstanden uns auf Anhieb gut. Charlotte Kerr war eine eigenwillige Persönlichkeit, zu der ich auch später gern Kontakt hielt. Mit einer gewissen Strategie machte sie Filme über große Dirigenten und Dichter, auch über Friedrich Dürrenmatt. Die beiden heirateten und er hinterließ ihr ein herrliches Haus in der Schweiz.

Als Alibifrauen hatten wir Einfluss in der Jury, weil wir unsere Rolle nutzten. Frauen und ihre Filme waren in den 1970er-Jahren ein Thema in der Öffentlichkeit. Ich mochte z. B. sehr den Film der Schweizer Filmemacherin Gertrud Pinkus, Das höchste Gut der Frau ist ihr Schweigen oder Ula Stöckls Film Der Schlaf der Vernunft. Das Angebot war nicht groß und wenn ein Film gelungen war, konnten wir einen Preis durchsetzen. Die Entscheidungsfindung der Drehbuch- oder Projektkommission der Filmförderungsanstalt (FFA) stelle ich mir komplizierter vor.

Als schließlich der Filmemacher Hark Bohm in Hamburg sein Süppchen kochte und durch ein eigenes Institut versuchte, die gewachsene Filmausbildung an der Hochschule für Bildende Kunst auszuhöhlen, engagierte ich mich mit Helke Sander und anderen. Erst für meine Arbeit als Geschäftsführerin der Baden-Württembergischen Filmförderung MFG verließ ich Hamburg 1995 und ging nach Stuttgart.

Bildungsfernsehen

Beim ZDF entwickelte ich ab 1979 die Vorschulserie Löwenzahn, die am längsten gesendete Serie im Kinderprogramm des ZDF, die aus der Vorläuferserie Pusteblume hervorging. Generationen sind mit diesem Programm aus dem Bereich Bildungsfernsehen groß geworden. Heute darf man das Wort Bildung im Fernsehen nicht mehr in den Mund nehmen, die Sender wollen nichts mehr damit zu tun haben.

Dass ich auch beim ZDF im Kinderprogramm arbeitete, also überall, wo Frauen überhaupt produzieren konnten, hatte den Grund, dass wir damals in bestimmte Redaktionen einfach nicht hineinkamen. Im Fernsehspiel des NDR gab es z. B. unter Dieter Meichsner keine Chance für Frauen. Hans Brecht, der Leiter der Redaktion

Film und Theater beim NDR, lud mich einmal ein, mich auf eine sehr schöne Stelle in seinem Redaktionsbereich zu bewerben. Aber da war nichts zu machen.

Als die Vorschulserie LÖWENZAHN nach vier Staffeln stand und ich 1982 den Grimme-Preis dafür bekam, ging ich weg. Ich sagte mir, dass ich genug Kinder- und Bildungsprogramme gemacht hätte und ging als Produzentin zurück nach Hamburg, zuerst zu einer Tochterfirma des Studio-Hamburg-Produzenten Guyla Trebitsch, dann zu Provobis, der Film- und Fernsehproduktion der Katholischen Kirche.

Im privaten Produktionsbereich ist einfach Gesetz, was von oben kommt. Das wollte ich auf die Dauer nicht. Provobis produzierte die Verfilmung von Josef Roths Roman *Das Spinnennetz* mit dem Regisseur Bernhard Wicki. Neben diesem Renommee-Projekt musste man mit gängigen Fernsehproduktionen Geld verdienen, d. h. sehr sparsam produzieren. Diesen Arbeitsstil wollte ich nicht mittragen, ich hörte auf und drehte wieder meine eigenen Dokumentationen, hauptsächlich für den NDR und die Redaktion Literatur und Kunst beim ZDF.

Einer meiner Filme portraitierte englische Kriminalschriftstellerinnen, ein anderer handelte von Bilderbuchtieren, tiefenpsychologisch aufgedröselt. Von Luis Murschetz bis Helme Heine kamen alle berühmten Autoren und Zeichner vor. Bis zu sechs Dokumentarfeatures entstanden pro Jahr, parallel arbeitete ich in den Gremien. Bei allen Bewerbungen verwies ich auf meine Gremienerfahrung. Ich wusste einfach, wie Filmförderung funktioniert.

Neue Themen

Allmählich war es mir gelungen, mich von sozialen Themen zu lösen. Man ist sehr eng mit den Leuten, über die man einen Film macht, damit etwas daraus wird, aber hinterher hatte ich oft das Gefühl, sie nicht einfach stehenlassen zu können. Auf die Dauer wurde mir das aber zu viel, sodass ich nur noch Filme machen wollte, bei denen die Leute wissen, worauf sie sich einlassen. Auch heute denke ich oft an die Verantwortung der Filmemacher, wenn ich einen Film sehe.

Im Jahr der Wiedervereinigung der beiden Deutschlands hatte ich eine Reihe von Themen beim ZDF angemeldet, aber man sagte mir, dass die Sendeplätze gebraucht würden, weil viel über den Osten zu berichten sei. So verbrachte ich 1990/91 mehr oder minder in der ehemaligen DDR, wo ich z. B. die Stadt Magdeburg unter kulturellem Aspekt darstellen sollte. Das war genug Ost-Erfahrung für mehrere Jahre.

Ich bediente mich eines Tricks, indem ich das örtliche Kabarett *Die Kugelblitze* engagierte und es zum Kommentar meiner Aufnahmen aufforderte. Man muss wissen, dass der damalige ZDF-Intendant Dieter Stolte eine Art Kabarettverbot verfügt hatte. Meine Filme wurden also sehr kritisch beäugt, aber am Ende landete der Magdeburger Kabarettist bei der Münchener Lach- und Schießgesellschaft. Darauf war ich richtig stolz.

Wenn ich meine Anfangszeit mit Erfahrungen vergleiche, die ich bis 2013 durch meine Tätigkeit in Förderinstitutionen und bei Ko-Produktionsmeetings gemacht habe, so interessiert mich nach wie vor der filmische Widerstand gegen bestehende Verhältnisse.

Aufz. CL

Elfi Reiter

KURATORIN (ITALIEN)

Geboren in Meran (Südtirol/Italien), 1957. Studium der Modernen Sprachen, Theater- und Filmgeschichte am Dams (Discipline Arti Musica e Spettacolo) an der Philosophischen Fakultät der Universität Bologna.

Ab 1986 (nach Abschluss mit Dissertation) vielseitig in mehreren kulturellen Bereichen (immer rund um Theater und Film) tätig: Kuratorin bei Festivals, Pressearbeit, Übersetzungen, Seminare über Filmanalyse an der Uni Bologna, Regieassistenz bei Karin Brandauer (für einen TV-Zweiteiler, 1989) und bei Peter Zadek (am Théatre de l'Odéon in Paris, 1991).

Als Filmjournalistin in freier Mitarbeit bei der linken Tageszeitung *il manifesto* (regelmäßig seit 2009) und (ehrenamtlich, bis zu deren Einstellung im Winter 2011) bei *Art'o – Zeitschrift für Kulturpolitik* (mitgegründet im Jahr 1998).

Zehn Jahre davor Mitgründerin des Filmfestivals AlpeAdriaCinema (heute TriesteFilmFestival, Mitte Januar), das hauptsächlich Mittel- und Osteuropas Filme unter die Lupe nimmt, zehnjährige Mitarbeit als Kuratorin und Textautorin.

Zweimal Neubearbeitung der Biografie Werner Herzogs (Erstausgabe von Fabrizio Grosoli), für den Filmverlag Castoro Cinema (z. Zt. ist die dritte im Auftrag).

Ko-Autorin von Video-Interviews mit Vandana Shiva in Delhi (Indien): Das erste, „Biodiversità-Una nuova economia" (dt: „Biodiversität – Eine neue Art der Wirtschaft") wurde in Portugal (Ecofestival 2006), in den USA (Vermont, Ifct 2007) und in Indien (Mumbai, 2008) gezeigt sowie in der DVD-Reihe Wanted&Illegal als Extra mit dem Film von Amos Gitai Ananas bei Raro-Video publiziert. Für denselben Verlag hat sie Texte für DVD-Begleitbüchlein geschrieben.

Hauptinteressen beim Film: kulturpolitische Themen, experimenteller Film, interdisziplinäre Kunst, Frauenfilme und -kultur, arabische und afrikanische Filme, Menschenrechte, Horror und Sci-Fi als Parabeln, unbekannte Werke und Autoren entdecken. Kurz gesagt: das sog. „andere Kino".

20 Jahre Beeinflussung der Massen durch Berlusconis Privatsender zeigen Wirkung

Mai 1982 in einer der Arkadenstraßen von Bologna. *Niente cade dal cielo* (Nichts fällt vom Himmel) – unter diesem Titel kündigte ein Plakat die Filme von Helke Sander, Jutta Brückner, Ulrike Ottinger, Helma Sanders-Brahms und Margarethe von Trotta an. Gäste aus Deutschland waren gekommen, um das Phänomen Neuer deutscher Film aus der weiblichen Sicht unter die Lupe zu nehmen. Kuratorin der Veranstaltung war Giovanna Grignaffini, eine mir vertraute Universitätsassistentin, bei der ich Kurse in Filmgeschichte belegt hatte, zugleich eine der Gründerinnen der Associazione Orlando, die ein wichtiges Kapitel italienischer Frauengeschichte repräsentiert.

Ich hatte schon um 1977 als Jugendliche in Bozen und Meran in der Filmgruppe des Südtiroler Kulturzentrums viele Neue deutsche Filme gesehen, von Rainer Werner Fassbinder, Peter Fleischmann und den genannten Regisseurinnen. Fassbinders Effi Briest hatte mich tief bewegt und von meinen Studienfächern weggeholt, mit denen ich ursprünglich in Dritte-Welt-Projekten arbeiten wollte. Hanna Schygullas großartiges schauspielerisches Können und das visuelle Spiel der Spiegelungen auf der schwarzweißen Leinwand verhexten mich. Von da ab wollte ich Film studieren.

Ich hatte nicht die Courage, mich am Dams-Spettacolo der Universität Bologna für Theater- und Filmgeschichte einzuschreiben, sondern studierte Literatur, Philosophie und moderne Sprachen. Mein Vater war wenige Jahre zuvor mit seinem ererbten Lebensmittelgroßhandel pleitegegangen, wir lebten in einer kinderreichen Familie, und so musste ich als Babysitter und Verkäuferin mein Studiengeld verdienen. Ein Studium der Theater- und Filmgeschichte? Undenkbar. Ich fürchtete die Frage, wie ich damit meinen Lebensunterhalt verdienen könne. Ich erlaubte mir die Entscheidung selbst nicht, denn eine Zensorin steckte in mir. Das Sprachenstudium gab mir die Möglichkeit, als Übersetzerin und Dolmetscherin zu arbeiten. Beides zähle ich heute zu meinen wichtigsten beruflichen Tätigkeiten. Ich war inmitten der deutschen und italienischen Kultur zweisprachig aufgewachsen, ich sprach in der Schule Deutsch und an der Uni Italienisch neben Englisch und Französisch. War es Zufall oder intellektuelles Erbe? Immerhin war mein Großvater mütterlicherseits in den 1920er-Jahren einer der Pioniere der Wiener Esperantobewegung gewesen, bevor der nationalsozialistische Wahnsinn begann und er sich nach Meran zurückzog.

Jetzt also richtete ich meinen Studienplan so gut es ging auf die Fächer Fotografie, Schauspiel, Film und Filmgeschichte aus. Neben den Frauenaktivitäten und Kulturinitiativen in Bologna war mir besonders wichtig, Filmkritiken aus weiblicher Perspektive zu lesen, um mit ihnen das Schreiben zu lernen. In der Filmzeitschrift *Cinema&Cinema* veröffentlichte ich Kurzinterviews mit Valie Export, Angela Summereder und anderen politisch engagierten FilmemacherInnen aus aller Welt.

Paradies

Westberlin kannte ich von einem zweimonatigen Aufenthalt im Winter 1981. Am liebsten hätte ich ein Jahr an der Freien Universität studiert, so dringlich wollte ich andere Kulturkreise kennenlernen. Ich traf interessante Frauen, besuchte besetzte Häuser in Berlin-Kreuzberg und entdeckte die Frauenhäuser gegen häusliche Gewalt, die später auch in Bologna gegründet wurden. Die Filmzeitschrift *Frauen und Film* wurde eine wahre Fundgrube für mich, die 23-jährige, die hungrig auf neue Lebensformen war. Keinesfalls wollte ich wie meine Mutter leben, die als Ehefrau, Hausfrau und Mutter von acht Kindern nie ihre kulturellen Interessen pflegen konnte. Zwischen Kochen, Waschen, Putzen blieb ihr zu wenig Zeit zum Fotografieren und Filmen.

Westberlin erschien mir wie ein Paradies, und das obwohl mir ein Mitreisender auf der Zugfahrt über Wien, Prag und Ostberlin mein Geld stahl. Nur mit einem Zehnmarkschein, den er gnädig übriggelassen hatte, war ich in der Stadt angekommen. So verkürzte sich mein Berlin-Jahr auf zwei Monate, diese Zeit schöpfte ich jedoch voll aus. Bereichert durch viele neue Eindrücke, Filme und Begegnungen kehrte ich mit einem Koffer voller Frauenbücher nach Bologna zurück. Helke Sanders Filme REDUPERS und DER SUBJEKTIVE FAKTOR waren *meine* Filme geworden, vor allem nachdem ich die Regisseurin im Frühjahr 1982 bei der Veranstaltung Niente cade dal cielo kennenlernte. Mein nächstes Prüfungsthema stand fest: Der Neue deutsche Film der Frauen.

Vernetzungen

Vorlesungen von Giovanna Grignaffini öffneten meinen Blick auf Zeit- und Raumkonstruktionen, Zeichen, Metaphern und mythologische Darstellungen in Filmen. Veranstaltungen des Centro di documentazione delle donne wurden mir wichtig. Ein kritisch-philosphisches Juwel waren Giovanna Grignaffinis Analysen der Erstlingsfilme von Pier Paolo Pasolini und Bernardo Bertolucci, die sie auf einem Kongress in Urbino vortrug. Es ging um die statischen Frontalbilder in Pasolinis Film ACCATTONE, die die „vierte Wand" im theatralischen Sinn reproduzierten, während Bertoluccis Erstling PRIMA DELLA RIVOLUZIONE (Vor der Revolution) in weichen vitalen Bildern und Kamerafahrten erzählt.

Politik und Kultur vernetzte Giovanna Grignaffini auch experimentell in einer Installation, die den Mythos der Kameliendame analysierte. LA SIGNORA SENZA CAMELIE – VOCI DAGLI ANNI 50, NOTE A MARGINE (Die Dame ohne Kamelien – Stimmen aus den Fünfziger Jahren, Randnotizen) (1988) spielte ironisch auf Alexandre Dumas' d.J. *Kameliendame* an, die Giuseppe Verdi zu seiner Oper *La Traviata* inspiriert hatte. Viele Filme, darunter von Alla Nazimova und Ray C. Smallwood mit Rodolfo Valentino und eine Adaption von Abel Gance (1934) bis zu Mauro Bologninis STORIA VERA DELLA SIGNORA DELLE CAMELIE (1981) beschäftigten sich mit dem Motiv. Giovanna Grignaffinis *Dame ohne Kamelien* war eine Installation für vier Bildschirme, die eine revolutionäre visuelle Lektion zum Thema Frau präsentierte. Die Bildschirme waren in einer Bild/Tonmontage untereinander verbunden, sodass sie die Geschichten von vier großen italienischen Frauen der 1950er-Jahre und ihre politisch-sozialen Kontexte quererzählten. Es ging um Vittorina Dalmonte, eine Partisanin und militante Führungskraft der Kommunistischen Partei Italiens, die sich von ihrer Partei gelöst und der Frauenbewegung zugewandt hatte, um Marisa Biolchini, eine erfolgreiche Unternehmerin, die die berufliche Fortbildung für Frauen mitbegründet hatte, um Enrica Lenzi, eine Parlamentsabgeordnete, und die Medizinprofessorin Franca Cessi Serafini, erste Präsidentin der Associazione Orlando, die Proteste der unterbezahlten Lehrkräfte in Italien unterstützte und in der Frauenbewegung aktiv war. Interviews mit den Protagonistinnen, Daten zur Situation der Frauen in Italien, Film-, Literatur- und Musikzitate sowie historische Dokumentaraufnahmen aus dem Archiv des Istituto Luce kommentierten sich gegenseitig. Mehrere politische und universitäre Initiativen hatten diese heute leider verlorengegangene Installation auf U-Matic-Band realisiert.

Initiativen

Das Frauenfilmfestival in Florenz unter Leitung von Paola Poli und Maresa D'Arcangelo vom Laboratorio Immagine Donna wurde ein Mittelpunkt meines Lebens. Ein weiteres Festival wurde 1993 in Turin gegründet, doch als 2006 sämtliche Turiner Festivals unter dem Dach des Museo internazionale del cinema zusammengefasst wurden, blieb das Frauenfilmfestival draußen. Warum, blieb ungeklärt. Ein weiteres Zentrum feministischer Aktivitäten war die Associazione culturale La Mo-Viola, benannt nach dem alten Schneidetisch Moviola, dem Frauennamen Viola und der Farbe Violett, die auch die feministische Publikationsreihe *Quaderni Viola* zierte. In der Casa internazionale delle donne, dem Internationalen Haus der Frauen in Rom, das aus einer Hausbesetzung hervorgegangen war, sind heute über 40 verschiedene feministische Vereinigungen tätig und unterhalten u. a. eine gut ausgestattete Bibliothek, ein Restaurant, eine Cafeteria und ein Gästehaus. Ähnlich die Biblioteca delle donne in Bologna, die in einem mittelalterlichen Klostergebäude untergebracht ist und zu einem Kulturzentrum entwickelt wurde. Man findet in dem ehemaligen Konvent die größte Frauenliteraturbibliothek Italiens, einen Internetraum und ein Centro Risorse di Genere, das den kritischen Dialog zwischen den Geschlechtern fördert und Empowerment für Frauen bietet. Seit 1982 leitet die Associazione Orlando dieses feministische Zentrum in Zusammenarbeit mit der Gemeinde Bologna.

Filmjournalismus und Festivals

Den Beginn meiner freien Mitarbeit bei der unabhängigen linken Tageszeitung *Il manifesto* erlebte ich nach frustrierenden Erfahrungen mit meinem Dissertationsbetreuer als Befreiung. Anders als in den Augen des Rotstift-bewehrten Dozenten waren meine Artikel plötzlich so, wie ich sie schrieb, für die Redaktion interessant. Seit der Gründung 1971 arbeiteten die Journalistinnen Mariuccia Ciotta und Silvana Silvestri bei der Zeitung. Beide Frauen waren richtungsweisend, besonders Mariuccia Ciotta, die lange Zeit die Filmseiten *Visioni* geleitet hatte, bevor sie um 2000 die Kodirektion der Tageszeitung innehatte. Sie war es, die mich mit den Regeln des journalistischen Schreibens bekannt machte.

Elfi Reiter beim Interview mit dem Regisseur Antonio Latella

Roberto Silvestri, Chefredakteur der wöchentlichen Kulturbeilage *alias*, eröffnete mir als Festivaldirektor des Sulmonacinema Film Festivals 2005 die kuratorische Mitarbeit und als Leiter des Kurzfilmfestivals an der Ca' Foscari Universität in Venedig 2011 die Möglichkeit, politische, experimentelle und insbesondere Frauenfilme zu kuratieren und DVD-Editionen herauszugeben, u. a. für eine Reihe zum Thema *Frauen und Prostitution*. Ich lud Helke Sanders Film BEFREIER UND BEFREITE nach Sulmona ein, was rege Diskussionen im Publikum hervorrief angesichts ähnlicher Gewalt gegen Frauen im Italien unter den Alliierten. Einzig Vitorio de Sicas Film LA CIOCIARA (CESIRA – EINE FRAU BESIEGT DEN KRIEG, 1960) spricht das Thema an.

Auch in der Frauenzeitschrift *Lapis* veröffentlichte ich Beiträge, u. a. Interviews mit arabischen Filmemacherinnen. Parallel zur journalistischen Tätigkeit und verschiedenen Arbeiten als Produktions- und Regieassistentin, u. a. für Karin Brandauers Fernsehfilm VERKAUFTE HEIMAT (1989), der die Geschichte Südtirols im zweiten Weltkrieg behandelte, schrieb ich meine Übersetzungen und Untertitelungen. So konnte ich 1995 eine DEFA-Filmreihe für die Filmschau L'ANGELO PERDUTO (DER VERLORENE ENGEL) übersetzen. Wegweisend für diese Arbeit mit knapper Sprache war die Drehbuchautorin Suso Cecchi D'Amico, Luchino Viscontis rechte Hand. Sie betrieb an ein Drehbuchseminar an der Universität Bologna, um ihre Kunst der dialogischen Entwürfe weiterzugeben. Hinter Viscontis Meisterwerken, wurde uns bewusst, standen Frauenhände und Frauengedanken.

Resümee

September 2012. Man könnte vermuten, dass ich eine arrivierte Journalistin und Filmkuratorin bin, die in Magazinen und Zeitungen schreibt und für Festivals arbeitet, rund um die Uhr. Das ist mein tägliches Brot, ohne davon leben zu können. In Italien können nur die in künstlerischen, publizistischen und intellektuellen Berufen arbeiten, die anderweitig abgesichert sind oder über exquisite Beziehungen verfügen.

Es tut weh, dass in Italien manchmal fünf Arbeitsplätze parallel von einer einzigen Person, meist einem Mann, besetzt gehalten werden. Da gibt es den Professor, der in Zeitungen Filmkritiken schreibt, diese im Radio wiederholt, nebenher Festivals,

TV-Sendungen, Videopublikationen kuratiert und Bücher schreibt, denn um Karriere an der Universität zu machen, muss man eine lange Titelliste zaubern. Bei vielen jüngeren Männer und Frauen herrscht die Mentalität, sich schnell voranzuboxen und nicht selten die, die sie angelernt haben, an den Rand zu drängen.

„Veline"

Italien erlebt zwischen Mai 2001, dem Beginn der zweiten Berlusconi-Regierung und seinem Ende, laufend Kürzungen oder Streichungen der Gelder für Kulturzwecke. Es wundert niemanden, dass das allgemeine Niveau immer tiefer in den Populismus sinkt. Veranstaltungen zu Independent- und Experimentalfilmen, meinem Bereich, werden immer seltener. Viele kleine Festivals verschwinden oder kämpfen dank ehrenamtlicher Mitarbeit ums Überleben, obwohl sie ein Netz darstellen, ohne das Arthouse-Filme nie in den Kinos zu sehen wären. HANNAH ARENDT von Margarethe von Trotta hat einen Verleiher, aber kaum Kinos gefunden, denn viele Kinos werden direkt von den großen Verleihern bespielt.

20 Jahre Beeinflussung der Massen durch Berlusconis Privatsender zeigen Wirkung mit Shows, in denen junge Girls als „Veline"[1] berühmt wurden, um daraufhin nicht selten an seiner Seite in die Politik einzusteigen. Das erweckt den Eindruck, der Feminismus sei über Italien hinweggeflogen, denn (zu) viele junge Mädchen träumen von einer Karriere auf dem Bildschirm, als Showgirl, das viel nackte Haut zeigt. Nicht die Frau als denkendes Subjekt, sondern ihr Körper sind von Mehrwert. Das spiegelt sich auch in den sogenannten „Panettone-Filmen" wider, pseudofamiliären Komödien, meist in exotischen Ferienorten angesiedelt, in denen die weiblichen Figuren als sexy Dummerchen dargestellt werden. Klar gibt es auch politisch engagierte Filme, die aber – wie schon gesagt – der Marktzensur ausgesetzt sind, oder im Fernsehen mit wenigen Ausnahmen nur tief in der Nacht zu sehen sind.

Traurig stimmt, dass in den großen Tageszeitungen immer mehr Gossip-Artikel publiziert und nur Filme mit großer Starbesetzung besprochen werden, wobei unabhängige Produktionen der jüngeren Generation, die gegen die Tabula-rasa-Mentalität angehen, ignoriert werden. Meine Interessen sind mehr denn je Filme, Theater, Malerei und Skulptur, Musik und Tanz, Literatur und Philosophie. Kultur, sagt ein indisches Sprichwort, ist Reis für die Seele. In diesem Sinn möchte ich durch meine Texte das Denken beim Bilderschauen anregen, gegen die „Veline"-Kultur.

---

1 Der Ausdruck „velina" (Durchschlagpapier) stammt aus der Faschistenzeit, in der die offiziell vorgeschriebenen Pressemeldungen auf dünnem Durchschlagpapier geschrieben wurden, um möglichst zahlreich verteilt zu werden. 1988, im vollen Betrieb des Privatsenders des von Ministerpräsident Benito Craxi geförderten Mailänder Bauunternehmers Silvio Berlusconi, tauchte er als Bezeichnung für Mitarbeiterinnen der Fernsehsendung STRISCIA LA NOTIZIA auf, deren einzige Funktion war, den Moderatoren „veline"-Notizen (in der Nachkriegszeit ein Synonym für Agenturmeldungen) zu überbringen. Seit 1994 werden damit TV-Showgirls bezeichnet, im Jargon all jene, die ohne viel zu lernen oder künstlerische Fähigkeiten eine Superkarriere in der italienischen Fernseh- und Filmszene machen.

Annette Förster

FILMWISSENSCHAFTLERIN,
KURATORIN (HOLLAND)

Annette Förster, Dr. Phil., ist Filmwissenschaftlerin und freie Filmkuratorin mit Schwerpunkt Frauen und Filmgeschichte. Seit 1980 zahlreiche Veröffentlichungen in niederländischen und deutschen Zeitschriften, u. a. *Frauen und Film, montage/av* und *Filmblatt*.
  Promotion zu Leben und Werk von drei Schauspielerinnen und Filmemacherinnen im populären Theater und Kino Anfang des 20. Jahrhunderts: *Histories of Fame and Failure. Adriënne Solser, Musidora, Nell Shipman: Women Acting and Directing in the Silent Cinema in The Netherlands, France and North America* (2005).
  Sie erforscht zur Zeit Asta Nielsens Schauspielkarriere in den 1920er-Jahren in Deutschland und die Filme der deutschen Schauspielerin, Drehbuchautorin und Regisseurin Rosa Porten.

Phil van der Linden und Cinemien

Eine Hommage auf die am 1. Juni 2013 verstorbene Filmverleiherin

Phil van der Linden war die Mitbegründerin und Mitgeschäftsführerin des Amsterdamer Filmverleihs ABC-Cinemien und des DVD-Labels Homescreen. 40 Jahre teilte sie die Leitung mit Nicolaine den Breejen. Phils Idealismus und Innovationsbereitschaft prägten das feministische Filmunternehmen ebenso wie Nicolaines ästhetische und filmhistorische Interessen. Meine Hommage möchte Phil van der Lindens internationale Strahlkraft und ihr nicht nachlassendes Engagement für das Unternehmen würdigen, für das sie gelebt hat.

In den Niederlanden galt und gilt Nicolaine den Breejen als das offizielle Gesicht von Cinemien, als die Persönlichkeit, die Kontakte zu Filmemachern, Spielstätten und Presse pflegt, während Phil sich lieber im Hintergrund hielt und den feministischen professionellen Anspruch der Firma verwirklichte. Phil dachte voraus, „aufgeben" kam in ihrem Wortschatz nicht vor. Als Verantwortliche für die Wirtschaftsführung fand sie immer eine Lösung, um den Betrieb aufrechtzuerhalten und die Unabhängigkeit und die Qualitätsansprüche nicht aus den Augen zu verlieren. Cinemien ist heute der am längsten existierende unabhängige Filmverleih in den Niederlanden.

In der internationalen Frauenfilmkultur gilt Phil van der Linden als charismatische Persönlichkeit[1]. Stolz wies sie auf Filme ihres Verleihs hin, von denen nirgendwo sonst eine Vorführkopie existierte. Verleihkollegen wie Manfred Salzgeber (Edition Salzgeber) in Berlin und Debra Zimmerman (Women Make Movies) in New York inspirierte sie zur Profilierung ihres Engagements."[2] Schließlich verwirklichte sie auch ihr Anliegen, feministische Filme zu produzieren, mit den eigenen Firmen D.D. Filmprodukties und The Filmcompany Amsterdam.[3]

Ich lernte Cinemien 1979 als Studentin der Literaturwissenschaft kennen, ich schrieb meine Abschlussarbeit über Filme von Marguerite Duras und begann, mich als Filmkritikerin und Festivalkuratorin zu Filmen von Frauen zu etablieren. Da Phil sich auch an der Organisation von Filmfestivals, Konferenzen und der Publikation femi-

---

1 Siehe Helke Sander. Zum Tod von Phil van der Linden, *black box* Nr. 235, Berlin 2013, S. 8.
2 Wieland Speck charakterisiert Phil van der Linden und Manfred Salzgeber in seinem Nachruf als „Soul Sisters". Siehe: „Phil van der Linden has passed away", http://news.teddyaward.tv/en/news/ (letzter Zugriff 3.9.2013).
3 D.D. Filmprodukties produzierte die feministischen Dokumentarfilme THE WRONG END OF THE ROPE. WOMEN IN THE COIR INDUSTRY in Sri Lanka (Carla Risseeuw, Amara Amarasinghe, NL 1985) und EEN ONGESCHREVEN GESCHIEDENIS (Jeanne Wikler, 1988) über Frauen auf den Niederländischen Antillen; das Dokudrama GEZOCHT LIEVE VADER EN MOEDER (Sarah Marijnissen, Agna Rudolph, NL 1987) zum Thema Inzest; sowie die Serie Lehmanimationsfilme SCHOON GENOEG (Ellen Meske, NL 1988). Mit The Filmcompany Amsterdam beteiligte Phil sich als Ko-Produzentin an den Spielfilmen DANCE OF THE WIND (Rajan Khosa, Indien/BRD 1997) und JOURNEY TO THE SUN (Yeşim Ustaoğlu, Türkei/BRD 1999).

nistischer Filmtexte beteiligen wollte, führte unser gemeinsames Interesse über ein Jahrzehnt lang zu einer fruchtbaren gegenseitigen Unterstützung.

Anfänge und Filmauswahl

Cinemien – ein verspielter Name für Film-Frau – entstand 1974 als feministisches Filmkollektiv, das bis 1979 sein Büro in dem von Phil und Nicolaine gegründeten Amsterdamer Frauenhaus unterhielt. Nicolaine war Malerin und Maldozentin, Phil akademisch ausgebildete Chemikerin, die bis Ende der 1960er-Jahre als Wissenschaftspublizistin und Übersetzerin gearbeitet hatte.[4] Cinemien entsprang dem Wunsch, feministische und frauenfreundliche Film- und Fernsehproduktionen sehen zu können. Das Frauenhaus war ein Nährboden, es beherbergte eine Druckerei, einen Verlag, einen Filmklub und eine Mediengruppe, in der Frauen feministische Filmproduktionen planten. Cinemien knüpfte Kontakte zu Initiativen wie Cinema of Women (C.O.W.) in London, Iris Film in San Francisco, Ciné Mujer in Mexico City, Cine Mujer Colombia und Laboratorio Imagine Donna in Florenz. Diese Kollektive produzierten feministische Dokumentarfilme, sorgten für den Verleih und für Vorführungen.[5] Treffen wie das Frauen-Filmseminar in Berlin 1973, ein Treffen in Edinburgh 1979 und seit demselben Jahr das Festival International des Films de Femmes in Sceaux, jetzt Créteil, machten auf Filme von Frauen aufmerksam. Cinemien kaufte über diese Kanäle feministische Dokumentarfilme und ließ sie untertiteln, darunter THE EMERGING WOMAN (Helena Sollberg-Ladd, USA 1974), ES KOMMT DRAUF AN, SIE ZU VERÄNDERN (Claudia von Alemann, BRD 1972/73), EINE PRÄMIE FÜR IRENE und MACHT DIE PILLE FREI? (Helke Sander, BRD 1971 bzw. 1972). Zu den niederländischen Produktionen, die Cinemien verlieh, gehörten Filme von Nouchka van Brakel, Mady Saks, Barbara Meter, Hillie Molenaar sowie Fernsehproduktionen von Hedda van Gennep wie KIJK HAAR (SIE(H) MAL). Die Dokumentarfilme wurden bald durch Zeichentrickfilme und experimentelle Kurzfilme ergänzt, z. B. Elfi Mikeschs EXECUTION, A STUDY OF MARY (BRD 1979), Sally Potters THRILLER (GB 1979), Barbara Hammers DOUBLE STRENGTH und DYKE TACTICS (USA 1978), Jane Campions A GIRL'S OWN STORY (Australien 1983) oder Marion Bloems FEEST (NL 1979). Auch unter den Spielfilmen der 1970er-Jahre aus der bald einzigartigen Cinemien-Sammlung zeugten einige thematisch wie filmisch von feministischem Mut: SHIRIN'S HOCHZEIT (Helma Sanders-Brahms, BRD 1975), EIN GANZ PERFEKTES EHEPAAR und ERIKA'S LEIDENSCHAFTEN (Ula Stöckl, BRD 1974 bzw. 1975), ANNA UND EDITH (Buch: Cristina Perincioli, BRD 1975), NOT A PRETTY PICTURE (Martha Coolidge, USA 1976), REDUPERS (Helke Sander, BRD 1977), SOFIKO (Lana Gogoberidze, USSR

---

4 Sie übersetzte zum Beispiel Alice Schwarzers *Der kleine Unterschied und seine großen Folgen* ins Niederländische. Auch übersetzte sie in den ersten Jahren die Untertitel deutscher Filme.

5 Iris Film, das sich verlegt hat auf ein breiteres gesellschaftliches Engagement, Women Make Movies, das feministische und multikulturelle Dokumentarfilme für den amerikanischen Bildungsmarkt verleiht, und Laboratorio Imagine Donna, inzwischen ein Frauenfilmfestival, gibt es noch heute. Feministische Filmverleihe wie C.O.W./Circles/Cinenova in London (1979–2001) oder Chaos Film in Berlin (1979–1981) haben ihre Aktivitäten eingestellt.

1978), FATMA '75 (Selma Baccar, Tunesien 1978), EINE FRAU MIT VERANTWORTUNG (Jutta Brückner, BRD 1977/78), ICH DENKE OFT AN HAWAII (Elfi Mikesch, BRD 1978), sowie MATERNALE (Giovanna Gagliardo, Italien 1978).

Phil van der Linden (1941–2013)

1982 startete Cinemien ein Projekt, um filmhistorische Schätze von Frauen zugänglich zu machen. Die Kollektion umfasste BABY RJASANSKYE (FRAUEN VON RJAZAN, Olga Preobrashenskaja, USSR 1928), WHERE ARE MY CHILDREN? (Lois Weber, 1916), MÄDCHEN IN UNIFORM (Leontine Sagan, 1931), CHRISTOPHER STRONG (Dorothy Arzner, USA 1933), LA NEGRA ANGUSTIAS (Matilde S. Landeta, Mexico 1949), KRYLJA (Larissa Shepitko, USSR 1966), LA FIANCÉE DU PIRATE (Nelly Kaplan, F 1968), WANDA (Barbara Loden, USA 1970) sowie mehrere Filme von Germaine Dulac und Maya Deren, oder mit Mabel Normand und Mary Pickford. Filme von G.W. Pabst mit Louise Brooks, Asta Nielsen und Valeska Gert wurden 1983 mit großem Presseecho lanciert.

Arthouse

In den 1980er- und 1990er-Jahren stellte Cinemien dem holländischen Publikum die neuen Filme von Mikesch, Campion, Potter, Sander, Brückner, Stöckl sowie Clara Law, Ann Hui, Claire Denis, Léa Pool, Monika Treut, Teresa Villaverde, Suzanna Amaral, Alexandra von Grote, Donna Deitch, Lizzie Borden, Sheila McLaughlin, Valie Export, Chantal Akerman, Marta Mészáros, Annette Apon, Agnieszka Holland, Kira Muratova und Marion Hänsel vor, doch auch Filme von Regisseuren wurden ausgewählt, die ihrem gesellschaftlichen Engagement und filmischen Qualitätsanspruch entsprachen. So verliehen sie auch schwule Filme (u. a. von Isaac Julien) oder Produktionen aus dem Iran (u. a. von Abbas Kiarostami und Amir Naderi), Nord-Afrika (u. a. von Jillali Ferhati), Asien (u. a. Tsiang Ming-liang) und Deutschland (u. a. Dani Levy, Jan Schütte, Percy Adlon). Der Katalog umfasste zur Hälfte Filme von Frauen, doch das Profil begann sich zu verändern. Cinemien wandelte sich zum bedeutendsten Lieferanten des Arthousekinos in den Niederlanden und Belgien.

Dies gelang aufgrund ihrer Erfahrung, ihres Netzwerks und des großen Vertrauens, das sie bei Filmemachern, Produzenten und Verkäufern aufgebaut hatten, weil sie die Filme individuell betreuten. Nach 2000 machten Filme von Frauen kaum noch ein Drittel des Cinemien-Angebots aus, den Schwerpunkt bildeten jetzt die preisgekrönten Werke von Regisseuren wie Michael Haneke, Mike Leigh, Thomas Vinterberg oder François Ozon. Nicolaine den Breejen zufolge realisierten Filmemacherinnen in der Krise weniger Filme, die für Arthousekinos geeignet waren. Einer der letzten, dessen erfolgreichen Kinostart Phil noch erlebte, war Margarethe von Trottas HANNAH ARENDT, ein Film und eine Figur nach ihrem Herzen.

Publikum und Vorführmöglichkeiten, national und international

Die Profiländerungen verlangten jeweils neue Vorführmöglichkeiten, um ein interessiertes Publikum zu erreichen. Anfangs durchquerte Cinemien das Land in einem Lieferwagen mit 16mm-Projektor und Filmkopien und veranstaltete Vorführungen mit Diskussion. Später organisierten sie Sichtungstage, um den Organisatorinnen der Frauentreffen neue Ankäufe zu zeigen.

1979 bereiteten Mitarbeiterinnen mehrerer nichtkommerzieller Kinos, Filmhäuser genannt, ein drei Monate dauerndes Frauenfilmfestival in Amsterdam vor, zu dem ich Programme vorschlug. Das damals herrschende Vorurteil, Cinemien sei nur an radikal-feministischer Thematik, nicht an kritischen weiblichen „Filmsprachen" interessiert, ging auch bei mir erst bei dieser Begegnung mit Phils Enthusiasmus in Scherben.

Als Filmkritikerin schrieb ich anders über Filme von Frauen, als bis dahin üblich. Mich interessierten neue Formen, die feministische Filmemacherinnen für ihre neuen Themen schufen. In den 1980er-Jahren übernahm ich die Recherche und Redaktion der Cinemien-Kataloge und der Broschüren, die sie herausgaben, wie zum Festival „10 Jahre Cinemien" 1984,[6] wobei ich aus ihrer umfangreichen Dokumentensammlung schöpfen konnte.

Ab 1983 starteten die neuen Filme im Amsterdamer Filmtheater Desmet, wo Phil Vorstandsmitglied war und Nicolaine programmierte. HET LAND VAN MIJN OUDERS (Marion Bloem, NL 1983), eine poetische Suche nach den indonesischen Wurzeln der Filmemacherin, war der erste Film in diesem und anderen Filmhäusern. Die Bereitschaft der Programmleiter, Cinemien-Filme zu zeigen, nahm zu, weil sie das Publikumspotenzial auf Festivals gut einschätzen konnten, sodass der Verleih und die Filmtheater parallel an Zuwachs gewannen.

Phil sah Cinemien weiterhin als tonangebendes Mitglied der internationalen feministischen Filmnetzwerke. Ihr Schatz an Informationen und Filmen wurde weit über die Grenzen hinaus präsentiert, z. B. bei den UN-Frauenkonferenzen in Kopenhagen (1980) und Nairobi (1985). Andere internationale Projekte waren die 1. Internationale Feministische Film- und Videokonferenz 1981, zu der 200 Filmemacherinnen, Kritikerinnen, Programmgestalterinnen und Theoretikerinnen aus 30 Nationalitäten, viele

---

6 Das Festival zeigte Filme, die Cinemien nicht im Verleih hatte, wie UNSICHTBARE GEGNER (Valie Export, A 1976) und BILDNIS EINER TRINKERIN (Ulrike Ottinger, BRD 1979), oder DANCE GIRL DANCE (Dorothy Arzner, USA 1940), OLIVIA (Jacqueline Audry, F 1950/51) oder SEDMIKRASKY (TAUSENDSCHÖNCHEN, Vera Chytilova, CSSR 1966).

aus Entwicklungsländern und aus Ost-Europa, anreisten. 1986 und 1991 war sie an zwei ambitionierten internationalen Gay&Lesbian Filmfestivals in Holland beteiligt.[7]

Als Heranwachsende war sich Phil durch Filme wie MÄDCHEN IN UNIFORM (Géza von Radványi, BRD 1958), THE CHILDREN'S HOUR (William Wyler, USA 1961) und THÉRÈSE AND ISABELLE (Radley Metzger, USA/BRD 1968) der Bedeutung von lesbischen Filmfiguren bewusst geworden. Wie verklemmt sie auch dargestellt waren, reichten sie der künftigen Lesbe doch aus, um zu erkennen, dass Frauenliebe möglich war. Inzwischen programmiert Cinemien die jährliche niederländische Gay&Lesbian-Summer-Tour, bei der die Filme über das DVD-Label Homescreen erhältlich bleiben.

Erfolge und Wünsche

Seit den 1990er-Jahren ist Cinemien Teil der Amsterdam Benelux Cinemien (ABC) Holding mit Büros in Amsterdam und Antwerpen. Homescreen ermöglicht, thematische Reihen wie FILM & FASHION oder GAY & LESBIAN sowie europäische Filmklassiker auf DVD anzubieten. Der Verkauf von DVDs erbrachte bis vor kurzem mehr als die Kinoauswertung. Nicht zuletzt initiierte Phil schon 2003 ein Video-On-Demand-Projekt, das zwar nicht verwirklicht wurde, aber ihren vorausschauenden Blick weiter illustriert. Auch ihr heißer Wunsch nach einem eigenen Kino für kleine Arthousefilme in Amsterdam ging nicht in Erfüllung.

Im ersten Jahrzehnt war Cinemien auf der Basis von Projektsubventionen, Reise- und Materialzuschüssen und Verleiheinnahmen finanziert worden, die „Cinemienen" arbeiteten ehrenamtlich, bis 1982 eine Mitarbeiterin aus Geldern des Emanzipationsetats bezahlt werden konnte. 1983 beantragte Phil eine Subvention aus dem Kunstbudget, aus dem die anderen nichtkommerziellen Verleihe Film International und Fugitive Cinema schon länger unterstützt wurden. Obwohl der Cinemien-Katalog etwa 200 Filme und 75 Videos umfasste und ein finanziell funktionierendes Distributionssystem ausgebaut war, wurde der Antrag abgelehnt, weil ein feministischer Filmverleih „weniger Bedeutung für die Filmkultur" habe. Die beherzte Feministin Phil mobilisierte breiten Protest gegen die ungleiche Behandlung und fand eine Parlamentarierin, die bereit war, ein Amendment einzureichen, das zum ersten feministischen Erfolg im Holländischen Parlament führte: Cinemien erhielt 1984 eine strukturelle Subvention und konnte alle Mitarbeiterinnen bezahlen. Bis 2000 blieb diese Unterstützung mehr oder weniger gewiss, auch wenn sie alle vier Jahre neu beantragt werden musste. Inzwischen war der Verleih durch die Neuprofilierung zum Marktführer in den Filmtheatern geworden und hatte sich zur ABC-Holding erweitert. Man meinte, die Förderung, noch 15 Prozent des Umsatzes, streichen zu können. Wieder wehrten sich Phil und Nicolaine mit Erfolg, weitere zwei Jahre bekamen sie eine Subvention über fünf Prozent ihres Etats. Seit 2007 steht ABC-Cinemien auf eigenen Beinen. Phil van der Lindens Verdienste um diese Entwicklungen sind bewundernswürdig.

---

7   Für das lesbische Programm war ich zuständig, für das schwule Programm Paul Verstraeten.

Debra Zimmerman

WOMAN MAKE MOVIES (WMM),
VERLEIHERIN (USA)

Debra Zimmerman ist seit 1983 geschäftsführende Direktorin von Women Make Movies (WMM), einer Non-Profit-Institution in New York, die 1972 gegründet wurde, um Filmemacherinnen zu unterstützen. Unter ihrer Leitung entwickelte sich WMM zum weltweit größten Verleih von Filmen von und über Frauen. Das international viel beachtete Production Assistance Program von WMM half hunderten Filmemacherinnen bei der Produktion und Postproduktion ihrer Filme. Filme aus WMM-Programmen gewannen zahlreiche Auszeichnungen der Academy of Motion Picture Arts and Sciences oder wurden nominiert.

Debra Zimmerman ist eine viel gefragte Aktivistin und Rednerin über die Fragen weiblichen Filmschaffens und unabhängiger Filmfinanzierung sowie Verleiharbeit. Sie moderierte Diskussionen und leitete Workshops beim Sundance Filmfestival, den Dokumentarfilm-Messen und Events MIPDOC in Cannes und Reel Screen in den USA sowie auf Filmfestivals in Europa, Afrika, Asien und Südamerika. Sie arbeitet als Panel-Gastgeberin und Tutor einer Sommer-Akademie eng mit dem Internationalen Dokumentarfilmfestival in Amsterdam zusammen.

Sie war Jury-Mitglied internationaler Festivals, darunter beim Festival in Abu Dhabi, dem Festival in Cartagena (FICCI) und dem Dokumentarfilmfestival in Leipzig.

Daneben arbeitete sie als Mentorin beim Ex-Oriente Film Workshop in Wien, beim DocuFest in Sheffield sowie viele Jahre für die National Alliance of Latino Independant Producers Academy (NALIP). Sie ist im Vorstand von Cinema Tropical, einer Organisation für unabhängige lateinamerikanische Filmemacher und ist Beraterin am Center for Social Media Impact an der American University, Washington D.C.

Debra Zimmerman wurde für ihre Arbeit mit zahlreichen Preisen ausgezeichnet, darunter den New York Women in Film and Television's Laureen Arbus Award (WIFT) und den Hot Doc's Mogul Award 2013, der an Persönlichkeiten verliehen wird „die im Laufe ihrer Karriere einen wesentlichen Beitrag zur kreativen Vitalität der Dokumentarfilmindustrie im In- und Ausland geleistet haben".

www.wmm.com

Körper als Schlachtfeld zwischen Fundamentalismus und Feminismus

Als ich mich in den 1970er-Jahren auf den Beruf der Rechtsanwältin vorbereitete, sagte eine Freundin, die selbst Künstlerin war, dass in Wahrheit nur die Kunst wichtig sei. Kunst war in meiner Familie nicht wirklich ein Thema, also traf mich ihre Überzeugung wie eine große Erleuchtung. Die Mutter einer anderen Freundin brachte mir bei, Feministin zu sein. Sie half uns, gegen unsere Junior Highschool in Long Island NY anzugehen. Um 1968 war den Mädchen dort nicht erlaubt, Hosen anzuziehen, obwohl wir auch an kalten Tagen draußen warten mussten, bis die Schule öffnete. Die Mutter meiner Freundin unterstützte unseren Protest, sodass man uns schließlich Hosen in der Schule zugestand.

Als ich anfing, Kunst zu studieren, war mir bewusst, dass ich gar nicht zeichnen konnte. Warum also nicht Filme machen? Ich hatte Glück, weil mir die wunderbare Carolee Schneeman[1] begegnete, die damals gerade zwei Jahre an der NYU (State University of New York) in New Paltz Film unterrichtete. Alice Fix, meine andere große Lehrmeisterin, die die Women's Studies der NYU leitete, machte mich mit Women Make Movies (WMM) bekannt. Sie schickte mich zu einer Wochenendveranstaltung der Frauenbewegung, wo Ariel Dougherty und Carol Clement in einer Scheune ein Women Make Movies Programm zeigten – das Tollste dabei: im Publikum nur Frauen. Nie zuvor hatte ich einen Film erlebt, der meine Wirklichkeit spiegelte, und ihn mit Menschen zusammen angeschaut, die meine Interessen teilten. Wow, dachte ich, wenn ich da mitmachen könnte, wäre ich glücklich.

Nach dem Examen fuhr ich nach New York, wo ich drei Monate in der Nähe des WMM-Büros in Chelsea herumradelte, zu schüchtern, um anzuklopfen. Dann fragte ich doch nach einem Praktikum. Sechs Monate nach diesem ersten Reinschmecken boten sie mir einen Job bei Jacqueline McSweeneys Video WHY WOMEN STAY (1979) an, ein Film über Frauen, die geschlagen wurden. Jackie verblüffte uns alle, als sie mit dem Filmemachen begann, nachdem sie vier Töchter großgezogen und sich von ihrem Mann getrennt hatte. Sie war meine Mentorin bei WMM.

Ich bekam einen Folgevertrag, um das Video in Community-Vorführungen zu zeigen und zu verleihen. Aber Verleiharbeit war damals nicht mein Traum. Ich ließ WMM sein und arbeitete als Assistentin in der Filmproduktion, gelegentlich auch als Sekretärin. Einer dieser Jobs führte mich zur Edna McConnell Clark Foundation, wo man mir eine Vollzeitstelle anbot. Ich nahm sie an, weil ich lernen konnte, wie man Gelder einwirbt. Eines Tages lud mich Jackie zu einem Treffen ein, als WMM in großen Schwierigkeiten steckte.

---

1 Carolee Schneemann, geb. 1939, amerikanische Happening-Künstlerin und Experimentalfilmerin.

Women Make Movies

Women Make Movies wurde 1972 von Ariel Dougherty und Sheila Page gegründet, als nur sehr wenige Frauen das Filmhandwerk beherrschten. Anfangs war es ein Produktions-Kollektiv, ein kostenloses Trainingsprogramm für die Frauen-Community. Flyerbotschaften wurden in Kirchen und Läden verteilt: Frauen, wenn ihr Filme machen wollt, kommt Mittwochabend zum Workshop!

Kurzfilme entstanden, die meist vom Ärger mit der Hausarbeit, den Ehemännern und Kindern handelten, nur selten komisch. Einer dieser Filme war HEALTHCARING – FROM OUR END OF THE SPECULUM (1974), der das berühmte Buch *Our Bodies Ourselves* (1969) des Bostoner Kollektivs für Frauengesundheit in Film übersetzte. Damals war die zweite Welle der Frauenbewegung stark und WMM verstand sich als Teil der größeren Revolution.

Die ersten Kurzfilme wurden in Bürgerzentren und Nachbarschaftshäusern gezeigt. HEALTHCARING gewann einen Preis beim American Film Festival, einem wichtigen Festival für Lehr- und Informationsfilme, aber kein Verleih war interessiert, weil es um Frauengesundheit ging. Und dann war da noch das Wort Spekulum im Titel! WMM musste ihn also selbst verleihen. Bald waren mehr als 20 16mm-Kopien in Umlauf. Auch andere Frauen wollten ihre Filme über uns verleihen, sodass der Verleihkatalog wuchs. 1978 ermöglichte ein Job-Training-Programm der Regierung unter Präsident Jimmy Carter sechs bezahlte Stellen, eine für mich mit einem Jahreseinkommen von 7.000 Dollar. Ein Anfängergehalt, für mich aber ein unglaublicher Job.

Damals wollten einige WMM-Frauen die Arbeit professionalisieren, andere bestanden auf dem Konzept des Kollektivs. Die Basis war, Filmemacherinnen das Equipment zur Verfügung zu stellen, das sonst für sie zu teuer gewesen wäre. Als WMM-Mitglied bezahlten sie ihren Beitrag und bekamen Zugang zu Kameras und Schnittkapazitäten. Die Gruppe, die sich die Professionalisierung wünschte, votierte für einen Vorstand, um klare Strukturen zu schaffen. Es sprach einiges dafür, die Entscheidungskompetenz vom Kollektiv auf einen professionellen Vorstand zu verlagern.

Um die Zeit, als Ronald Reagan Präsident wurde, verlor WMM die Bundesförderung. Reagan entschied, dass die Frauen genug erreicht hätten und kein Bedarf nach speziellen Frauenorganisationen bestehe. Die Folge war, dass der akute Geldmangel die Spannungen zwischen den Mitarbeiterinnen und dem Vorstand erhöhte. An diesem Punkt bat mich Jackie hinzu. In öffentlichen Meetings konnten alle diskutieren, ob die Organisation sterben oder zeitgemäßer überleben sollte.

Distribution

Zusammen mit Lydia Dean Pilcher, einer Absolventin der New York University, die heute sehr erfolgreich u. a. die Filme von Mira Nair produziert, begann ich wieder für WMM zu arbeiten, obwohl kein Geld für Gehälter da war. Alle Förderungen waren futsch, dennoch fragte man unsere Filme nach. So kamen wir auf die Idee, WMM vielleicht durch den Aufbau des Verleihs zu retten. Ein paar Monate später konnten wir uns Gehälter über 50 Dollar die Woche auszahlen, 25 davon als Rückstellung, bis WMM wieder Unterstützung bekommen würde.

Während ich tagsüber für die Edna McConnell Clark Foundation und abends für WMM tätig war, packte mich die Verleiharbeit immer mehr. Die Edna McConnell Clark Foundation unterstützte Alternativen zum Strafvollzugssystem. WMM hatte einen Film über Frauen im Gefängnis. Also bat ich einen Mitarbeiter der Stiftung um die Adressen sämtlicher Initiativen zum Strafvollzug. Lydia, unsere stellvertretende Vorsitzende, entwarf einen Flyer, ich fotokopierte und verschickte ihn. Zwei Kopien des Gefängnisfilms wurden verkauft, sechs Mal wurde er ausgeliehen. WMM verdiente an beidem, die Filmemacherin wurde beteiligt, und die Verbände, die sich mit der Situation von Frauen im Gefängnis beschäftigten, sahen den Film. Das war eine fantastische Win-Win-Situation, die mein Leben komplett veränderte.

Ich kündigte bei der Stiftung, um ganz für WMM zu arbeiten, in einem winzigen Büro ohne Fenster, für ein Gehalt von 15.000 Dollar im Jahr. Man musste mein Büro durchqueren, um zum Schnittraum zu gelangen. Den Arbeitssound von nebenan endlos im Ohr, empfand ich meinen Job trotz allem aufregend und neu.

Kollektiv

Eine Gruppe plädierte für die Rückkehr zum kollektiven Trainingsprogramm, die andere dafür, nur noch professionellen Vertrieb zu machen. Ich fand, dass unsere Workshops Filmausbildung für die Community anbieten, der Verleih aber die Verbreitung der Filme in andere Communities organisieren sollte. Die Ziele waren nicht entgegengesetzt.

Um die Zustimmung zum Ausbau zu erreichen, wurde die Verleiharbeit dafür bestimmt, das Trainingsprogramm zu refinanzieren. Auf dieser Basis konnten wir fünf Jahre später ein zeitgemäßes neues Programm starten. Wir wollten nicht mehr zum reinen Techniktraining zurück, sondern Frauen bei der Produktion, Finanzierung und Produktionsleitung ihrer Projekte unterstützen, all den widrigen Dingen, die man in der Filmhochschule nicht lernt. Heute macht der Filmverleih den größten Teil von WMM aus, die Produktionsassistenzen bilden den wichtigen, etwas kleineren Teil. Wir erhalten finanzielle Unterstützung für beide, funktionieren aber hauptsächlich über unser Einkommen aus Filmverkäufen und Vorführungslizenzen.

Directions

Der Schlüssel zum Erfolg liegt in der Hand der Filmemacherinnen. Unser Verleihprogramm hat sich entlang ihrer Interessen entwickelt. In den 1980er-Jahren entstand z. B. eine Reihe zu multikulturellen Themen, eine davon „Punto de Vista Latina", die erste Tournee mit Filmen von Latinas. Wir suchten auch Filme in Lateinamerika, weil es in den USA kaum welche gab – vor der Erfindung des Faxgeräts oder gar des Internets kein leichtes Unternehmen. Wir schrieben Briefe, weil wir uns teure Telefonate nicht leisten konnten. Aber als der Multikulturalismus ein Thema wurde, konnten wir mit unserer großen Filmsammlung von lateinamerikanischen, afrikanischen und asiatischen Filmemacherinnen reagieren.

Die Themenreihe „New directions" entstand, als sich die feministische Filmtheorie in den 1980er-Jahren an den Universitäten durchsetzte. Wir hatten Filme zum Crossover von Filmtheorie und Praxis, z. B. Trinh T. Minh-has REASSEMBLAGE (1982), Michelle Citrons DAUGHTER RITE (1980), daneben Jane Campions frühe Kurzfilme und Sally Potters Filme. Auch unsere Filme zu lesbischen und queeren Identitätspolitiken hatten stets Vorsprung vor dem Mainstream. Wir nahmen exzellente Filme von arabischen Frauen in den Verleih, ebenso Filme zum Thema Menschenrechte. Als die *New York Times* über Massenvergewaltigungen im Kongo berichtete, entstand gerade eine Dokumentation, die eine Filmemacherin mithilfe unseres Assistenzprogramms drehte. Sie konnte einen Film zeigen, als der Rest der Welt das Ausmaß der Verbrechen überhaupt erst erfasste. Er löste sogar eine Resolution des UN-Sicherheitsrates aus, die der amerikanische Botschafter einreichte, nachdem er den Film gesehen hatte.

Als ich mich einmal mit Helke Sander unterhielt, meinte sie, wir hätten auf feministischen Filmfestivals insistieren sollen. Ich finde die Idee nach wie vor brillant. Ein Festival wie Flying Broom in Ankara funktioniert z. B. sehr gut als Zielgruppenfestival, es zeigt tolle Filme, egal, ob sie zuvor schon auf dem Festival in Istanbul liefen. Leider wollen viele Festivals unbedingt Premieren präsentieren, weil sie glauben, damit die Medien und ein Massenpublikum zu erreichen. Ich würde auf andere Erfolgskriterien setzen. Wenn du ein Festival, z. B. ein Gay & Lesbian-Festival, ein Menschenrechtsfestival oder eins über Afrika z. B. für eine spezielle Zielgruppe organisierst, kannst du die besten Filme zeigen, auch wenn sie schon zwei oder drei Jahre alt sind.

Generationen

Alle im Verleih sind eingeladen, Filme anzuschauen, die eventuell ins Programm aufgenommen werden. Ich habe zwar das Entscheidungsrecht, aber meist suche ich ihre Zustimmung, denn sie müssen an die Filme glauben, die sie promoten. Die WMM-Mitarbeiterinnen heute sind um die 30, 40 Jahre alt, ich bin älter, und da bleiben die unterschiedlichen Standpunkte nicht aus.

Wir diskutierten z. B. Katarina Peters' Dokumentarfilm MAN FOR A DAY (2012) über die Performance-Künstlerin Diane Torr, die Frauen in ihren Workshops die Erfahrung vermittelt, sich wie Männer zu kleiden und zu bewegen. Ich hatte wegen einiger Längen meine Probleme mit dem Film, aber die Idee dieses Rollenspiels faszinierte mich. Die jüngeren Frauen ließ das Thema kalt. Ich hielt dagegen, dass sie sich ihrer eigenen Komplexität vielleicht nicht bewusst sind. Stellen nicht unser Giggeln, unsere Gesten, unser Verhalten immer noch die Frage nach der Geschlechterspezifik? Nein, sie waren nicht interessiert. Wir Älteren wollen Geschlechterrollen untersuchen, die Jüngeren brauchen nicht mehr darüber zu reden.

Ist das ein Backlash? In gewissem Sinn natürlich, weil sich alles in Zyklen entwickelt. Andererseits vermute ich, dass ihnen diese Fragen auch wegen der enormen Macht der Medien nicht mehr zu Bewusstsein kommen. Die Pervertierung des Feminismus in den Medien fällt mir immer wieder wie Schuppen von den Augen. Eine unglaubliche Mühe wird darauf verwendet, die Gleichberechtigung zu sabotieren. Susan Faludis Buch *Backlash* hat mir vor Augen geführt, dass das männliche Establishment die Macht noch sehr lange beanspruchen wird.

Aber warum sich darüber wundern? Wäre ich ein Mann, fände ich Filme von Männern attraktiver als Filme von Frauen. Ich würde unbedingt an der Macht festhalten, die von Hollywood ausgeht. Ist es nicht das Größte, wenn die Bilder, die wir in uns und vor uns haben, diese Macht widerspiegeln? Nein, die Identifikation mit Hollywood überrascht mich nicht.

Ein Beispiel: Wenn ich die Highheels, knappen Shirts und kurzen Röcke meiner Nichte sehe, frage ich mich, warum sie denkt, sie müsse so aussehen. Sie lacht mich aus, wenn ich ihr mit feministischen Filmen komme. „Weiß ich alles." Aber als sie einmal eine Hausarbeit über Bulimie schreiben sollte, schrieb sie über COVER GIRL CULTURE (2008), einen Dokumentarfilm aus unserem Verleih, in dem das frühere Model Nicole Clark Mechanismen untersucht, mit denen die Modeindustrie junge Frauen manipuliert.

Ich war auch schockiert, wie weit die Fetischisierung des eigenen Körpers geht, als ich SEXY BABY (2012), den Dokumentarfilm von Jill Bauer und Ronna Gradus über Vaginoplastik sah. Drei Frauen, eine davon eine Schülerin, schildern, wie sie ihre Körper durch Schönheitschirurgie modellieren. Schamrasur gehört längst zur alltäglichen Kosmetik. Mich beunruhigt das zutiefst. Ich muss daran denken, wie ich entschied, mich nicht mehr unter den Armen zu rasieren, als ich mit 17 oder 18 auf Europareise ging. Aber dann kam ich nach Hause, wo mir meine Schwester sagte, dass ich ihre Hochzeit nur mit rasierten Achselhöhlen mitfeiern dürfe. Heute ist es mir gleich, ich bin nicht jemand anders geworden, nur weil ich mich unter den Armen rasiere, aber ich weiß noch gut, wie befreiend es war, es nicht zu *müssen*.

Der Körper wird zum Fetisch, ähnlich wie auch die Nahrung im Spätkapitalismus oft als Konsumfetisch herhalten muss. Gewiss wird der Körper weiter auch ein Schlachtfeld zwischen Fundamentalismus und Feminismus bleiben.

Wenn junge Frauen ihre Erfahrungen machen, wird ihnen nicht verborgen bleiben, dass der Sexismus noch immer grassiert und sie irgendwann hart vor die Wahl zwischen Familie und Beruf gestellt sind. In den USA ist der vielleicht wichtigste Kampf überhaupt noch nicht geführt worden, der für die Kinderbetreuung. Dass nicht genug Kindergärten existieren, hat unglaublich einschneidende Auswirkungen auf das Leben von Frauen. Hätten wir dafür gekämpft, anstatt für das Recht auf Abtreibung, wäre vielleicht eine größere Bewegung entstanden. Aber wir kämpfen auch nach wie vor für das Recht auf Abtreibung, wir kämpfen gegen die lächerlichen amerikanischen Schönheitsnormen, wir setzen uns weiterhin gegen Vergewaltigung ein, die in allen gesellschaftlichen Bereichen geschieht. Die Filme von Women Makes Movies sind heute so relevant, wie sie es vor 40 Jahren waren, als wir uns gegründet haben.

Aufz. CL

Renée Gundelach

FREIE BERATENDE PRODUZENTIN, FILM-
CONSULTANT, SACHVERSTÄNDIGE FÜR
FILM- UND MEDIENWIRTSCHAFT

Filmbusiness- und Financing-Consultant, freie und beratende Produzentin, öffentlich bestellte und vereidigte Sachverständige für Film-, Fernseh-, Videoproduktionen sowie film- und medienwirtschaftliche Fragen.

Geboren 1943 in Witten an der Ruhr, Mutter von Zwillingen, lebt in Berlin.

1969 Diplom-Volkswirtin an der Freien Universität Berlin (FU), Studienschwerpunkte: Ökonometrie, Statistik, Jura, Publizistik. Seit 1968 Herstellungsleitung (80 Filme) sowie Produktionsdurchführung und –beratung (111 Filme), davon 141 Spielfilme, 28 Dokumentarfilme, 11 Kinderfilme, drei Zeichentrickfilme und acht Kurzfilme.

1970–1975 Wissenschaftliche Assistentin am Institut für Wirtschaftstheorie (FU) von Prof. Reinhard Selten (Nobelpreis für „Spieltheorie").

1990–1995 Professorin an der Hochschule für Film und Fernsehen „Konrad Wolf" (HFF), Potsdam-Babelsberg.

Seit 1981 Dozentin an der Deutschen Film- und Fernsehakademie (dffb), Berlin. Mitglied in zahlreichen Fachverbänden und Filminstitutionen.

FIRMENGRÜNDUNGEN IM SPIELFILMBEREICH
1968 Renée Gundelach Filmproduktion Berlin
1972 Basis-Filmverleih Gmbh, Produktion, Verleih, Vertrieb, geschäftsführende Gesellschafterin bis 1975
1975 Cinepromotion Agentur für Öffentlichkeitsarbeit GmbH & Co. KG, Gesellschafterin und Kommanditistin bis 1980
1976 Roadmovies Filmproduktion GmbH, geschäftsführende Gesellschafterin bis 1981
1992 Preußen-Film Medien GmbH, Witten a. d. Ruhr/NRW, geschäftsführende Gesellschafterin

www.gundelach.de

Geldausgeben ist eine Kunst

Lange hing ein Spruch von Vlado Kristl in meinem Büro: „...Ja, habt Ihr nicht bemerkt, dass eigentlich nur Platz ist für den, der selbst den Platz mitbringt?..." Ich war neugierig, wollte etwas erreichen und hatte keine Angst vor Streit oder Schwierigkeiten.

Als ich studierte und zu arbeiten begann, war ich jung, links und weiblich. Ich musste gegen alles sein und wollte mich durchsetzen. Uns '68ern ging es um Aufbruch. Die Idee, dass man viel, auch sich selbst, verändern kann, stammt aus dieser politischen Prägung. Ich studierte ab 1962 Volkswirtschaft, Jura und Publizistik an der FU Berlin. Nach dem Examen wollte ich gern in der Stadt bleiben, statt im Westen in die Wirtschaft zu gehen. Ich fühlte mich wohl in Berlin, auch wegen meiner Freunde im linken Republikanischen Club und weil mein Leben als junge Frau freier war. Zu Hause waren wir vier Mädchen und ein Junge, der meiner Mutter mehr bedeutet hat. Meinem Vater war die Gleichberechtigung wichtig, er meinte: „Werde Lehrerin, dann wirst du so gut bezahlt wie ein Mann." Ich wollte aber mehr verdienen. Dafür musste ich viel lernen und wissen, um mehr leisten zu können.

Putzfrau oder Diplom

Schon in der Schule faszinierte mich das Theater. Ich las viel Brecht, Strindberg, Ibsen und Hauptmann, vielleicht weil ich unglücklich und auf Sinnsuche war. Als ich für mein Studium Geld verdienen musste, wurde ich Komparsin am Schiller-Theater in Berlin, wo ich große Regisseure wie Fritz Kortner und den Schauspieler Klaus Kammer kennenlernte. Ich nahm Schauspielunterricht, als mein damaliger Mann Rainer ein Studententheater gründete, mit dem wir durch die Goethe-Institute in London, Edinburgh und Dublin tourten. Mir wurde klar, dass das Rampenlicht nicht meine Sache ist. Was ich aber beherrschte, war die wirtschaftliche und organisatorische Seite, mit der Künstler meist nicht behelligt werden wollen.

Zahlen faszinierten mich. In Statistik und Mathematik hatte ich eine Eins und bis heute mache ich gerne Buchhaltung, Bilanzen und Steuerabrechnungen. Schon im zweiten Semester Volkswirtschaftslehre machte ich mein Diplom in statistischer Methodenlehre mit Eins und verdiente fortan mein Geld als studentische Hilfskraft an der Technischen Universität, später auch im Publizistik-Institut der Freien Universität, dessen Bibliothek ich viele Semester leitete. Als ich 1966 schwanger wurde, kündigte man mir wenige Tage vor der Entbindung meiner Zwillinge, denn es gab keinen Mutterschutz. Rainer brach sein Studium ab und begann, beim Westdeutschen Rundfunk (WDR) in Köln und beim Südwestrundfunk (SWR) in Stuttgart zu arbeiten. Mehr als 60 Mark von zu Hause waren einfach nicht drin, und da ich kein Stipendium bekam, musste ich mir Geld für mein Examen leihen. Mein Diplom bestand ich 1969 mit „sehr gut", meine Diplomarbeit wurde „mit Auszeichnung" beurteilt.

Ich konnte Mathematik, Ökonometrie und statistische Methodenlehre einfach gut, und weil dieser Stoff für die meisten Kommilitonen der blanke Horror war, verkaufte ich ein Skript der Statistik-Vorlesung, das ich fachlich und mit Rainer zusammen visuell ansprechend erstellt hatte – das Geld fürs erste Auto. Mein Erfolg irritierte den Professor derart, dass er mich wegen Urheberrechtsverletzung anzeigen wollte, dann aber lieber für ein Folge-Skript engagierte.

Ich war intelligent und hübsch, aber letztlich blieb die Anerkennung aus. Als ich in der Studentenvertretung mitbestimmen wollte, wählte man andere. Bin keine gewesen, die alle mochten. Ich wurde nie vorgeschlagen, ich machte alles selbst.

1977 ließ ich mich scheiden, aber schon während der Schwangerschaft war meine Ehe eigentlich kaputt. Wäre ich nicht so unglücklich gewesen, hätte ich vielleicht nicht fertig studiert. So gab es für mich nur die Alternative: Putzfrau oder Diplom.

Superarbeit

Bei Demonstrationen machte ich mit halber Kraft mit, weil ich die Zwillings-Babys im Arm hatte und an der Diplomarbeit schrieb. Nebenher managte ich die Werbung für Peter Brooks Kinofilm MARAT/SADE, der seine Erstaufführung 1967 im Studio-Kino, der heutigen Schaubühne in Berlin-Charlottenburg feierte.

1968 gründete ich die erste Produktionsfirma und produzierte mit eigenem, hart verdientem Geld unter Rainers Regie den Kurzfilm AN DER PERIPHERIE über Demonstrationen der Studentenbewegung und Fragen des politischen und privaten Lebens. Ich erfuhr am eigenen Leib, wie teuer jeder Schritt im Produktionsprozess ist und bemühte mich deshalb, den Film gut zu verkaufen. Er lief bei den Kurzfilmtagen Oberhausen, bekam einen Publikumspreis und wurde vom WDR angekauft.

Meine Diplomarbeit (*Die Westberliner Wirtschaft, ihre Subventionierung und ihre Leistungsbilanz*) wurde im folgenden Jahr nicht nur hervorragend benotet, sie sah mit dem sehr kleinen i und dem breiten m der IBM-Schreibmaschine auch schön aus. Eigentlich wollte ich mit dem Diplom Produktionsleiterin beim Film werden, wäre sogar aus Berlin weggegangen, aber meine Initiativbewerbung beim Filmverlag der Autoren in München kam nicht an. Es gab diese Stellenbeschreibung im deutschen Film damals nicht.

Mein Prinzip war früh: Ich kann etwas, bin gut ausgebildet und will mein Honorar. Der Taler muss wandern, nur wenn man Geld verdient, kann man andere bezahlen. Auf jeden Fall brauchte ich Geld für meine Kinder und Miete für das Haus, in dem wir eine WG und einen Kinderladen aufbauten.

Die weit verbreitete Forderung, unter Frauen (nicht nur bei ihnen) müsse man umsonst arbeiten, habe ich nie geteilt. Auch später habe ich in der Beratung und Herstellungsleitung klare Honorarvereinbarungen verlangt, anstatt unsichere Produktionsbeteiligungen einzugehen. Ich halte meine Arbeit für wertvoll, aber weil sie auf der Leinwand nicht sichtbar ist, denken Künstler gern, dass sie nicht bezahlt zu werden braucht. Viele Autorenfilmer, die selbst produzieren, um überhaupt ihre Filme machen zu können, erwarten unbezahlte Beteiligungen. Ich habe oft beobachtet, wie verliebte Frauen aus Verehrung für die Regisseurin ganz auf ihr Honorar verzichtet haben.

Schon in meiner wissenschaftlichen Arbeit stellte ich klar, dass ich übertarifliche Gagen verlangte, die ich auch bekam. 1970 übernahm ich an der FU die Doktorandenstelle eines Freundes, um eine Dissertation zum Thema Filmwirtschaft zu schreiben. Es war die Zeit der Doppeljobs mit den Kindern, dem Kinderladen und meiner Doktorarbeit. Parallel arbeitete ich als wissenschaftliche Assistentin am Zentrum für Zukunftsforschung und baute das Wissenschaftszentrum Berlin, eine renommierte Institution, durch meine Konzeptarbeit an den Gründungspapieren des International Institute of Management und des Instituts für Urbanistik mit auf.

Am Institut des Wirtschaftstheoretikers Reinhard Selten, der für seine Spieltheorie mit dem Nobelpreis ausgezeichnet wurde, unterrichtete ich Wirtschaftstheorie und studierte endlich *Das Kapital*. In meiner Dissertation wollte ich den Doppelcharakter der „Ware Film" auch nach einem marxistischen Ansatz verfolgen. Meine Seminare legte ich auf den frühen Morgen, sodass nicht viele Studenten kamen und es angenehm blieb.

Mir war nicht klar, dass es keine Kindergartenplätze gab. Als ich die Zwillinge bekam, dachte ich nur: „Prima! Eine Geburt, zwei Kinder, das ist so ökonomisch, wie ich bin." Als die Kinder klein waren, scheute ich mich nicht, sie im Sekretariat des Professors zu lassen, bis ich wieder mit ihnen nach Hause konnte. Aber irgendwann ging es nur mit Kindermädchen weiter. Erst ein Au pair, dann ein festangestelltes Mädchen aus Oberfranken, für das ich meine allerersten Lohnabrechnungen machte.

Arbeiterfilm

Christian Ziewer, einer der Studenten der Film- und Fernsehakademie (dffb), die 1968 wegen ihrer linken Überzeugungen relegiert worden waren, plante 1971 einen Film über streikende Arbeiter, die von der Wirtschaftskrise betroffen waren. LIEBE MUTTER, MIR GEHT ES GUT behandelte mein Diplom-Thema über Berliner Wirtschaft. Die Arbeit verschwand im Archiv, der Film ist für die Öffentlichkeit. Das reizte mich, da wollte ich mitarbeiten.

Max Willutzki wollte erst drei Wochen nach Drehbeginn die Produktionsleitung übernehmen. Da ich wusste, dass es so nicht funktioniert, bemühte ich mich um das Drehbuch. Ziewer und sein Ko-Autor Klaus Wiese gaben es mir mit langen Zähnen. Sie lehnten mich zunächst ab und nannten mich eine Fluse. Damals war ich ohne BH, mit einem sehr kurzen Lederrock und einem schicken Jöppchen unterwegs. Um gegen die Ablehnung anzukommen, willigte ich ein, „nur die Buchhaltung" zu machen.

Zu den 200.000 D-Mark Förderung vom Kuratorium Junger deutscher Film besorgte ich mit meinem Noch-Ehemann weitere 150.000 Mark vom WDR-Fernsehspiel. Der größte Brocken war jedoch die Beschaffung einer selbstschuldnerischen Bürgschaft, die wir mit vereinten Kräften von der IG Metall erhielten. Ohne diese Bürgschaft wäre das WDR-Geld nicht geflossen. Ich kalkulierte den Film, plante die Dreharbeiten, organisierte in meinem Haus Castings der Arbeiter-Darsteller, machte die Schauspieler-, Team- und Finanzierungsverträge und natürlich die Buchhaltung. Ich produzierte den Film bis zum Schluss und übernahm auch den Vertrieb. Max Willutzki tauchte nie auf. Nach wie vor verdiente ich mein Geld mit den wissenschaftlichen Stellen, die ich bis 1975 innehatte. Aber es kam so, dass ich für 500 Mark monatlich in Ziewers und Willutzkis Firma Basis-Film OHG arbeitete.

Im Dezember 1971 zeigten wir dem zuständigen WDR-Redakteur Günter Rohrbach LIEBE MUTTER, MIR GEHT ES GUT zur Abnahme. Der Sender hatte das Erstausstrahlungsrecht, aber Rohrbach fand den Film so schlecht, dass er uns die Kinoauswertung vorher überließ. Es war klar: Wir mussten die sechs Monate bis zur Berlinale nutzen, um unseren Film, den wir großartig fanden, zu promoten. Da die Berliner Filmfestspiele damals im Sommer stattfanden, machten wir ein halbes Jahr Pressearbeit, entwickelten das Plakat, das Presseheft und alles Weitere – natürlich mit von Hand gemachtem Layout. Ich bin heute noch stolz darauf und habe alles archiviert.

Am 26. Juni 1972, dem Tag, an dem der Film im Internationalen Forum des Jungen Films Premiere feierte, erschien wie geplant eine überwältigende Kritik im Spiegel: „ANATOMIE EINES ARBEITSKAMPFES, 40 jahre nach KUHLE WAMPE." Eigenhändig trug ich die 16mm-Filmkopie ins Bellevue im Berliner Hansa-Viertel, damals eines der legendären Off-Kinos von Heiner Stadler, in dem heute das Grips-Theater residiert.

LIEBE MUTTER, MIR GEHT ES GUT lief wochenlang im ausverkauften Bellevue. Wir waren bei vielen Diskussionen anwesend und organisierten auch den weiteren Kinovertrieb und den nichtgewerblichen über die Gewerkschaften. Überall, wo man 16mm-Filme zeigen konnte, sorgte ich für Vorführungen. Die Vermarktung lag mir immer am Herzen, und so gründete ich in dieser Zeit den Basis-Film-Verleih und leitete ihn als geschäftsführende Gesellschafterin.

Mit dem nichtgewerblichen Verleih verdienten wir immerhin 100.000 Mark in einem halben Jahr, aber das Geld wurde für den nächsten Ziewer-Film SCHNEEGLÖCKCHEN BLÜHEN IM SEPTEMBER gebraucht. Ende 1975 stieg ich aus privaten Gründen aus und übergab meiner Assistentin Clara Burckner meine Geschäftsanteile und meinen Arbeitsbereich.

Die Gesetze kennen

Eigentlich wollte ich die Promotion abschließen, aber das gelang nicht. In fünf Jahren filmwirtschaftlicher, film- und urheberrechtlicher Studien lernte ich viel über das bundesdeutsche Gefüge, fühlte mich aber einsam. Gewohnt an Teamarbeit beim Film, die WG und die Elterngruppe im Kinderladen, hatte ich keine Lust, allein zu arbeiten.

So ging ich auf einen Kontakt meines Ex-Mannes ein. Wim Wenders hatte damals den Film IM LAUF DER ZEIT fertiggestellt und plante den AMERIKANISCHEN FREUND, bei dem sich Finanzierungsprobleme ergaben. Ich traf mich mit ihm, Bruno Ganz und Rainer in einem Lokal in der Berliner Uhlandstraße, wo mir das Essen nicht schmeckte, aber als Kriegskind aß ich es trotzdem.

Während des Gesprächs fiel mir auf, dass Wenders dabei war, seinen Anspruch auf Referenzfilmmittel für IM LAUF DER ZEIT zu verlieren. Noch in derselben Nacht formulierte ich für ihn einen Antrag an die Filmförderungsanstalt (FFA), denn ich wusste, dass er angesichts der in Aussicht stehenden Besucherzahlen Referenzmittel zur Finanzierung des nächsten Films beanspruchen konnte. Wenn man den Antrag nicht innerhalb von vier Wochen nach Uraufführung stellte, war die Chance vertan. Damals musste man wissen, dass die Frist ein Ausschlusskriterium darstellte, auf das viele hereinfielen. Ich wusste es, weil ich die entsprechenden Urteile in der Schriftenreihe der UFITA (Archiv für Urheber-, Film-, Funk- und Theaterrecht) studiert hatte. Man muss sich vorstellen, dass es damals keine Medienanwälte gab. Mit meinen Voraussetzungen war ich eine Expertin für Finanzierungsfragen, die kaum ein Anwalt oder Steuerberater beantworten konnte.

Darauf gründete ich für Wim Wenders in meinem Haus die Road Movies Film GmbH und produzierte u. a. seine Filme DER AMERIKANISCHE FREUND (1977) und LIGHTNING OVER WATER (1980), Peter Handkes DIE LINKSHÄNDIGE FRAU (1978), Chris Petits RADIO ON (1979), Peter Przygoddas ALS DIESEL GEBOREN... (1979) und Usch Barthelmeß-Weller und Werner Meyers DIE KINDER AUS NO. 67 (1980). Dann übergab ich meine Geschäftsanteile an einen von mir ausgesuchten Nachfolger. Ich wollte als freie und beratende Produzentin ausschließlich projektorientiert arbeiten.

Die Arbeit für viele unterschiedliche Produzenten und Regisseure, teils aus der Alt-Branche, teils aus der Szene der jungen, unkonventionellen und finanzschwachen Filmemacher, hat mir unendlich viel Erfahrung eingetragen. So blieb mir nicht verschlossen, dass der Vorstand der FFA dieselben Gesetze und Richtlinien je nach Produzent und Film anders anwendete. Als wir einmal für einen 16mm-Film von Rosa von Praunheim die FFA-Abnahme brauchten, sollte der offizielle Akt ausfallen. Angeblich war kein 16mm-Projektor am Sitzungsort der Kommission aufzutreiben. Wir schafften einen dorthin, denn ich wusste, dass Rosa ohne diese Abnahme die Förderung hätte zurückzahlen müssen.

Expertise

Zwischen 1977 und 2003 unterstützte mein Produktionsbüro circa 150 Filme, die aus tausenden von Projektentwürfen entstanden. Zeitweise arbeiteten vier Angestellte mit mir an bis zu fünf Filmen pro Jahr. Für viele Autorenfilmer, die ich beriet und/ oder als Herstellungsleiterin begleitete, fungierte mein Büro als logistisches Zentrum. Durch meine Aufgeschlossenheit, mein Wissen und meine Erfahrung verfügte ich über ein großes Netzwerk und konnte mir die interessanten Projekte aussuchen. Meine Aufgabe bestand in der realistischen Einschätzung, was ein bestimmter Film kosten dürfe, um seine Finanzierung zu bewerkstelligen, und auch darin, wie durch die Finanzierung meine eigene Bezahlung realisiert werden konnte.

Anfangs dachte ich, jeder würde mich dafür lieben, dass ich mich mit seinem Projekt identifizierte und meine Arbeit erfolgreich ausführte. Aber die Wertschätzung meines Engagements blieb oft aus. Filmemacher, Frauen wie Männer, sind Egomanen. Wenn die Finanzierung abgeschlossen war, wurden häufig mit mir getroffene Absprachen nicht eingehalten. Ich weiß noch, wie ich monierte, dass mein Name nicht im Anfangstitel von Wim Wenders' DER AMERIKANISCHE FREUND genannt wurde. Darauf meinte er lapidar: „Das hättest du vorher sagen müssen."

Bei Ulrike Ottingers Film JOHANNA D'ARC OF MONGOLIA bewerkstelligte ich die gesamte Finanzierung und konnte nach Drehschluss (!) sogar noch 350.000 Mark Bar- und Eigenmittel von Popular Film zusätzlich besorgen. Es gab eine vertragliche Zusage, dass mein Name im Vorspann genannt werden würde, handschriftlich mit ihrer dicken Tinte. Tatsächlich wurde ich im Anfangstitel nicht genannt und zudem kam es zu einem Konflikt um meine Bezahlung. Immerhin entwickelte ich mich durch diesen Konflikt zur öffentlich bestellten und vereidigten Sachverständigen für Film- und Medienwirtschaft – ein neues Arbeitsfeld, das ich seitdem und auch in Zukunft weiter mit Begeisterung beackere.

Filmemacher gehen davon aus, dass man für das Angebot, mit ihnen zu arbeiten, dankbar sein müsse und ihrer Kunst alle Rechte zustehen. So ziehe ich meine Befriedigung möglichst unabhängig davon aus den persönlichen Erfolgen in meinem Bereich. Alle von mir produzierten Filme sind gut kalkuliert, finanziert, fertiggestellt und abgerechnet, und oft haben meine PR-, Verleih- und Branchenkontakte dafür gesorgt, dass sie im Kino gut herausgebracht wurden.

Nach der Logik von Alt-Produzenten würde mir z. B. heute DER AMERIKANISCHE FREUND faktisch mitgehören, aber ich finde, es ist Wim Wenders' Film. Ich ließ meine Anteile in den Firmen, an denen ich beteiligt war, und entwickelte mein eigenes Geschäftsmodell der filmökonomischen Beratung von Künstlern, die *selbst machen* und folglich *selbst produzieren* wollen. Roland Klick, Rosa von Praunheim, Vadim Glowna, Erwin Leiser, Hans-Jürgen Syberberg, Monika Treut, Christoph Schlingensief u.v.a., die mein Consulting annahmen, mussten nicht tun, was ich sagte, aber besser war, sie taten's. Durch die Tatsache, dass ich keine Macht besaß, hatte ich oft mehr. Ich besaß umfassende Vollmachten, mit denen ich selbstständig Verträge abschließen konnte. Viele haben nicht bemerkt, wie viel ich für sie herausgeholt habe, weil ihnen meist nicht klar war, was ihre Rechte wert sind. Der Fakt, dass sie ihre Rechte behalten konnten, schaffte Vertrauen in meine Arbeit, und da ich grundsätzlich Hochachtung vor Künstlern habe, die Drehbücher schreiben und Filme realisieren, versuchte ich, meine Fantasie in Sachen Organisation, Vertragsverhandlungen und Finanzierung so gut wie möglich in ihrem Sinne einzusetzen. Ökonomie ist ein Rahmen, der Widerstände setzt und mich auf meinem Gebiet kreativ und produktiv werden lässt: Für mich ist Geldausgeben eine Kunst.

Netzwerke

Viele Jahre war ich in Vereinen und Verbänden aktiv. Ich habe den Verband der Filmarbeiterinnen mitgegründet, den Berliner Arbeitskreis Film (BAF), den Berliner Filmrat sowie die Berufsgruppe Film in der VG Bild-Kunst. Delegiert von der AG Neue Deutsche Spielfilmproduzenten war ich auch in Gremien der FFA tätig, zunächst als Vertreterin von Volker Schlöndorff. Ich nahm an den Sitzungen teil, aber er bekam die 150 Mark Aufwandsentschädigung, bis ich sagte: „Hör mal, mein Lieber, ich mache die Arbeit und will dafür auch Deinen Sitz und das Geld. Sei Du mein Vertreter." Niemand gibt freiwillig ab, man muss immer fordern.

Ich suchte Freundinnen, auch, weil ich allein war, immer auf der Suche nach Sinn und Erfüllung. Nur die Kinder großzuziehen, hätte mir nicht gereicht. In meiner Ehe war ich durch eine fürchterliche Enttäuschung und Liebeskummer-Quälerei gegangen, bis mir klar wurde: „Es gibt niemanden, der für dich da ist." Ich suchte immer jemanden, den ich lieb haben konnte, auch in Frauenbeziehungen. Aber ganz stark war mein Gefühl: „Allein!" Dann kamen Freundinnen hinzu, mit denen ich mich wohlfühlte und viel unternehmen konnte. Und als ich später im Beirat das Medienboard Berlin-Brandenburg mitaufbaute, bekam ich viel persönliches Feedback. Im Lauf der Zeit bin ich richtig glücklich geworden. Sehr gern erinnere ich mich an meine Frauenfeste im Sommer, damals in unserer Aufbruchsstimmung.

Dass Frauen unterschiedlicher Generationen heute so wenig Verbindung pflegen, ist für mich keine Frage des Vergessens. Die jüngeren Frauen denken einfach anders, weil sie mit Errungenschaften groß wurden, anders als wir. Die jüngeren Frauen, die ich kenne, haben ein hohes Bewusstsein davon, dass sie arbeiten wollen und müssen, dass sie etwas können, etwas darstellen. Es gibt Frauensolidarität und Frauenthemen, aber nicht vor dem Hintergrund eines Kampfes, wie wir ihn geführt haben.

Wir sollten den einstigen Ost/West-Gegensatz in der Frauenpolitik nicht unterschätzen. Am Kalten Krieg fand ich aus meiner Warte positiv, dass die Frauen in der DDR Kindergartenplätze und billige Kinderkleidung vorfanden. Ich wählte die SEW, den Westberliner Ableger der SED. Sozialismus fand ich toll, den Rest übersah ich. Erst später nahm ich wahr, dass die Realität eine andere war. Als wir 1980 beim Filmfestival in Karlovy Vary die „Rose von Lidice" für den Film DIE KINDER AUS NO. 67 gewonnen hatten, bemerkte ich bei Gesprächen mit DDR-Film-Funktionären, wie abfällig sie über Frauen redeten. Sie hätten sie am liebsten gekündigt, wenn sie schwanger wurden. Anders als in meiner Theorie wurden die Frauen im Sozialismus als Arbeiterinnen und Liebhaberinnen geschätzt, wirklich gleichberechtigt waren sie nicht.

Heute stellen sich andere Fragen: Filmemacher und Filmemacherinnen brauchen sehr starke Motivationen, um überhaupt einen Film durchzusetzen und dabei unabhängig zu bleiben. Sie haben gleich große Schwierigkeiten, wenn sie ihr Projekt, ihr „Kind", abgeben müssen. Der Produzent und die Redakteurin oder umgekehrt nehmen es an und erklären sich zu Eltern – oder auch nicht. Sie bestimmen die Produktion.

Netzwerke helfen weiter, obwohl sich Frauen damit schwer tun. Ich habe nur selten erlebt, dass eine erfolgreiche Autorenfilmerin einer anderen geholfen hätte. Rückblickend auf 50 Jahre Filmgeschäft gilt für mich immer noch Vlado Kristls eingangs erwähnter Leitsatz „dass eigentlich nur Platz ist für den, der selbst den Platz mitbringt…" Das Leben könnte leichter sein – dies mein Rat –, wenn sich junge filmschaffende Frauen besser zusammenfänden.

Aufz. CL

Sibylle Hubatschek-Rahn

REDAKTEURIN KLEINES FERNSEHSPIEL ZDF

Geb. 1938 in Lissabon/Portugal als Tochter des Gesandtschaftsrates Rudolf Rahn und seiner Frau Martha, geb. Gerhardy. 1958 Abitur in Düsseldorf, danach je 6 Monate in England und Frankreich.
    1959-1960 Studium der Theaterwissenschaft und Archäologie in Köln. 1960-1962 Schauspielausbildung an der Max-Reinhardt-Schule Berlin und der Ballettschule Gert Reinholm. 1962-1963 Engagement als Schauspielerin am Residenztheater München, 1964-1965 freie Schauspielerin.
    1966 Volontariat beim ZDF, freie Lektorin.
    1967-1969 Lektorin in der Dramaturgie des ZDF. 1970-1998 Redakteurin in der ZDF-Redaktion Das Kleine Fernsehspiel (seit 1984 stellvertretende Redaktionsleiterin).

FILMOGRAFIE (Auswahl)
1998/1999 SPAGHETTI CONNECTION (Regie: Christiane Mannini)
    DIE UNBERÜHRBARE (R: Oskar Röhler)
1998 DEALER (Regie: Thomas Arslan)
    MIT HAUT UND HAAREN (Regie: Crescentia Dünßer, Martina Döcker)
    PLÄTZE IN STÄDTEN (Regie: Angela Schanelec)
1994 Z-MAN'S KINDER (Regie: Heidi Specogna)
1991 TRANSIT LEVANTKADE (Regie: Rosemarie Blank)
1989 DIE MIENE (Regie: Loredana Bianconi)
    KOMPLIZINNEN (Regie: Margit Czenki)
1987 STUMM WIE EIN FISCH (Regie: Boris Lehman)
1985 KRIEG UM ZEIT (Regie: Hellmuth Costard)
1983 DER RUF DER SIBYLLA (Regie: Clemens Klopfenstein)
    ANOU BANOU - TÖCHTER DER UTOPIE (Regie: Edna Politi)
1982 NEBELLAND (Regie: Claudia von Alemann)
    SPUREN - LA TRACE (Regie: Neija Ben Mabrouk)
1981 LETZTE LIEBE (Regie: Ingemo Engström)
    DER SUBJEKTIVE FAKTOR (Regie: Helke Sander)
1980 HUNGERJAHRE - IN EINEM REICHEN LAND (Regie: Jutta Brückner)
1978 DIE MACHT DER MÄNNER IST DIE GEDULD DER FRAUEN (Regie: Cristina Perincioli)
    MADAME X (Regie: Ulrike Ottinger)
1974 SCHATTENREITER (Regie: George Moorse)

Ich habe beschlossen, es mir zuzutrauen

Ob ein Drehbuch gute Rollen für die Schauspieler versprach, konnte ich immer gut beurteilen. Meine Arbeit beim ZDF in Mainz begann als Hospitantin in der Dramaturgie, wo ich fürchterlich viel schrieb und die eingereichten Drehbücher meist aus der Sicht einer Schauspielerin beurteilte. Heutzutage bekäme ich nicht einmal ein Praktikum bei meiner Vorbildung. Ich war als Schauspielerin ausgebildet und landete nach einigen Engagements und einer Hospitanz in der Dramaturgie des ZDF. Mein Interesse am Programm und den Filmentwürfen des Kleinen Fernsehspiels weckte bald auch die Aufmerksamkeit der Redaktion für meine Empfehlungen.

Ende der 1960er-Jahre gab es im Fernsehspiel des ZDF keine Redakteurinnen. Zu der Zeit wurde ja auch ernsthaft diskutiert, ob Frauen in der Lage seien, Nachrichten zu sprechen. Sie seien viel zu emotional und gar nicht in der Lage zu sagen: „Heute hat der Krieg in Soundso begonnen", ohne in Tränen auszubrechen! Als Wiebke Bruhns die erste Nachrichtensprecherin des ZDF wurde, war die Hölle los, weil sie eine Brille trug. Alter und Aussehen spielten bei Männern keine Rolle, bei Frauen auf dem Bildschirm wurde jede Äußerlichkeit diskutiert.

Engagiert

Die Jungs im Kleinen Fernsehspiel waren sich keineswegs sicher, ob Frauen sich im harten Produktionsgeschäft durchsetzen könnten, aber sie fanden es originell, die eine freigewordene Stelle mit einer Frau zu besetzen. Christoph Holch rief mich an und fragte, ob ich interessiert sei. In der Redaktion gab er mir ein Glas Wodka in die Hand. Hajo Schedlich, der damalige Chef, fühlte mir dann in seinem Büro auf den Zahn. Als er fragte: „Trauen Sie sich das zu?", hätte ich nicht mit gutem Gewissen „Ja." sagen können, also antwortete ich: „Ich habe beschlossen, es mir zuzutrauen." Worauf er einen Lachkrampf bekam und ich engagiert war.

In der ersten Redaktionssitzung fragte Hajo Schedlich in die Runde, wer das Protokoll schreiben würde. Sechs Männer schauten mich an. Meine Reaktion: „Ich kann keine Kurzschrift und meine Handschrift kann ich nicht lesen." Ich hatte solch ein schlechtes Gewissen! Aber mir war klar, wenn ich das erste Mal Protokoll schreibe, wird es immer so sein. Ich habe aber nie Protokoll geschrieben und nie Kaffee gekocht, nicht ein einziges Mal. Ich hatte zwar ein schlechtes Gewissen, war aber auch ein bisschen stolz.

Die Kollegen machten sich Sorgen – ich mir übrigens auch –, ob ich am Set durchsetzungsfähig sein würde. Es war damals üblich, dass Redakteure bei jedem Dreh wie Wachhunde anwesend zu sein hatten, was mir unangenehm war. So versuchte ich, als Script oder zweite Regieassistenz mitzumachen. Dabei habe ich viel gelernt, gehörte zum Team und meine Rolle als Redakteurin war schnell vergessen. Hatte ich etwas zu beanstanden, dann grundsätzlich nur bei einem Gespräch unter vier Augen.

Laut wurde ich selten. Meine Wut dauerte im Durchschnitt 18 Sekunden, bis ich sicher war, dass meine Stimme sitzt. Bloß nicht schreien, das setzt einen sofort ins Unrecht. Wenn ein Mann brüllt, ist er temperamentvoll, wenn eine Frau brüllt, ist sie hysterisch.

Programmfragen

Damals lief das Kleine Fernsehspiel jeden Donnerstagabend von 19.05 bis 19.30 Uhr. Nur ab und zu durften wir Freitagnacht einen längeren Film senden. Später zog das ZDF die Nachrichten auf 19.00 Uhr vor, weshalb wir in die Donnerstagnacht geschoben wurden, was uns durchaus recht war, weil wir dadurch nicht mehr sklavisch an der Kurzfilmdramaturgie festhalten mussten. Fertig eingekaufte längere Filme waren ja vorher zum Teil brutal auf die berühmten 24:30 Minuten des Kleinen Fernsehspiels heruntergekürzt worden.

Alle vier bis sechs Wochen gab es eine Sitzung, in der rund 50 eingegangene, zum Teil fremdsprachige Drehbücher besprochen wurden. Bei diesen Sitzungen gingen die Jungs dann gern auf der Metaebene spazieren: Filme über kommende Weltkriege, die Atombombe – überhaupt nur weltbewegende Filme sollten entstehen. Als ich zaghaft meinte: „Wie sieht es denn mit der Gleichberechtigung aus?" starrten sie mich ungläubig und ein bisschen amüsiert an: „Gleichberechtigung haben wir doch längst!"

Der Haupteinwand der Kollegen gegen Drehbücher von Frauen lautete: „Sie kommen nicht auf den Punkt!!" Anstatt sich auf die geradlinige Geschichte eines Helden oder einer Heldin zu konzentrieren, stellten die Autorinnen meist mehrere Personen gleichberechtigt ins Zentrum, beschrieben Atmosphären, erzählten von Beziehungsgeflechten und Gefühlen. Sie versuchten also zuerst ein Umfeld zu beschreiben, bevor es zu Handlungen kam. Überdurchschnittlich oft beschäftigten sich Autorinnen mit dem Thema private Spurensuche, später kamen Emanzipationsdramen oder Komödien hinzu, so gut wie nie schlugen sie Genrefilme, also Krimis oder Abenteuerfilme vor. Heute habe ich dagegen den Eindruck, dass auch die meisten Mädels schnell auf den Punkt kommen können...

Manchmal sah auch ich lieber andere Filme als die vom Kleinen Fernsehspiel produzierten, aber ich bedaure doch sehr, dass die z.T. sehr eindrucksvollen experimentellen Filme nach dem Ausscheiden von Eckart Stein aus dem ZDF-Programm verschwunden sind, auch wenn die Einschaltquoten sehr niedrig waren. Kleine Fernsehspiele werden heute wohl eher als Eignungstest für das Hauptprogramm betrachtet.

Entdeckungen

Außer an den Filmhochschulen konnten die Redakteure auch bei Dreharbeiten neue Leute entdecken: Die meisten RegieassistentInnen, AufnahmeleiterInnen, SchauspielerInnen träumten vom eigenen Film. Anfangs versuchte ich, die wenigen Mädels zu pushen, die sich überhaupt trauten, uns Entwürfe zuzusenden. Später kamen mehr Frauen von allein auf uns zu, zumal die Redaktion oft nicht mehr als ein schlüssiges

Madame X (1978, Regie: Ulrike Öttinger)

Konzept verlangte. Jutta Brückners Debütfilm Tue recht und scheue niemand, den Eckart Stein betreute, begann mit einem zweiseitigen Entwurf.

Ich erinnere mich, wie ich nach einem Urlaub aus einem Stapel Drehbücher, die zurückgeschickt werden sollten, das Drehbuch zu Madame X – Eine absolute Herrscherin (1978) von Ulrike Ottinger herauszog. Als Fan von Piratenfilmen musste ich mich dafür einfach stark machen. Die Vorstellung, dass Ulrike mit nicht einmal 100.000 Mark Kamerafilm-Budget (die Selbstausbeutung unberücksichtigt) eine Geschichte über Piratinnen auf dem Bodensee drehen wollte, hielt ich für wohltuend irre. Also schrieb ich in meinem Stoffzulassungsantrag, dass ich daran glaube, aber nicht sicher sei, ob das Experiment gelingt. Postwendend reagierte der Intendant, der jeden Antrag persönlich genehmigen musste: „Wenn nicht mal die Redaktion sicher ist...!" Ich antwortete, dass das Kleine Fernsehspiel doch Neues versuche und man nie sicher sein könne, was herauskommt, weil es ja sonst nichts Neues ist. Wo bitte soll experimentiert werden, wenn nicht beim Kleinen Fernsehspiel? Ich bekam die Genehmigung.

Knackpunkte

Auf meinen Intendanten Karl Holzamer (1962–1977 im Amt) lasse ich nichts kommen. Ich habe nie versucht, ihn hereinzulegen. Jedes Projekt musste über seinen Tisch, also habe ich in meinen Begleitschreiben auch zu Projekten über RAF-Themen und Coming-out-Filmen sehr genau meine Motivation erklärt.

Unsere Arbeitsbedingungen waren sehr privilegiert, was sicher auch damit zu tun hatte, dass die redaktionelle Arbeit nicht in der gleichen Form überwacht wurde, wie es heutzutage dank Computern und Controlling alltäglich ist. Unsere KünstlerInnen waren immer ungemein engagiert, aber hatten es nicht so mit der Disziplin. Die Abgabetermine für Drehbücher und fertige Filme wurden selten eingehalten. Heute kontrolliert die Abteilung Haushalt den korrekten Eingang sofort, damals konnte ich sagen: „Was ist der Grund? Also in drei Wochen!" Ein anderes Beispiel: Bei einem Kamerafilm wurde eine Länge von 60 Minuten vereinbart. Am Schneidetisch kam ich mit dem Filmemacher überein, dass dem Film 40 Minuten guttäten. Damals konnte ich mich auf die redaktionelle Entscheidung berufen. Heute würde in einem solchen Fall ein Drittel des Budgets zurückgefordert und der Filmemacher wäre pleite oder der Film bliebe eben 60 Minuten lang.

Margit Czenkis Film KOMPLIZINNEN spielt im Frauenknast. Sie selbst war wegen eines Banküberfalls zu sieben Jahren verknackt worden und saß die volle Zeit ab, weil sie zu keinem Kompromiss bereit war. Bei der ersten Drehbuchbesprechung habe ich ihr gesagt, dass ich ihr jede auch noch so schlimme Szene im Drehbuch glaube, aber dazu rate, nur die Szenen drin zu lassen, von denen wir nachweisen können, dass sie im Ermessen der Gefängnisleitung liegen. Das Ergebnis war erschreckend genug und die Zuschauer und Kritiker reagierten entgeistert, aber niemand konnte sagen „Das stimmt doch nicht, das ist doch gar nicht erlaubt". Alles, was der Film zeigte, war durch die Gefängnisordnung sanktioniert.

Gendertrouble

In Helke Sanders Film DER SUBJEKTIVE FAKTOR gibt es eine Szene, in der Männer und Frauen um einen Tisch sitzen, um zu diskutieren. Nach kurzer Zeit sitzen die Jungs vorn und diskutieren, die Mädels sitzen etwas nach hinten versetzt und halten den Mund. In der ZDF-Frauengruppe stellten wir fest, dass die Mädels im Sender den Mund hielten, wenn die Männer zu reden begannen. Deshalb unser Beschluss, dass Männer nicht zu den Treffen zugelassen waren. Vermutlich hätten sich die Kollegen überhaupt nicht für die Frauengruppe interessiert, aber dass sie ausgeschlossen wurden, hat sie wahnsinnig gemacht. Da baten wir Männer und Frauen zu einer großen Sitzung und siehe da, der Konferenzraum war voll. Wir hatten vorher beschlossen, dass jede von uns nach vorn gehen und einen Satz sagen sollte, egal ob in freier Rede, abgelesen oder auswendig gelernt. Jede sollte sich trauen und jede traute sich.

Einmal nahm ich ein Fortbildungsangebot für ARD- und ZDF-Redakteure wahr. Der Trainer freute sich über zwei Frauen in der Gruppe, weil sich der Umgangston erfahrungsmäßig sofort verbesserte. Mir ging bei der Aktion auf, dass viele Journalisten, an deren Objektivität ich immer geglaubt hatte, reinen Meinungsjournalismus betreiben. Als wir mit Hilfe von Rollenspielen die Debattenkultur übten und mir der Übungsleiter die Rolle von Franz-Josef Strauß andiente, ließ ich mich als Ex-Schauspielerin begeistert aufs Jonglieren mit Thesen und Antithesen ein und argumentierte in schönster Strauß-Manier unfair. Zu meiner Verblüffung fielen gestandene politische

Journalisten darauf herein und flippten vor Empörung über meine Gewissenlosigkeit aus. Der Übungsleiter fand das hochinteressant.

Als wieder eine Stelle in der Redaktion frei wurde, einigte sich die ganze Redaktion auf eine zweite Frau. Ich weiß noch, dass uns Regisseure fragten, ob wir überhaupt noch mit Männern arbeiten würden, als das Kleine Fernsehspiel zunehmend Filme von Frauen ausstrahlte. Voller Schreck schaute ich in unseren Listen nach, aber der Anteil lag damals erst bei knapp 25 Prozent.

Trotz relativ schlechter Einschaltquoten wurde das Kleine Fernsehspiel im ZDF geduldet, weil es viele Preise nach Hause brachte und weil es den öffentlich-rechtlichen Programmauftrag bediente. Inzwischen läuft es tief in der Nacht – für mich zu spät.

Natürlich bin ich Feministin und natürlich bin ich für die Quote. Aber ich glaube nicht, dass Frauen die besseren Menschen sind – oder wie eine Frau in einem Film von Helke Sander sagt: „Wir sind nur anders!" Für manche überzeugte Feministin waren meine Entscheidungen wohl nicht puristisch genug. Ich habe gern mit Frauen, aber auch gern mit Männern gearbeitet.

Die letzte Produktion, die ich vor meiner Pensionierung betreute, war ein Film von Oskar Röhler. Er hatte einen Vorschlag eingereicht, der bei der Konferenz durchfiel, und ich schrieb die Ablehnung. Zwei Tage später hatte ich ihn gefühlte 40 Minuten schimpfend und brüllend am Telefon. Er klang so verzweifelt, dass ich dachte: „Hör ihm zu, es ist Dein Job." Zwei Tage später trafen wir uns in einem Berliner Café, wo er nicht mehr über den abgelehnten Vorschlag reden wollte, sondern bat, ich möge zwei Seiten lesen. Ich las den Entwurf und sagte: „Das interessiert mich." Es war DIE UNBERÜHRBARE.

Aufz. CL

Ula Stöckl

REGISSEURIN, AUTORIN, PROFESSORIN

1938 geboren in Ulm; 1954 Ausbildung zur Sekretärin; 1958 Sprachenstudium in London und Paris; 1961 Fremdsprachen- und Direktionssekretärin in Paris und Stuttgart; 1963–1968 Regiestudium an der Hochschule für Gestaltung in Ulm (HfG). Ihr Abschlussfilm NEUN LEBEN HAT DIE KATZE (1968) gilt als Schlüsselfilm des feministischen Aufbruchs. Ula Stöckl schrieb, realisierte und produzierte zahlreiche Dokumentar-, Spiel- und Fernsehfilme, in deren Mittelpunkt starke mythologische Frauenfiguren, Beziehungs- und Generationenkonflikte und das Aufspüren gewalttätiger Machtstrukturen stehen. 1985 wurde sie für DER SCHLAF DER VERNUNFT mit dem Deutschen Filmpreis/Filmband in Silber ausgezeichnet. 1999 erhielt sie den Konrad-Wolf-Preis. Ula Stöckl lehrte an der dffb Berlin, der Hollins University in Roanoke/ USA und ist seit 2004 Professorin an der University of Central Florida (UCF) in Orlando/USA. 2014 vollendete sie den Film DIE WIDERSTÄNDIGEN II „ALSO MACHEN WIR WEITER" nach Interviews der 2012 verstorbenen Filmemacherin Katrin Seybold über den studentischen Widerstand im Nationalsozialismus.

www.ula-stoeckl.com

FILME (Auswahl)
2014 DIE WIDERSTÄNDIGEN II „ALSO MACHEN WIR WEITER" (Dokumentarfilm; Montage)
1992 DAS ALTE LIED (Kinofilm; Buch und Regie)
1986/87 UNERHÖRT – DIE GESCHICHTE DER DEUTSCHEN FRAUENBEWEGUNG VON 1830 BIS HEUTE
  (2 Episoden, Fernseh-Dokumentarfilmreihe; Buch und Regie)
1984 DER SCHLAF DER VERNUNFT (Kinofilm; Buch, Regie, Produktion)
1978 EINE FRAU MIT VERANTWORTUNG (Fernsehfilm; Ko-Drehbuch und Regie)
1976 ERIKAS LEIDENSCHAFTEN (Fernsehfilm; Buch, Regie, Produktion, Produktionsleitung)
1975 POPP UND MINGEL (Fernsehfilm; Buch und Regie)
1974 EIN GANZ PERFEKTES EHEPAAR (Fernsehfilm; Buch, Regie und Produktion)
  HASE UND IGEL (Fernsehfilm; Buch, Regie und Produktion)
1972 HIRNHEXEN (Fernsehfilm; Buch, Regie und Produktion)
1970 GESCHICHTEN VOM KÜBELKIND (Buch und Regie mit Edgar Reitz)
1968 NEUN LEBEN HAT DIE KATZE (Kinofilm; Buch, Regie und Ko-Produktion)
1967 HABEN SIE ABITUR? (Kurzfilm; Buch, Regie, Produktionsleitung und Schnitt)
1966 SONNABEND ABEND 17 UHR (Kurzfilm; Buch und Regie)
1964 ANTIGONE (Kurzfilm; Buch, Regie und Schnitt)

Zuhause ist da, wo ich was verändern will

Alleinsein: Ground Zero

Der Wald ist still und tief, voller Gefahren. Räuber, Banditen und wilde Tiere lauern. Knacken, Rascheln. Bin ich allein? Bin ich in Gefahr? Sicher in dieser Sekunde ist nur, dass i c h allein bin. Umkehren geht nicht, wohin? Einfach geradeaus weitergehen, wohin immer es führen mag. Ich höre meine eigenen Schritte, meinen Atem, mein Herz klopft laut. Es knackt und raschelt immer stärker. Plötzliche Stille. Weitergehen, singen, aus voller Kehle. Die anderen Geräusche übertönen, die Stille füllen. Geschichten erfinden, die passiert sein könnten.

Der Wald war überall, Metapher für das Geheimnisvolle, das nicht Gesicherte. Die Realität war der Krieg: Morgens unerlaubt mit dem Puppenherd spielen, der doch erst in sieben Tagen unterm Weihnachtsbaum entdeckt werden darf. Am Nachmittag vom gedeckten Tisch mit Adventskranz und brennenden Kerzen aufstehen, die Trainingsanzüge über die dünnen Festtagskleidchen ziehen und in den Keller vier Stockwerke unter der Wohnung gehen. Dort sitzen. Den unbeschreiblichen Lärm der fallenden Bomben hören und die Erschütterungen spüren, die durch das Haus gehen. Die Angst der Mutter aufnehmen, die Sanitätsrohre könnten platzen und wir alle müssten in Scheiße „umkommen". An Mutters einer Hand ich, meine jüngere Schwester an der anderen, unter glühendem Funkenregen durch die brennende Stadt rennen. Mit vielen anderen Menschen in einem Raum sitzen. Gerettet! Gerettet? Keine Erinnerung daran, in wessen Obhut meine kleinere Schwester und ich saßen und auf die Rückkehr meiner Mutter warteten. Sie wollte sehen, ob noch irgendetwas aus dem brennenden Haus zu retten war, in dem wir bis zum Abend zuvor gelebt hatten. All diese Geschichten habe ich sehr bildlich vor mir. Welche davon habe ich wirklich so erlebt oder ist meine Erinnerung vor allem das, was ich aus den Erzählungen meiner Mutter behalten habe? In jedem Fall ist das Gesehene und Gehörte unauslöschlich in meinem inneren Filmarchiv festgehalten.

Was ist also wirklich? Die Fakten sind bekannt: Am 17. Dezember 1944 verlor ich durch einen Bombenangriff auf Ulm das Umfeld mit allem, was bis zu diesem Moment mein Zuhause war. Was aber ist wirklich zerstört worden in dieser Nacht und allen ihr folgenden Tagen, Monaten, Jahren? Man nennt es „Kriegsschäden". Drei tote Geschwister inbegriffen. Meine Eltern glaubten nach 1945 nicht an „Nie wieder Krieg". So sehr waren sie überzeugt, dass ein Dritter Weltkrieg stattfinden würde, dass sie beschlossen, sich nie wieder „etwas anzuschaffen". Wir lebten in Geliehenem und Geschenktem, im Wintergarten mit daran anschließendem Raum, den eine reiche Familie zwangsweise an total Ausgebombte wie uns überlassen musste. Ob wir Miete zahlten, diese Frage kam mir nicht in den Sinn, als die Eltern noch lebten. Ich spielte unter dem runden Tisch, der uns nicht gehörte. Versteckt unter dem als Tischtuch dienenden herunterhängenden Betttuch, das mich vor den Blicken der Eltern schützte. „Kein eigenes Dach über dem Kopf, kein ganzes Hemd am Leib und kein ordentliches Bett unter dem Hintern", war ein ständig wiederkehrender Spruch meiner Mutter. Ich frage mich, wer ihr die lebensgroße Puppe für mich geschenkt hatte? Ihr Leib war aus Leder, ihre Arme und Beine hatten funktionierende Glieder und ihr Kopf war aus bemaltem Porzellan. S i e hatte Lederschuhe an und trug ein mit Rüschen besetztes Kleid. Ihre blonden Haare hingen in Korkenzieherlocken um ihr blauäugiges Gesicht. Sie kampierte mit mir unter dem Tisch und es war klar, dass sie eine Prinzessin war und nicht hierher gehörte, von Zigeunern in den Wald verschleppt war. Ich projizierte, dass meine Eltern nicht meine waren und ich ganz still und brav darauf wartete, dass meine w i r k l i c h e n Eltern mich fanden und aus der Gefangenschaft der Zigeuner befreiten. Warum Zigeuner?

Wer waren denn die beiden, die behaupteten, meine Eltern zu sein? Was war passiert nach dem Verlust des Zuhauses durch die Bomben und der Odyssee von Evakuierung, Einmarsch der Alliierten, Sammellager dort, Sammellager hier? Die Floh-Epidemie im Schwedenturm, der Hunger im Sommer 1946? Der Verlust der existenziellen Grundlage, als mein Vater wegen Mitläuferschaft mit zwei Jahren Berufsverbot belegt wurde? Entnazifizierung, Währungsreform, erster sozialer Wohnungsbau. Ich bin zehn Jahre alt, meine jüngste Schwester wird geboren. Sie ist der Neuanfang für die Eltern, der Anspruch auf 48 Quadratmeter sozialer Wohnungsbau. Sie kaufen zum zweiten Mal in ihrem Leben ein Schlafzimmer. Eine Hälfte der zwei Zimmer wird das Kinderzimmer, für das Baby und mich.

Mein Vater war Musiker in einem Orchester, er und seine Kollegen arbeiteten für die halbe Gage, um ihren Arbeitsplatz zu erhalten. Wir brauchten Geld, also geht Mutter als Saison-Arbeiterin in eine Fabrik, wickelt Draht auf Spulen und hat, solange sie das tut, zehn verbundene Finger. Sie ist noch keine 40 und weiß, dass sie aus keinem ihrer Talente einen Beruf machen kann, der ihr ein geregeltes und bezahltes berufliches Leben sichert. Im Waisenhaus bei den Nonnen hat sie gelernt, was eine Haushälterin in einem „gehobenen" Haushalt können muss: Kochen, Backen, Nähen, Stricken, Sticken, Waschen, Bügeln, Haushaltsbuch führen etc. Jetzt fühlt sie sich zu alt, verbraucht. Wer würde sie noch als Lehrling in einer Schneiderei akzeptieren?

Mein Leben ist geprägt von den hier blitzlichtartig beschriebenen Kriegs- und Nachkriegs-Bildern und Erfahrungen. Sie erklären mir im Rückblick die von mir gewählten Themen, die sich in allen meinen Filmen finden. Immer wieder geht es um die Vaterfigur und die Rolle der Mutter, um Generationen, Geschlechter- und Beziehungsfragen, Familie und Struktur, Arbeit und Liebe.

Geschichten im Film/Filmgeschichten

Der Wald der Unsicherheiten, Hoffnungen und Gefahren brachte mich 1962 an die Hochschule für Gestaltung (HfG[1]) in Ulm, die die gesellschaftspolitische Trendwende der bundesdeutschen Filmkultur nach dem Zweiten Weltkrieg mit einleitete,

---

1 Über den bemerkenswert hohen Anteil studierender Frauen unter den 18 Absolventen und weiteren mit unterschiedlicher Studiendauer, darunter Claudia von Alemann, Recha Jungmann, Ursula Wenzel, Marion Zemann, Hanna Laura Klar, Maximiliane Mainka, Jeanine Meerapfel u.a. siehe Petzer Schubert/Monika Maus: *Rückblicke - Die Abteilung Film, Institut für Filmgestaltung an der hfg Ulm 1960-1968*, Ulm 2012.

aus der der Neue deutsche Film hervorging. Dort war ich die erste Frau, die zu diesem Studiengang zugelassen wurde. Warum Film? Ich habe mir immer Geschichten erzählt und habe sie auch „gespielt". Nach meinem ersten Kurzfilm ANTIGONE (1964) war mir klar, mich faszinieren die Bilder, die Stimmung in ihnen und vor allem das nicht Gesagte oder das durch Worte allein nicht Vermittelbare. Darin spiegelt sich unsere damalige Situation wieder: Frauen wurden nicht genannt, nicht gehört, waren unsichtbar, eine Negativfolie der männlichen Welt, in der wir lebten.

Die erste Generation der filmschaffenden Frauen hatte um ihre Sichtbarkeit zu kämpfen, was ich persönlich auch in der Ausbildung erfuhr. Als Frau musste ich mir erst einen eigenen Zugang und vor allem das technische Wissen aneignen, denn alles war auf den männlichen Blick eingerichtet. Während sich das Oberhausener Manifest von 26 Filmemachern unter dem Titel *Papas Kino ist tot* gegen Konsum, Illusion und Sehgewohnheiten richtete, kam für uns Frauen noch der Sexismus hinzu, gegen den wir angehen mussten. Mein erster Kameralehrer wollte mich nicht durch die Kamera schauen lassen, hinter der Kamera hätte frau nichts zu suchen. In Gesprächen wandte man sich konsequent an meine männlichen Assistenten/Ko-Produzenten, während ich, wenn überhaupt, gefragt wurde, was ich mit dem Film zu tun habe. Zusätzlich zum real erfahrbaren Sexismus hatten wir Frauen selbst den männlichen Blick verinnerlicht und mussten uns davon befreien. Dieser Prozess ist meiner Meinung nach immer noch nicht abgeschlossen.

Aufbegehren gegen Männer-Macht

Warum Antigone? Ihr Ungehorsam gegenüber willkürlichen Befehlen beeindruckte mich, sie will das ewige Bekriegen und Schlachten unter Männern beenden. Für mich wird sie zur Metapher für das Sich-Widersetzen gegen männliche, patriarchale Macht. Ich lerne, zu erkennen, wann, wo und wie diese Macht uns Verhaltensweisen aufzwingt. Ich lerne Machtstrukturen aufzudecken und versuche, sie filmisch zu offenbaren. Damals drehten wir nur Bild, synchrone Technik stand nicht zur Verfügung. Also montierten wir stumme Bilder, geschriebene Zwischentitel und Antigones im Off gesprochene Monologe. Dadurch wird die Schwierigkeit und Mehrdeutigkeit der Kommunikation sehr deutlich, aber auch die Eigenständigkeit oder Widersprüchlichkeit ihrer Verhaltensweisen. Was sagt uns Antigone?

In DEN VÄTERN VERTRAUEN, GEGEN ALLE ERFAHRUNG (1982) setzt sich meine Protagonistin auf mehreren Ebenen mit „Geschichte" auseinander. Anhand des Fotoalbums, das ihre Mutter ihr schickte, kann sie ihre eigenen Erfahrungen in Frankreich einordnen und den Kriegsbeitrag ihres Vaters hinterfragen. Melanie erlebt als Au-pair-Mädchen in Paris den Ausbruch des Algerien-Krieges und trifft zum ersten Mal eine politische Entscheidung: indem sie sich gegen diesen Krieg ausspricht und sich in Kreisen aufhält, die sich aktiv gegen den Krieg verhalten. Vom französischen Patriarchen und Familienvorstand wird ihr die „deutsche Schuld" vorgeworfen und jedes Recht auf Beurteilung oder Stellungnahme abgesprochen. Am Ende des Films steht ein Atompilz, eine steinalte Frau geht ihren Weg.

Auch hier geht es um Krieg und Zerstörung in und unter patriarchalen Gesellschaften, die sich im Verbot des Denkens und Sprechens gegenüber Frauen weiter auswirken.

„Mittäterinnenschaft"

Die Verarbeitung des Krieges und die Beschäftigung mit den gesellschaftlichen Strukturen brachten mich zu einer weiteren erschütternden Erkenntnis, nämlich dass Frauen beste Vertreterinnen männlicher Interessen sein können.

Nicht ausgebildet für einen qualifizierten Beruf, waren sie (damals) ein unerschöpfliches Reservoir an abrufbaren Arbeitskräften. Nach Erfüllung ihres Solls hatten sie wieder zurückzukehren zu „ihren" drei K: Küche, Kinder, Kirche. Frauen, die Kinder durch den Krieg gebracht, Munitionswerke am Laufen gehalten und Männer während der Kriegsjahre in vielen Berufen erfolgreich „vertreten" hatten, gaben mehrheitlich ihre Arbeit auf und traten zurück. Warum?

Die Heimkehrer von der Front glaubten, *sie* hätten den Krieg verloren, die Frauen seien unschuldig, hätten nichts mit dem Krieg zu tun. Ist das wahr? Den Mann oder Sohn ins Feld zu schicken, ein Kind in den Kriegswirren zu verlieren, ist das nur passiv? Waren sie nicht auch stolz auf ihren „bescheidenen" Beitrag zum Krieg? All die Frauen, die aktiv „ihren Mann" gestanden, sich systematisch in das Unrecht eingefügt und es unterstützt hatten?

Die wenigsten in meiner Umgebung agierten aus purer Bosheit, eher aus der „vollständigen Zerstörung jeglichen Urteilsvermögens, jeglichen lebendigen Denkens" heraus, das die „Banalität des Bösen" ausmacht, wie Hannah Arendt treffend schreibt.

Frauen wurden als Unterstützerinnen eines patriarchal organisierten Gewaltsystems zu Mittäterinnen, formulierte Tina Thürmer-Rohr.[2] Auch mir eröffnete sich diese selbstkritische Perspektive auf das Geschlechterverhältnis, sie drängt sich unserer Generation geradezu auf. Gewalt, Macht und Herrschaft /Totalitarismus zu analysieren, wurde meine feministische Lebensaufgabe, die in der Parole „Das Private ist das Politische" mündete.

Macht - Krieg - Liebe

Aus den Geschichten lerne ich, dass die Liebe das Vitalste ist, wie sehr auch Bomben hageln und die Not regiert. Denn die Liebe garantiert das Überleben. In Hollywoodfilmen ist es deshalb ein unabdingbares „Muss", selbst in die absurdesten Kriegshandlungen ein Liebespaar und seine Geschichte einzubauen. Liebe und Sexualität sind auch Schwerpunkte, denen ich in meinen Filmen nachgehe.

NEUN LEBEN HAT DIE KATZE (1968) ist mein erster abendfüllender Spielfilm. Nie hatten Frauen so viele Möglichkeiten, zu tun, was sie wollen. Aber wissen

---

2 Christina Thürmer-Rohr, *Die unheilbare Pluralität der Welt. Von Patriarchatskritik zur Totalitarismusforschung,* http://web.fu-berlin.de/postmoderne-psych/berichte2/thuermer_rohr.htm (letzter Zugriff 21.3.2014).

sie, was sie wollen? Erzogen wurden sie zum Heiraten, Kinderkriegen und „selbstlos" sein. Eine ganze Generation von Filmemacherinnen, meine Generation, machte sich auf die Suche nach der eigenen Identität. Das Wort von der „Selbstverwirklichung" kommt in Umlauf. Wer sind „wir Frauen"? Was haben wir für eine Sexualität und lieben wir uns und unser Geschlecht?

In diesem Film geht es um fünf junge Frauen, ihre alltäglichen Erfahrungen, Sehnsüchte, sexuellen Aktionen und Fantasien. Das Besondere sind die filmischen Metaphern weiblicher Lust, das Miteinander von Laien und Schauspielenden und die Verbindung von Fantasie- bzw. Traumsequenzen und Wirklichkeitsebenen. NEUN LEBEN HAT DIE KATZE (1968) wurde als erster feministischer Film der Bundesrepublik entdeckt und avancierte zu einem Kultfilm der 1960er-Jahre.

NEUN LEBEN HAT DIE KATZE (1968)

Davor drehte ich einige aufschlussreiche Dokumentarfilme. In HABEN SIE ABITUR? (1965) befrage ich junge Frauen und Männer, die auf dem zweiten Bildungsweg Abitur machen. Die Eltern junger Frauen gehen davon aus, dass die Tochter sowieso heiratet. Wofür also Zeit und Geld in eine Ausbildung investieren? Die Eltern junger Männer stellen diese Frage nicht. SONNABEND ABEND 17 UHR (1966) untersucht das Freizeitverhalten von AbiturientInnen. Alle sind heftig auf dem Heiratsmarkt zugange. Junge Frauen bevorzugen junge Männer mit guten Karriereaussichten. Eltern wachen darüber, dass ihre Töchter bis zur Ehe Jungfrauen bleiben. Keine bekennt sich zu vorehelichen Erfahrungen oder auch nur dem Wunsch danach. Die Hochzeit in Weiß ist das Ziel, die Erfüllung in der Hochzeitsnacht der Traum. Was Erfüllung für die Frauen bedeutet, bleibt unausgesprochen, vielleicht ungedacht.

In den 1970er-Jahren begegnete ich Frauen, die das zu studieren begannen, was ihr Freund studierte. Mit jedem neuen Freund kam ein neues „Interesse" hinzu. Seltener ging eine Frau dem eigenen Interesse nach, traf dann aber einen Freund, der zum Mentor avancierte wie in EIN GANZ PERFEKTES EHEPAAR (1974). Darin hat Angela (Doris Kunstmann) eine Nische im Fernsehprogramm entdeckt, sie berät Ehepaare in der Krise. Ihr Ehemann (Gert Baltus) teilt mit Kollegen ein Institut für Psychotherapie. Den Kollegen gegenüber verteidigt er Angelas Erfolg damit, dass Intuition manchmal erfolgreicher als akademische Ergebnisse sein könne. Beide bemühen sich um Gleichberechtigung und versprechen, in einer offenen Beziehung beieinander zu bleiben. Aber Männer haben einen strukturellen Vorsprung in Beziehungen, Frauen meistens das emotionale Nachsehen. Angela bringt die Rivalin um, und Robert freundet sich mit dem Liebhaber seiner Frau an.

Die Schwierigkeiten, denen Frauen in ihrer sexuellen Selbstbefreiung oder in einem offenen Liebeskonzept begegnen, sind in SONNTAGSMALEREI (1971), HASE UND IGEL (1974), ERIKAS LEIDENSCHAFTEN (1976) mein Thema. In anderen Filmen befasse ich mich mit der Deformation von „natürlichen" Trieben, dem Zurechtbiegen von Kindern, ihren freien Verhaltensweisen und der geschlechtsspezifischen Sozialisation, z. B. in GESCHICHTEN VOM KÜBELKIND (1970) und DAS GOLDENE DING (1971).

Eine meiner Lieblingsfiguren der Mythologie ist Medea, die aus Liebe zu einem Mann ihre Macht aufgibt und teuer dafür bezahlt. In meiner Version, DER SCHLAF DER VERNUNFT (1984), zeige ich Dea (Ida di Benedetto), eine erfolgreiche Frauenärztin, im letzten Stadium ihrer Ehe: Die beiden Töchter sind erwachsen und suchen ihren eigenen Weg. Der Mann (Christoph Lindert) hat eine Geliebte und will sich von ihr trennen.

Jason und Dea haben als junge Menschen mit gleichen Chancen begonnen, Medizin zu studieren. Aber er wählt die Arbeit in einem Pharmakonzern, sie die Arbeit für ein Forschungsprojekt über die Kontrazeptionspille. Sie kämpft gegen die Pille, er dafür. Entgegengesetzte Lebensauffassungen, Generationskonflikte, fehlende Solidarität unter Frauen, der Kampf ökonomischer Interessen gegen jegliche Emanzipationsbestrebung. Wieder hat der private Konflikt eine politische Dimension, in der es um Macht und Kontrolle geht.

DAS ALTE LIED (1992) ist einer meiner letzten Filme und mein erster nach der Wende bzw. der Wiedervereinigung Deutschlands. Wieder beschäftige ich mich mit dem Krieg der Gesellschaften, dem Krieg in der Familie und zwischen den Geschlechtern. Es geht um Frauen, die tüchtig und angepasst waren, um Mütter, denen wir das Überleben und den Wiederaufbau nach dem Krieg verdanken, ohne von ihnen das Aufbegehren gelernt zu haben. Erinnerungen, Lebenslügen und Lebensträume zu hinterfragen, um die richtigen Fragen an die Gegenwart stellen zu können, das bewegt mich auch in diesem Film.

Weibliche Vorbilder

Mangels weiblicher Vorbilder habe ich mir starke mythologische Frauenfiguren gesucht und sie zum Teil neu interpretiert, denn auch die antiken Vorlagen schienen mir patriarchal überlagert. Visionen, Tagträume, andere Ebenen als die äußeren Realitäten faszinieren mich. Die Frauen meiner Filme befreien sich von der Einengung, sie brechen aus dem Käfig aus. So taucht die Französin Anne (Kristine Deloup) in NEUN LEBEN HAT DIE KATZE in einem See voll blühender Obstzweige unter – Sinnbild für eine fruchtig freudige Anderwelt. Kirke (Antje Ellermann) verwandelt die Männer in Schweine. Dea in SCHLAF DER VERNUNFT beseitigt alle, die ihr in den Rücken fallen und wagt den Neuanfang. Angela in EIN PERFEKTES EHEPAAR begräbt die offene Beziehung. Meine Version einer Elektra habe ich noch nicht gedreht – Elektra, das Kriegskind, das die Schwester verloren hat und die Mutter nicht verstehen kann, die nicht länger auf die Rückkehr ihres Mannes wartet.

Vielfalt ist Reichtum

Mein Anliegen ist, die Vielfalt und Verschiedenheit der Menschen als Mittel gegen totalitäre Bewegungen, Systeme und Denkansätze zu stärken. In der Tradition von Hannah Arendts Denken und einer Frauenbewegung, die Vielfalt als Reichtum beschreibt, liegt mir am Herzen, durch meine künstlerische und pädagogische Arbeit zu dieser Pluralität beizutragen.

Angehenden Filmschaffenden möchte ich ein Bewusstsein vermitteln, ihre Anliegen leidenschaftlich zu vermitteln und das Medium Film bewusst zu nutzen, um ihre eigenen Stimmen, Farben, Handschriften, ihre persönlichsten Anliegen zum Ausdruck zu bringen, sodass das Publikum das Singen der jungen Leute im Dickicht des Unbekannten hören muss.

Für mich war und ist Film die künstlerische Verarbeitung essenzieller Themen. Ein Drehbuch zu schreiben, bedeutet für mich, Ausgrabungen zu machen. Ein Team zusammenzustellen, heißt für mich, meinem Können anderes hinzuzufügen und weitere Stimmen in der Sinfonie zu hören, die ich komponiere. Gesichter und Farben im Gemälde der Zeit zu malen. „Das Private ist politisch" ist ein Schlüssel zur Filmkunst, mit dem ich Machtstrukturen bis in die intimsten Beziehungen hinein aufzeigen kann. In diesem Sinne unterstütze ich als Mentorin und Professorin junge Frauen und Männer, die die Welt mit dem Medium Film verändern wollen und Mut zu ihren Geschichten und ihrer eigenen Sprache aufbringen. Denn „Zuhause ist da, wo ich was verändern will."[3]

---

3 Silke Burmester, die „Kriegsreporterin" der *TAZ* in einer ihrer Medienkolumnen 2012.

Helga Reidemeister

REGISSEURIN, AUTORIN, PROFESSORIN

Helga Reidemeister wurde 1940, während des Krieges, in Halle an der Saale geboren.
Von 1961 bis 1965 studierte sie Malerei an der HdK Berlin, von 1986–1973 arbeitete sie als Sozialarbeiterin im Märkischen Viertel Berlin, wo sie auch Irene Rakowitz kennenlernte, die Protagonistin ihres Films Von wegen „Schicksal" (1978/1979).
1971 begann sie, Dokumentarfilme zu drehen und studierte von 1973 bis 1978 an der dffb.
Seit 1974 macht sie schnörkellose, aufrichtige Dokumentarfilme, die unter die Haut gehen. Im Zentrum ihrer Filme stehen dabei Menschen, die sich in schwierigsten Umständen nicht unterkriegen lassen. Für Helga Reidemeister ist und bleibt das Private politisch.
Seit 1978 lehrt Helga Reidemeister im Fachbereich Dokumentarfilm an diversen Filmhochschulen im In- und Ausland. 2011 erhielt sie den ersten Dokumentarfilmpreis des Internationalen Frauenfilmfestivals Köln und NRW für ihr Lebenswerk.

FILMOGRAFIE
2012/2013 Splitter – Afghanistan – Wie kann ich Frieden denken?
2008/2009 Mein Herz sieht die Welt schwarz – Eine Liebe in Kabul (Politowskaja Preis des Internationalen Frauenfilmfestivals Films des Femmes in Paris)
2003/2004 Texas Kabul
1999/2000 Gotteszell – Ein Frauengefängnis (Grand Prix du Cinéma du Réel)
1997/1998 Lichter aus dem Hintergrund
1992 Rodina heisst Heimat (Friedensfilmpreis)
1990 Im Glanze dieses Glücks
1988 Aufrecht gehen. Rudi Dutschke – Spuren
1987 Eva Maria, 38 aus Polen
1986/1987 DrehOrt Berlin
1982/83 Mit starrem Blick aufs Geld (Bundesfilmpreis 1983, 1. Preis beim Internationalen Frauen-Filmfestival in Sceaux)
1978/1979 Von wegen „Schicksal" (Bundesfilmpreis 1979, Adolf-Grimme-Preis 1980, 1. Preis Cinéma du Réel, Paris)
1974–1977 Der gekaufte Traum

Mein Herz sieht die Welt schwarz

Ich bin Kriegskind und ich habe den Krieg sehr deutlich erlebt. Das einzige, was wir damals im Sandkasten immer gemacht haben: kleine Brötchen formen, weil wir Hunger hatten. Meine Mutter hat mich bis zu achtmal in einer Nacht in den Bombenkeller getragen. Am nächsten Tag sind wir in die Einschlagkrater gestiegen und haben uns wie Bolle über die durch die Hitze verfärbten Steinchen gefreut. Damit haben wir gespielt.

Krieg ist sehr, sehr prägend. Du kriegst die Bilder nicht mehr aus dem Kopf. Als ich diese unmögliche Formulierung von Bush „Enduring Freedom", „Krieg gegen den Terror"[1] hörte, wollte ich schauen, was in Afghanistan tatsächlich passiert. Auf meinen vielen Reisen dorthin wurde mir bewusst, dass man in Europa und auch in den USA durch mangelnde Aufklärung die wahren Interventions-Interessen hinter einer Ideologisierung versteckt. Als es das russische Feindbild nicht mehr gab, musste schnell ein neues her und das sind die Taliban, islamistische radikal-fundamentalistische Kräfte. Die schlimmen Geschichten, von denen immer wieder die Rede ist, das sind Ausnahmen. Ich habe in Deutschland noch nie jemanden getroffen, der auch nur eine leise Ahnung von Afghanistan hatte, und das ist auch die Krux dieses verlogenen Krieges; dass die Amerikaner, egal, ob das Irak war, Afghanistan oder Vietnam, einmarschieren und keine Ahnung haben von der Geschichte des Landes, noch von den Traditionen, den Alltagsgewohnheiten oder von der Kultur der Menschen dort.

Die Situation in Afghanistan hat sich in den letzten Jahren dramatisch zugespitzt. Die Taliban konnten Schutzgelder für Militär- und andere Transporte der ISAF abschöpfen. Das waren Milliarden, und das Land ist parallel vollkommen verarmt. Aber wo die Taliban sind, ist Geld, heißt es, und deswegen laufen viele zu ihnen über. Die Leute sind in einer solchen Not, sie haben oft keine anderen Möglichkeiten, wie auch der Held in meinem Film MEIN HERZ SIEHT DIE WELT SCHWARZ – EINE LIEBE IN KABUL (2009). Der Film war 2008 fertig, und bevor er 2009 auf die Berlinale kam, habe ich ihn meinen Hauptdarstellern, dem Liebespaar in Kabul, gezeigt. Die von mir portraitierte Afghanin Jamila Mujahed[2] war die erste unverschleierte Fernsehansagerin. Heiner Geißler hat unseren Film gesehen, er war sehr beeindruckt von dieser Frau und hat sie mit dem Friedenspreis geehrt.

---

1 Rede des US-Präsidenten George W. Bush im Congress in Washington am 21. September 2001. Das Ziel war, Terroristen wie Osama bin Laden und Abu Musab al-Zarqawi zu besiegen und ihre Organisationen zu zerstören.
2 Jamila Mujahed, afghanische Journalistin und Fernsehansagerin. 2001 verbreitete sie als erste via Radio Kabul das Ende des Taliban-Regimes.

„So wie ihr Studenten arbeitet, das geht nicht"

Wir hatten an der Filmhochschule gelernt: „Schön still und ruhig hinter der Kamera warten, bis vor der Kamera was passiert." Ich hatte als Lehrer Klaus Wildenhahn[3], der sagte: „Ihr dürft euch nicht aufdrängen oder einmischen." Als ich 1978 meinen Abschlussfilm VON WEGEN „SCHICKSAL" (1979) über Irene aus dem Arbeiterstadtteil Märkisches Viertel drehte, ist sie explodiert: „Was denkt ihr euch eigentlich? Ihr habt ja Zeit, ich nicht. Ihr sitzt da rum und kommt nicht zu Potte." Sie hatte sich 20 Jahre lang von ihrem Mann immer wieder schlagen lassen und ließ sich jetzt als vierfache Mutter scheiden, um ihr Leben selbst in die Hand zu nehmen. Sie wollte immer wissen: „Um was geht's heute? Wie lange dauert das?" Weil sie parallel noch als Kassiererin arbeitete. Sie sagte: „So wie ihr arbeitet, das geht nicht. Ich will wissen, was ihr ansprechen wollt." Wir haben vor dem Dreh ausgiebig besprochen, was für sie Brennpunkte und Konfliktpunkte sind. Ich musste ihr vor einem Gespräch meinen Fragezettel zeigen. In der letzten Szene unseres Films bügelte sie und beklagte sich darüber, dass sie keine Berufsperspektive hat, und zwar nicht, weil sie eine Frau ist, sondern weil sie schwer beschädigt ist und weil sie schon 48 ist. Das war für uns damals ein hohes Alter, in dem man in unserer Gesellschaft sozusagen als „alternde Frau" rausflog. Nachdem das Gespräch zu Ende war, stellte ich ihr spontan eine Frage, die ich vorher nicht angekündigt hatte: „Sag mal, Irene, kannst du dir vorstellen, dass du mit anderen Frauen zusammen was machst? Also nicht wartest, bis Männer dir helfen?" Irene rennt aus der Szene raus, aber weil sie tapfer und mutig ist, kommt sie nach kurzer Zeit wieder zurück. Hinterher hat sie sich darüber geärgert, dass ich ihr eine nicht angekündigte Frage gestellt habe.

Die Kontrolle gehört den „Helden"

Irene bestimmte: „Wenn du so feige fragst, wie eine wohlerzogene Tochter aus deiner privilegierten Klasse, dann wird der Film nicht veröffentlicht." Wir hatten gemeinsam notariell festgelegt, dass sie den Film verbieten kann, aber das konnte ich mir nicht leisten, denn es war mein Abschlussfilm und da steckte mein Diplom-Etat drin. Und damit die Hochschule kein Recht anmelden konnte, Irene zu verbieten, den Film zu stoppen, habe ich ihr zugesagt, über den Inhalt des Films mitzuentscheiden. Wir sind vor dem Dreh zu einer Landfamilie gefahren und haben dort in einem riesigen Doppelbett geschlafen, zwischen uns mein Tonbandaufnahmegerät, und wir haben die Nächte durch geredet. Ich habe alles, was mir überhaupt in den Sinn kam, angesprochen und transkribiert, riesige Aktenordner damit gefüllt und ihr gegeben. Sie hatte von Anfang an die absolute Kontrolle. Das war eine sehr ungewöhnliche Produktionsart.

---

3 Klaus Wildenhahn, geboren 1930 in Bonn, deutscher Dokumentarfilmer und Produzent. Redakteur der Abteilung Fernsehspiel des NDR, von 1968–1972 Regie-Dozent an der dffb. In *Über synthetischen und dokumentarischen Film. 12 Lesestunden* (Hrsg.: Hilmar Hoffmann und Walter Schobert. Kommunales Kino, Frankfurt am Main 1975) entwickelte er eine einflussreiche Theorie zur Methode und Technik des deutschen Dokumentarfilms. Wildenhahn drehte zahlreiche Dokumentarfilme und gewann mit EMDEN GEHT NACH USA (1975/56) den Adolf-Grimme-Preis.

Aber das gehört zu meiner Arbeit: Dass die Mitwirkenden, im DDR-Dokumentarfilm heißen sie „die Helden", ein Mitspracherecht haben. Ich wollte diese Mitbestimmung, denn ich wollte mich auch freikaufen von dem Druck, dass ich Irene ausbeute, denn es hieß damals: Ihr geht wo hin, haltet die Kamera drauf und dann beutet ihr die Leute aus, verwurstet sie nach eurem Dünkel. Davor wollte ich mich schützen.

Man sprach nicht über das Private, über Sex oder Schläge

Mir wurde vorgeworfen, dass ich zu offensiv bin, dass ich bohrende Fragen stelle, dass ich Irene nicht respektiere in ihrer möglichen Verletzlichkeit. Es war die Leisetretergeneration unserer Eltern; alle waren gezeichnet von der Nazizeit, darüber ist ja nie geredet worden, aber es war unsere Erziehung. Meine Vereinbarung mit Irene war: Es muss alles auf den Tisch des Hauses, weil wir „privilegierten Tussis" aus privilegierten Kreisen nie mit der Faust auf den Tisch hauen. Es wird immer alles unter den Teppich gekehrt und verschwiegen und man wird selber auch verdruckst und nicht offensiv und radikal. Und da hat Irene so einen richtigen Klassenbruch vollzogen und gesagt: „Wir Arbeiterinnen können uns das gar nicht leisten." Sie hatte ein sehr waches Empfinden für Klassenunterschiede und für Nicht-Privilegiert-Sein.

So, wie Irene in dem Film über Sexualität redet, das wäre in meiner Familie undenkbar gewesen. Sie konnte von den Leiden und Unterdrückungen, die ganz normal sind als Ehefrau, ohne Pathos reden. Sie sagte: „Freitagabend! Oh Gott, da kommt er mit der Geldtüte!" Und da war für die Frauen klar: Jetzt müssen sie sich langlegen. Aber man sprach damals nicht über Sexualität, nicht über die Schläge, die man den Kindern gegeben hat. Und das ist das Großartige an Irene gewesen, dass sie es getan hat. Irene war endlich mal ein wacher, offener Mensch, der gesagt hat, was er erlebt hat. Und was er dabei gefühlt hat. Das müsste eigentlich das Normalste von der Welt sein.

So eine harte Kritik wie an meinem Abschlussfilm habe ich nie mehr erlebt. Unser Kino an der dffb war voll. Und als ich mit meinem Kameramann reinkam, steht das ganze Kino auf und sagte: „Diesen Film gucken wir uns nicht an! Das machen wir nicht!" Das war das Urteil: v o y e u r i s t i s c h. Das hatte sich per Mundpropaganda herumgesprochen. Es ist noch die verordnete Verschwiegenheit einer autoritären Gesellschaft. Das habe ich jetzt begriffen. Sabine Bolt beschreibt das sehr gut in ihrem Buch *Die vergessene Generation*. Dazu gehöre ich auch. Das sind die Kinder von Eltern, die den Faschismus erlebt haben. Es war vollkommen klar, dass in den Familien geschwiegen wurde, und in der Schule wurde auch nicht geredet.

Der Film hat den Bundesfilmpreis bekommen, den Grimmepreis und den ersten Preis beim Cinéma du Reél in Paris. Der Film ist mit Preisen überhäuft worden. Und trotzdem habe ich VON WEGEN „SCHICKSAL" jahrelang nicht mehr gezeigt, weil ich mich nicht immer verteidigen wollte „wegen meiner bohrenden Fragen."

Ich habe mich nicht unterstützt gefühlt

Ich gehörte nie zu einer feministischen Gruppe. Ich habe mich nie unterstützt gefühlt, obwohl ich Helke Sander verehrt habe. Ich kenne ihre frühen Filme und die fand ich mutig und wichtig. Neben meinem Studium habe ich fünf Jahre lang als Sozialarbeiterin im Märkischen Viertel gearbeitet, daher kannte ich die Not der Familien dort (prügelnde Ehemänner, extrem hohe Mieten, Alkoholismus usw.). Die Feministinnen trafen für mich nicht den Kern der proletarischen Frauen.

Die Arbeit als Sozialarbeiterin hat mir einen enormen Rückhalt gegeben: Ich war für Arbeiterfamilien zuständig. Das studentische Leben tropfte an mir ab.

Schließlich bekam ich Unterstützung aus Paris, ausgerechnet von jemandem, den ich sehr verehrte: Marguerite Duras. Sie schrieb über VON WEGEN „SCHICKSAL": „C'est mon film" und ist mit mir nach Hyères zum Festival nach Südfrankreich gereist. Das hat mich getröstet, weil ich HIROSHIMA MON AMOUR (1959) von Alain Resnais sehr liebte. VON WEGEN „SCHICKSAL" wurde für das Centre Pompidou angekauft und ist dort in der Bibliothek.

„Hast du Respekt vor Frauen?"

Irene sagte zu mir: „Den nächsten Film machst du über deine eigene Familie." Sie hat mich wirklich angepitzt und da ich sie sehr respektiert habe, sie für mich so etwas wie eine Lehrerin war, fuhr ich nach München zu meiner Schwester Hilde, mit der ich damals wenig zu tun hatte, weil sie in der Münchner Schickeria Model und Mannequin war. Ihr Ehemann war ein Freund von Axel Springer junior und er hatte seine eigenen Kinder für die Zeitschrift *Eltern* nackt fotografiert. Ich wollte mit dem ganzen Milieu nichts zu tun haben, aber Irene sagte: „Da gehst du jetzt hin und guckst, was da los ist!" Ein Foto von meiner attraktiven Schwester auf dem Exposé, und alle griffen in die Geldsäcke. Mein Produzent bekam 800.000 Mark für den Film, das war wahnsinnig viel Geld. VON WEGEN SCHICKSAL haben wir für 140.000 Mark gedreht.

Als VON WEGEN SCHICKSAL damals im Fernsehen lief, habe ich meiner Schwester nicht Bescheid gesagt, weil ich dachte: Sie ist zu oberflächlich, sie guckt sich so einen Film nicht an. Doch plötzlich klingelte nachts das Telefon und Hilde sagte: Mensch, du hast aber einen tollen Film gemacht! Können wir nicht auch so einen Film machen? Ich habe geheult wie ein Schlosshund! Weil ich nie damit gerechnet hätte! Ich habe mich gefreut und auch geschämt. Und ich sagte: Ja, Schwesterchen, machen wir. In der Produktionsweise sind wir genau so verfahren wie bei Irene: Hilde konnte zum Schneidetisch kommen und mitreden. Ihre Männer konnte ich zum großen Teil nicht leiden, da gab es einen, der war Fotografenstar bei der Münchner *Abendzeitung*. Er hatte ein gemeines Foto von Hilde gemacht, wie sie in Hot Pants auf dem Fahrradsattel mit halbnackten Pobacken sitzt; „Hilde radelt in den Sommer". Ein wirklich obszönes, widerliches Bild. Ich drehte ein Gespräch mit ihm, und während ich dieses Foto zeigte, fragte ich: „Hast du Respekt vor Frauen?" Als er die Muster sehen wollte, hatte ich Angst, er würde den Film verhindern wollen. Aber die ganzen Männer in Hildes Film fanden sich selbst einfach toll! Ich habe daraus meinen Schluss gezogen; die sind zu blöd um zu verstehen, wie abartig sie sich verhalten. Hilde und ich haben seitdem ein schönes Freundschaftsverhältnis. Wir gehen füreinander durch dick und dünn.

Der Film hat auch wieder den Bundesfilmpreis bekommen, aber was mich am meisten gefreut hat: Dass der Film Hildes Ansehen gesteigert hat. Sie war in München ein mehr oder weniger ausgezogenes, attraktives Model. Durch den Film wurde sie eine respektierte Persönlichkeit, bekam sie ein Renommee. Der Film lief wochenlang im Türkendolch in Schwabing und auch im Theatiner in der Innenstadt. Viele Leute haben ihn gesehen und Respekt vor Hilde bekommen.

Um mich auch mit Männern auseinanderzusetzen, habe ich RODINA HEISST HEIMAT (1992) gemacht. Ich wollte wissen: Was kommt dabei heraus, wenn ich nur mit Männern drehe? Ich arbeitete mit russischen Soldaten und konnte dabei mein Vorurteil aufgeben, dass man mit Männern nicht offen und ehrlich drehen kann.

Dokumentarfilm als Spielbein

Für die junge Generation tut es mir sehr leid, weil ich weiß, wie schwierig es heute mit dem Dokumentarfilm ist, sei es im Kino oder im Fernsehen. Ich habe letztes Jahr Bernd Neumann geschrieben, dass es sich gar nicht mehr lohnt, Studenten auszubilden, wenn die Sender Dokumentarfilmplätze streichen.

Sabine Rollberg, meine Redakteurin von TEXAS-KABUL (2004), ist eine sehr tapfere Frau, sie hat von der AG Dok das „dicke Fell" verliehen bekommen, den Orden, wenn man viel aushalten kann, wenn man Prügel einsteckt. Sie schlägt sich wacker. Nachdem der Film MEIN HERZ SIEHT DIE WELT SCHWARZ – EINE LIEBE IN KABUL (2009) viereinhalb Jahre bei der ARD rumlag, seit Winter 2008, hatte sie die Idee, eine Sendereihe bei arte zum Thema „Frauen im Islam" zu machen. Und diese Sendereihe ist mit dem Film im März 2013 angelaufen, nach viereinhalb Jahren!

Ich sage meinen Studenten immer: Für mich ist der Dokumentarfilm das Spielbein, und dass sie sich bei Zeiten ein Standbein suchen müssen, so wie ich das Unterrichten. Ich bin in München an der Hochschule, zwar nur einmal im Jahr, aber sehr intensiv, manchmal in Babelsberg und Ludwigsburg. Das ist mein Standbein. Ich kann nicht von meinen Dokumentarfilmen leben. Und da kann man sich auch nichts vormachen. Ich sage immer: Keine Arbeit ist zu gering! Ob es Catering ist oder Kabeltragen, irgendwas müsst ihr machen, damit ihr überhaupt Filme machen könnt. Das ist schon bitter! Aber anders geht es nicht, wenn ihr diese Leidenschaft habt und dass ihr sie habt, ist etwas ganz Großes.

Aufz. BSB

Jutta Brückner

AUTORIN, REGISSEURIN, PRODUZENTIN

Geb. 1941 in Düsseldorf; Studium der Politischen Wissenschaften, Geschichte und Philosophie, Promotion 1973. Ab 1972 Drehbuchautorin für TV-Serien und Kinofilme, so als Ko-Autorin für Volker Schlöndorffs DER FANGSCHUSS (1976). Daneben schrieb sie Hörspiele, Essays und Theatertexte. TUE RECHT UND SCHEUE NIEMAND (1975) ist ihr Debüt als Filmemacherin.

1984–2006 Professorin für narrativen Film an der Hochschule der Künste Berlin (heute UdK); 2003–2009 stellvertretende Direktorin der Sektion Film- und Medienkunst der Akademie der Künste Berlin, seit 2009 Direktorin der Sektion. Mitglied vieler Jurys und Kommissionen, u.a. der Produktionsförderung des BKM, im Rundfunkrat des RBB und Programmbeirat von arte.

Jutta Brückners Filme wurden vielfach ausgezeichnet, für ihr Gesamtwerk erhielt sie den „Tribute for outstanding achievement in the art of film" des Festivals von Denver.

www.juttabrueckner.de

FILMOGRAFIE (Auswahl)
In Vorbereitung: MUTTERTOCHTER (Kinofilm; Buch und Regie)
2005 IM ZWISCHENREICH DER GEISTER (Videoperformance)
    BRÄUTE DES NICHTS – MAGDA GOEBBELS UND ULRIKE MEINHOF (Video-Theater-Performance)
    HITLERKANTATE (Kinofilm; Buch und Regie)
1998 BERTOLT BRECHT – LIEBE, REVOLUTION UND ANDERE GEFÄHRLICHE SACHEN
    (Kino-Dokumentarfilm; Buch und Regie)
1993 LIEBEN SIE BRECHT? (Fernsehfilm; Buch, Regie, Produktion)
1986 EIN BLICK – UND DIE LIEBE BRICHT AUS (Spielfilm; Buch und Regie)
1984 KOLOSSALE LIEBE (Fernsehfilm; Buch und Regie)
1982 DIE ERBTÖCHTER (Segment eines Episodenfilms; Buch, Regie, Produktion)
1980 LAUFEN LERNEN (Fernsehfilm; Buch und Regie)
    HUNGERJAHRE – IN EINEM REICHEN LAND (Spielfilm; Buch, Regie, Produktikn)
1977 EIN GANZ UND GAR VERWAHRLOSTES MÄDCHEN (Dokumentarischer Spielfilm, Buch, Regie, Produktion)
1975 TUE RECHT UND SCHEUE NIEMAND (Dokumentaressay; Buch, Regie, Produktion)

PUBLIKATIONEN
Staatswissenschaften, Kameralismus und Naturrecht, München 1977
Bräute des Nichts. Der weibliche Terror, Berlin 2005

Autobiografisch Filme machen

Eines Tages beschloss ich, einen Film zu machen. Das hört sich heute harmlos an, denn die Medien gestatten es jedem und jeder, sich diesen Wunsch zu erfüllen. Vor über 40 Jahren aber war Filmemachen trotz der vorhandenen 16mm-Technologie und vor dem Video-Zeitalter eine handwerklich komplizierte Sache. Ich war Autodidaktin und hatte keine Ahnung.

Längere Zeit hatte ich Anläufe genommen, um zu schreiben, wie es viele Frauen unter dem Einfluss der Frauenbewegung und im Verlangen nach weiblicher Subjektivität in den 1970er-Jahren taten. Aber was ich auch schrieb, es wurde nie das, was ich wollte. Es ging nicht um gut oder schlecht, wahr oder falsch, ich hatte einfach das Gefühl, dass ich den Kern meines Schreibwunsches, der alles legitimieren sollte, nicht erreichte. Ich schrieb in der dritten Person, denn es war mir unmöglich, „Ich" zu sagen. Doch diese dritte Person blieb ein Phantom. Je näher ich beim Schreiben an mich selbst herankam, desto stärker überwucherten Stimmungen und Innenwelt das bisschen Außenwelt, das in meinen Texten vorhanden war. Ich fand meine Texte schlecht, ich verstummte. Viel später erst begriff ich, dass ich über die abendländische Unvereinbarkeit von Sprache und Körper gestolpert war. Damals äußerte sich das in einem großen Hunger auf Außenwelt.

Aufbrüche

Durch einen biografischen Zufall – aber natürlich gibt es solche Zufälle nicht, wenn man auf dem Weg ist – lernte ich Filmemacher kennen. Eine unklare Euphorie versprach mir, dass es mit Hilfe des Bildes gelingen würde, die Schwelle zu überschreiten, vor der mich die Worte im Stich gelassen hatten. Es gab im alten Westen Deutschlands einen historischen Moment, als die Voraussetzungen dafür ziemlich gut waren, als der Autorenfilm um 1968 den Freistil erlaubte, das Erzählen ohne vorgegebene dramaturgische Schemata. Frauen, die bis zu diesem Moment nur als Schauspielerinnen vor der Kamera gestanden hatten, wurden Regisseurinnen. Als Medium war der Film damals offen für Fragen wie selten in seiner Geschichte. Es gab eine Neugier auf das, was Frauen zu sagen hatten, und ein Interesse an ihren Filmen, die in kein Raster passten.

Mein erstes Filmprojekt „Aufbrüche" war so autobiografisch wie meine abgebrochenen Schreibprojekte. Aufbrechen war die Bewegung, die Frauen damals aus der Isolation ihres weiblich-häuslichen Daseins in die Gemeinschaft anderer Frauen und die politische Aktion führte. In meinem Drehbuch wurde ständig vom Aufbruch geredet, nur fand er nicht statt. Ich wollte weder beweisen, dass ein solcher Aufbruch nicht möglich wäre, noch war es dem Ungeschick einer Anfängerin zuzuschreiben – das Drehbuchschreiben ist eine Kunst, die gelernt sein will – und es wäre naheliegend gewesen, die Hauptfigur in politischen Aktivismus ausbrechen zu lassen, denn dies passierte ständig um mich her in jenen Zeiten des politisierten Feminismus. Ich verstummte wieder. Und nur langsam und mühsam erkannte ich, dass es mir um ein autobiografisches Projekt ging, das seine Wurzeln woanders hatte.

Film und Autobiografie

Egal, welche Art von Film man machen will, das fotografische Bild bildet die äußere Wirklichkeit zunächst mechanisch ab, bevor sich überhaupt die Frage stellt, was man über diese Wirklichkeit aussagen will. Die manufakturelle Produktion des deutschen Autorenfilms war der Arbeitsweise anderer Künste nah, aber weit entfernt vom professionellen Filmbusiness und den Gesetzen einer Bewusstseinsindustrie, die sich danach richtet, was beim Zuschauer ankommt. Auch die Filmkritik, die den Filmen von Frauen eher zögernd begegnete, war der Meinung, dass Filme so intim und unverstellt wie Bücher sein sollten: „Expression not Profession". Frauen, die das neue Medium in Besitz nahmen, ging es oft nicht in erster Linie um die Berufsausübung, sondern um die Suche nach dem wahrhaftigen Ausdruck für die Erfahrungen ihres gelebten Lebens.

Die ZDF-Redaktion Kleines Fernsehspiel produzierte damals Filme, die persönlich sein sollten wie Tagebuchnotizen. Das Filmen war dem Schreiben verwandt und der Sitz der Produktion war oft gleichzeitig das Wohn- und Schlafzimmer der Filmemacher. Die Negative meines ersten Films verstaute ich unter meinem Bett, ich wusste nicht, dass man sie zur Aufbewahrung ins Kopierwerk geben sollte.

Seit Jean-Jacques Rousseau besitzt die Autobiografie eine ehrwürdige literarische Tradition als erkaltete Herzensschrift in Form des intimen Bekenntnisses. Vor großem Publikum flüstern sich Autor oder Autorin selbst etwas ins Ohr. Sie ist Arbeit an der eigenen Person, denn in der Moderne ist das Subjekt nicht einfach da, es muss sich konstruieren. Hier lag der Kern meines autobiografischen Wunsches: die Behauptung, dass auch ein normales weibliches Leben der Autobiografie würdig sei. Heute eine Selbstverständlichkeit, reklamierte dies damals einen Anspruch, denn „die Frau" galt eher als Gattungswesen denn als Individuum. Autobiografie so verstanden beschrieb nicht die Summe eines gelebten Lebens, vielmehr ein Begehren, das den Prozess der Subjektwerdung erst in Gang bringt.

Individuelles und Archetypisches

Dann fand ich ein Buch mit Fotografien von August Sander, der damals nur in eingeweihten Kreisen bekannt war. In diesem Moment begriff ich, dass meine Suche nach Individualität nicht bei mir, sondern bei meiner Mutter beginnen musste. Ich sah in diesen Fotografien die Welt, in der sie gelebt hatte. August Sanders Fotografien aus den 1920er-Jahren stellen Ahnentafeln dar, Bilder einer Soziologie der deutschen Stände. Diese Menschen, die aufmerksam und frontal in die Kamera schauen, sind ein Ausschnitt einer Geschichte, in der das Individuelle und das Archetypische noch nicht auseinandergefallen waren. Selbstbewusst legen sie Zeugnis von sich und ihrer Welt

Tue recht und scheue niemand (BRD 1975, Regie: Jutta Brückner)

ab, ohne den Riss, der die Moderne kennzeichnet. Sanders Bilderarsenal, ein Friedhof der Moderne, wurde zum Schlüssel für mich. Ich blickte in den Spiegel dieser Bilder und sah meine Mutter, die einen großen Teil ihres Lebens damit verbracht hatte, sich von den Zuschreibungen eines solchen Archetypus zu befreien.

Von diesem Moment an war klar, dass mein autobiografisches Projekt mit meiner Mutter beginnen sollte und die Geschichte nicht mit Schauspielern zu inszenieren war. In Fotografien zeigt sich die Geschichte auch als eine der Körper, hier war das Schlachtfeld, auf dem Jahrhunderte hindurch die Weiblichkeit verloren oder erobert wurde. Mein Film Tue recht und scheue niemand (1975) besteht nur aus meinen privaten Fotografien, Bildern aus öffentlichen und privaten Archiven, historischen Dokumenten und August-Sander-Fotografien. Er portraitiert das reale Leben einer Frau und verknüpft es aus weiblicher Sicht mit 60 Jahren deutscher Geschichte, jenseits üblicher Darstellungen in den Geschichtsbüchern. Wie war das Leben meiner Mutter gezeichnet von den deutschen Katastrophen? Wie hatte sie sich dazu verhalten? In Anpassung oder Widerstand?

Fotos sind auch Dokumente der Vorstellungen eines Individuums oder einer sozialen Klasse von sich selbst, sie sind Fantasien über das Private. In den historischen Fotografien ist meine Mutter nicht enthalten, ihr Leben verschwindet in der anonymen Masse. Als Zuschauer kann man nicht sicher sein, in welchen der privaten Fotos die Protagonistin auftaucht, ob überhaupt. Erst im letzten Drittel des Films wird diese Frau als Individuum kenntlich, als sie beginnt, gegen ihre bisherigen Vorstellungen und die Verbote und Verhinderungen aufzubegehren, denen sie sich ein Leben lang gefügt hatte. Ihr Bild, ihr Körper arbeiten sich aus den anonymen kollektiven Körpern heraus. Hier beginnen Sequenzen, in denen die Schnappschüsse sich ruckartig bewegen, als wollten sie laufen lernen, aber doch unbeweglich verharren. Meine Mutter erscheint jetzt als eine, die nach Jahren des „Man darf das nicht!", „Man muss das tun!" (damals sozialer Zwang, heute die Gebote der Likebility) als individuelle Person erscheint. Am Ende sitzt sie mit ihrem Mann auf dem Sofa und beide sehen frontal in die Kamera, wie es die von August Sander 50 Jahre zuvor fotografierten Menschen getan hatten. Die Pose ist dieselbe, doch die Vergangenheit ist nicht mehr zurückzuholen. Diese letzten Bilder wurden von einem Angestellten der Firma Sander gemacht, die auch nach dessen Tod damals noch existierte. Sie sind flache, grau ausgeleuchtete Produkte der Angestelltenkultur. Meine Mutter sagt: „Das Alte kann ich nicht mehr, und das Neue weiß ich nicht, wie das geht."

Sie hatte ständig in der dritten Person Neutrum von sich selbst gesprochen: „Man tut dies, man darf jenes nicht." Dieses Hemmnis gab mir die Möglichkeit, den Film in dieser ästhetischen Form zu realisieren. Aber es sollte nicht alles gewesen sein – dieser zähe Wille ist unverwechselbar konkret in der Stimme meiner Mutter, mit der sie ihr Leben erzählt. Kontrapunktisch dazu erzählen die fremden Fotografien dieselbe Geschichte in Form von anonymen archetypischen Momenten. Geschichte wird nur als Biografie erfahrbar und Biografie formt sich unter dem Druck der Geschichte. Neben meiner Mutter wird die Geschichte selbst Subjekt des Films, denn Fotografien sind Geschichte, in denen sich die Historie autobiografisch erzählt.

Die Mutter im Spiegel

Meine Mutter schildert ihren „Aufbruch", ich höre zu und lausche stumm der Muttersprache. Ein Moment ästhetischer Bewusstwerdung: Ich erobere meine Stimme als Filmemacherin, indem ich mir die Stimme meiner Mutter ausleihe. Das ist nur möglich, weil ich das Leben meiner Mutter in die Fiktion eines historischen und soziologischen Paradigmas gekleidet, ihr Leben zum Modell für „Frauen und Deutschland", ihren Konsumeifer und hektischen Drang, Versäumtes nachzuholen, als Klassen- und Generationsproblem erklärte.

Die Reaktionen auf den Film zeigten mir, dass ich eine unbekannte Sicht auf die Geschichte aufgedeckt hatte. Aber da war noch etwas Anderes: Ich benutzte die große Historie, um die Konfrontation mit dem Bild meiner Mutter darin zu verbergen, aus Angst, mich dem Einmaligen, das die Mutter für die Tochter bedeutet, zu stellen.

Nach ersten Versuchen, mich endlich im (autobiografischen) Spiegel selbst zu erblicken, sah ich meine Mutter. Das Bild erschreckte mich und mein Erschrecken schreckte mich zusätzlich. Ich musste begreifen, dass kein Weg daran vorbeiführte, dass meine Autobiografie nicht mit mir, sondern mit meiner Mutter begann.

Meine Generation konnte als erste mit Hilfe der Pille die Entscheidung treffen, nicht Mutter zu werden und den Generationenvertrag aufzukündigen, der die Frauen verpflichtete, ihren Körper immer wieder zum Spiegel des mütterlichen zu machen.

Die Forderungen der Frauenbewegung der 1970er-Jahre zielten nicht nur auf die Emanzipation der Frau, sondern auf die Emanzipation der Frau von der Mutter. Das mag heute, wo Frauen Torturen auf sich nehmen, um schwanger zu werden, seltsam anmuten. Wenn es aber so ist, dass das eigene Kind der beste Halt gegen die Tendenz der Tochter ist, sich in der Mutter aufzulösen, und bis zu dem Zeitpunkt, als Freud das schrieb, keine anderen gesellschaftlichen Riten bekannt waren, die denselben Zweck verfolgt hätten, dann musste die erste feministische Generation, die diesen Generationenvertrag aufkündigte, ein Ersatzritual dafür finden, wollte sie nicht ein Leben lang mit dem Problem der Mutter-Tochter-Fusion kämpfen.

Ich fand diesen Ersatz darin, das Bild der Mutter im Filmmedium zu rekonstruieren, das wie kein zweites die Prozesse des Unbewussten bewegt. Die Rekonstruktion machte mich zur Schöpferin eines von mir unterschiedenen abgetrennten mütterlichen Objekts. Sie kehrte das Verhältnis zwischen mir und meiner Mutter um und verschob es von der semiotischen Ebene, in der die Körper im Spiel sind, auf die symbolische, wo die Zeichen regieren.

In der Arbeit mit meiner Mutter am Film, halb ein Kampf, halb ein System der Überredung und Verführung, brachte meine Mutter das Problem mit drohendem Unterton auf den Punkt: „Ich tue das nur, weil du meine Tochter bist". Das trifft die Tiefenschichten des Projektes: Ein mütterlich-töchterliches System der gegenseitigen unbewussten Übereinstimmung und des unbewussten Selbstbetrugs.

Profession

Hätte ich den ersten Film nicht genau so machen können, wie ich es mir vorgestellt hatte, hätte ich keinen weiteren gemacht. In HUNGERJAHRE erzähle ich fünf Jahre später die andere Seite der Medaille, die schwierige Geschichte zwischen meiner Mutter und mir. Ab da betrachtete ich das Filmemachen als Beruf, soweit das unter deutschen Bedingungen möglich ist. Auch später hörte ich nie auf, „autobiografisch" Filme zu machen, so wie Jean-Luc Godard zwischen Regisseuren unterschied, die „politische Filme" machen und denen die „politisch Filme machen".

Hanna Schygulla

SCHAUSPIELERIN

Geboren am 25. Dezember 1943 in Kattowitz (Königshütte, heute Chorzów), nach der Flucht aufgewachsen in München. Ein Jahr als Au pair in Paris, ab 1964 Studium der Germanistik und Romanistik, daneben Schauspielunterricht. Rainer Werner Fassbinder, Mitstudent in der Schauspielschule, regt sie 1967 an, im Münchener Action-Theater in Peer Rabens Inszenierung der *Antigone* einzuspringen. Ab da Mitarbeit im Action-Theater und Fassbinders nachfolgendem antiteater. Ab 1969 (LIEBE KÄLTER ALS DER TOD) wirkt Hanna Schygulla in rund 20 Filmen mit, die Fassbinder mit seiner Truppe realisiert, in vielen ist sie der Star. Daneben Filme mit Jean-Marie Straub, Peter Fleischmann, Reinhard Hauff, Volker Schlöndorff und Peter Lilienthal.

Nach *Effi Briest* (1974) die vorläufige Loslösung von Fassbinder, Filme mit Wim Wenders, Peter Meincke und Vojtech Jasný und Arbeit als Lehrerin.

DIE EHE DER MARIA BRAUN (1978) führt zur künstlerischen Zusammenarbeit mit Fassbinder zurück und begründet ihren internationalen Ruhm. Nach dem Großprojekt BERLIN ALEXANDERPLATZ und dem Melodram LILI MARLEEN (1981) beendet sie die Arbeit mit Fassbinder. Es folgen über dreißig weitere Filme des internationalen Autorenkinos, zahlreiche Auszeichnungen und eine zweite Karriere als Sängerin.

Traumprotokolle, Fragmente sehr persönlicher Videokurzfilme, in denen sie 1979 ihr Unterbewusstsein erkundete, werden zusammen mit neueren selbstproduzierten Videofilmen in New York und Paris und 2014 in einer Installation der Akademie der Künste in Berlin präsentiert. 2013 erscheint ihr Buch *Wach auf und träume*.

Hanna Schygulla lebt in Paris und Berlin.

FILME (Auswahl)
2013 THE QUIET ROAR (Henrik Hellström)
2012 LULLABY TO MY FATHER (Amos Gitai)
2011 FAUST (Alexander Sokurov)
2007 AUF DER ANDEREN SEITE (Fatih Akin)
2006 WINTERREISE (Hans Steinbichler)
2004 PROMISED LAND (Amos Gitai)
2000 DIE WERCKMEISTERSCHEN HARMONIEN (Agnes Hranitzky/Béla Tarr)
Von 1982 bis 1998 Filme mit Volker Schlöndorff, Jean-Luc Godard, Andrzej Wajda, Margarethe von Trotta, Marco Ferreri, Edgar Reitz, Kenneth Branagh, Jaime Humberto Hermosillo, Agnès Varda, Fernando Trueba u.v.a.

Ich möchte wissender sein als meine Zweifel[1]

Claudia Lenssen: In Ihrem Erinnerungsbuch Wach auf und träume *schildern Sie, welche Bedeutung gewisse Märchen für ihr Leben hatten. Hatte auch das Kino Einfluss auf Ihre Tagträume?*[1]
Hanna Schygulla: Das Träumen öffnete mir die Welt. Es war ein Weg, mich auf das Leben zu freuen, weil vieles im Alltag nicht einfach war. Zu Hause bei meinen Eltern lebte ich in einem Klima der Spannungen. Draußen war die Freiheit. Aber ich wollte später nicht dasselbe Leben führen wie die um mich herum, vielleicht weil die vorherrschende Banalität meinem Bedürfnis nach dem Wunder des Lebens nicht genügt hat.

War das Kino für Sie ein Ort der geträumten Freiheit?
Meine Eltern gingen nicht ins Kino mit mir, außer zur Wochenschau ins Aki-Kino am Hauptbahnhof. Das war ein guter Grund, einen Spaziergang zu machen. Diese Einblicke in die große Welt faszinierten mich und außerdem gab es auf dem Rückweg immer ein Eis.

Irgendwann habe ich HEIDI[2] gesehen, das war heile Welt und gesundes Leben pur. Solche Bilder blieben haften, denn für uns Flüchtlingskinder waren die saftigen Matten im Allgäu oder in der Schweiz das Paradies: Kühe, sonniger Himmel und immer genug zu essen. Eine Art Gegenfilm dazu war DER SCHWEIGENDE ENGEL[3] mit Christine Kaufmann, die Geschichte eines taubstummen Mädchens, das tanzte. Jemand versteckte aus Neid einen Nagel in ihrem Schuh. Aus diesem Film behielt ich, dass da jemand mit einem Nagel im Schuh tanzt und der sich mit Blut füllt. Mein Traum war ja, Tänzerin zu werden, deshalb traf mich die Metapher, dass Kunst aus Leiden entsteht, viel tiefer als das Heidi-Paradies. Ich weiß noch, dass ich diesen Tanz meiner besten Freundin vortanzte.

Ein anderer Topos, der meine Fantasie beflügelt hat, stammt aus dem Film DER DIEB VON BAGDAD[4]. Da muss jemand fliehen, der dabei die Sprungkraft entdeckt. Die Handlung ist verblasst, aber das Erlebnis der Schwerelosigkeit und Fliehkraft bleibt gegenwärtig. Solche Bilder fanden in meinem Unbewussten Widerhall.

Haben Sie sich ins Kino geschmuggelt?
Als wir noch nicht 16 waren, standen wir an den Kinos herum und saugten die Bilder in den Schaukästen in uns ein. Da gab es eines aus VERDAMMT IN ALLE EWIGKEIT[5],

---

1 Gespräch vom 12. April 2014.
2 HEIDI, Regie: Luigi Comencini, CH 1952, mit Elsbeth Sigmund, Heinrich Grethler, Thomas Klameth.
3 DER SCHWEIGENDE ENGEL, Regie: Harald Reinl, BRD 1954, D: Christine Kaufmann (als Kinderstar), Josefin Kipper, Albert Florath.
4 DER DIEB VON BAGDAD, Regie: Ludwig Berger, Michael Powell, Tim Whelan, Zoltan Korda, GB 1940, D: Sabu, Conrad Veidt.
5 VERDAMMT IN ALLE EWIGKEIT, Regie: Fred Zinnemann, USA 1953, D: Burt Lancaster, Montgomery Clift, Deborah Kerr, Frank Sinatra.

Der Dieb von Bagdad (1940)

auf dem sich das Liebespaar am Strand in einer heranschäumenden Welle wälzt. Dass dabei Kriegsflugzeuge über die beiden hinwegfliegen, habe ich erst festgestellt, als ich den Film kürzlich nachgoogelte.

Was hat Marilyn Monroe in Ihnen angesprochen?
JULES UND JIM[6] kam bei mir vor den Filmen von Marilyn Monroe. Jeanne Moreau war es, die den Wunsch in mir hervorgerufen hat, Filmschauspielerin zu werden. Sie verkörperte die Sphinx, die Frau, die durch etwas Unerklärliches faszinierte. Marilyn dagegen war für mich zunächst eine Traumfrau aus den Illustrierten, die ich natürlich auch verschlang. Als ich später ihre Filme sah, hat sie mich wie alle bezaubert. Die Monroe stand für den wunderbaren Aufstieg aus dem Nichts, aber auch für den hohen Preis, den ein Star dafür bezahlt. Dahinter verbarg sich eine tiefe Traurigkeit, eine Unsicherheit, ein schwarzes Loch, das sie nie mit dem ausfüllen konnte, was sie durch ihre Popularität und ihren Glamour empfing. Zeitweilig kann es ein schönes Gefühl sein, die Endstation Sehnsucht für das Publikum darzustellen, aber echte Befriedigung bringt es nicht. Das hat sich früh bei mir eingeprägt. Die Nachricht von ihrem Tod traf mich damals als Schülerin kurz vor dem Abitur wie ein Schlag ins Gesicht. In meinen frühen Filmen tauchte dann Marilyn wieder auf, weil wir sie mit Rainer Werner Fassbinder häufig zitiert haben.

Das Schönheitsmodell der 1950er-Jahre hat die Frauen im wahrsten Sinn des Wortes eingeengt und in Corsagen gepanzert. Wie haben Sie die Brüche in den 1960er-Jahren wahrgenommen? Hatten die Frauen mehr Bewegungsfreiheit – allein schon, weil sie sich in Miniröcken anders bewegten?
Ich erinnere mich, dass ich immer mit hohen Schuhen aufs Fahrrad stieg. Nie wäre ich ungeschminkt aus dem Haus gegangen, so wie ich es jetzt tue. Es hat länger gebraucht, um die alten Weiblichkeitsdiktate zu unterlaufen. Andererseits war uns klar, dass wir nicht nur das Lustobjekt des Mannes sind, dass darin nicht länger unsere Glücksvorstellung liegt.

Die Konstellation zwischen Regie und Schauspiel hat immer mit Leitung, Führung, Machtverhältnissen zu tun.
Wenn man ein starkes Leittier wie Fassbinder in der Gruppe hat, ist unmittelbare Mitbestimmung oder Kollektivproduktion natürlich nicht möglich. Aber der Samen

---

6   JULES UND JIM, Regie: François Truffaut, F 1962, mit Jeanne Moreau, Oskar Werner, Henri Serre.

dazu, das Anarchische, ist gepflanzt. Frauen besitzen sowieso in dieser Richtung Sprengkraft. Schon allein der Geburtsvorgang sprengt die Kapsel des Einzelwesens. Die Pazifistin Bertha von Suttner hatte in ihrem Buch *Die Waffen nieder!* schon vor einem Jahrhundert die Idee, eine Geburt und Krieg in der Halluzination der weiblichen Hauptfigur ineinander zu mischen. Aber wir Frauen

Christine Kaufmann in DER SCHWEIGENDE ENGEL (1954)

tragen weiter noch viel in uns, was durch Jahrhunderte der Unterwerfung durch den Mann geprägt wurde, selbst wenn wir innerhalb der vier Wände schon längst das Sagen hatten.

Wie haben sich die Geschlechterrollen verändert?
Einerseits sind wir alle Lebewesen, die im embryonalen Zustand noch einmal die gesamte Entwicklung vom Zellhaufen übers Tier zum Menschen durchlaufen, andererseits haben wir uns sehr weit davon entfernt. Ich denke, viele Frauen möchten sich heute in ihrer Identität nicht festlegen, sondern hin und her pendeln, was die Dinge nicht leichter macht. Aber Polarisierung findet trotz der Gleichheitsbestrebung auch immer wieder statt. Vielleicht hat sich viel Vorgeschichte in unseren Genen verfestigt. Man kann auch bei homosexuellen Paaren feststellen, dass sie in der Beziehung männliche und weibliche Rollen annehmen. Selbst bei heterosexuellen Paaren suchen sich manche Männer, die eine starke weibliche Komponente haben, Frauen mit einer starken männlichen Komponente. Man muss nicht gegen diese Urspannung angehen, wir wollen heute nur nicht durch solche Definitionen, die ja oft entwertend sind, blockiert werden. Im Ursprung stammen die Polarisierungen aus der Natur, aus dem Vorgang des Eindringens und sich durchdringen lassen, aus dem neues Leben entsteht.

Haben Sie je mit dem Gedanken gespielt, mehr Filme mit Frauen zu machen und anders als bei Fassbinder zu arbeiten?
Mit Margarethe von Trotta habe ich HELLER WAHN (1983) gedreht, der ihr Schwesterthema in einer Art Wahlverwandtschaft variiert. Nach SCHWESTERN ODER DIE BALANCE DES GLÜCKS (1979) stellte die Trotta als möglichen verborgenen Grund für ihr Lebensthema fest, dass ihre Mutter ihr eine zur Adoption freigegebene Halbschwester verschwiegen hat. Aber dieses Motiv des schwesterlichen Miteinanders ist unabhängig von ihrer professionellen Haltung. Beim Drehen ist sie diejenige, die vorgibt, wohin die Reise geht. Ich glaube, sie hat mir zunächst verübelt, dass ich mir damals wünschte, beim nächsten Film lieber noch mehr in eine Richtung zu arbeiten, die mir

stärker entsprechen könnte. Dann wäre es fast Wirklichkeit geworden, aber ihr Drehbuch *Xenobia* hat keinen Produzenten gefunden. Die Folge war, dass sie mich nie wieder gefragt hat. Eine Zeit lang waren wir geradezu befreundet. Mag sein, dass sich die Freundschaft abgeschwächt hat, weil wir nicht mehr zusammenkamen. Freundschaften brauchen Früchte, und wenn es nichts gibt, was man zusammen realisiert, verblasst die Freundschaft. Nur so zusammenzusitzen und zu plaudern, ist eine andere Ebene.

Ihre frühen Video-Arbeiten, die Traumprotokolle, *entstanden nach dem Scheitern eines Filmprojekts von Rainer Werner Fassbinder. Sie sollten die Hauptrolle in einer Adaption des autobiografischen Romans* Der Mann im Jasmin – Eindrücke aus einer Geisteskrankheit *von Unica Zürn spielen. Die Dichterin und Malerin aus dem Umkreis der Surrealisten, Muse des Malers und Fotografen Hans Bellmer, protokolliert darin ihre Schizophrenie. Warum haben Sie Unica Zürns Geschichte nicht selbst für die Leinwand realisiert?*
Es hat mir einerseits dazu an Selbstbewusstsein gefehlt, aber andererseits hat dieses Scheitern eines Projekts doch in mir eine Kreativität ausgelöst: Die *Traumprotokolle*[7], meine Selbsterkundung mit der Video-Kamera, entstanden an Stelle des nicht gedrehten Unica Zürn-Films. Ich bin in mein eigenes unkontrollierbares Unbewusstes eingetaucht. Ich bin dabei nur mir selbst gefolgt. Sonst sagte man mir: „Mach es so oder so." Ich wollte sehen, was aus der Begegnung mit mir entsteht. Es war gänzlich verschieden von der gängigen Filmkunst und dem Bild, das ich von der Leinwand von mir kannte. Ich war noch nicht vertraut mit der Video-Avantgarde, hatte noch nie von Bill Viola gehört und kannte Laurie Anderson eher über ihre Musik. Ich wusste auch nicht, wer Marina Abramović ist, dennoch war ich mit meinen Filmen intuitiv auf der Linie der experimentellen Videokunst. Als ich anlässlich einer Retrospektive meiner Filme im MoMa in New York das Angebot bekam, etwas zu zeigen, was man noch nicht von mir kannte, bekam ich den Stempel des Talents aufgedrückt. Das MoMa wollte die Filme in seine Sammlung aufnehmen. Das Publikum war perplex. Larry Kardish, der damalige Direktor der Filmabteilung, meinte, das sei ein Zeichen, dass ich an tiefere Schichten gerührt hätte. Ich habe darauf weitere Videofilme gedreht.

Wichtiger noch: Das Schizophrenie-Thema erschien mir zu krank. Ich wollte ja durch das Filmen gesund werden. Damals nach LILI MARLEEN (1981) zog es mich in Camps, von denen ich mir Bewusstseinserweiterung und Heilung erhoffte. In einem Lebenslauf dort schrieb ich: „Ich komme mir wie eine Rose im Schaufenster vor. Sie geht vielleicht nie auf, weil man sie zu stark besprüht hat." Das Bild, das ich damals entwarf, zeigte mir, was ich brauchte, nämlich Selbstvertrauen. Ich wollte mich erden und den Weg ebnen für das Schöpferische, das ich in mir fand. Der Fassbinder war damals schon auf einem anderen Trip: „Wahnsinn ist das Reich der Freiheit." Ich habe Wahnsinn schon auch als ein Sprengen der Fesseln gesehen, aber er endet doch in der Zwangsjacke, in einem Saal voller Kranker, die alle in sich selbst gefangen bleiben.

Kunst hat für mich die Aufgabe zu heilen, zum einen, indem man in die Wunde sticht, damit sich bildlich gesprochen der Eiter entleert. Joseph Beuys sagte: „Zeige Deine

---

7 Die TRAUMPROTOKOLLE wurden 2014 in der Akademie der Künste Berlin als Installation ausgestellt.

Wunde." Für mich kann die Kunst aber auch sagen: „Zeig das Wunderbare, ich bringe Dich damit wieder in Berührung."

Glauben Sie an die „Wiederverzauberung der Welt"?
Ich betrachte Kunst als Gabe unserer Fantasie. In diesem Sinne möchte ich meinen Geist stimulieren. Ich bin in einer Zeit großgeworden, in der das Kritisieren große Bedeutung hatte. Historisch war das richtig, weil Kritik lange verdrängt wurde. Die Gesellschaft tat nach dem Zweiten Weltkrieg weiter so, als seien keine Verbrechen geschehen. Alle Kraft ging in den materiellen Aufbau. Wir, die Generation danach, lehnten uns dagegen auf.

Aber wenn zu wenig Kritik da ist, fordert das meist auf der Gegenseite ein Zuviel heraus. So erkläre ich mir die Unerbittlichkeit, mit der unsere Generation ihre Kritik vorbrachte. Heute sehe ich es so, dass alles, was in uns arbeitet, eine gewisse Daseinsberechtigung besitzt. Wir sollten nicht das Kritische aufgeben, aber auch die andere Waagschale füllen. Ich helfe mir, von zu viel Kritik und Selbstkritik fortzukommen, indem ich meinen ersten Impulsen folge und versuche, meine instinktive Wahrnehmung nicht zu verstellen. Ich möchte wissender sein als meine Zweifel.

Margarethe von Trotta

REGISSEURIN, AUTORIN

Margarethe von Trotta wurde am 21. Februar 1942 in Berlin geboren. Nach Kriegsende zog sie mit ihrer Mutter nach Düsseldorf. Bei einem Aufenthalt in Paris bekam sie Kontakte zur Filmszene und besuchte schließlich eine Schauspielschule.

1971 heiratete sie den Regisseur Volker Schlöndorff, mit dem sie in mehreren Filmen, u. a. 1975 Die verlorene Ehre der Katharina Blum, auch als Koregisseurin zusammenarbeitete.

Sie spielte in Filmen von Rainer Werner Fassbinder und Herbert Achternbusch. 1977 dreht sie mit Das zweite Erwachen der Christa Klages ihren ersten Spielfilm.

Von Trotta arbeitete auch als Theaterregisseurin und war immer wieder an Synchronisationen ausländischer Filme beteiligt.

Seit 2004 lehrt sie als Professorin an der European Graduate School im schweizerischen Saas-Fee. Sie hat aus erster Ehe (1964–1970) einen Sohn und lebt in Paris und München.

FILMOGRAFIE (Auswahl)
2014/2015 Die abhandene Welt
2013 Lola (Beste Hauptdarstellerin und Lola in Silber für Besten Spielfilm)
2012 Hannah Arendt
2009/2010 Die Schwester
2009 Vision – aus dem Leben der Hildegard von Bingen
2005/2006 Ich bin die Andere
2002/2003 Rosenstrasse
1999/2000 Jahrestage
1998/1999 Dunkle Tage
1997 Winterkind
1993/1994 Das Versprechen
1993 Zeit des Zorns
1990 Die Rückkehr
1988 Fürchten und lieben
1987 Felix
1985/1986 Rosa Luxemburg (mit dem Deutschen Filmpreis ausgezeichnet)
1983 Heller Wahn
1981 Die bleierne Zeit
1979 Schwestern oder die Balance des Glücks

Ich will verstehen

Es gibt Filme, die entstehen ganz in einem selbst. Man setzt sich hin und fängt an zu fantasieren und es ist, als öffne man einen Reißverschluss zum eigenen Unbewussten, und damit natürlich zum eigenen verborgenen Leben. So erging es mir mit meinem Film SCHWESTERN ODER DIE BALANCE DES GLÜCKS (1979). In ihm habe ich vorweggenommen oder erahnt, dass ich eine Schwester habe, von der ich bis zu jenem Zeitpunkt noch nichts wusste.

Und dann gibt es Filme – oder Themen – die von außen an einen herangetragen werden. Ich werde sehr oft gefragt, warum ich immer wieder Frauen portraitiere. Frauen, na ja, ich bin eine Frau, das versteht sich noch, wenn es auch oft auf Unverständnis stößt und mir von Männern immer wieder wärmstens empfohlen wird, mich doch bitte auch einmal einem wichtigen Mann zuzuwenden. Aber ich möchte bei der Darstellung historischer Frauenfiguren auch etwas über mich selbst erfahren. Mich interessiert die Annäherung an historische Figuren und die Durchmischung von Fakten und Fantasie. Wie weit darf eine Filmemacherin sich von den rein historischen Tatsachen entfernen? Was bedeutet es, sich einer historischen Person „auszusetzen?" Denn ohne sich ihr auszusetzen, ohne den Versuch, sich

Margarethe von Trotta bei den Dreharbeiten zu DIE ABHANDENE WELT (2014)

in ihr wiederzufinden und zu spiegeln, sich durch eine anfängliche Fremdheit hindurchquälend zu einer Art von Vertrautheit zu gelangen, kann es auch beim späteren Zuschauer zu keiner Anteilnahme kommen.

Fremd im eigenen Land

Ich bin in Berlin geboren, und meine ersten Erinnerungen an Deutschland, an Berlin, nach Kriegsende, sind Ruinen. Es sind Bilder einer totalen Zerstörung. Wenn ein Kind durch Rom oder Paris an der Hand seiner Mutter geht, lernt es unbewusst etwas über die Geschichte seiner Stadt oder seines Landes.

Was konnte ein Kind im Berlin der Nachkriegszeit lernen? Unsere Mütter konnten uns nicht an die Hand nehmen und uns in ein Leben führen, das wir später würden verklären können. Sie hatten ständig Angst, dass wir, weil wir nur in den Trümmern der Häuser spielen konnten, auf eine Mine treten, was auch manchmal geschah. Und sie mussten dafür sorgen, dass ihre Kinder etwas zu essen bekamen, was oft ihre Zeit und Energie total beanspruchte. Meine Mutter, die in Moskau geboren war und deshalb Russisch sprach, ging zu Fuß von Schmargendorf im Westen durch die ganze Stadt bis zum russischen Sektor, um in der Kommandantur um Brot zu bitten, was sie auch bekam. Sie stammte aus einer baltischen Adelsfamilie, die bis zur russischen Revolution in Moskau lebte. Alle Balten hatten damals noch die russische Staatsangehörigkeit, da das Baltikum zum zaristischen Imperium gehörte. Nach der Revolution musste ihre Familie aus dem nunmehr kommunistischen Land fliehen und verlor dadurch ihre Staatsangehörigkeit. Sie wurde, wie alle, die von der Revolution vertrieben wurden, staatenlos. So wie Hannah Arendt später, nachdem sie aus Nazideutschland fliehen musste. Wir hatten den sogenannten „Fremdenpass". Der Passdeckel war grau und nicht grün wie der für die deutschen Bundesbürger. Schon diese Farbe zeigt an, dass man in einer „Grauzone" angesiedelt war. Da meine Mutter nicht verheiratet war, war ich ebenfalls staatenlos und bekam diesen grauen Fremdenpass. Den deutschen Pass bekam ich erst als Erwachsene, durch meine Ehe mit einem Deutschen.

Staatenlos zu sein bedeutete, dass man heimatlos war, eine Fremde in dem Land, in dem man geboren war, zur Schule ging und dessen Sprache man sprach. Und für jedes andere Land, in das man reisen wollte, brauchte man ein Visum und ein Empfehlungsschreiben. Nicht von ungefähr, glaube ich, ist eines meiner Lieblingslieder aus Schuberts „Winterreise": „Fremd bin ich eingezogen, fremd zieh ich wieder aus." Eine Entsprechung fand ich bei Hannah Arendt, die von sich sagte, sie sei „das Mädchen aus der Fremde".

Ich begann, meine Augen für die Welt zu öffnen

Zu Beginn der 1960er-Jahre ging ich von Düsseldorf nach Paris, als fille au pair, was damals viele Mädchen und junge Frauen taten, sozusagen als freiwillige Flucht aus dem muffigen Adenauer-Deutschland. Hanna Schygulla (s. S. 120) war auch eine von ihnen. Und in Frankreich lernte ich nicht nur die „freie Liebe" kennen, ich wurde bewusst zum ersten Mal mit der deutschen Geschichte konfrontiert. In der Schule im Deutschland der 1950er-Jahre lernten wir eher etwas über die Griechen und Römer als über den Nationalsozialismus. Und nicht nur die Lehrer, auch die Eltern schwiegen. Und so galt mein Interesse der Literatur, der Kunst und Malerei, nicht der Geschichte oder Politik. Ich konnte den Studenten, die ich in Paris kennenlernte, noch so oft versichern, ich sei staatenlos, sie sahen in mir nur die *Boche*, die mitschuldig war an der Ermordung der Juden, an der deutschen Besetzung Frankreichs usw. Ich versuchte, mich zu verteidigen, aber ich hatte nicht das erforderliche Wissen, dies überzeugend zu tun. Dadurch, so denke ich, begann mein Interesse für deutsche Geschichte als von Personen gelebte und erlebte, nicht nur als von Historikern dargestellte und belegte.

Es war die Zeit des Mauerbaus, 1961. Durch meine Geburtsstadt verlief plötzlich eine Mauer, Menschen wurden lange Jahre voneinander getrennt. Aber meine jungen Franzosen konnten meine Erschütterung darüber gar nicht verstehen, für sie war die Mauer nur eine gerechte Strafe für Deutschland. Sie waren zudem viel mehr mit ihrem Problem des Algerienkrieges befasst und mit der Frage, wie sie sich dem Militärdienst entziehen konnten. Sie hatten viel mehr Verständnis für das Unabhängigkeitsstreben der Algerier, als Mitempfinden für das Leid der Opfer der deutschen Teilung. Damals begann ich, meine Augen für die Welt zu öffnen. Und als ich viel später anfing, Filme zu machen – meinen ersten Film DAS ZWEITE ERWACHEN DER CHRISTA KLAGES drehte ich 1977 –, hatte ich schon einen langen Weg des Interesses für unsere Geschichte zurückgelegt.

Rosa Luxemburg

Rainer Werner Fassbinders letztes Projekt war ein Film über Rosa Luxemburg gewesen, und nach seinem Tod kam sein Produzent auf mich zu und meinte, ich sei es meiner Freundschaft zu Fassbinder schuldig, den Film zu übernehmen. Und vor allem, weil ich eine Frau sei. Dass mir das zum Vorteil gereichen sollte, vernahm ich damals, im Herbst 1982, zum ersten Mal! Und ich lehnte ab.

Zu dem Zeitpunkt kannte ich wenig von Rosa Luxemburg, obwohl sie eine der Ikonen der '68er war und ihr Bild auf den Schildern, die Studenten damals durch die Straßen trugen, neben den Köpfen von Marx, Lenin und Ho Chi Min auftauchte. Zwischen all den Männern nur diese eine Frau. Dabei war mir aufgefallen, dass ihr Gesicht besonders traurig wirkte und gar nicht so kämpferisch wie ich das von einer Revolutionärin erwartet hätte. Dieser Widerspruch hatte mich neugierig gemacht. Vielleicht war das der Grund, dem Drängen des Produzenten nachzugeben. Widersprüche haben mich schon immer gereizt. Allerdings stellte ich eine Bedingung: dass ich herausfinden könnte, was mich, mich ganz persönlich, an Rosa Luxemburg in Schwingung versetzen würde. Dafür habe ich versucht, eine Verbindung zwischen Rosa Luxemburg und meiner eigenen Biografie herzustellen. Rosa Luxemburg war Revolutionärin, meine Mutter und ihre Familie als baltische Adelige wurden durch die Revolution, der Rosa mit Begeisterung anhing, aus Moskau vertrieben und waren damit staaten- und heimatlos. Als Kind hörte ich immer nur, dass die „Bolschewisten" an ihrem Unglück schuld waren, und einige von ihnen hatten sogar Hitler dafür gedankt, als er den Krieg gegen Russland begann. Meine Mutter las weder Marx noch Rosa Luxemburg. Plötzlich sah ich in dem Angebot, den Film über Rosa Luxemburg zu machen und damit über eine Zeit, die ich selber nicht miterlebt hatte, eine Möglichkeit, etwas von unserer Vergangenheit zu verstehen: Woher kamen wir, und was hatte dieses Jahrhundert aus uns gemacht?

Rosa Luxemburg, 1870 im galizischen Teil Polens geboren, ging in die Schweiz, um dort zu studieren, denn in Deutschland waren Frauen an der Uni noch nicht zugelassen. In der Schweiz geht sie 1898 eine Schein-Ehe mit einem Deutschen ein, nur um die deutsche Staatsangehörigkeit zu erlangen, weil sie in der deutschen Sozialdemokratie mitarbeiten will. Zu Beginn des Jahrhunderts war diese die stärkste Partei

Europas, und ihre Hoffnungen auf eine Revolution sah Rosa hier realisierbar. Aber anstatt sich mit ihrer Aufnahme in die Partei zufriedenzugeben, sich August Bebel, Karl Kautsky und Genossen unterzuordnen, tritt sie ihnen ständig auf die Füße, polemisiert und kritisiert, um sie anzuspornen und sich nicht in eine bürgerliche Idylle einzulullen oder sich mit kleinen Erfolgen zu begnügen. Sie will kämpferisch bleiben und auf den Umsturz hinarbeiten. Als sich 1914 der Erste Weltkrieg ankündigt, hält Rosa Luxemburg leidenschaftliche Reden gegen den Krieg und gegen eine Teilnahme Deutschlands. Ihre Genossen aber entpuppen sich plötzlich als Nationalisten, sie stimmen für den Krieg, anstatt ihr Mitwirken zu verweigern. Um zu verhindern, dass Rosa Luxemburg weiterhin zugunsten der Internationale und gegen den Krieg agitiert, wird sie in Sicherheitshaft genommen, und sie verbringt die Zeit bis zum Kriegsende in diversen Gefängnissen.

Nach zwei Jahren der Recherche erkannte ich in Vielem mein Leben in ihrem wieder: Auch ich musste mich oft zur Wehr setzen gegen männliche Vorurteile und Verächtlichmachungen. Bei Rosa kam hinzu, dass sie Jüdin war und viele in der damaligen Gesellschaft, sogar in ihrer Partei, antisemitisch eingestellt waren. Es gibt Karikaturen von ihr, die heute zu einem Aufschrei führen würden. Und wie oft wurde sie, sogar von den eigenen Genossen, als „hysterisches Weib" abgetan. Diese Unterstellung von Hysterie, die man zumeist Frauen gegenüber macht, die klug sind und sich und ihre Ideen durchzusetzen versuchen, kennen wir ja auch heute noch.

Hildegard von Bingen

Mich ihr zu nähern war einerseits schwieriger, weil die Zeit, in der sie lebte, uns so unendlich weit entfernt erscheint: eine Zeit, in der man noch glaubte, die Erde sei eine Scheibe – andererseits fühlte ich mich freier ihr gegenüber, und das aus demselben Grund. Hildegard wurde im Jahr 1098 geboren und starb 1179, sie wurde – ganz ungewöhnlich für ihre Zeit – 81 Jahre alt. Nonne, Visionärin, Äbtissin, Heilkundige, Forscherin, Komponistin, Gläubige. Ich bin keine Nonne, keine Wissenschaftlerin, keine Komponistin, und ich bin protestantisch erzogen. Was konnte diese ferne Zeit einer klugen und begabten Frau in unserem heutigen Sinne „anbieten"? Hatte sie eine Chance, ihre Begabung zu erkennen? Und auf welche Weise konnte sie sie durchsetzen?

Im Mittelalter war es nicht ungewöhnlich, in ein Kloster einzutreten. Hildegard wurde schon als kleines Mädchen als Bezahlung des sogenannten Zehnten (fürs zehnte Kind) der Kirche vermacht, ohne dass sie hätte Einspruch erheben können. Bei ihr war der Eintritt ins Kloster kein freiwilliger gewesen. Wieder stellte sich mir die Frage: Wie verhält sich ein Mensch, der in eine Zeit hineingeboren wird, die er sich nicht hat aussuchen können, und in eine Gesellschaft, die ihn zu bestimmten Verhaltensweisen zwingen will? Wird er versuchen, wie Hannah Arendt es genannt hat, „ohne Geländer" zu denken? Hildegards Geländer war das Christentum, die Bibel, die Psalmen, das Wort Gottes. Wie schaffte sie es, innerhalb dieser gedanklichen Grenzen ihre Stärke und ihre eigenen Wünsche zu erkennen? Wie schaffte sie es, sie zu verwirklichen?

Was mich an Hildegard faszinierte, war: wie eine kluge Frau es fertigbrachte, sich entgegen den Regeln ihrer Zeit, heute würden wir sagen: zu „emanzipieren", dabei aber im festen Glauben verharrte, dass sie einzig und allein Gottes Stimme gehorchte. Sie konnte nicht durchschauen, dass es die Stimme ihres eigenen Unbewussten und die ihrer heimlichen Wünsche war. Dadurch verharrte sie in der Vorstellung, dass eine Frau schwach war. Sie betonte immer wieder: „Ich bin nur eine schwache Frau." Damit entging sie dennoch nicht dem Zorn der Männer ihrer Zeit. Von vielen wurde sie verehrt, viele aber hätten es begrüßt, wenn sie exkommuniziert worden wäre. Dass es fast 1000 Jahre gedauert hat, bis ein Papst sie heiliggesprochen hat, spricht für diese Hypothese.

Auch bei Hildegard von Bingen waren es die Widersprüche in ihrer Biografie, die mich reizten. Einerseits hat sie als Äbtissin und Seherin mit den Mächtigen ihrer Zeit, mit Kaisern und Päpsten korrespondiert, sie sogar ermahnt und ihnen Befehle erteilt, weil diese Befehle ja nicht von ihr, sondern von Gott stammten. Andererseits, als eine junge Nonne, Richardis von Stade, die sie besonders ins Herz geschlossen hatte, sich von ihr trennen wollte, um selbst Äbtissin in einem anderen Kloster zu werden, verwandelte sich Hildegard in eine ganz gewöhnliche, liebende, vor Leidenschaft und Schmerz sich wie rasend gebärdende Frau.

Rosenstraße

Wiederum ein Film, der sich mit deutscher Geschichte beschäftigt: ROSENSTRASSE (2002/03). Auch in ihm geht es um Frauen, die sich ihrem von der Regierung auferlegten Schicksal nicht fügen wollen. Er spielt im Zweiten Weltkrieg. In Berlin, Februar 1943. Während der „Fabrikaktion" werden die jüdischen Männer, die bis zu dem Zeitpunkt in einer Mischehe lebten, d. h. durch die Ehe mit nichtjüdischen deutschen Frauen geschützt waren, in ein Haus in der Rosenstraße gebracht, bei den Hackeschen Höfen, um von dort nach Auschwitz „evakuiert" zu werden. So jedenfalls vermuten und befürchten es die Frauen, und sie versammeln sich vor dem Haus und rühren sich nicht mehr vom Fleck.

Nach Aussagen der Zeitzeugen protestierten dort am Schluss über 1000 Frauen und Kinder und harrten aus. Da jeden Tag mehr Frauen hinzukommen, wird es dem Propagandaminister und Berliner Gauleiter Josef Goebbels am Ende zu brenzlig, – die ausländische Presse hatte schon Wind davon bekommen –, und er lässt die Männer wieder frei. In sein Tagebuch notiert er, dass, wenn der Aufruhr vorüber ist, er sie sich einzeln wieder schnappen würde.

Warum konnte er die Frauen nicht einfach erschießen lassen? Er hatte doch sonst keinerlei Hemmungen, Menschen umzubringen? Der Grund war wohl: Es sind keine jüdischen Frauen, und sie verkörpern das Ideal der Treue, eine Tugend, die von den Nazis verherrlicht wurde. Die Soldaten an der Front mussten darauf vertrauen können, dass ihre Frauen und Verlobten in der Heimat ihnen treu blieben. Das ist meiner Meinung nach auch der Grund, warum diese Frauen in der ehemaligen DDR erst so spät geehrt wurden. Die Rosenstraße befindet oder befand sich in Ost-Berlin. Hätten sie auf die Freilassung ihrer Männer gedrungen aus rein politischen Motiven, wären sie sicherlich ins Pantheon der Helden des Widerstands aufgenommen worden. So waren es ja nur Frauen, die aus Liebe zu ihren Männern handelten. Und die Liebe hat in der Geschichtsschreibung normalerweise keinen Platz.

Hannah Arendt

Hannah Arendt setzte mir die meisten Widerstände entgegen. Sie war eine Frau, die äußerst zurückhaltend über ihr Privatleben und ihre Gefühle Auskunft gab, Fremden gegenüber schon gleich gar nicht. Und eine Person ausschließlich intellektuell zu ergründen, ist für mich nicht ausreichend. Als ich mich, nach meiner anfänglichen Abwehr, dazu entschlossen hatte, eine Annäherung an ihr Leben und Werk zumindest zu versuchen, hatte ich auf ein sogenanntes Biopic nach Rosa Luxemburg und Hildegard von Bingen keine allzu große Lust.

Ich verehre Hannah Arendt, ich bewundere ihr unabhängiges Denken. Und ich versuchte, einem ihrer Leitsätze zu folgen: ICH WILL VERSTEHEN. Ich wollte verstehen, was SIE in Adolf Eichmann sah, warum er für sie nur ein mittelmäßiger, zum Denken unfähiger Bürokrat war.

Sie hat immer gesagt, sie könne nicht leben ohne den Versuch, alles zu verstehen, was immer sich ereignete, und die Zeiten, in denen sie lebte, waren reich an oftmals beispiellosen Ereignissen, die jedes für sich schon schwer zu verstehen waren und in ihrer Gesamtheit noch viel schwieriger. Eine Katastrophe nach der anderen, oder in Hannah Arendts Formulierung: „in Kaskaden, wie die Niagarafälle der Weltgeschichte."

Nach vier Jahre hatte ich fast alle Bücher und Schriften von Hannah Arendt gelesen und war immer noch unschlüssig, welche Periode in ihrem Leben wir auswählen und mit welcher Szene wir beginnen sollten.

Endlich kam uns die erlösende Idee: Wir konzentrieren uns auf die Eichmann-Jahre. Hannah Arendt fährt im Auftrag des *New Yorker* nach Jerusalem und wird am Prozess gegen Adolf Eichmann teilnehmen. Damit hatte ich ein Gegenüber für sie. Ein Mensch aus Fleisch und Blut saß im Glaskasten, keine abstrakte Idee, ein Mann, den wir mit ihr zusammen beobachten konnten, und wir würden an ihrem Denken teilhaben können.

Hannah Arendt und Adolf Eichmann wurden beide in Deutschland geboren, noch dazu im selben Jahr: 1906. Aber was für eine konträre Lebensgeschichte. Ein deutscher nationalsozialistischer Aufsteiger und Bürokrat und eine jüdische Intellektuelle, die Deutschland verlassen musste. Die Philosophin und der Mann, der seine Fähigkeit zu denken freiwillig „dem Führer" überträgt.

Feministinnen waren weder Rosa Luxemburg noch Hannah Arendt. Beide waren Ausnahmeerscheinungen, und als solche fühlten sie kein Bedürfnis, sich für andere

HANNAH ARENDT (2012)

Frauen einzusetzen. Von heute aus betrachtet, erfüllten sie jedoch alles, was Feministinnen sich für und von Frauen wünschen.

Und doch war es letztlich etwas anderes, das mich zu ihnen hingezogen hat: Beide, von außen betrachtet so außergewöhnlich starke Frauen haben die Einsamkeit gekannt, die Traurigkeit, den Liebesverrat, den Schmerz. Diese ihre verborgene Dimension, man könnte es ihr zweites Gesicht nennen, hat in mir ein Gefühl der Nähe entstehen lassen.

Elfi Mikesch

REGISSEURIN, FOTOGRAFIN,
KAMERAFRAU, DOZENTIN

Geboren 1940 in Judenburg/Österreich. Ausbildung als Fotografin. Um 1960 Umzug nach Frankfurt/Main mit ihrem Mann, dem Maler und Lithografen Fritz Mikesch. Ab 1964 in Westberlin Arbeit als Fotografin und Kamerafrau. 1969 *Oh Muvie*, ein Fotoroman aus dem Freundeskreis um Rosa von Praunheim. 1978 Filmdebüt mit dem poetischen Dokumentarfilm ICH DENKE OFT AN HAWAI. 1978–1980 Titelgestaltung der Zeitschrift *Frauen und Film*. 1984 Gründung der Produktionsfirma Hyena Films mit Monika Treut (s. S. 144) zur Realisierung ihres gemeinsamen Films VERFÜHRUNG: DIE GRAUSAME FRAU (1985). Elfi Mikesch arbeitete auch Kamerafrau für Werner Schroeter, Rosa von Praunheim, Monika Treut, Lily Grote, Heide Breitel, Cynthia Beatt, Teresa Villaverde, Harald Brinkmann, Michael Klier, Heinz Emigholz u.a. Sie lehrt Kameraarbeit u.a. an der dffb Berlin. 2004 Veröffentlichung des autobiographischen Fotobuchs *Traum der Dinge*. 2006 Ehrenkamera des Deutschen Kamerapreises, 2010 Friedrich Wilhelm Murnau Filmpreis mit Werner Schroeter, 2011 Preis des Filmfestivals Diagonale in Graz für das Schroeter-Portrait MONDO LUX, 2014 Special Teddy der Filmfestspiele Berlin. 2014 feierte ihr Spielfilm FIEBER bei der Berlinale Premiere. Elfi Mikesch lebt in Berlin.

www.elfi-mikesch.com

Filme (Auswahl)
2014 FIEBER (Spielfilm; Buch und Regie)
2011 JUDENBURG FINDET STADT (Dokumentarfilm; Buch, Regie und Kamera)
  MONDO LUX (Buch, Regie)
2007 ZISTERNEN – ISTANBULS VERSUNKENE PALÄSTE (Dokumentarfilm; Regie)
2005 HAHNEMANNS MEDIZIN (Dokumentarfilm; Regie und Kamera)
2001 DIE MARKUS FAMILY (Dokumentarfilm; Buch, Regie und Kamera)
1997 VERRÜCKT BLEIBEN – VERLIEBT BLEIBEN (Dokumentarfilm; Buch, Regie, Kamera)
1993 SOLDATEN, SOLDATEN (Experimentalfilm; Buch, Regie und Kamera)
1989 MAROCAIN (Spielfilm; Buch, Regie und Kamera)
1985 VERFÜHRUNG: DIE GRAUSAME FRAU (Buch und Regie mit Monika Treut, Kamera)
1984 DAS FRÜHSTÜCK DER HYÄNE (Spielfilm; Buch, Regie und Kamera)
1984 DIE BLAUE DISTANZ (Essay-Film; Buch, Regie und Kamera)
1982 MACUMBA (Experimenteller Spielfilm; Buch, Regie und Kamera)
1980 WAS SOLL'N WIR DENN MACHEN OHNE DEN TOD (Dokumentarfilm; Buch, Regie und Kamera)
1979 EXECUTION – A STUDY OF MARY (Fotofilm; Buch, Regie und Fotografie)
1978 ICH DENKE OFT AN HAWAI (Dokumentarfilm; Buch, Regie und Kamera)

Die Lust, mich auszudrücken
Über reale und virtuelle Bilder

Als Kind schon hatte ich eine große Sehnsucht nach fremden unbekannten Welten. Robinson auf seiner Insel hat mich fasziniert, Australien war ein Wort mit Zauberklang, Indien auch. All die exotischen Landschaften wuchsen in meiner Fantasie. Wenn ich durch das Fensterchen aus unserem Plumpsklo hinaus auf die blauen Hügel und Berge schaute, habe ich mir eingebildet, ich könnte in der Ferne Palmen erkennen.

Mein liebster Sehnsuchtsort war Afrika. Immer wieder vertiefte ich mich in die Fotografien, die mein Vater in den 1920er-Jahren als französischer Fremdenlegionär in Algerien, Syrien, dem Libanon und in Marokko aufgenommen hat. Die Eltern erzählen uns Geschichten, aber was verschweigen sie? Die Alben meines Vaters gaben mir abenteuerliche Vorstellungen von Afrika ein, aber auch sie schwiegen.

Mein Spielfilm FIEBER (2014) erzählt von der Fotografin Franziska (Eva Mattes), die sich auf der Suche nach dem Vater (Martin Wuttke) in diesen imaginären Raum begibt. Im vergessenen Rif-Krieg der 1920er-Jahre unterdrückten die Spanier den Aufstand von Abdel Krim mit allen Mitteln, auch durch Giftgasbomben, die sie bei deutschen Firmen kauften und erstmals aus Flugzeugen abwarfen. Die verheerende Wirkung der Chemiewaffen zeigt sich in Marokko noch heute in der Krebsrate bei Menschen und Tieren.

„Schweigen ist Macht", lautet die Devise des Vaters in FIEBER. Das Kind stöbert in seinen Sachen und entdeckt Spuren seines Krieges. Wie verarbeitet es die Konfrontation? Was imaginiert es, wenn es keine Antwort auf seine Fragen findet? Das ist wie ein böses abgründiges Märchen. Gespenster aus Vaters Vergangenheit schauen Franzi im Film über die Schulter, sie sprechen das aus, was sie von den Erwachsenen aufgeschnappt hat. Solche Zwischenreiche kennen wir aus unserer Kindheit. Franziskas Perspektive auf Geschichte interessiert mich, weil sie ohne Action und Gewalt zu erzählen ist. Ihr Anspruch, paradox hinter die Bilder zu schauen, ist auch meiner. Die grausamsten Bilder von Hungernden, Kriegsopfern und der Shoa sind uns präsent, es gibt immer mehr davon, aber wie entschlüsseln wir sie und was machen sie mit uns? Wie gehen wir mit ihnen um? Heute?

Im Inneren abgelagerte Bilder

Angst beflügelt die Fantasie. Jeder Mensch hat Angst vor bestimmten Dingen und Kinder besonders. Vor der Natur hatte ich keine Angst, ich lebte ja mittendrin, aber vor den Erwachsenen. Meine Umgebung war autoritär und manchmal gewalttätig. Sie hat mir Angst gemacht und meiner Fantasie Nahrung gegeben.

Es war Kriegszeit, als ich Kind war. Über Judenburg/Steiermark, wo ich geboren bin, kreisten Flieger, aber ich empfand sie eher spannend als bedrohlich. Das zerbombte Graz und die vernagelten Straßenbahnfenster in Wien habe ich gesehen, habe

Mangel, Kälte und Hunger gespürt, aber es war, wie es war, ich hatte keinen Vergleich. Es gab Andeutungen, warum die Synagogen niedergebrannt waren. Manches davon tauchte in meinen Träumen wieder auf, sodass ich heute kaum unterscheiden kann, was wirklich gesagt wurde oder meiner Einbildungskraft entstammt.

Ich mochte das Beklemmende, eine gewisse Furcht, deshalb forcierte ich als Kind gern meine inneren Bilder. Ganz früh war Edgar Allen Poe meine Lektüre. Ohne dass ich ihn verstanden hätte, fand ich besonders den Horror der Illustrationen faszinierend. Über die tatsächlichen Verbrechen des Nationalsozialismus wurde nicht gesprochen. Die hingeworfenen Bemerkungen konnte ich wegschieben, bis ich fast erwachsen war.

Das Kino spielte eine große Rolle. Schon als Kleinkind war ich oft mit meinen Eltern an diesem wunderbaren Ort. Sie mussten mich mitnehmen und anscheinend habe ich das akustische Erlebnis ruhig schlafend genossen. Ich kann mich an den Geruch erinnern, an die turbulente Atmosphäre vor der Vorstellung. Die Leute wollten sich amüsieren, es gab ja sonst nichts auf dem Land. Schwarzweiße Bilder sind seit damals in mir abgelagert. Meine Faszination für Schwarzweiß-Fotografien und all die Negative aus Glas oder Kunststoff rührt von der Kinoleinwand her. Bildträger – ein schönes Wort – sind seither ein Faszinosum für mich.

Mein Vater legte um 1952 die Prüfung zum Kino-Operateur ab. In einer ehemaligen Jesuitenkirche wurde ein städtisches Theater und Kino eingerichtet, zusätzlich zum bereits existierenden traditionellen Kino der Stadt. Triviale Kunst in einem spätbarocken Sakralraum, das war sensationell in unserer katholischen Gegend. Mein Vater konnte eine Leinwand von der Bühne herunterlassen und packte oben, wo vorher die Orgel war, die schweren Filmpakete für die Projektion aus. Ich habe geholfen, sie die schmale Treppe hinauf zu bugsieren. Einmal erlebte er sogar einen Brand, als während seiner Ausbildung zum Filmvorführer ein Nitrofilm Feuer fing. Ich sah, wie gelber Rauch aus der Kabine quoll.

Lernen, aber wie?

Es war nicht so einfach in meinem Umfeld. Ich wollte malen, schreiben, Schauspielerin werden, diese Sehnsüchte mussten erstmal zum Ausdruck kommen.

Anregungen gab es, extreme sogar, z. B. durch ein paar Jazzmusiker am Ort, die leider sehr viel älter waren als ich. Eine Weile wollte ich unbedingt Autorennen fahren. Aber dieser Wunsch kam als Frechheit an, denn Autorennen waren eine ausgesprochene Männerwelt. Das Musische lag mir, die Rennfahrerei wäre das erträumte Abenteuer geworden. Was auch immer, ich war ein bisschen aus der Bahn geschlagen.

Als Kind hatte ich keinen rechten Begriff von den Unterschieden zwischen der Männer- und der Frauenwelt, nicht mal in der Pubertät. Mädchen und Jungs gingen ja noch in unterschiedliche Schulen. Nur am Gymnasium waren Mädchen und Jungen gemischt. Mit einem Jugendfreund aus unserem Haus habe ich viele abenteuerliche Spiele in unserem riesengroßen Wald gespielt, und überhaupt fühlte ich mich zu den Spielen der Jungs hingezogen. Es war schwer, Gleichgesinnte zu finden. Schnell wurde gesagt: „Die spinnt. Was will die überhaupt?" Da zog ich mich lieber zurück und pflegte eine Art Versponnenheit, mit der ich mich in meinem Papiertheater wohlfühlte.

Fotografie

Anfangs entdeckte ich die Fotografie wie einen neuen Ort. Obgleich ich doch eng mit meinem realen Alltag verbunden war, lebte ich zugleich intensiv im Fantastischen. Meine Ausbildung bei einem Fotografen hatte mit Fotokunst nichts zu tun. Ich machte Passbilder, machte Abzüge von Kriegerdenkmälern, Ballveranstaltungen und Hochzeiten oder dokumentierte Straßen und Gebäude für die Stadtverwaltung. Architektur interessierte mich weniger, schon eher besondere Gesten, die Menschen vor dem Fotoapparat machten. Bei meinen freien fotografischen Versuchen imitierte ich meist Bilder aus Modezeitschriften. Wie steht eine Frau, um ein Kleid zu präsentieren? Wie hält sie die Hand, wie eine Tasche, einen Hut? Es waren konventionelle Posen, aber auch das Künstliche hat mich fasziniert.

Und Stillleben übten eine große Faszination auf mich aus. Dinge im Verfall, die ich auf einem stillen Bild betrachten kann. Sie gehören auch heute noch zu meinen bevorzugten Motiven. Das Vanitas-Motiv hat mich nie losgelassen. Wenn ich heute Menschen fotografiere, warte ich auf besondere Momente ihres lebendigen Ausdrucks, ihrer Bewegungen. Es kommt auf den Zwischenraum an, auf die Pause von einer Aufnahme zur nächsten. Lange habe ich gebraucht, bis ich dahinter kam, dass ich in meinen Bildern solche Räume erkunde.

Ich schaue, wie ein Mensch reagiert, wenn ich die Kamera auf ihn richte. Im Grunde läuft ein Film vor mir ab, aus dem ich Ausschnitte herausnehme. Was geschieht in den Zwischenräumen, in den Pausen eines Gesprächs? Beim Nachdenken, beim Träumen? Was liegt zwischen den Bildern? Da spricht mein Modell. Was ist das für ein Moment, den ich während dieser Kommunikation fotografiere? Wie komme ich den Zwischenräumen näher? Dem, was sich verbirgt. Wie zeigt sich Vergänglichkeit? Ist sie eine sichtbare Bewegung oder ein starres Bild? Die Realität ist ja fortwährend in Bewegung, und wenn ich mich darin befinde und Bilder davon mache, werde ich permanent mit der Vanitas, dem „leeren Schein" alles Vergänglichen konfrontiert. Und dem Leben in seinen vielen verschiedenen Ausdrucksformen.

Es stellen sich philosophische Fragen, wenn man die Zwischenräume der Existenz in Bildern sucht. Ich kann keine Analyse bieten, aber ich werfe sie auf meine Weise auf, indem ich mich in diesem Feld bewege und Zwischenräume in meinen Fotografien zum Ausdruck zu bringen versuche. Ob alle Schönheit „eitel" ist, ob ein Phänomen vom Sterben oder vom Leben erzählt, kann ich nicht beantworten. Für mich besteht die Welt grundsätzlich aus beidem. Diese Art der Begegnung mit Menschen über die Fotografie und die damit verbundene Kommunikation liebe ich sehr. Ich lerne.

Anfänge

Lange fand ich nicht meinen Weg. Ich hatte keinerlei Berührung mit künstlerischer Fotografie. Malen und Zeichnen waren ein Anfang, schon als Kind kopierte ich Kunstwerke aus dem Lexikon – ziemlich unvermögend, aber egal: Die Lust war bestimmend.

In der Provinz herrschten beschränkte Vorstellungen davon, was Kunst sei. Ich besaß auch nicht unbedingt aus mir heraus ein Universum, das ich mit aller Macht darstellen wollte. Ich träumte davon, bei einem Künstlerpaar zu lernen, wie man schöne Plastiken herstellt. Meine Mutter ging hin und fragte nach einer Lehrstelle, aber so funktionierte es nicht. Immer war ich auf der Suche nach Mentoren. Bei älteren Freundinnen glückte es manchmal, bei meiner Deutschlehrerin nur eingeschränkt. Als ich fragte: „Kann ich Sie einmal besuchen, um mit Ihnen zu sprechen?", antwortete sie: „Ja, mein liebes Kind, in der Pause." Da musste ich halt eine gewisse Zeit warten, bis ich dem Maler und Fotolithografen Fritz Mikesch begegnete, den ich 1960 heiratete.

Fritz hatte Zugang zur Kunstgeschichte und er gab die richtigen Impulse. „Mal doch, was dich bewegt. Was willst du denn malen?" „Ich würde gern Noah malen." „Also malst du Noah." Nie wäre ich vorher auf die Idee gekommen, weil ich nicht wusste, wie ansetzen, aber jetzt malte ich plötzlich in expressiven Farben, nicht mehr nur in kleinen feinen Zeichnungen. „Sei frei." Das war's.

In Frankfurt/Main, wo wir um 1963 lebten, erzählte man uns, dass wir unbedingt Rosa von Praunheim kennenlernen müssten, der damals an der Kunstschule in Offenbach studierte. In ihm fand ich ein ganz entscheidendes Gegenüber, das mich inspirierte, neu mit der Fotografie zu beginnen. Rote Brille, silberne Schuhe, Ostern zu Weihnachten, exzentrische Feste – Rosas verkehrte Welt erregte entweder Anstoß oder Begeisterung. Seine vitale Expressivität fiel aus dem Rahmen, manchmal erschreckte sie mich auch, weil sie laut und bestimmt war und alles über den Haufen warf. Das Blut erschossener Könige rann in seinen Bildern pastos über die Leinwand, das kam mir alles andere als harmlos vor. Aber wenn ich die Fotos betrachte, die damals entstanden, spüre ich die naive poetische Schönheit hinter den wüsten Fantasien. Hier fand ich die wilden, faszinierenden Gesten. Originelle und sinnliche Körpersprachen.

Mit Rosa begann eine neue Phase. Ich fotografierte ihn und Carla Aulaulu, Berit von Bohlen, Magdalena Montezuma, Tabea Blumenschein, Ulrike Ottinger und andere aus unserem Kreis, als wir nach Berlin gezogen waren. 1969 veröffentlichte ich die Bilder in unserem anarchistischen Fotoroman *Oh Muvie*. Ich kam aus einer provinziellen Welt, in der alle Gefühle verkappt und verklemmt waren. Zuhause galt: „Guck, was die Nachbarn sagen. So musst du leben." Die Schulung der Konvention war bis zu einem gewissen Grad von Wert, aber jetzt hatte ich davon genug, ich wollte nicht in einer ängstlichen Welt versacken.

Grenzgänge

Die Arbeit mit all diesen expressiven Erscheinungen empfand ich als Bühne, auf der alles ausprobiert werden konnte. In meinem Fotofilm EXECUTION – A STUDY OF MARY (1979) proben Magdalena Montezuma, La Milli und auch die anderen exzentrischen

Protagonisten der Szene das Sterben. Du brauchst Menschen, die mit großer Begeisterung in einem so absurden Theater der Kostüme, Masken und großen Gesten mitspielen. Oben auf dem Dach wurden Leute erschossen – alles Theater. Manchmal hatte ich Angst, dass unser Haus abbrennt, manchmal wurden die Spiele schamlos grenzgängerisch und ich fragte mich, ob sie wissen, wann sie aufhören müssen.

Beim Fotografieren war meine Beobachterrolle positiv voyeuristisch, im Gleichklang mit meinen Darstellern. Unsere Inszenierungen mussten auf die Spitze getrieben werden, um ihren poetischen Ausdruck zu finden. Kunstwerke kannst du nicht in Watte gepackt schaffen. Die moralische Messlatte ist, denke ich, der falsche Maßstab. Es geht um Menschen, die selbstverantwortlich wissen, worauf sie sich einlassen, auf beiden Seiten. Dennoch fragte ich mich manchmal, wie weit wir gehen konnten, ohne seelische und körperliche Verletzungen zu riskieren. Es gab einige Gruppen in den 1960er- und 1970er-Jahren, die sehr weit bis ins Persönlichste hinein gingen. Für mich stand fest, dass Abhängigkeiten und Psycho-Geschichten wie in der Fassbinder-Familie nichts für mich gewesen wären.

Zwei Pole

Ästhetische Fragen wurden damals, als ich anfing, auch unter politischen Aspekten heftig diskutiert. Mir war immer die Beobachtung des Realen wichtig, gleichzeitig aber auch mein Wunsch, Geschichten in Bildern zu erzählen. Die beiden Pole interessieren mich nach wie vor: das Konkrete, das auf der Straße und in einem Gesicht geschieht, und das Inszenierte, das die Überhöhung möglich macht.

Wenn ich einen Dokumentarfilm drehe, möchte ich wissen, was ich mit meinen Protagonisten spielerisch erreichen kann – oder sie mit mir. In WAS SOLL'N WIR DENN MACHEN OHNE DEN TOD (1980) erlebte ich diese Magie auf Gegenseitigkeit mit Menschen in einem Altersheim, wunderbaren alten Damen, die noch nie mit dem Filmemachen zu tun hatten. Als ich mit einer Berliner Familie ICH DENKE OFT AN HAWAII (1978) drehte, fragte ich meine Protagonisten (eine alleinerziehende Mutter und ihre zwei Kinder), wie sie ein Gedicht in Bildern darstellen würden. Plötzlich fingen sie an, im Dokumentarfilm zu spielen. Damals, als puristische Dokumentarfilmtheorien diskutiert wurden, war das ungewöhnlich. Es galt die strenge Form des reinen Beobachtens. Für mich hat das Leben jedoch immer eine spielerische Dimension, also habe ich in diesem Film Schlager-Musik verwendet.

Ich fühlte mich keiner Dokumentarfilm-Schule zugehörig. Ich war frei. Wenn man so will, war ich ungebildet und konnte aus meinem eigenen Koffer leben und arbeiten. Ich machte mir keine Gedanken. Ideologien, die an mich herankamen, empfand ich als Gefahr und setzte mich ab.

Es war mir anfangs nicht geheuer, dass die Bilder sich im Film bewegen, also ließ ich die Kamera wie einen Fotoapparat fest und fast immer auf dem Stativ. In meinem ersten Film ICH DENKE OFT AN HAWAII wackelt sie zwar gelegentlich, ist auch suchend, damit entdeckte ich aber auch eine Form der Poesie. Auch beim Schnitt habe ich lange meine Unbekümmertheit aufrechterhalten. Zweifel tauchten allerdings auf: „Geht es, dass ich mich an keine Regel halte? Sieht das nicht furchtbar aus?" Als ICH DENKE OFT AN HAWAII beim Filmfestival in Rotterdam aufgeführt wurde, liefen die Leute scharenweise aus dem Kino. Plötzlich war ich nicht mehr sicher. Mein Freund, der Produzent Laurens Straub, sagte etwas für mich sehr Entscheidendes: „Mach dir nichts draus. Alles ist gut. Der Film ist authentisch." Ich habe sehr viel meinen Darstellern zu verdanken, sie haben ja alles ermöglicht.

Hindernisse

Bis heute kann ich mich selbst schwer einschätzen. Der entscheidende Impuls dagegen war aber immer: „Einfach machen." Selbstsabotage, wie sie manche Frauen betreiben, sehe ich als das größte Hindernis, kreativ zu arbeiten.

Zweifel gehört zur künstlerischen Arbeit, aber Sabotage, mit der ich mich selbst reduziere und klein rede, ist Blödsinn. Zum Glück hatte ich einfach immer Lust, meine Wege zu finden, um mich auszudrücken. Und die Freunde und Freundinnen bestätigten mich, das gab mir Schutz. Es war ein unglaublich wichtiger Anstoß, wenn Werner Schroeter mich fragte, ob ich bei seinem nächsten Film die Kamera machen wolle. Er traute es mir zu, da er meine Fotografie kannte. Auch Rosa von Praunheim und Monika Treut vertrauten einfach meinem intuitiven Können und meinem Gespür für ihre Arbeit. Niemand wäre auf die blödsinnige Idee gekommen, dass die Filmkamera zu schwer für mich sei. Damals waren wir sehr experimentierfreudig. Es gab noch nicht so eine spezialisierte Technik.

Drei Filme realisierte ich anfangs mit der Redaktion Kleines Fernsehspiel/ZDF. Von da fanden sich weitere Möglichkeiten mit anderen Fernsehredaktionen. Kleine Budgets und permanente finanzielle Unsicherheiten gab es natürlich. Manche Projekte waren nicht möglich oder verzögerten sich endlos. Brücken konnte ich mir durch die Kameraarbeit bauen und bekam so bei anderen Spielfilmprojekten mit, wie schwer es ist, unangepasste Filme zu machen. Filme für das Format-Fernsehen wollte ich immer umschiffen, habe es aber doch probiert, mit dem Ergebnis, dass ich sicher bin, da nicht hineinzupassen. In den letzten Jahren hat sich die Produktionslandschaft verschoben. Es gibt mehr Duckzwänge. Wenn du eine Ko-Produktion planst, musst du dich durch die unterschiedlichen Ansprüche der Förderungen und Redaktionen anpassen, was dein Projekt auch inhaltlich verändert. Ich muss mich fragen, wie weit ich mitgehe. Man kann beim Einsammeln der Finanzierung weit kommen und plötzlich bricht alles durch eine bestimmte Ablehnung zusammen. Heute sind die Eingangsschwellen auch durch die Europäisierung der Ko-Produktionen kompliziert.

Auge und Technik

Die Digitalisierung fordert mich. Plötzlich ist da ein Riss im Kontinuum (analog/digital), mit dem wir uns auseinanderzusetzen haben. Wenn Künstler sich für die analoge Bilderwelt entscheiden, respektiere ich das, aber ich persönlich hatte nie Berührungsängste. Die Technik steht da als Anspruch und Möglichkeit, und für mich ist es immer noch der Blick, der uns Menschen ausmacht. Ja, die neuen Techniken lösen Bilder mathematisch auf, plötzlich fehlt stoffliche Substanz, gibt es einen virtuellen Schein. Alles wird so unsichtbar und gleichzeitig messbar. Was mache ich mit diesen Zahlen? Kann ich das überhaupt nachvollziehen? In FIEBER stelle ich die Frage: Was machen die Bilder mit mir? Was mache ich mit den Bildern?

Ich arbeite gerade an einem Foto-Projekt mit dem iPad. Ich stelle „Pseudo-Fotos" her. Denn das Fotografieren ist eine andere Sache, ein anderes Kapitel. Das iPad hat eine gläserne Oberfläche und ich frage mich, was das mit meiner Wahrnehmung anstellt. Ich mache hunderte Bilder auf einer Reise, es ist eine Art künstliche Kontinuität, während ich deutsche, italienische, österreichische, tschechische Landschaften durchfahre und mit dem iPad so gut wie unbeteiligt auf die Taste drücke. Alles, was da am Zugfenster vorüberzieht, wird zum seriellen Dokument. Wieder sind die Zwischenräume bedeutsam, auch die Unschärfen auf dem Bild, die durch den fahrenden Zug entstehen. Das Zugfenster als Frame. Dabei kann ich sehr viel beobachten. Das Wetter, die sich verändernden Wolken, die Farben, Landschaften, Ortschaften und die überraschenden Momente auf der Strecke. Die Zeit.

Das Ergebnis und die Anordnung wird möglicherweise an japanische Rollbilder erinnern, diese fein getuschten Reisebilder, die unterschiedliche Landschaften und Ereignisse in einem Kontinuum zeigen. Ich stelle mir eine meterlange Rolle vor, auf der meine Reise von Berlin über Prag nach Wien in iPad-Bildern festgehalten und aneinander gereiht sind, mit präzisen Angaben der Uhrzeiten, Belichtungszeiten, Längen- und Breitengraden, in diskreten senkrechten Schriftlinien.

Mit dieser Arbeit beobachte ich ein Phänomen. Das iPad und eine seiner Konsequenzen. Und ich hoffe, hinter seine Schliche zu kommen.

Ein anderes Thema sind Graffitis. Sie nehmen in ihrer Erscheinungsform Dimensionen an, die den Bildrand sprengen und an den unglaublichsten Stellen in Berlin und anderen Städten und sonst wo auftauchen. Für mich sind das die „Geister" der Jugendlichen. Es ist ein kollektives Ornament. GHOSTS. Auch hier geht es um ein sehr interessantes und vielschichtiges Phänomen. Die Graffitis spuken voller Energie durch die Stadtlandschaften. Ich bin dabei, eine Art Kompendium dieser faszinierenden Street-Art quer durch Europa zu fotografieren. In Deutschland fällt mir auf, sind Graffitis sehr auf Buchstaben fixiert, Figürliches gibt es da seltener. Überraschend dann in Kreuzberg, als ich beinahe das naturalistische Abbild eines Obdachlosen am Fuße einer Hauswand, nahe am Kopfsteinpflaster übersehen hätte.

Graffitis, Comics und Mangas schließen an meine frühen Arbeiten an. Es gibt ein Poster von mir, auf dem Carla Aulaulu als Marlon Brando (DER WILDE) auf dem Motorrad sitzend zu sehen war. Heute beschäftigt mich die Beziehung der japanischen Mangas mit der Idee des fotografischen Geschichtenerzählens in von-Bild-zu-Bild-Proportionen.

Feminismus

Wir brauchen einen kämpferischen Feminismus, der unserer heutigen Zeit entspricht. Das Thema ist komplex, aber wir sollten zwei Aspekte sehen. Wenn auch viele Positionen inzwischen von mächtigen Frauen besetzt sind, gibt es immer noch genügend Situationen und Bedingungen, die nach den alten Machtverhältnissen funktionieren. Und wenn wir es mit mächtigen Frauen zu tun haben, frage ich: Was denken sie? Sind sie bereit, unkonventionell zu handeln oder sind sie bereits angepasst an Normen und althergebrachte Hierarchien? Ich finde in Verlagskatalogen oder bei Festivalprogrammen, auch in den Filmförderungen und bei den Sendern zu wenig Gleichgewicht und frage mich, wer darüber entscheidet. Die Schranken zeigen sich noch immer. Ganz zu schweigen davon, dass wir in die Welt schauen und wissen, dass Frauen in schlimmsten gesellschaftlichen Verhältnissen und Bedingungen leben.

Daher halte ich es für wichtig, immer weiter und grundsätzlich für bessere Bedingungen zu kämpfen, indem wir schauen, wie ausgewählt und bestimmt wird und welchen „Bildern" wir huldigen.

In den Filmhochschulen rücken die Kamerafrauen nach. Soweit ich es selbst beobachten konnte, wird auf ein Gleichgewicht in der Aufnahme geachtet. Wenn die Studentinnen die Hochschulen verlassen, schiebt

Elfi Mikesch und Monika Treut zu Gast beim Frauen-Filmseminar, 6.–8.12.1985 im Lübecker „Zentrum"

sich allerdings sehr oft der Riegel vor. Da wird immer noch behauptet, die Kamera sei zu schwer. Oder die Regisseurinnen und Autorinnen können einfach nicht Fuß fassen.

Der Nachwuchs der Frauen bringt starke Talente hervor, aber im Berufsfeld tut sich bei den Besetzungen immer noch die Kluft auf. Auch die Bezahlung befindet sich immer noch in einer Schräglage. Die alten Muster sind immer noch stark vertreten, so dass die Männer am Ende bevorzugt werden. Der Feminismus hat bislang viel erreicht und in erster Linie das Bewusstsein geschaffen, dass die künstlerischen, technischen und anderen Talente der Frauen gleichberechtigt gefördert werden müssen und ein großes Potenzial sind. Auch in der Computertechnologie und Programmierung sind Frauen überaus begabt. Die Ausbildung grenzt nicht unbedingt aus, das geschieht danach, wenn es um die Besetzung der Stellen geht, und Vorurteile gibt es zur Genüge. Es ist wichtig, das Interesse der Frauen auf die neuen Dimensionen und technologischen und damit gesellschaftlichen Verschiebungen zu lenken und das bedeutet, es auch im eigenen Interesse zu tun.

Es sollte sich ein starkes Bewusstsein der souveränen Teilhabe der Frauen ausbreiten, vor allem jedoch ein kritisches Bewusstsein. Wir wissen nicht, was durch die technische Entwicklung auf uns alle zukommt und uns als Frauen unmittelbar betrifft. Da sehe ich eine dringliche Notwendigkeit, feministisches Bewusstsein weiter einzufordern. Zu beobachten ist, wohin die Aufmerksamkeit der Frauen gelenkt wird. Es gibt heute wieder Frauenbilder und Rollenmodelle, die entwickeln sich rückwärts, in die 1950er-Jahre, das ist besonders erschreckend und zeigt, dass aus der Vergangenheit nicht immer gelernt wird.

Aufz. CL

Monika Treut

AUTORIN, REGISSEURIN,
PRODUZENTIN, DOZENTIN

Geboren 1954 in Mönchengladbach, Studium der Germanistik und Politik in Marburg. Nach dem Staatsexamen 1978-1982 arbeitete sie in Medienzentren in Hamburg und Berlin. 1983 Aufenthalt in New York im Rahmen von Videoarbeiten. 1984 Dissertation mit dem Buch *Die grausame Frau. Zum Frauenbild bei de Sade und Sacher Masoch*. Im selben Jahr Gründung der Hyäne Filmproduktion in Hamburg mit Elfi Mikesch (s. S. 134), die in vielen Filmen von Monika Treut die Kamera führte. 1989-1992 in New York, wo u.a. der Spielfilm MY FATHER IS COMING entstand. Ihre Spiel- und Dokumentarfilme machten sie als Regisseurin des New Queer Cinema bekannt. Sie wurden in Athen, Cambridge, Bologna, Los Angeles, Toronto, Mexiko City, Lissabon, Thessaloniki, Sao Paolo, Rio de Janeiro, Helsinki, Taipeh, Warschau und Prag in Retrospektiven gezeigt und erhielten zahlreiche Preise. Zwischen ihren Filmprojekten unterrichtet Monika Treut an Universitäten in Kalifornien und New York und publiziert.
 Inhaberin der Produktionsfirma Hyena Films in Hamburg (www.hyenafilms.com).

FILMOGRAFIE (Auswahl)
In Vorbereitung 2014/2015 ZONA NORTE (Dokumentarfilm; Buch, Regie, Produktion)
2014 VON MÄDCHEN UND PFERDEN (Spielfilm; Buch, Regie, Ko-Produktion)
2012 DAS ROHE UND DAS GEKOCHTE (Dokumentarfilm; Buch, Regie, Ko-Produktion)
2009 GHOSTED (Spielfilm; Ko-Autorin, Regie, Ko-Produktion)
2005 DEN TIGERFRAUEN WACHSEN FLÜGEL (Dokumentarfilm; Buch, Regie, Ko-Produktion)
2005 MÄDCHENGESCHICHTEN (Dokumentarfilm; Buch, Regie, Ko-Produktion)
2004 AXENSPRUNG – EIN REISETAGEBUCH (Dokumentarfilm; Buch, Regie, Kamera, Ton)
2003 BEGEGNUNG MIT WERNER SCHROETER (Dokumentarfilm, Buch, Regie, Kamera, Ton, Produktion)
2002 KRIEGERIN DES LICHTS (Dokumentarfilm; Buch, Regie, Ko-Produktion)
1998 GENDERNAUTS – EINE REISE INS LAND DER NEUEN GESCHLECHTER (Dokumentarfilm, Buch, Regie, Ko-Produktion)
1997 DIDN'T DO IT FOR LOVE (Dokumentarfilm; Buch und Regie)
1996 DANISH GIRLS SHOW EVERYTHING (Deutscher Beitrag zum abendfüllenden Kinofilm für die Kulturhauptstadt Europas 1996 Kopenhagen. Kurzspielfilm CASTING, Buch und Regie)
1994 TABOO PARLOR (Kurzspielfilm; Buch und Regie)
1992 FEMALE MISBEHAVIOR (vierteiliger Dokumentarfilm; Buch, Regie, Produktion)
1991 MY FATHER IS COMING (Spielfilm; Co-Autorin, Regie und Ko-Produktion)
1988 DIE JUNGFRAUENMASCHINE (Spielfilm; Buch, Regie und Ko-Produktion)
1985 VERFÜHRUNG: DIE GRAUSAME FRAU (Spielfilm, Buch, Regie und Produktion mit Elfi Mikesch)

Female Misbehaviour

Über Literatur, Politik und Frauen zum Film

In den 1970er-Jahren studierte ich Politik, Literatur- und Kunstwissenschaft in Marburg, als es in Westdeutschland außerhalb der beiden Filmhochschulen in Berlin und München keine Filmausbildung gab. Nebenher arbeitete ich mit Super 8 und Video und organisierte ein Studentenkino mit. Wir waren kinoverrückt. Einmal wollten wir eine der seltenen 16mm-Kopien von Jean-Luc Godards VENT D'EST zeigen. Weil der Film in der Originalfassung ohne Untertitel aus Frankreich kam, projizierten wir ihn nachts in meiner WG, um die deutsche Übersetzung zu machen, die ich am nächsten Tag im Kino einsprach. Wir richteten auch Proseminare zur Filmanalyse ein und besuchten Seminare bei Alexander Kluge. Die Idee war, dass wir ins Kino gehen und Fernsehen gucken, aber in Fragen der Visualität nicht alphabetisiert sind. So waren wir die studentische Generation, die filmwissenschaftliche Seminare anregte und sich für deren Aufnahme ins Curriculum der Literatur- und Kunstwissenschaft einsetzte.

Weitere Pfeiler meiner selbstorganisierten Ausbildung waren Seminare in Medienzentren in Frankfurt und Berlin, wo ich auf vorsintflutlichen analogen U-matic-Geräten die Grundlagen des Videoschnitts lernte. So entstanden während der Studienzeit kurze Super-8-Filme und Video-Dokus. Nicht zu vergessen die jährliche Pilgerreise zur Berlinale, wo wir vom frühen Nachmittag bis spät nachts in der Akademie der Künste internationales Kino anschauten und mit den MacherInnen diskutierten. Damals war die Berlinale noch intim und überschaubar.

Nach dem ersten Staatsexamen in Marburg wusste ich zunächst nicht weiter. Ich wäre nicht fähig gewesen, in der Institution Schule zu überleben und wollte unbedingt aus der kleinen Universitätsstadt heraus. Ein Zwischenstopp zur Organisierung eines Videofilmfestivals in Berlin blieb unbefriedigend und so nahm ich 1979 gern den Ruf des feministischen Medienladens Bildwechsel[1] in Hamburg an und wurde ein Gründungsmitglied. Wir organisierten als Medienfrauenkollektiv Fotografie- und Video-Workshops, machten Videofilmproduktionen und ein wöchentliches Frauenkino, alles nur für Frauen. Im Frauenkino zeigte ich Filme von Elfi Mikesch, Ulrike Ottinger, Ulrike Rosenbach, Birgit Hein, Valie Export, Laura Mulvey und anderen.

Nicht nur, um mich zu finanzieren, bewarb ich mich um ein Doktorandenstipendium und schrieb eine Dissertation über *Die grausame Frau. Zum Frauenbild bei de Sade und Sacher-Masoch*.[2] Es interessierte mich, das Grausame, „die Achse des Bösen" im Frauenfilm zu untersuchen. Ich suchte nach Gegenbildern zur gutmütigen mütterlichen Frau, fand aber außer in MADAME X[3] von Ulrike Ottinger nur wenig in den

---

1 Bildwechsel, gegründet 1979 in Hamburg, www.bildwechsel.org.
2 *Die grausame Frau. Zum Frauenbild bei de Sade und Sacher-Masoch*, Basel und Frankfurt 1984, 2. Aufl. 1990.
3 MADAME X: EINE ABSOLUTE HERRSCHERIN, Ulrike Ottinger. D 1977.

Filmen von Frauen, die wir in die beginnende literaturwissenschaftliche Auseinandersetzung mit feministischen Themen einbezogen. Bei der Suche nach den Wurzeln des anderen Frauenbildes stieß ich auf die unterschiedlichen literarischen Universen des Marquis de Sade und Leopold von Sacher-Masoch.

De Sade und Sacher-Masoch

Marquis de Sade beschreibt die französische Aristokratie des 18. Jahrhunderts als eine Gesellschaft, die ihre Macht benutzt, um gewalttätig sexuelle Unterwerfung zu provozieren. In seinem Roman *Juliette oder Die Vorteile des Lasters* muss die geschändete Justine als Sexobjekt dienen. Ihre „böse", amoralische Schwester Juliette, eine souveräne Kurtisane, erscheint als Ausnahmefigur in einer von männlichen Peinigern bevölkerten Welt. Ich halte de Sade für einen brillanten Denker, der die herrschende Klasse seiner Zeit schildert, eine durch und durch patriarchalische Gesellschaft, die sich alles herausnimmt. Im Grunde ist de Sades Denken sogar feministisch.

Leopold von Sacher-Masoch, der andere Erzeuger schwarzer erotischer Frauenbilder, war ein österreichischer Schriftsteller des 19. Jahrhunderts, ein Spezialist für seichte Literatur, der auch unter weiblichen Pseudonymen schrieb. In vielen seiner Bücher, besonders in seinem Roman *Venus im Pelz*, stellt er die dominante Frau in den Mittelpunkt. Meine Untersuchung führte zu der These, dass die grausame Frau bei Sacher-Masoch eine Projektion des Mannes ist: eine Frau, die nach den Wünschen des Mannes modelliert wird. Letzten Endes ist der masochistische Mann der Regisseur des Phantasmas.

Sacher-Masoch macht deutlich, dass Menschen ohne Fantasie überhaupt nicht in der Lage sind, Masochisten zu sein. Die Kleidung der Frau, ihre Pelze, Mützen, Stiefel, das Ambiente, Kunstwerke, Spiegel, die Geräusche werden mit erotischer Symbolik aufgeladen, sie dienen dazu, Erregung zu provozieren und die Frau als überirdisches Wesen darzustellen. In seiner Welt wird die Bestrafung durch die übermächtige Frau zum Lustgewinn. Der Roman *Venus im Pelz* folgt im Aufbau den drei Akten eines Theaterstücks. Kostüme, Ausstattung und Farben spielen eine große Rolle: Vom Weiß wechselt der Roman über helle Farben zum dunklen Rot und zum Schwarz, der Farbe des Todes. Langer Rede kurzer Sinn: Der Sprung von der Romananalyse zum Film lag nahe.

Elfi Mikesch

In einer mehrmonatigen Auszeit vom Frauenmedienkollektiv vergrub ich mich 1982 in die Theorie, um die Dissertation zu Ende zu schreiben. Die letzten Monate verbrachte ich an meiner Reiseschreibmaschine im Haus von Freunden in der Toskana. Mein alter Käfer, der mit Büchern von und über de Sade und Sacher-Masoch vollgepackt war, wurde bei der Einreise an der Grenze nach Italien festgehalten. Sehr komisch war das, als ich meine Bücher auf der Straße ausbreiten musste. Die Grenzbeamten dachten, ich hätte einen illegalen Porno-Versand.

Als die Dissertation endlich abgegeben war, entwickelte ich mit zwei Mitstreiterinnen von Bildwechsel und der Unterstützung des Hamburger Filmbüros das Projekt

Unknown Gender, zu dem wir im Sommer 1983 nach New York City loszogen. Dort drehten wir in drei aufregenden Monaten das Projekt, aus dem mein Kurzfilm BONDAGE entstand. Am Ende dieser Zeit besuchte mich Elfi Mikesch, deren Filme ich sehr liebte. Wir hatten uns über eine Dokumentation, die ich mit Bildwechsel-Kolleginnen für die Aktion „Haben Sie heute schon einen Film von einer Frau gesehen?" des Verbands der Filmarbeiterinnen auf der Berlinale 1980 drehte, kennengelernt. Damals interviewte ich Elfi zu ihrem exquisiten Dokumentarfilm WAS SOLL'N WIR DENN MACHEN OHNE DEN TOD, seitdem hatten wir öfter über ein gemeinsames Filmprojekt gesprochen. Elfi beschäftigte sich mit der Idee, einen Film über Marquis de Sade zu machen.

In New York entschieden wir, dass Leopold von Sacher-Masochs Universum viel kinematografischer war als de Sades kalte Kopfgeburten. Wir wurden ein Paar und nach der Rückkehr nach Deutschland schrieben wir das Drehbuch. Ich habe von Elfi sehr viel gelernt. Sie hat mir genial und großzügig ihre filmischen Erfahrungen vermittelt und mir die Sicherheit gegeben, ins kalte Wasser zu springen. Die ersten Jahre ergänzten wir uns sehr gut: Mit meinem furchtlos vorwärtsstürmenden Temperament und meinem Sinn fürs Produzieren konnte ich Elfi ermutigen, angstlos kritischen Situationen gegenüberzustehen, Elfi ihrerseits zähmte meine schreckliche Ungeduld.

Verführung: Die grausame Frau

Im Drehbuch zu VERFÜHRUNG: DIE GRAUSAME FRAU[4] benutzten wir Motive aus dem Roman *Venus im Pelz*, befreiten aber „die grausame Frau" aus dem Korsett des Patriarchats. Wanda (Mechthild Großmann) inszeniert Shows für ein gut betuchtes Publikum in einem alten Lagerhaus im Hamburger Hafen. Gregor (Udo Kier) verzehrt sich nach ihr, ist aber nur Teil der Show. Justine (Sheila Mclaughlin), eine naive Amerikanerin, will Wanda mit ihrer Leidenschaft an sich binden und verwandelt sich in eine Juliette-Figur. Caren (Carola Regnier), Chefin einer Schuh-Boutique und Wandas Ex-Geliebte, ist die einzige, die Wanda auf Augenhöhe begegnet und sie durchschaut. Auch diese lesbischen Figuren haben wir Sacher-Masochs Welt hinzugefügt. Der Film spielt mit den Elementen und erzählt aus der Sicht der dominanten Frau. Nicht zufällig ist Wandas Ort ein Kunstraum, eine Art Galerie voller Video-Monitore, in denen sich die Performances verdoppeln und spiegeln.

Die Filmgeschichte schließt an die vexierenden Frauenbilder der Kulturgeschichte an. Doppeldeutige Mythen um die mütterlich gutmütigen und die unbezähmbaren Frauen werden in vielen Schattierungen gefeiert. Unser Film war eine Antwort darauf, dass die feministische Filmtheorie damals den Vamp als Männerfantasie abtat. Anfang der 1980er-Jahre hatte der Aufsatz der englischen Filmtheoretikerin Laura Mulvey, *Visual Pleasure and Narrative Cinema*[5], der die Frau auf der Leinwand als Objekt des männ-

---

4 VERFÜHRUNG: DIE GRAUSAME FRAU (BRD 1985, Regie/Buch: Elfie Mikesch, Monika Treut).
5 Siehe Laura Mulvey: „Visuelle Lust und narratives Kino". In: Liliane Weissberg (Hg.): *Weiblichkeit als Maskerade*. Frankfurt am Main 1994.

Mechthild Großmann und Udo Kier in VERFÜHRUNG: DIE GRAUSAME FRAU

lichen Blicks bestimmte, großen Einfluss. Ich fand Laura Mulveys Theorie des *male gaze* blödsinnig, weil sie einem Verbot gleichkam, wo mich doch weibliche Vamps immer fasziniert haben. Wie die amerikanische Feministin Camille Paglia in meinem Film DR. PAGLIA sagt: „Why *male gaze*? It's not the male gaze, because, honey, I'm using it." Elfi und ich setzten dem puritanischen verbietenden Blick, den Alice Schwarzer bis heute propagiert, eine Perspektive von weiblicher Lust entgegen, die sich jenseits politisch korrekter Grenzen bewegt.

Um den Film zu realisieren, gründeten Elfi und ich in Hamburg die Hyäne Filmproduktion, benannt nach unserem Lieblingstier. Erst allmählich wird entdeckt, dass die Tüpfelhyäne, die seit Brehms Tierleben als feiger und hässlicher Aasfresser gesehen wurde, eins der faszinierendsten und intelligentesten Säugetiere ist, das in matriarchalisch organisierten Gruppen lebt.

Die Förderung des Projekts wurde von dem umstrittenen CSU-Innenminister Friedrich Zimmermann als „pornografisch" abgelehnt. So hatten wir schon vor dem Dreh einen Skandal. Der Film wurde ein Politikum und die SPD-geführten Länderfilmförderungen in Hamburg und Nordrhein-Westfalen sprangen ein, sodass wir mit einem kleineren Budget in Hamburg drehen und schneiden konnten.

Schließlich tauchten wir mit dem fast noch feuchten Film zur Berlinale 1985 wieder auf. Damals war es eine Art Publikumssport bei der Berlinale, Regisseurinnen hart zu attackieren. Ich erinnere mich, dass Agnès Varda fast weinte, als ihr Film KUNG-FU MASTER (1987) auseinandergesetzt wurde, sodass sie nie wieder nach Berlin kommen wollte. Andere Kolleginnen erwischte es noch schlimmer. Aber wir haben nicht geweint. Ulrich Gregor, der damalige Leiter der Forum-Sektion, wurde angegriffen: „Dieser Film gehört nicht ins Festival! Werbeästhetik! Faschismus!" Wir setzten dagegen, bis Herr Gregor uns am Ärmel zog und sagte: „Hören Sie bitte auf, das Publikum zu beschimpfen."

Der Film verstand sich als ästhetisches Spiel, aber uns wurde unterstellt, einen Aufruf zur Verwirklichung der Herrschaft einer Tyrannin verfasst zu haben. Film ist dazu da, imaginäre Welten zu kreieren, Wanda eine Denkfigur, ein Kunstgeschöpf. Offensichtlich traten wir damals vielen Leuten auf die Füße. Heute, fast 30 Jahre später, ist unser experimenteller Spielfilm ein kleiner Kult-Klassiker, der international immer wieder aufgeführt wird, nachdem er in Deutschland allerdings viele Jahre auf der Liste jugendgefährdender Medien gelandet war.

Der amerikanische Einfluss

VERFÜHRUNG floppte zunächst in Deutschland, dafür regnete es Festival-Einladungen. Fast ein halbes Jahr tourten wir damit im Ausland, von Edinburgh über Montreal und Toronto bis New York, Los Angeles usw. In San Francisco blieb ich allein längere Zeit und tauchte in die aufregende Lesbenszene, ihre vielen Schauplätze, Publikationen und Organisationen ein. Mitte der 1980er-Jahre war die Frauenbewegung der USA weiter als in Europa. Sie hatte sich aufgespalten in eine Fraktion um die PorNo-Aktivistin Andrea Dworkin (von der Alice Schwarzer ihre Obsession übernahm, überall nur unterworfene, geköpfte, ausgebeutete und unterdrückte Frauen wahrzunehmen) und die kreativen Lesbenbewegungen der Großstädte, vor allem in San Francisco. Da wurden populäre Stripshows organisiert, in denen lesbische Stripperinnen für ein weibliches Publikum auftraten. Wir kannten nur politisch korrekte Frauenkneipen und einen halbseidenen Club auf dem Hamburger Kiez, wo auch Zuhälterinnen mit ihren „Pferdchen" verkehrten und ein strenger Ehrencodex galt. Mit den Erfahrungen in San Francisco schrieb ich das Drehbuch für einen dokumentarischen Spielfilm, der in Hamburg und San Francisco spielen sollte und den ich 1987 – mit Elfis Unterstützung als Kamerafrau – realisieren konnte: DIE JUNGFRAUENMASCHINE.

Wieder erlebten wir in Deutschland eine desaströse Premiere bei den Hofer Filmtagen 1988, bei der zwei Drittel des überwiegend männlichen Publikums wütend den Saal verließ. Es hagelte schlechte Kritiken, die den deutschen Verleih veranlassten, aus dem Vertrag auszusteigen. Es machte mir nicht viel aus, denn in Nordamerika hatte DIE JUNGFRAUENMASCHINE als Eröffnungsfilm der internationalen Reihe beim Festival in Toronto bereits Erfolg gehabt, ebenso als Abschlussfilm beim größten schwul-lesbischen Festival in San Francisco. Mehrere US-amerikanische Verleiher konkurrierten um die Rechte und mir war klar: Jetzt musste ich dahin, wo meine Arbeit geschätzt wurde.

Ich lebte und arbeitete für einige Jahre in New York, zuerst als *illegal alien*, später, als es zunehmend Probleme mit der Immigrationsbehörde gab, mit einem 01-Visum, gesponsert vom amerikanischen Verleih First Run Features. In New York realisierte ich die Komödie MY FATHER IS COMING (1991) und die beiden Kurzfilme MAX und DR. PAGLIA, die ich später mit den Kurzfilmen ANNIE und BONDAGE zu FEMALE MISBEHAVIOR (1992) zusammenfasste, vier Portraits von Frauen, die gegen Tabus verstoßen.

Zehn Jahre waren die USA eine wichtige Quelle meiner Inspiration, bis mir 1999 dämmerte, dass die Zeit des amerikanischen Imperiums zu Ende geht. Ende der 1990er-Jahre war die Kommerzialisierung auch der Queer-Bewegung nicht mehr zu übersehen. Es wurde unpolitisch. Apple, Absolut Wodka und viele andere globale Marken stehen seither als Sponsoren hinter den großen Festivals und Partys. Sie bedienen vor allem die schwulen Männer, die in der Filmindustrie durchaus eine starke Macht repräsentieren, ganz anders als die (lesbischen) Frauen.

Wanderin zwischen den Welten

Festivalreisen brachten mich in Kontakt mit neuen Herausforderungen und Filmabenteuern im aufstrebenden Schwellenland Brasilien, später im „Tigerland" Taiwan. In Brasilien drehte ich den Dokumentarfilm KRIEGERIN DES LICHTS (2001), ein Porträt der Künstlerin und Menschenrechtsaktivistin Yvonne Bezarro de Mello, die in den Slums von Rio de Janeiro mit vernachlässigten Kindern arbeitet. KRIEGERIN DES LICHTS ist vielleicht mein Lieblingsfilm, denn hier hat es ein Film geschafft, viele Zuschauer für ein gefährdetes Projekt zu begeistern und zu Spenden anzuregen, die ein längerfristiges Überleben sichern. In Taiwan realisierte ich zwischen 2005 und 2011 drei Dokumentarfilme und den Spielfilm GHOSTED, die erste offizielle Ko-Produktion zwischen Deutschland und Taiwan.

Allmählich kommen die Dinge in einigen Ländern Asiens in Bewegung, in Taiwan, Südkorea, Japan, auch in Indien und der Türkei. Mit meinen Filmen unternehme ich immer wieder Zeitreisen, so z. B. beim Frauenfilmfestival im südindischen Chennai und vor allem beim Frauenfilmfestival Flying Broom in Ankara, das 2013 eine Retrospektive meiner Filme zeigte. Die Frauen dort waren sehr interessiert, auch an meinem Buch *Die grausame Frau*, sodass ich ihnen Teile daraus in einer englischen Fassung zukommen ließ. Die Studie zum Frauenbild bei de Sade und Sacher-Masoch scheint indirekt Bilder der extrem unterdrückten Frau in muslimischen Ländern zu spiegeln. Inzwischen ist in einigen muslimischen Gesellschaften ein Punkt erreicht, der Frauen neugierig macht auf andere Formen von Weiblichkeit. Selbst in den unterdrücktesten Gesellschaften gibt es weibliche Macht, oft verkörpert durch die Matriarchin. Indem die Töchter durch das Internet Zugang zu Informationen gewinnen und Bildung erreichen, werden sie hungrig nach anderen Entwürfen. Auf der anderen Seite werden wir mit dem mächtigen Backlash gegen Frauenrechte und Homosexualität konfrontiert, den die Zensur in vielen Ländern, z. B. in China und Russland, ausübt. Filmfestivals können da wichtige Brücken bauen.

Wie weiter?

Seit 30 Jahren arbeite ich meist in Personalunion als Autorin, Regisseurin und Produzentin, weil für meine sogenannten Nischenthemen Produzenten kaum Engagement zeigen. Wir wenigen letzten AutorenfilmerInnen haben uns bemüht, eine kleine ökonomische Basis aufzubauen, um weiterarbeiten zu können. Da stellt die digitale Revolution, die ich die „digitale Rezession" nenne, einen enormen Einschnitt dar. Kaum ist ein Film fertig, kann er von illegalen Internetplattformen heruntergeladen werden und wird als Raubkopie von Griechenland bis China unterm Ladentisch verkauft. Uns wird das Einkommen entzogen. Die Diskussion um eine Präzisierung der internationalen Copyright-Bestimmungen ist unübersichtlich und kommt viel zu spät. Josef Beuys' Utopie „Jeder ist ein Künstler" hat sich pervertiert, wenn jeder, der eine Handy-Kamera besitzt und sich bei Youtube anmeldet, aus deinen Filmen seinen Mix erstellt.

Aber die Zukunft ist offen. Auch das öffentlich-rechtliche Fernsehen in Deutschland ist ein weiterer Totengräber der unabhängigen FilmemacherInnen geworden. Die Strafe dafür: es wird mittlerweile nur noch von alten Menschen konsumiert.

Wir müssen uns mit den Zuschauern neu verbünden. Wie das funktioniert, wird sich in den nächsten Jahren zeigen. Auf jeden Fall unterstütze ich die Organisationen der FilmemacherInnen, z. B. die AG DOK (Arbeitsgemeinschaft Dokumentarfilm): Gemeinsam sind wir stark, wer weiß, vielleicht haben ja die FilmemacherInnen eine Antwort. Die Weichen werden gerade neu gestellt.

Aufz. CL

Birgit Hein

FILMEMACHERIN, PERFORMANCE-
KÜNSTLERIN, PROFESSORIN

Experimentalfilme, Performances und dokumentarische Filmessays seit 1966.
    Seit 1971 zahlreiche Veröffentlichungen zum Experimentalfilm und zum Thema „Film als Kunst" u.a. Film im Underground (1971) und Film als Film (1977).
    1990–2007 Professorin für Film und Video an der HBK Braunschweig.
Mitglied der Akademie der Künste Berlin.

FILMOGRAFIE (Auswahl)
2013 ABSTRAKTER FILM
2007 KRIEGSBILDER
2000 LA MODERNA POESIA
1997 EINTAGSFLIEGEN (Mit Gabriele Kutz)
1994 BABY, I'LL MAKE YOU SWEAT
1991 DIE UNHEIMLICHEN FRAUEN
1982 LOVE STINKS
1968 ROHFILM

Ich war nicht konform

Ende der 1980er-Jahre wurde die Frage nach dem weiblichen Blick sehr aktuell: Haben wir eine weibliche Ästhetik, können wir uns von den Männern absetzen? Gerade von den Feministinnen wurde diese These sehr stark betrieben. Die Wissenschaftlerin und Filmemacherin Christine Noll-Brinkmann[1] war eine starke Befürworterin der weiblichen Ästhetik und schrieb einen Text, in dem sie ganz bestimmte Kategorien herausstellte: Männer seien praktisch farbenblind und deswegen würden sie in ihren Filmen nicht so sensibel mit Farbe umgehen wie Frauen. Sie suchte eine Reihe von Filmen aus, die ihrer Meinung nach zu dieser Kategorie passten. Ich vertrat genau die Gegenseite und damit die Meinung der Regisseurinnen, die in den 1980er-Jahren die ersten Sado-Maso-Filme machten: Monika Treut (s. S. 144), Elfi Mikesch (s. S. 134) und Cléo Uebelmann. Fast alle diese ersten SM-Filme waren schwarz-weiß gedreht, sehr stark formal organisiert und arbeiteten nach ganz anderen Kategorien, als die, die Noll-Brinkmann für die „weibliche Ästhetik" aufgestellt hatte.

Als MANO DESTRA (1985)[2] von Cléo Uebelmann auf einem Frauenfestival in München uraufgeführt wurde, stürmten die Frauen in die Vorführkabine und wollten den Film aus dem Projektor reißen. Mir wurde vorgeworfen, ich würde in DIE KALI-FILME (1987/88) patriarchale Vorstellungen internalisieren und so dürfe man als Frau keine Filme machen. Cléo Uebelmanns MANO DESTRA ist ein Bondagefilm, in dem Cléo selbst beide Personen spielt. Im KALI-FRAUENFILM habe ich aus Frauengefängnisfilmen die Szenen heraus geschnitten, in denen Frauen sich gegenseitig bekämpfen. In dem Moment, in dem sie sich solidarisieren, wird die Gewalt zu einem Kampf gegen die Wärter. In diesen Frauengefängnisfilmen kommt auch eine lesbische Erotik zum Ausdruck, die mit Gewalt aufgeladen ist. Aber die Ideologie Ende der 1980er-Jahre war: „Frauen tun sich gegenseitig nichts." Das stimmt einfach nicht. Warum müssen wir Frauen uns nach einem bestimmten Bild ausrichten? Wie sollen wir überhaupt herausfinden, wer wir wirklich sind, wenn wir uns schon vorher selbst reduzieren und zensieren? Es geht um Inhalte. Man kann nicht sagen, Frauen machen keine formalen Filme und Frauen machen nur bunte Filme, sondern es geht darum, was die Frauen für ein Anliegen haben. Ich entschied: Ich will jetzt erst mal machen, was ich will!

---

1 *Die weibliche Sicht*, Christine Noll Brinckmann. In: Viper. International Festival for Film, Video and New Media, Katalog 1989. Eine neue Auseinandersetzung mit dem Thema findet sich in: *material, experiment, archiv – Experimentalfilme von Frauen*. Hrsg.: Annette Brauerhoch, Florian Krautkrämer und Anke Zechner. Berlin, b_books 2013.

2 MANO DESTRA, Schweiz 1985, 16mm, 60 Minuten, schwarzweiß, Regie: Cléo Uebelmann, Musik: The Vyllies, Darstellerinnen: The Cléo Uebelmann Domina Group. Zu diesem Thema ist 1990 im Verlag Claudia Gehrke das Buch *Rote Küsse* erschienen, herausgegeben von Sabine Perthold, mit „einer Bibliographie und Filmbeschreibungen aktueller Filme und Videos von Frauen über Sexualität, Körper und Weiblichkeit und einen filmtheoretischen Textteil" (Klappentext).

Ich will kein Gruselbedürfnis befriedigen

Die Suche nach der weiblichen Ästhetik war ein Weg der Identitätsfindung. Nur für mich beruhte der auf einer Ideologie. Und Ideologie kann niemals zur Wahrheit führen. Es gab auch andere Frauen, die sich dem verweigerten. Mein Film DIE UNHEIMLICHEN FRAUEN (1991) ist unter anderem eine Reaktion auf die PorNo-Debatte Ende der 1980er-Jahre. Ich wollte mit dem Film zeigen, dass Frauen nicht nur Opfer sind, sondern auch Täter, und dass es entscheidend wichtig ist, Verantwortung und Macht zu übernehmen. Frauen sind keine sexlosen Wesen, sie haben auch eine aktive Sexualität und sind nicht immer nur Opfer der Sexualität anderer. Frauen müssen sich vielmehr dagegen wehren, dass ihre Sexualität als etwas Schlechtes dargestellt wird, während die Sexualität der Männer gut ist. Wenn man sagt: „Frauen sind die besseren Menschen", kommt man überhaupt nicht weiter. Denn was müssen sie alles leisten, um diesem Bild des besseren Menschen zu entsprechen?! Als DIE UNHEIMLICHEN FRAUEN 1992 im internationalen Forum lief, rief er viele Aggressionen hervor. Es gab heftige Reaktionen und emotionale Diskussionen, aber das war auch von mir beabsichtigt. Denn nur so kann man Tabus brechen und sie nicht immer weitertragen. Ich habe für DIE UNHEIMLICHEN FRAUEN ein Drittel Archivbilder von starken Frauen herausgesucht: Soldatinnen aus dem Zweiten Weltkrieg, Krankenschwestern, die mitten im Gefecht die Verwundeten pflegen, Partisaninnen aus Äthiopien, aber auch KZ-Aufseherinnen. Ich habe die KZ-Frauen reingebracht, weil ich damit allgemein Gewalt und Brutalität thematisieren wollte. Denn das ist ein Problem was Frauen und Männer gleichermaßen betrifft. Wir kommen nur weiter, wenn wir das wahrnehmen, was in der Gesellschaft wirklich passiert. Der Film ist eine Collage, man kann kaum unterscheiden, was dokumentarisch ist, was inszeniert, was Archivmaterial. Ich wollte provozieren und habe eine Freundin von mir in die Kamera pissen lassen, in hohem Strahl, und ich dachte, das wird sehr viel Aufsehen erregen. Aber das fanden alle komisch! Claudia Gerke hat sich vor der Kamera den Buchstaben R ihrer Freundin in den Oberschenkel geschnitten. Ich wollte so auf das bei Frauen stark verbreitete Problem, sich selbst zu verletzen, selbst zu schneiden hinweisen. Ich habe auch eine Geburt gefilmt, und zwar mit der Auflage: „Hebammen Finger weg, ich will es blutig!" Ich wollte, dass deutlich wird, was für eine enorme Kraft in so einer Geburt steckt! Eine Filmemacherin, die hochschwanger war, habe ich beim Onanieren mit dickem Bauch gefilmt. Also der ganze Film war schon angelegt zu provozieren, gegen bestimmte Grenzen anzugehen das Bild von der braven lieben Hausfrau zu sprengen.

Doch die Tabugrenzen haben sich verschoben: Ich habe ein Jahr lang nur RAW-Videos aus Libyen runtergeladen und wollte daraus einen Film machen. Doch dann habe ich festgestellt, dass es nicht geht. Nicht, weil ich Tabus brechen würde, sondern weil die Gefahr darin besteht, dass sich Leute an solchen Bildern aufgeilen. Was ja eindeutig auch der Fall ist. Und ich wollte auf keinen Fall so ein Gruselbedürfnis bedienen.

Ich habe Frauen dafür gehasst, dass sie Frauen sind

Ich war immer ein bisschen außen vor. Eine Freundin sagte noch vor kurzem: „Du warst ja keine Feministin!" Dazu kann ich nur sagen: Meine Sozialisation fand in den 1950er-Jahren statt, bevor der Feminismus zu einer neuen Bewegung wurde. Ich war Einzelkämpferin. Ich war am Anfang bei den allerersten Filmfestivals oft die einzige Frau. Ich war sogar aggressiv gegen Frauen. Ich habe sozusagen einen Frauenhass gehabt, einen Hass gegen mich, der in DIE UNHEIMLICHEN FRAUEN deutlich zum Ausdruck kommt. Ich habe mich gehasst, weil ich eine Frau bin, aber auch die anderen dafür, dass sie Frauen sind. Es war ein langer Weg, um zu mir und zu einem Selbstbewusstsein zu kommen.

Ich habe schon mit 22 geheiratet, weil ich es für absolut notwendig hielt. Heute denke ich oft: Meine Güte, das war ganz schön kleinkariert. Es gab auch Frauen, die sich zu der Zeit, Anfang der 1960er-Jahre, getraut haben, ihren Weg alleine zu gehen.

Film spielte überhaupt keine Rolle in Wilhelms und meinem Leben, bis zu dem Beginn unseres Studiums in Köln. Wir kauften uns eine Bolex, ohne die geringste Ahnung, wie man damit umgeht. Aber dadurch hatten wir schnell ganz viele originelle Ideen. Unser Zugang zu dem Medium war völlig naiv.[3] Wir wussten beide nicht, was ein Schneidetisch ist oder ein optischer Printer. Wir haben etwas ganz anderes erfunden: das Abfilmen. Wir filmten von einer transparenten Leinwand ab, was uns erlaubte, wie beim optischen Printer die Geschwindigkeiten zu verändern, Einzelbilder stehenzulassen, mit dem Film also visuell zu arbeiten. Diejenigen, die vom Fernsehen zum experimentellen Film kamen, hatten andere Hemmschwellen um mit dem Medium unbefangen umzugehen, weil sie die professionelle Ebene kannten und internalisiert hatten.

Dann fing schon sozusagen „unsere Karriere" an: Wir gründeten 1968 in Köln mit anderen zusammen XSCREEN, eine Organisation für Veranstaltungen, wo wir auch Undergroundfilme zeigten. Unsere erste Veranstaltung fand mit Peter Weibel und Valie Export im März 1968 statt. Wir drehten unsere eigenen Filme, machten Performances und ich war parallel immer noch Hilfsassistentin im kunsthistorischen Institut. Ich wollte damals meine Dissertation über Film schreiben, aber es hieß, dass Film keine Kunst sei. Für mich war die Dissertation damit gestorben.

Als Frau ein Mensch zweiter Klasse

Grundsätzlich waren die Diskussionen um DIE UNHEIMLICHEN FRAUEN und die Provokation, die ich mit dem Film auslöste, gut. Alleine deshalb, weil das ganze Thema Frauen und Selbstständigkeit militant auf den Tisch kam und dadurch von beiden Seiten diskutiert werden konnte. Das war sehr wichtig, egal auf welcher Seite man stand, denn es ging ja darum, das Bewusstsein nach außen zu tragen. Genauso für mich. Ich hätte meinen Film nicht gemacht, wenn ich nicht genauso in dieser Situation gesteckt hätte, aber ich vertrat eine andere Position!

---

3 „Ich bin bis heute Amateurin geblieben", vgl. Birgit Hein: Kunst und Technik, in: *Frauen und Film*, Nr. 65, 2006 S. 177–184.

Zu meiner Zeit, zu meiner Sozialisation war der Begriff „Frau" an sich schon negativ konnotiert. Ich war immer wütend darüber, ein Mensch zweiter Klasse zu sein. Das kommt auch in DIE UNHEIMLICHEN FRAUEN zum Ausdruck. Diesen Zorn, diese Wut wollte ich raushauen! Wenn der Begriff „Frau" nicht mehr negativ konnotiert ist, dann ist es überhaupt kein Problem mehr. Doch das Irre war, obwohl ich in DIE UNHEIMLICHEN FRAUEN meine eigene Entwicklung seit den 1950er-Jahren reflektiere, sagten meine Studentinnen: „Das ist doch heute noch genauso!" Das ist ja furchtbar! Ich hatte gerade zwei Werkschauen mit meinen Filmen. Nach der Vorführung fragten die jungen Frauen wieder: „Und? Was hat sich denn verändert?" Meiner Ansicht nach hat sich viel geändert, aber ich sehe das in größeren Zeiträumen. Als ich zur Schule ging, war noch der Vater derjenige, der die Pässe unterschreiben musste, er war der Erziehungsoberbeauftragte. Das hat sich bereits im Laufe der 1950er-/1960er-Jahre verändert. Wenn wir die Gleichberechtigungskurve von 1945 bis heute sehen, ist sie steil nach oben gegangen.

Ich selbst habe den Begriff „Feminismus" nicht als etwas Negatives empfunden. Es war nur so, dass ich mich dem nicht in aller Form anschließen konnte. Wenn jetzt die Aussage kommt: „Du bist ja keine Feministin", dann kann ich nur sagen: Wer hat sich denn als Frau durchgesetzt und durchgekämpft? Und nicht auf dem sexuellen Weg, sondern durch harte Arbeit und Selbstbewusstsein? In gewisser Weise bin ich damit ja schon eine Feministin. Aber eben nicht einer Theorie oder Ideologie folgend. Ich habe meine Meinung immer alleine vertreten müssen und habe erst später erlebt, wie diese Form der Gruppenzugehörigkeit den Feministinnen viel gegeben hat. Bei den Feminale-Frauen[4] konnte ich sehen, wie wichtig es war, dass sie ein Einverständnis hatten, wenn sie ihr Festival gemacht haben. Aber ich konnte mich dem nicht in allen Punkten anschließen. Ich war nicht konform.

Altern ist wie eine Krankheit

Der Körper ist für Frauen sehr viel existenzieller. Und deswegen haben auch so viele frühe Experimentalfilme beim Körper angesetzt, haben sich Filmemacherinnen mit dem Körper auseinandergesetzt und ihn dadurch auch oft erst annehmen können. In einem ihrer ersten Filme, MANN & FRAU & ANIMAL 1973[5] setzte sich Valie Export intensiv mit ihrem Geschlecht und ihrer Sexualität auseinander. Für ältere Frauen wird der Zerfall ihres Körpers dramatisch. Und das erfährst du. Als Wilhelm sich von mir getrennt hat, war ich 48 und auf einmal war ich eine alte Frau! Das war Horror. Das habe ich in meinem anderen Film zum Thema gemacht: BABY, I'LL MAKE YOU SWEAT (1994). Altern ist wie eine Krankheit. Ich konnte nach BABY, I'LL MAKE YOU SWEAT zum ersten Mal akzeptieren, eine Frau zu sein. Durch den Film habe ich gelernt, mit meiner Sexualität ganz selbstbewusst umzugehen. Seitdem ist es für mich nicht mehr schlimm, eine Frau zu sein.

---

4 Die Feminale ist das älteste Frauen-Film-Festival in Deutschland und wurde 1983 von Studentinnen der Filmwissenschaft an der Kölner Universität gegründet.
5 Valie Export MANN & FRAU & ANIMAL, Österreich 1973, 16mm, 10 Min.

Aber man wird als Frau fast ausschließlich über den Körper wahrgenommen und dementsprechend einkategorisiert. Ich war in den 1950er-Jahren für sechs Wochen im Rahmen eines Sprachkurses in Frankreich. Am Ende hatte ich mir in einer Pension ein Zimmer gemietet, um mir Paris anzuschauen. Und dann dieses Theater! Ich war 15 und konnte nicht alleine rumlaufen. Ich hatte Angst. Schon nachmittags wurde ich angemacht oder angesprochen. Es war nicht so selbstverständlich, als Mädchen alleine durch die Gegend zu laufen. Und dann nachts? Allein? Gar nicht! Mein Bruder hätte hingehen können, wohin er wollte! Das fand ich schon so unheimlich beeinträchtigend. Ich empfand es einfach nur als Zwang, wie man sich als Mädchen oder als Frau zu verhalten hatte. Allein die Kleidung: Ich hatte immer Laufmaschen und einen kaputten Pettycoat. Als wir endlich die Jeans durchgesetzt haben, war es für mich ein großer Gewinn an Lebensqualität.

Man darf Macht nicht nur negativ sehen, weil sie männlich ist

Ich hatte ein wunderbares Vorbild; meine fünf Jahre ältere Kommilitonin. Sie studierte auch Kunstgeschichte, bekam ihr viertes Kind, als ich mein erstes kriegte. Sie promovierte, wurde Generaldirektorin der Kölner Museen, zog gleichzeitig vier Kinder groß und brachte auch noch einen Mann durch die Promotion. Ich war fünf Jahre jünger als sie. Als ich an das kunsthistorische Institut kam, war sie kurz vor Ende ihrer Promotion. Kunstgeschichte war damals ein Mädchenstudium, aber von meinen Kommilitonen sind fast nur die Männer Professoren geworden. Oft fehlte bei den Frauen auch der Wille. Das heißt nicht, dass es immer eins zu eins geht, wenn die Frau will, dann schafft sie es auch, aber es gehört diese Energie dazu und auch das An-sich-Glauben, das Selbstbewusstsein „Ich kann das", denn daran scheitern meiner Ansicht nach viele Frauen. Dass wir vielleicht auch nicht so intrigant sind, ist eine andere Sache. Als ich als Professorin an die Hochschule kam, habe ich im Senat erst mühsam lernen müssen: Wie laufen hier die Spielchen? Früher war mir das völlig fern. Alle Frauen, die ich kannte, waren offen und direkt, dass man aber aufpassen muss und dass man taktieren muss, das habe ich erst da gelernt. Und dann habe ich festgestellt: „Boh, ich kann das!" Das galt für Frauen als ganz negativ und ganz unten: tricksen und damit sozusagen böse sein. Dabei ist es für Männer ganz normal.

Man darf Macht nicht nur negativ sehen, weil sie angeblich männlich ist. Wenn eine tolle Frau Macht ausübt mit großen Zielen, ja bitte! Das ist so etwas Ideologisches, was viele hemmt: Ich darf das nicht wollen. Das ging mir auch lange Zeit so, dass ich dachte: Verdammt noch mal, ich darf es ja nicht wollen. Das war auch ein Punkt in meiner Ehe; dass ich immer selbstständiger wurde und der Konflikt wurde immer größer, weil ich nicht so sein durfte, wie ich eigentlich bin. Jetzt bin ich froh, dass ich das endlich erkannt habe.

Aufz. BSB

Ute Aurand

FILMEMACHERIN, KURATORIN

Geboren 1957 in Frankfurt am Main, aufgewachsen in Berlin.
Studium an der Deutschen Film und Fernsehakademie Berlin (dffb) 1979-1985. Seit 1985 Arbeit an eigenen Produktionen.
  Über 30 Filme, gezeigt u.a. IFFR Rotterdam, TIFF Toronto (Wavelengths), Berlinale (Forum Expanded), Media City Film Festival, Kanada, Tate Modern London, Österreichisches Filmmuseum Wien, Harvard Film Archive, Pacific Film Archive, Berkeley.
  Kuratorische Arbeit seit 1981.
  Organisation monatlicher Filmabende im Kino Arsenal und Filmkunsthaus Babylon, Berlin: „Filmarbeiterinnen-Abende" 1990-1995, Filmreihe „Sie zum Beispiel" 1995-1996.
  Organisation von Filmtourneen und Werkschauen sowie frei kuratierter Filmprogramme.
  Mitbegründerin des „Filmsamstag" im Babylon - Mitte (1997-2007): Präsentation monatlicher Filmabende zusammen mit Renate Sami, Theo Thiesmeier, Bärbel Freund, Milena Gierke, Karl Heil und Johannes Beringer.
  1991 zusammen mit Maria Lang Forschungsprojekt und Buch „Frauen machen Geschichte - 25 Jahre Studentinnen an der DFFB": Band 1: Filmo- und Biographien, Band 2: Filme von 1966-1991.
  Lehrtätigkeiten seit 1989 Hochschule der Künste Hamburg und Bremen; dffb Berlin; Dozentin für Experimentellen Film, Hochschule für Gestaltung Zürich 1997-2003.
  2001/2002/2004: Aufenthalte in Indien, es entsteht der Film INDIA.
  2009/2010 Filmtournee und Aufenthalte in Japan, es entsteht JUNGE KIEFERN.
  2012/2013: Filmtournee und Aufenthalte in den USA, es entsteht der Film TO BE HERE.

Sie zum Beispiel

Seit 1980 mache ich Filme. Seit 1990 zeige ich Filme, weil die Filme, die mir wichtig sind, so selten im Kino zu sehen sind. Besonders am Herzen liegen mir meine beiden Filmreihen „Filmarbeiterinnen Abend" (1990–1995) und „Sie zum Beispiel" (1995–1996), in denen ich ausschließlich Filme von Filmemacherinnen zeigte. Auch das Publikum war überwiegend weiblich. Als ich letztes Jahr eigene Filme am Frauencollege Mount Holyoke in den USA vorstellte, war – ähnlich wie bei meinen Filmvorführungen in Japan – die Atmosphäre der Gespräche über die Filme anders, weil Frauen sich Frauen gegenüber anders äußern. Und wieder dachte ich – wie wichtig, dass Filmemacherinnen und Zuschauerinnen miteinander sprechen, unter sich. Im Dezember 1989 feierte der Verband der Filmarbeiterinnen zehnjähriges Jubiläum. zehn Mitglieder verwandelten Ebba Jahns Fabriketage in ein Studio, inszenierten zehn 1-Frau-Performances und nannten das Jubiläums-Video 10 VIDEOBRIEFE – 10 JAHRE VERBAND DER FILMARBEITERINNEN. Aus unserer gemeinsamen Arbeit entstand der Wunsch weiter zu machen. Unsere neue Idee war, einmal im Monat Filme von Filmarbeiterinnen (und anderen) im Kino Arsenal zu zeigen. Das gefiel auch Erika Gregor, und so begannen Maria Lang und ich im Juni 1990 mit dem ersten „Filmarbeiterinnen

Einladungen aus dem Sammlungsheft *Filmarbeiterinnen Abend* 1990–1995

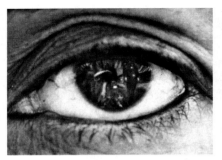 

Schweigend ins Gespräch vertieft (1980, dffb); Dozentin: Helke Sander

Abend". Wir zeigten AUF GEHT'S ABER WOHIN – Angelika Levis Abschlussfilm an der dffb – zusammen mit WANDA von Barbara Loden. Es folgten 47 Filmabende. Maria zog nach Süddeutschland, um ihre Mutter zu pflegen, ich machte allein weiter. Die Entscheidung, ausschließlich Filme von Frauen zu zeigen, zwang mich zur Recherche, und so machte ich Entdeckungen wie die Filme der Schottin Margaret Tait, der Amerikanerin Marie Menken, den einzigen langen Film der Malerin Agnes Martin – GABRIEL –, ich lud die Japanerin Utako Koguchi zu einer Deutschland-Tournee ein, zeigte Super-8-Filme von Helga Fanderl, frühe Filme von Ula Stöckl und Recha Jungmann aus Ulm, Filme aus dem Experimentalfilm Archiv des Arsenals, Filme von Studentinnen der UdK Berlin und Hamburg, Filme aus Belgien, Paris und London, Filme von Renate Sami, Ulrike Pfeiffer und Gunvor Nelson. Der letzte „Filmarbeiterinnen Abend" war im Februar 1995. Dass es ausschließlich Filme von Frauen waren, wurde nicht thematisiert, es war einfach so. Das gefiel mir an der Reihe „Filmarbeiterinnen Abend". 1995, zum Jahr „100 Jahre Kino", kursierte eine Liste wichtiger Regisseurinnen. Alles bekannte Namen. Keine von uns. Ich wollte andere Filmemacherinnen sehen, und so erfand ich die Reihe „Sie zum Beispiel": Von März 1995 bis April 1996 bat ich jeden Monat eine andere Filmliebhaberin einen Film einer Filmemacherin vorzustellen, der für sie persönlich wichtig gewesen war oder ist. Mit dieser bewusst subjektiven Auswahl wollte ich Licht in das Dunkel weiblicher Filmgeschichte bringen – und es ist uns gelungen: „40 Filmemacherinnen und 80 Filme zeigten wir innerhalb von 12 Monaten im Kino Arsenal und Babylon Mitte in Berlin, Bekanntes neben Unbekanntem, Filme, von denen wir nichts wussten, neben Filmen, die wir schon immer einmal sehen wollten… Filmgeschichte schreibt sich anders, als das, was wir nachlesen können. Filme gerieten in Vergessenheit, weil Bestimmte sich immer um Bestimmte kümmern." schrieb ich 1996. War die Filmliebhaberin selbst Filmemacherin, zeigte ich auch ihre Filme. In einem Sammelband stellte ich Material zu den Filmen zusammen, der ein gutes Nachschlagewerk bietet und zu neuen Filmprogrammen inspiriert. Die Reihe wurde großzügig vom Künstlerinnen-Programm Berlin gefördert, so konnten wir Honorare zahlen, Filmkopien aus den USA zeigen, für den Verleih des Arsenals Filmkopien ankaufen oder der Kinemathek Geld für die Restaurierung von Ula Stöckls NEUN LEBEN HAT DIE KATZE geben. 1997 gründete ich mit Renate Sami und Theo Thiesmeier den „Filmsamstag" (1997–2007), jetzt zeigten wir einmal im Monat Filme von Frauen und Männern. Die Programme waren andere.... Viele Arbeiten der Filmemacherinnen und einige der Filmemacher, die ich zwischen 1990 und 2007 zeigte, wurden für meine eigene Filmarbeit wichtig. Ganz besonders

Ute Aurand in: OH! DIE VIER JAHRESZEITEN, Regie und Kamera: Ulrike Pfeiffer und Ute Aurand

die Filme der Schottin Margaret Tait (1918–1999) und der Amerikanerin Marie Menken (1909–1970). Beide Filmemacherinnen sind sich treu geblieben, beide waren ihre eigenen Produzentinnen. Ihre Filme sind so, wie sie sie wollten. Sie haben sich den Glauben an die eigene Arbeit bewahrt, ohne große äußere Anerkennung. Darin sind sie mir Vorbilder. Während ich diesen Rückblick schreibe, wird mir wieder deutlich, wie wichtig es war und ist, ganz bewusst Filme von Frauen zu zeigen. Und – dass viel zu wenig über die Zuschauerinnen nachgedacht wird. Was teilen Zuschauerinnen mit von dem, was sie denken, fühlen, erinnern, während sie Filme sehen? Frauen sprechen anders, wenn sie unter Frauen sind.

Heide Schlüpmann

FILMWISSENSCHAFTLERIN UND -THEORETIKERIN,
PROFESSORIN, KURATORIN

*

Studium der Philosophie bei Hans-Georg Gadamer, Ernst Bloch und Theodor W. Adorno. 1970 Wechsel zum Kino. 1975 Promotion über Friedrich Nietzsches ästhetische Opposition. Seit 1979 in der Redaktion der Zeitschrift *Frauen und Film*. In den 1980er-Jahren Mitglied der Kommission des Internationalen Kurzfilmfestivals Oberhausen. 2000 Mitbegründerin der Kinothek Asta Nielsen e.V. Lehrt bis 2008 Filmwissenschaft als Kinowissenschaft an der Johann Wolfgang Goethe-Universität, Frankfurt/Main.

www.kinothek-asta-nielsen.de

* Heide Schlüppmann (rechts) mit Karola Gramann bei der Eröffnung der Jack-Smith-Austellung *extra-trouble* in Frankfurt/Main, 22.11.2012.

Der Netzwerkgedanke

Der Begriff des Netzwerks gehört in den Bereich politischer Strategien und reagiert im Grunde auf die Einsicht in einen negativen Tatbestand, nämlich, dass wir in einer Gesellschaft leben, in der Individualisierung gleichbedeutend mit Vereinzelung und Isolierung ist. Um also zu werden, was ich bin, zu verwirklichen, was ich möchte, fehlt mir das Umfeld, die „Lebenswelt". Ich muss etwas dafür tun, dass sie entsteht. Das wurde – wieder einmal – einigen Frauen in den 1960er-Jahren angesichts einer Männergesellschaft bewusst, deren strategische Netzwerke quasi naturwüchsig gegeben schienen.

Und nicht zuletzt dieses Bewusstsein ließ die Frauenbewegung entstehen, Teil eines Aufbruchs zur Herstellung einer Welt, in der wir leben könnten. In der Bundesrepublik ein Aufbruch nach dem Nationalsozialismus und aus der Restauration der 1950er-Jahre, die nicht zuletzt die Wiederherstellung der erschütterten Geschlechterrollen bedeutete. Die Frauenbewegung war jedoch meiner Erfahrung nach nie nur eine strategische Veranstaltung, sie lebte vielmehr aus dem Rekurs auf ins Private verdrängte Lebensformen der Frauenfreundschaften, der Frauenlieben und gab ihnen subkulturell-öffentlichen Raum. Sie versuchte, die Erfahrungen, (noch) nicht vereinzelt zu sein, in die (Neu-)Gestaltung der gesellschaftlichen Existenz einzubringen.

Philosophie und Erfahrung

Am Anfang war das Scheitern. Die Anfänge meiner „Netzwerkbildungen", wenn ich für einen Augenblick den Begriff aufgreife, lagen in der Zeit meines Studiums der Philosophie, auf dem durch und durch männlich besetzten Spielfeld des philosophischen Seminars. Wir waren zu zweit, als ich versuchte, unseren repressiven Erfahrungen und kritischen Wahrnehmungen dort Gehör zu verschaffen. Das war etwa 1966/67. Der Eintritt in die Philosophie gelang nicht, Wegzug und früher Tod der anderen beendeten meine Philosophiekarriere. In der Krise nahm ich Zuflucht in einer Frauenwohngemeinschaft. Zum anderen Obdach wurde das Kino, der dunkle Raum, in dem jede und jeder allein vor der Leinwand hockt und doch die Nähe anderer spürt. Das Leben mit Film begann.

Film und Frauen – und mein intellektuelles Engagement dafür – kamen über die kritische Auseinandersetzung mit dem Nationalsozialismus zusammen. Da war zunächst eine autonome Arbeitsgruppe am Bundesarchiv (BA) in Koblenz. Sie bestand aus dem damaligen Leiter des BA-Filmarchivs, einem Filmkritiker und Universitätsdozenten, einem Studenten, einer Studentin und mir – um 1975 herum, zwischen Langzeitstudium und Promotion. Uns verband das Interesse, in den NS-Unterhaltungsfilmen, jenseits der wenigen expliziten Progandaprodukte, jene psychosozialen Strukturen zu reflektieren, die in der bundesdeutschen Gesellschaft, uns selbst eingeschlossen, fortwirkten – und immer noch ansprechbar waren, wie wir aus eigener Erfahrung wussten und u. a. die Ausstrahlung dieser Filme in den Fernsehprogrammen zeigte. In den gemeinsamen Sichtungen und Gesprächen lag das analytische Augenmerk der beiden Frauen in der Gruppe auf den „Frauenbildern", wie wir es damals fomulierten.

Aus dieser gesellschafts- wie geschichtskritischen und selbstreflexiven Arbeit gingen meine ersten Seminare hervor, die ich an der Universität gab, und diese wiederum zogen mich in die Frauenbewegung und die feministische Filmarbeit hinein. Die Begegnung mit einer damals starken studentischen Frauengruppe am literaturwissenschaftlichen Seminar in Frankfurt/Main wurde für mein feministisches Engagement ausschlaggebend. Diese Gruppe verstand ihr Studium politisch. Die Analyse der NS-Filme bedeutete den Studentinnen und mir eine Auseinandersetzung mit der eigenen Sozialisation und unserer Elterngeneration. Die Frage, welche Rolle Kino im Publikum während des Nationalsozialismus gespielt hatte, wie Filme erfahren wurden, sollte aus der bloß ideologiekritischen Analyse des Filmobjekts herausführen. Eines Tages fuhren zwei Magister- resp. Diplom-Studentinnen, ihre Mütter und ich nach Koblenz, um auf dem Ehrenbreitstein, hinter dessen Mauern sich das Filmarchiv befand, Veit Harlans Film OPFERGANG (1944) für ihre Abschlussarbeit am Schneidetisch zu sichten.

Fließende Grenzen

Privates und Öffentliches mischten sich. Ebenso fließend war der Übergang zwischen Seminar und angeschlossenen Arbeitsgruppen zu politischen Aktionen inner- und außeruniversitärer Art. Flugblätter wurden verfasst und ich machte meine ersten Erfahrungen in der gemeinsamen Arbeit an einem Text, wo es galt, die eigenen Sprachnormen, -gewohnheiten und -empfindungen zurückzunehmen. Der im Studium eingeübte Habitus der Einsamkeit des Denkens und Schreibens – nicht zufällig verfasste ich zum Abschied von der Philosophie eine Dissertation über Friedrich Nietzsche – lockerte sich. Auf diese Weise glückte mein Eintritt als Lehrende in die Universität, augenblicks von einer feministischen Subkultur ergriffen, in einer Mischung von Studium und Politik, einer Mobilität zwischen Innen und Außen, Privatem und Öffentlichem, akademischem und gesellschaftlichem Raum. Dieser Beginn hat meine gesamte Lehr- und Forschungstätigkeit an der Universität geprägt.

Ende der 1980er-Jahre wurden allerdings Grenzen überschreitende Beweglichkeit, fließende Übergänge, Durchlässigkeit zwischen Studium und Politik, Privatem und Öffentlichem immer schwieriger. Als dann Mitte der 1990er-Jahre Zentren feministischer Studien an deutschen Universitäten eingerichtet wurden, war die antiautoritäre Bewegung versandet. Jene Beweglichkeit war in institutionelle Bahnen der Interdisziplinarität, Internationalität und der Wettbewerbssysteme gelenkt worden.

Frauen und Film

Mein Engagement für das Thema und die Zeitschrift *Frauen und Film* (*FuF*) setzte gegen Ende der 1970er-Jahre ein. Es ergab sich indirekt gleichfalls aus der Arbeit mit den Studentinnen. Auf die Seminare zur NS-Geschichte folgte unmittelbar eines zu *Feministischer Filmtheorie und -praxis*, in der die Lektüre der damals jungen Zeitschrift selbstverständlich eine zentrale Rolle spielte. Diese ersten Hefte waren nicht einfach Träger von Inhalten, die sich erst der Lektüre erschließen, sie waren Gegenstände, die leicht und gut in der Hand lagen, die außen und innen etwas zu sehen gaben, nicht zuletzt auch im Schriftsatz etwas Rätselhaftes und Befremdliches, fremd Verlockendes ausstrahlten. Dinge, mit denen umzugehen etwas Selbstversicherndes versprach.

Zu Beginn jenes der feministischen Filmarbeit gewidmeten Seminars über Helke Sanders (s. S. 26) REDUPERS, Helma Sanders-Brahms SHIRINS HOCHZEIT und Valie Exports UNSICHTBARE GEGNER erschien eine Studentin, 2. Bildungsweg, gerade von einem einjährigen Studienaufenthalt in London zurückgekehrt. Sie hatte uns allen voraus, dass sie an der Quelle, in den Seminaren von Laura Mulvey, Angie Martin und Richard Dyer gesessen hatte und nun mit einem Übersetzungsauftrag zu Laura Mulveys Aufsatz *Visual Pleasure and Narrative Cinema* in Frankfurt war. Selbstverständlich fuhr sie nach Semesterschluss zu einem Workshop mit dem Thema *Feminismus und Film* während der Filmfestspiele in Edinburgh, August 1979. Ich fuhr mit. Unsere Präsenz bei einem Podium, auf dem Vertreterinnen internationaler feministische Filmzeitschriften, darunter *Frauen und Film*, ihre Arbeit, ihre Konzeptionen und Perspektiven vorstellten, ist in den *Frauen und Film*-Heften Nr. 21 und 22 durch unsere Berichte dokumentiert. Das war der Beginn einer gemeinsamen feministisch-filmpublizistischen Arbeit mit Karola Gramann, die mich von der Universität entfernte.

An der Frankfurter Universität gab es andere Frauen, die sich in ihren Lehraufträgen den feministischen Film- und Literaturstudien zuwandten und später ebenfalls *FuF*-Autorinnen wurden – wie Christine Noll Brinckmann und Gertrud Koch. Mit ihnen entwickelte sich ein auf Forschung und Lehre hin orientiertes Netzwerk, das, allerdings noch kaum entwickelt, schon Ende der 1970er-Jahre seine ersten Brüche und Einbrüche erlebte. Meine schlussendliche Promotion und Lehrauftragstätigkeit hätte es ohne diese Unterstützung und Herausforderung nie gegeben. Eine der Kolleginnen und Freundinnen, Miriam Hansen, ging in die USA, versorgte mich mit Informationen über die Filmstudies an amerikanischen Universitäten und den Feminismus der Neuen Welt, was mich 1988 bewog, nach New York zu fliegen, um mich an einem Panel der Society for Cinemastudies zu beteiligen. Weitere Tagungen in Übersee folgten.

Ich genoss die Offenheit und Zugewandtheit der dortigen akademischen Szene, die kritisch feministisch interessiert war. Mary Ann Doane, Ann Friedberg, Linda Williams, Patrice Petro und der Kreis um die Zeitschrift *New German Critique* gehörten dazu. Ohne die Erfahrungen in Amerika hätte ich es an einer deutschen Universität mit ihrem wahrhaftig verklemmten Verhältnis zur Frauenbewegung nie zu einer ordentlichen akademischen Stelle gebracht.

Brüche

Die 1980er-Jahre waren eine Zeit des Übergangs, in der alten Bundesrepublik nicht zuletzt zwischen der Filmkritik, Filmforschung und -publizistik im Kontext der Frauenbewegungen und ihrer Filmarbeit einerseits und dem Beginn institutionalisierter Filmwissenschaft bzw. der Frauen-, und Geschlechterstudien andererseits. Im Rückblick stellt sich diese Zeit als eine Epoche des Aufstiegs von Frauen in akademische Positionen dar. Die würde die Geschichte jedoch unter ein Ziel subsummieren, das, zumindest wenn ich von mir ausgehe, damals nicht bestimmend war.

Tatsächlich bildete dieser Übergang eine Zeit eigener Qualität. Prekäre Existenzen am Rande der Universitäten waren lebbar, sie ermöglichten die Freiheit zum selbstbestimmten Arbeiten in selbstgeschaffenen Zusammenhängen. Zu Beginn der 1980er-Jahre gründete sich z. B. die Zeitschrift *feministische studien*, die sich als Forum und Plattform für eine Forschung jenseits institutionalisierter Wissenschaft verstand.

1983 wechselte die Redaktion von *Frauen und Film* von Berlin nach Frankfurt. Ich sehe diesen Umzug im Kontext der Übergangszeit und *FuF* in dieser Zeit als Zwischenort. Feministisch-kritische Publizistik, die in engem Zusammenhang mit dem Kampf der Filmemacherinnen aus der Frauenbewegung stand, sah sich an einem Ende angekommen oder hoffte, Bestandteil einer allgemeinen Publizistik werden zu können. (In diese Richtung äußerte sich die Berliner Redaktion damals.[1]) Das versprengte Engagement von Frauen für die Filmforschung und -lehre, das in der Zeitschrift auch vertreten war, hatte Anfang der 1980er-Jahre hierzulande jedoch keinen Ort innerhalb der Universität. Sie war eine marginale Erscheinung ohne institutionelle Absicherung.

Die Frankfurter Redaktion schlug eine Brücke zwischen der publizistisch-filmkritischen Tätigkeit und der Arbeit in Forschung und Lehre. Die Zeitschrift verstand sich jetzt jedoch weniger als Sprachrohr der Filmemacherinnen denn der Zuschauerinnen, als Ort der Reflexion der Interessen eines weiblichen Filmpublikums, das historisch gesehen keine Möglichkeit besessen hatte, sich gesellschaftlich darzustellen und an der Filmgeschichtsschreibung teilzuhaben. Das wollten wir entschieden verändern.

An der Institutionalisierung der Filmwissenschaft zerbrach die Zeitschrift um 1990. In Einzelheften, die wie Bücher ausschauen, wird sie bis heute unregelmäßig fortgeführt. Kontinuität verdankt sie vor allem dem Verlag Stroemfeld/Roter Stern, der nicht aufgibt, Erneuerung den Filmwissenschaftlerinnen der Folgegeneration(en).

Kino

Meine Wendung zu einem kritisch-theoretischen Engagement für den Film hatten in den 1970er-Jahren nicht einzelne Filme ausgelöst. Mein Faszinosum war der Gang ins Kino. Zum Lebensmittel wurde er auf dem Hintergrund einer Leerstelle, die der Bruch meiner libidinösen Bindung an eine philosophisch-literarische Kultur hinterließ. Die analytisch-kritische feministische Auseinandersetzung mit Filmen war weitgehend

---

1 Siehe *Frauen und Film* Nr. 34, Uta Berg-Ganschow und Claudia Lenssen, *Out of competition oder Lob, Preis und Profit* Nr. 34, *Schreiben über Filme*, Berlin 1983, S. 2–12.

von außen angestoßen und mit anderen entwickelt worden. Dies änderte sich durch meine Begegnung mit dem frühen Kino um die Mitte der 1980er-Jahre, einer Art Déjà-vu, als käme mir entgegen, wovon ich schon immer gewusst hatte. Diese Filme brachten mich dazu, über das Kino zu schreiben, Kino als Teil der Theoriegeschichte – Rettung der Momente der Schau und der Liebe aus dem Untergang der idealistischen sokratisch-platonischen Tradition. Filmwissenschaft in diesem Sinn zu betreiben, stellte eine Wiederaneignung meiner Auseinandersetzung mit Philosophie dar, mit dem, was am Widerstand der patriarchalen und männerbündischen Institution ein für allemal zerbrochen war. Von daher ist meinem Treiben aufgrund seines feministischen Erbes etwas Antiinstitutionelles zu eigen, das sich gegen seine Etablierung innerhalb der heute forcierten Medienwissenschaften sträubt.

Annette Brauerhoch

FILMWISSENSCHAFTLERIN,
PROFESSORIN

Annette Brauerhoch studierte Kommunikationswissenschaft, Anglistik, Amerikanistik und Theater-, Film-, und Fernsehwissenschaften in München und Frankfurt. Danach arbeitete sie als Filmkritikerin für die Zeitschrift *epd Film*, Jurorin für die Feminale Köln, Viper – International Festival for Film Video and New Media, die Berlinale und auch als Festivalorganisatorin der Frankfurter Filmschau.

Sie war tätig als Mitarbeiterin am Sonderforschungsbereich Bildschirmmedien der Universität Siegen und hatte Lehraufträge in Zürich, Utrecht, Marburg, Frankfurt. Promotion mit dem Thema *Die gute und die böse Mutter – Kino zwischen Melodrama und Horror* (Marburg 1996). Langjährige Mitherausgeberin von *Frauen und Film*, zahlreiche Publikationen zu Filmgeschichte und -theorie.

Von 1998 bis 2001 war sie DAAD-Gastprofessorin an der Columbia University, New York. Habilitation zu *„Fräuleins" und G.I.s: Geschichte und Filmgeschichte* (Frankfurt 2006).

Seit 2001 ist sie Professorin für Film- und Fernsehwissenschaften an der Fakultät für Kulturwissenschaften der Universität Paderborn. Nach ihrer Berufung hat sie zwei Filmsammlungen geschaffen und einen Kinoseminarraum eingerichtet.

Ihre letzte Buchveröffentlichung: *material, experiment, archiv – Experimentalfilme von Frauen*, Hg. zusammen mit Anke Zechner und Florian Krautkrämer. Berlin: b_books 2013.

Ohne Feminismus wäre ich nicht zum Film gekommen

Voller Energie und Selbstbewusstsein kam ich 2001 aus New York zu Berufungsverhandlungen an die Universität Paderborn. Von der Metropole nach Ostwestfalen in eine Stadt, die ein gebrochenes Verhältnis zu ihrer Universität pflegt, ein größerer Kontrast war kaum vorstellbar. Ich wollte mit amerikanischem Drive etwas bewegen, anstatt zu fliehen. Ein Kino-Seminarraum und echte Filmkopien sollten angeschafft werden, keine DVDs.

Es gibt diesen Raum, auch eine exquisite kleine Sammlung mit Experimentalfilmen von Frauen.[1] Ich versuche, bei den Studierenden Begeisterung zu wecken – für die Filmwissenschaft und das Kino als Ort. Von Beginn an wandte ich mich gegen die Gewöhnung an Multiplex-Kinos. Paderborn, fand ich, könne es sich nicht leisten, ohne ein Programmkino auszukommen.

2003 entstand die studentische Programmkinoinitiative Lichtblick e.V. Jedes Semester stellt sie montags ein thematisches Programm im örtlichen Cineplex zusammen. Die Mitarbeiter-Generationen wechseln rapide (seit Einführung des Bachelor-Studiums spreche ich von Generationen) und damit verlagerte sich die Arbeit hin zu weniger Diskussionen und effizienterer Organisation.[2]

Die „Lichtblicks" wurden Kooperationspartner, die meine Seminare unterstützen und die ich in der Programmarbeit berate, manche sind auch meine Freunde geworden. Zu meinem 55. Geburtstag schenkte mir die Gruppe die Aufführung von Eva Heldmanns Film FREMDGEHEN – GESPRÄCHE MIT MEINER FREUNDIN (1999), in dem ich von erotischen Streifzügen durch die Clubs und Kasernen der amerikanischen G.I.s in Frankfurt und Umgebung erzählte. Der Film sorgte auf der Berlinale 2000 für Kontroversen und ich fürchtete zeitweise, die autobiografische Spur des Films könne meine Universitätslaufbahn gefährden.

In Paderborn verbreitete sich unter den Studierenden das Gerücht, ich hätte in einem Porno mitgespielt. Aber inzwischen war der Abstand zum Film so groß wie zu der Figur, die ich darin bin oder darstelle. Zur Vorführung kam ein neugieriges, nicht sensationslüsternes Publikum. Ich las das letzte Kapitel meines Buches ‚*Fräuleins'* und *GIs – Geschichte und Filmgeschichte* (2006), das eng mit der Arbeit an dem Film und meinem Aufenthalt in New York verbunden war. Nachdem ich 1998 eine Stelle an der Columbia University in New York erhalten hatte, blieb ich auch nach Ablauf des Vertrags bis 2001 dort, um dieses Buch in einem fensterlosen Computerraum im „Deutschen Haus" fertig zu schreiben.

---

1 Die Sammlung umfasst ca. 40 neu gezogene Kopien von Filmemacherinnen wie Ute Aurand, Elfi Mikesch, Dore O., Ulrike Ottinger, Helke Sander u.v.a., vor allem aus den 1980er-Jahren. http://kw.uni-paderborn.de/institute-einrichtungen/mewi/arbeitsschwerpunkte/prof-dr-annette-brauerhoch/experimentalfilmsammlung.
2 http://www.lichtblick-kino.de.

Danach Paderborn, wo ich auch Seminare zu Film und Feminismus anbot, z. B. über *Rebellische Frauen*, *Frauen und Film* und *Komische Kerls*. Sie waren gut besucht, die Diskussionen lebendig, eine Quelle der Freude, die mir das Leben in der Provinz erleichterte. Doch in den vergangenen Jahren nehmen die Teilnehmerzahlen ab. Die Entfernung zwischen den Studentinnen und mir scheint größer zu werden.

2013

Manche konfrontieren mich mit einer Bewusstseinslage, die mir fremd ist. Veränderte Studienbedingungen und die technisch-mediale und gesellschaftspolitische Entwicklung mögen zu einer Gemengelage beitragen, in der Studentinnen in meinen Seminaren *zum ersten Mal* dem Thema Feminismus begegnen und sagen: „Ich war mir nicht bewusst, dass es so etwas wie Geschlechterdifferenz gibt."

War es in meinen jungen Jahren anders? Nahm ich an der Universität in Frankfurt am Main wahr, dass wir uns in einer eher kleinen Enklave befanden? Andererseits gab es dort Frauenschulen, feministische Tutorien an der Universität und Initiativen wie die Gründung eines Frauenkinos in Frankfurt, bei dem die Kuratorin Karola Gramann, die Kritikerin Marli Feldvoss und die Filmwissenschaftlerin Heide Schlüpmann (s. S. 162) und viele andere mitwirkten.

Ich erinnere mich an Zusammenhänge zwischen den Universitäten und Frauenfilmfestivals, wie sie Katja Wiederspahn idealistisch als „Brutstätten[n] politisch-akademischer Auseinandersetzung mit Film- und Kinogeschichte im Sinne einer historisch informierten feministischen Theorie der Wahrnehmung" beschrieb.[3] femme totale in Dortmund, die Feminale in Köln und Films de Femmes in Créteil bei Paris bildeten Sphären, die mit unseren Universitätsseminaren vernetzt waren.

Was hat sich geändert? Ich vermute, dass die Etablierung akademischer Gender Studies zwangsläufig andere Voraussetzungen und Wahrnehmungen produziert hat. Die Entwicklung hin zu einem formalisierten Feminismus scheint eine „Neutralisierung" herbeigeführt zu haben, die im Zusammenspiel mit einem tiefreichenden gesellschaftlichen Backlash verhindert, dass heute Geschlecht und Macht aufeinander bezogen werden.

Gender Studies statt Feminismus

Die Frauenbewegung hat das Forschen und Lernen, Studieren und Unterrichten für mich interessant gemacht. Es ging um Politik und Leidenschaft, um Wissen und Veränderung mit dem Wunsch, etwas in der Institution Universität und in uns persönlich zu bewegen. Heute wird die Einrichtung von Gender-Studien-Zentren an Universi-

---

3 Katja Wiederspahn:„Nomadinnen der Lüste: Feministische Film- und Kinoarbeit im 21. Jahrhundert – Avantgarde ohne Publikum?", in: Monika Bernold (Hg.), *Screenwise. Film, Fernsehen, Feminismus; Dokumentation der Tagung „Screenwise. Standorte und Szenarien Zeitgenössischer Feministischer Film- und TV-Wissenschaften"*, Marburg 2004, S. 88.

täten von den Landesregierungen gefördert, aber Seminare zu *Filmen von Frauen* oder *Feministischer Filmtheorie* klingen gestrig.

In meinem Aufsatz *Sexy Media* stellte ich folgende These auf: „Im Rahmen institutioneller Etablierung und Akzeptanz erlaubte der Begriff *gender* die Vermeidung des biologisch/biologistisch anmutenden ‚unhygienischen' Anklangs von Körperlichkeit in ‚Geschlecht' und erreichte damit eine gewisse Neutralisierung physischer Daseinsbedingungen, die der wissenschaftlichen Beschäftigung mit Geschlecht die anstößige Konkretion nahm. Unanstößige Akzeptanz in der akademischen Landschaft war die Folge. Gender-Studies, auf der Ebene des Diskursiven und der Performativität von Geschlechtlichkeit angesiedelt, bergen gegenüber der im Verhältnis dazu mittlerweile altmodisch anmutenden feministischen Theoriebildung den scheinbaren Vorteil, egalitär, sachlich und neutral Männlichkeit mit einzubeziehen. [...] Mit der Einbindung der Gender Studies in den Wissenschaftsbetrieb geht aber auch ein Verlust einher: die Beschränkung der Auseinandersetzung vor allem auf den akademischen Bereich und damit eine Preisgabe jener dezidierten Gesellschaftskritik, die dem Feminismus zu eigen war."[4]

Während meines Studiums empfand ich feministische Wissenschaft in Verbindung mit Gesellschaftskritik als relevant, weil sie die Arroganz und Hermetik bestimmter Meisterdiskurse ablehnte: „Fröhliche Wissenschaft" hieß ein Themenschwerpunkt der Zeitschrift *Frauen und Film*[5], bei dem das Cover mit einem Bild von Marlene Dietrich ihren verführerischen Glamour mit dem Appeal einer Wissenschaft verband, die gedankliche Abstraktion mit Körperlichkeit und Sinnlichkeit zusammendachte.

Filmwissenschaft, die auf der Signifikanz der körperlichen Wahrnehmung und sinnlichen Erfahrung im Kino beharrt, kann „fröhlich" sein. Ich bin überzeugt, dass gemeinsames Filmesehen im Kino das Gefühl und den Verstand anspricht und sinnliche Erfahrung und wissenschaftliche Recherche miteinander verbindet. Gemeinsames feministisches Interesse kann den Abstand zwischen Lehrenden und Studierenden verringern, es schafft eine Praxis des gemeinsamen Erlebens und Erkennens, die hilft, sich über die abstrakte Wissenschaft und die Universitätsbürokratie hinwegzusetzen.

Damals begegnete ich meinen Zweifeln an der Bildungsinstitution Universität mit der „Waffe" des Feminismus. Vielleicht hätte ich ohne die Zeitschrift *Frauen und Film* keine akademische Karriere begonnen.[6] Den militärischen Begriff wähle ich, weil es darum ging, die Institution als Manöver- und Denkraum zu sehen und Strategien zu entwickeln, Wissenschaft mit Bezug zum gelebten Leben zu reflektieren.

---

4   Vgl. Annette Brauerhoch: „Männlichkeit tragen. Der Stoff aus dem die Träume sind". In: Skadi Loist/Sigrid Kannengießer/Joan Kristin Bleicher (Hg.): *Sexy Media? Gender/Queertheoretische Analysen in den Medien- und Kommunikationswissenschaften.* Bielefeldt 2014. S. 23–46.
5   *Frauen und Film* Nr. 56/57, *fröhliche Wissenschaft*, Frankfurt/Main 1995.
6   Über die Bedeutung, die die Mitarbeit an *Frauen und Film* für meinen (akademischen) Werdegang hatte, schreibe ich im Jubiläumsband zu 25 Jahre *Frauen und Film* (2000): Annette Brauerhoch, „Out of the past and into the future". In: *Frauen und Film*, Nr. 62, Frankfurt/Main 2000. S. 210–212.

Männlichkeit im Kino der Frauen

In meinen Seminaren gehe ich explizit von der Geschlechterdifferenz aus, da diese nicht mehr selbstverständlich ist.[7] Das Seminar *Das andere Geschlecht* beschäftigte z. B. sich mit der Frage, wie Frauen Männlichkeit inszenieren und ob sich ihre Bilder von den dominanten Heldentypen des Unterhaltungskinos unterscheiden. Wir untersuchten den Klassiker feministischer Theoriebildung, Dorothy Arzners DANCE, GIRL, DANCE (1940), und Ida Lupinos THE BIGAMIST (1953), daneben zeitgenössische Filme von Kathryn Bigelow und Jane Campion, Independent Filme und kurze Experimentalfilme, die Männer aus der weiblichen Perspektive als Väter, Täter, Liebhaber, Opfer, staatstragende Autoritätsfiguren und krisengeschüttelte Versager zeigen. Wir untersuchten, wie Hollywoodproduktionen und Avantgardefilme Kritik am Patriarchat üben und welche Faszination offenbar von Soldaten als der ultimativen Verkörperung von Männlichkeit ausgeht, z. B. in THE BLOODY CHILD (Nina Menkes, 1996), THE HURT LOCKER (Kathryn Bigelow, 2009) oder BEAU TRAVAIL (Claire Denis, 1999). Wird den männlichen Figuren im konventionellen Film der Handlungsraum zur Verfügung gestellt, gewichten Filme von Frauen, z. B. IN THE CUT (Jane Campion, 2003), VARIETY (Bette Gordon, 1983) oder WANDA (Barbara Loden, 1970) diese Raumzuteilung anders. Kaum merkliche, schwer beschreibbare ästhetische Eingriffe bewirken veränderte Raumwahrnehmungen und Machträume.

Kämpfen für das Zelluloid-Kino

Bei meiner Berufung erreichte ich die Einrichtung eines Seminarraums mit Projektionskabine, Schneidetisch und kinogerechter Verdunklung. Seither verbinden sich mein feministisches Engagement und mein Engagement für den analogen Film. Ein Archiv zum Experimentalfilm von Frauen in der Bundesrepublik und ein weiteres zum Lehrfilm wurden etabliert.[8] Ein drittes mit Super-8-Familienfilmen aus der Region befindet sich im Aufbau. Die Filme sollen in ihrer Materialität zur Geltung kommen. Ich bin überzeugt, dass das „haptische Sehen" eine produktive Reibung mit der gängigen, textbasierten und auf das Werk zentrierten Filmanalyse herstellt.

Vor allem der Aufbau des Experimentalfilm-Archivs berührt persönliche Erfahrungen. Ich erinnere mich an Filmlisten, die ich der New Yorker Bibliothekarin sandte, bevor ich die Gastprofessur an der Columbia University antrat. Helma Sanders-Brahms' Film ANGELIKA URBAN – VERKÄUFERIN, VERLOBT (1969), Monika Treuts BONDAGE (1983) oder Cleo Uebelmanns MANO DESTRA (1985) kannte ich von Frauenfilmfestivals, doch in New York waren sie nicht zu besorgen. Ich wollte sie der Dominanz angelsächsischer Theorietexte, die sich auf das Experimentalfilmschaffen

---

7 Oder ist dies das spezifische Problem einer Provinzuniversität? Andererseits hat Andrea Braidt in ihrem Buch *Film-Genus. Gender und Genre in der Filmwahrnehmung* auf die Potenziale der feministischen Filmwissenschaft verwiesen, interdisziplinär zu agieren und im Bereich der Medienwissenschaft Fragen an Medien herantragen zu können die „in der kommunikations- und medienwissenschaftlichen Herangehensweise [...] schwer formulierbar wären." Marburg 2008, S. 48.
8 www.experimentalfilmarchiv.de.

der USA und in Großbritannien bezogen, entgegensetzen. Diese Erfahrung legte den Grundstein für die Paderborner Sammlung, eine subjektive Kollektion von 40 Filmen, charakteristisch für eine bestimmte Periode, über die der Band *material, experiment, archiv. Experimentalfilme von Frauen* erschien.[9]

Fragen nach dem Verhältnis von gesellschaftlicher und ästhetischer Opposition und dem Verhältnis von dominanter versus marginalisierter Filmkultur interessierten uns in dem Seminar *Filme von Frauen*. Jutta Brückners (s. S. 114) HUNGERJAHRE – IN EINEM REICHEN LAND (1980) hinterlässt immer wieder nachhaltigen Eindruck. Unter der Oberfläche einer scheinbar historischen, explizit thematisierten Geschlechterdifferenz ermöglicht er es den Studierenden, ihre heutigen Erfahrungen zu artikulieren. Die Texte, die ich nach Sichtung von HUNGERJAHRE erbitte, haben sich jedoch verändert. Seit Einführung der Bachelor-Studiengänge werden die Kommentare knapper, abstrakter, „wissenschaftlicher". Hausarbeiten werden heute möglichst effizient erledigt. Dennoch löst der über 30 Jahre alte Film, der die qualvolle Pubertät eines Mädchens in den 1950er-Jahren beschreibt, immer noch eine intensive Wirkung aus.[10]

Ohne Feminismus wäre ich nicht zum Film gekommen. Nun ist der Film an die Stelle getreten, die vorher der Feminismus einnahm. In der Institution Universität angekommen, ist der Einsatz für den „Film als Film" wichtig. In unserem Seminarraum ist eine Form der Wahrnehmung möglich, die insbesondere dem Experimentalfilm gerecht wird. Ich versuche, den sinnlichen Körper auch in der Wissenschaft als eine treibende Kraft zu mobilisieren. Ging es früher um die Erkundung und Benennung weiblicher Sexualität und deren Repräsentation im Film, so ist es heute das Körperliche des Films selbst, das benannt werden muss, um ein Verschwinden in der „Neutralität" der Medien zu verhindern.

Es geht um mehr als den gängigen Begriff der Medienkompetenz, denn die Schulung der Wahrnehmungsfähigkeit ist heute ein Politikum. Wenn die technische und materialästhetische Spezifik der Medien erhalten bleibt, ermöglicht dies auch, die Differenzerfahrung der Geschlechter zu sensibilisieren. Nicht umsonst, scheint mir, ist die Filmwissenschaft oft eine Domäne der Frauen – und der Männer, die Sinn dafür entwickeln.

---

9 Annette Brauerhoch/Florian Krautkrämer/Anke Zechner (Hg.): *material, experiment, archiv – Experimentalfilme von Frauen*, Berlin 2013.
10 Eine Notiz lautete: „Man empfindet beinahe genauso viel Mitleid für die Mutter, weil sie im Gegensatz zur Tochter völlig unfähig ist, die Regeln, an die sie sich krampfhaft festhält, als System zu begreifen. Ihre Angst und Unsicherheit, in der Gesellschaft nicht akzeptiert zu sein, zwingt sie zur Konformität und macht sie selbst am Ende des Films weiterhin blind."

Marie-Luise Angerer

PROFESSORIN FÜR MEDIEN- UND KULTURWISSENSCHAFTEN

Geboren 1958 in Bregenz, Österreich. Studium der Kommunikationswissenschaften, Romanistik, Philosophie und Kunstgeschichte in Wien. Professorin für Medien- und Kulturwissenschaften an der Kunsthochschule für Medien, Köln. Von 2007 bis 2009 Rektorin.

Forschungsaufenthalte, Gast- und Vertretungsprofessuren in den USA, Australien, Kanada, England, Budapest, Berlin, Bochum, Zürich. Arbeit im Beirat der *ZfM - Zeitschrift für Medienwissenschaft* und des Festivals transmediale.

Seit 2013 Mitglied des Universitätsrates der Kunstuniversität Linz, Österreich.

Ihre Forschungsschwerpunkte sind Medientechnologien und feministische Theorie, Körpertheorien, Wissenskonfigurationen und künstlerische Praxen, Fragen des Lebens und der humanen und posthumanen Zukunftsphantasmen.

LITERATUR (Auswahl)
- *Auf glattem Parkett: Feministinnen in Institutionen* (Hg.), Wien 1991
- *Gender und Medien: theoretische Ansätze, empirische Befunde und Praxis der Massenkommunikation: ein Textbuch zur Einführung* (Hg. mit Johanna Dorer), Wien 1994
- *The body of gender: Körper. Geschlechter. Identitäten* (Hg.), Wien 1995
- *Body options : Körper.Spuren.Medien.Bilder*, Wien 2000
- *Der andere Schauplatz: Psychoanalyse - Kultur - Medien* (Hg. mit Henry P. Krips und Z. Sofoulis), Wien/New York 2002
- *Future bodies : Zur Visualisierung von Körpern in Science und Fiction* (Hg.), Wien/New York 2002
- *Vom Begehren nach dem Affekt*, Zürich/Berlin 2007
- *Gender Goes Life. Die Lebenswissenschaften als Herausforderung für die Gender Studies* (Hg.), Bielefeld 2008
- *Choreographie Medien Gender* (Hg. mit Yvonne Hardt und Ann Carolin Weber), Zürich/Berlin 2013
- *Timing of Affect - Epistemologies, Aesthetics, Politics* (Hg. mit Bernd Bösel, Michaela Ott), Zürich/Berlin Nov. 2014

Von Blickachsen zu affektiven Faktoren

Als die feministische Filmtheorie sich in den 1970er-Jahren zu einem Corpus zu entwickeln begann, standen das visuelle Feld, seine Rahmung und seine Blickachsen, seine Identifikationsangebote und Begehrensstrukturen im Zentrum der Aufmerksamkeit.

Laura Mulveys inzwischen seit Jahrzehnten stereotyp zitierter Aufsatz von der *Visuellen Lust und dem narrativen Kino*[1] legt hierfür ein beredtes Zeugnis ab.

Dem damaligen politischen Anspruch verpflichtet, die Nichtexistenz von Frauen, ihre Blick- und Sprachlosigkeit im Repräsentationssystem der westlichen Kultur aufzudecken, wies Mulvey nach, wie das Kino der 1930er- und 1940er-Jahre die Frauen ins Bild verbannte, um den Blick ausschließlich einem männlich gesetzten Träger zuzuschreiben. Wenn Frauen im Kinopublikum saßen, so saßen sie dort in einer als männlich definierten Blick-Position. Wenn Männer, so der Umkehrschluss, ins Bild gelangten, so in einer als weiblich codierten Position, d. h. Männer in Blick-Begehrenspositionen waren immer schon auf gewisse Weise „schwul", also feminisiert. Doch Frauen waren, so die Zuschreibungspolitik in jenen Jahren, nicht nur im Bild, sondern sie waren ausschließlich als Körper in diesem Bild, während Männer, wenn im Bild, mit ihrem Kopf dort vertreten waren. Obwohl Mulvey immer wieder betonte, dass diese Positionsbeschreibungen als psychische Positionen (im Sinne der Psychoanalyse) zu verstehen sind, konnte sich diese Sicht nie wirklich durchsetzen, weibliche und männliche Positionen wurden immer wieder mit Frauen und Männern aus der realen Welt gleichgesetzt und auf diese Weise der Geschlechterdualismus filmkritisch und -theoretisch fortgeschrieben.

Mit der Kritik am Begriff Frau, wie sie sodann Teresa de Lauretis in *Technologies of Gender*[2] äußerte, veränderte sich die Blickrichtung auf die Bilder (von Filmen und Medien allgemein). De Lauretis verknüpfte ihren an Umberto Eco orientierten semiotischen Ansatz mit dem Macht- und Dispositiv-Denken, wie es von Michel Foucault[3] eingeführt worden war, um nun Gender – d. h. nicht mehr länger von Frauen und Männern zu sprechen – nicht als Eigenschaft (*property*) eines Körpers, sondern als eine Summe von Effekten zu bestimmen, die die Körper, das Verhalten und die sozialen Beziehungen reglementieren. Und schließlich versetzte die Queer-Bewegung der 1990er-Jahre der feministischen Filmtheorie einen nachhaltigen Stoß, der ihre psychoanalytische Verklammerung lockerte und schwul-lesbische und andere sexuelle Begehrensformen in den filmischen Blickpunkt rückte.

---

1 Laura Mulvey (1974): „Visuelle Lust und narratives Kino". In: Gislind Nabakowski, Helke Sander, Peter Gorsen (Hg.), *Frauen in der Kunst*, 1. Bd. Frankfurt am Main 1980 (siehe auch S. 147, Fußnote 5).
2 Teresa de Lauretis: *Technologies of Gender*. Bloomington, Indianapolis 1987.
3 Michel Foucault: *Sexualität und Wahrheit*. Bd.1. Frankfurt am Main 1977.

Doch damit erfolgte auch eine weitere Zäsur, nämlich die Kritik an der visuellen Hegemonie. In dem Moment nämlich, wo das Begehren nicht notwendigerweise mehr ein psychoanalytisch bestimmtes war, dessen Grundstruktur sich über den Mangel und der ins Leere zielenden Blicke definiert(e), verlor auch das Sehen seine zentrale Position.

An seine Stelle rückten Taktilität, Haptik und Körperlichkeit (sowohl der filmischen Bilder als auch der ZuschauerInnen). Diese neuen Interessensfelder verwiesen allerdings auch auf einen Umstand, der sich sozusagen hinter dem Rücken des Films abzuspielen begonnen hatte – gemeint ist der Einzug der digitalen Bilder. Mit diesen ging eine ambivalente Drehung einher. Vivian Sobchak[4] wehrte sich 1988 noch vehement gegen die in ihren Augen dadurch hervorgerufene Entkörperlichung, sprach von der Referenzlosigkeit der digitalen Bilder und verwies wehmütig auf die Wiederauferstehung des Lebens in den (alten) Filmbildern. Die digitalen Medien würden ein Simulationssystem produzieren, das jede Beziehung zur realen Außenwelt verloren hat. Doch ein Jahrzehnt später hat diese Rede von der Entkörperlichung ihre Relevanz verloren, denn nicht nur im Film – in allen Medien – sind die Körper zum Greifen (nah) geworden: hyperreal.

Und nun setzt die Gegenbewegung zu Sobchaks Klage ein, eine hemmungslose Wiederkehr des Körpers wird zelebriert, der ihn zum Zentrum inmitten der elektronischen Bilder stilisiert. Mark B. Hansen etwa greift auf Henri Bergsons Wahrnehmungstheorie zurück, um den Körper – selbst ein Bild unter Bildern – als Filter- und Orientierungsorgan in der (neuen) Medienwelt zu bestimmen[5], Lisa Cartwright plädiert für Mitgefühl und eine *Moral Spectatorship*[6], und ich habe 2007 in meinem Buch *Vom Begehren nach dem Affekt*[7] die Verschiebung oder Ersetzung des sexuellen Dispositivs durch ein affektives analysiert. Dort habe ich auch die Zweischneidigkeit dieser Rückkehr des Körpers für die feministische Debatte herausgestrichen, die nämlich mit ihrem Fokus auf den Affekt die Kategorie Gender durchaus infrage zu stellen vermag.

Man kann vorsichtig zusammenfassend formulieren, dass der Affekt – als Bewegung, Energie, als übervolle, daher nicht bewusstseinsfähige Zeitzone, als das, was das Individuum notwendigerweise überschreitet, als etwas, das sich auf das Soziale nicht reduzieren lässt – eine Art Relais darstellt oder vielmehr die Funktion eines solchen zugesprochen bekommt, um ein Versprechen, ein Begehren nach Überwindung tradierter Dualismen (Natur/Kultur, Körper/Geist, Mensch/Maschine/Tier, etc.) einzulösen.[8] Wenn Freud die Sexualität des Menschen vom Instinkt der Tiere radikal unterschieden hat, um sie als das zu positionieren, worin sich das Humane entfaltet, dann ist der Affekt nun genau die Gegenbewegung hierzu, die nämlich jenes Moment

---

4   Vivian Sobchak: *The Scene of the Screen*. In: Hans Ulrich Gumbrecht, K. Ludwig Pfeiffer (Hg.): *Materialität der Kommunikation*. Frankfurt am Main 1988.
5   Mark B. Hansen: *New Philosophy for New Media*. Cambridge (Mass.)/London 2004.
6   Lisa Cartwright: *Moral Spectatorship: Technologies of Voice and Affect in Postwar Representations of the Child*. Durham 2008.
7   Marie-Luise Angerer: *Vom Begehren nach dem Affekt*. Berlin, Zürich 2007.
8   Marie-Luise Angerer/Bernd Bösel/Michaela Ott (Hg.): *Timing of Affect*. Zürich 2014.

in den Vordergrund rückt, wo Menschen und Tiere sich vergleichen und verbinden lassen – und nicht nur diese, auch die Nahtstelle Mensch/Maschine wird über den Affekt „verlötbar", wie die Forschung zur affektiven Kompetenz der Maschinen seit einiger Zeit unter dem Stichwort *affective computing* zu beweisen versucht.

Filmische Szenen

„Die starken Killermädchen kommen. Sie wollen nicht schön sein und nicht sexy. Aber auf alle Fälle nehmen sie ihr Leben selbst in die Hand. Vorläufig zumindest im Kino." [9] Dort rächen sie in TRUE GRIT (2010) von Ethan und Joel Coen den Vater, töten in WHO IS HANNA (2011) von Joe Wright gnadenlos und kämpfen ums Überleben der Familie in WINTER'S BONE (2010) von Debra Granik. Anders als in Ridley Scotts THELMA AND LOUISE (1991), der als Film für die Emanzipation der Frauen gefeiert wurde, und anders als BAISE-MOI (2000) von Virginie Despentes, der die Rache der Frauen an ihren Vergewaltigern inszenierte, sind die neuen Girls nicht länger mehr auf ihre Befreiung bedacht, sondern vielmehr auf die Sorge für die anderen, seien dies Geschwister oder die Mutter. Sie interessieren sich weniger für Sexabenteuer als für Waffen und körperliche Fitness, sie treten nicht als Kindfrauen, sondern als durchtrainierte Cyborg-Mädchen auf wie in David Finchers Film THE GIRL WITH THE DRAGON TATOO (2011)[10], in dem Rooney Mara die Hackerin Lisbeth Salander spielt, die gemeinsam mit dem Journalisten Blomkvist (Daniel Craig) das Verbrechen – ein Vater vergewaltigt seine Tochter – aufdeckt. Lisbeth, das Cyborg-Mädchen, ist enorm erfolgreich, es gelingen ihr spektakuläre Aufklärungen und Überführungen, z. B. die ihres Vormunds, der sich an ihr sexuell vergreift – um am Ende jedoch ihre große Liebe – Blomkvist – nicht zu bekommen. Völlig vor den Kopf gestoßen muss sie

Saoirse Ronan in WHO IS HANNA (2011, Regie: Joe Wright)

Jennifer Lawrence in WINTER'S BONE (2011, Regie: Debra Granik)

---

9 Zitat aus: *Süddeutsche Zeitung*, 28.05.2011.
10 David Fincher nach dem Roman *Verblendung*, 1. Teil der *Millenium*-Trilogie von Stieg Larsson. München 2006.

Rooney Mara in THE GIRL WITH THE DRAGON TATOO (2011, Regie: David Fincher)

mitansehen, dass nicht sie seine Liebe ist, sondern eine andere. Auch Cyborg-Mädchen haben also Träume, was wir seit Donna Haraway[11] immer schon wissen hätten können: Die Cyborg steht als Joker für soziale Utopien in einer Welt, in der Ökonomie und Technik die ausschließlichen Parameter geworden sind.

Ausblick

Auf starke Weise zeigen diese und andere Filme, wie sich die Analyse und das theoretische Instrumentarium entlang dem Lauf der Bilder generieren, wie sich die jeweilige Zeit in die Bilder versetzt und diese sich aus ihrer Zeit heraus „lesen" lassen und die Zuschauer/innen und ihre Körper mit der Technik der Bilder sich mitbewegen bzw. affiziert werden.

Sie machen darüber hinaus deutlich, dass Theorien Produkte und Effekte von Machtkonstellationen bzw. deren Verschiebung sind, also weder die Blicke noch die Körper, weder der Affekt noch Gender eine über die Zeiten allgemeingültige „Wahrheit" für sich beanspruchen können, sondern vielmehr einem situierten Wissen geschuldet sind.

Als ich im Jahr 2000 auf die Professur Medien & Gender (so die damalige Denomination) an die Kunsthochschule für Medien (KHM) Köln berufen wurde, meinte ich in meinem Bewerbungsgespräch, dass Gender nicht unterrichtet werden könne, dass es kein Lehrfach sein kann. Daraufhin wurde ich gefragt, ob ich mich selbst würde abschaffen wollen, bevor die Stelle überhaupt besetzt werde. Ich verneinte natürlich und malte stattdessen ein Diagramm auf die Flipchart, um der Kommission vor Augen zu führen, was Gender meint. Gender sei etwas, betonte ich damals, was sich „zeigt", was „sich tut", was gehört und (auch unbewusst) wahrgenommen wird. Als ich 2007 Rektorin der KHM geworden war, benannte ich die Professur in Professur für Medien- und Kulturwissenschaften/Gender um. Diese Umbenennung war Teil einer

---

11 Donna Haraway: Modest_witness@second_millennium.FemaleMan©_Meets_OncoMouse. New York/London 1997.

politischen Strategie, die auch auf das damals einsetzende *Gender Mainstreaming* antworten wollte/sollte.

Mit der *Gendermainstreamisierung* ist ein Prozess verankert worden, der die Genderdebatte aus dem akademischen Feld ins politische explizit wieder übertragen will. Wieder, denn die feministische Debatte war von Anfang an (man denke an die erste und zweite Frauenbewegung) eine politische Frage und erst in zweiter Linie eine theoretische Grundlagenforschung. Die Auseinandersetzungen zwischen Theorie und Politik sind deshalb auch nie verstummt. Aber über all die Jahrzehnte haben sich Theoriefelder und politische Aktionsfelder gerieben.

Heute beobachte ich mit einiger Skepsis, wie *Gender Mainstreaming* zu einem politischen Instrument wird, dem vielfach der Rückbezug zur Grundlage und zum theoretischen Rüstzeug abhanden kommt. Ich beobachte auch, dass die Grundlagendebatte erneut und auf mehr oder weniger subtile Weise zum Verstummen gebracht wird. Dies geschieht zweifach – politisch und theoretisch (auch von den Frauen selbst mitbetrieben), wie ich hier versucht habe vorzuführen.

Dies habe ich u. a. in unserem Band *Choreographie, Medien, Gender* aufgezeigt, wo der Einzug der Medientechnologien vielfach den Anschein erweckt, dass Körper ohne Geschlecht agieren, anstatt zu untersuchen, inwiefern Geschlecht und Technologien neue Verbindungen eingegangen sind, wodurch sich beide Pole semiotisch-materiell umcodieren.[12]

---

12 Marie-Luise Angerer/Yvonne Hardt/Ann-Carolin Weber (Hg.): *Choreographie Medien Gender*. Zürich 2013.

Gabriele Stötzer

AUTORIN, SUPER-8-FILMERIN, PERFORMANCE-
KÜNSTLERIN, MIT-INITIATORIN DER GRUPPE
„FRAUEN FÜR VERÄNDERUNG" ERFURT 1989

Geboren 1953 in Ermleben/Thüringen. Ab 1969 Ausbildung zur Medizinisch-Technischen Assistentin in Erfurt, Abitur auf der Abendschule und Studium der Germanistik und Kunsterziehung an der Pädagogischen Hochschule in Erfurt. 1973–1979 verheiratet.

1976 wegen einer Petition gegen die Entlassung eines kritischen Kommilitonen von der Hochschule relegiert und „zur Bewährung" in die Produktion geschickt. 1976 durch ihre Unterschrift Beteiligung am Protest gegen die Ausbürgerung von Wolf Biermann aus der DDR. Festnahme durch die Stasi. Nach der Untersuchungshaft im Frühjahr 1977 Verurteilung zu einem Jahr Gefängnis wegen „Staatsverleumdung" im Zuchthaus Hoheneck in Stollberg/Sachsen. Nach der Entlassung erneut „zur Bewährung" in die Produktion. Beginn des autobiografischen experimentellen Schreibens nach der Haft, Veröffentlichung in Szene-Publikationen (mit Ausnahme des Bandes *Zügel los*, Aufbau Verlag 1989).

1980 Gründung einer privaten Kunstgalerie in Erfurt. Intensive Beschäftigung mit dem Siebdruck, der Fotografie und Weberei. Ausstellungen eigener Werke und der ihres alternativen Freundeskreises. 1981 Galerie-Schließung durch die Stasi, unter deren Beobachtung sie stand.[1] Arbeit als Fotografin, Super-8-Filmerin (Trisal 1986 u.a.) und Performerin.

Aufbau der feministischen Künstlerinnengruppe *Exterra XX*, die u.a. mit Objektshows öffentlich auftrat. Während des gesellschaftlichen Umbruchs 1989 aktiv in der Erfurter Gruppe *Frauen für Veränderung*, die als erstes Bürgerkomitee die Erfurter Stasi-Zentrale stürmt. 1990 Mitbegründerin des Vereins Kunsthaus in Erfurt.

2002 *Die bröckelnde Festung*, Gabriele Stötzers autobiografischer Roman über die Haft in Hoheneck. Ihre Filme werden im Experimentalfilm-Archiv Ost ex-oriente-lux.net gesammelt und präsentiert. Tätigkeit als Dozentin für Performance-Kunst. 2013 Teilnahme am Archiv- und Ausstellungsprojekt *re.act.feminism* in der Akademie der Künste Berlin, daneben die Ausstellungen *Schwingungskurve Leben* im Schiller-Museum Weimar und *Zwischen Ausstieg und Aktion. Die Erfurter Subkultur der 1960er-, 1970er- und 1980er-Jahre* in der Kunsthalle Erfurt.

2013 Auszeichnung mit dem Verdienstkreuz am Bande des Verdienstordens der Bundesrepublik Deutschland.

---

1 Siehe *„Eingeschränkte Freiheit" – Der Fall Gabriele Stötzer* (http://www.bstu.bund.de)

Der Knast hat meine Kunst beeinflusst

Ich denke oft darüber nach, wie das Gefängnis meine Kunst beeinflusst hat. Vor meiner Zeit im Frauengefängnis Hoheneck, der „Mörderburg" bei Chemnitz, wo ich 1977 ein Jahr wegen Staatsverleumdung einsaß, weil wir in Erfurt 20 Unterschriften gegen die Ausbürgerung von Wolf Biermann gesammelt hatten, war mein Zugang zur Kunst und zu Frauen fast ausschließlich intellektuell. Eigentlich war bei uns in der DDR alles Intellektuelle auf Marx, Engels und Lenin, auf männliche Betrachtungsweisen reduziert. Es gab nur Rosa Luxemburg, die einzige Frau, die den wichtigen Satz sagte: „Freiheit ist die Freiheit Andersdenkender".

Ich glaube, mein Blick änderte sich im Gefängnis. Es machte die Ideologisierung zunichte. Ich hatte ja nichts anderes gelernt, war vorher Beststudentin an der Uni, auch in der politischen Schulung, und noch mit den Vernehmern diskutierte ich stundenlang, um das große Projekt Sozialismus weiterzuentwickeln. Nach Hoheneck, dieser Körperlichkeit mit Frauen, wo ich mitbekam, dass Frauen anders sind, als ich es vorher gemeint hatte, und die Ideologie anders war, hatte ich keine Illusionen mehr. Alles drehte sich um, ich wurde emotionaler und sinnlicher, begann die Tiefendimensionen zu hinterfragen und suchte die direkte Überprüfbarkeit am Körper.

Die Nähe, die mir im Gefängnis aufoktroyiert war, bewies mir plötzlich, dass diese andere Seite wichtig ist. Erst nach vielen Jahren komme ich heute wieder dahin, dass ich Intellektualität als Abstand zum künstlerischen Gegenstand oder auch als Genuss, als Wahrheitsfindung und Weg akzeptiere. Nach dem Gefängnis konnte ich das nicht.

In der Untersuchungshaft waren wir anfangs noch isoliert, nach 14 Tagen kamen zwei inhaftierte Frauen in eine Einzelzelle. Dann im Strafvollzug in Hoheneck war ich mit 30 oder 40 Frauen in einem Verwahrraum, wo wir in dreistöckigen Betten übereinander schliefen. Auf die Toilette mussten wir zusammen gehen, zusammen schlafen, essen und arbeiten. Wir arbeiteten im Dreischichtsystem zusammen und der Ausgang im winzigen Freihof geschah zusammen, in mehreren Kommandos. Man war nie mehr allein im Gefängnis, nie. Es gab auch Mörderinnen unter uns, und plötzlich erledigten sich alle Propaganda-Chimären, z. B. mein angeblicher Verrat oder der Klassenfeind außerhalb der DDR. Plötzlich wusste ich, dass es in uns ist und ganz nah.

Sexualität fürs Volk

Dass die Frauen in der DDR den Männern gleichgestellt waren, halte ich für Theorie. Das einzige, was wahr ist: Frauen *mussten* genauso wie Männer arbeiten, dieser Zwang galt für beide Geschlechter. Und dann gab es Abtreibung – schnell heiraten, schnell wieder scheiden lassen und gewisse sexuelle Möglichkeiten, sich anders auszuprobieren. Weil man sich nicht frei nach oben entwickeln konnte, durfte man sich in der Breite entwickeln, reihum ficken, sagen wir's mal so. Brot und Spiele fürs Volk.

Oben in der Hierarchie gab man sich puritanisch, da gab es Sexualität im Verborgenen. Man muss fragen, wie war das mit der Prostitution? Wie wurden Nutten bei der Leipziger Messe eingesetzt, um Westdeutsche zu ködern und auszuspionieren? Sexualität war etwas fürs Volk und brauchbar für die Stasi. Wir sind damit umgegangen, aber wirkliche Gleichberechtigung gab es nicht, wenn man in die Tiefe geht. Sex war nützlich, so wie Abtreibung nützlich war, weil gearbeitet werden musste. So hat man nach dem Muster gelebt: Worüber man nicht nachgedacht und wofür man nicht gekämpft hat, das nimmt man für die gültige Wahrheit.

Wichtig ist: Es gab keine Möglichkeit, nicht zu arbeiten. Nach dem Knast war ich in Frauengruppen, die sich politisch rebellisch verstanden, indem sie sagten: „Ich will mit meinem Baby zu Hause bleiben." Die Haltung war gefährlich. Wenn man nicht arbeitete, galt man als asozial und kam in Haft. So viele junge Frauen, die die Liebe leben wollten und den Arbeitsprozess locker sahen, kamen wegen Asozialität in den Knast! Der Staat hat überhaupt nichts locker gesehen.

War man einmal als asozial aufgefallen, wurde man wegen kleinster Dinge schikaniert. Wenn man die Miete nicht bezahlt hatte, kriegte man eine Aufforderung von der Stasi, sich zu melden. Tat man das nicht, gab es eine Geldstrafe. Wenn die sich ansammelten, wurde man wegen unbezahlter Strafen kriminalisiert und verhaftet. Auch wenn man als Künstler aufhörte zu arbeiten, um zu malen, konnte man kriminalisiert werden. Einem meiner Freunde ist das passiert.

Wenn ich schon in der DDR lebe, will ich mitbestimmen

Ich kam vom Dorf, meine Eltern waren der Meinung, ich sollte schnell einen Beruf lernen, selbstständig werden, Geld verdienen und nicht auffallen. Ich lernte medizinisch-technische Assistentin, wie übrigens viele Schriftstellerinnen und Künstlerinnen in der DDR. Brotlose Kunst, das wäre das Letzte gewesen, was sich meine Eltern vorstellen konnten.

Ich lernte an der Medizinischen Schule in Erfurt, begann danach aber sofort, auf der Abendschule das Abitur zu machen, weil ich unbedingt studieren wollte. Die Zukunft war für mich Wissen: ein Studium und nicht stehenbleiben in dem, was ist. Nach dem Abitur versuchte ich, in Berlin klinische Psychologie zu studieren, wurde aber nicht angenommen. Stattdessen studierte ich ab 1973 an der Pädagogischen Hochschule Erfurt Deutsch und Kunsterziehung.

Im letzten Studienjahr 1976 wurde ich kurz nach einem Kommilitonen, für den ich mich einsetzte, wegen Verunglimpfung der Hochschule exmatrikuliert. Wir hatten Rede- und Gedankenfreiheit gefordert. Daraufhin musste ich „zur Bewährung in die Produktion", also wieder als MTA arbeiten. Als im gleichen Jahr der Liedermacher Wolf Biermann ausgebürgert wurde und daraufhin eine Gruppe von Künstlern in Berlin eine Protesterklärung veröffentlichte, sagte ich mir, dass ich schon mitbestimmen will, wenn ich hier in der DDR lebe. Es gab ja die Parole: „Plane mit, arbeite mit, regiere mit!" Wenn es also ein Volk gibt und einen Volkssänger, kann man dem Volk nicht seine Lieder wegnehmen. Das war unser Gesellschaftskonzept hinter der Protesterklärung, für die Künstler in Berlin und wir in Erfurt Unterschriften sammelten. Ich unterschrieb als erste, als mein Freund Thomas Wagner die Liste nach Erfurt brachte und weitere Namen sammelte. So kam es, dass ich für die Stasi der Kopf einer staatsfeindlichen Gruppe war, Thomas der Bauch – die hatten ja ihre Psychologie.

Nähe und Abstoßung

Wir kamen beide ins Gefängnis, und da drehte sich alles um. Ich bin nicht, wie so viele, nach der Haft auf das Angebot zur Ausreise in den Westen eingegangen, ich bin im Osten wieder rausgekommen. Im Knast sagte ich mir: „Jetzt hast du alles verloren, die große Karriere ist vorbei. Jetzt kannst du machen, was dein heimlichster Wunsch ist, Künstlerin sein, Schriftstellerin werden." Ich bin in den Untergrund gegangen, in die Künstlerszene und habe dort gleich offen darüber geredet. Weiter Häuser besetzt, Fotos gemacht und in Untergrundzeitschriften veröffentlicht, ganz konsequent.

Meine Fotos drückten Innenraum-Situationen und die Isolation von Frauen aus. Frauen sehr körperlich, wie nah sie sich kommen, wie sie sich berühren. Die Nähe, die Abstoßung und Aggression, die ganze Schwierigkeit des Frauseins war mein Thema. Ich zeigte nackte Körper, weil mir klar war, dass wir im Gefängnis ausgezogen wurden. Da wurde in alle Löcher geguckt, ob man Kassiber hat. In den Zellen wurden wir vom männlichen Wachpersonal beobachtet, auch da waren wir nackt. Der Schampegel hatte sich gesenkt, für wen sollte ich mich schämen? Da ging's nicht um die verordnete FKK-Freiheit in der DDR. Für mich galt viel Grundsätzlicheres: Das Wesen der Frau ist nackt. Du bist ungeschützt in dieser Welt. Dieses Bild von Nacktheit, diese Wesensfrau, setzte ich als mein Ausdrucksmittel ein. Und meine Fotos wurden plötzlich Serien.

Sinnliche Filme

Meine Freundinnen Nora Seifert, Birgit Bronnert und Marianne Klement waren meine Modelle. Wir hatten das klare Konzept, wir machen das nicht für uns, wir machen Kunst. Dann führte ich in der Wohnung von Peter Peinzger die von ihm begründete Privatgalerie Galerie im Flur weiter, als er Erfurt verließ. Bevor die Galerie 1981 von der Stasi „liquidiert" wurde, stellte ich den Dresdener Maler Ralf Kerbach aus. So lernte ich seine damalige Freundin, die Malerin Cornelia Schleime kennen, die ich oft besuchte, nachdem sie von Dresden nach Berlin gezogen war. Mit ihr sah ich zum ersten Mal Filme aus der Super-8-Szene, Filme von Gino Hahnemann, der sein Schwulsein nach außen trug und sinnliche Männer darstellte.

Ich weiß noch, dass Connie und ich uns einig waren, dass wir auch sinnliche Filme machen wollten, so wie wir Männer empfinden, nicht als Soldaten, Arbeiter, Bauern, sozialistische Ikonen. Gefühl, Sinnlichkeit, Sexualität, Subtilität, das war's. So fingen wir also an, Super-8-Filme zu machen, Cornelia in Berlin, ich in Erfurt.

Zuerst waren da also Fotos in der Fläche, dann ab 1984 Filme als Bewegung in der Fläche und dann initiierte ich im selben Jahr mit anderen zusammen in Erfurt die

Künstlerinnengruppe Exterra XX, mit der ich Filme drehte, 1986 den ersten, FRAUENTRÄUME. Wir entwickelten Performances, Mode- und Objektshows, also Bewegungen im Raum.

Daneben drehte ich meine eigenen privaten Filme, die ich einfach machen musste: DIE AUSTREIBUNG AUS DEM PARADIES (1984) mit Monique Förster und Claudia Räther, wo zwei Frauen in einem geschlossenen Innenraum agieren. Oder TRISAL (1986) mit Verena Kyselka und Monika Andres, wo es um weibliche Archetypen geht, bis hin zu VEITSTANZ/FEIXTANZ (1989), wo dieses Mal Frauen und Männer ihre Ekstasen an bestimmten Plätzen der Stadt tanzen, mit der Bewegung also die Stadt „nehmen".

Mit Frauen muss man anders arbeiten als allein. Ich kam aus dem Knast, war da über Grenzen hinausgegangen. Ich konnte viel Härte ertragen und forderte andere. Wenn ich aber mit Frauen arbeite und will, dass sie ihr Eigenes machen, muss ich Kompromisse machen. Bis 1989 drehte unsere Frauengruppe jedes Jahr einen Film, entwickelte eine Performance, alles basisdemokratisch, ein bisschen abhängig von allen, weil es wichtig war, dass jede Frau ihre Ideen verwirklichte.

Bei FRAUENTRÄUME half uns die Idee, dass man für Träume nicht verantwortlich ist. Wir haben uns unsere Träume erzählt und es war plötzlich keine Schwierigkeit, sie darzustellen, weil wir „nicht ganz dafür zuständig" waren. Das Thema im darauffolgenden Jahr lautete Erhöhung und Erniedrigung, der Film dazu DIE GEISTER BERÜHREN – was am eigenen Leben darzustellen viel tiefer ging und richtig wehtat. So sind wir Stück für Stück in unsere Innenwelten eingedrungen und haben Szenen und Bilder dafür gefunden. Es folgten COMIK/KOMISCH, wo es um andere Fortbewegungsarten als den „geraden Gang" ging und im Frühjahr 1989 SIGNALE, der schon visionäre Zeichen zum politischen Aufbruch im Herbst desselben Jahres gab. Gründungsmitglieder der Künstlerinnengruppe waren Monique Förster, Verena Kyselka, Monika Andres, Ingrid Plöttner, Ina Heyner, Gabriele Göbel, Elke Karl und Harriet Wollert.

Schönheit war unsere Vision

Kunst war Aktion: handeln und nach außen gehen. Das war mir wichtig, denn ich versuchte einen Demokratisierungsprozess mit Freundinnen. Aber mir wurde auch vorgeworfen, dass ich wie ein Mann mit den Frauen umgehe. Ich habe dann Kompromisse gemacht – ganz anders als Cornelia Schleime übrigens –, indem wir monatelang miteinander redeten und arbeiteten. So haben wir Bilder erarbeitet, zu Hause allein, beim Kindersitting, bei allem Möglichen, bis sie soweit waren, dass sie sich selbst vor der Kamera darstellten. Bunte, schöne Filme sind da entstanden, alle frisch, frech und humorvoll.

Als Einzelkünstlerin ist man meist ziemlich ernst, aber das hier war eine schöne Möglichkeit, einfach zu leben und mit Gleichgesinnten, die verrückt und wild und mutig sind, einen Raum zu schaffen.

Schönheit war wichtiger als Aggression. Ich bin nicht destruktiv, überhaupt nicht. In der DDR-Literatur, die damals für uns relevant war, etwa *Günderode* von Christa Wolf, endeten die meisten Stücke mit dem Tod. Heiner Müller veranstaltete brachiale Blutfeste auf der Bühne. Auch Ulrich Plenzdorf ließ *Die neuen Leiden des jungen W.* mit Selbstmord enden. Im Grunde negierten sie die Fortschrittsideologie des Staates.

Aber ich dachte immer, wenn ich hier lebe, dann will ich leben. Ich bin eine junge Frau, ich will kreativ sein und andere dazu ermutigen. Es war unser politisch-gesellschaftliches Konzept, genau das zu tun, kein direkter Widerstand gegen Honecker. Der Staat und seine Organe konnten uns nichts anhaben. Wir gaben uns selbst ein Ich und stellten diese Individualitäten nebeneinander, um sie kommunizieren und Kunst entstehen zu lassen. Schönheit war unsere Vision.

Aber solch eine imaginäre Gruppenbildung ist im Grunde schon wieder politisch, weil es ja verboten war und uns wieder hätte ins Gefängnis bringen können. Wir wussten, dass es rebellisch war, auch wenn wir die Politik scheinbar mieden. Die Idee war, mit unseren Objektshows in die Öffentlichkeit zu gehen und damit den Leuten, die wir nicht meinen, unsere Energie zu entziehen. Wir wollten nur noch das unterstützen, was wir auch leben wollten. Das Prinzip wirkte, unsere Gruppe erweiterte sich um Tely Büchner, Claudia Bogenhardt, Bettina Neumann, Marlies Schmidt, Jutta Rauhfuß u. a.

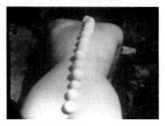

Geschont haben wir uns dabei nicht. Zum gemeinsamen Malen und Tapezieren kamen wir nie zusammen. Die Kinder ließen wir draußen. Es ging wirklich nur um Kunst. Wir waren eine Künstlerinnengruppe und definierten uns so. Das war ganz wichtig, weil wir uns sonst in all den typischen Problemen, die Frauen lösen mussten, verzettelt hätten. Es ging ja immer darum zu schaffen, dass man eben *nicht* in einem sozialistischen Betrieb arbeitete. Aber woher kommt dann das Geld? Den Alltag musste jede allein bewältigen, wir machten Kunst. Daher bezogen wir unsere Kraft.

Wir waren zwischen acht und 15 Frauen. Eine begann sich nackt auszuziehen und zu bemalen, eine andere wollte das dann auch. Bestimmte Strukturen wiederholten sich und Ähnlichkeiten bildeten sich heraus. Auf der Bühne waren wir als Gruppe

1,4 u 5 v.o.: Monique Förster und Claudia Thierfelder in Austreibung aus dem Paradies (Gabriele Stötzer 1984); 2. u. 3. v.o.: Monika Andres in Trisal (Gabriele Stötzer 1986)

geschützt, sodass jede ihre eigenen Grenzen überschreiten konnte. Miteinander waren wir viel verrückter als einzeln. Es war eine Gruppe, die etwas haben wollte, keine, die Frauen nur etwas schenken und vermitteln wollte.

1989 und danach

Bei den Kirchentagen in Erfurt sagte der evangelische Probst Heino Falke 1988, dass Frauen die Bibel anders interpretierten als Männer. Er stellte das Augustiner Kloster zur Verfügung und feierte Frauengottesdienste, bei denen wir Modeobjektshows veranstalteten. Plötzlich zeigte sich in diesem geschützten Raum, dass in Erfurt vier oder fünf Frauengruppen existierten. Sie hatten sich nach unserem Vorbild gegründet, waren aber nie auf uns zugekommen. Jetzt wollten alle erst mal miteinander reden: Frauen, die nicht arbeiten und für ihre Kinder da sein wollten, Frauen, die lesbisch sein wollten, aber noch nie mit einer Frau geschlafen hatten, solche Themen. Eine Psychiaterin wollte ein Frauentelefon und ein Frauenhaus. Der Klassenfeind war eben nicht außerhalb, der Feind war in unseren Familien, wo das Thema, dass Frauen geschlagen wurden, bis dahin beschwiegen worden war. Andere Frauen setzten sich kritisch mit dem Wehrkundeunterricht in den Schulen auseinander.

Weil es so viele Frauengruppen in Erfurt gab, wollten wir uns im kirchlichen Rahmen einmal im Monat treffen. Aus diesen Frauengruppensitzungen im großen Kreis hat sich in der Umbruchszeit im Herbst 1989 die Gruppe „Frauen für Veränderung" gebildet, damals die einzige ihrer Art in der DDR.

Die „Frauen für Veränderung" hatten Mitspracherecht an den großen Demos, in Erfurt immer donnerstags, nicht montags wie in Leipzig. Und fünf Frauen, Sabine Fabian, Kerstin Schön, Tely Büchner, Claudia Bogenhardt und ich initiierten schließlich die Stürmung der Erfurter Stasi-Zentrale. Wir waren die erste Stadt, die das schaffte. Drei Frauen waren Mütter, eine schwanger, ich war im Knast gewesen, Gründe, nicht in die Öffentlichkeit zu gehen und nichts zu riskieren. Aber an diesem Tag gingen sie gerade deshalb auf die Straße und riskierten letztendlich ihr Leben.

Ich ging noch zu vielen kirchlichen Veranstaltungen über frauenpolitische Dinge. Da diskutierte ich mit Barbara Bohley, die vorher Malerin war und nach dem Knast politisch wurde, während ich vorher politisch war und nach dem Knast Künstlerin wurde.

Ob die West-Feministinnen die Frauengruppen der DDR wahrgenommen haben? Als ich mit meinen Erfahrungen in den Westen reiste, wurde mir gesagt: „Das ist doch alter Kakao." Und: „Ihr macht keine Kunst, ihr macht Post-Dadaismus." Man wollte nichts davon hören, hat aber nicht gesagt, dass man sich selbst auch nicht mehr hören konnte, weil sich die Sache mit Rebellion und Aufbruch ausgelebt hatte.

Als ich in den 1990er-Jahren meinen Wohnsitz zum Teil nach Holland verlegte, erzählte man dort, die '68er-Männer hätten den Marsch durch die Institutionen gemacht und viele Frauen ebenso, sie hätten es nur nicht so genannt. Sie waren professionell geworden, finanzierten sich selbst und saßen in Positionen, stellten es aber nicht gern so dar, weil sie nicht den gleichen Weg wie die Männer nehmen wollten. Eigentlich war es ihnen darum gegangen, aus der Isolation und Nischenposition in die

Öffentlichkeit zu gehen, was ich richtig fand. Aber dem Osten begegnete man dann so, als ob man in einem fahrenden Zug sitzen würde – die draußen waren, sind nicht mit reingekommen.

Ich kann mich erinnern, dass ich einmal zu einem Künstlertreffen unter Deutsch-Rumänen, Deutsch-Polen, Deutsch-Russen eingeladen wurde und dort begriff, dass ich mit westlichen Augen als Ostdeutsche, nicht als Deutsche gesehen wurde. Das hat mich sehr getroffen. Ich finde wichtig, dass wir als gleichberechtigte Deutsche anerkannt sind.

Gleichberechtigt heißt für mich auch, die gleiche historische Schuld zu reflektieren. Mich interessiert, wie weit wir dies als Töchter der Täter oder Mittäter thematisieren. Im Osten hatten wir Schuldgefühle, schwierig nur, dass wir in den DDR-Staat hineingeboren wurden, der sich offiziell antifaschistisch nannte. Unsere Väter wurden zum Schweigen gebracht, sie galten per se als Kriegsverbrecher, nicht als Soldaten. Haben wir vielleicht Lenin als Großvater? Wir waren ohne Wurzeln, ohne Vergangenheit. Wir sind aus Not nach außen gegangen, haben Kunst gemacht und für Veränderung gekämpft, aber es ging uns nicht nur um die Macht und Gleichberechtigung der Frauen. Dahinter steht viel mehr. Das haben wir als Deutsche gemeinsam. Wir sollten miteinander in die Tiefe gehen, nicht gegeneinander, das meine ich.

Aufz. CL

Beate Schönfeldt

FILMWISSENSCHAFTLERIN, DRAMATURGIN, DOKUMENTARISTIN, REDAKTEURIN IM FERNSEHEN DES MITTELDEUTSCHEN RUNDFUNKS MDR

1947 geboren in Dresden, aufgewachsen in Chemnitz, Besuch der Polytechnischen Oberschule und Erweiterten Oberschule.

1967 Abitur, anschließend Studium an der Theaterhochschule Leipzig, Fachgebiet Theaterwissenschaften.

1969-1971 Fortsetzung des Studiums an der Hochschule für Film und Fernsehen „Konrad Wolf" (HFF) Fachgebiet Filmwissenschaft/Dramaturgie, Diplom als Dramaturgin.

1971-1974 Redakteurin im Fernsehen der DDR, Bereich Programmaustausch und Film, Abteilung Künstlerischer Dokumentarfilm.

1974-1978 Aspirantur an der HFF, Doktorarbeit über *Das theoretische Problem der Transformation von epischen literarischen Werken in ein Kunstwerk der Gattung Film*, daneben Autorin von Dokumentarfilmbeiträgen für das Kulturmagazin des DDR-Fernsehens und Arbeit an einer siebenteiligen Spielfilmserie zum Thema „Junge Leute spielen in ihrer Freizeit Theater", daneben filmpublizistische Beiträge.

1978-1978 Abendstudium im Fach Malerei an der Kunsthochschule in Berlin-Weissensee.

1980 Promotion an der Humboldt Universität Berlin.

1983-1987 Freie Mitarbeit als Autorin und Dramaturgin im DEFA-Dokumentarfilmstudio Berlin, Filme u.a. SAG HIMMEL, AUCH WENN KEINER IST, UND AM ENDE DAS KONZERT, DER DOROTHEENSTÄDTISCHE FRIEDHOF, ALLE IDEEN BEGINNEN ALS TRAUM.

1983-1989 unter Pseudonym Arbeit als Feature-Autorin für den Deutschlandfunk in Köln (Redaktion Heinz Klunker).

1987-1990 Meisterschülerin an der Akademie der Künste der DDR (Meister: Kurt Maetzig), wissenschaftlich-publizistische Arbeit zum Thema „Frauen machen Filme", veröffentlicht in *feministische studien*, 8. Jg., Nr. 1, Mai 1990.

1989/1990 Regisseurin, Autorin und Produzentin des Dokumentarfilms LETZTES JAHR IN DEUTSCHLAND i. A. von Channel 4 London.

1991 Vier Hörfunkfeatures für den Deutschlandfunk, SFB (heute RBB), Radio Bremen und SWR.

1992-2012 Redakteurin mit besonderen Aufgaben im MDR-Fernsehen in Leipzig, zuständig für Dokumentarfilme, Dokumentationen und Themenabende für arte.

Irrwege im Osten

Ist die Frauenfrage eine Frage von übermorgen? Unter dieser Überschrift, allerdings nicht als Frage formuliert, resümierte ich in der westdeutschen Zeitschrift *feministische studien*[1] im Frühjahr 1990 ein Fazit meiner Meisterschülerschaft an der Akademie der Künste der DDR. Begonnen hatte ich dort 1987, das letzte Stipendium wurde schon in D-Mark ausbezahlt.

Was wollte ich mit dieser Meisterschülerschaft, um die ich sehr gekämpft hatte, erreichen?

In den Jahren zuvor arbeitete ich auf freiberuflicher Basis als Autorin und Dramaturgin an Filmen des DEFA-Dokumentarfilmstudios Berlin mit, z. B. bei einem Film über den griechischen Dichter Jannis Ritsos in der Regie von Achim Tschirner. Aber das Wichtigste waren die Begegnungen mit Kollegen und Freunden, Filmemacherinnen, Autorinnen und Dramaturginnen. Es waren nicht wenige Frauen in diesem Kreis.

Anzeichen

In den 1980er-Jahren, vor der Wende, schrieb ich ein Hörfunk-Feature für den Deutschlandfunk, in dem ich die Literatur von Frauen in Ost- und Westdeutschland verglich. Ich gab vor, eine West- Autorin zu sein, was natürlich illegal war und mich ziemlich viel Nerven kostete.

Frauen profilierten sich damals in der Literatur, der Malerei und Fotografie der DDR. Maxi Wander und Sarah Kirsch schrieben ihre Bücher *Guten Morgen, du Schöne* bzw. *Pantherfrau* aus einer neuen, spezifisch weiblichen Perspektive. Auch Christa Wolf setzte sich u. a. in der 1983 erschienenen Erzählung *Kassandra* mit der Frage nach weiblicher Kunst und weiblichem Schreiben auseinander: „Insoweit Frauen aus historischen und biologischen Gründen eine andere Wirklichkeit erleben als Männer und dies ausdrücken. Insoweit Frauen nicht zu den Herrschenden, sondern zu den Beherrschten gehören, Jahrhunderte lang, zu den Objekten der Objekte, Objekte zweiten Grades, oft genug Objekte von Männern, die selbst Objekte sind, also ihrer sozialen Lage nach unbedingt Angehörige der zweiten Kultur, insoweit sie aufhören, sich an dem Versuch abzuarbeiten, sich in die herrschenden Wahnsysteme zu integrieren. Insoweit sie schreibend und lebend auf Autonomie aus sind."

Es gab Anzeichen, aber viele, die es geschafft hatten, sich zu profilieren, wollten von der tatsächlichen Frauenfrage in der DDR-Gesellschaft nichts hören. Sie verstanden sich als Einzelkämpferinnen und wurden auch so betrachtet.

Auch ich eroberte meine Meisterschülerschaft allein und für mich selbst, mit sehr viel Kraft und Initiative. Ich musste die Akademie der Künste überzeugen, dass mir als

---

[1] Siehe *feministische studien*, 8. Jahrgang, Nr. 1, Mai 1990, Zwischenzeiten – Frauenforschung aus der DDR.

einer promovierten Filmwissenschaftlerin solch eine für die Auszeichnung von Künstlern gedachte Position zustand. Ich wollte ein Buch zum Thema *Frauen machen Filme* schreiben. Mein Meister war Kurt Maetzig, doch der intelligente kreative Regisseur, der die DEFA mit aufgebaut hatte, hatte von der Thematik wenig Ahnung. Als Akademiemitglied wollte er jedoch endlich auch eine Meisterschülerin betreuen. Ich war es gewohnt, allein zu arbeiten, und so kamen wir einigermaßen gut miteinander aus.

Die Regisseurin Helke Misselwitz hatte mir in der Kantine der DEFA zugerufen, die Akademie sei die beste Reisestelle. Ich wollte unbedingt die Frage klären, ob ich als „Reisekader" in Frage käme. Als freischaffender Mensch hatte man keine Chance, nur über eine Institution. Nun hatte ich die Akademie. Es gelang einfacher als gedacht. Ich erhielt den Pass und stand kurz nach meinem 40. Geburtstag das erste Mal in Westberlin am Bahnhof Zoo, wo mich mein langjähriger Freund Willi Roth, Filmjournalist und damals Mitarbeiter bei den Freunden der Deutschen Kinemathek e. V., erwartete. Obwohl er mir jahrelang viele gute Bücher mitgebracht hatte, zog es mich als erstes in eine Buchhandlung, um endlich selbst auszuwählen.

In den folgenden Jahren erkundete ich Westberlin, lernte viele Filmemacherinnen kennen und sah mir bei den Freunden der deutschen Kinemathek ihre Filme an. Im Arsenal-Kino 2 stand ein Projektor, den ich abends für mich allein hatte. Gierig legte ich mir eine 16mm-Kopie nach der anderen ein. Noch heute kann ich den Leitern Erika und Ulrich Gregor (s. S. 20) nicht genug dafür danken.

Nach jedem Ausflug in die andere Stadthälfte musste ich meinen Pass bei der Akademie in Ostberlin abgeben. Für den nächsten Trip bedurfte es zwingend formulierter Begründungen. Kurt Maetzig machte es mir nicht leicht, ihn zu überzeugen. Später aber fuhr ich sogar mit meinem alten, teuer aufgerüsteten Golf zu den Oberhausener Kurzfilmtagen und zum Filmfestival nach Mannheim. Ich riskierte immer mehr. Von Mannheim fuhr ich z. B. weiter nach Hamburg, und die Rede von Hans Dietrich Genscher in der Prager Botschaft[2] schaute ich mir in Nürnberg bei einem Freund im Fernsehen an. Das alles hatte mit einer Dienstreise nichts mehr zu tun. Doch die Frage, ob ich lieber ganz im Westen bleiben sollte, beantwortete ich mit Nein. Wir spürten 1987/88, dass die DDR zu bröckeln begann, und ich wollte bei der folgenden Entwicklung hautnah dabei sein.

Begegnungen

Mein Thema *Frauen machen Filme* war seit Mitte der 1980er-Jahre aus Begegnungen auf der Internationalen Leipziger Dokumentarfilmwoche entstanden. Regisseurinnen, Festivaldirektorinnen, Autorinnen und Journalistinnen traf ich dort, unter ihnen Fee Vaillant, die Direktorin des Filmfestivals Mannheim, Karola Gramann, Direktorin der Kurzfilmtage Oberhausen, und Heide Schlüpmann (s. S. 162), Redakteurin bei *Frauen*

---

2 Bundesaußenminister Hans Dietrich Genscher verkündete am 30.9.1989 vom Balkon der Deutschen Botschaft in Prag die Ausreisegenehmigung für tausende DDR-Flüchtlinge, die in der Botschaft Zuflucht gesucht hatten. Siehe www.youtube.com/watch?v=Qh9EwNurawE (letzter Zugriff 23.3.2014).

und Film. Mit Dagmar Benke, Redakteurin der ZDF-Redaktion Kleines Fernsehspiel freundete ich mich an. Auch amerikanische, englische und französische Festivalgäste kamen hinzu.

Angeregt durch sie begann ich zum ersten Mal, über das Problem Frauen und Film nachzudenken. Die Leipzig-Besucherinnen lernte ich als humorvolle, vitale Personen kennen, die umgekehrt neugierig waren auf uns vereinzelte DDR-Frauen. Damals entstanden Kontakte, die zum Teil bis heute halten. In mir reifte der Entschluss, mich genauer mit der Thematik zu beschäftigen. Ich wollte diese Frauen öfter treffen und sehen, wie sie arbeiteten und lebten. Meine Arbeit sollte nicht zu theoretisch werden und nur auf Sekundär-Recherchen basieren. Dann wäre sie besser an der Humboldt Universität aufgehoben gewesen, die aber hätte sich keinesfalls um mein „Reiseproblem" gekümmert. So verzichtete ich auf die Habilitation. Lieber die lebendige Begegnung, lieber die Meisterschülerschaft an der Akademie der Künste. Parallel begann ich, die Situation der Regisseurinnen der DEFA zu untersuchen. Ich wollte die Unterschiede zwischen Ost und West vergleichen.

Anders als bei westdeutschen und westeuropäischen Filmemacherinnen war diese Berufswahl in der DDR nicht unbedingt ein emanzipatorischer Akt. Die Revolte um 1968 und die daraus entstandene Frauenbewegung hatten eher indirekte, zeitlich verschobene Auswirkungen auf die DDR. Der Einmarsch der Russen in Prag 1968 verursachte politische Polaritäten, in denen die Auseinandersetzung zwischen den Geschlechtern nicht wichtig erschien. Ein Regiestudium war in der DDR für Frauen möglich, wurde jedoch selten wahrgenommen, weil diese Möglichkeit nicht unbedingt republikweit bekannt war.

Im DEFA-Studio für Spielfilme standen 40 festangestellte Regisseure, 40 Dramaturgen, circa 40 Kameraleute und diverse Assistenten bereit, ihre Filme zu machen. Es wurden aber nur 18 bis 20 Filme im Jahr produziert. Manch einer ist da nie zum Zuge gekommen. In den drei Dokumentarfilmstudios Berlin, Klein-Machnow und Babelsberg waren circa 800 Mitarbeiter festangestellt, davon 56 Regisseure. Es wurden die unterschiedlichsten Filme, Reihen und Genres produziert, insgesamt circa 10.000 längere und kürzere Filme.[3]

Die relativ kleine Anzahl Regisseurinnen erklärt sich meines Erachtens auch daraus, dass dieser Beruf den gesamten Alltag bestimmte. In der DDR, dem Vorzeigeland für die berufliche Förderung der Frauen und die Kinderbetreuung, hatten Frauen dennoch mehr Lasten zu tragen als Männer. Trotz Krippe, Kindergarten und Hort brauchten sie sehr viel Kraft, um ihren Alltag mit der aufwändigen Arbeit an einem Film in Einklang zu bringen. War eine Frau alleinerziehend, was sehr oft der Fall war, wurde die Situation noch komplizierter. Trotz staatlich sanktionierter Gleichberechtigung blieb die Film- und Fernsehproduktion traditionell männlich besetzt, wie viele andere Bereiche des gesellschaftlichen Lebens auch. Dies galt insbesondere für die Regie und die Technik, während Dramaturginnen und Autorinnen, in einem bestimmten Maß

---

3 Siehe *Schwarzweiß und Farbe, DEFA-Dokumentarfilme 1946–92*, Hg. Filmmuseum Potsdam, Red. Günter Jordan, Ralf Schenk, Potsdam/Berlin 1996.

auch Schnittmeisterinnen eine nicht zu unterschätzende Rolle im DEFA-Film spielten. Sie waren es, die das Wissen über Frauen und ihre Psychologie in den außergewöhnlich vielen DEFA-Filmen mit starken Frauenbildern vermittelten.

Dramaturgie

1947 geboren, gehörte ich einem Jahrgang an, für den es nach dem Abitur Pflicht war zu studieren. Nur was? Über meinen Freund, der an der Theaterhochschule Leipzig Theaterwissenschaften studiert hatte, erfuhr ich von diesem Fach, ohne eine Ahnung von seiner parteipolitischen Ausrichtung zu haben. Unter hundert Bewerbern wurde ich mit ausgewählt, gut beraten von meinem Freund. Im Probejahr inhalierten wir marxistisch-leninistische Philosophie und die Geschichte der Arbeiterbewegung. Damals las ich die westdeutsche Zeitschrift *Theater Heute* und existenzialistische Literatur. Mein Freund hatte einen Berechtigungsschein der Hochschule, seine West-Oma finanzierte den Bezug.

Da ich aus einer vergleichsweise politisch gemäßigten Oberschule in Karl-Marx-Stadt kam und zu den Jüngsten zählte, musste ich mich höllisch anstrengen, mir die führende Rolle der Arbeiterklasse anzueignen. Laut Plan sollte die Hälfte unseres Jahrgangs nach zwei Jahren an die Filmhochschule in Potsdam-Babelsberg wechseln. Das war meine Rettung vor dem massiven stalinistischen Druck. Hier wurden wir anders, nämlich als führende Kader der Zukunft betrachtet. Man brachte uns relativ viel Vertrauen entgegen. Die drei Frauen des Jahrgangs und die Männer wurden gleich behandelt. Das war selbstverständlich.

Wir sahen nicht nur DEFA-Filme, sondern durften an internen Vorführungen neuer Produktionen aus aller Welt teilhaben. Ich fühlte mich sofort freier, auch wenn wir in der Babelsberger Enklave lebten, durch die Mauer von Berlin getrennt.

Dann kam das dicke Ende. Wie es der Plan vorsah, wurden die meisten von uns als diplomierte Dramaturgen bzw. Filmwissenschaftler an das Fernsehen der DDR vermittelt. Ich landete im Bereich Programmaustausch und Film, in dem angekaufte Filme und Serien für die Fernsehausstrahlung bearbeitet wurden. Es ging nicht allein um die Übersetzung und Synchronisation, sondern um die Manipulation des Materials. Ein angepasster Text musste her. Ich opponierte vom ersten Tag an und fühlte mich doppelt verkauft. Immerhin war ich Dramaturgin mit Hochschulabschluss und wollte Filmstoffe entwickeln. Allein das machte mich schon verdächtig. Ich war bis dahin die erste, die einen solchen Abschluss vorweisen konnte.

Die politisch aufgeheizte Atmosphäre in diesem Bereich ging mir gegen den Strich. Ein ganzes Berufsleben dort zu bleiben, war nichts für mich. Schließlich wurde ich in einer Gewerkschaftssitzung im Beisein aller Kollegen regelrecht zerpflückt. Man wollte wissen, ob ich nun endlich „mitmachen" wolle – politisch gemeint. Ein Chefredakteur meinte am nächsten Tag: „Kleene, wenn Du nicht eine Frau wärst und so jung, dann würde es Dir hier noch viel schlechter ergehen. Ich rate Dir, hau ab." Es blieb aber bei den staatlich verordneten drei Jahren.

Professor Käthe Rülicke-Weiler, an der Hochschule inzwischen Prorektorin für Forschung und eine der letzten Brecht-Mitarbeiterinnen, half mir schließlich weiter. Über die üblichen Gepflogenheiten hinweg verschaffte sie mir eine außerplanmäßige Aspirantur. Wie kaum je wieder in meinem Leben fühlte ich mich befreit. Zwar würde es nach meiner Promotion keine Planstelle mehr beim Fernsehen für mich geben, was für DDR-Verhältnisse riskant, aber dennoch mein Glück war. So absolvierte ich mein Doktorandenseminar an der Humboldt Universität Berlin, da die Filmhochschule kein Promotionsrecht besaß. Wieder Marxismus-Leninismus pur, aber inzwischen hatte man Routine und regte sich nicht mehr auf.

Ich arbeitete an einer Dissertation über *Das theoretische Problem der Transformation epischer literarischer Werke in ein Kunstwerk der Gattung Film*. Parallel nahm ich ein Abendstudium in Malerei an der Kunsthochschule Weissensee auf, um meine Fähigkeiten auf diesem Gebiet zu festigen. Ich fühlte mich fast vogelfrei und nutzte meine Chancen. Diese Jahre des Ungebundenseins erscheinen mir noch heute als meine besten. Der Doktortitel half später beim Schritt in die freiberufliche Arbeit. Freischaffende standen in der DDR unter dem unausgesprochenen Verdacht, asozial zu sein, sich außerhalb der Gesellschaft zu bewegen. Der Titel war ein guter Schutz dagegen.

Schwierige Begegnung

Die Filme, die ich in Westberlin sah, machten einen merkwürdig amateurhaften Eindruck auf mich. Wie gebannt versuchte ich mir das zu erklären. Reden konnte ich mit kaum jemandem darüber, die meisten hatten sie nicht gesehen

Viele Autorenfilmerinnen hatten eine gebrochene filmkünstlerische Ausbildung, viele waren Quereinsteigerinnen, hatten aber oft ein feministisches Programm. Damals hätte ich mit Erika Gregor, Jutta Brückner (s. S. 114) oder Claudia von Alemann (s. S. 32) über die Unterschiede reden sollen, aber ich war mir nicht sicher. Inzwischen beschäftigte ich mich auch mit den Filmen von DEFA-Regisseurinnen, z. B. ALLE MEINE MÄDCHEN und KASKADE RÜCKWÄRTS von Iris Gusner, SEITENSPRUNG und DAS FAHRRAD von Evelyn Schmidt. Gleichwertig konzentrierte ich mich auf die Dokumentarfilmerinnen, z. B. Petra Tschörtners Film UNSERE ALTEN TAGE (1990) über die Vorwendezeit in einem Ostberliner Altenheim und den folgenden Film BERLIN – PRENZLAUER BERG, der die untergehende Gesellschaft kurz vor der Währungsreform beschreibt. Wichtig war Helke Misselwitz' Film WINTER ADÉ, der 1988 beim Leipziger Dokumentarfilmfestival mit der Silbernen Taube ausgezeichnet wurde. Man spürte, dass eine neue Zeit begann. Vieles war möglich, was vorher unvorstellbar schien, aber niemand dachte daran, dass die DDR untergehen könnte.

1990 versuchten die Westberliner Feministinnen Annette C. Eckert und Doris Berninger innerhalb eines Ausstellungs- und Veranstaltungsprojekts der Neuen Gesellschaft für bildende Kunst NGBK unter dem Titel *Außerhalb von mittendrin*, einen ersten Kontakt zu filmschaffenden Frauen der noch bestehenden DDR herzustellen. Sogar die hochbetagte Annelie Thorndike wurde zu ihrer Arbeit an der Seite des legendären Dokumentaristen Andrew Thorndike befragt. Doch die Diskussionen um Frauenleben und mangelndes feministisches Bewusstsein im Osten waren eher verwirrend als erhellend. Sie trugen nicht unbedingt zur Klärung der tiefgreifenden sozialen und psychologischen Unterschiede bei.

DDR-Regisseurinnen waren es gewohnt, im Kontext eines staatlichen Studios bzw. Fernsehens Filme zu drehen. War das Projekt einmal gegen die harte Konkurrenz der zahlreichen festangestellten Regisseure genehmigt, versuchte man die allgegenwärtige Zensur mit allen möglichen Tricks zu umgehen. Nach dem berüchtigten 11. Plenum 1965[4] waren die subversiven Töne leiser geworden. In den folgenden Jahren bis zum Ende der DDR entwickelte sich zwischen Filmemachern und Zuschauern ein gewisses Einverständnis, eine filmkünstlerische Sprache, die sich dem Denken der Funktionäre entzog. Vor allem im Dokumentarfilm entstand ein spezieller Code, möglichst ohne gesprochenen Kommentar, der sich zu einem wesentlichen Bestandteil des DEFA-Dokumentarfilms entwickelte und zu seiner eindringlichen Wirkung beitrug. Die Regisseurinnen waren in diese Prozesse integriert, sie repräsentierten dieselbe Haltung und waren nicht geneigt, sich mit feministischen Theorien aus ihrem gesellschaftlichen Konsens zu lösen.

Den ersten Begegnungen zwischen Ost und West nach dem Zusammenbruch der DDR, der auch das Ende der DEFA bedeutete, lag ein tiefes Missverständnis zu Grunde. Der Werdegang der Regisseurinnen war so grundsätzlich verschieden, dass ein Einverständnis nicht einfach herzustellen war. Die DDR-Frauen mussten sich damals zum ersten Mal in ihrem Leben dem Problem der Arbeitslosigkeit stellen, mussten sich neuen Produktionsbedingungen anpassen und das System der Filmförderung durchschauen lernen. Den meisten gelang das eher schlecht als recht, und so waren sie gezwungen, sich nach zusätzlichen Jobs umzusehen, die, wenn sie Glück hatten, auch etwas mit ihrer Filmarbeit zu tun hatten. Sie mussten nun so prekär leben, wie es ihre Kolleginnen im Westen schon lange geübt hatten.

Filmemachen im Umbruch

Mit einer Finanzierung durch den englischen Sender Channel 4 drehten Dagmar Benke, Jürgen Seidler, Lars Barthel und ich 1990 den Film LETZTES JAHR IN DEUTSCHLAND, der in Ost und West Beobachtungen nach dem Zusammenbruch der DDR anstellte. Unser Team, je zur Hälfte aus dem Osten und Westen, dokumentierte die Unterschiedlichkeit der Mentalitäten unter dem Druck der großen Umwälzungen. Wir begleiteten DDR-Bürger aus unserem Freundeskreis und der Verwandtschaft über ein Jahr bis zu den Bundestagswahlen 1990, dokumentierten den Sieg von Helmut Kohl und zeigten zugleich, wie wenig unsere Protagonisten damit zu tun hatten.

---

4 Das 11. Plenum des ZK der SED (16.–18.12.1965) entwickelte sich zu einer „Kahlschlag-Diskussion" der Jugend- und Kulturpolitik in der DDR. Insbesondere auf Betreiben des späteren Staatsratsvorsitzenden Erich Honecker wurden zahlreiche DEFA-Filme verboten und erst im Verlauf der friedlichen Revolution im Herbst 1989 „aus den Regalen" geholt und bei der Berlinale 1990 wiederaufgeführt.

Mein Beitrag beobachtete eine Gruppe freischaffender Künstler in Chemnitz, deren berufliche Situation sich von einem Tag auf den anderen vollkommen verändert hatte. Eben noch unterstützt und privilegiert durch den Künstlerverband der DDR, hatten sie schöne Dinge hergestellt, die den Mangel an Exotik im Leben der DDR-Bürger ausgleichen konnten und für überhöhte Preise gern gekauft wurden. So konnten sie gut leben und ihre eigentlichen Kunstwerke mit Sorgfalt herstellen. Da war die Keramikerin Ina, die wunderbare große Gefäße für Garten und Terrasse fertigte und mit ihnen vorgaukeln konnte, man säße in mediterranem Ambiente. Inas erste Verkaufsfahrten in die alte Bundesrepublik waren ernüchternd, sodass sie in dem dokumentierten Jahr u. a. Gartenzwerge herstellen musste, um über die Runden zu kommen.

Längst musste auch ich ernsthaft überlegen, wie ich meinen Lebensunterhalt bestreiten sollte. Ich arbeitete fleißig an Radio-Features – jetzt offiziell. Eines meiner O-Ton-Features portraitierte einen Major der DDR-Grenztruppen, der genauso alt war wie ich und in dem Mauerabschnitt seinen Dienst versehen hatte, hinter dem ich 20 Jahre gelebt hatte. Die Redaktion war begeistert, aber zum Leben reichte das nur kurz.

Von einem Freund erfuhr ich von der Gründung des MDR in Leipzig. Ich hoffte, dort vielleicht den einen oder anderen Dokumentarfilm machen zu können, aber dann kam die Nachricht, ich könne vielleicht als Redakteurin arbeiten. Ich bekam den Job und war plötzlich wieder festangestellt. In den folgenden Jahren bedurfte es einiger Kraftanstrengung, den Aufgabenbereich zu bekommen, der mir vorschwebte. Ich wurde d i e Dokumentarfilmredakteurin des MDR und konnte da weiterarbeiten, wo ich aufgehört hatte. Doch mir wurde bald deutlich, wie anders ehemalige DEFA-Autoren im Vergleich zu ihren westlichen Kollegen arbeiteten. Da man im Westen immer mit dem Fernsehen umgehen musste, hatten sich viele an den Prozess der Formatierung angepasst, oft über die Maßen. Meine Ostkollegen, die an die Kinoauswertung dachten und das Fernsehen aus Erfahrung verachteten, mussten umdenken. Mir als Redakteurin zwischen den Fronten ging es darum, die Tradition und Filmsprache der DEFA zu erhalten, ja zu pflegen, und Konfrontationen mit den Zwängen des Mediums möglichst sanft zu gestalten.

In 20 Jahren MDR sind unter meiner Redaktion einige sehr gute Filme entstanden. In der Reihe DER DEFA-KOMPLEX gestalteten Martin Hübner und ich 13 Stunden attraktive Portraits von Dokumentarfilmregisseuren, eine bemerkenswerte Initiative in den Anfangsjahren des MDR, die Traditionen und Geschichtsbilder rekapitulierte.

In unserer Redaktion arbeiteten mehr Frauen als Männer. Manch ein Programmchef hatte ziemlichen Respekt vor den selbstbewussten Frauen oder versuchte durch Personalentscheidungen, mehr Macht zu behaupten.

Trotz großer und kleiner Erfolge waren diese Jahr hart. Bis zuletzt habe ich es nicht fertiggebracht, mich den jährlich verschärften Normen unterzuordnen. Mir ging es um den einen Film, an dem wir gerade arbeiteten, und um den Dialog in diesem Prozess, weniger um die zu erwartende Quote. Meine Haltung trug mir nicht wenig Ärger ein. Trotzdem kann ich, glaube ich, stolz auf diese Leistung sein. Sie hat letztlich auch dem MDR einige Auszeichnungen eingetragen.

Helke Misselwitz

REGISSEURIN, AUTORIN,
PROFESSORIN

1947 in Zwickau geboren. In den 1970er-Jahren Regieassistentin im DDR Fernsehen, 1978-1982 Regiestudium an der Filmhochschule in Potsdam-Babelsberg, 1985-1988 Meisterschülerin an der Akademie der Künste der DDR, bei Heiner Carow, 1988-1991 Festanstellung im DEFA-Studio für Dokumentarfilme Berlin, 1990-2000 Teilhaberin der Thomas Wilkening Filmproduktionsgesellschaft, seit 1991 Mitglied der Akademie der Künste Berlin-Brandenburg, 1997-2014 Professorin für Regie an der HFF Konrad Wolf.

AUSWAHL VON DOKUMENTAR- UND SPIELFILMEN, DREHBUCH & REGIE
WINTERBILDER, EIN LEBEN, HAUS.FRAUEN., AKTFOTOGRAFIE Z.B. GUNDULA SCHULZE, STILLEBEN – EINE REISE ZU DEN DINGEN, TANGOTRAUM, WINTER ADÉ, WER FÜRCHTET SICH VORM SCHWARZEN MANN?, HERZSPRUNG, MEINE LIEBE – DEINE LIEBE, ENGELCHEN, FREMDE ODER/OBCA ODRA.

IN ARBEIT
DIE FOTOGRAFIN (Dokumentarfilm)
FRAUENBILDNISSE (Collagen & Notizen)
DREI SCHWESTERN (Filmerzählung)

Auszeichnungen auf Festivals in Leipzig, Oberhausen, Krakow, Berlin, Paris, San Sebastian, Schwerin, Saarbrücken, Lagow, Seattle.

Emanzen High Noon

deine Hemden wasch ich nicht
kauf mir ein seidenes Kleid
mich reizt das Geräusch
wenn du es mir abstreifst
macht es mich geschmeidig
wie eine Katze
spielt einer Schifferklavier

Helke Misselwitz und Petra Tschörner 1984

Evelyn Schmidt

REGISSEURIN

Evelyn Schmidt wurde 1949 in Görlitz geboren. Neben dem Abitur 1968 schloss sie eine Lehre als Buchhändlerin ab und bewarb sich nach einem einjährigen Volontariat beim Deutschen Fernsehfunk an der HFF Babelsberg. Sie verließ die Hochschule 1977 als Meisterschülerin und wurde anschließend beim DEFA-Studio für Spielfilme als Regieassistentin angestellt.

1979 wurde sie als Nachwuchsregisseurin in das DEFA-Studio aufgenommen und realisierte ihren ersten Langspielfilm SEITENSPRUNG, der von der Kritik gelobt und auf der Berlinale 1980 im Internationalen Forum des jungen Films gezeigt wurde.

Ihr zweiter Kinofilm DAS FAHRRAD (im Herbst 1981 fertiggestellt) über eine allein erziehende, arbeitslose Mutter stieß bei der DDR-Kritik auf Ablehnung, wohl aufgrund seiner mangelnden positiv-affirmativen Sicht auf die Zustände im Land, und durfte auch nicht auf ausländischen Festivals gezeigt werden.

Evelyn Schmidt arbeitete in der Theaterwerkstatt Pankow, als Regisseurin in Berliner Off-Theatern und als Gastprofessorin an der HFF Potsdam-Babelsberg. Außerdem war sie bis Ende 2007 Vorsitzende des Berliner Film- und Fernsehverbandes (BFFV).

Sie arbeitet als Schauspieldozentin an der Schauspielschule Charlottenburg, deren Künstlerische Leiterin sie auch ist.

Evelyn Schmidt gehörte neben Bärbl Bergmann, Hannelore Unterberg, Iris Gusner und Ingrid Reschke zu den wenigen Spielfilmregisseurinnen der DEFA.

WEITERE FILME
1991 ROTE SOCKEN IM GRAUEN KLOSTER (Dokumentarfilm für DFF-Länderkette [Fernsehen der DDR])
1990 DER HUT (DEFA-Spielfilm)
1987 FELIX UND DER WOLF (DEFA-Kinderfilm)
1984 AUF DEM SPRUNG (DEFA-Spielfilm)
1976 LASSET DIE KINDLEIN ... (HFF und Fernsehen der DDR; Fernsehfilm, sw.)

Wie man wird, was man ist

Ich habe Filme gemacht. Stimmt nicht. WIR haben Filme gemacht. „Ich" ist weniger als „wir". „Wir" gehört einer Zeit an, in der Kunst mit den Groschen der Arbeiterklasse bezahlt wurde. Film auch, als und für das Volkseigentum.

Im Osten

Ich hatte eine Erbuhr: Viereckig, mit römischen Zahlen, vergoldet, mit schlappem Lederband. Vielleicht war es ab der fünften oder sechsten Klasse: Wenn ich mich langweilte, nahm ich die Uhr auseinander, Rädchen für Rädchen, auf der Schulbank, mit einem Blatt Papier darüber zur Tarnung, mit gespaltenen Streichhölzern als Werkzeug. Nach dem Zusammensetzen ging die Uhr wieder einwandfrei. Jahre später nahm ich unser Auto, ein Trabant, ebenso auseinander und legte die Einzelteile des Motors auf eine Decke daneben. Das 14 Jahre alte Fahrzeug hatte ich meinem Vater abgekauft, und da es ständig muckerte, behauptete er, dass wir es nicht gründlich genug pflegten. Nach dem Zusammenbau rollte der Trabant wieder für eine gewisse Zeit. Wenn ich zur Arbeit nach Babelsberg fuhr, war ich heilfroh, an Mahlow vorbeigekommen zu sein. Den Rest würde das Auto dann auch noch schaffen.

Vielleicht führte mich mein Sinn für Mechanik, also mein Verständnis dafür, wie ein Rad ins andere greift, zum Film, möglicherweise auch zum Fahrrad. Film konnte man früher noch in die Hand nehmen, erst mit Schere, dann mit Klebelade zerschneiden und neu zusammensetzen.

Alle E i n z e l h e i t e n interessieren mich und wie sie zueinander stehen.

Ich wollte Fernsehjournalistin werden und dafür brauchte man ein Volontariat. Beim Aufnahmegespräch für ein Fernsehvolontariat stellte der Regisseur und Schauspieler Achim Hübner[1] die überraschende Frage, warum ich nicht lieber inszenieren wolle, statt über fertige Werke zu schreiben. Ich selbst wäre nie auf die Idee gekommen und wusste auch gar nicht richtig, was Regie beim Fernsehen bedeutet. Aber ich war sofort bereit, eine zweite Aufnahmeprüfung für ein Regie-Volontariat zu absolvieren. Ich bin Achim Hübner nie wieder persönlich begegnet, erinnere mich aber in Dankbarkeit an ihn. Ein Jahr Volontariat in der Abteilung „Dramatische Kunst" beim Fernsehen der DDR und bei Bestehen der Aufnahmeprüfung an der Filmhochschule die Delegierung zum Studium – das bedeutet, dass ich nach dem Studium zum Fernsehen als Diplom-Regisseurin zurückkehren würde.

Dass es einen Staatssicherheitsdienst in der DDR gab, weiß ich seit 1968. Ohne die geringste Ahnung von deren tatsächlichen Aktivitäten zu haben, sind wir befreun-

---

1 Achim Hübner (1929), deutscher Schauspieler und Regisseur.

deten Studenten spielerisch damit umgegangen. Wenn zum Beispiel zwei Jungen auf dasselbe Mädchen scharf waren, war es ein Leichtes, den Konkurrenten zu diffamieren, indem man behauptete, der andere wäre schwul oder bei der Stasi. Damit hatte der Rivale wenigstens einen kleinen Zeitvorsprung.

Oder im DEFA-Bus, der morgens von Berlin nach Babelsberg fuhr und Angestellte einsammelte: Waren Plätze frei, durften auch Studenten mitfahren. Es herrschte eine stille Übereinkunft, dass, wenn man ungewollt Kontakt mit der Staatssicherheit hatte (wie ich, als eines Tages zwei Männer in die Wohnung kamen und sich nach den Nachbarn erkundigen wollten), man morgens zwischen den im Bus dösenden Angestellten schön laut von dieser Begegnung erzählte. Zum Schweigen aufgefordert, war man damit nicht mehr vertrauenswürdig für die Stasi. „Meine" beiden Männer wenigstens kamen nie wieder.

„Musst du immer Widerworte geben"

Unsere Regieklasse war in Maßen renitent und versuchte als FDJ-Gruppe[2] für freie Filmkunst zu kämpfen. Ich vorneweg. Wahrscheinlich durfte ich genau deshalb in den Sommerferien zu einem Studentenaustausch an das WIGK (Institut für Kinematografie Moskau)[3]. Für meine Ideologietreue hat das verheerende Folgen gehabt: Ich hatte ein kleines Filmchen aus harmlosen Schnittbildern gedreht, das Konrad Wolf[4] gefallen haben muss, jedenfalls hat er es mir so gesagt. In Moskau habe ich aber auch abgehärmte Frauen Straßenbahnschienen verlegen sehen und Männer, die sie kommandierten. Drehen durften wir sie nicht. Das hätte ich nicht für möglich gehalten, in einem Land, das den Kommunismus scheinbar schon in der Tasche hatte. Nun, so dachte ich mir, muss ich in die Partei, stellte einen Antrag und fand Bürgen. In die SED[5] wurde ich nicht aufgenommen, da meine Mitgliedschaft die Proportion zur Arbeiterklasse gefährdet hätte, so die Auskunft.

Dafür wurde ich „Meisterschülerin von Konrad Wolf" – das hörte sich sensationell an, war es ausbildungspolitisch sogar. Das Fernsehen hatte die Hochschule zu seiner Betriebsakademie gemacht und mehr oder weniger zählten nur d i e Filme, die im gesprochenen Kommentar den Sozialismus propagierten. Die rasante Fernsehentwicklung verlangte nicht nach zukünftigen Regisseuren mit Ambitionen, sondern nach „Machern".

Endlich eigenverantwortlich Filme machen! Ich wollte zu den Regisseuren gehören, ich wollte, dass ich in diesem Beruf anerkannt werde. Ich habe mir viel zugetraut, war sicher, dass ich es kann, natürlich mit allen Ängsten. Trotzdem, so bin ich überzeugt, habe ich ein tief verwurzeltes Gemeinschaftsgefühl meiner Generation verinnerlicht:

---

2 FDJ-Gruppe (Die Freie Deutsche Jugend) war ein sozialistischer Jugendverband in der DDR.
3 WIGK (Gerassimow-Institut für Kinematografie) 1919 gegründete Filmhochschule in Moskau.
4 Konrad Wolf (1925–1982): Filmregisseur, Präsident der Akademie der Künste der DDR (1965–1982). Nach ihm ist die 1954 gegründete Filmhochschule in Potsdam-Babelsberg benannt.
5 SED: Sozialistische Einheitspartei Deutschlands, gegründet 1946, aufgelöst 1989 mit dem Zusammenbruch der DDR. Die SED hatte offiziell 2,3 Millionen Mitglieder.

„Du bist noch nicht reif genug. Wir müssen dich lenken. Wir wissen, was du brauchst. Außerdem bist du nicht in der Partei." So habe ich vor dem Generaldirektor gesessen oder vor anderen Leuten in staatlichen Abnahmen, wie ein Kind, das erzogen werden musste. Immer ein bisschen bockig, aber in der Hoffnung, geliebt zu werden.

In Streitsituationen mit meinem Vater hörte ich oft: „Musst du immer Widerworte geben!" „Ich sage ja nichts!", war meine Antwort. „Ich sehe es dir aber im Gesicht an", die seine. Heute lebe ich davon, herauszubekommen, ob in den Köpfen von jungen Schauspielschülern etwas vor sich geht oder ob sie nur so tun als ob. Auch Mäde[6] sah genau, was ich dachte und hat mit Zuneigung oder Liebesentzug reagiert. Das habe ich ausschließlich auf mein Alter bezogen, als Vertreterin einer möglichen dritten Regie-Generation im DEFA-Spielfilm.

Erika Richter[7] bot mir das Szenarium zum SEITENSPRUNG (1979) von Regina Weickert[8] an. Eine Erfolgsstory schien ihren Lauf zu nehmen.

Die Achtsamkeit, die der Film zu seiner Zeit erhielt, hat mich eher irritiert. Eigentlich war ich dem mittelmäßigen DEFA-Film schon angepasst. Vielleicht war der Generaldirektor gerade deshalb so froh, dass seine drei Frauen nicht aus der Art schlugen, sondern sich Mühe gaben, ihm das auch zu beweisen, und darüber hinaus sich selbst.

Regina Weickert, die Autorin, Erika Richter, die Dramaturgin, und ich, die Regisseurin – wir waren unglaublich jung, lebendig und auf eine bestimmte Art sicher auch attraktiv. Das muss unserem Generaldirektor Hans-Dieter Mäde so gefallen haben, dass er die Geschlechterfrage, wiederum auf seine Art, bei einem Konzeptionsgespräch in seinem Büro schnell auf „sein Drei-Mäde(l)-Haus" reduzierte. Das war das einzige Mal, dass ich erlebte, wie er uns einen Cognac ausgab. Wenn er sich sonst gönnerhaft zeigte, wurde ich sofort misstrauisch.

Wie „Petersilie auf dem Hauptmenü"

Dass SEITENSPRUNG in das „Forum des Jungen Films" zur Berlinale 1980 eingeladen wurde, verdanke ich den Gregors, vornehmlich Erika Gregor und ihrem Faible für „merkwürdige" Filme von Frauen. Erika und Ulrich Gregor[9] ist es zu verdanken, dass unsere Filme ernst genommen wurden und wir in gewissem Sinne eine Aufwertung erfuhren.

Während ich versuchte, mich anzupassen, suchten junge Filmemacherinnen im Westen nach Ausdrucksmöglichkeiten, die ihre Individualität zur Diskussion stellten. Der Frauenfilm erlebte eine Blütezeit und SEITENSPRUNG passte prima in das Schubfach. Logisch war für mich, dass meine Filme eine weibliche Sicht haben mussten, weil ich eben eine Frau bin und die mich interessierenden Themen dementsprechend aus-

---

6 Hans-Dieter Mäde (1976–1989), Generaldirektor des DEFA-Studios für Spielfilme.
7 Erika Richter, geboren 1938 in Aachen, wuchs in Chemnitz auf. Entwickelte von 1975 bis 1991 als Dramaturgin beim DEFA-Studio zahlreiche Spielfilme.
8 Regina Weickert, Drehbuchautorin von SEITENSPRUNG.
9 Erika und Ulrich Gregor, Mitbegründer der „Freunde der Deutschen Kinemathek" und des Kinos Arsenal, langjährige Leiter des „Internationalen Forums des Jungen Films" bei der Berlinale.

gewählt habe. Dass ich genau damit Konflikte haben könnte, wäre mir nie in den Sinn gekommen. SEITENSPRUNG als Frauenfilm im „Forum" habe ich mir im Verhältnis zu SOLO SUNNY (1980) von Konrad Wolf im „Wettbewerb" erklärt wie „Petersilie auf dem Hauptmenü". Am letzten Tag in Westberlin warteten die Herren vom DEFA-Außenhandel schon vor dem Hotel auf mich. Ich saß zwischen ihnen im Auto und dachte so bei mir: Müssen unbedingt vier Männer auf eine Frau aufpassen, damit sie gleich nach der Grenze ihren Pass abgibt?

Ich empfand mich entmündigt, egal, als was.

Mein Selbstwertgefühl nahm Konturen an. Ich glaubte, zu den Regisseuren zu gehören, schaute mich um und teilte deren Filme in Kategorien nach meinem Geschmack ein. Grundsätzlich hatte ich nur die männlichen Kollegen im Auge. Warum? Sie bestimmten das Berufsbild, gaben den Ton an und legten die Höhe der Messlatte fest. „Regisseurin" war ein sehr fremd klingendes Wort.

Iris Gusner[10] war weit weg von mir: Sie hatte in Moskau studiert und einige Filme gedreht, die mir aber nicht richtig aufgefallen waren. Außerdem wusste ich, dass ihr erster Film DIE TAUBE AUF DEM DACH (1973) verboten wurde. Ich bin davon ausgegangen, dass der Film nicht gelungen war. Vor diesem Hintergrund hätte ich mich nie getraut, Iris darauf anzusprechen. Ich dachte mir nur, dass das furchtbar sein müsse.

Im Nachhinein ist mir bewusst, dass die sogenannten „Verbotsfilme" nach dem 11. Plenum 1965[11] meine Generation nicht berührt haben. Wir konnten sie nicht sehen, niemand hat darüber gesprochen. Aus aufgeschnappten Andeutungen habe ich mir ein Bild gemacht, das verhinderte, weiter darüber nachzudenken, tiefer zu gehen. Es war gelungen, fast die gesamte Jahresproduktion des Studios zu einem Tabuthema zu machen. Als die Filme ab 1990 – teilweise rekonstruiert – zur Aufführung kamen, war ich von der politischen Dimension des Konfliktbewusstseins beeindruckt, mehr aber noch von dem künstlerischen Gestaltungswillen ihrer Regisseure, Kameraleute, Szenenbildner... Da gab es schon früh Leute, die dem DEFA-Film ein neues Aussehen, eine andere Ästhetik, einen frischen Stil hätten geben können. Der Look, wie man heute sagt, wäre wesentlich interessanter geworden und hätte sich nicht, wie bei den meisten Filmen, auf dieses Vorhersehbare, das den DEFA-Film so leicht erkennbar macht, eingependelt.

---

10 Iris Gusner (1941), deutsche Regisseurin.
11 Das 11. Plenum (1965) bedeutete eine Zäsur in der Entwicklung der DDR. Der ursprünglich als Wirtschaftsplenum konzipierte Gipfel entwickelt sich zu einer „Kahlschlag-Diskussion" der Jugend- und Kulturpolitik. Eingeleitet wurde dies schon auf dem 9. ZK-Plenum von Walter Ulbricht. Im Mittelpunkt der Anklage standen die Künstler der DDR, aber auch das „Versagen" der Kontrollgremien wurde angeprangert. Als Wortführer entpuppte sich Erich Honecker, der den Kreativen u. a. „Nihilismus", „Skeptizismus" und „Pornografie" vorwarf. Das Plenum hatte einschneidende Wirkungen auf die Kulturszene: Es wurden zahlreiche Filme, Theaterstücke, Bücher und Musikgruppen verboten. Die mit Aufführungsverbot belegten Filme wurden inoffiziell als Kellerfilme bezeichnet, da sie allesamt im Archiv verschwanden. Verbotsfilme (Auswahl): DAS KANINCHEN BIN ICH (Kurt Maetzig, 1964/65), DENK BLOSS NICHT, ICH HEULE (Frank Vogel, 1965), BERLIN UM DIE ECKE (Gerhard Klein, 1965), JAHRGANG 45 (Jürgen Böttcher, 1966), KARLA (Herrmann Zschoche, 1965), SPUR DER STEINE (Frank Beyer, 1966), DER VERLORENE ENGEL (Ralf Kirsten, 1966), JADUP UND BOEL (Rainer Simon, 1980).

Den Film DIE TAUBE AUF DEM DACH hat Iris Gusner 1972/73 gedreht; er gehört also nicht mehr zu den Verbotsfilmen. Entdeckt habe ich ihn 2010 in einer rekonstruierten Schwarz-Weiß-Fassung, die für mich in gewisser Weise zur Offenbarung wurde. Auch Iris hat nach ihrer ganz speziellen Erzählweise gesucht und über weite Strecken eine optische Übersetzung gefunden, die in der DEFA-Geschichte ihrer Zeit wohl voraus war.

„Drei Weiber im Studio reichen"

Wenn man in der Regie-Liga mitspielen durfte, so scheint mir heute, bestand der Grund für eine gewisse Animosität, die Iris und ich gegenseitig an den Tag legten, in der Besonderheit und Einzigartigkeit unseres Frauendaseins innerhalb dieser Männerdomäne, die durch die jeweils Andere gefährdet schien. Mein Triumph war, dass ich ein wenig jünger war als Iris, ihrer, dass sie schon hinter sich hatte, was mir noch bevorstand. Uns beiden war das nicht bewusst.

Der Beruf ist schwer, das hatte ich bereits herausgefunden. Dass er so hart erkämpft werden musste, lag wohl daran, dass sich meine Fähigkeiten erst mit der Zeit entwickelten und daran, dass nun endlich eine neue Absolventen-Generation nachrückte, davon war ich überzeugt. Uns war klar, dass pro Jahr nur eine begrenzte Anzahl von Filmen im Studio produziert werden konnte. Aber dieser Zustand war keine Lösung für junge Filmemacher, die die Welt mit ihren Werken beglücken wollten. Wir haben die Nächte durch diskutiert und gesponnen, und es waren immer Jungs, mit denen ich zusammenhockte. Die Frauen aus meinem Studiengang waren irgendwie weg oder beim Fernsehen, was ja auch weit weg war. So habe ich mir meine Verbündeten unter den Männern gesucht, die nun einer nach dem anderen im Studio aufgenommen wurden. Ich wäre nie auf die Idee gekommen, dass es bezüglich der Arbeit Unterschiede zwischen mir und ihnen geben könnte. Dafür waren wir zu sehr in der gleichen misslichen Warteposition – so schien es.

Einige Jahre später – Sybille Schönemann[12], Helke Misselwitz[13] oder Gabriele Denecke[14] hatten bereits sehr schöne Dokumentar- oder kleinere Spielfilme gedreht

---

12 Sybille Schönemann, deutsche Regisseurin, geboren 1953 in Ostberlin. Studierte ab 1974 Regie an der HFF Potsdam-Babelsberg, von 1980 bis 1984 Mitglied der Gruppe „Berlin". Schönemann drehte u. a. KINDERKRIEGEN (1976), RAMONA (1980) und INSEL DER SCHWÄNE (1982). Nach einem Ausreiseantrag 1984 wurde sie von der Staatssicherheit der DDR zu zwölf Monaten Gefängnis verurteilt. 1985 kam sie in die BRD und arbeitete von 1987–1992 für das Filmbüro Hamburg. Ihr bekanntester Film VERRIEGELTE ZEIT entstand 1990 im Zusammenhang mit der DEFA und beschreibt ihre Zeit im DDR-Gefängnis.

13 Helke Misselwitz, deutsche Regisseurin, Autorin und Professorin, geboren 1947 in Zwickau. Sie studierte von 1978–1982 Regie an der HFF Potsdam-Babelsberg, wo sie von 1997 bis 2014 auch als Professorin arbeitete. Misselwitz wurde bekannt durch ihre Dokumentarfilme WINTER ADÉ (1988), WER FÜRCHTET SICH VORM SCHWARZEN MANN (1989) und ENGELCHEN (1996).

14 Gabriele Denecke, deutsche Regisseurin und Autorin. Verarbeitete in mehreren TV-Movies und Dokumentationen ihre DDR-Erfahrungen. Darunter: MEINES VATERS LAND – EINE DEUTSCHE FAMILIENGESCHICHTE (2006), ALLEIN GEGEN DIE STASI (2008), DER KREMLFLIEGER (2011) und DER RAUSWURF – BÄRBEL BOHLEY: TAGEBUCH EINER UNBEQUEMEN (2013).

und versuchten nun, im Studio einen Spielfilm zu realisieren – wurde ich neugierig auf Regie-Frauen. Ich ahnte, dass wir mehr Gemeinsamkeiten haben könnten, als uns zugestanden wurde. Die Studioleitung kam nicht umhin, sich mehr mit den Regisseurinnen auseinanderzusetzen. Ich sprach den Generaldirektor bei einer günstigen Gelegenheit darauf an. Ziemlich barsch schnitt er mir das Wort ab: Drei Weiber im Studio würden ihm reichen! Diesen Satz werde ich nie vergessen. Geschlechterteilung auf Leitungsebene – darauf reagierte ich von nun an empfindlicher.

Den Begriff „Frauenfilm", wie er von den westdeutschen Filmemacherinnen sehr prononciert eingesetzt wurde, gab es bei der DEFA – wie auch im ganzen Land – so nicht. Fiel er doch, so schien es mir, „Kategorie außer Konkurrenz" zu bedeuten. Eine ziemlich subtile Unterwanderung der gesetzlich verordneten und von uns tief verinnerlichten Gleichberechtigung.

Woran lag es, dass Drehbücher, an denen wir gerade arbeiteten, an männliche Kollegen weitergegeben wurden? Oft ohne Rücksprache! Zweifel an unseren Fähigkeiten? Oder die Furcht, die Filme könnten anders aussehen, weil eine Frau logischerweise die Geschichte aus ihrer Perspektive sieht? Die scheinbare Lösung der Klassenfrage hat das Patriarchat nie aufgehoben.

Wir haben uns gegen die staatlich verordnete Gleichberechtigung gewehrt

Im April 1990, schneller, als wir denken konnten, organisierten Annette C. Eckert und Doris Berninger im alten Arsenal noch auf der Weserstraße unter Obhut der Kinemathek eine Filmreihe unter dem Titel „DDR-weiblich?"[15]. Gezeigt wurden Filme, an denen Frauen beteiligt waren oder sie zur Heldin hatten, zum Beispiel DIE BUNTKARIERTEN (1949, Kurt Maenzig) und eben auch DAS FAHRRAD. Das war toll für uns und unglaublich spannend. Das Interesse an den Filmen war groß und die Zuschauerinnen versuchten, unsere Filmbilder für sich zu übersetzen. Das muss gründlich schiefgegangen sein. Das Protokoll des abschließenden Sonntagsgesprächs liest sich heute wie eine hochnotpeinliche Befragung, warum wir Frauen in der DDR nicht die Machtfrage gestellt haben. Sofort sind wir in Verteidigungsposition gegangen. Ich teile die Meinung von Elke Schieber: Wir Frauen in der DDR sollten ja unentwegt als besonders emanzipierte Frauen vorgeführt werden. Wir haben uns gegen dieses öffentliche Ausstellen gewehrt. Wir wollten nicht benutzt werden, um ein offizielles Bild zu stärken. Für uns ging es darum, am besten genauso gut zu sein und genauso anerkannt zu werden, wie der Mann. Und wir haben uns immer einem DDR-Durchschnittspublikum verpflichtet gefühlt. Deshalb auch die thematische Hinwendung zu einem manchmal etwas kleinlichen Alltag. Nicht zu großen Geschichten, sondern zu den alltäglichen Geschichten.

---

15 „DDR-weiblich?" Sonntagsgespräch im Kino Arsenal, April 1990, Red.: Annette C. Eckert (noch „westdeutsche" Frauenrechtlerin, Publizistin, Künstlerin); Teilnehmerinnen: Berta Waterstradt, Christine Mückenberger, Beate Schönfeld, Johanna Schall, Angelika Waller, Gabriele Kotte, Gabriele Herzig, Evelyn Schmidt, Tamara Trampe, Oskana Bulgakowa. Das Gespräch wurde auf Band transkribiert.

Das Bestreben, diesen möglicherweise weiblichen Blick einzubringen, trat oft dahinter zurück, dass es in erster Linie um die Darstellung eines DDR-Alltags ging.

Mit den Genres unserer Filme taten wir uns in der DEFA schwer. Nicht nur, dass sie wenig kultiviert wurden, sondern dass man bei Gegenwartsfilmen häufig nicht wusste, wozu man geladen war. Der „Problemfilm" war erfunden. Seinen Sinn hatte er in der DDR, weil die Leute dann wussten, dass im Film Themen angesprochen werden, die sonst in den Medien nicht vorkommen durften. DAS FAHRRAD ist ein solcher „Problemfilm", weil es in der DDR einen expliziten Frauenfilm nicht gab. Mangels Masse, aber hauptsächlich weil die „Frauenfrage" angeblich geklärt war. Dank des vereinigten Deutschlands mutierte er nun zum „Frauenfilm", was ihm letztlich eine gewisse Quote einbrachte. Ein wirkliches Genre ist das auch nicht.

Staatsrechtlich galt die Gleichberechtigung als gegeben

Wir waren noch viel zu sehr Ostfrauen, die sich der Selbstdarstellung verweigerten. Viele, besonders Frauen träumten von einer inneren Freiheit, wie sie Susanne in DAS FAHRRAD zu behaupten versucht. Dass im Film keine Lösung in diesem gesellschaftlichen Umfeld angeboten wurde, verstanden die Leute. Ich hatte keine und sie auch nicht. Die Frauenfiguren fungierten zunehmend als Seismografen gesellschaftlicher Zustände, aber immer im Dienst der Gesellschaft, nie in ihrer eigenen Sache, wie wir wenigen Regisseurinnen, Autorinnen, Dramaturginnen…

Unsere Heldinnen waren so weit subversiv, dass sie den Prozess der Bewusstwerdung, in einem erstarrten System zu leben, durch ihre widerspenstigen Lebensprinzipien forcierten. Sie verweigern die Arbeit, vernachlässigen ihre Kinder, klauen, trinken, stehen weit unten auf der sozialen Stufe… und rühren damit an den Grundfesten des von Männern angeführten Systems. Dabei wurden sie so dringend als Beleg für die sich scheinbar durchsetzende Emanzipation im Sozialismus gebraucht. Staatsrechtlich galt die Gleichberechtigung als gegeben.[16] Die Darstellerin der Susanne in DAS FAHRRAD wurde als nicht weiblich genug empfunden, zu feministisch angehaucht. Einer Jüngeren hätte man es als jugendlichen Irrtum abgenommen. Aber sie handelte nicht irrtümlich.

Die weiblichen Charaktere in den Filmen wurden durch ihre Konflikte und deren Gestaltung zur Außenseiterinnen, genau wie die an den Filmen beteiligten Frauen durch ihre von Männern dominierten Berufe. Als Einzelkämpferinnen haben wenigstens die Macherinnen die meisten Prügel eingesteckt.

Der Unterschied zu den westdeutschen Frauen wird unter anderem darin bestehen, dass die Gleichstellung der Frauen nicht gegen den Staat durch Solidarisierung innerhalb der Frauenbewegung erkämpft war, sondern quasi staatlich verordnet war. Uns hat es gegeben als Resultat einer Staatsideologie, die wir im Prinzip angenommen hatten.

Exz. BSB

---

16 Siehe auch: Elke Schieber, in: *Das zweite Leben der Filmstadt Babelsberg. DEFA Spielfilme 1946–1992.* Red.: Ralf Schenk. Hg. vom Filmmuseum Potsdam. Henschel Verlag, Berlin 1994.

Iris Gusner

REGISSEURIN, AUTORIN

Von 1960–1967 absolvierte sie ein Regiestudium an der Moskauer Filmhochschule (Gerassimow-Institut für Kinematographie, kurz WGIK) bei Prof. Michail Romm. Von 1968–1970 arbeitete sie als Regieassistentin für Konrad Wolfs Spielfilm Goya (1970).

Ab 1972 war sie Regisseurin und Autorin im DEFA-Studio für Spielfilme und drehte dort zahlreiche Filme. Ihr erster Spielfilm Die Taube auf dem Dach (1972/73) wurde verboten und hatte seine richtige Premiere erst 2010.

Nachdem Iris Gusner bis 1989 erfolgreich Spielfilme in der DDR als Regisseurin entwickeln und realisieren konnte, versuchte sie, im Westen Fuß zu fassen, was ihr zunächst auch gelang.

Ab 1994 gestaltete es sich immer schwieriger, auch für geförderte Drehbücher Finanzierungen aufzustellen, sodass ihre letzten Drehbücher nicht realisiert werden konnten.

In dem Buch *Fantasie und Arbeit* mit Helke Sander (2009), einem biografischen Zwiegespräch der beiden Regisseurinnen, berichtet sie aus ihrem Leben.

Iris Gusner hat zwei Töchter und lebt in Berlin.

FILMOGRAFIE
1993 Sommerliebe (Buch und Regie)
1987/88 Ich liebe dich...April! April! (Buch – mit Jochen Kramer – und Regie)
1983/84 Kaskade rückwärts (Buch – mit Roland Kästner – und Regie)
1980/81 Wäre die Erde nicht rund (Buch – mit Günter Haubold – und Regie)
1979/80 Alle meine Mädchen (Mitarbeit am Buch und Regie)
1977/78 Einer muss die Leiche sein (Buch und Regie)
1975/76 Das blaue Licht (Regie)
     Man nennt mich jetzt Mimi... (Buch und Regie)
1974 Was halten Sie von Leuten, die malen? (Buch und Regie)
1972/73 Die Taube auf dem Dach (Buch und Regie)

„Kunst ist schön, macht aber viel Arbeit."

(Karl Valentin)

Es gibt keine glücklichere Zeit als die Zeit der Motivsuche: die Aufregungen um den Start einer Produktion sind vorüber, die wichtigsten Mitarbeiter hast du beisammen und die evtl. bitteren Niederlagen stehen noch bevor. Vor dir nichts als weite Perspektiven und große Hoffnungen...

Ich liebte alle Arbeitsphasen auf dem Wege zu meinen Filmen:
- die Recherchen, die mich mit dem Umfeld und den Berufen meiner Heldinnen und Helden bekanntmachen sollten. Sie führten mich zu Bekanntschaften mit Menschen und Einblicken in Lebensbereiche, die ich sonst nie gehabt hätte;
- die Zeit der Arbeit am Buch, das ich nach den aus den Recherchen gewonnenen Erkenntnissen schrieb oder, falls eine literarische Vorlage vorhanden war, auf mein Thema hin präzisierte bzw. umschrieb. Das war die Zeit der Erschaffung der Welt des zukünftigen Films, alles war möglich, Papier kostete kein Geld. Hier entstand der Film zum ersten Mal.

Zum zweiten Mal entstand er beim Drehen, und seine dritte, endgültige Gestalt erhielt er durch den Schnitt, auch eine wunderbare Arbeitsphase.

Was ich hier in drei Sätzen beschreibe, ist ein langer Arbeitsprozess, an dem viele begabte Menschen beteiligt sind, die alle dem Film, sichtbar oder verborgen, ihren Stempel aufdrücken.

Deshalb erinnerten mich die Wege der Entstehung eines Films – von der Idee bis zu ihrer tatsächlichen Realisierung – manchmal an die abenteuerliche Reise des Columbus, der aufbrach, einen Seeweg nach Indien zu finden und stattdessen die Küsten Amerikas entdeckte.

Ich glaube nicht, dass irgendein Film am Ende so aussieht, wie ein Regisseur sich ihn anfangs vorgestellt hat. Das hat nichts damit zu tun, ob der Film gelingt oder nicht – er muss einfach anders aussehen, weil er während seiner Entwicklung von so vielen äußeren Faktoren abhängt, weil die künstlerischen Mitarbeiter mit ihren Vorstellungen die Sicht des Regisseurs bereichern und beeinflussen, und weil Schauspieler und Landschaften, an die der Regisseur vielleicht anfangs nicht dachte, dem Film schließlich sein Gesicht geben, ja, sogar das Wetter kann unerwarteten kreativen Einfluss nehmen: Ich geriet bei Beginn der Dreharbeiten zu ALLE MEINE MÄDCHEN im Januar 1979 in den schneereichen Winter, der damals die halbe DDR lahmlegte. Begeistert haben wir uns in die weißen Schneemassen gestürzt und uns beeilt, alle Szenen, die nur möglich waren, draußen zu drehen. Der Schnee gibt dem Film etwas Helles, Frisches und unterstützte damit die Atmosphäre von Energie und Lebensfreude, die der Film trotz der Probleme der jungen Helden des Films haben sollte.

Diese Atmosphäre hat keiner „sehen" können, der das ursprüngliche Szenarium über eine Brigade am Band in einer eher tristen Werkhalle gelesen hatte, die haben wir uns geschaffen, und der Schnee war wie ein visuelles Geschenk für uns.

Ich habe meinen Beruf trotz aller Mühen und Schwierigkeiten immer als Privileg empfunden: andere mussten arbeiten, ich durfte spielen. Einen Spielfilm zu machen, ist ein großes spannendes Spiel!
Und ich durfte ansagen, was wir spielen. Das hatte ich schon als Kind gern gemacht.

In den 1960er- und 1970er-Jahren waren die meisten Filmberufe noch reine Männerberufe, manche Bezeichnungen weisen direkt darauf hin, wie z. B. Kameramann. Das war auch einer der Gründe, warum Mädchen sich nur zögernd in diese Branche hineinwagten.

Deshalb wunderte es mich nicht, dass es zur Zeit meines Studiums am WGIK in den Fachrichtungen Regie, Kamera, Drehbuch, Szenenbild/Animation und Produktion so wenige Mädchen gab. Im Internat reichte für die Mädchen eine dreiviertel Etage, während die Jungs drei Etagen besetzten. Von diesen Mädchen waren die Mehrzahl Studentinnen für Schauspiel und Filmwissenschaft, nur in diesen Fachrichtungen waren sie in gleicher Stärke wie die männlichen Studenten am WGIK vertreten.

Mich ärgerte die Überzahl der Männer, weil sie dazu führte, dass an vier Abenden in der Woche für sie die Duschen im Keller geheizt wurden und für uns Frauen nur ein Mal wöchentlich. Alle übrigen Tage mussten wir uns mit kaltem Wasser in unserem Mädchenwaschraum auf der 5. Etage begnügen.

In unserer Regieklasse war ich das einzige Mädchen zwischen mehr als 20 jungen Männern; ich hatte auch bei den dreitägigen Aufnahmeprüfungen an der Babelsberger Filmhochschule keine Mädchen gesehen.

Von den wenigen Mädchen, die Regie studieren wollten, gaben einige auch noch frühzeitig auf:

Von der Filmhochschule Babelsberg war mit mir eine junge Frau nach Moskau delegiert worden, Uschi, die bereits im ersten Jahr das WGIK wieder verließ. Ihrem Verlobten in der DDR war ein Posten in der Botschaft in Peking angeboten worden, den er aber nur verheiratet und mit einer Gattin an der Seite antreten durfte. Die junge Frau fuhr deshalb in die DDR zurück, um ihn zu heiraten und nach Peking zu begleiten. Sie opferte ihren zukünftigen Beruf der Karriere ihres Verlobten. Warum verzichtete dieser Mann eigentlich nicht für sie auf China? So blöd, sich freiwillig hinten anzustellen, waren nur Frauen, und deshalb waren sie damals in meinen Augen selbst schuld an ihrer Lage – ihnen war offensichtlich ihre Arbeit nicht so wichtig wie einem Mann.

Die Überzeugung, dass der Beruf oder die Berufung eines Mannes wichtiger sei als der Beruf oder die Berufung einer Frau, implizierte die stillschweigende Überzeugung, dass ein Mann wichtiger sei als eine Frau, und diese Vorstellung hielt sich noch lange nicht nur in Männer-, sondern auch Frauenköpfen und unterlief die Gesetze zur Gleichberechtigung.

Von links nach rechts: Roland Gräf, Jürgen Lenz, Norbert Kuhröber und Iris Gusner bei Dreharbeiten zu DIE TAUBE AUF DEM DACH (1973)

Außerdem unterlagen wir Töchter der sozialistischen Länder damals immer noch, wie Tschechows Frauen am Anfang des 20. Jahrhunderts, dem Irrtum, der Zugang zu Bildung und Beruf sei gleichbedeutend mit Emanzipation und Gleichberechtigung. Diesen Zugang hatten wir, und so war die Lage der Frau für uns Studentinnen der Filmhochschule z. B. kein Thema, ich kann mich an kein einziges Gespräch darüber erinnern.

Auch in der DDR hinterfragten die Frauen ihre Emanzipation im Grunde nicht.

Vielleicht sind uns wegen dieses Mannes auf dem Botschaftsposten in Peking, der gewiss austauschbar gewesen wäre, schöne Filme verlorengegangen, Filme, die nur diese Frau hätte machen können. Denn Talent ist nicht austauschbar!

Doch der Fall von Uschi zeigt, dass der unbedingte Wille, Seins zu machen, ebenso notwendig ist wie Talent.

Das verlangt Härte – gegen sich selbst, manchmal auch gegen Menschen, die man liebt. Ich hatte diese Härte zum ersten Mal bewiesen, als ich das Angebot der Filmhochschule Babelsberg, an der Moskauer Filmhochschule zu studieren, angenommen hatte. Das war keine leichte Entscheidung gewesen, denn ich musste nicht nur meine Familie und Freunde für Jahre verlassen, sondern auch meine erste Liebesbeziehung. Trotzdem entschied ich mich schnell, denn ich hatte so gute sowjetische Filme gesehen wie DER LETZTE SCHUSS (1956) von Grigorij Tschuchrai, OTHELLO (1955) von Sergej Bondartschuk, DER STILLE DON (1957) von Sergej Gerassimow, vor allen Din-

DIE TAUBE AUF DEM DACH (1972/73)

gen aber DIE KRANICHE ZIEHEN (1957) von Michail Kalatosow, dass ich entschlossen war: Wo solche Filme gemacht werden, da will ich hin! – und mich hätte dann auch kein Mann von dort weglocken können.

Schwieriger wurden die Entscheidungen später, wenn sie zu Ungunsten der Kinder ausfallen mussten, da habe ich dann versucht, alle möglichen Kompromisse zu finden.

Der Hilfe meiner Mutter hatte ich viel zu verdanken!

Jedenfalls habe ich ernsthaft nie auch nur erwogen, mein Studium und meinen Beruf aufzugeben. Aber in solchen Situationen habe ich meine männlichen Kollegen beneidet, die niemals aus familiären Gründen in ähnliche existenzielle Zwickmühlen gerieten wie ich manchmal.

Ich verbrachte meine Studentenjahre also unter Männern und orientierte mich an den gleichen Vorbildern wie sie. Das trieb manche seltsame Blüte: Die Literatur hatte in Russland immer einen hohen Stellenwert gehabt, aber in den 1960er- und 1970er-Jahren war Russland eine lesende Nation – alle lasen immer und überall, sogar auf den Rolltreppen der Metro. Dank der von Chruschtschow auf den XX. und XXII. Parteitagen eingeleiteten Abrechnung mit Stalin und dem darauf folgenden politischen Tauwetter hatten sich neue junge Dichter und Schriftsteller zu Wort gemeldet, unliebsame und bisher verbotene wurden wieder oder endlich gedruckt und die Sowjetunion öffnete sich moderner westlicher Literatur. Alle waren verrückt nach Büchern, dort waren die neuen Informationen, und wenn man ein Buch verborgte, tat man gut daran, an Tucholskys Satz zu denken: „Verleihe nie ein Buch zum Scherz, es könnte behalten werden."

Diese Literatur prägte bestimmte moralische Verhaltensweisen, z. B. unsere Vorstellungen von Freundschaft, Großzügigkeit, Mut, Stolz, Fairness, sie lehrte uns, Angepasstheit, Feigheit und Verrat zu verachten und Geld und Besitz geringzuschätzen.

Die Helden der neuen russischen Schriftsteller, Dichter und Liedersänger und der beliebtesten westlichen Autoren wie Remarque, Hemingway und Böll waren Soldaten, Partisanen, Jäger und Fischer, Geologen, Entdecker, Verbannte, Knastbrüder, Trinker, Seemänner, Poeten, Physiker ... Der gute alte Kumpel. Die wortkarge, bis über den Tod hinausreichende Männerfreundschaft.

Diese Vorbilder haben auch mich stark beeinflusst. Denn: Frauen kamen da nicht vor. Ich meine Frauen, die mir imponiert hätten.

Ich erinnere mich, wie ich mit meinen beiden besten Freunden und Kommilitonen Schenja Fridman und Abdul Hadi Al Rawi in der Küche des Filmwissenschaftlers Professor Jurenjew Blutsbrüderschaft getrunken habe. Wir feierten den Geburtstag seines Sohnes Andrej. Andrjuscha hatte seine ganze Schauspielklasse und unsere halbe Regieklasse eingeladen, die große Wohnung war fest in unseren Händen. In der Nacht haben Schenja, Hadi und ich uns separiert, jeder von uns hat sich mit einem Messer eine Fingerkuppe aufgeritzt, bis Blut herauskam, das wir in ein gemeinsames Glas mit Wodka tropfen ließen, mit einem Löffel umrührten und dann reihum austranken, mit feierlicher Miene, nehme ich an. Natürlich hatten wir selbst schon allerhand Wodka im Blut, das erklärt, dass wir überhaupt auf so eine Idee gekommen waren.

Mit Frauen, egal in welchem Zustand, kann ich mir so eine Szene nicht vorstellen!

Die Blutsbrüder haben übrigens immer über alle Ländergrenzen und Lebensumstände hinweg zusammengehalten, heute tun es nur noch zwei. Schenja ist 2005 in den USA gestorben, ein halbes Jahr vor unserem geplanten Wiedersehen zu dritt. 2012 war ich mit einigen meiner Filme Gast der DEFA-Library an der State University of Massachusetts in Amherst. Auf dem Weg vom Flugplatz Boston nach Amherst fuhren wir an Shrewsbury vorbei, der Ort, in dem Schenja zuletzt gelebt hatte – sieben Jahre zu spät.

Auch im DEFA-Spielfilmstudio waren außer der Schnittmeisterin und der Kostümbildnerin meine wichtigsten kreativen Mitarbeiter immer Männer: Kamera, Szenenbild, Musik... Bis heute empfinde ich den Umgang mit Männern als unkomplizierter als den mit Frauen. Das ist kein Werturteil, Männer s i n d unkomplizierter.

Ich habe beobachtet, dass – bei aller Kollegialität, Achtung und selbst bei Bewunderung füreinander – Regisseure selten miteinander befreundet sind. Das liegt am Beruf. Regisseure sind Anführer, sie brauchen Raum, Gefolge und Zuhörer und wollen das letzte Wort haben, denn jeder von ihnen ist der Größte. Um ihre Vorstellungen zu realisieren, brauchen sie Mitarbeiter: Schriftsteller, Kameramänner, Schauspieler, Maler, Musiker... Menschen, die sich auf ihre Gedanken einlassen und sie mit ihrem Talent bereichern. Daraus entstehen dann nicht nur Filme, sondern manchmal auch Freundschaften.

Eine Zusammenarbeit von Regisseuren schließt sich in der Regel aus. Jeder von ihnen macht sein eigenes Ding. Und ob sie wollen oder nicht, sind sie natürlich Konkurrenten.

Junge Regisseure können untereinander befreundet sein, auf der Filmhochschule und danach – so lange sie Solidarität, Mitstreiter und Gleichgesinnte brauchen. Sobald sie sich profiliert haben, werden die Kontakte in der Regel schwächer oder reißen ab. Es sei denn, die Freunde arbeiten, wie in meinem Fall, in anderen Ländern.

Höchstwahrscheinlich ist das bei Regisseur i n n e n nicht anders. Ich hatte dafür wenig Anschauungsmaterial, weil ich nur zwei weibliche Kolleginnen im DEFA-Spielfilmstudio hatte, Evelyn Schmidt (s. S. 198) und Hannelore Unterberg[1], und Hannelore machte Kinderfilme, spielte also in einer anderen Liga.

Zwischen Evelyn und mir bestand ein merkwürdig kühles Verhältnis. Darüber haben wir erst lange nach unserer DEFA-Zeit gesprochen, anlässlich von Evelyns Buch *Filmzeit – Lebenszeit*.[2]

Evelyn schreibt, dass die „gewisse Animosität, die Iris und ich gegenseitig an den Tag legten", ihren Grund „in der Besonderheit und Einzigartigkeit unseres Frauendaseins innerhalb der Männerdomäne" hatte, die durch die andere gefährdet schienen.

Und ich bestätigte das: „... Da ist dann so eine Bereitschaft da, die Arbeit der anderen nicht so gut zu finden. Kaum hatten wir ein wenig Erfolg, wurden wir zu Konkurrentinnen, die ihren männlichen Kollegen alles gönnten, aber der einzelnen Frau nebenan? – Sie war die Gefahr, die unsere ‚Einzigkeit', unsere schwer errungene, schmälern konnte."

Ich glaube, diese Gedanken waren mir damals so nicht bewusst, ich hätte sie jedenfalls nicht formulieren können. Und hätte das auch nicht gewollt, das war kein Thema! Niemand gestand sich Konkurrenzgefühle gern ein, und hier waren sie zwiefach – und das ist schon komisch: dass der Umstand, dass wir so wenige waren, uns eher voneinander trennte, statt uns zusammenzuführen!

Vielleicht liegt hier einer der Gründe, warum bei uns die Frauen so selten Netzwerke zu ihrer gegenseitigen beruflichen Unterstützung bilden? In den meisten künstlerischen Berufen sind Frauen auch heute noch in der Minderzahl, und wenn ihnen jemand hilft und sie fördert, sind es meistens männliche Kollegen!

Liegt das wirklich nur daran, dass Männer mehr Möglichkeiten dazu haben, weil sie mehr Posten besetzen? Nicht vielleicht auch daran, dass eine Frau ihre schwer eroberte Position eher durch eine andere Frau gefährdet sieht als durch einen Mann? Dass ihr eine weibliche Konkurrenz unangenehmer ist als eine männliche?

Männer können sich in der Regel auf ihre gut funktionierenden Netzwerke verlassen. Ich wünschte, Frauen könnten das auch. Es liegt an ihnen!

Evelyn und ich haben uns einander erst freundschaftlich genähert, als wir keine Filme mehr drehten. Das bedauere ich heute.

---

1 Hannelore Unterberg, DEFA-Regisseurin und Drehbuchautorin, 1940 geboren in Altenberg. Ab 1981 Leiterin der Arbeitsgruppe „Filme für Kinder". Bekannteste Filme: VON EINEM, DER AUSZOG, DAS LÜGEN ZU LEHREN (1971), KONZERT FÜR BRATPFANNE UND ORCHESTER (1974/75), ISABEL AUF DER TREPPE (1983), DAS MÄDCHEN AUS TSCHERNOBYL (1994), WIR SIND DIE KINDER VON DER HERDERSCHULE (2004).
2 Evelyn Schmidt: *Filmzeit – Lebenszeit. Entstehungs- und Rezeptionsgeschichte des DEFA-Films* DAS FAHRRAD. Hrsg. Von der DEFA-Stiftung, Berlin 2013. Aus diesem Buch wurde der Text von Evelyn Schmidt von Bettina Schoeller-Bouju exzerpiert.

Die Regisseurin Helke Sander (s. S. 26) und ich haben das Buch *Fantasie und Arbeit*[3] zusammen gemacht, ohne uns jemals gestritten oder Kompetenzschwierigkeiten gehabt zu haben. Das war eine gute Erfahrung.

Verblüfft hat uns, wie ähnlich unsere Erfahrungen als alleinstehende Mütter mit Kindern im Regieberuf trotz unserer damals unterschiedlichen Gesellschaftsordnungen waren! Wir hatten beide, ob hüben oder drüben, immer die Doppellast der täglichen Verantwortung für die Kinder u n d des Berufs zu tragen; auch wenn wir drehten, mussten wir das Familienleben organisieren.

Helke und ich konnten nie direkte Konkurrentinnen sein, weil uns die Mauer getrennt hatte, und wir haben uns erst getroffen, als wir beide keine Filme mehr gemacht haben. Doch ich hätte auch als Regisseurin mit Helke etwas anfangen können: Ich hätte sie gern als Schauspielerin in meinen Filmen gehabt!

Während des Studiums ahnte ich nicht, dass mir als Frau in diesem Beruf der Wind so oft ins Gesicht blasen würde. Hätte mein Lehrer Michail Romm[4] das gewusst, hätte er mich vielleicht darauf vorbereitet, doch er war wie die meisten meiner anderen Lehrer – ein Mann. Er konnte nur seine Erfahrungen vermitteln.

Natürlich wusste ich, wie viele Schwierigkeiten einen Filmregisseur erwarten können, Schwierigkeiten gehören zum Berufsbild, klar. Und dass ich als Frau eine doppelte Belastung durch die Kinder hatte, war auch klar. Aber erst mit den Jahren fiel mir auf, dass das Gehalt meiner männlichen Kollegen immer höher war als meins und schneller stieg, und dass sie bei gleichem oder auch bei geringerem Einsatz von Talent, Fleiß und Anstrengungen schneller zu gesellschaftlichem Ansehen, nützlichen Beziehungen, finanziellen Sicherheiten und Ehrenämtern gelangten... Und dass die Presse sich ihnen gegenüber nie so unverschämt verhielt wie gegen mich.

Trotzdem ist unsere Zeit für Frauen die beste, die es je gab!

---

3   Iris Gusner, Helke Sander: *Fantasie und Arbeit. Biografische Zwiesprache.* Schüren Verlag, Marburg 2009.
4   Michael Iljitsch Romm 1901–1971, russischer Filmregisseur und Autor. Direktor eines Theaterstudios, Produzent, Professor an der WIGK. Bekannteste Filme: NEUN TAGE EINES JAHRES (1962), DER GEWÖHNLICHE FASCHISMUS (1965).

Barbara Mädler-Vormfeld

REGIEASSISTENTIN

Geboren 1943, Regieassistentin. Mit Rainer Simon drehte sie DAS LUFTSCHIFF (1983), DIE FRAU UND DER FREMDE (1985), WENGLER & SÖHNE (1987) und DIE BESTEIGUNG DES CHIMBORAZO (1989), mit Helmut Dziuba VERBOTENE LIEBE (1989) und JANA UND JAN (1992), mit Karl Heinz Lotz den wunderschönen Märchenfilm DER EISENHANS (1988) sowie mit Egon Günther STEIN (1991), ein Schauspielerdrama aus der Zeit des Umbruchs in der DDR. Gern hätte sie auch bei Andreas Kleinert Regieassistenz gemacht.

Mich interessiert das große Kino, in das man seine Träume hineinlegt

Film war für meine Eltern Abenteuer, Glamour und Amüsement. Sie wussten nicht, wo mich das hinführen würde und ob ich davon leben könnte. Meine Mutter sah es vielleicht nicht so, aber mein Vater wollte, dass seine Tochter einen anständigen Beruf lernt. Mein Zimmer war Ende der 1950er-Jahre mit Schauspielerbildern tapeziert. Immer, wenn ich über die Grenze nach Westberlin zu meiner Oma fuhr, trug ich mein Taschengeld ins Kino und gab es für Filmzeitschriften her.

Ich hätte für DEFA-Schauspieler in Potsdam-Babelsberg schwärmen können, wir wohnten ja nicht weit davon, aber ich war ganz heiß auf Romy Schneider, Brigitte Bardot und Gina Lollobrigida. Wenn sie nach Berlin kamen, sammelte ich Autogramme, aber persönlich wollte ich sie eigentlich nicht kennenlernen. Film an sich, Film als Gesamtkunstwerk interessierte mich. Schon als Kind war ich versessen darauf. Damals gingen wir in unsere Dorfkneipe, wo eine Leinwand aufgebaut wurde. Egal was für ein Film lief, ich war immer da.

Muttermilch

Mein Vater, eine dominante Persönlichkeit, bestand auf dem Bodenständigen. Ich dachte, ich bin jung, Forschung ist nicht langweilig, also drei Jahre Ausbildung und Arbeit, dann vielleicht doch der Film. Ich wurde am Institut für Ernährung in Potsdam-Rehbrücke, wo an künstlicher Muttermilch geforscht wurde, als Lebensmittelchemielaborantin ausgebildet, studierte dann an der Fachschule und arbeitete parallel im Institut.

Den wirklich umfassenden Ersatz für Muttermilch gibt es bis heute nicht, obwohl viele Babys diese Nahrung brauchen. Uns gelang damals die künstliche Muttermilch auch nicht gut, immer waren uns die Japaner einen winzigen Schritt voraus. Heute stillen wieder mehr junge Mütter, weil man den Wert der Muttermilch hochschätzt, damals in der DDR hielt man sie für nicht wichtig und drängte schon in der Klinik systematisch darauf abzustillen. Nach acht Wochen sollten die jungen Mütter wieder arbeiten gehen.

Heiraten oder nicht

Als ich mit 17 die große Liebe erlebte, gab es keine Verhütungsmittel. Mit 20 wurde ich schwanger. Ich hätte wieder studieren müssen, um meinen Traum vom Film in Angriff zu nehmen, und wäre ständig unterwegs gewesen. So blieb mir nur, die Idee aufzuschieben, bis sich bis zum Kindergarten alles fügen würde.

Gegen den Willen meines Vaters wollte ich partout nicht heiraten. Mein Freund wollte eine Familie, aber dann hätte ich mein Ziel vergessen können. So widersetzte ich mich zum ersten Mal in meinem Leben dem starken Willen meines Vaters. Ein

Jahr lang bekam ich schmerzhaft zu spüren, dass er nicht mehr mit mir sprach – kein Wort! Obwohl wir unter einem Dach zusammenlebten, existierte ich nicht für ihn. Ich musste im Haus meiner Eltern wohnen, weil man in der DDR nur verheiratet einen Antrag auf eine eigene Wohnung stellen konnte.

Meine Mutter litt, hielt aber zu mir. Mein Vater hatte seine Tochter immer für etwas Besonderes gehalten, nun konnte er nicht verwinden, dass ich ihn enttäuscht hatte. Er war selbst streng erzogen, besaß ein wahnwitziges Pflichtgefühl und konnte nicht aus seiner Haut. Er tat mir leid, aber ich wollte meinen eigenen Weg finden und nicht schon in frühen Jahren aufgeben. Dass ich mich widersetzte und seine Nichtachtung hinnahm, war eine gute Schule für alles, was noch kommen sollte. Als dann mein Sohn geboren war, drang sein Großvaterstolz durch. Der Enkel wurde sein Ein und Alles, obwohl unser Verhältnis gebrochen blieb.

Quereinstieg

Mein Kind konnte ich bei meiner Mama lassen. Arbeit, Studium und Kind mussten unter einen Hut, weil es ja keinen Ernährer gab. Irgendwann heiratete ich einen anderen Mann, aber auch diese Ehe scheiterte, ich glaube durch mich, weil ich mich nicht von meinem Ziel entfernen wollte. Was will man machen, wenn man immer unglücklich ist?

In der DDR wurden die Frauen gebraucht, weil sie oft besser, beständiger und fleißiger arbeiteten als Männer. Sie zogen in jeder Beziehung an ihnen vorbei, schmissen den Haushalt, gingen arbeiten und zogen die Kinder groß. Ihr Vorsprung war ein großes Dilemma.

Im Lauf der Zeit gelangten in den Betriebskollektiven auch Frauen auf höhere Posten, sie wurden ja sehr gefördert und konnten sich fortbilden. Sie wollten loslegen, weil sie an ihren Müttern sahen, wie es ist, selbst nichts darstellen zu dürfen. Helke Misselwitz hat solch großartige Frauen in WINTER ADÉ vor ihre Kamera geholt. Probleme in den Beziehungen waren dadurch vorprogrammiert. Die DDR war ein Land mit hoher Scheidungsrate.

Letztlich brachte mich mein ererbtes Pflichtgefühl dazu, bis zur Volljährigkeit meines Sohnes weiterzuarbeiten. Im Institut hielt man mich für eine Spinnerin, aber ich war sicher, irgendwann würde es mit dem Film klappen. Die DEFA lag vor meiner Tür in Potsdam-Babelsberg, da wollte ich anklopfen und mich beim Chef des Personalbüros bewerben. Man durfte sich jedoch nicht in einem anderen Betrieb bewerben, solange man in einem Angestelltenverhältnis war. Selbst zu kündigen war undenkbar, weil es keine Arbeitslosenunterstützung gab. Ich wollte noch einmal von vorn anfangen, hatte keinen Mann, der mich unterstützte, aber einen Sohn, der studieren wollte und nur 60 Ost-Mark Unterhalt bekam. Wie sollte das gehen?

Als Chefassistentin hatte ich eine gute Stellung im Institut und war auch schon an internationalen Veröffentlichungen beteiligt. Trotzdem kündigte ich. In der Brigade versuchte man, mich umzustimmen: „Wie kannst du nur! Du hast doch ein Kind! Mit 38 alles hinwerfen, du bist verrückt!" Mein Sohn war der einzige, der mich bestärkte: „Wenn du wirklich willst, mach es!" Heute arbeitet er als Physiker, fotografiert sensationell gut und sammelt Filme. Damals war ich stolz, dass da jemand ist, der es wichtig findet, die eigene Herzensangelegenheit ernst zu nehmen.

Ich hing zwischen allen Stühlen, aber irgendetwas mit Film wollte ich machen. Herr Wardeck, der DEFA-Personalchef, muss gelacht haben, als ich alle 14 Tage bei ihm nachfragte. Er ließ meine Kaderakte kommen und meinte, ich hätte keine Chance. Auslandsdreharbeiten kämen z. B. wegen meiner Westverwandtschaft nicht in Frage. Im Übrigen sei ich für ein Filmstudium an der HFF „Konrad Wolf" zu alt.

Das konnte mich nicht abschrecken. Zwei Jahre lang fragte ich regelmäßig wieder an. Mein Geld verdiente ich als Mannequin, Putzfrau und bei der Obsternte. Herr Wardeck schmunzelte, wenn ich kam, bis er eines Tages genüsslich meinte: „Ich glaube, Sie wollen das wirklich. Versuchen wir es."

Im Bereich Aufnahmeleitung, Regieassistenz und Kostüm konnte man ohne theoretische Ausbildung zwei Lehrjahre am Set absolvieren, weil die DEFA in den 1980er-Jahren zu wenig gutes Personal hatte. „Unter ferner liefen" wäre für mich nicht in Frage gekommen, denn ich wollte endlich direkt kreativ beteiligt sein. So fiel die Wahl auf die Regieassistenz. Bedingung: Zwei Jahre lang nur Zeitverträge, jeweils für ein Vierteljahr, je nach Beurteilung des Regisseurs die Verlängerung oder Kündigung. Mit sehr wenig Lehrgeld fing ich ganz von vorn an.

Traumarbeit

Das Prinzip lernte ich bei der Fernsehserie MÄRKISCHE CHRONIK als zweite Regiehilfe neben einem Regieassistenten kennen. Fernsehen war Pustekuchen, nicht so schlimm, wenn mir ein Patzer passieren würde. Wardeck hatte mitbekommen, dass ich lichterloh brannte für den Film, deshalb teilte er mich danach meinem fantastischen Lehrer Rainer Simon bei seinem Film DAS LUFTSCHIFF (1983) zu. Einen Besseren hätte ich nicht finden können, sein Anspruch und seine Präzision bei der Arbeit waren vorbildlich.

Ich bekam Vertragsverlängerungen und wurde von Regisseuren mit guten Namen immer wieder angefordert. Bei gewissen Leuten im Studio galt ich mit meiner Leidenschaft vielleicht als unbequem, aber im Ganzen tat es gut, dass man gern mit mir arbeiten wollte.

Mich interessierte das große Kino, in das man seine Träume hineinlegt und in eine visuelle Welt schlüpft. Auch die Schauspieler, diese anderen Wesen als die Menschen auf der Straße, begeisterten mich. Die Arbeit war ein faszinierendes Abenteuer, bei dem man nie wusste, was am nächsten Tag passieren und schlussendlich entstehen würde. Ich war glücklich, sobald ich das Studio betrat. Die Filmleute waren meine Familie und der Film die Erfüllung.

Métrage

Ich bekam das Szenario eines Films zu lesen, bevor das Drehbuch fertig war. Auch wenn das Team bestimmt wurde, wurde ich oft einbezogen. Dann begann die eigentliche Arbeit mit dem Drehbuch. Rainer Simon bat manchmal um Vorschläge zur Auflösung bestimmter Szenen, aber meine Sache begann erst richtig mit dem technischen Drehbuch, einem zweiten Script, in dem im Detail festgelegt wurde, welche Kostüme welcher Schauspieler wann zu tragen hatte, welche Requisiten wann gebraucht wurden, welche Technik geklärt werden musste, wer wofür verantwortlich war. Jede Sparte fertigte Auszüge aus meinem technischen Drehbuch für ihren Arbeitsbereich an. Meist war ich auch bei den Probeaufnahmen zugegen. Das Casting entwickelte sich im Lauf der Zeit zu meiner Stärke, weil ich die Arbeit der Schauspieler so liebte. Zwischen den Filmen fuhr ich nur für mich zu den Theatern der DDR, um Schauspieler zu sehen und Buch über sie zu führen. Auch an der Schauspielschule sah ich mir Vorführungen an, um neue Talente zu entdecken, was mir unglaublichen Spaß bereitete. Zur Vorbereitung saß man stundenlang in Schneideräumen und sah sich die Probeaufnahmen anderer Regisseure an. Auch das nahm ich den Regisseuren gern ab, weil ich nebenbei auch ohne Studium insbesondere bei der Schnittmeisterin Helga Gentz lernte, wie man Filme schneidet.

Bei 35mm-Produktionen war wichtig, wie viel Filmmaterial eine Szene verbrauchen würde. Meine Aufgabe war, jede Einstellung mit der Stoppuhr durchzuspielen und zu berechnen. Schon vor dem ersten Drehtag musste der Regisseur wissen, ob der vorgegebene Text und alles, was die Schauspieler spielen sollten, in einem 90-Minuten-Film unterzubringen waren. Also spielte ich zu Hause mit der Stoppuhr jede Einstellung, alle Gänge und Gesten durch, weil mir wichtig war, dass man sich auf eine hundertprozentig exakte Métrage verlassen konnte.

Heute macht sich kaum jemand eine Vorstellung davon, wie wichtig die Drehvorbereitung war. Regisseure wie Ulrich Seidl, die aus dem Stegreif arbeiten, haben sehr viel digital gedrehtes Material, sie schneiden und schneiden, um am Ende die Länge zu bestimmen oder gleich mehrere Filme daraus zu machen. Unsere Bedingungen waren schwierig. Das Licht musste für jede Einstellung ewig neu gesetzt werden. Hatte man einen anspruchsvollen Kameramann wie Roland Dressel, schuftete die Beleuchtertruppe hart. Alle die Gewerke, die den Wahnsinnsaufwand im Studio leisteten, die Maskenbildner, Schneider, Maler, Architekten usw. habe ich dafür verehrt, dass sie das Unmögliche möglich machten.

Wende

Den Herbst 1989 erlebte ich ganz euphorisch. Ich weiß noch, dass ich mit dem Spruch „Neue Männer braucht das Land!" in Potsdam mitdemonstrierte. Jetzt wird vieles besser, dachte ich, jetzt werde ich auch zu Auslandsdreharbeiten mitfahren können. 1988 waren andere Teammitglieder mit Rainer Simon zu Dreharbeiten für DIE BESTEIGUNG DES CHIMBORAZO nach Ecuador gereist. Ich durfte nicht mit. In meiner Kaderakte tauchte nicht nur die Westverwandtschaft als Beweis meiner Unwürdigkeit auf, auch die Weigerung meines Sohnes, seinen Wehrdienst mit Schießbefehl an der Grenze zur BRD zu absolvieren, war der Partei ein Dorn im Auge. Als für DIE BESTEIGUNG DES CHIMBORAZO kurz auch in Paris gedreht werden sollte, rebellierte das Team. Es war die Zeit von Gorbatschow, gewisse Lockerungen schienen möglich. Frau Hildebrand, die viele Westfilme der DEFA produziert hatte und Einfluss besaß, setzte sich unglaublich für mich ein, und drei Tage vor Reisebeginn bekam sie die Erlaubnis für Paris für mich. Tausend Luftsprünge habe ich da gemacht!

1990 war Egon Günthers Rückkehr zur DEFA ein Geschenk. Er brachte ein anderes Arbeitsklima aus dem Westen mit, sodass die Enge, in der wir gelebt hatten, von uns abfiel. Ich konnte selbstständig Probeaufnahmen durchführen, weil er mir vertraute und die Zügel locker ließ. Seine Leichtigkeit und Weltoffenheit zeigte uns, wie kontrollwütig unser Denken im Atelier oft gewesen war.

Jan Josef Liefers in DIE BESTEIGUNG DES CHIMBORAZO (DDR 1989, Regie: Rainer Simon)

Dann wurden wir entlassen. 1990 bekamen wir eine Abfindung und waren plötzlich Freiberufler. Als ich mich bei Westberliner Filmfirmen bewarb, erlebte ich die härtesten Geschichten meines Lebens. Wir waren die ungeliebte Konkurrenz, die man zurechtwies: „Wo kommen Sie her? Machen Sie erst mal ein Praktikum!" Ich musste Geld verdienen, aber die Regisseure, die ich gekannt hatte, kämpften z.T. Jahre, bis sie im neuen System einen Film finanziert bekamen. Die Mieten stiegen, alles wurde teurer. So blieb mir nur, die Produktionsbüros abzuklappern. Einmal bestand ich hartnäckig auf einem Termin beim Produktionschef der Ufa, aber als ich sein Büro betrat, hatte er trotz vorheriger Zusage keine Zeit. Auf der Straße liefen mir oft die Tränen, weil ich den Umgang diffamierend fand.

Bald danach bekam ich die Regieassistenz bei einem Fernsehfilm. Kurzfristig musste das Drehbuch metriert, das technische Drehbuch verfasst und die Besetzung gecastet werden – in Nachtarbeit. Man schätzte meine Feuerwehrarbeit und von da an war mein „Name" eingeführt. Angebote meiner Lieblingsregisseure musste ich mehrmals ablehnen, weil ich leider zum Geldverdienen eine andere Verpflichtung eingegangen war, wenn sie endlich ihr Budget beisammen hatten.

Teammitglieder lernte ich unter westlichen Arbeitsbedingungen als sehr professionell und kollegial kennen, aber nach der Arbeit ging meist jeder seiner Wege. In der DEFA war das Team meine Familie. Vielleicht ist unser Zusammenhalt nur mit der italienischen Studiostadt Cinecittà zu vergleichen. Die Kaffeestube der DEFA war der Treffpunkt schlechthin für Regisseure, Produzenten, Schauspieler, Handwerker, Beleuchter, alle! Jeder kannte jeden, und wenn man Hilfe brauchte, brachte die Kaffeestube die Rettung. Ich glaube, so etwas gibt es nicht noch einmal auf der Welt.

Aufz. CL

Marion Voigt-Schöneck

SYNCHRONREGISSEURIN

Geboren 24.9.1945 in Kłodzko (Glatz/Schlesien)
1952-1962 Besuch einer allgemeinbildenden Oberschule
1962-1965 Institut für Lehrerbildung in Ost-Berlin
1965-1967 Lehrerin
1967-1970 Regieassistentin/Einleserin im DEFA-Studio für Synchronisation
1970-1974 Studium der Theaterwissenschaft an der Humboldt Universität Berlin
1974-1979 Dramaturgin im DEFA Studio für Synchronisation
1979-1990 dort Synchronregisseurin
Seit 1990 freie Mitarbeiterin in verschiedenen Synchronstudios

Man muss die Welt ändern, vielleicht geht's doch

Als Kind träumte ich davon, Tänzerin zu werden. Mit drei begleitete ich meinen Vater, der als Schneidermeister arbeitete, zu seinen Kunden im amerikanischen Sektor von Berlin und tanzte für sie. Sieben Jahre besuchte ich die Staatliche Ballettschule Berlin in den Ruinen nahe dem Marx-Engels-Platz. Ich weiß noch, dass ich dabei an einem Stand vorüber musste, wo man mir ab und zu erlaubte, Limonade zu verkaufen.

Die Schule war nicht so spannend. Ich hatte es nicht leicht, weil mein Vater mit ganzer Seele überzeugter Kommunist war. In den 1950er-Jahren kam das auch in Ostberlin bei manchen Lehrern nicht gut an. Als wir in die Jungen Pioniere eintreten sollten, wollte anfangs kaum ein Kind mitmachen – ich schon, ich hatte ja meinen Vater.

Er war ein ungewöhnlicher Mann, der Kant, Nietzsche, Schopenhauer und Gautama Buddha las, ein philosophischer Autodidakt, unwahrscheinlich engagiert. Gleichheit und Gerechtigkeit waren für ihn die Idee des Kommunismus. Bildung galt in meiner Familie als das Wichtigste. Außer ein paar Schmuckstücken war meiner Großmutter nichts geblieben. Meine Mutter, mein Vater, meine Halbschwester und ich kehrten 1946 aus Glatz in Schlesien, wo ich geboren wurde, in ihre Heimatstadt Berlin zurück. Erst 1950 konnten sie wieder in ihre Wohnung ziehen, die von Ausgebombten belegt war. Bei den Jungen Pionieren war ich übrigens nicht oft. Ich tanzte lieber.

Als ich einen Unfall hatte, war es aus mit der Ballerina-Karriere. Mein Vater, der 1953 starb, hinterließ Schulden, aber wegen seines Schneidersalons wurden wir Hinterbliebene als bürgerlich angesehen, folglich nicht förderungswürdig. Eine Mitschülerin, deren Vater es vom Arbeiter zum Funktionär gebracht hatte, bekam mehr Stipendium als ich. Solche Ungerechtigkeiten machten mich immer wütend.

Synchron

Ich hatte immer gern Kindern vorgetanzt und vorgelesen, also studierte ich Pädagogik am Institut für Lehrerbildung. Nebenher spielte ich Theater im Haus der Jungen Talente, gab Lesungen im Club der Kulturschaffenden und übernahm mit meinen Freunden kleine Rollen beim Film. Ich arbeitete ein Jahr als Unterstufenlehrerin, aber mir wurde rasch klar, dass Schule nichts für mich ist. Was nun? Kindertheater?

Da empfahl mir ein Freund, im DEFA-Synchronstudio in Berlin-Johannisthal nach Arbeit zu fragen. Dort durchlief ich alle Arbeitsbereiche: Ich las Filme ein, lernte den Schnitt und die Aufnahmeleitung kennen und arbeitete im Besetzungsbüro, einem wunderbaren Ort, wo die Stimmen der Schauspieler auf Tonbändern archiviert waren. Wenn ein Film zu besetzen war, suchte man sich Stimmproben heraus und hörte sie zu den zu bearbeitenden Filmen an. In der Mischung klammerten wir interessante Takes ab, um damit wiederum das Archiv zu füttern. Eine Kindertante sah sich in den Schulen nach neuen Talenten um. Gregor Gysi z. B. hat als Kind bei der Synchronisation des berühmten Films SERJOSCHA (1960) von Sergej Bondartschuk mitgemacht.

Irgendwann sagte die Kaderleiterin, die vor allem uns Frauen puschte: „Du bleibst hier nicht, du studierst." Auf ihren Druck hin bewarb ich mich trotz Versagensangst für die Aufnahmeprüfung im Fach Theaterwissenschaft an der Humboldt-Universität. Vielleicht konnte ich auf diese Weise zum Theater. Hunderte bewarben sich, nur 17 wurden aufgenommen. Ich hatte Glück und war sehr stolz darauf.

Vier Jahre lang war ich mehr im Theater als in der Uni. Mit meinen Kommilitonen, u. a. Frank Castorf und Wolf Bunge, spielten wir in der Studentenbühne unter Leitung von Horst Hawemann oder verfolgten Proben bei großen Regisseuren wie Benno Besson und Manfred Karge/Matthias Langhoff. Schon als Schülerin hatte ich alle Brecht-Inszenierungen gesehen, weil meine Eltern durch Zufall mit Egon Monk, einem Brecht-Assistenten, in einer Wohnung lebten und mein Vater sich mit ihm angefreundet hatte.

DEFA-Synchron wollte mich nach dem Studium unbedingt zurück. Zudem hatte ich mich neu verliebt und konnte mir plötzlich nicht mehr vorstellen, meinem ersten Mann, einem Schauspieler, nach Dessau zu folgen. So fing ich als Dramaturgin wieder an.

Wir

Im Synchronstudio arbeiteten wir von Montag bis Freitag, sodass ich Zeit für unser Kind hatte. Mein Mann Andreas Voigt war nach Studien in Krakau und Berlin im DEFA-Dokumentarfilmstudio Dramaturg geworden, dann studierte er Regie an der HFF „Konrad Wolf" und war von 1987 bis 1991 Regisseur im Dokumentarfilmstudio, seither arbeitet er frei.

Gerade als ich Synchronregisseurin werden sollte, wurde ich schwanger. Ich dachte: „Klar, ich arbeite, das Kind geht in die Krippe." Aber unsere Tochter schrie dort immerzu und wurde krank, sie war einfach nicht krippenfähig. Erst als uns eine Kinderfrau empfohlen wurde, bei der es ihr gut ging, entschied ich mich für die Arbeit. Andernfalls wäre ich zu Hause geblieben, obwohl wir dann sehr wenig Geld gehabt hätten.

Manchmal war auch meine Mutter da, doch im Großen und Ganzen kam es auf Mutter und Kind an, denn Andreas war viel unterwegs. Wir Frauen haben alles geschultert, haben nie gesagt, wir befreien uns davon. So habe ich das von klein auf kennen gelernt. Im öffentlichen Selbstverständnis waren wir DDR-Frauen überzeugt davon, auch ohne Mann alles allein zu schaffen – was nicht heißt, dass wir nicht froh waren, Männer zu haben. Die Frauen bauten Berlin wieder auf, jedenfalls, bis die Männer zurückkamen. Dass sie Arbeit u n d Familie schultern, stand nie in Zweifel.

Auch in meiner Familie war für mich klar, dass Andreas die wichtigen Filme macht. Ich habe nicht darunter gelitten, sondern mich gern für seine Sache engagiert. *Wir* – das war mir immer wichtig. Es gab zu Hause eine Arbeitsteilung: Ich hab das eine gemacht, er das andere, aber manches Mal verzog er sich an den Schreibtisch und wir gingen leise weg: „Papa arbeitet noch." Mama hat gerührt, gekocht und nebenbei ihren Text gelesen, Rollen besetzt und sich um das Kind gekümmert.

Wir Frauen fühlten uns nicht gemaßregelt, wir machten was draus. Wir waren nicht wie unsere Eltern, die in der Schicksalsgemeinschaft Ehe zusammenbleiben mussten. Wir hatten keine Existenzängste und besaßen keine materiellen Werte, die eine

Trennung kompliziert gemacht hätten. Wir wussten, wir kommen notfalls auch allein durch. Feminismus fand ich deshalb in vielen Punkten übertrieben. Aber so manches, was mir vielleicht freigestanden hätte, habe ich aus meinem Wir-Denken heraus nicht getan: „Ich kann doch jetzt nicht egoistisch sein." Stattdessen: „Wir!" Ich war gekränkt, wenn ich hörte: „Sag doch mal Ich", oder wenn mein Mann Ich sagte. Dass extremes Wir-Denken auch mit der Unterdrückung der Persönlichkeit zu tun hat, habe ich erst spät gesehen. Wenn die Welt, vor allem die heutige, anders tickt, hast du es sowieso schwer mit dem Wir.

Herkünfte

Ich bin sehr selbstständig in einer Frauenfamilie aufgewachsen, in der die großen Verwerfungen der Geschichte tiefe Spuren hinterlassen haben. Meine russische Großmutter, eine der ersten Moskauer Medizinstudentinnen, wurde im Ersten Weltkrieg mit ihrem österreichisch-lettischen Mann und zwei Kindern nach Sibirien verbannt. Sie gehörten zur deutschen Community und galten plötzlich als Feinde. Mit dieser harten Erfahrung kamen sie nach der Oktober-Revolution nach Deutschland. Früh Witwe geworden, sorgte meine Großmutter trotz ihrer mangelnden Deutschkenntnisse für eine gute Bildung ihrer Kinder.

Als junge Frau arbeitete meine Mutter bei einem jüdischen Rechtsanwalt. Nie konnte ich fassen, dass sie ganz naiv nicht bemerkt haben will, was mit den Juden im Dritten Reich geschah. Ihr erster Mann, ein Jura-Student und der Vater meiner Halbschwester, war ein Nazi, der später in Westdeutschland lebte. Mein kommunistischer Vater hingegen, mein lebenslanges Idol und die große Liebe unserer Mutter, öffnete ihr die Augen für Hitlers Verbrechen. Mein Vater half Juden im Untergrund, indem er Wertsachen, die sie zur Flucht benötigten, in ihre Kleidung einnähte.

Im Grunde kämpfte mein Vater nicht für die Partei, sondern für die große Idee. Nach dem Zweiten Weltkrieg zunächst in Westberlin angestellt, wurde er dort wegen kommunistischer Propaganda entlassen. Als wir aber bei den Weltfestspielen der Jugend 1951 in unserer Ostberliner Wohnung die rote Fahne hissten, denunzierte man ihn. Nach dem Zwangszusammenschluss der SPD und KPD zur SED waren in der frühen DDR längst nicht alle der gleichen Gesinnung.

Mein Vater hatte eine kleine Parteigruppe um sich, unter ihnen russische Westemigranten, die durch Stalins Politik nicht nach Hause zurückkehren konnten. Sie wären als Feinde der Sowjetunion in den Gulag gekommen. Ich hätte gern gewusst, wie mein Vater mit diesen Widersprüchen umgegangen wäre, hätte er sie durchschaut. Meine Auseinandersetzung mit dem naiven bzw. idealistischen Denken meiner Eltern war oft sehr schmerzhaft. Bis heute kann ich die Verbrechen Stalins, von denen wir später erfuhren, nur schwer fassen.

Meine Mutter sorgte nach Vaters Tod als Sekretärin allein für die Familie. Unsere kleine Schwester, die erst ein Jahr alt war, brachten wir ins Wochenheim, weil meine Mutter arbeiten ging und es für Babys keine Tagespflege gab, nur die Krippe von Montag bis Freitag. Sie hat immer schrecklich geweint. Für meine Mutter war diese Zeit eine furchtbare Erfahrung, für meine Schwester ist sie bis heute ein Trauma. Wenn ich uns Frauen beschreiben sollte, würde ich sagen: „Selbstbewusst aus Notwendigkeit".

Hoffnungen

Nie hätte ich für das DDR-Staatsorgan Fernsehen gearbeitet, obwohl ich durch meinen Vater innerlich kommunistisch geprägt blieb. Wir waren kritisch, hatten auch viel persönlichen Austausch mit Freunden aus dem Westen, aber ich wollte lieber im Land bleiben: „Nicht die Hoffnung verlieren. Man muss die Welt ändern, vielleicht geht's doch!"

Die DEFA arbeitete unter den Direktiven des Politbüros, es herrschte Zensur, aber uns kam es auf die Freiräume an. Nach dem 11. Plenum 1965 wurden zahlreiche Filme verboten, doch immerhin sind sie gedreht worden und gelten seit 1989 als Klassiker. Im DDR-Fernsehen wären die Filme von Helke Misselwitz und Andreas Voigt nicht möglich gewesen, bei der DEFA schon.

Auch im Synchronstudio war die allgemeine politische Richtung vorgegeben, innerhalb dieses Rahmens hatte ich jedoch bei internationalen Produktionen für den staatlichen Filmverleih Progress und für die Serien, die wir fürs Fernsehen synchronisierten, freie Hand. Anscheinend nahm man uns nicht ernst und so sammelten sich bei DEFA Synchron die Künstler, die aus politischen Gründen aus dem Theater oder von der Filmhochschule geflogen waren. Von der Besetzung über das ET-Band bis zur Mischung durfte ich jede Phase überprüfen und mich als Chef des Teams verantworten. Bei der Abnahme gab es entweder Lob und eine Geldprämie oder man musste sich im Kollektiv kritisieren lassen.

Zensur drückte sich in verfälschenden Dialogbüchern aus. Ich erinnere mich an eine Filmszene, in der ein dunkelhäutiger Kubaner eine Frau vergewaltigte. Die musste raus, denn es war nicht annehmbar, dass ein schwarzer Bruder so etwas tat. Andererseits musste von Bob Fosses legendärem CABARET (1972) eine neue Synchronfassung hergestellt werden, weil die westdeutsche Fassung peinliche Verfälschungen enthielt. Später, als ich über die FSK (die Freiwillige Selbstkontrolle) der BRD-Filmindustrie und die Geschichte der Falschübersetzungen bei der Synchronisation von Michael Curtiz' CASABLANCA (1942) las, war meine Verblüffung groß: Die politischen „Empfindlichkeiten" in der DDR und der BRD funktionierten ganz ähnlich.

Umbruch

Spätestens seit Michail Gorbatschow geriet die DDR aus den Fugen. Ich engagierte mich bei den Versammlungen zur Gründung eines Theaterverbands „von unten". Gregor Gysi sagte auf einer Versammlung im Deutschen Theater: „Wo steht, dass es in der DDR keine Demonstrationsfreiheit gibt?" Anschließend organisierten wir die berühmte Demonstration vom 4. November 1989.

Als die Massenflucht über die ungarisch-österreichische Grenze begann, verschärfte sich die Situation auch bei uns im Studio. Es herrschte Entsetzen über die Festnahmen ohne Haftbefel und Misshandlungen von Demonstranten. Ich weiß noch, dass ich Michail Brodskis Film DEN DRACHEN TÖTEN (1988) synchronisierte, die Adaption des Theaterstücks *Der Drache* von Jewgenij Schwarz, ein hochpolitisches Drama um Machtmissbrauch. All die Stücke, Bücher und Filme der Gorbatschow-Zeit, all die ehrlichen Auseinandersetzungen mit dem, was im Sozialismus nicht funktionierte, habe ich in jenen Jahren verschlungen.

Ende 1990 begann die Abwicklung der DEFA. Wir gründeten einen Betriebsrat und versuchten uns selbst zu verwalten, doch Anfang 1991 wurden Andreas und ich arbeitslos. Meine Tochter schrieb in einem Schulaufsatz: „Zu uns kamen immer interessante Leute aus aller Welt, da wurde viel über Politik diskutiert. Heute reden meine Eltern nur noch über Geld." So war es. Man wollte uns viel aufschwatzen. Welche Krankenversicherung? Wie sollte es weitergehen?

Ich hatte wahnsinniges Glück. Zufällig traf ich Lothar Kompatzki, den Fernsehspielchef des SFB. Zwischen uns funktionierte die Chemie sofort. Aus dem Spruch „Meldet euch mal" entstand eine gute Zusammenarbeit, aus der Andreas' Dokumentarfilm GRENZLAND EINE REISE (1991/92) entstand, teils noch mit DEFA-, teils schon mit SFB-Geldern von Katrin Schlösser (s. S. 234) und Frank Löprich produziert wurde.

Mir half der Tipp, mich bei der Synchronfirma Interopa zu bewerben. Da ich überlegte, ob ich nicht Off-Theater machen sollte, trat ich souverän auf nach dem Motto: „Hier wird so gut gearbeitet, wie ich es gewohnt bin." Man prüfte mich unwahrscheinlich hart und gab mir den Job. Dass ich dabei selbstständig Entscheidungen traf, gefiel zunächst gar nicht, aber am Ende war man bei der Abnahme sehr zufrieden. Seither arbeite ich frei für Interopa und viele andere Firmen. Wäre ich dem Rat gefolgt, brav alles zu tun, was die Redaktion sagt, hätte ich vermutlich keine Chance gehabt.

Die wilde Zeit der direkten Ost-West-Begegnungen sehe ich im Nachhinein als Glück und harte Arbeit. Ich war „die aus dem Osten", bin es heute noch: „Frau Schöneck, bitte nicht ost-lastig besetzen!" Wir waren die, die Jobs wegnahmen und angeblich Preise drückten. Ich verstand die Sorge, aber in der DDR gab es ein Synchronstudio, im Westen 25.

Auch unter den Schauspielern entstanden heftige Animositäten. Manchmal musste ich mit Ost-Schauspielern streiten, die aus der DDR ausgereist waren und sich intolerant gegenüber Kollegen verhielten, die geblieben waren, aber nach der Wiedervereinigung im Westen Beschäftigung suchten. Da mein Mann und ich manches Mal ausreisewilligen Freunden geholfen hatten, ging es uns anders. Mit einem „Wir sind für euch da" knüpften viele an die alte Freundschaft an. Wenn Gerüchte über mögliche Stasi-Verwicklungen von Kollegen aufkamen, versuchte ich, möglichst offen damit umzugehen, ohne der unterschwelligen Erwartung nach Denunziation entgegenzukommen. Meine Haltung war: „Ich muss Vieles neu durchdenken, aber ich hatte ein schönes, aufregendes, arbeitsreiches Leben in der DDR."

Früher war ich von Anfang an mit dem Autor zusammen, besprach mich mit der Redaktion und der Dramaturgie und war im Atelier verantwortlich. Heute schreibe ich das Buch manchmal selbst, aber oft komme ich als freie Synchronregisseurin relativ spät erst dazu. Ich setze mich mit dem Buch auseinander und ändere sperrige Texte. Aber schon beim Besetzen hat das Fernsehen ein großes Mitspracherecht. Wer das Geld hat, bestimmt. Manchmal setze ich mich durch, manchmal nicht. *Aufz. CL*

Regine Sylvester

JOURNALISTIN, AUTORIN

Geboren 1946 in Berlin. 1965-1970 Studium der Theaterwissenschaft, danach Assistentin an der Hochschule für Film und Fernsehen Potsdam-Babelsberg; 1981-1982 Assistentin an der Akademie der Künste in Berlin, 1988-1990 Szenaristin im Defa-Spielfilmstudio, danach freie Journalistin und Autorin für Presse, Film und Fernsehen; 1992-1995 Stellvertretende Chefredakteurin der *Wochenpost*; 1995 Leitung des Berliner Büros der Illustrierten *Stern*; 1996-2009 Leitende Redakteurin der *Berliner Zeitung*, parallel tätig als Autorin und Moderatorin für ARD-Sender und das ZDF; 2003-2013 Kolumnistin für *Brigitte Woman*.

- Drehbuch des Films DIE ALLEINSEGLERIN (Regie: Herrmann Zschoche, DEFA 1987)
- Buch und Regie des Dokumentarfilms FIFTYFIFTY - OSTBERLINER FRAUEN EIN JAHR NACH DER WENDE (SFB 1990)
- Autorin der Hörspielreihe *Mama, bleib cool* (RIAS 1993)
- Moderatorin der Talkshow BABELSBERG LIVE (ORB 1994)
- Drehbuch (Mitarbeit) der TV-Serie SO EIN ZIRKUS (ZDF 1998)
- Drehbuch (Mitarbeit) des Films DREI GAUNER, EIN BABY UND DIE LIEBE (NDR 1999)
- Drehbuch (Mitarbeit) des Films UNSER PAPA, DAS GENIE (ARD 2002)
- Roman *Vorgeschriebene Flughöhe* (2002)
- Gesammelte Kolumnen *Soll man so leben? Kleinerer Text zu größeren Fragen* (2002)
- Gesammelte Kolumnen *Bis hierher. Und wie weiter? Nachrichten aus einem Frauenleben* (2007)

Regine Sylvester wurde 2002 mit dem Theodor-Wolff-Preis ausgezeichnet.

Die Alleinseglerin
Meine Versuche, Filme zu schreiben

Der alte Drachen lehnte an Kiefern, gestrandet wie ein großes, totes Tier. 1982 war im Ostberliner Aufbau-Verlag Christine Wolters Roman *Die Alleinseglerin* erschienen. Die Autorin lebte da schon seit vier Jahren in Italien, in Mailand – der Liebe wegen hatte sie einen Ausreiseantrag aus der DDR gestellt. Jedes Jahr kam sie zurück an den Scharmützelsee. Sie hatte Heimweh.

Im Frühjahr 1986 führte sie mich zu dieser Stelle im Wald: Ich sollte mit eigenen Augen sehen, was aus dem geerbten Boot geworden war, das sie große Anstrengungen gekostet hatte. Ich sah nur noch ein Wrack. Neben mir stand eine schöne Frau, die sich entschlossen hatte, mir als Autorin bei einem Film zu vertrauen.

Christine Wolters Buch ist ein Strom von Reflexionen über ihr Leben in der DDR und über ihren Vater: Der Architekt Hanns Hopp war an der Planung der Berliner Stalinallee beteiligt – ein bekannter, später in Ungnade gefallener Mann. Die Tochter wuchs nicht bei ihm auf, aber sie besuchte ihn, den „Käpt'n", auf seinem Wassergrundstück und lernte dort das Segeln mit dem Drachen – so hieß die elegante Bootsklasse. Es gibt sie heute noch.

„Die Hand des Käptn auf dem Steuer, neben meiner Hand." Das steht im Buch, und mit dieser Szene beginnt der Film DIE ALLEINSEGLERIN. Regie führte Herrmann Zschoche.

Am 2. Juli 1987 war Premiere im Kino International in der Karl-Marx-Allee. Ich stand auch auf der Bühne, verbeugte mich und weiß noch, wie meine Beine zitterten.

Christel Gräf, eine hochgeschätzte Dramaturgin der DEFA, hatte mir zwei Jahre vorher angeboten, für eine Verfilmung des Romans das Drehbuch zu schreiben. Ich war zu dieser Zeit eine Journalistin, die noch nie einen Film geschrieben hatte. Jedenfalls keinen, der gedreht wurde.

1982 war ich an DER RADLOSE MANN beteiligt: Acht Autoren schrieben einen Film über einen jungen Mann, der wegen einer Schlägerei im Gefängnis sitzt. Er kommt nach 14 Monaten raus, aber nur vorübergehend, und so fängt der Film an: Während der Strafgefangene auf dem langen Weg von der Zelle zum Tor von einem Wärter begleitet wird, hört der Zuschauer die Verlesung eines Briefes. Die ehemalige Brigade des Strafgefangenen hat an den Leiter der Strafvollzugsanstalt Bandenburg geschrieben: Die „Brigade VIII. Parteitag" bittet, ihrem ehemaligen Kollegen, der außer dieser Schlägerei alles in allem in Ordnung sei, zwei Tage Hafturlaub zu gewähren: Er müsse seine Wohnung in Wanzleben räumen. Danach käme der Kollege zurück, weil er noch weitere vier Monate abzusitzen hat. Die Brigade bürgt für ihn.

Vorspann Ende.

Die Verlobte wartet vor dem Tor mit seinem Gesamtbesitz in einem Trabant-Kombi. Übergabe Autoschlüssel, Abschied, Ende, Verlobte weg mit neuem Freund. Der übertölpelte Strafgefangene auf Urlaub fährt los nach Wanzleben, er hat eine Reifenpanne und keinen Ersatzreifen.

Unser Film erzählte in acht Episoden möglichst unvorhersehbar, einleuchtend und witzig, welche Probleme dieser Mann, der einige Zeit aus dem DDR-Alltag gefallen ist, damit hat, Reifen für sein Auto aufzutreiben und auch noch gleichzeitig vier Stück davon zu besitzen. Alles unter Zeitdruck.

Autoreifen waren knapp in der DDR, da könnte vielleicht, dachten wir, ein kleines Ärgernis bei den Stellen liegen, die Drehgenehmigungen erteilten. Aber viel größeren Ärger machte, dass die Hauptperson aus einem Gefängnis kam. Das müsse doch nicht sein! Die Mächtigen schlugen stattdessen einen Seemann vor – so einer könne ja auch mal lange weg sein. Alle Autoren fanden die Idee mit dem Strafgefangenen besser, wir wollten das Buch nicht umschreiben.

Das Projekt war damit beendet.

1984 legte ich dem Fernsehen der DDR ein Drehbuch vor, das ich allein geschrieben hatte: *Freiheitsberaubung*, nach der kurzen, ironischen Erzählung von Günter de Bruyn von 1978. Was ich damals nicht wissen konnte: Mit dieser Vorlage würde ich mich lange beschäftigen, mit immer neuen Ansätzen, am Ende ohne Erfolg.

Der Regisseur Thomas Langhoff hatte mich an Bord geholt. Er wollte eine so ernste wie komische Parabel über das Eingesperrtsein erzählen – in einer Wohnung, in einem Land.

Anita Paschke, 32, blond, schlank, ledig, drei Kinder – zwei, vier und sechs Jahre alt –, wohnhaft Berlin-Mitte, Linienstraße 263, Hinterhaus, 4. Etage links. Ratten, Rost und Außentoilette. Ihre Wohnung ist seit Jahren zum Abriss vorgesehen.

Anita fleht die zuständigen Behörden an, sie und die Kinder aus dem Drecksloch rauszuholen. Aber wer einmal so wohnt, bleibt so wohnen – es sei denn, das Haus wird abgerissen oder der Mieter kann Beziehungen spielen lassen.

Ein Mann, den Anita näher an sich rangelassen hat, verspricht ihr eine neue Wohnung: über seine Beziehungen als Bauleiter würde er das können. Auf dieser Leimrute muss eine wie Anita kleben bleiben, auch wenn der Mann verheiratet ist. Als der sein Versprechen nicht hält und einen Absprung einleitet, folgt Anita einem Impuls: Sie schließt ihn in ihrer Wohnung ein, bevor sie zur Nachtschicht in einem kleinen Hotel geht. Eine Nacht soll er in dieser Wohnung festsitzen. Damit verdirbt sie ihm das pünktliche Erscheinen zum Umzug mit seiner Familie aus der Provinz in eine schöne Berliner Wohnung. Der Mann schreit um Hilfe, die Polizei kommt. Die Geschichte führt zu keinem Happyend, höchstens zu einer Hoffnung.

Ich folgte dem ironischen Ton der Erzählung, das Buch gefiel der Abteilung Fernsehdramatik, und mit Langhoffs Arbeiten hatte sie große Erfolge erlebt. Die Besetzung der Hauptrolle mit Jutta Wachowiak stand fest, es gab den Kameramann und schöne Kostümvorschläge. Drei Monate vor Drehbeginn wurden die Vorbereitungen gestoppt. Mein Drehbuch gefiel plötzlich doch nicht.

Das heißt – einige Szenen gefielen nicht. Es waren genau die, die ich am offenen Fenster in meiner Krausnickstraße, Berlin-Mitte, dem Leben abgeschrieben hatte: ein einsames Kind zwischen zerstrittenen Eltern, strauchelnde Trinker in der Nachbarschaft. Solche Sachen. Diese Szenen sollten wir streichen, wir blieben uneinsichtig. Thomas Langhoff, der berühmte Regisseur, hat lange für seine nicht berühmte Autorin gekämpft.

Umsonst.

Ich versuchte einen neuen Anlauf und bot das Drehbuch der DEFA an. Der Generaldirektor fand daran viel Schönes, lehnte es trotzdem ab, weil, so sagte er, „Fernsehen und Kino in der DDR keine verschiedene Kulturpolitik betreiben können".

Ulrich Plenzdorf hatte nach gleicher Vorlage ein Bühnenstück geschrieben. Er hörte von meinem Projekt und schlug vor, gemeinsam an *Freiheitsberaubung* weiterzuarbeiten. Dafür müssten wir eine Form finden, die sich von der Fernsehfassung stark entfernte und dem Generaldirektor eine weitere Ablehnung erschweren sollte.

Unsere Idee war eine Großstadtrevue. FREIHEITSBERAUBUNG MIT MUSIK sollte der Film nun heißen – getanzte Szenen, gesungene Szenen, Fantasien, Metaphern, Berliner Witz. Das Wichtigste blieb aber der harte soziale Kern.

Ulrich Plenzdorf, leider bald mit anderen Plänen beschäftigt, beteiligte sich mit einigen Liedtexten, Christel Gräf übernahm die Dramaturgie, die Geschichte kam in einer großen Verwandlung zur DEFA zurück.

Neben mir liegt die letzte Fassung. Eingangsstempel bei der DEFA: 19.7.1989.

Kein Mensch ahnte, dass in wenigen Monaten die Mauer fallen würde.

25 Jahre später lese ich das Drehbuch noch einmal und bin überrascht: Ich hatte vergessen, wie frech viele Szenen waren:

Wie diese: Eine geschlossene Gesellschaft bewegt sich im abgehackten Robotdance in eine Devisen-Nachtbar und singt: „Neues, teures, süßes Leben / eigentlich kann's uns nicht geben. / Aber trotzdem sind wir da / Alle Made in GDR."

Oder:

Das Wohnungsamt liegt in den Wolken und ist nur über eine sehr steile Treppe zu erreichen. Einige Leute fallen im Gedrängel herab. Nur dienstags ist Sprechstunde.

Die Wartenden stehen auf den Stufen und singen: „Jeden Dienstag kommt, wer kann, / und es winkt als Belohnung / am Ende 'ne Wohnung. / Nur wer dran bleibt, ist mal dran. / Cha-Cha-Cha." Mit jeder neuen Strophe steigen die Wartenden drei Stufen höher. Cha-Cha-Cha. Eine alte Frau kehrt erschöpft um: „Ich zieh' nach Westberlin / zu meiner Schwester hin." Ein Pärchen beschließt: „Wir bauen uns ein Haus." Ein Gruppe junger Leute springt runter: „Und wir reisen einfach aus."

Oder:

In einem Park tauchen hinter jedem Busch einzelne Männer auf. Sie sehen sich um. Sie formieren sich zu singenden Tanzduos: „Nicht rasten, nicht rosten / immer auf Posten, / immer am Werken: / Gucken, Horchen, Merken." Zuletzt verschränken alle die Arme und werfen die Beine in die Luft, wie eine Girlreihe. Die Stasi tanzt.

Ich glaube, dass FREIHEITSBERAUBUNG MIT MUSIK im Kino ein Erfolg hätte werden können. Mit dem richtigen Regisseur, mit Pfiff, mit guter Musik.

Aber es war zu spät. Im Herbst 1989 begannen große Veränderungen: Das Land DDR löste sich auf. Die DEFA-Studios wurden in Kapitalgesellschaften umgewandelt, die Treuhand erhielt die Aufgabe, sie in die Marktgesellschaft zu führen.

Ulrich Plenzdorf und ich schrieben im Juni 1991 die Skizze zu einer neuen Fassung. Sie spielte nach der Wende und konnte an viele Konstellationen anknüpfen. Anständige Wohnungen waren und blieben für Leute wie Anita knapp. Nun sollte ein Hamburger Bauberater für eine Investorengruppe ein Nutzungskonzept für die Straße entwickeln, in der auch Anita wohnt. Wieder entwickelte sich alles anders als gedacht, weshalb auch wieder ein Mann seiner Freiheit beraubt wurde.

Mit den Filmfördertöpfen der Bundesrepublik kannte ich mich überhaupt nicht aus. Ulrich Plenzdorf, darin versierter, wollte Geldgeber finden. Irgendwann gab ich das Projekt auf. Ulrich Plenzdorf schrieb alleine weiter, ein Stück ist entstanden und eine Politrevue.

Die Alleinseglerin blieb also mein einziger erfolgreicher Anlauf, im Osten ein Drehbuch zur Verfilmung zu bringen.

Den Roman und seinen Gedankensog mochte ich sehr. Mein eigenes Leben berührte sich mit dem Leben, das Christine Wolter geführt hatte – privat und beruflich. Ich bewunderte ihre genaue Sprache, die Selbstironie und intelligente Komposition.

Christel Gräf und ich beschlossen eine wichtige Veränderung gegenüber der Vorlage: Die Autorin hatte ihre Geschichte von einem konkreten Ort aus erzählt, aus Italien, aus dem Süden. Ihre Gefühle von Heimweh und Sehnsucht nach dem kleinen, nördlicher liegenden Land ließen sich kaum für Zuschauer nachvollziehen, die keine Reisefreiheit kannten und mit eigenen Augen kein Italien. Viele wollten auch ganz raus aus der DDR. Sie hätten sich vielleicht verspottet gefühlt. Unser Film blieb mit seiner Handlung im Land.

Ich habe den Roman *Die Alleinseglerin* jetzt noch einmal gelesen.

Mein Drehbuch führte einige Figuren ein oder gab ihnen mehr Platz, aus inneren Monologen wurden Szenen, aber es erstaunt mich, wie wenig ich verändert habe.

Dialoge, die ich inzwischen als meine Erfindungen verkauft hätte, sind von Christine Wolter, Wort für Wort.

Herrmann Zschoche, der einen Ruf als Regisseur wahrhaftiger Gegenwartsfilme besaß, behandelte mich, die Anfängerin, wie eine Gleichberechtigte. Wir saßen nebeneinander bei den Probeaufnahmen – ich hatte das letzte Wort bei der Besetzung der Männer, er bei den Frauen. Ich höre, dass solche Einbeziehung des Autors heute selten sei.

Wir haben lange nach der Besetzung der Hauptrolle gesucht. Wunderbare Schauspielerinnen kamen zum Casting, aber wir waren unsicher: Diese jungen Frauen besaßen Kraft und Selbstbewusstsein. Herrmann Zschoche wollte eine hilflose, eine ungeschickte, auch bockige Figur. „Fast wie ein Clown soll sie sein", sagte er.

Durch ein Foto in einer Zeitschrift kamen wir auf Christine Powileit. Das verwunderte viele, denn sie war die Drummerin der Mädchen-Rockband „Mona Lise". Eine Power-Frau mit wilden Klamotten und wildem blonden Haar. Aber sie hatte etwas Berührendes, etwas, wofür man kaum Worte findet. Sie kam und spielte, und alle wussten, dass unsere Hauptdarstellerin gefunden war.

Für den Film hat man ihr die Haare etwas gebändigt, sie musste normale Sachen anziehen, die sie sich nie im Leben gekauft hätte, aber das innere Leuchten behielt sie in allen Verkleidungen. Sie spielte eine verletzbare, auch erschöpfte Frau. Woher hatte

Christine Powileit in DIE ALLEINSEGLERIN (DDR 1987, Regie: Herrmann Zschoche)

sie den Instinkt? Die erfahrenen Kollegen Johanna Schall, Monika Lennartz, Manfred Gorr, Gunter Schoß, Achim Wolff oder Götz Schubert – 1987 im letzten Studienjahr an der Berliner Schauspielschule – merkten schnell, wie gut sie mit der Unausgebildeten arbeiten konnten.

Herrmann Zschoche wollte mich auch bei Dreharbeiten dabei haben. Gleich am Anfang wurden die Segelszenen auf dem Scharmützelsee gedreht. Ich stand am Ufer und fasste es nicht: Wegen einer Geschichte, die ich aufgeschrieben hatte, ankerten Schiffe und Flöße mit vielen Menschen auf dem Wasser, noch mehr Menschen standen am Ufer, es gab einen Fahrdienst und Catering, und alle gehörten zu unserer Crew.

In meiner Erinnerung wurde bei DEFA-Filmen, wenn sie denn im Produktionsplan standen, alles besorgt, was im Drehbuch vorkam. Auch große Tiere oder Komparsen-Bataillone. Produktionsleiter waren berühmte Beschaffer. Die künstlerischen Gewerke arbeiteten sorgfältig. Anspruch kam vor Sparsamkeit. Als ich später im Westen ein bisschen was für das Fernsehen geschrieben habe, war das umgedreht.

Bei den Dreharbeiten für DIE ALLEINSEGLERIN erfüllte mich das stolze Gefühl, an einer guten, wichtigen Sache beteiligt zu sein.

Das Glücksgefühl verschwand nach der Pressevorführung im Haus des Progress-Filmverleihs. Zum ersten Mal saß ich beim Gespräch mit den Filmleuten am Tisch – und nicht wie sonst gegenüber, bei den Filmkritikern. Die Stimmung war zurückhaltend bis frostig, und so waren auch die meisten Rezensionen.

Ich lese die Überschriften: „Flaute?", „Vorbeigesegelt", „Ein Schlag ins Wasser?", „Viel Windstille". Meine Kollegen überboten sich mit seemännischem Vokabular: „Der Stoff wird heruntergetakelt", „zu wenig Tiefgang", „geschwätziges Geplänkel zwischen Trockendock und Takelage".

Manche fanden den Film viel zu elegisch, andere viel zu leichtgewichtig. Die soziale Bindung der Figuren an ein Kollektiv würde nicht erkennbar, die Heldin wäre mangelhaft emanzipiert, das Frauenbild könne nicht sozialistisch genannt werden. „Reine Ich-Figuren, ohne jede erkennbare soziale Bindung, Menschen in einer leeren Welt" schrieb die Berliner Zeitung. Man lobte den Kameramann und bedauerte den Regisseur, der doch sonst, mit anderen Autoren, erfolgreich gearbeitet hätte.

War es die Strafe dafür, dass ich, vorher Journalistin und auch Filmkritikerin, die Seiten gewechselt hatte?

Wenigstens viele Leserbriefe verteidigten den Film.

Richtig gute Rezensionen kamen aus dem Westen. Aber so, wie die Zeiten waren, machten die meine Lage nicht besser: Das war Lob aus der falschen Ecke.

Späte Freude kam Mitte der 1990er-Jahre, als ich bei der *Berliner Zeitung* arbeitete: Unser Feuilletonchef betrat mein Zimmer, ein Mann aus dem Westen. Er sah ein Foto aus der ALLEINSEGLERIN, das ich an eine Wand gepinnt hatte. „Mein Lieblingsfilm", sagte er. Ich hielt das minutenlang für Spott. War aber nicht so. Er wollte lange nicht glauben, dass ich seinen Lieblingsfilm geschrieben hatte. War aber so.

Nach einem Jahr hatten knapp 200.000 Besucher den Film im DDR-Kino gesehen, kein schlechtes Ergebnis. Bis heute kann man ihm im Fernsehen begegnen.

Wie es zu der Einladung kam, weiß ich nicht.

Im Februar 1988 lief DIE ALLEINSEGLERIN auf der Berlinale und eröffnete die Reihe „Panorama". Mir wurde ein Visum für die Dauer des Festivals erteilt.

Und nun kommt das ganz große Glück doch noch.

Ich auf der anderen Seite der Mauer. Der Saal voll. Mein Cousin Eberhard aus Zehlendorf ist auch da. Das Publikum reagiert an den Stellen, an denen ich mir Reaktionen gewünscht hatte. Am Ende langer Beifall, fast alle Zuschauer bleiben zum anschließenden Gespräch, zu dem auch ich auf der Bühne stehe.

Als die erste Frage kommt, zucke ich zusammen: Ein Mann will wissen, ob ich mit dem Regisseur „intim" war. Bitte?! Darf man das, fragt man so was im Westen? Wie unangenehm. Jedenfalls wehre ich den Mann stotternd ab, bis mich jemand auf meinen Hörfehler aufmerksam macht: Der Besucher hatte nur gefragt, ob ich mit dem Regisseur „ein Team" war. Dem stimme ich erleichtert zu. Die Zuschauer finden es komisch.

Diese Berlinale war ein Erlebnis. So viele Filme, ich tauche ein. Ein paar Tage lang reise ich durch einen kinematografischen Kosmos. DIE KOMMISSARIN von 1967, Alexander Askoldows 40 Jahre lang verbotenes Filmdebüt, darf endlich, es ist Perestroika-Zeit, vor die Leute kommen und wird gefeiert. Ich sehe ROTES KORNFELD von Zhang Yimou, LINIE 1 von Reinhard Hauff. Vor dem Zoo-Palast brennt ein Autowrack: mein erstes Happening. Zwei DDR-Schauspieler, Jörg Pose und Manfred Möck, bekommen als beste Darsteller einen Silbernen Bären für Lothar Warnekes EINER TRAGE

DES ANDEREN LAST. Auf der Straße läuft ganz allein, zum Anfassen nah die berühmte Schauspielerin Jane Birkin. Ich bin jeden Tag bis in die Nacht zwischen verschiedenen Kinos unterwegs. Bloß nichts verpassen.

Einige Journalisten aus dem Osten sind seit Jahren auf der Berlinale, aber ihr Privileg hat auch Schattenseiten: Weil die meisten kaum Westgeld haben, bringen sie belegte Brote und Kaffee in Thermosflaschen von Zuhause mit. Selbstversorger ohne Glamour. Ich schnorre mich einigermaßen bei Empfängen und Einladungen durch, wie eine arme Verwandte. Es ist ein sonderbares Gefühl, wenn man die Zeche nicht bezahlen kann.

Jede Nacht fahre ich mit der S-Bahn zurück und gehe hundemüde durch die Passierscheinkontrolle im Bahnhof Friedrichstraße. Am letzten Tag denke ich, dass ich die Berlinale nie wieder erleben werde.

Aber dann kam ja alles ganz anders.

Katrin Schlösser

PRODUZENTIN, PROFESSORIN

1963 in Leipzig geboren, lebt und arbeitet in Berlin und Köln. 1982 Abschluss der Berufsausbildung mit Abitur (Maschinenbau). 1987 Diplom als Film- und Fernsehwirtschaftlerin an der Hochschule für Film und Fernsehen „Konrad Wolf". 1990 Gründung der ö-Filmproduktion mit Frank Löprich und Tätigkeit als Produzentin erfolgreicher Spiel- und Dokumentarfilme und Serien, die zahlreiche Fernseh- bzw. Filmauszeichnungen erhielten. 1995 Geburt von Tochter Paula Martha Maria. Seit 2007 ist Katrin Schlösser Professorin für Dramaturgie und Kreative Filmproduktion an der Kunsthochschule für Medien in Köln.

www.oefilm.de

PRODUKTIONEN (Auswahl)
2014 WESTEN (Regie: Christian Schwochow, Buch: Heide Schwochow [s. S. 260]; Koproduzentin)
2010 DIE SCHLAFKRANKHEIT (Regie: Ulrich Köhler; Koproduzentin)
DIE KOMMENDEN TAGE (Regie: Lars Kraume; Producerin)
2007 KINDER. WIE DIE ZEIT VERGEHT (Regie: Thomas Heise; Koproduzentin)
DU BIST NICHT ALLEIN (Regie: Bernd Böhlich)
KARGER (Regie: Elke Hauck)
2006 SOMMER '04 AN DER SCHLEI (Regie: Stefan Krohmer)
MEIN TOD IST NICHT DEIN TOD (Regie: Lars Barthel)
STELLMICHEIN! (Doku-Serie; Regie: Katrin Rothe)
2005 MONTAG KOMMEN DIE FENSTER (Regie: Ulrich Köhler)
2004 SILVER GIRLS (Doku-Serie; Regie: Alice Agneskirchner)
2003 JARGO (Regie: Maria Solrun Sigurdardottir)
2002 GRASLÖWEN (Kinderserie; Regie: Jürgen Weber, Buch: Wiebke Jaspersen)
BEFREITE ZONE (Regie: Norbert Baumgarten)
2001 KONZERT IM FREIEN (Regie: Jürgen Böttcher)
2000 NEUSTADT-STAU. DER STAND DER DINGE (Regie: Thomas Heise)
1999 SONNENALLEE (Regie/Buch Leander Haußmann, Buch: Thomas Brussig; Koproduzentin)
WEGE IN DIE NACHT (Regie: Andreas Kleinert, Buch: Johann Bergk)
und weitere Filme u.a. von Helga Reidemeister, Alexandr Sokourov, Gerd Kroske und Volker Koepp.

Wie ich wurde, was ich bin

In Eichwalde, einem Vorort von Berlin, damals Hauptstadt der DDR, umgeben von Wald und Seen, wuchs ich auf. Meine Mutter arbeitete als Bibliothekarin im Berliner Ensemble (BE). Mein Vater war Abteilungsleiter bei der Deutschen Reichsbahn. Meine Eltern lebten in gegensätzlichen Welten. Als ich Ende der 1960er-Jahre in die Schule kam, war ich das einzige Kind, dessen Eltern geschieden waren.

In den Klassenbüchern wurde damals vermerkt, welcher sozialen Schicht die Kinder angehörten. A: Arbeiter, I: Intellektuelle, S: Sonstige. An die Erweiterte Oberschule durften nur wenige Schüler wechseln. Die Abiturplätze waren begrenzt. Mit einem A vor dem Familiennamen wurde man bevorzugt, auch wer als Berufswunsch die Armee oder den Lehrerberuf angab. Ich wollte beides nicht und vor meinem Namen stand ein S. Warum habe ich nicht gelogen? Ich wollte ehrlich sein. Die Lüge war für mich undenkbar, die „Notlüge" eine Ausnahme.

Spaziergänge mit Erwachsenen sind ein Ritual meiner Kindheit. Auf einem dieser Wege sprach ich über meinen Wunsch, etwas Nützliches im Leben zu tun. Die Utopie einer klassenlosen Gesellschaft schien mir erreichbar; ich wollte mithelfen, sie aufzubauen. Dieses WIR in der DDR hat mich geprägt. Ruth Berghaus[1] sagte mir damals: Wenn du Bäcker wirst, besteht deine Aufgabe darin, gute Brötchen zu backen. Nicht mehr und nicht weniger. Ich verstand nicht, was sie mir damit sagte. Aber ich hielt es für eine gute Idee, das Leben der Arbeiterklasse kennenzulernen und entschied mich nach der 10. Klasse für eine Berufsausbildung mit Abitur zum Maschinenbauer.

Im Schwermaschinenbau „Heinrich Rau" begann um 5:45 Uhr die Arbeit für uns Lehrlinge. Stehend feilten wir acht Stunden lang an der Werkbank. Die Mittagspause wurde mit der Stempeluhr kontrolliert, denn für die Planerfüllung durfte keine Arbeitszeit verschwendet werden. Doch es kam häufig zum Stillstand der Maschinen, verursacht durch Lieferprobleme oder den Aufruf zum Übertünchen der Fassaden. Als wir wieder einmal die Werkhallen putzten, weil sich eine Staatsdelegation zur Betriebsbesichtigung angekündigt hatte, klopfte ich an die Tür der Parteiversammlung und bat um ein Gespräch. Ich wollte wissen, warum für einen Staatsbesuch die Arbeit an den Schiffskurbelwellen unterbrochen, aber eine Verlängerung der Mittagspause für den Erhalt der Arbeitskraft nicht gestattet wird. Ich war gern gesehen unter meinen Ausbildern, aber als ich sie um eine Antwort bat, wurde ich ermahnt, mich nicht einzumischen, musste zur Strafe die Werkhalle allein ausfegen und als Klassensprecherin zurücktreten.

Nach drei Jahren hatte ich einen Facharbeiterbrief, das Abitur und Erfahrungen mit einem sozialistischen Großbetrieb. Ich ging zur Sprecherziehung und rezitierte in

---

1 Ruth Berghaus (1927–1996, Choreografin, Opern- und Theaterregisseurin)

Kulturhäusern. Gedichte von Bertolt Brecht trug ich am liebsten vor. Was ich werden wollte, wusste ich nicht, nur Maschinenbau sollte es nicht sein. Ich bewarb mich auf ein Volontariat im Fernsehen der DDR mit der Aussicht, mich nach einem Jahr an der Filmhochschule „Konrad Wolf" auf ein Studium in der Fachrichtung Produktion zu bewerben. Jemand hatte mir geraten, es sei ein gutes Studium, wenn ich mir selbst noch nicht sicher wäre, ob ich später mehr organisatorisch oder künstlerisch arbeiten wollte.

Die Welt des Staatsfernsehens erschreckte mich, weil sie starr und engstirnig war und so ungeahnt anders als die Welt des Theaters. Meine Mutter nahm mich als Kind oft an ihren Arbeitsplatz mit. Ich war gern dort. Mich faszinierte die große Bühne, das Spiel der Schauspieler. Theaterleute aus der ganzen Welt trafen sich in der Kantine des BE. Hier wurde leidenschaftlich diskutiert und auch ich wurde – mit Strenge – aufgefordert, meine Meinung zu vertreten. Als Volontärin beim Fernsehen interessierte sich niemand für meine Ansichten. Mein Glaube, dass es meine Aufgabe sei, Widersprüche zu benennen, war hier fehl am Platz.

Ein Jahr später äußerte ich mich im letzten Teil der Aufnahmeprüfung an der Filmhochschule zu einem Artikel in der Zeitung *Junge Welt*. Darin verurteilte ein Kulturfunktionär die politischen Texte des Liedermachers Gerhard Gundermann, die mir gefielen, da sie poetisch beschrieben, was mich beschäftigte. Sie waren gesellschaftskritisch. Ich fand es anmaßend, dass der Genosse König diesen Künstler verurteilte. Ich äußerte meinen Standpunkt. Meine Bewerbung wurde abgelehnt.

Ich bat um ein Gespräch, wollte wissen, was ich falsch gemacht hatte. Man gab mir den Rat, ich sollte mich noch einmal bewerben und auf politische Statements verzichten. So blieb ich ein weiteres Jahr als Aufnahmeleiterassistentin im Bereich Dramatische Kunst. Dort entstanden Fernsehfilme, u. a. aus der Reihe POLIZEIRUF 110.

1984 wurde ich an der Filmhochschule in Potsdam-Babelsberg immatrikuliert. Der Unterricht fand in herrschaftlichen Villen statt, die am Griebnitzsee im Grenzgebiet zwischen Ost und West lagen. Aus den Fenstern beobachteten wir die Patrouillenboote und die Spaziergänger auf der anderen Seite. Manchmal winkten sie mit weit ausgestreckten Armen. Und wir grüßten zurück. An der HFF gab es auch Studenten aus Israel, Äthiopien und Syrien. Ihre kommunistischen Eltern hatten ein Studium in der DDR für sie ausgesucht. Das trug zu einem besonderen Klima an der Schule bei. Unser Rektor war Lothar Bisky, der die Studenten in ihrem Drang nach aufrüttelnden Geschichten unterstütze.

Ich habe die Zeit des Studiums in Babelsberg geliebt. Wir sahen jeden Montag zwei Filme der Filmgeschichte auf 35mm-Kopien, arbeiteten an unseren eigenen Ideen, setzten diese um und feierten jede Nacht in unserem Studentenclub „Bratpfanne" das Leben. Wir stießen mit unseren Sujets auf Widerstand, aber das entmutigte uns nicht.

Ich fühlte mich als Mensch, der im Widerspruch gesehen wird. Das Filmemachen im Team entwickelte sich zu einer süßen Sucht. Ich hatte die richtige Wahl getroffen, der Ort stimmte, nur die Arbeit der Organisatorin füllte mich nicht aus. Die Rolle, die uns Produktionsstudenten zugeschrieben wurde, gefiel mir nicht.

Im zweiten Studienjahr stellte ich einen Antrag auf Wechsel in den Fachbereich Dramaturgie. Ich wollte mehr lernen, suchte nach kreativen Ausdrucksmöglichkeiten. Drei Herren in Anzügen hörten sich in der Kaderabteilung des DDR-Fernsehens meinen Wunsch an und lehnten ihn ab. Warum? Ich weiß es nicht. Ich zweifelte an mir, nicht an den Anderen. In die Dramaturgie-Vorlesungen ging ich trotzdem, und meine Diplomarbeit schrieb ich über das dokumentarische Arbeiten von Volker Koepp. Ich analysierte seine Arbeitsweise und Methode am Beispiel des Films HAUS UND HOF (1981). Das Portrait der Landwirtin Isolde, Ehefrau und Mutter, die in ihrer Arbeitswelt, einem Meliorationsbetrieb, und zu Hause von den Filmemachern begleitet wird. Der Film beobachtet die junge Frau, die sich nicht scheut, auszusprechen, was sie wahrnimmt. Dieses Selbstverständnis vom Leben zog mich an.

Mein Studium schloss ich als Diplom-Film- und Fernsehwirtschafter ab. Ich wäre danach lieber in das DEFA-Studio gewechselt, aber ich war meinem Delegierungsbetrieb verpflichtet. So begann mein Berufsleben im Fernsehen und hätte auch hier enden sollen. Alles schien vorhersehbar. Als Aufnahmeleiterassistentin reiste ich für den historischen Spielfilm MARIE GRUBBE kreuz und quer durch die DDR und beobachtete, wie das Land außerhalb der Hauptstadt langsam zerbröckelte.

Als im November 1989 die Mauer fiel, feierten wir in Böhmen den letzten Drehtag. Am nächsten Morgen fuhren wir mit dem Robur-Bus endlose Stunden in Richtung Berlin. Viele Kilometer vor der Hauptstadt parkten rechts und links entlang der Autobahn: Trabant, Wartburg, Skoda und Lada – alle wollten nach Westberlin.

In den Wirren der Wende und begünstigt durch meine gesammelten Überstunden (umgerechnet vier Monate) kam ich ins DEFA-Studio für Dokumentarfilme. Offiziell nannte ich mich Mentorin für einen Absolventen der HFF und arbeitete an seinem Filmprojekt mit. In der „Gruppe document" lernte ich Helke Misselwitz, Volker Koepp, Jürgen Böttcher, Karl-Heiz Mund und Christian Lehmann kennen. Filmemacher, deren Arbeiten ich bewunderte und deren „Haltung" mich und meine Arbeit bis heute prägt.

Im Frühjahr 1990 wurde mein Vertrag mit dem Deutschen Fernsehfunk gekündigt. Wenige Monate nach dem Fall der Mauer war ich „frei" in einem sich auflösenden Staat, nicht wissend, wie ich meinen Lebensunterhalt verdienen sollte; unfähig die Möglichkeiten zu erfassen, die sich boten. Ich blieb in Berlin und begann wieder als Praktikantin. Bei der Produzentin Renee Gundelach (s. S. 86) lernte ich die Funktionsweise eines Faxgerätes kennen und in der deutsch-neuseeländischen Ko-Produktion TE RUA (1991) Besonderheiten der Filmproduktion im Westen. In Renees Produktionsräumen traf ich Wim Wenders und Rosa von Praunheim, atmete die Kinoluft unabhängiger Filmemacher.

Plakat zu dem von Katrin Schlösser ko-produzierten Film Westen (Regie: Christian Schwochow, Drehbuch: Heide Schwochow [s. S. 260]). Jördis Triebel erhielt den Deutschen Filmpreis 2014 für deie beste darstellerische Leistung

Nach einem Jahr entschied ich mich gemeinsam mit Frank Löprich, einem Kollegen aus dem DEFA-Dokumentarfilmstudio, eine eigene Firma zu gründen: die ö-Filmproduktion. Wir wollten selbstbestimmt leben. Wir wollten mit den ehemaligen DEFA-Kollegen „Filme aller Art" herstellen, wollten Geschichten erzählen, die uns persönlich interessierten und mit Regisseuren, Kameraleuten und Autoren arbeiten, mit denen wir uns verbunden fühlten. Wir stellten uns vor, einen Film im Jahr zu produzieren und in der verbleibenden Zeit die Welt kennenzulernen. Aber es kam anders. Wir produzierten in 24 Jahren über 60 Filme: künstlerisch anspruchsvolle Spiel- und Dokumentarfilme (darunter viele Kinodebüts), auch Filme für Kinder und Serienformate. Wir drehten Lowbudget-Filme, zahlten uns niedrige Gehälter und arbeiteten von früh am Morgen bis spät in die Nacht. „Was du nicht während der Produktion verdienst, verdienst du nie mehr." Diesen Satz hatten uns die Kollegen aus dem Westen mit auf den Weg gegeben. Er erwies sich als wahr: Über die Auswertung der fertiggestellten Filme gab es in der Regel kaum Erlöse. Die unabhängige Firmenstruktur ließ sich nur durch ununterbrochenes Produzieren aufrechterhalten.

Wir lebten in Freiheit und waren doch ökonomischen Zwängen unterworfen. Mit der Diktatur des Geldes hatten wir bisher keine Erfahrungen gemacht. Unsere Leidenschaft und der Bonus für Ostler halfen uns, in den kapitalistischen Produktionsverhältnissen anzukommen. Wir profitierten von einem EAVE-Workshop für Filmschaffende aus der ehemaligen DDR. Hier wurden wir vernetzt und lernten Kollegen aus dem Westen kennen, die ihre Arbeitserfahrungen offen mit uns teilten. Aus Referenten wurden Paten und Mentoren, die bis heute freundliche Konkurrenten und unterstützende Kollegen sind.

Nach zehn Jahren kontinuierlicher Arbeit hatten wir eine Vita, zu der Dokumentarfilme mit Helga Reidemeister, Volker Koepp und Thomas Heise gehören. WEGE IN DIE NACHT (1999) von Andreas Kleinert wurde auf die Filmfestspiele in Cannes eingeladen, und SONNENALLEE (1999) von Leander Haußmann, ein Projekt, an dessen Erfolg und Dringlichkeit wir immer geglaubt hatten, wurde zu einem der erfolgreichsten deutschen Filme seiner Zeit. Der Filmpreis stand in unserem Regal, aber die Zusammenarbeit mit unseren Ko-Produzenten war ernüchternd. Woran lag es? Ost/West, Mann/Frau, menschliche Differenzen. Manchmal passte es einfach nicht zusammen. Wir hatten uns einen Namen erarbeitet, wirtschaftlich blieben wir am Limit.

Es braucht einen langen Atem, um aus Ideen Drehbücher entstehen zu lassen und mit einem Realisierungskonzept auszustatten, das sich die Nische im Markt verdient. Heute arbeite ich vor allem als Produzentin, die sich auf die Stoffentwicklung konzentriert und mit einem majoritären Produzenten zusammenarbeitet, so z. B. bei dem Film SCHLAFKRANKHEIT, von Ulrich Köhler, der bei der Berlinale 2011 mit dem Silbernen Bären für die Beste Regie ausgezeichnet wurde.

2007 wurde ich als Professorin für Dramaturgie und Kreative Filmproduktion an die Kunsthochschule für Medien in Köln berufen. Aus der unabhängigen Filmproduktion kommend fühlte ich mich anfänglich in der Institution an Strukturen erinnert, die ich für überlebt hielt: deutsche Bürokratie, Hierarchien und machtvolle Männer. Aber ich zweifle immer noch und immer wieder zuerst an mir. Das macht es auch möglich, mich immer wieder neu einzubringen. Verhältnisse lassen sich verändern, das habe ich erfahren.

Die Existenz der Utopie ist ein Paradox, und doch ist die Utopie ein Lebenssinn für mich. Wenn ich realistisch an meine Arbeit herangehen müsste, würde ich verzweifeln. Auch die Studierenden ermutige ich, indem ich ihnen sage, dass wir die Mehrzahl zukünftiger Berufsbilder heute noch nicht kennen, und dass wir unsere Zukunft selbst gestalten müssen. Die Produktionsmittel, die Filmverleih- und Vertriebssysteme werden sich ändern, aber die Tradition des Geschichtenerzählens wird fortbestehen. Mich interessieren Geschichten, die auf den persönlichen Lebenserfahrungen und Wahrnehmungen der Studierenden basieren. Ich bestärke sie darin, sich selbst treu zu bleiben und ihre Eigenarten zu pflegen. Eine mutige Form für ihren Stoff zu wählen. Ich gehe mit auf die Suche und ich lerne von ihnen.

Ich bin eine Frau, Mutter und Filmemacherin. Ich erzähle Geschichten, die etwas mit meiner Lebenswirklichkeit zu tun haben. Ich arbeite im Team mit Menschen, die mir nah sind. Ich kann selbstbestimmte Entscheidungen treffen. Authentisch handeln. Ein Privileg und mein Glück.

Aufz. CL

Aelrun Goette

REGISSEURIN

Geboren 1966 in Berlin, Ausbildung zur Krankenschwester in der Psychiatrie, Arbeit u. a. als Fotomodell, Vollzugsbetreuerin in der JVA Berlin-Plötzensee, als Kostüm- und Bühnenbildnerin am Landestheater Altenburg, Theaterregisseurin und Schauspielerin.

Studium der Philosophie an der Humboldt Universität Berlin und Regiestudium an der Hochschule für Film und Fernsehen „Konrad Wolf" in Potsdam-Babelsberg. Diplom im Jahr 2000. Aelrun Goette hat zwei Kinder und lebt in Berlin.

FILMOGRAFIE

2012 EIN JAHR NACH MORGEN (Buch & Regie, Produktion: Kordes & Kordes i. A. WDR, Günter Rohrbach Filmpreis)

2010 UNTER VERDACHT – DIE ELEGANTE LÖSUNG (Regie & Drehbuch, Ko-Autoren Don Schubert, Martin Muser, Produktion: EIKON i. A. ZDF, Amnesty International – Marler Medienpreis für Menschenrechte)

2009 KEINE ANGST (Fernsehfilm, Regie, Produktion: Tag/Traum i. A. WDR, DEFA-Förderpreis, Fair-Play-Preis des Internationalen Kinder- und Jugendfestivals Chemnitz, Grimme-Preis u.v.a. Auszeichnungen)

2008 TATORT – DER GLÜCKLICHE TOD (Regie, Produktion: Maran Film i. A. SWR, Filmpreis des Hartmannbundes)

2005 UNTER DEM EIS (Spielfilm, Regie, Produktion: EIKON i. A. SWR, RBB, Bester Nachwuchsfilm Fernsehspieltage Baden-Baden, Grimme-Preis, MFG-Star)

2003 DIE KINDER SIND TOT (Dokumentarfilm, Buch & Regie, Produktion: zero Film i. A. SWR, BR, arte, Deutscher Filmpreis in Gold, Baden-Württembergischer Dokumentarfilmpreis, Prix Media, Prix Regards Neufs des Filmfestival Nyon)

2002 FELDTAGEBUCH – ALLEIN UNTER MÄNNERN (Dokumentarfilm, Buch & Regie, Produktion: EIKON i. A. SWR, Juliane Bartel Medienpreis)

2002 ATTACKE! FRAUEN ANS GEWEHR (Dokusoap 13 x 9 Min., Buch und Regie, Produktion EIKON i. A. ARD)

2001 ICH WART' AUF DICH (Kinospot für die Berliner Aids-Hilfe, Produktion: big fish)
LET'S DO IT! (Kinospot für die Unternehmensberatung des Wirtschaftsministeriums Sachsen-Anhalt, Produktion: big fish)
ZU SCHÖN FÜR MICH (Fernsehfilm, Drehbuch mit Heike Petzke)

1998 OHNE BEWÄHRUNG – PSYCHOGRAMM EINER MÖRDERIN (Dokumentarfilm, Buch und Regie)

Die Wahrheit mündet immer im Widerspruch

Hinter jedem Menschen verbirgt sich ein Abgrund. Dieses Dahinter fasziniert mich.
Was ist es, das uns zusammenhält? Sind die Strukturen, in denen wir uns bewegen, wirklich so sicher, wie wir meinen? Oder ist unsere Gesellschaft nicht doch eine sehr fragile Konstruktion? Wie sind die Menschen miteinander und welche Tabus – die auch zu unserem Zusammenhalt gehören – definieren wir? Diese Fragen regen mich zum Erzählen und Filmemachen an.

Anders gesagt: Mich interessiert die dünne Schicht „gesellschaftlicher Moral" und wie schnell wir sie über den Haufen werfen. Unter bestimmten Umständen ist jeder zu allem fähig. Ich selbst natürlich auch. Das meint aber auch, dass jeder von uns in der Lage ist, in gewissen Situationen positiv über sich hinauszuwachsen. Der genaue Blick auf den Einzelnen und seine Möglichkeiten interessiert mich. Den gesellschaftlichen Konsens finde ich langweilig, weil ich ihn als ebenso hilflos wie einengend empfinde.

Der Philosoph Hegel sagt: „Die Wahrheit mündet immer im Widerspruch." Je näher ich also dem scheinbaren Kern einer Sache komme, desto deutlicher tut sich die andere Seite auf. Wahrhaftigkeit ist demnach nur dann möglich, wenn ich beide Seiten aushalte. Das ist meine Haltung zur Welt und zum Leben. Ich suche nach Möglichkeiten, diesen Widerspruch auszudrücken und zu leben – auch beruflich. So bin ich zum Filmemachen gekommen.

(K)eine reife sozialistische Persönlichkeit

Ich habe in Ostberlin an der Schule der deutsch-sowjetischen Freundschaft gelernt und gleichzeitig die Christenlehre der Evangelischen Kirche besucht, weil meine Eltern das Gegengewicht zur staatlichen Bildung wollten. Anfang der 1980er-Jahre, ab der achten Klasse, war ich in der DDR-Friedensbewegung unterwegs. In dem Zusammenhang bin ich mit dem Aufnäher „Schwerter zu Pflugscharen" rumgelaufen. Es war verboten, dieses Ding in ‚öffentlichen Einrichtungen' zu tragen. Normalerweise hab ich immer meine Jacke auf links gedreht, wenn ich morgens durch den Bahnhof zur Schule gerannt bin. Doch einmal hab ich's vergessen und die Polizei hat mich erwischt. Darüber habe ich mich so geärgert, dass ich eine Wandzeitung zu dem Thema in der Schule aufgehängt habe. Mit dem Ergebnis, dass sich nun alle Lehrer einig waren, ich sei keine „reife sozialistische Persönlichkeit" und das Abitur für mich gestorben war. Doch die Ausbildungsplätze waren alle schon vergeben und übrig blieb nur noch Zerspanungsfacharbeiter. Aber in einer Fabrik endlos Löcher in Metallbleche fräsen war nicht das, was ich mir für meine Zukunft vorgestellt hatte. Mit sehr viel Glück und der Hilfe meiner Familie bekam ich einen Ausbildungsplatz als Krankenschwester in der Neurologie und Psychiatrie im Fachkrankenhaus Herzberge. Unter den Verrückten habe ich mich dann sehr wohl gefühlt.

Ich habe immer wieder versucht, an der Abendschule mein Abi nachzuholen, aber sie haben mich nicht genommen. Später wusste ich, warum: Ich fand in meiner Stasi-Akte den Hinweis, dass ich in der ‚Hauptabteilung II – Aufdeckung und Abwehr geheimdienstlicher Angriffe gegen die DDR' geführt wurde.

Heute bin ich dankbar, dass ich im Osten den Widerstand lernen konnte, den ich im Westen zum Überleben brauche.

Im Krankenhaus

In Herzberge wurden die unterschiedlichsten Patienten behandelt. Es gab die leichten Fälle, wie psychotherapeutische Tagespatienten, und die schwer gestörten Psychotiker oder Schizophrene in Langzeittherapien. Ich kam in ein Ausbildungskollektiv mit einer großherzigen Oberschwester und einer verständnisvollen Stationsärztin. Sie fanden es prima, dass ich aus der FDJ ausgetreten war und hielten beide ihre Hand über mich: Am 1. Mai durfte ich arbeiten und musste nicht zur Demo; ich konnte mich in die Therapiegruppen setzen und von den Psychologen lernen, obwohl das mit dem Beruf einer Krankenschwester nichts zu tun hatte. Ich habe zum Beispiel eine Kleptomanin auf ihren Therapiebesuchen im Kaufhaus begleitet. Sie war die Frau eines hohen Funktionärs und da war ihr Drang zum Klauen natürlich besonders unangenehm. Sie dabei zu beobachten, wie sie von einem orgiastischen Gefühl begleitet Sinnlosigkeiten aus den Regalen in ihre Tasche steckte war sehr beeindruckend.

Doch eine Station im Krankenhaus war mir unheimlich: das Haus 9, genannt ‚Endstation Sehnsucht'. Da saß ‚das Gemüse'. Patienten, die nur noch zu elementaren Reaktionen fähig waren. Sie hatten in der Regel meterdicke Akten, weil sie das komplette Therapiesystem durchlaufen hatten und nichts mehr half. Sie bekamen Berge an Medikamenten, unter denen sie Tieren gleich den ganzen Tag auf einem Fleck saßen und vor sich hin starrten. Doch es gab auch welche, deren Akten nur aus ein paar Seiten bestand, weil ihre Krankengeschichte angeblich woanders lagerte. Hinter vorgehaltener Hand hieß es, dass das ‚Politische' seien, die auf diese Weise aus dem Verkehr gezogen würden. Aber ob das stimmte, wusste niemand.

Ich wollte nie als Krankenschwester arbeiten, trotzdem war die Ausbildung eine großartige Zeit, in der ich viel gelernt habe. Ich habe viele Menschen sterben sehen, einige auf ihren letzten Metern begleitet. Ich bin einer tiefen Menschlichkeit genauso begegnet wie der Verachtung und konnte von meinen Vorgesetzten lernen, wie man sich in einem System die eigene, persönliche Haltung bewahrt, auch wenn sie ‚von oben' keine Anerkennung findet.

Wege

Auf meinem Weg ins Krankenhaus wurde ich eines Tages von einem Fotografen der Modezeitschrift *Sibylle* angesprochen. Plötzlich fand ich mich in der Zulassungsprüfung des DDR-Modeinstituts wieder und fortan war ich ein ‚staatlich geprüftes Mannequin'. Auf einmal verdiente ich mehr Geld als mein Chefarzt, und weil ich keine zehn Jahre auf einen Trabant sparen wollte, warf ich das Geld mit vollen Händen zum Fenster hinaus.

Mit 20 ging ich als Kostümbildnerin an das Landestheater Altenburg in Thüringen. Wir brachten Stücke von Bernard Marie Koltès, Sławomir Mrożek und kritischen DDR-Autoren auf die Bühne. Ich erinnere mich an *Nina, Nina – tam Kartina* von Werner Buhss, in dem am Ende die gesamte Parteikreisleitung auf der Bühne Selbstmord beging. Nun ja, das Stück lief nicht sehr lange.

Ich hatte Glück, ich war nach dem Mauerfall noch jung genug, mein Abitur zu machen und all die anderen Dinge, die im Osten für mich verboten waren. Ich habe meine erste Regie am Theater geführt, aber die Luft war raus, das Publikum interessierte sich nur noch für Bananen und Westautos. Ich ging an die Humboldt Uni, studierte Philosophie und wechselte 1995 an die Hochschule für Film und Fernsehen „Konrad Wolf" in Potsdam-Babelsberg (HFF) um Filmregisseurin zu werden. Um mein Studium zu finanzieren, spielte ich in der Daily Soap GUTE ZEITEN – SCHLECHTE ZEITEN mit, was meine Kommilitonen abartig fanden. Aber ich mochte den Spagat zwischen den Welten. Außerdem war es lukrativer als kellnern.

Aus dem Osten kommend bin ich im Kollektiv groß geworden – gemeint als Lebenswirklichkeit, nicht als staatliche Propaganda. Bisher bin ich immer Teil einer Truppe gewesen, ob in der Friedensbewegung, mit meinen Freunden oder in den Familien. Wir waren uns einig, wo der Feind saß und das hat uns über viele Querelen hinweggeholfen. Im Ernstfall musste man zusammenhalten. Und das haben wir. Egal ob Männer oder Frauen. Dieses Miteinander war plötzlich vorbei. Ich hab das lange nicht verstanden, dieses Einzelkämpfertum, die Abgrenzung, die sogenannte ‚Selbst-Verwirklichung'. Wie soll sich denn das Selbst verwirklichen, wenn nicht in der Gemeinschaft? Ich habe versucht, das weiterzuleben, aber es funktionierte nicht mehr.

Mein Weg als Filmemacherin ist sicher von all diesen Erfahrungen geprägt. Im Studium interessierten mich die Denkmodelle am meisten, die Widersprüche zuließen. Wenn man die Perspektive wechselt und andere Ansätze miteinbezieht, entsteht eine Dimension von Welt. Erst aus den Antagonismen ergibt sich das große Ganze. Wenn ich mich beim Filmemachen in Widersprüche begebe und sie aushalte, erwische ich vielleicht diesen einen wahrhaftigen Moment.

Meine Filme handeln oft von Mädchen und Frauen, ihre Abgründe sind mir vertraut. Denn meistens beginnt man ja mit Themen, die aus der eigenen Erfahrung kommen. Daraus folgen dann Angebote, aus denen sich allmählich der Weg entwickelt. Du machst Pläne, und während du sie machst, geschieht das Leben. Zwischendrin schaust du, was wollte ich eigentlich? Wir greifen zu und finden oft erst im Nachhinein die Erklärung für unser Tun.

Mein erster langer Dokumentarfilm OHNE BEWÄHRUNG – PSYCHOGRAMM EINER MÖRDERIN (1998) entstand aus meinem Kontakt zu der 17-jährigen Jeanette S., die in der Berliner Vollzugsanstalt Plötzensee einsaß, weil sie zwei Jahre zuvor mit ihrer Gang eine 13-Jährige gefoltert hatte, bis sie tot war. Sechs Jahre lang arbeitete ich als Jeanettes Vollzugsbetreuerin. Als wir 1994 einen Video-Brief gedreht hatten, mit dem sie Kontakt zu ihren Eltern aufnehmen wollte, entstand die Idee zu diesem Film.

DIE KINDER SIND TOT (2003), mein erster Film nach der Filmhochschule, ging auf mein Interesse an einer Täterin und ihrem Umfeld zurück. Zwei Jahre lang wollte niemand den Dokumentarfilm über Daniela J. produzieren, die ihre Kinder hatte verhungern und verdursten lassen. „Wer will schon tote Kinder sehen? Ist ja grauenvoll. Hast du nicht was anderes?" Aber ich kam nicht davon los; ich beobachtete den Prozess in Frankfurt/Oder, ich wollte wissen, was ‚dahinter' war, wollte diese Frau kennen lernen und ihr Umfeld, das weggeschaut hat. Der Fernsehfilm EIN JAHR NACH MORGEN (2012), der dritte meiner Filme, für die ich auch das Buch schrieb, erzählt von einer Mutter, die daran zerbricht, dass ihre trotzig hasserfüllte Teenager-Tochter zwei Menschen erschoss und die sich fragen muss, welchen Anteil sie selber daran hat.

Bin ich jetzt die Fachfrau für überforderte Mütter, unverstandene Mädchen und tote Kinder? Ja und Nein. Ich bin älter geworden, habe zwei Kinder und sehe die Welt heute anders. Ich finde es schrecklich, dass wir uns gegenseitig immer in Schubladen stecken und versuche immer wieder, meinen Impulsen zu folgen und eigene Themen zu setzen. Auch wenn es schwierig ist und bleibt. Außerdem lache ich gern und bin von Herzen im Leben.

Kontexte

In UNTER DEM EIS (2005) spielt Bibiana Beglau die Mutter eines siebenjährigen Jungen, der im Spiel seine Freundin tötet. Aus Angst vor Entdeckung vertuscht die Mutter das Unglück und schwört ihren Sohn darauf ein, dass es ihr Geheimnis bleiben muss – vor allem vor dem Vater, der als Polizist in die Ermittlungen involviert ist. Denn er vertritt das System der Konsenswerte. Man wird ja nicht Polizist, wenn man nicht glaubt, dass die Welt in guten und richtigen Strukturen funktioniert. Doch plötzlich kommen die Abgründe aus der eigenen Familie und das Wertesystem fliegt einem um die Ohren. In diesem Film ging es mir um die Gewalt von Verdrängung, denn natürlich benutzt der Junge das Geheimnis, um seine Mutter zu erpressen – endlich bekommt er die Nähe zu ihr, nach der er sich immer gesehnt hat. Am Ende gibt es jedoch nur Verlierer. Ich habe diesen Film mit einer großen Wut im Bauch gemacht. Und das war gut so. Langsam werde ich ein bisschen weicher und gebe meinen Figuren am Ende manchmal gern eine Chance, weil ich finde, dieser ganze Kampf muss sich doch lohnen! Deshalb durfte in KEINE ANGST (2009) meine Hauptfigur ein Stück vom Glück, um das sie die ganze Zeit kämpft, auch bekommen.

Medienbusiness

Jeder von uns hat Schätze in sich, die er künstlerisch verarbeitet. Wenn man eine Weile in diesem Metier arbeitet, weiß man, dass man sie schützen muss, obwohl mir das nicht immer gelingt. Ich liebe einfach das Gefühl, mich hineinfallen zu lassen, verschwenderisch zu sein und mich mit anderen zu verbinden. Trotzdem ist mir inzwischen bewusst, dass auch ich eine Projektionsfläche bin und man sich nicht dafür interessiert, wer ich bin. Das ist manchmal schwer, auch verletzend, weil Kreativität ja etwas sehr Persönliches ist und Film eine im Wesen kommunikative Form der Kunst. Und wenn man sein Inneres nach außen kehrt, dann will man ja auch verstanden werden und gemeint sein. Aber wir bestehen in unserer Branche im Wesentlichen aus Helikoptern, die um sich selbst kreisen und um den, den wir für mächtig halten. Das ist zwar öde, aber so ist es. Also, let's face it, machen wir das Beste daraus und setzen dem was entgegen. Ich weiß noch, als Die Kinder sind tot 2004 den deutschen Filmpreis bekam, spazierte ich in einem spitzenmäßigen schwarzen Hosenanzug auf die Bühne, lächelte freundlich und erinnerte daran, dass ich nur hier stehe, weil zwei Kinder grauenvoll verdurstet sind. Man kann das für geschmacklos halten, aber das ist meine Art, wie ich versuche, gesund zu bleiben und den flüchtigen Wirbel der Aufmerksamkeit zu verkraften. Ich wollte meine Haltung formulieren.

Ich bin jedes Mal enttäuscht, wenn Frauen, die kompetent und klug sind, einen Preis bekommen, aber auf der Bühne die Worte nicht finden. Eine verpasste Chance, die auf uns alle zurückfällt. Als ich einmal zum Los Angeles Filmfestival eingeladen war, konnte ich ein Tribute to Penelope Cruz von nahem erleben. Salma Hayek hielt die Laudatio, Eva Mendes führte das Gespräch mit Penelope Cruz. Drei intelligente, charmante, unglaublich schöne, lustige Frauen gemeinsam auf der Bühne – es war großartig! Jede brachte die andere zum Leuchten und strahlte selbst dabei. Das war perfektes Entertainment. Dieses bewusste Statement für weibliche Kompetenz hat mich begeistert. Ich bin ein Fan von Frauen, die etwas zu sagen haben.

Die Jungen und die Alten

Aufmerksamkeit ist heute die harte Währung. Man *ist*, wenn man gesehen wird. Wendet sich das Interesse ab, kommt man innerlich auf Entzug. Also muss die Aufmerksamkeitsmaschine gefüttert werden. Egal womit. Das gilt für uns alle. Als eine Frau zwischen den Generationen interessiert mich, wie gehen die Älteren und die Jüngeren damit um? Es gibt einige wenige Frauen um die 70, die ich sehr bewundere, weil sie auf eine bittersüße Art ebenso klug wie großherzig über den Geist der Zeit triumphieren. Beruflich aktiv und erfolgreich, feministisch geprägt haben manche einen hohen Preis gezahlt und auf Kinder verzichtet. War es das wert? Andere sind unerträglich dominant; aus jeder Pore schwitzen sie die Angst ihrer Jugend, in der Frauen überhaupt nicht gehört wurden und deshalb lauter als die Männer brüllen mussten. Und diese Angst verfolgt sie bis heute. Doch wie soll man im Leben sein? Was ist das Modell? Und wie macht es die Generation, die gerade erwachsen wird? Mit einer sehr jungen Freundin spreche ich oft darüber, wie die Mädchen heute sind. Sie sagt, dass die Alten die Revolution gemacht haben und sie nicht mehr rebellieren können. Sie ist ebenso wütend wie ratlos darüber, dass in ihrem Alter die meisten ihre Probleme nach innen austragen und gegen den eigenen Körper wenden. Und immer mehr auch die Jungs. Essstörungen sind normal, zur Zeit sind k.o.-Tropfen der letzte Schrei, um sich wegzuknallen. Vorbei die guten alten Zeiten, in denen Drogen etwas mit Bewusstseinserweiterung zu tun hatten. Es geht um's Aussteigen oder um die Steigerung von Leistung. Die spielerische Mitte ist verschwunden. In ihrem mentalen System ist fest installiert:

„Wenn ich richtig gut bin, schaffe ich es. Wenn ich es nicht schaffe, bin ich nicht gut genug." Das Gefühl ist so stark integriert, dass sie ihre Zwänge nicht als gesellschaftliches Gesamtkonstrukt erkennen können, sondern die Schuld bei sich selbst sehen und sich deshalb mit allen Mitteln durchsetzen wollen. Was soll man da machen? Ich habe keine Antworten darauf, aber ich fühle mich als Teil der Elterngeneration mit verantwortlich.

Wir leben in Deutschland zwischen Stillhalten, Angst und Aktionismus, der den Sinn nicht mehr hinterfragt. Die gute Nachricht ist, dass sich irgendwann etwas bewegen wird, weil das Leben nie dauerhaft stillsteht.

Feminismus

Dieser Begriff ist mir bis heute fremd geblieben. Vielleicht, weil ich nicht mit ihm aufgewachsen bin. Vielleicht, weil ich gegenüber allem, was auf ‚ismus' endet, skeptisch bin. Oder weil ich zu viele Frauen erlebt habe, die unter dieser Überschrift Frauen überhaupt nicht mögen. Alice Schwarzer als feministische Ikone ist für mich inzwischen unerträglich, weil sie die absolute Deutungshoheit beansprucht und keine Fragen mehr hat. Da ist kein Interesse mehr an den Menschen, nur noch an der eigenen Bedeutung. Ich sehe die Biografie einer starken, klugen Frau, die einsam geworden ist. Eine Geschichte der Angst vor dem drohenden Verlust von Popularität. Nun kann man sagen: Sie hatte Ihre Zeit, in der sie erfolgreich für die Frauen kämpfte. Ihr starkes Ego hat verhindert, sich um Nachfolgerinnen zu kümmern. So was kommt vor. Übrigens auch bei Männern. Doch wo sind die kraftvollen Stimmen von heute? Brauchen wir sie nicht mehr, weil Gleichberechtigung selbstverständlich geworden ist, oder will sich keine Frau von der Öffentlichkeit zur spaßgebremsten, vertrockneten Kämpferin degradieren lassen, die nicht stark genug – also nicht gut genug ist?

Ich denke, Letzteres ist der Fall. In meinem Beruf schaffen die jungen, talentierten Regisseurinnen, die nach der Filmhochschule mit besonderen Filmen Aufmerksamkeit erregen, kaum eine längere Karriere. Sie werden nicht gefördert. Männer hingegen schon.

Woran liegt das? Ich glaube, weil Männer Geschichten von Männern besser verstehen. Denn die Entscheider sind im Wesentlichen männliche Kämpfernaturen. Die Filme, die sie machen und sehen wollen, sind davon geprägt. Von den 100 erfolgreichsten Filmen 2012 wurden nur ca. vier Prozent von Frauen inszeniert. Hinzu kommt, dass Männer in Bezug auf Geld ihresgleichen eher trauen als Frauen. In den letzten Jahren hat sich die Situation verschärft: Der Markt ist enger, die Töpfe kleiner und der Kampf härter geworden.

Nun kann man sagen, in den Sendern arbeiten doch so viele Frauen, Redakteurinnen, die über das Programm bestimmen. Aber die setzen auch lieber auf Männer. Heißt das nun, Frauen verfilmen keine guten Geschichten? Das könnte erklären, warum in Cannes bisher nur eine einzige Frau, und zwar Jane Campion, jemals die Goldene Palme für den besten Film gewonnen hat. Oder es bestätigt, dass Frauen in diesem System langfristig so gut wie chancenlos sind. Aber muss das so bleiben?

Ich habe unlängst eine Marktanalyse gelesen, die nachweist, dass das weibliche Publikum einen immer größeren Anteil darstellt, die männerdominierten Filme zunehmend an der Kasse floppen und Analysten raten, die Filme mehr auf das weibliche Publikum auszurichten. Trotzdem wird für die sogenannten ‚Männerfilme' viel mehr Geld zur Verfügung gestellt. Ich denke, das ist der Punkt, an dem wir ansetzen müssen: Unser Medium wird durch den Markt bestimmt. Und der Markt will uns. Dann sollten wir ihn uns auch nehmen.

Aufz. CL

Laura Laabs

AUTORIN, REGISSEURIN

Laura Laabs, 1985 geboren, aufgewachsen in (noch Ost-) Berlin. Studierte Politik und Filmwissenschaft in Berlin und Potsdam, sowie Journalismus in Paris. Sammelte Erfahrungen in Bischkek, Brüssel und New York.
    Seit 2009 Regie-Studium an der HFF „Konrad Wolf".

FILMOGRAFIE
2014 MELUSINE (SF/Fiction, rbb movie, Kooperation zwischen der HFF „Konrad Wolf" und dem rbb Fernsehen, Ausstrahlung im Herbst 2014)
2013 VOLKSBÜHNE (SF/Fiction, ausgezeichnet im Wettbewerb der „B3 Biennale des bewegten Bildes" 2013, Frankfurt mit dem „Emerging Talent" Award)
2012 WAENDE (SF/Fiction)
2011 ENKEL DER GESCHICHTE (Spinach and Sugar, SF/Dok, Ausgezeichnet im Internationalen Wettbewerb „Visions du Réel", Nyon, Schweiz mit dem Award „Most Innovative Short Film")

Die Frau im Judenpelz

Ein Magnolienbaum blüht in unserem Garten. Ein Reigen aus Pastelltönen, es ist als hätte eine Explosion Seerosen in die Bäume geschleudert. Die Natur verausgabt sich. Unverschämt, eigentlich. Würde ich ein Foto davon machen, wäre das Kitsch. Wenn meine Großmutter ein Bild davon malt, wäre es schön.

Der Engel der Geschichte, so beschreibt es Walter Benjamin, wird vom Sturm des Fortschritts rücklings, also blindlings in die Zukunft geblasen, während er aufgerissenen Auges immer nur auf das starren kann, was sein Sturzflug hinterlassen hat, das Gewesene – die Trümmer der Geschichte[1].

Wenn ich über meine Großmutter sprechen, schreiben, einen Film machen soll, dann müsste ich ihre Biografie, also ihr Leben, als Material behandeln. Doch das Material ist widerständig. Es will sich nicht frei verfügbar in den Fluss eines Textes hineinziehen lassen, es bindet sich an etwas, wie die Realität, es sagt: So ist es gewesen. Und meine Großmutter selbst will sich die Hoheit über ihre Biografie von niemandem aus den Händen nehmen lassen, erst recht, wenn er nicht einmal dabei gewesen ist.

Von welcher Wahrheit über das Vergangene kann die Rede sein? Zwischen dem Geflecht der Chroniken und Erinnerungen, den Geschichts- und den Tagebüchern zieht ein Nebel auf. Nur manchmal scheint er von kleinen Lichtblitzen durchzogen: So könnte es gewesen sein. Also bleibt als Methode nur, im Nebel der Geschichte nach den Fragmentstücken vergangener Möglichkeiten zu tasten. Oder ist das alles ganz anders?

Meine Großmutter wurde in einer wohlhabenden Familie königlicher Pelzhändler in Breslau geboren. „Boden Pelze", bestes Haus am Ring. Als Kind ist sie am Messinggeländer der geschwungenen Treppe im Geschäft heruntergerutscht. In der Villa gab es 20 Zimmer und ein Klavier, sieben Bedienstete und den Dackel Dix von Hexenstein, der die teuren Teppiche fraß, Faden für Faden. Der Weihnachtsbaum reichte bis zur Decke. Davor standen die Kinder und glaubten an ein Wunder. Dann mussten alle singen. Stille Nacht und Tochter Zion.

Meine Großmutter hat sich immer mit dem Schönen umgeben. Ist das Schöne eine alle Zeiten, Systeme und Emanzipationen überdauernde Kategorie des Frauseins?

Es heißt, Enkel und Großeltern hätten oft mehr Ähnlichkeiten als Kinder und ihre Eltern. Von einem Ende der Generationskette zum anderen scheint eine besondere Verknüpfung zu bestehen.

---

1 Siehe Walter Benjamin: „Über den Begriff der Geschichte", IX. Abschnitt. In: *Gesammelte Schriften*, Hrsg. Rolf Tiedemann und Hermann Schweppenhäuser, Frankfurt am Main 1980, S. 697ff.

Als ich ein Kind war, brachte meine Großmutter mir bei, wie man die Bitterkeit von Spinat erträgt. Seit jenem Tag essen wir ihn beide unter einer Couverture aus Zucker. Im Haus mit dem Magnolienbaum im Garten musste sie mit mir auf den Dachboden steigen, den ich schaurig fand wegen der geschlossenen Decke von Spinnenweben, um dort die Tüten mit alten Kostümen zu durchsuchen und sich mit mir zu verkleiden. Als ich begann, mich für das Filmemachen zu interessieren, tat sich eine neue Gemeinsamkeit zwischen uns auf.

Eines Tages fanden wir auf dem Dachboden einen honiggelb gemusterten Pelzmantel. Darin stand „Boden Pelze". Meine Großmutter schenkte ihn mir.

Meinen ersten Film wollte ich über diese Verbindung zwischen zwei Generationen machen, über zwei Frauen aus zwei Jahrhunderten, die über den Schutt der Geschichte eine magische Brücke bauen.

Ich wollte mit ihr über den Krieg sprechen, die jüdische Familie, das Untertauchen in Paris, die DDR, ihre Arbeit, die DEFA, die Wende. Ich wollte die Geheimnisse ihrer Geschichte wissen und was das wohl mit mir zu tun haben könnte.

Doch meine Großmutter, die sich in ihr Pariser Haute Couture Kleid hüllte, wie in einen Mantel des Schweigens, hatte wenig Lust auf meine Fragen, sprach viel von der Geschichte und kaum von sich. Mein erster Film ist ein Missverständnis zwischen den Generationen. Oder stimmt das nicht?

Wenn ich von dem Haus mit dem Magnolienbaum im Garten zu meiner Filmschule „Konrad Wolf" in Babelsberg fahre, nehme ich einen Bus. Auf seinem Weg von Kleinmachnow nach Zehlendorf komme ich an Vorstadtvillen mit gestutzten Vorgärten vorbei, am Anwesen von Bushido, wo die Bauarbeiten stillstehen, weil er Ärger mit dem Denkmalschutz hat, und kreuze schließlich ein wildes unbebautes Terrain, eine Brache mit struppigen Büschen. Hier stand die Mauer. Eine elektronische Stimme verkündet im Bus: Achtung, Tarifgrenze!

In Babelsberg laufe ich dann auf der Marlene-Dietrich-Allee zwischen den Kulissen der Babelsberger Studios hindurch. Die Hakenkreuzfahne ist gehisst. Jemand dreht mal wieder einen Film über Nazis. Oder worum geht's?

Früher fuhr meine Großmutter täglich vom Haus mit dem Magnolienbaum zu den Babelsberger Studios. Meine Großmutter weiß natürlich nichts über die Machenschaften von Bushido. Auch den Weg über Zehlendorf konnte sie nicht nehmen, einen Tarif für diesen Transit gab es nicht. Sie musste über die Dörfer fahren, bis sie zwischen den Kulissen ankam. Hier entwarf sie die Kostüme, für ein Kino, das im Aufbruch war.

Auch damals wurden Filme über die Nazizeit gedreht. Meine Großmutter ist stolz darauf, dass das viel eher geschah als „im Westen", womit sowohl die BRD als auch Hollywood gemeint ist.

Den Schrecken der Nazizeit zeigen, wie er war, die Erinnerung wachhalten, kein Stillschweigen hinnehmen. Nie wieder Krieg. Statt dessen das Neue. Das waren die Ideale.

Am liebsten aber arbeitete mein Großmutter für die Filme, die auch dem Schönen Raum ließen, auf das sich ihr Blick, nicht nur der einer Kostümbildnerin, sondern der einer Malerin, verstand. Opulente Kleider, eng taillierte Kostüme, gekrönt von kleinen Hütchen, daran Blumen, Federn, Perlen. Für ABSCHIED VOM FRIEDEN entwirft sie ein weißes Sommerkleid, das über und über mit Spitzenrüschen besetzt ist. Da in der Mangelwirtschaft keine Stoffe dafür zu bekommen sind, muss das Hochzeitskleid der Großtante herhalten, das am Ende des letzten Drehtags zerfällt. Maßarbeit.

Meine Großmutter gründet die Mode- und Frauen-Zeitschrift, Illustrierte würde sie sagen, die so hieß wie sie – Sibylle. Darin zeigt sie dem in den 1950er-Jahren auf Traktoristin gebürsteten Frauenbild der DDR Pariser Mode und schillernde Ballkleider. Die ausverkauften Auflagen sprechen dafür, dass die Traktoristinnen damit nicht unzufrieden waren. Die Verantwortlichen aber befinden: Zu extravagant.

Meine Großmutter hat sich immer mit dem Schönen umgeben, auch in Zeiten, die dafür ungeeignet waren. Es sollte kein Schleier sein, der sich beschönigend über das Bestehende legt, sondern ein Gegengewicht zur bestehenden Welt. Dekadenz und Dissidenz als dialektischer Motor der Geschichte. Kann man das so sagen?

Als meine Großmutter so alt war, wie ich jetzt, lag Berlin in Trümmern. Heute scheint es manchmal, als wären aus den Ruinen vor allem nette Cafés, hippe Bars und angesagte Clubs auferstanden, und sie geben sich wie die Phönixe der Lebendigkeit aus der Asche der Geschichte. Von der Hauptstadt des Weltgeschehens ist Berlin zur Party-Metropole geworden. Ist das auch eine Art, „Nie wieder Krieg!" zu sagen?

Ich frage mich, ob der Engel der Geschichte über mein Leben fliegt und sich langweilt, ihm die geweiteten Augen schläfrig zufallen.

Der Preis des Schönen. Neulich fand ich zwischen den Spinnenweben des Dachbodens in dem Haus mit dem Magnolienbaum eine alte Modezeitung aus den späten 1930er-Jahren. Auf den ersten Seiten war der neuen „Boden Pelze"-Kollektion eine lange Strecke gewidmet. Zu dieser Zeit war das Pelzgeschäft bereits „arisiert" worden und der Vater meiner Großmutter war durch die Nazis in große Bedrängnis geraten. Weil er es als Jude gewagt hatte, deutsche Lehrlinge anzustellen, wurde er immer wieder verhaftet, einbehalten, wieder freigelassen, wieder verhaftet. Bis er schließlich nicht mehr zurückkehrte.

Auf den hinteren Seiten der Modezeitung fanden sich Kollektionen unter dem Titel: „Elegant und praktisch im Luftschutzkeller". Darunter Kaschmirpullis mit Kapuzen, die sich gut über Gasmasken stülpen lassen.

Ich habe durchaus noch einen Spielraum, bis ich 30 werde. Meine Großmutter aber rät mir, mich möglichst schon jetzt nach einem Arzt umzusehen, der etwas vom Lifting versteht.

Meine Großmutter sagt, dass Engels gesagt haben soll, die Natur hätte die Frauen benachteiligt, es sei Aufgabe unserer Kultur, diesen Nachteil auszugleichen. Meine Großmutter sagt, weil das so sei, hätte das Gesundheitssystem der DDR Schauspielerinnen oder anderen Frauen die es beruflich nötig hatten, Schönheits-OPs gezahlt. VEB Facelifting – es war eben nicht alles schlecht.

Neonlicht, eine Krankenliege, mein Knie bohrt sich in etwas Weiches. Während sie sich über mich beugt und heißes Wachs auf meine Haut schmiert, lehnt die Frau sich immer fester gegen mein Bein. Wenn das Wachs kalt ist, zieht sie es mit einem Geräusch von zerreißendem Papier ruckartig ab.

Auf diese Art werde ich unliebsame Körperbehaarung los. Der Pelz muss runter, sagt die Frau. Die Kasse zahlt das nicht. Was würde Engels dazu sagen?

Am Ende des Krieges waren von der Familie meiner Großmutter nur noch die Frauen übrig. Und nachdem sie sich all die Jahre vor dem Zugriff der Nazis haben fürchten müssen, sollten sie nun die Russen noch viel mehr fürchten und aus Breslau fliehen. Meine Familie hat das nicht verstanden. Die Mutter nimmt die Oma und ihre Töchter, was sie in Koffern tragen können, versteckt den Familienschmuck in den dunklen Locken und geht. Die Oma muss auf dem Weg in einer kalten Kirche zurückgelassen werden, da half auch kein Bodenpelz. Sie ward auf Erden nicht mehr gesehen.

Die Frauen und der Schmuck kommen nach langer Irrfahrt an einem Ort in Bayern an, der Trostberg heißt. Hier werden sie ihre Kürschnertradition fortsetzen.

Den Schlüssel aber zum Breslauer „Boden-Pelze"-Geschäft mit der geschwungenen Messingtreppe hat bei Abreise der Hausmeister bekommen. Zwischen Nazis und Russen war er nun der einzige, der vom Keller unter dem Keller wusste, in dem die Pelze eingelagert waren. Jahrelang hört man nichts von ihm.

Dann kommt eine Karte: „Mir geht es sehr gut."

Als vor wenigen Jahren wieder die Hakenkreuzfahnen über Babelsberg wehten und Tarantino seinen INGLOURIOUS BASTERDS drehte, war meine Großmutter voll Ablehnung. Die dreiste Geschichtsverdrehung, nach der die gesamte Nazi-Elite einer jüdischen Racheorgie zum Opfer fällt, schien ihr keine Berechtigung zu haben.

So sei es eben nicht gewesen, sagt sie.

Ich zeige meiner Großmutter meinen Film über uns beide. Sie sagt, sie verstünde schon, wie das bei uns Jungen heute funktioniere: Wir wollten nicht mehr nur erzählen, das sei jetzt alles etwas verrückter.

Zeigen wie es gewesen ist. Natürlich wollte ich das in meinem Film, um gleichzeitig zu beweisen, dass es nicht geht.

Wenn die Geschichte nicht mit Guido Knopp kausal auf Linie ist, sondern sich unter den Augen des Benjaminschen Engels zu Trümmern häuft, dann ist auch eine Biografie nicht eine Reihe von Ereignissen. Ist viel mehr eine Collage aller gewesenen und möglichen Momente. Dann kann der Film nie sagen: So war's! Dann sind Lebensgeschichten und Menschheitsgeschichte eben nicht zu fassen. Dann müssen wir uns damit abfinden, dass die Ungewissheit darüber, wie es gewesen ist und damit auch darüber, wie es ist, bleiben wird. Aber woran können wir dann noch glauben?

Wieder eine dieser netten, lichten, renovierten Straßen Berlins. Ein Mutter-Kind-Café, indem scheinbar die Mütter ihren Kindern begegnen sollen. Es ist Winter in

Berlin, ich betrete den Laden im honiggelben Pelzmantel meiner Großmutter, ein Windspiel bimmelt an der Tür.

Eine mir fremde Frau sitzt an einem dieser niedrigen Tischchen, an denen man sich ganz entspannt zurücklehnen soll, auf ihrem Knie ein dinkelriegelkauendes Kind, das ihr überhaupt nicht ähnlich sieht. Während ich auf einen Kaffee „zum schnell wieder gehen" warte, fragt sie: „Ist das eigentlich echtes Fell?" – „Ja, Hamster." (Ich sage das erstens, weil es stimmt, zweitens, weil dadurch die höchstmögliche Zahl ermordeter Tiere pro Jacke heraufbeschworen wird und drittens, weil das kauende Kind, das ja auch wissen soll, worum es geht, sich einen toten Hamster wahrscheinlich am besten vorstellen kann.) – „Findest du das nicht 'n bisschen problematisch?" – „Naja, meine Vorfahren waren Pelzhändler. Das war 'ne jüdische Familie. Und wie durch ein Wunder hat dieser Mantel den Krieg überstanden. Deswegen bin ich da eigentlich stolz drauf." – „Und dafür findest du's ok, mit toten Tieren rumzulaufen?" – „Ja." – „Dann verschwinde doch von hier, mit deinem Judenpelz!"

Ich gehe. Als sich die Tür des Mutter-Kind-Cafés bimmelnd hinter mir schließt, scheint es, als wäre ein dichter Nebel in den Kiez-Straßen aufgezogen. Nach nur wenigen Schritten kann ich das Café nicht mehr erkennen. Auch die umliegenden Bars und Großraum-Restaurants scheinen geschlossen, teils leer geräumt. Aus einem bunt angemalten Haus hängt ein Transparent: Besetzt! Entfernt hört man aus den Hinterhöfen urtümlichen Techno.

Die Frau hat mich durchschaut, mein History-Gepose enttarnt. Wenngleich sie mich umgibt, ist Geschichte für mich nur eine Referenz, auf die ich mich leichtfertig beziehe. Sie ist mein Material, das ich mir für mein Spiel frei verfügbar mache. Sie ist ein Mantel, den ich mir zur Kostümierung überstülpe, um mich zu wärmen und zu verdecken. Darunter werde ich dann zur Deutschen im Judenpelz, zum Hipster in Hamsterhülle, zur Relativistin im Gewand des Idealismus, zur Romantikerin in der Maskerade der Aufklärung.

Der Nebel verdichtet sich. Durch ihn erscheinen die Straßenzüge halb leer und die Fassaden seltsam grau. Putz bröckelt hier und da. Über einem Laden steht „Konsum".

Für meine Großmutter haben die Begriffe wie „Schönheit", „Geschichte", „Utopie" einen Sinn. Ein Kleid soll schön sein, ein Kostüm soll etwas zeigen, ein Bild soll etwas aussagen. Aber auch das ist nur eine Behauptung von mir. Das Leben sei dialektisch, sagt sie. Das Schöne sei nicht nur allein da, es komme auch immer etwas Tragisches dazu.

Ich biege in die nächste Straße, graue Brandwände ragen vor mir auf. Dazwischen die verwilderten Brachen einer anderen Zeit.

Irgendwo im Sturzflug des Engels der Geschichte sind uns die Bedeutungen verlorengegangen. Nur diejenigen, die der Geschichte nie direkt ausgesetzt waren, können es sich leisten, an gar nichts zu glauben.

Der Nebel ist eigentlich Rauch, der als Geschwader über der Stadt liegt. Ein ganzer flackernder Straßenzug ist schon in Trümmern. Dazwischen, wie ein Schatten, eine Frau im Pelz.

Anne-Gret Oehme

KOSTÜMBILDNERIN

Geboren 1966 in Potsdam; Besuch der erweiterten Oberschule; 1985-1990 Externstudium der Hochschule für Bildende Künste Dresden und der Betriebsakademie der DEFA in Potsdam-Babelsberg im Fach Kostümgestaltung; zur Zulassung zum Diplom zusätzliche Ausbildung zum Herrenmaßschneider in der DEFA. Seit 1991 freischaffende Kostümbildnerin, seit einigen Jahren zusammen mit ihrer Tochter Clara-Maria Kirchhoff. Anne-Gret Oehme hat das Kostümbild zahlreicher POLIZEIRUF- und TATORT-Filme, Fernsehspiele und Kinofilme kreiert. 2009 erhielt sie den Kostümpreis der Internationalen Filmtage in Hof für den TV-Film WOHIN MIT VATER? (Regie: Tim Trageser). Sie hat zwei Kinder und lebt in Potsdam (http://oehme-kostuem.de).

FILME (Auswahl)
2012 WILLKOMMEN IN MECKPOMM (Regie: Tim Trageser)
2010 BIS ZUM HORIZONT, DANN LINKS (Regie: Bernd Böhlich)
2009 SOLANGE DU SCHLIEFST (Regie: Nicole Weegemann)
  WOHIN MIT VATER? (Regie: Tim Trageser)
2008 KÖNIG DROSSELBART (Regie: Sibylle Tafel)
2007 DER MOND UND ANDERE LIEBHABER (Regie: Bernd Böhlich)
2006 DU BIST NICHT ALLEIN (Regie: Bernd Böhlich)
  LETZTE AUSFAHRT WESTBERLIN – 138 SCHÜSSE AUF DIE „FRIEDRICH WOLF" (Regie: Inga Wolfram)
  HURENKINDER (Regie: Andreas Kleinert)
2005 DAS GEHEIMNIS IM MOOR (Regie: Kai Wessel)
  TIERÄRZTIN DR. MERTES (Folgen 1-4; Regie: Karola Hattop)
2003 HUNGER AUF LEBEN – DAS LEBEN DER BRIGITTE REIMANN (Regie: Markus Imboden)
2002 ANGÉLIQUE – DAS UNBEZÄHMBARE HERZ (Zweiteiliger Fernsehfilm; Regie: Karl Kases)
  WANDAS LETZTER GANG (Regie: Bernd Böhlich)
2001 PAULAS SCHULD (Regie: Claudia Garde)
2000 STERNZEICHEN (Regie: Peter Patzak)
1999 DIE STILLE NACH DEM SCHUSS (Regie: Volker Schlöndorff)
  TEUFLISCHER ENGEL (Regie: Peter Kahane)
1997 DER SOHN DER KOMMISSARIN (Regie: Jan Ruzicka)
1996 FRIEDRICH UND DER VERZAUBERTE EINBRECHER (Regie: Rolf Losansky)
1995 SOMMERGESCHICHTEN (Regie: Roland Oehme)
1994 ABGEFAHREN (Regie: Uwe Frießner)
1993 BURNING LIFE (Regie: Peter Welz)

Das Kostüm hat seinen Platz im Gesamtkunstwerk

Wenn sich ein Kostüm unbemerkt in die Geschichte eines Films einfügt, habe ich es gut gemacht. Man sollte vor dem Fernseher oder im Kino nicht darüber nachdenken, warum *der* Hut oder *die* hohen Schuhe in einer Szene vorkommen. Das Kostüm hat seinen Platz im Gesamtkunstwerk – das ist es, woran ich arbeite.

Die meisten Frauen beneiden mich um meinen Job, denn ich bin auch Einkäuferin, die ganz gezielt auf die Suche geht. Noch lieber arbeite ich mit dem Kostümfundus und mit zeitlosen Stücken, damit man dem Film nicht die Mode des Jahres ansieht, in dem er gedreht wurde. Es geht mir um interessante Mischungen, und was schon x-mal durch die Waschmaschine gegangen ist, sieht allemal besser aus als Kleidung von der Stange.

Wenn ein Angebot hereinkommt, lese ich das Drehbuch, bevor ich Ja sage. Mitunter lehne ich einen Film ab, wenn er mir nicht gefällt. Mein Beruf soll mir Freude bringen, ich liebe ihn über alles und deshalb achte ich auf Qualität. Ich kann es mir aber nicht immer aussuchen, ich muss Geld verdienen.

Film und Fernsehen

Ab und zu muss man heute „Look-Gespräche" absolvieren und Katalogbilder präsentieren. Figurinen zeichnen ist bei zeitgenössischen Filmen nicht gefragt. Was sollte es nutzen, aufwändig Kostüme zu entwerfen, wenn das Budget nicht erlaubt, sie anzufertigen? Ich würde mir selbst ein Bein stellen, weil es sie nicht zu kaufen gibt. Wichtiger ist, dass mir die Regisseure auf Grundlage unserer Vorgespräche vertrauen. Leider kommen sie nicht immer zu Kostümproben. Ich zeige ihnen Fotos und meist sagen sie: Ja, schön.

Mehr historische Filme wie ANGÉLIQUE (2002), FRAU HOLLE (2007) und KÖNIG DROSSELBART (2008) würden mich reizen, weil das Kostümbild eine logistische Herausforderung ist. Meine Werkliste umfasst auch Kinofilme, z. B. Peter Welz' BURNING LIFE (1993), Volker Schlöndorffs DIE STILLE NACH DEM SCHUSS (1999) und Bernd Böhlichs DU BIST NICHT ALLEIN (2006), DER MOND UND ANDERE LIEBHABER (2007) und BIS ZUM HORIZONT, DANN LINKS! (2011). Auch anspruchsvolle Fernsehspiele wie das Brigitte Reimann-Portrait HUNGER AUF LEBEN (2003) von Markus Imboden und Andreas Kleinerts HURENKINDER (2006) habe ich ausgestattet. Beim POLIZEIRUF habe mich dafür stark gemacht, dass die Kommissare nicht jedes Mal anders ausgestattet werden, wenn ein neuer Kostümbildner engagiert wird. Inzwischen achten Produktion, Redaktion und Regie darauf, das Kostümbild und die Maske gleichbleibend zu gestalten. Das fällt vielleicht nicht jedem auf, entspricht aber meiner Vorstellung von Qualität. Nicht immer, aber regelmäßig bin ich bei dieser Reihe dabei, ich habe die Kommissarinnen Katrin Sass, Jutta Hoffmann und Imogen Kogge „überlebt" und mache mit Maria Simon weiter – nicht schlecht.

Fundus

Seit die Kostüme des POLIZEIRUFS im Fundus von Petra Wellenstein eingelagert werden, arbeite ich regelmäßig auf ihren Etagen in Berlin-Moabit. Der DEFA-Fundus, in dem ich großgeworden bin und der heute im Filmpark Babelsberg weiterexistiert, eignet sich großartig für historische Filme und Events, zeitgenössische Filme kann ich dort nicht bestücken, auch wenn mein Herz blutet, weil ich ihn gern unterstütze. Nur Wärmejacken, Arbeitskleidung und Polizeiuniformen hole ich dort. Irgendwann werde ich jedes Stück im Wellenstein-Fundus in der Hand gehabt haben, obwohl er täglich wächst.

Schauspieler sollten ins Kostüm schlüpfen und zu dem anderen Menschen werden, den sie darstellen. Leider gibt es Eitelkeiten, die nichts mit der Rolle zu tun haben. Frauen wollen oft schön aussehen, selbst wenn ihr Part die Highheels nicht hergibt. Geht der Regisseur den Weg des geringsten Widerstands, bin ich enttäuscht.

Berufsfindung

Mein Vater Roland Oehme, der Regisseur der DEFA war, wollte nicht, dass eines seiner vier Kinder zum Film geht. Filmberufe hielt er für familienfeindlich. Mag sein, dass er von seiner eigenen Erfahrung ausging, aber das ist mir, der Jüngsten, nicht mehr bewusst.

Für Kinder aus Intellektuellenfamilien galt in der DDR die Quote: Nur zwei durften pro Klasse das Abitur machen, meine Klasse hatte neun. Umgehen ließ sich die Quote, wenn man angab, Lehrer werden zu wollen. Das tat ich, obwohl ich nicht daran dachte. Meine Schwester, die sich für den Beruf der Kostümbildnerin interessierte, regte mich zur Bewerbung an der Kunsthochschule Berlin-Weissensee an, um mich dort im Fach Szenografie für den Bereich Kostümbild zu spezialisieren.

Als mein Vater davon erfuhr, freute er sich doch, dass eines seiner Kinder in seine Fußstapfen trat, und schickte mich in einen Kurs des früheren DEFA-Kunstmalers Alfred Born, damit ich perfekt zeichnen lernte. Mein Plan war utopisch, denn 1985 bewarben sich gefühlte 5000 Interessenten auf vier Studienplätze. Ich rauschte durch die Prüfung, und auch die obligatorische alternative Bewerbung im Fach Psychologie wurde abgelehnt. So gewann ich Zeit bis zum nächsten Test. Mein Vater, der sonst nie seine Beziehungen spielen ließ, verschaffte mir einen Job im DEFA-Kostümfundus, ohne den ich als asozial gegolten hätte.

Der Kostümfundus war auf mehrere Häuser im Studiogelände verteilt. In einer gruseligen Holzbaracke, wo man fest aufstampfen musste, damit die Ratten verschwanden, sollte ich staubige, schreckliche KZ-Kleidung aus diversen Filmen aufräumen. Zum Glück durfte ich nach drei Wochen als Garderobiere zu Dreharbeiten wechseln.

Kostümbildner, die in Weissensee studiert hatten, wollten damals nicht gern in die „Provinz" nach Potsdam-Babelsberg, lieber an ein Berliner Theater. Dieses Nachwuchsproblem der DEFA kam mir zugute, denn für einen einzigen Jahrgang entwickelte das Studio mit der Dresdener Kunsthochschule und der DEFA-Betriebsakademie einen eigenen Fachschulstudiengang für vier Maskenbildner, vier Kostümgestalter, drei Stuckateure und zwei Theatermaler. Zu den kunst- und kulturgeschichtlichen Kursen reisten wunderbare Dozenten aus Dresden an, Dozenten für Filmgeschichte kamen von der nahegelegenen Filmhochschule. Die praktische Seite lernten wir beim Sattler und Schuster, in der Putzmacherei und den Werkstätten für Herren- und Damenbekleidung in der DEFA kennen. Ein Praktikum führte mich an die Staatsoper in Berlin, wo noch Schuhe hergestellt wurden. Von der Pike auf lernten wir, wie aus Filz, Lack und Graphit Ritterrüstungen gebaut werden. Auch das Patinieren von Dingen, die gebraucht aussehen sollten, gehörte zum Pensum. Montag bis Donnerstag arbeitete man in der Filmproduktion, Freitag und Samstag studierte man – heute undenkbar, denn man kann sich nicht bei einer Filmfirma verdingen und freitags zum Studium wegbleiben.

Anne-Gret Oehme mit Conny Klein beim Patinieren eines Kostüms

Kinder

Als man mir dieses Externstudium vorschlug, erfuhr ich von meiner Schwangerschaft. Ich war erst 19, aber meine Tochter war ein Wunschkind. Jede Frau soll es halten, wie sie will, ich finde schön, wenn man nicht ewig mit dem Kinderkriegen wartet. Mag sein, dass eine funktionierende Familie im Hintergrund die notwendige Voraussetzung ist, aber Kinder sind meiner Meinung nach auch heute mit dem Beruf vereinbar. Ich würde es immer wieder so machen. Mit meinen beiden Kindern blieb ich je ein Jahr zu Hause, dann kamen sie in die DEFA-Kinderkrippe. Meine Eltern konnten einspringen, auch die Schwiegereltern wohnten nicht weit, so ging es.

Je älter die Kinder werden, desto mehr Planung verlangt das Leben mit ihnen. Manchmal muss man sie managen wie ein Produktionsleiter, von A nach B, in die Musikschule oder dreimal pro Woche zum Training. Ich musste selbst gut strukturiert und organisiert sein und Helfer, Freunde und Familie haben, so hat es funktioniert. Inzwischen bin ich selbst Großmutter und meine Tochter arbeitet auch beim Film. Man kann nicht immer zweifeln, ob das alles geht, man muss auch sagen: Augen zu und durch.

Manchmal vermisse ich das Studentenleben und Sich-Ausprobieren, das meine Ausbildung nicht vorsah. Ich hatte Verantwortung für die Kinder, arbeitete und studierte nebenher. Deshalb hätte ich meiner Tochter gewünscht, dass sie ein Studium absolviert und das Privileg genießt, sich Wissen anzueignen. Sie suchte lange nach einem Beruf, war einige Zeit im Ausland und durchlief Praktika in allen Theater-Gewerken, bis sie sich für den Beruf der Kostümbildnerin entschied. Ich nahm sie unter meine Fittiche, bot ihr ein Praktikum an und engagierte sie als Garderobiere. Seit einigen Jahren ist sie meine Assistentin. Ich hatte noch nie eine bessere, und das sage ich nicht, weil sie meine Tochter ist. Wir haben uns immer schon gut verstanden, aber dass unser Verhältnis so eng wird, hätte ich nicht gedacht. Wir steigen zusammen ins Auto und können uns immer noch ausschütten vor Lachen über lustige Situationen bei der Arbeit.

Maßschneidern

Mein Externstudium verlief anders, bis man nach zwei Jahren feststellte, dass mir ein Berufsabschluss fehlte, der aber in der DDR Voraussetzung für ein Fachschulstudium war. So wurde ich in die Werkstatt gesteckt, wo ich mich neben dem Studium zum Herrenmaßschneider qualifizierte, was mir am Ende nutzte, als wir zur Abschlussprüfung Figurinen in ein Herren- und ein Damenkostüm umsetzen sollten. Unter meiner Mentorin Christiane Dorst, die lange das Kostümstudio der DEFA leitete, konnte ich die Arbeit wunderbar ausführen. Kostümbildner studieren ihr kunsthistorisches Fach meist theoretisch, wenn überhaupt, das Schneidern beherrschen sie selten. Meine Ausbildung ermöglicht, dass ich meine Ideen selbst umsetzen kann. Für die Abschlussarbeit suchte ich Stoffe aus dem riesigen Fundus aus, einen Materialetat gab es nicht. Als ich keine rosa Seide fand, färbte ich einfach einen Stoff. Überhaupt spielten Geld und Zeit damals eine andere Rolle. Barbara Braumann, mit der ich später als Kostümbildnerin arbeitete, fing zu DEFA-Zeiten drei bis vier Monate vor Drehbeginn mit ihren Vorbereitungen an. Heute freut man sich über vier Wochen bezahlte Vorarbeit.

Umbruch

Zur Abschlussprüfung nahm ich meinen Sohn mit, der inzwischen zur Welt gekommen war. Danach hätte ich in ein erstes Projekt einsteigen können, doch das Studio wurde im Sommer 1990 im Zug der Wiedervereinigung aufgelöst. Bis dahin konnte man mit dem übersichtlichen DEFA-Gehalt fest rechnen, jetzt mussten sich alle auf die neue Situation einstellen. Ich hatte noch kein Kostümbild selbstständig entwickelt, niemand aus der Branche kannte mich.

Jobs als Garderobiere konnte ich jederzeit bekommen, aber ich wollte unbedingt einen Strich ziehen und mein eigentliches Ziel erreichen. Die Fundus-Leiterin der in Auflösung begriffenen DEFA verschaffte mir schließlich über ihren Mann, einen Aufnahmeleiter, den ersten Auftrag bei einer RTL-Miniserie mit dem Potsdamer *Kabarett am Obelisk*, das mich für einen schmalen Taler später auch für das Kostüm- und Bühnenbild seines Sommertheaters engagierte.

Zufälle, Glück, Können und das Netzwerk meines Potsdamer Umfelds halfen weiter. Durch Mundpropaganda bekam ich peu à peu Folgeaufträge. Die Produktionschefs trauten mir zunächst nicht viel zu, weil ich mit Mitte zwanzig so jung aussah. Lange hat es gedauert, bis ich in Vertragsverhandlungen selbstbewusster wurde.

Das Ende der DEFA war für niemanden bequem. Meine Generation konnte ihn als Chance wahrnehmen, die Älteren erlebten ihn als Abstieg. Die westlichen Produktionsfirmen wussten, was wir konnten, zogen aber trotzdem ihre Leute vor. Mein Vater drehte noch einige kürzere Fernsehfilme, die *Schauspielereien*, und leitete zehn Jahre die *Störtebeker*-Festspiele auf Rügen als Autor und Regisseur, aber an seine großen Komödienerfolge konnte er nie mehr anknüpfen.

Meine Filme nahm mein Vater immer wahr und sprach sein Lob aus, mit einem großen Aber. Er war eben eine kritische strenge Respektsperson, was man bei einem Komödienregisseur nicht unbedingt vermutet. Seine Kollegen lobten ihn als freundlich und ruhig, wir Kinder hätten ihn anders beschrieben. Dennoch wäre ich nicht, was ich bin, wenn er mir nicht Werte vermittelt hätte, vor allem die Haltung, dass man zu Ende führt, was man angefangen hat.

Alleinkämpferin

2000 trennte ich mich von meinem Mann, ab da war ich finanziell absolute Alleinkämpferin. Drei Filme pro Jahr empfand ich als gutes Maß, aber manchmal kamen mehr als vier zusammen, purer Stress. Inzwischen arbeite ich mit Tim Trageser, Bernd Böhlich und Ed Herzog, die alle versuchen, regelmäßig die gleiche Crew zu engagieren. Andreas Kleinert lernte ich als einen Regisseur kennen, der sich ausgesprochen herausfordernd für das Kostümbild interessiert und nicht locker lässt. Gut, dass da mitunter Dinge entstehen, die mir auf einfachem Weg nicht einfallen würden. In der Arbeit mit Regisseuren und Schauspielern genieße ich es manchmal als Vorteil, eine Frau zu sein. Die Arbeit mit Frauen gestaltet sich mitunter schwieriger und anstrengender. Sie betrachten eine andere Frau eher als Konkurrentin, auch wenn ich mich nicht messen will.

Aufz. CL

Heide Schwochow

AUTORIN, REGISSEURIN

Heide Schwochow wurde 1953 in Stralsund geboren und wuchs in Bergen auf Rügen auf. 1972 bis 1976 Studium in Leipzig, Abschluss als Diplompädagogin. Arbeit als Kellnerin, Krippenerzieherin, Sozialarbeiterin bei geistig Behinderten.

Studium der Schauspielregie 1982-1984 an der Schauspielschule „Ernst Busch" Berlin. Freie Theaterarbeit als Regieassistentin und Regisseurin.

1987-1989 beim Rundfunk der DDR (Abteilung Funkdramatik), Arbeit als Regieassistentin, Regisseurin, Autorin.

1990-1993 Studium am Institut für Journalistik und Kommunikationsforschung in Hannover, Abschluss als Diplom-Journalistin. Arbeit als freie Journalistin, Autorin, Regisseurin beim Feature und Hörspiel. Seit 2006 Drehbuchautorin.

FILMOGRAFIE
2013 BORNHOLMER STRASSE (Regie: Christian Schwochow)
2012 WESTEN (Regie: Christian Schwochow; FIPRESCI Jury Preis und Beste Hauptdarstellerin [Jördis Triebel] Montreal, Drehbuch nominiert zum Deutschen Drehbuchpreis [„Lagerfeuer" nach dem Roman von Julia Franck])
2010 DIE UNSICHTBARE (Regie: Christian Schwochow; Bester Spielfilm, Bozener Filmtage, Beste Hauptdarstellerin und *The Ecumenial Jury Award* Karlovy Varv Filmfestival)
200 NOVEMBERKIND (Regie: Christian Schwochow; Deutscher Filmpreis 2009, nominiert für Bestes Drehbuch, Drehbuchpreis Baden-Württemberg 2007, Max Ophüls Publikumspreis 2008)
2006 MARTA UND DER FLIEGENDE GROSSVATER (Regie: Christian Schwochow; SIGNIS Award, Best Feature Film)

Emotionalität ist eine besondere Qualität

Als mein Sohn Christian anfing, Klavier zu spielen, hat sein Vater Rainer mit ihm zusammen Klavier gelernt. Als er begann, Film zu studieren, wäre ich am liebsten mit hingefahren und hätte auch studiert. Wir schrieben gemeinsam das Drehbuch für seinen Drittjahresfilm: MARTA UND DER FLIEGENDE GROSSVATER (2006), einen längeren Kinderfilm. Daraufhin beschlossen wir, den Diplomfilm auch gemeinsam zu schreiben. Es war ein großes Geschenk und ein großes Glück, dass NOVEMBERKIND (2007/08) so erfolgreich im Kino gelaufen ist. Seitdem werden wir oftmals im Doppelpack angefragt. Bei NOVEMBERKIND war mir wichtig, dass jede Figur eine Entscheidungsmöglichkeit hat. Keine ist nur Opfer oder nur Täter. Auch die, die in den Westen geht und ihr Kind zurücklässt, hat das emotional nicht bewältigt. Für mich ist es wichtig, dass die Figuren eine Ambivalenz haben. In WESTEN (2012) wird jemand verdächtigt, bei der Staatssicherheit gewesen zu sein und man weiß es bis zum Schluss nicht, weil man es zu DDR-Zeiten auch nicht gewusst hat. Diese Ambivalenz zu halten ist der Versuch, keine einfachen Antworten zu geben oder in Gut und Böse zu denken. Bei WESTEN haben wir sehr eng mit Katrin Schlösser (s. S. 234) gearbeitet, für die der Film auch inhaltlich sehr wichtig war.

In Leipzig, einer subversiven Stadt

Ich komme aus einem kleinen DDR-gläubigen Haus. Geboren bin ich in Stralsund, aber aufgewachsen bin ich auf Rügen. Nach der Schule ging ich nach Leipzig und habe dort die Großstadt und die Welt entdeckt. Zu Hause, das war auch eine Welt, aber die war klein. Ich hatte eine schöne Kindheit. Aber ich fand es wichtig, sich politisch zu bilden. Deswegen bin ich viel ins Theater gegangen. Leipzig war eine Kinostadt; es gab zwei sehr engagierte Programmkinos. Dort habe ich das ganze europäische Kino kennengelernt. Von Fellini über Ingmar Bergman bis zu Bunuel. Ich habe Theater, Bücher, Kino, Bildende Kunst in mich hineingefressen. Und in Leipzig lernte ich auch meinen Mann Rainer kennen. Er kommt aus einer christlichen und sehr DDR-kritischen Familie. Kritisch zu sein, der DDR gegenüber, das begann schon im Studium. Leipzig war immer eine sehr subversive Stadt, auch durch die Messe. Wenn man wollte, war man im richtigen Café, wo die Leute saßen, mit denen man diskutieren konnte. Wir haben so geredet, wie wir reden wollten. Es war nicht so, dass man ständig vor der Staatssicherheit Angst hatte.

Ich studierte Deutsch und Staatsbürgerkunde, Berufsziel: Lehrer. Danach begann ich ein Forschungsstudium, schrieb an einer Dissertation in Philosophie. Mein Bruder war auch Staatsbürgerkundelehrer, und den habe ich sehr verehrt. Außerdem mochte ich Philosophie, ich habe mich für Sartre und vor allem für die Existenzialisten interessiert. Aber Staatsbürgerkunde war im Prinzip Marxismus-Leninismus. Ich habe mich schließlich gegen den Lehrerberuf entschieden, weil ich das nicht unterrichten wollte. Meine Eltern waren natürlich enttäuscht. Ich war quasi arbeitslos, was es in der DDR nicht gab. Offiziell hätte mich niemand einstellen dürfen, weil ich in der „Volksbildung" war. Aber zu Hause zu sein, wäre für mich undenkbar gewesen. Drei Jahre lang machte ich die unterschiedlichsten Arbeiten. Ich war Kellnerin, arbeitete auch in der Kinderkrippe, um einen Krippenplatz für meinen Sohn Christian zu bekommen. Ich spielte selbst in einer Theatergruppe und wollte immer Kindertheater machen. Ich habe mich im Hinblick darauf für ein Regiestudium beworben. Wahrscheinlich haben sie mich auch deswegen genommen: „Ach so klein und naiv, aber so Kindertheater, dafür bewirbt sich nie jemand."

Ich wollte meinen eigenen Weg finden

Ich wurde am Regieinstitut der DDR angenommen. Es gehörte zum Berliner Arbeiter Theater (BAT), dem Studiotheater der Ernst-Busch-Schauspielschule. Zu Beginn des Studiums war das Verhältnis Männer/Frauen ungefähr ausgeglichen, aber im Regieberuf, auch in der Theaterregie, gab es weitaus mehr Männer, als Frauen. Das Studium war auf Theaterregie gemünzt[1] und das Schöne war, dass wir durch den Anschluss an die Ernst Busch Schule eine Grundausbildung mit den Schauspielstudenten machten, und danach Dramenanalyse und Konzeption für Theaterregie studierten. Das Studium war sehr theoriebelastet. Brecht war in den 1950er-Jahren gestorben, aber er schwebte und waberte durch die Räume. Das Regieinstitut wurde von seinem Schüler Manfred Wekwerth geleitet, und es hatte alles immer irgendwie mit Brecht zu tun. Mein Mentor, Joachim Tenschert, war Chefdramaturg des Berliner Ensemble (BE). Brecht war natürlich auch für ihn das große Vorbild, und ich sollte gleich zu Beginn eine Szene aus *Furcht und Elend des Dritten Reiches* inszenieren.[2] Joachim Tenschert gab mir seine Probennotate; es war damals üblich, danach zu inszenieren, wie „der Meister" (Brecht) es gemacht hatte. Aber ich sagte ihm, ich wollte meinen eigenen Weg finden. Das fand er nicht gut, er kam ständig auf meine Proben und mischte sich ein. Ich habe mir daraufhin ein anderes Theaterstück ausgesucht: Wedekinds *Frühlingserwachen*. Mein Mentor hatte immer einen sehr, sehr strengen Blick auf das, was ich gemacht habe. Und ich habe mir zu viel von seiner Kritik angezogen. Aus heutiger Sicht würde ich sagen, dass mein Szenenstudium auch nicht gut genug war. Aber der ganze Ablauf lief meinen Impulsen völlig zuwider: Um eine Szene zu inszenieren, mussten wir zunächst eine dicke theoretische Konzeption schreiben. Diese Konzeption wurde diskutiert und man musste sie verteidigen. Bei dieser Verteidigung waren alle Studenten und Mentoren anwesend. Und weil die sich nicht richtig grün waren, gab es immer Streitfälle. Man hatte vorher schon im Kopf versucht, die Konzeption nach allen Seiten wasserdicht zu machen. Und bevor die Arbeit mit den Schauspielern begann, hatte man im Kopf schon

---

1 Das BAT wurde 1961 von Wolf Biermann und Brigitte Soubeyran gegründet.
2 Bertold Brecht verfasste *Furcht und Elend des Dritten Reiches* im Zeitraum von 1935 bis 1943 im Exil.

alle Bilder fertig. Aber über den Weg, diese Vorstellungen mit den Schauspielern zu erarbeiten, darüber wusste ich relativ wenig. Die psychologische Dimension des Regieberufes lernte ich erst später beim Hörfunk kennen, wo ich lange als Hörspielregisseurin und Feature-Regisseurin gearbeitet habe.

Ich war von der Person her klein und schmal. Und ich wurde immer dünner, weil das ein großer Stress war. Mein Mentor hat es grundsätzlich nicht ertragen, dass man ihm widerspricht und dafür, dass ich ihm widersprochen habe, war ich nicht souverän genug. Es kam immer wieder zum Streit. Ich wurde schließlich exmatrikuliert. Im Nachhinein war es richtig, denn dass mir jemand vorgibt, was ich inszeniere, ging mit meinem Verständnis von dem Beruf nicht überein.

Schon während des Studiums begann ich als Regieassistentin zu arbeiten, um überhaupt mitzukriegen, was der Beruf Regisseur bedeutet. Ich war Assistentin von Horst Hawemann, einem tollen Theaterregisseur, ein wunderbarer Mensch. Bei ihm habe ich gesehen, wie man auch arbeiten kann; mit wie viel Lust, wie viel da gelacht werden kann. Von ihm habe ich viel gelernt. Bei mir herrscht meistens eine gute Grundatmosphäre, es ist selten verkrampft.

Studentin mit 40 war wunderbar

All die Erfahrungen, die ich in der DDR gesammelt habe, führten dazu, dass wir uns als Familie irgendwann entschlossen haben: Wir wollen hier raus! Wir stellten einen Ausreiseantrag, und dann fiel die Mauer. Am 13. Dezember 89 sind wir nach Hannover zu einer Familienfreundin gezogen. Am Anfang war es schwierig, dort Fuß zu fassen. Es war ja nicht geplant, dass die Mauer auf geht und sich alle „Ossis" gleichzeitig im Westen bewerben. Außerdem habe ich es in Hannover kaum ausgehalten. Ich einmal pro Woche nach Berlin gefahren, um dort mit zwei Frauen eine Theaterinszenierung zu machen: „Striptease" von Sławomir Mrożek. Dann habe ich mich für einen Ergänzungsstudiengang in Journalistik beworben und in zwei Jahren ein Diplom in Journalistik gemacht. Mit 40 noch mal Studentin zu sein, das war wunderbar.

Für mich persönlich war Gleichberechtigung nie ein Thema. Darum hat mich auch die Frauenbewegung in der DDR nicht wirklich interessiert. Es gab in den 1980er-Jahren auch Veranstaltungen, zu denen nur Frauen zugelassen wurden. Ich hatte das Gefühl: Das muss nicht sein. Aber später im Westen merkte ich, dass es doch nötig war. Dass auch eine Quote wichtig ist. Nach der Wende hatte ich fünf Jahre eine Dozentenstelle an der Uni. Die Professoren waren ausschließlich Männer. Am Anfang fragte ich mich: Was ist denn hier los?

Bei der Elternsprechstunde für meinen Sohn fragte die Lehrerin meinen Mann Rainer, was er von Beruf ist. Mich nicht. Als ich sie darauf ansprach, wurde sie hochrot und entschuldigte sich. Danach hatten wir einen Termin beim Physiklehrer. Ich habe wirklich wenig Ahnung von Physik, aber das konnte er nicht wissen. Immer, wenn es um theoretische Dinge ging, dann guckte er Rainer an, und wenn es so um allgemein-menschliche Dinge ging, wendete er den Blick an mich. Ich begann, innerlich zu kochen. Viele Mütter waren zu Hause und arbeiteten nicht, obwohl ihre Kinder schon im Abitursjahrgang waren. Ich fühlte mich fremd. Ich hatte ein anderes Selbstbewusstsein; mir kam das gesamte westliche System wie ein Rückschritt vor. Alle hielten sich krampfhaft an der bürgerlichen Familie fest, die auseinanderbrach. Ich empfand es als furchtbar, wenn eine Frau nach der Scheidung Geld von ihrem Mann forderte. Für mich war immer klar, dass ich als Frau selbst dafür verantwortlich bin, mich zu ernähren. Bei mir herrschte zunächst Verwunderung, bis ich mich tiefer hineindachte, und merkte, dass es doch etwas anderes ist, wenn das Bürgerliche Gesetzbuch noch ernst genommen wird, was ja eigentlich richtig ist.

Ich kam als Dozentin an die Uni und wurde später auch Programmdirektorin. Die Professoren waren ausschließlich Männer. Zum ersten Mal habe ich erlebt, was für ein Konkurrenzverhalten unter Männern herrschen kann. Vielleicht gab es das in der DDR auch, aber ich kannte es nicht. Wenn in Talk-Show-Runden das Thema Frauen und Familie aufkam, wurde von der einen Seite immer die These vertreten, eine Frau müsse zu Hause bei ihren Kindern bleiben. Ich dachte nur: Wo bin ich hier bloß gelandet?! Haben die sie nicht alle?

In der DDR gab es immer einen Mangel an Arbeitskräften, und es gehörte zur Theorie, dass die Frau „ihren Mann steht", so hieß das damals. Für viele war das auch ein Stückchen Zwang. Auf der anderen Seite haben sich die Frauen durch diese Berufe persönlich entwickelt. Es war sehr ungewöhnlich, mit den Kindern zu Hause zu bleiben. In den Fabriken gab es sogar einen Frauenruheraum. Ich habe erst im Nachhinein begriffen, dass sich dort Frauen zurückziehen und ausruhen konnten, wenn sie in ihre Wechseljahre kamen oder Menstruationsbeschwerden hatten. Aber es war klar: Eine Frau arbeitet genauso wie ein Mann. Wie die Hausarbeit verteilt war, hing stark von den Traditionen innerhalb der Familien ab.

Meine Mutter hatte alles Praktische in der Hand

In meiner Familie herrschte das Matriarchiat. Meine Mutter war immer die Stärkere. Mein Mann Rainer und ich haben uns von Anfang an alles geteilt. Selbst als Christian auf die Welt kam, und irgendwann Flasche kriegte, wechselten wir uns ab; einen Morgen der eine, den anderen Morgen der andere. Unsere ganze Beziehung beruhte schon immer auf dem Prinzip der Gleichberechtigung. Aber das war auch in der DDR nicht selbstverständlich. Viele Frauen schimpften über ihre Männer. Da habe ich erst gemerkt, dass es für die meisten Frauen normal war, arbeiten zu gehen und obendrein den Haushalt alleine zu machen, weil sich an den Rollenverhältnissen in den Generationen nichts geändert hatte. Bei mir war das anders. In unserer Familie hatte die Arbeitsteilung immer mit Begabungen zu tun. Meine Mutter hatte alles Praktische in der Hand: Vom Einkaufen bis zum Nagel in die Wand schlagen. Wenn am Sonnabend Wäschetag war, hatte sie immer schlechte Laune. Die Waschmaschine hat sie nicht benutzt, sie kochte stattdessen alles im Kessel. Die Wäsche wurde auf einem Waschbrett geschrubbt, zweimal eingeweicht und einmal gekocht. Anschließend war der ganze Hof mit weißen Laken ausgehängt. Danach gab es immer Eintopf, der am

Abend vorher gemacht wurde. Wenn wir meine Mutter mit der Arbeit allein gelassen hätten, hätte sie noch schlechtere Laune gehabt. Insofern war klar: Wir müssen wir da gemeinsam durch.

Die Frauenfiguren der DEFA-Filme bleiben im Kopf

Ich habe mir gerne DEFA-Filme angeschaut, obwohl sie immer auch ein etwas Künstliches hatten, man hört das am akademischen Tonfall, der die Schauspielkunst in der DDR geprägt hat. Aber von der Ausstattung und den Geschichten her gingen diese Filme sehr tief ins Leben hinein, waren oft sehr ehrlich und hatten eine Schonungslosigkeit, die man heute nicht mehr so findet. Es gab viele Filme mit starken Frauenfiguren, die die DDR sehr gut widerspiegeln: Viele Frauenfiguren wollten alles koordinieren, Familie, Kinder und Beruf und stießen sich immer wieder die Köpfe blutig. Die Protagonistin in BÜRGSCHAFT FÜR EIN JAHR (1980/81)[3] will einfach prall leben und vermag es nicht, sie ist überfordert vom Alltag mit den Kindern. Man kann diese Frau so gut verstehen, obwohl sie ihre Kinder alleine lässt. Der Film spielt weit ab von einfacher Moral. Solche Frauenfiguren bleiben im Kopf.

Ich kann heute so sein, wie ich bin

Bei einem Mann wird schnell gesagt: „Was für ein Waschweib", wenn er über Gefühle redet oder sie zeigt. Bei einer Frau bedeuten dieselben Eigenschaften Qualität, und diese Qualität ist für das Handwerk des Schreibens gut: Ich glaube, eine Frau spricht sehr viel öfter mit einer Frau über die Tiefen der Psyche und des Lebens und kommt schneller an die Substanz. Aus einer gewissen Emotionalität heraus kann ich Klugheit und Bodenständigkeit entwickeln. Ich mag Filme von Frauen, in denen schmecken und riechen eine Rolle spielt. Wo eine Art des Schminkens sichtbar wird. Wo so eine saftige Weiblichkeit und eine Sinnlichkeit da ist. Viele Frauen betrachten die Dinge nicht von einer Theorie her, sondern aus der Beobachtung heraus und kommen so zu einer eigenen Meinung. Beobachtung heißt für mich: Ich schaue genau hin.

Ich mache heute Hörspielregie. Über die Jahre bin ich souveräner geworden. Ich muss keine künstliche Autorität ausstrahlen. Was für mich wichtig ist, wenn ich Regie mache, ist, dass es etwas mit Menschlichkeit zu tun hat, mit einer Achtung den Menschen gegenüber, mit Respekt.

Aufz. BSB

---

3 BÜRGSCHAFT FÜR EIN JAHR (1980/81), Regie: Herrmann Zschoche, DEFA-Studio für Spielfilme. Mit Katrin Sass, Monika Lennartz, Jaecki Schwarz u. a.

Annekatrin Hendel

PRODUZENTIN, AUTORIN,
REGISSEURIN

In Berlin geboren und aufgewachsen, hat zwei Kinder. Nach Abschluss einer Theaterschuhmacherlehre und eines Ingenieurstudiums arbeitete sie in verschiedenen Jobs und später freiberuflich als Kostüm- und Szenenbildnerin. 2004 gründet sie die Filmproduktionsfirma für Dokumentarfilme IT WORKS! Medien GmbH und ist hier als Geschäftsführerin und Produzentin tätig. Viele der in kleinen Teams entstandenen Filme sind preisgekrönt. Manchmal führt Annekatrin Hendel auch Regie. Ihr Film FLAKE wird 2012 für den Grimme-Preis nominiert. VATERLANDSVERRÄTER – die erste Regiearbeit ihrer Trilogie zum Thema Verrat – erhält 2013 den Grimme-Preis. Der zweite Teil der Trilogie, ANDERSON, hat seine Weltpremiere zur Berlinale 2014. Der dritte Teil, DISKO, ist in Entwicklung. Annekatrin Hendel ist Mitglied der Deutschen Filmakademie.

FILMOGRAFIE (Auswahl)
2014 ANDERSON (Buch, Regie, Produktion)
    DISKO (AT) (Drehbuch- Förderpreis „Made in Germany" Berlinale 2012)
2013 ZONENMÄDCHEN (Produktion)
    AM ANFANG (Produktion)
2012 DER GENTLEMANBOXER HENRY MASKE (Produktion)
2011 VATERLANDSVERRÄTER (Buch, Regie, Produktion) Friedenspreis Osnabrück, Vorauswahl zum Deutschen Filmpreis, nominiert zum Deutschen Schnittpreis 2012, Grimme-Preis 2013
    FLAKE (Buch, Regie, Produktion) nominiert zum Grimme-Preis 2012
    TAKE A PICTURE (Produktion)
    POLLY ON THE ROCKS (Produktion)
2010 DIE FOTOGRAFIN SIBYLLE BERGEMANN (Produktion) zwei Grimme-Preise 2012
    MÄDCHEN LIEBE (Produktion)
    LIEBE PAULINE (Produktion)
2008 MIT FANTASIE GEGEN DEN MANGEL (Buch, Regie, Produktion)
    UMDEINLEBEN (Verleih)
2007 ALLEALLE (Produktion, Verleih)
2006 MADE IN GDR (Produktion)
2004 ZUR ZEIT VERSTORBEN (Produktion) nominiert für den Deutschen Filmpreis 2004, Förderpreis des WDR 2005,1. Preis beim Dresdner Kurzfilmfestival, Hauptpreis beim Kiev International Film Festival Molodist 2004, Hauptpreis beim Hauptpreis beim 14. Filmkunstfest Schwerin 2004, Förderpreis der DEFA-Stiftung 2004 u.a.)
2000 STAR IM OFF (Buch, Regie, Produktion)
1999 CHIQUITA FOR EVER (Regie)

Doppelt leben

Seit ich denken kann, habe ich mich vom Leben auf Zelluloid verführen lassen. Und auch wenn ich einen enttäuschenden Film sehe, lockt es mich das ein nächstes Mal umso mehr ins Kino. Dennoch dauerte es lange, bis ich selbst Filme machen wollte.
Ich weiß noch, wie es mich in den Kinosessel gedrückt hat. Berlinale. Welcher Film? Keine Ahnung. Es ist über zehn Jahre her. Was lief, war erst einmal nur der Trailer. Und ich? War hin und weg. Aufgelöst. Wenn mich jemand fragt, was der Auslöser war, vom Filmkonsumenten zum Filmemacher zu werden, war es nicht der Gedanke an den möglichen Erfolg eines Filmes oder der Wunsch, bei dem und dem Sender einen Stoff an den Start zu bringen. Auch kein Preis oder Festival, nein, es ist dieser Moment gewesen. Es war, als hätte ich in eine Steckdose gefasst. Abgesehen davon, dass dieser Opener der Berlinale wirklich unglaublich verführerisch wirkte und sicher nicht nur mich zwischen den über tausend Leuten im Berlinale-Palast in eine erwartungsvolle Stimmung versetzte, war es wohl so etwas wie ein Erweckungserlebnis. Ich weiß nicht, ob man so was haben muss, um von einer Minute auf die nächste für etwas zu brennen. Bei mir war es so. Ich wusste, dass ich Kinofilme machen will. Und als Spätstarter wusste ich, dass ich nicht so viel Zeit habe. Ich musste sofort anfangen!

Nach dem Mauerbau groß geworden, habe ich als Kind dieses Land in den Grenzen akzeptiert wie es war, ich kannte es nicht anders. Die Mauer habe ich nicht als gegen mich gerichtet empfunden und mich immer frei bewegt. Es war die Enge der gesellschaftlichen Disziplinierung und die vermauerte Ideologie dahinter, die mir lästig wurde, als ich zu denken begann. Mein Drang, dem gewaltigen Wurf einer Masse grauer Mäuse zu entkommen, die Erkenntnis, dass ich den ausgeprägten Wunsch habe, Dinge zu hinterfragen in verhängnisvoller Kombination mit einem losen Mundwerk, haben mir meine schöne sozialistische Karriere leider komplett versaut. Ich landete ohne Abitur in einer Schuhmacherwerkstatt. Und später als exmatrikulierte Fachschulstudentin in der sozialistischen Produktion. Am Fließband beim VEB Goldpunkt.[1]

Es wäre schön, wenn ich jetzt schreiben könnte, dass ich später aus Wut und mit erwachendem Widerstandsgeist beschlossen hätte, Filme über die blöde DDR und was mir Schlimmes passiert ist, zu machen. Aber was für ein langweiliger Plot!
Wahrscheinlich aber hat an dieser Stelle meines Lebens die umfangreiche Stoffsammlung von Abgründen, Absurditäten und Zwiespältigkeiten ihren Anfang genommen. Ich mochte dieses Land und das Leben darin. Außen beklemmend und düster.

---

[1] Von 1899 bis 1991 produzierte der Betrieb Schuhe in der Carmen-Silva-Straße (heute Erich-Weinert-Straße). Am Anfang produzierte er Militärschuhe und spezialisierte sich dann auf Damenschuhe.

Aber hinter den bröckelnden Häuserwänden und dem Dunst aus Kohlequalm und Zweitakter- Abgasen war es bunt, lustig und lebendig.

In meinem Dokumentarfilm FLAKE – MEIN LEBEN (2011) über den Keyboarder von Rammstein spricht der Protagonist über das Lebensgefühl damals: „Das war dann auch dieses Alter, wo man sich noch unsterblich fühlt, und völlig unbeschwert morgens aufsteht und sich freut, dass man lebt und dass Action ist. Da gab es nicht das geringste Zukunftsangstgefühl. Da brauchte keiner die Ellenbogen einzusetzen, um Karriere zu machen, weil es hatte so und so keinen Sinn, weil es nichts gab, wo man hin karrieren konnte. Wenn man ein schönes Leben haben wollte, dann musste man sich eben gut mit den anderen Menschen verstehen und einen Freundeskreis aufbauen, der Spaß macht und eine Familie, die funktioniert. Das war das Glück."

Mein Glück bedeutete schon früh mit Hingabe Schulbrote zu schmieren. Seit 1984 war ich Mutter. Eine junge lebensgierige Mutter. Gleich nach der Geburt meines ersten Kindes verweigerte ich mich der sozialistischen Werkbank und dem obligatorisch zur Verfügung stehenden Kinderkrippenplatz und behielt mein Kind zu Hause, obwohl es zu dieser Zeit noch den sogenannten „Assi-Paragraphen" gab: Wer nicht arbeitet, wird kriminalisiert. Na, und wenn schon.

Dann wenigstens richtig – und illegal. Mit dem Herstellen von Klamotten reagierte ich als eine der Anführerinnen einer bunten Näh–Mafia–Truppe auf die Mangelwirtschaft des Ostens und verdiente an einem Tag mehr als meine Eltern in einem Monat. Bald fand ich es langweilig, die Taschen voller Ostmark zu haben, und so investierte ich und begann, Mode zu entwickeln. Mit meinen Freunden und mit dem Vater meines Kindes, der nebenbei Medizin studierte, stellten wir in unseren Hinterhofwohnungen Klamotten im New-Wave-, oder New-Romantic-Style her und organisierten Shows an immer neuen und größeren Veranstaltungsorten in Ostberlin. Das war vollkommen unpolitisch, aber was war in der DDR schon unpolitisch? Eine normale DDR-Erfolgskarriere hatten wir uns spätestens jetzt für immer verbaut. Und das wussten wir.

Schließlich war Mode für mich aber inhaltlich zu leer, das viele Geld war nicht wirklich auszugeben und ans Anlegen oder Sparen dachte ich nicht. An meinem kleinen persönlichen Kapitalismus hatte ich einfach keinen Spaß.

So bin ich am Theater gelandet. Hier gab es zwar nur wenig Geld, aber ernsthafte Inhalte, Schauspieler, Konzentration. Ursprünge und das mögliche Ende der deutschen Zweistaatlichkeit beschäftigten uns. Anfang 1989 gründete ich zusammen mit einer kleinen Truppe, die sich aus dem staatlichen Theaterbetrieb rekrutiert hatte, ein kleines Privattheater, das bis heute als „Theater 89"[2] existiert. Das überraschende Ende der DDR habe ich nur am Rande erlebt. Die Hermetik der schwarzen Probebühnen hat mir eine Distanz zum aufgeregten Wenderummel gebracht und die Möglichkeit, aus der Arbeit heraus das Geschehen zu verarbeiten. Es war mir bewusst, dass

---

2 Gegründet 1989 von Hans-Joaquim Franz, befindet sich das „Theater 89" seit Januar 2013 in der Putlitzstraße 13 in Berlin-Moabit. Es versteht sich als Forum für selten gespielte, vergessene oder verdrängte Autoren, die sich am Rande des etablierten Kulturbetriebs befinden.

meine Zentralerfahrung, alles was bis dahin für mich gestimmt oder wogegen ich mich gewehrt hatte, wohl ersetzt werden müsste.

Die Käseglocke DDR hatte mich nicht nur eingeschlossen, sondern auch geschützt. Als sich die Glocke hob, merkte ich, dass wir in Abrisshäusern wohnten und Gleichaltrige uns an Welterfahrenheit weit überlegen waren. Dass wir mit unseren gewachsenen Wahlverwandtschaften, unserer Erfahrung, aus nichts etwas zu machen und dem Vorwitz, in einem Leben gleich zwei Gesellschaftssysteme ausgetrickst zu haben, einen ganz anderen Schatz hegten, war mir zuerst nicht bewusst.

Erstmal hieß es, über alles neu nachdenken. Alles neu erfinden. Das Theater wurde für viele Jahre zu einem funktionierenden öffentlichen Podium dafür. Als leidenschaftliche Filmkonsumentin wartete ich nach dem Zusammenbruch der DDR auch auf Filme, die zum Kern der historischen Wahrheit vordringen wollten. Die zeigen, dass die Geschichte von Diktaturen mehr ist, als die ihrer Herrschafts- und Unterdrückungsapparate. Dass es dann plötzlich, kurz nachdem ich mein „Erweckungserlebnis" im Berlinale-Palast hatte, möglich wurde, frei über digitale Kameras und Montagetechnik verfügen zu können, ließ mich sofort vom Theater zum Film überlaufen.

Die Erkenntnis, dass sich, bevor sich der Zuschauer mit allen Sinnen einem Film hingeben kann, der Filmemacher mit Haut und Haar einzulassen hat, brachte mich augenblicklich in Bewegung. 15 Jahre nach der Maueröffnung habe ich mir das unverhofft auf einmal zugetraut. Meine ersten Regie-Versuche ließen mich allerdings rasch erkennen, was ich alles n i c h t kann. Wie mache ich den anderen verständlich, was ich vorhabe? Wie verführe ich meine Umwelt dazu, mit mir durch die Hölle des Entstehungsprozesses eines Filmes zu gehen? Mich überfiel tiefer Respekt vor den unübersehbaren Arbeitsabläufen. Mit großer Naivität produzierte ich erstmal Unmengen von Antrags-Papieren für die Tonne. Geldgeber zu finden und zu überzeugen, erwies sich als Hauptproblem in diesem Prozess. Und so entschied ich mich, nicht selbst Regie zu führen, sondern für die Leute mit Ahnung Geld zu beschaffen und erklärte mich zur Produzentin. Die Leidenschaft, sich in einer „Horde zu suhlen", also mit Menschen eng zusammenzuarbeiten, wie ich es immer gemacht habe, erwies sich dabei als großes Pfund. Der erste Kinokurzfilm ZUR ZEIT VERSTORBEN (2003) von Thomas Wendrich hat es bis zur Nominierung für den Deutschen Filmpreis gebracht. Aber keiner verdiente Geld. Und wie sollten die Filme nach den Festivals ihr Publikum finden, ohne Sender, ohne Verleih?

Gerade in der Anfangszeit ließ mir die ständige Suche nach Mitstreitern, die brillant ihr Handwerk beherrschen, keine Zeit für die theoretischen Fragen zur Rolle der Frau bei der Entscheidung zwischen Karriere und Kindern. 2003 kam mein zweiter Sohn auf die Welt. Während ich anfing zu versuchen, den Filmregisseuren optimale Voraussetzungen zu verschaffen, und eine Krise die andere ablöste, habe ich mein zweites Kind quasi „im Galopp" geboren. Jetzt gehörte einfach jeden Tag alles zusammen: Kinder, Mann, Freunde, Job. Erstmal wurde unsere geräumige Wohnung zum Hauptquartier, zu Büro, Kantine, Castingstudio.

VATERLANDSVERRÄTER (2011)

So wie der Film Kamera, Licht, Bewegung und Darsteller braucht, brauchte ich in den eigenen vier Wänden immer eine große Nähe, „einen Freundeskreis, der Spaß macht und eine Familie, die funktioniert". Ich ließ mich von meinem Mann behüten, versorgen und festhalten, um alles unter einen Hut zu bringen, also auch unsere Kinder glücklich zu machen. Ein großes Geschenk, so ein Mann. Wie die Bauersfrau ihr Kind auf den Rücken geschnallt früher oft mit aufs Feld nahm, wurden meine Kinder auch immer überall mit hingezerrt: „Ein gutes Kind muss das aushalten", sagten wir uns. Und so durfte ich erfahren, wie Kräfte sich verdoppeln können, auch wenn sich die zur Verfügung stehende Arbeitszeit halbiert. Dass auch mit einem ausgefüllten Familienleben Filme entstehen können, dass auch so Filme in die Deutsche Filmlandschaft einzubringen sind, die Zuschauer wirklich schwach machen, war für mich eine Voraussetzung. Aber wie schwierig und langwierig das ist, hatte ich mir nicht vorstellen können.

Die beim Filmemachen üblichen Risiken einzugehen und dabei trotz anhaltender Existenzangst gute Laune zu behalten, ist nicht leicht. Das geht nur mit Klarheit und Sachlichkeit, ist aber recht unromantisch. Mein Faible für Irrationales führte nach fünf Jahren dazu, dass ich ein weiteres Wagnis einging und bis heute zwischen Produktion und Regie switche. Meine eigenen Dokumentarfilme, in denen ich meine Leidenschaft für Zwiespältiges mit zeitgeschichtlichen Vorgängen zu verknüpfen versuche, bilden nun das Gegengewicht zur Rationalität des Produzierens. Ich war ja nicht mehr neu auf dieser Welt. Stoffe, die zeigen, dass es komplex und emotional erzählte, persönliche Geschichten und Biografien sind, die uns zu neuen Erkenntnissen führen, brauchte ich nicht zu suchen. Sie gehörten seit langem, ohne dass ich daran dachte sie „auszubeuten", zu meinem Leben. Meine Vorliebe für Protagonisten, die in Widersprüchen zu Hause sind, macht jede Auseinandersetzung mit ihnen zu einer intellektuellen und emotionalen Herausforderung. Ob es der Brechtschauspieler Ekkehard Schall ist, der sich nicht zu schade war, als Weltstar am Ende seines Lebens in Abrisshäusern zu spielen, oder der zerrissene Vertreter meiner Vätergeneration, Paul Gratzik[3], in VATERLANDSVERRÄTER (2011), der gleich drei Gesellschaftssysteme erlebte, oder auch der „böse" Rammstein-Musiker Christian „Flake" Lorenz, der nach dem kleinen Glück im Alltag sucht. Oder in meinem neuesten Film: ANDERSON (2014), in dem Sascha Ander-

---

3 Paul Gratzik, DDR Schriftsteller, Hauptdarsteller in Hendels Film VATERLANDVERRÄTER.

son[4] mit seiner ambivalenten Geschichte zwischen Prenzlauer-Berg-Bohème und Staatssicherheitsdienst zur umstrittenen Legende wurde.

Damit sich die Regisseurin und die Produzentin in mir, trotz vieler Interessenkonflikte bei der Arbeit, nicht allzu sehr ins Gehege kommen, habe ich mir irgendwann einen zweiten Namen zugelegt, den ich jetzt natürlich nicht verrate. Wenn ich als Annekatrin Hendel losgehe und mich bei meiner Produzentin beschwere, weiß ich immerhin, an wen ich mich wende. Ich hoffe, wir vertragen uns noch eine Weile, wir beide.

ANDERSON (2014)

Jetzt denke ich an das erste Mal, als tatsächlich der Berlinale-Trailer vor einem, von mir produzierten Spielfilm lief. Das einst heiß ersehnte Glücksgefühl wollte sich damals zwar nicht einstellen, aber die Entscheidung, als Familienmensch Filme zu machen, habe ich nie bereut, obwohl das Filmemachen bis heute Kampf geblieben ist. Dass ich mit vielen meiner Freunde und nicht zuletzt mit meinem mittlerweile erwachsenen Sohn inzwischen oft gemeinsam Filme herstelle, ist für mich zum Lebensglück geworden.

Dennoch ist jeden Tag das Leben erneut zu schaukeln. Beim Drehen meines Filmes ANDERSON stand auf einmal viel zu früh mein zehnjähriger Sohn in der aufwändigen Dekoration, um mich abzuholen. Aus wichtigem Grund. Was tun? Den teuersten Drehtag des ganzen Films zu Ende bringen oder dem dringlichen Wunsch meines Kindes nachgeben? Ich war hin- und hergerissen und wie so oft gezwungen, aus dem Stand die richtige Entscheidung zu treffen. Also. Schnell mit meinem wachen Team noch die wichtigsten Fragen abfeuern und dann ab durch die Mitte mit dem Kind.

Wenn also für die theoretischen Fragen zur Rolle der Frau in Bezug auf den Spagat zwischen Beruf und Familie nie Zeit ist, stellt das praktische Leben sie in einem fort. Die tagtäglichen Entschlüsse und die daraus folgenden Handlungen bringen Intensität und Spannung, lassen einen scheitern oder landen dann, im besten Fall, am Ende im Film und dringen durch die Kinoleinwand hindurch in den Zuschauer ein. Wenn ich es dann schaffe, am Morgen nach einer Premiere meinen Jüngsten pünktlich aus dem Bett zu lotsen, dann ist mein Leben doppelt in Ordnung.

---

4   Sascha Anderson, DDR Schriftsteller, geboren 1953 in Weimar. Bedeutende Figur im künstlerischen Umfeld der DDR der 1980er-Jahre im Prenzlauer Berg. Von 1976–1978 Autor an der HFF Potsdam-Babelsberg. Er schrieb Lyrik und Songtexte für Rockbands. 1991 wurde Sascha Anderson von Wolf Biermann als Stasi-Spitzel enttarnt: Anderson hatte ab 1975 unter den Decknamen „David Menzer", „Fritz Müller" und „Peters" als IM (inoffizieller Mitarbeiter) für die Staatssicherheit der DDR gearbeitet.

Milena Gierke

EXPERIMENTALFILMERIN

1968 in Frankfurt /M. geboren. 1989-1994 Studium an der Staatlichen Hochschule für Bildende Künste – „Städelschule" Frankfurt, Klasse „Film und Kochen" bei Peter Kubelka und Ken Jacobs. 1995 Zusatzsemester: „The Cooper Union", N.Y.C., bei Robert Breer, Hans Haacke, James Hoberman.

1995-1998 wohnhaft in New York und Amsterdam, seit 1998 in Berlin.

Seit 1990 an die 90 Filme gedreht (alle Super 8 und Kameraschnitt), die regelmäßig auf internationalen Filmfestivals, in OFF-Kinos etc. gezeigt werden, so z. B. Berlinale, Kurzfilmtage Oberhausen, Arsenal (Berlin), Views from the Avantgarde + Anthology Filmarchives (N.Y.C.), 8Fest (Toronto), Impakt (Utrecht), 25fps (Zagreb), Côté Court (Paris).

2001-2007 kuratorisch beim „Filmsamstag" tätig.

Seit 2005 Vorträge an internationalen Universitäten.

Verleih und Info: Arsenal – Institut für Film und Videokunst, Berlin; Archiv: Stiftung Deutsche Kinemathek, Berlin.

www.regisseurinnenguide.de

Mein ganz persönlicher Blick

Bei der Abgabe der Mappe am Städel Staatliche Hochschule für Bildende Künste Städelschule Frankfurt am Main), musste ich mich zwischen Malerei und Film entscheiden. Ich durfte bei einer nachmittags Filmklassensitzung bei Peter Kubelka[1] dabei sein und habe von Karsten Bott[2] den Super-8-Film WÄSCHEFRAU (1989) gesehen, in dem bei der gleichen Kameraeinstellung mit Zeitraffer eine Frau beobachtet wird, die fast täglich ihre Wäsche wäscht und ans Fenster hängt, die Tage vergehen und es entsteht ein Rhythmus in den Bildern. Ich habe sofort gewusst; da will ich hin, solche Filme möchte ich machen.

Ich begann mit meinem Studium auch, meine Filme in der Kamera beim Drehen direkt zu schneiden. Das heißt, dass nach der Entwicklung nichts mehr an dem Film und seiner chronologischen Reihenfolge verändert wird. Kameraschnitt habe ich und die anderen Studenten nicht erfunden, aber wir haben es als künstlerische Form sehr ernst genommen. Jahre später, als ich immer wieder gefragt wurde: „Warum Super 8 und warum dieser lächerliche Kameraschnitt? Schneid doch das raus, wenn es daneben ist", habe ich diese Art des Filmens sehr verteidigt. Ich hänge an diesem Puristischen, an dem streng Konzeptionellen. Für mich ist diese Art, Filme zu machen, eine Analogie zum tatsächlichen Leben, wo man nach Entscheidungen, die man an einem Tag gefällt hat, den Tag nicht wieder zurückschrauben kann. Den Film beim Drehen in der Kamera zu schneiden, ist eine grundsätzliche Lebensentscheidung: Man muss ein Gefühl für die Kostbarkeit von Zeit haben. Mir war immer klar: Lebenszeit ist kostbar. Das liegt wahrscheinlich daran, dass meine Mutter früh ganz plötzlich verstorben ist und auch all die Erzählungen die ich von meinen Großeltern aus dem Krieg kannte, bestätigten mir: Das Leben kann jederzeit zu Ende sein. Sich dessen bewusst zu sein, bedeutet, Entscheidungen zu relativieren, und sich Gedanken zu machen, was Erinnerung bedeutet, wie man damit lebt. Film bedeutet zwar etwas speichern, aber es bleibt trotzdem ein flüchtiges Medium. Ein Film ist eine Erinnerungsarbeit, weil man so nah an der Realität dran ist, wie sonst bei keinem anderen Medium und trotzdem das Gesehene immer in der Vergangenheit liegt.

Ein zusätzlicher Reiz besteht für mich darin, dass ich nichts inszeniere und ständig damit leben muss, dass die Situation, in der ich gerade bin, sich selbst verändert, aber in eine Richtung, die ich nicht voraussehen kann. Dadurch entsteht ein ständiger

---

1 Peter Kubelka, österreichischer Experimentalfilmer und Künstler geboren 1934 in Wien. Von 1978 bis 2000 Professor an der Städelschule in Frankfurt Main für experimentellen Film, leitete die Klasse für *Film und Kochen als Kunstgattung*. Seine bekanntesten Filme sind: MOSAIK IM VERTRAUEN (1955), ARNULF RAINER (1960), UNSERE AFRIKAREISE (1966), DICHTUNG UND WAHRHEIT (2003), ANTIPHON (2012).
2 Karsten Bott, deutscher Künstler, geboren 1960 im Frankfurt Main. Von 1986 bis 1991 studierte er Kunst an der Städelschule Frankfurt, Filmklasse bei Peter Kubelka. Drehte Filme auf Super 8 und 16mm: MÄHFILM (1988), BALKONSTREICHEN (1989), AMERICAN BREAD&BREASTS (1992).

intensiver Druck, alles wahrzunehmen, alles zu spüren und aus der Intuition heraus Entscheidungen zu treffen.

Ich bin bei Super 8 geblieben

Viele, gerade meine männlichen Kollegen, haben sich irgendwann von Super 8 gelöst und sind zu 16mm gewechselt. Damit war man ein „echter Filmemacher", das war einfach höher angesehen. Ich habe es probiert, aber mich interessiert der Alltag und ich bin physisch nicht besonders stark. So eine 16mm Kamera wiegt das Doppelte von einer Super8 Kamera und eine zeitlang brauchte ich zwei Kameras. Ich habe schnell gemerkt: Das schaffe ich nicht! Außerdem war es für mich von Vorteil, dass bei meiner Super8 Kamera die Belichtung automatisch funktionierte, so konnte ich konzentrierter und schneller im Geschehen agieren. Und ich löste mich nach einigen Versuchen sehr schnell von der Methode den Film am Schneidetisch zu Ende zu komponieren.

Ich habe einen ganz persönlichen Blick – nicht typisch weiblich

Ich habe mich nie als weibliche Filmemacherin verstanden oder gesehen. Trotzdem hat es mich in der Kunstgeschichte genervt, dass meistens der männliche Blick die Kunst bestimmt. Ich habe mir erlaubt meinen ganz persönlichen Blick zu haben, der ist weder einem typisch männlichen Blick nachgeahmt, noch extra davon abgegrenzt, sondern bin nur mir selbst treu geblieben.

Als ich meinen Film STÜNDLICH I+II (1991–1992) (STÜNDLICH I, Februar–April 1991, STÜNDLICH II Dezember 1991–April 1992) Film gemacht habe, kam die Kritik: „Ja, die filmt sich selber, will sich selber sehen, typisch Frau!" Aber diese Kritik kam sowohl von Frauen als auch von Männern. Da fühlte ich mich mal wieder nicht verstanden. Schon als Kind habe ich in der Malerei die Selbstportraits von Männern kennengelernt: Dürer, Rembrandt, van Gogh, Munch... Ich habe mich oft in meinen Filmen kurz gezeigt um zu sagen: dies ist gerade die „Kamerafrau, ich bin hier, ihr Zuschauer sollt nicht, wie im Spielfilm, meine Existenz vergessen." In Stündlich habe ich fünf Monate lang jede Stunde ein Bild von mir gemacht. Das war für mich kein reines Selbstportrait, sondern es war einfach kein anderer Mensch vorhanden, mit dem ich dieses Projekt so durchführen konnte. Es ging mir darum zu zeigen: Mensch in Zeit und Raum: wir sind immer der Gleichen und dauernd anders.

Durch meine Themenwahl habe ich oft mit Klischees zu kämpfen

Es gibt dieses deutsche Klischee, dass ein Künstler in seinem Film politisch sein muss und wenn du Blumen oder Katzen filmst, bist du in den Augen vieler unpolitisch. Diese Kritik habe ich öfter zu hören bekommen. Ich habe mich in Europa weniger zu Hause gefühlt als in den USA und in Kanada, wo es eine ganz andere Toleranz und ein anderes Interesse daran gibt, die Natur zu beobachten. Da geht es um etwas Weiches, was schnell abgetan wird und der Technik zu widersprechen scheint. Aber Filmemacher wie Michael Snow[3] oder Jonas Mekas[4] haben es geschafft, etwas Weibliches in ihren Blick mit aufzunehmen und die Technik dabei sehr weit zu entwickeln.

Ich habe es dann hoffentlich doch geschafft, nicht klischeehaft zu sein, sondern die Katzen auf eine anderen Art und Weise darzustellen. Bei meinem Film TREPPE INS WASSER (1993) habe ich Enten und Schwäne am Frankfurter Mainufer beobachtet und aus den Bewegungen der Schwanenhälse eine filmische Konzentration gemacht. Mit dem Film kann ich praktisch „beweisen", dass ich Blumen und Tiere filmen kann, ohne ins klischeehafte zu verfallen. Ich bin sehr bemüht, dass ich einem Publikum ermögliche einmal anders auf Dinge zu schauen. Und das „anders" ist nicht so verfremdet, wie man heutzutage Video mit Effekten verfremden würde, sondern es geht darum, sich die Zeit zu nehmen, durch meine Bildkomposition alltägliche Dinge wie unter der Lupe neu zu betrachten, durch eine ungewöhnliche Reihenfolge oder einen Ausschnitt, eine Kameraeinstellung, seine Sehgewohnheiten zu überprüfen.

Ich habe immer Probleme mit diesen Geschlechterrollen, aber unterschwellig ist diese Einteilung vorhanden. Wenn ich sehe, dass ich nur bei der *Künstlerinnenförderung des Berliner Senats* bisher erfolgreich war und von anderen Stellen nicht gefördert werde. Dann ist das schon bezeichnend. Es ist schwierig, überhaupt eine Aufmerksamkeit zu bekommen. Meine Filme sind nicht sehr unterhaltsam, man muss sich in sie hineinsehen und braucht Zeit und einen konzentrierten Rahmen. Ich inszeniere meine Filmvorführungen sehr bewusst so, dass der Zuschauer sich leichter darauf einlassen kann. Diese Rahmenbedingungen sind oft nicht vorhanden, wenn jemand sie unter Zeitdruck für ein Festival sichten muss, haben meine Filme oft kaum eine Chance. Ich brauche persönliche Kontakte mit Menschen die die Zeit hatten, sich darauf einzulassen.

Ich hatte bisher nicht das Gefühl dass Männer mich nicht verstehen würden oder mich schneller abtun würden. Aber es ist trotzdem etwas anderes, jemanden finanziell zu fördern – oder nicht. Die Filme meiner erfolgreichen männlichen Experimentalfilmkollegen lassen sich meist extrem gut verkaufen – was bei mir nicht funktioniert. Allein durch die Wahl meiner Themen habe ich oft mit Klischees zu kämpfen: Frauen und Blumen, Frauen und Tagebuch… Für mich sind das keine Klischees, aber diese Einordnung von außen prägt den Erfolg oder den Misserfolg.

Aufz. BSB

---

3   Michael Snow, kanadischer Avantgarde-Filmregisseur, Experimentalfilmer, Maler, Bildhauer, Schriftsteller, Fotograf und Jazz-Musiker. Wurde mit seiner WALKING WOMAN Serie (1962–1967) bekannt. Darin sieht man eine elegante weibliche Silhouette im Profil, deren Kopf, Hände und Füße abgeschnitten sind.
4   Jonas Mekas, litauischer Filmregisseur, Schriftsteller und Kurator, geboren 1922 in Biržai. Ende 1949 emigrierte er nach New York, wo er mit Künstlern wie Andy Warhol, Yoko Ono und Salvador Dalí zusammen arbeitete. Mekas ist besonders für seine Tagebuchfilme bekannt, darunter WALDEN (1969), LOST, LOST, LOST (1975), REMINISCENCES OF A VOYAGE TO LITHUANIA (1972), und ZEFIRO TORNA (1992). Im Jahr 2000 kam ein vierstündiger Tagebuchfilm mit dem Titel AS I WAS MOVING AHEAD, OCCASIONALLY I SAW BRIEF GLIMPSES OF BEAUTY heraus, den Mekas aus dem Material zusammenstellte, das er in rund 30 Jahren (1970–1999) mit seiner Bolex aufgenommen hatte.

Nathalie Percillier

REGISSEURIN, AUTORIN,
PRODUZENTIN

Nathalie Percillier, 1960 in Paris geboren, studierte an der Universität der Künste (UdK) und der Deutschen Film- und Fernsehakademie (dffb).
    Zu ihren Kurzfilmen zählen Bloody Well Done (1994), Heldinnen der Liebe (1996), der auf der Berlinale 1997 den Teddy gewann, Hartes Brot (1999/2000), der nationale und internationale Preise bekam und Utes Ende (2002), der 2003 im Wettbewerb der Berlinale Premiere hatte.
    2011 erschien ihr noch unverfilmtes Drehbuch, *In the Milk*, in der Reihe „Kopfkino" des Verlages Männerschwarm.
    #manifestA, ihr erster langer Film über das erste Manifest großer und angesehener Künstlerinnen wird bald das Licht der Welt erblicken.
    Der zweite abendfüllende Film ist schon unterwegs: Dings – der Film, ein Singspiel mit und für Les Reines Prochaines, das 2010 in der Bühnenversion in Berlin uraufgeführt wurde.

Schwund

Wo sind die vielen talentierten Regisseurinnen, die in der Filmschule einen Preis nach dem anderen für ihre Filme bekamen? Sie waren genau so zahlreich wie ihre Kollegen und auf keinen Fall minder begabt.

„Die kriegen Kinder", sagt schnell einer. Aber das kann wohl der Grund nicht sein. Erstens sind manche Regisseurinnen mit Kindern erfolgreich, andere ohne Kinder erfolglos. Ich zum Beispiel habe keine Kinder, bekam etliche Preise und doch prangte noch nie das Plakat meines letzten Films an der Fassade eines Kinos. Dabei habe ich sogar einen Drehbuchpreis bekommen, für In the Milk (2011). Wurde als Roman veröffentlicht. Eine völlig abgefahrene Geschichte, in der es um Kühe und Gentechnik geht, um Heldinnen, die eine Katastrophe nach der nächsten abwenden, während sie nebenbei um ihre Liebe kämpfen. Aus lauter Unwissenheit besiegen sie eine Antagonistin, die es mit Monsanto halten könnte. Im Rahmen eines Dorfes versteht sich. „Schön abgefahren, zu abgefahren", hieß es dann. Und viel zu teuer, auch wenn man's billig probiert hätte. Eine Slapstickkomödie. Ein Märchen für Erwachsene, nannte es ein wohlwollender Redakteur. Diverse Preise bekam ich für meinen Kurzfilm HARTES BROT (2002). Da geht es um das Scheitern der Heldin gegen die Maschinen einer Brotfabrik. Sie siegt am Ende, weil sie aller Widrigkeiten zum Trotz stur bleibt. Ich mag sture Heldinnen, ich mag große Räume. Letzteres ist teuer.

„Ja, aber auch ein Mann bekommt nicht gleich Millionen in den Schoß gelegt, auch er muss klein anfangen". Zugegeben, ich war vielleicht größenwahnsinnig. Und hätte ich die Kunsthochschule nie verlassen, hätte ich das Szenenbild gezeichnet und die Heldinnen in die Blue Box geschickt, wie in meinem Videofilm BLOODY WELL DONE (1994). Aber nun war ich über ein paar rote Teppiche gelaufen, hatte meine Filme auf der großen Leinwand gesehen und erlebt wie großartig das ist, ein richtiges Team zu haben. Ich wollte großes Kino.

Wahrscheinlich hätte ich mich ein bisschen mehr ins Zeug legen müssen und allen möglichen Leuten mit meinen Drehbüchern auf die Nerven fallen müssen. Denn natürlich hatte ich mehrere am Start. Und wenn mein Produzent nichts tat, nach einer neuen Produktionsfirma suchen, noch mehr Drehbücher schreiben und umschreiben. Mir Gehör verschaffen. Die Regie für fremde Stoffe annehmen, auch wenn sie mir nicht gefielen. Billigere Drehbücher schreiben. Ach ja.

Ich hatte ein Buch geschrieben, das in einem Hochhaus spielte, das man fast ganz in einem Zimmer hätte drehen können, aber das war wieder kein Kammerspiel und hatte unglaublich viele Statisten – und Hunde. Auch das, komplett abgefahren. Ich bin wahrscheinlich viel zu beschäftigt und glücklich in meinem Kämmerlein, in dem ich sinnlose Zeichnungen anfertige, das ist bequemer, als mich tagein, tagaus um meine Filme zu kümmern und dafür zu kämpfen. Ich stapelte die Bücher auf dem Schrank und wurde erst einmal krank. Das war's mit der talentierten Regisseurin, dachte ich mir.

Vielleicht fehlt mir die positive Grundeinstellung. Zum Beispiel wäre ich selber nie auf die Idee gekommen, Regisseurin zu werden. In Paris, meiner Heimatstadt, ging ich zwar täglich ins Kino, hätte aber nie gedacht, i c h könnte einen Film machen. Ich weiß auch nicht, wie Ikarus auf die Idee kommen konnte, nach der Sonne zu greifen. Mir völlig fremd, so was. Als Kakerlake in meinem Zimmer aufwachen und mich vor lauter Scham unters Sofa verstecken – das schon eher. Mit 25 wurde mir aber klar, dass ich weder als Handelsreisende noch als Flugbegleiterin oder Taxifahrerin glücklich werden würde. Ich bewarb mich an der Kunsthochschule. Wurde abgelehnt. Zu alt. Ich sei nicht mehr formbar, hieß es. Mit 25 fing ich also an, zu alt zu sein. Ich gab nicht auf und bewarb mich großflächig, lernte tagein, tagaus zu zeichnen und verpasste keine Ausstellung. Erfolg durch Beharrlichkeit, mit 28 schaffte ich es an die Hochschule der Künste, auch wenn es nicht in dem Studiengang Freie Kunst war. Dort machte ich erste Zeichentrickfilme und Videos. Langsam wuchs mein Selbstwertgefühl. Ich wollte mich an die Filmhochschule bewerben, war aber wieder zu alt. Die dffb (Deutsche Film- und Fernsehakademie) nimmt nur Leute unter dreißig auf und ich war genau ein Jahr zu alt. Ein alter Freund riet mir, zu lügen und mich zu verjüngen. Als ich aufgenommen wurde, musste ich dem Studienleiter erklären, warum ich gelogen hatte. „Hör mal", sagte ich, „es hat mich so viele Jahre gekostet, die nötige Hybris aufzubauen, Regisseurin werden zu wollen. Es sollten für Männer und Frauen verschiedene Altersgrenzen gelten". Das ließ der Studienleiter gelten und winkte mich mit einem Lächeln ab.

Also, wenn ich ein Manifest für Mädchen schreiben würde, wäre der erste Punkt: „Greif nach der Sonne! Mit der Sonne in der Tasche kannst du immer noch bescheiden werden". In Bescheidenheit und Vorsicht trainieren sich Mädchen früh. Diese loszuwerden, braucht Zeit und Erkenntnis. Feministin war ich schon immer, denn schon als Kind fand ich vieles unverschämt und wollte eins nicht: Eine Frau werden. Gender hin oder her, das Konstrukt „Junge" wirkte auch mich viel attraktiver als das Konstrukt „Mädchen", denn so viel Make-up, wie es braucht, die Mängel von dem Konstrukt „Mädchen" zu übertünchen gibt es nicht.

Obwohl so wenig Filme von Frauen in die Kinos kommen, obwohl Frauen in der Regel geringere Budgets zur Verfügung haben, hält sich der Aberglaube beharrlich, das Gute setze sich (geschlechtsneutral) durch. Eine (Frauen-)Quote sei nicht nötig. Das Scheitern sei ein persönliches. Irgendwann hat es mir gereicht mit dem ganzen Theater. Was sind Drehbücher, die nicht verfilmt werden? Was sind Drehbücher, die abertausend Mal geändert wurden? Mal wegen der Produzentin, mal wegen eines Dramaturgen, den die Produzentin eingesetzt hat, und noch viele Male für eine Redakteurin, die sich wieder alles ganz anders wünscht.

OK, wenn ich es nicht ins Kino schaffe und auch nicht ins Fernsehen (was ich nie versucht habe), mache ich eben das, was mir gefällt: „Wünsche wünschen...", erster Punkt vom Feministischen Manifest. 1998 ausgerufen, immer noch angesagt: „Verratet einander eure Strategien, werdet Idole mit der Pistole, bedroht den Argwohn und die Missgunst". Über das Manifest einen Film machen, in dem Frauen über ihre Arbeitsweisen und Kunststrategien sprechen. Das klingt nach etwas, das mich sehr interessiert, Produzentinnen weniger. Zum Glück gibt es noch einen Ort, an dem man

Nathalie Percillier bei den Dreharbeiten zu UTES ENDE

Geld für so etwas beantragen kann: Die Künstlerinnenförderung in Berlin. „Geld spielt eine Rolle, holt es euch und lasst es fließen" – Punkt 8 vom Manifest.

7500 Euro Fördergeld. Ein Rinnsal, aber immerhin genug, um den Film mit einer kleinen HD-Kamera und ein wenig Tonequipment zu drehen.

„Bildet banden". Punkt 6 vom Manifest. Leuchtet ein und macht mehr Spaß, als allein in einem Atelier zu hocken und sich fulminante Sachen auszudenken, die niemand finanzieren will. Wegen des Eingangs erwähnten wunderlichen Phänomens, dass wir Frauen während des Studiums mehr Preise bekommen als die Kollegen, aber nach der Akademie die Männer erfolgreicher sind, gründete Kathrin Feistl[1] Golden Feminists[2], eine Gruppe von Filmfrauen aller Sparten, die sich einmal im Monat trafen, um sich gegenseitig ihre Arbeiten zu zeigen und sich über Widrigkeiten und Strategien auszutauschen. Erst trafen sich nur ein Paar Frauen, Studentinnen der dffb und HFF, dann wurden wir immer mehr. Zu viele, um wirklich gute Gespräche zu führen. Dabei wollten wir nie ein Verein oder ein Verband werden, denn den gab es schon: Den Verband der Filmarbeiterinnen (1979 gegründet), der sich für eine 50-Prozent-Quote der Mittelvergabe für Filme von Frauen einsetzte und beharrlich auf der Berlinale die Frage stellte: „Haben Sie heute schon einen Film von einer Frau gesehen?" Der Verband organisierte zum 20. Jubiläum eine Tagung zum Thema: „die FRAU die MACHT der FILM" (1999). Dort wurde klar, dass, während Männer in Machtpositionen oft Seilschaften bilden, Frauen eher überkritisch auf Arbeiten von anderen Frauen reagie-

---

1 Kathrin Feistl, deutsche Regisseurin (s. S. 416)
2 Golden Feminists ist eine lose Gruppe von in der Film- und Medienbranche tätigen Frauen.

Dings – Ein kriminal-philosophisches-cinematograpfisches Singspiel mit Les Reines Prochaines (2011)

ren. Um dies zu ändern, haben Golden Feminists ein Manifest in Anlehnung an das „Erste Manifest"³ großer und angesehener Künstlerinnen formuliert, das aus einem einzigen Punkt besteht: „Frauen, lobt Euch gegenseitig, vor allem öffentlich!" Das Erste Manifest glich einem Aufruf und einer Anleitung: 0) Wünsche wünschen. 1) Ich will das Gute. 2) Wenn du etwas Gutes willst, musst du etwas Wahres geben. 3) Künstlerinnen verführt! Seid Maschinen, spuckt's aus. 4) Staunt und denkt nach. 5) Alleine denken ist kriminell. 6) Bildet Banden. 7) Klaut Ideen und verschenkt die besten. 8) Geld spielt eine Rolle. Holt's euch und lasst es fließen. 9) Steckt ein Drittel der Produktionszeit in die Rezeption und Auseinandersetzung mit anderen Künstlerinnen. Auf Empfang gehen. Übt sofortige Umwandlung der Gedanken und Gefühle in Worte. 10) Verratet einander eure Strategie und werdet Idole mit der Pistole, bedroht den Argwohn und die Missgunst. 11) Kapert mit List und Raffinesse die Hauptstraße des Kunstmarktes. 12) Greift ein, juriert und politisiert. 13) Wille zur Macht. 14) Arbeitet gerne und viel. Auch im Schlaf. 15) Verausgabung ist geil. Küssen auch. 16) Geht weiter als erlaubt. Zögern ist blöd.

Das würde zwar die Sichtbarkeit von Frauen erhöhen, aber keine Quote ersetzen, die wir dringend brauchen. Der Verband hat sich aufgelöst und die Golden Feminists treffen sich nicht mehr. Hoffen wir auf la Barbe (die die sexistische Filmauswahl in Cannes denunzierte) und auf Pussy Riot[4] („Jungfrau Maria: werd' Feministin!").

Mir wurde natürlich nie ein TATORT angeboten. Ohne Karriere kein TATORT. Ohne TATORT keine Karriere. In einem Land, in dem das Fernsehen Kino macht, sich in alles einmischt und bestimmt, gipfelt (und verdurstet) die Filmkunst im TATORT. Ich bin aber

---

3   Erstes Manifest (http://www.xcult.org/erstes.manifest), Aufruf von Monika Dillier, Künstlerin; Lisa Fuchs, Ausstellungsmacherin; Pascale Grau, Künstlerin; Muda Mathis, Künstlerin; Barbara Naegelin, Künstlerin; Andrea Saemann, Künstlerin; Sus Zwick, Künstlerin.
4   Pussy Riot ist eine feministische, regierungs- und kirchenkritische Punkrock-Band aus Russland, gegründet 2011.

nicht „tatortlos". Les Reines Prochaines[5], Musikerinnen, mit denen ich immer gearbeitet hatte, haben mich gefragt, ob ich ein Drehbuch für sie schreiben könnte. So schrieb ich einen TATORT für die Bühne, reduzierte das Genre auf seine Mechanik, benutzte ihn als Gerüst für die opulente Lyrik und Musik der Performance von Les Reines Prochaines. So entstand DINGS – *ein kriminal-philosophisches-cinemathographisches Singspiel* (2011), das in Deutschland, Schweiz und Österreich das Publikum erwärmte. Eine kongeniale Trash-Mischung, in der ich für die Filmfassung Kamera und Schnitt übernehme, die Musikerinnen den Ton.

Keine Ahnung, ob ich aus dem Bermudadreieck, in dem ich mit vielen anderen Regisseurinnen verschwunden bin, jemals wieder herauskomme. Der Kurzfilm SIE NANNTEN IHN DINGS (2007), in der zum ersten Mal die Figur „Dings"

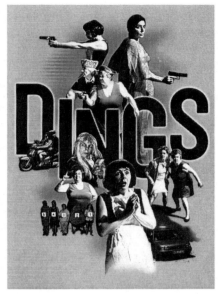

Bühnenplakat zu *Dings – Ein kriminal-philosophisches-cinematograpfisches Singspiel* mit Les Reines Prochaines

mitspielte, wurde aus irgendeinem Grund von sämtlichen Festivals abgelehnt, bis auf eines: Das Festival des gescheiterten Films. Mache also im Off-Bereich weiter. Während der Mainstream sich immer mehr angleicht und zu einer Wüste der Langeweile anwächst, hat es das Nebenkraut schwer. Auf den Nebenwegen ist es zwar schön, aber das Geld fließt selten dahin und das Publikum nimmt gern die Hauptstraße.

---

5   Les Reines Prochaines ist eine deutsche Performancegruppe, gegründet 1987. Sie machen multimediale Performances, Konzertprogramme, Tonträger und Videobänder. Die Musik ist mediale Basis, alles kreist um sie.

Isabell Šuba

AUTORIN, REGISSEURIN

Isabell Šuba ist seit 2012 Meisterschülerin an der HFF „Konrad Wolf" unter der Leitung von Andreas Kleinert. Mit dem Soldatinnen-Actionfilm JETZT ABER BALLETT schloss sie 2011 ihr Film- und Fernsehregiestudium an der HFF ab.

Neben dem Studium assistierte Šuba mehrere Jahre dem renommierten Schauspielcoach Frank Betzelt. Zuletzt rief sie zusammen mit der Regiekollegin Elisa Unger Whatever Works ins Leben, ein Training für Regisseure und Schauspieler. Im August 2014 kommt Šubas Langspielfilmdebüt MÄNNER ZEIGEN FILME & FRAUEN IHRE BRÜSTE in die deutschsprachigen Kinos.

FILMOGRAFIE
2013 MÄNNER ZEIGEN FILME & FRAUEN IHRE BRÜSTE (Doku-Fiktion, 81 Min., Cannes Filmfest)
2011 JETZT ABER BALLETT! (Actiondrama, 30 Min., HFF/RBB, Brandenburg)
2011 PETER PAN IST TOT (Poetischer Realismus, 15 Min., Berlin)
2010 CHICA XX MUJER (Dokumentarfilm, 13 Min., HFF/arte, Venezuela)
2009 TALLULAH & KILLERHEAD (Comedy, 15 Min., Berlin)
2008 12. ETAGE (Dokumentarfilm, 12 Min., Berlin)

Ich will leicht sein und im richtigen Moment Grenzen setzen können

Grundlegende Prägung von Ungleichheit

Ich habe es allgemein so erlebt, dass Männer Macher sind und Frauen machen können was sie wollen, so lange das Essen auf dem Tisch steht und die Versorgung und Gemütlichkeit gesichert ist. In den Geschichten und Filmen, die ich als Kind gesehen habe, sind die Helden alle männlich. Die Mädchen sind damit beschäftigt *schöne und liebenswerte* Mädchen zu werden, damit sie ein starker Mann heiraten will. Ich wollte aber auch auf Bäume klettern, beim Nachbarn stehlen, mich auf mein Pferd schwingen und zwei Wochen ungewaschen durch die Prärie reiten, mit Schweißflecken unterm Arm. Undenkbar für eine Frau. Also habe ich mich mit den männlichen Helden identifiziert. Dadurch war ich ein bisschen zweigeteilt; ich sprach zu mir selbst als Heldin mit Männernamen. Ich war lange eine Art weiblicher Männerheldin.

Chica XX Mujer (2010)

Wenn ich die Welt retten wollte, konnte ich nicht Ariel oder Pocahontas heißen. Die Abstraktionsfähigkeit, in meiner Fantasie Mädchen zu bleiben, hatte ich nicht. Die Bilder von Männern in diesen Rollen waren zu stark vorgegeben. Ich möchte mit meinen Filmen daran arbeiten, dass sich dieser Kanon ändert, und es gibt von allen Seiten immer mehr Filme und Bücher, in denen auch Frauen eine Heldenrolle durchleben, in der es am Ende nicht um die Erfüllung ihrer Liebe geht oder um ihr Aussehen.

Man muss Feminismus neu definieren

Hier, in unserer westeuropäischen Blase, müssen Frauen nicht mehr um die Grundrechte der Mitbestimmung kämpfen. Oder dafür, dass wir nicht eingesperrt leben, Kinder, Kochtopf und Bett der einzige Wendekreis bleiben. Die Frau darf entscheiden: Will sie Karriere, Familie oder Ruhm? Und so lange sie nicht alles auf einmal will, stehen die Chancen gut. Darin liegt aber auch eine Gefahr: Wenn das Gefühl aufkommt, es ist geschafft, wir sind gleichberechtigt, wird nicht weiter gesucht. Dabei gibt es noch viel weiterzuentwickeln, wie die Formen des miteinander Lebens und Arbeitens von Frauen und Männern gestaltet werden können. Für mich bedeutet Feminismus Liberalität und

Gleichheit für alle Geschlechter. Fakt ist aber, dass Frauen zum schwachen Geschlecht degradiert wurden und ihnen Fürsorglichkeit und Rücksichtnahme als typisch weibliche Eigenschaften zugeordnet wurden, Eigenschaften, die auf einer sogenannten Werteskala einer Leistungsgesellschaft einfach weniger wiegen. Wen interessiert schon, ob man eine emphatische Auffassungsgabe hat. Heute erkennen wir zumindest an, dass Frauen wie Männer sowohl „schwache" als auch „starke" Eigenschaften haben können, und dass diese Zuschreibungen allein nicht darüber bestimmen, wer Karriere machen und wer Familie haben kann. Die Rollenverteilungen brechen auf, durchmischen sich zu neuen Formen. Und sofort sind wir beim Thema „Macht". Was auch immer Mann oder Frau mit Macht anfangen. Es gibt eine gläserne Decke, durch die Frauen kaum durchdringen können. Man muss das als Frau nicht unbedingt wollen, das muss jeder selber wissen, die entscheidende Frage ist, ob es möglich ist. Für mich geht es darum, dass die Schichten struktureller, kultureller, gesellschaftlich-politischer Macht aufgeteilt sein sollten, auf Männer und auf Frauen. So können Nachkommen in ein schlichtweg authentisches Spiegelbild unserer Gesellschaft hineinwachsen, denn die besteht eben auch zu 50 Prozent aus Frauen und zu 50 Prozent aus Männern. Männer und Frauen sind unterschiedlich, weder die einen noch die anderen sind „besser" oder „schlechter", „stärker" oder „schwächer", sie sind einfach anders.

Ich war in Cannes, aber ich gehörte nicht dazu

Vielleicht auch, weil ich nicht dazu gehören wollte. Die Einladung ist verführerisch, eigentlich bombastisch! Aber was kommt dann? Ich war „nur" mit einem Kurzfilm eingeladen, für die öffentliche Wahrnehmung weitgehend uninteressant. Und so geht es auch den beiden Hautfiguren Isabell und David. Sie jagen im turbulenten und unübersichtlichen Cannes von einem Punkt zum nächsten und geraten immer wieder an die gleiche Grenze: Du gehörst nicht dazu. Nicht zur Spitze. Aber sobald ich die Spitze des Eisbergs mit preisgekrönten oder verdächtigen Langfilmen fülle, sieht die Sache anders aus. Dieses System funktioniert vor allem für denjenigen, der gerade oben ist. Für mich hieß die Einladung nicht automatisch, dass ich mich vor Ort angenommen fühle. Eine Betreuerin vor Ort aus der Branche wäre sicher eine gute Sache gewesen. Die mich herumführt, anderen FilmemacherInnen vorstellt. Ich hatte Angst, meinem eigenen Schatten hinterherzulaufen, den falschen Träumen. In Cannes laufen im Wettbewerb so gut wie keine Filme von Frauen. Das ist das chauvinistischste Zeichen, das es geben kann. Anstatt die Schuld in der Qualität der Werke der Frauen zu suchen, frage ich mich: Was, wenn es wirklich um tief verankerte Machtstrukturen geht, die Männer an der Spitze nicht abgeben wollen? Was, wenn die männlich besetzten Gremien Frauen gerne für ihren Ausschnitt wahrnehmen, aber nicht als Arbeitspartnerinnen? Wenn die Angst besteht, dass das Statussymbol „Frau" sich emanzipieren würde und die 1950er-Jahre samt Babyboom-Epoche nicht mehr aufrechtzuerhalten sind? Die Machtzepter, die damals auf Männer aufgeteilt wurden, nun ins Wanken geraten? Denn für wen sollen Männer all die Sterne sammeln, wenn Frauen das alleine könnten? Das alte Rollenbild gerät ins Wanken. Nicht nur Frau soll sich emanzipieren, auch der Mann. Aber was ist, wenn da draußen, immer noch so viele Männer einfach keinen Bock haben, neu hinzusehen, hinzuhören und umzudenken?

Männer zeigen Filme und Frauen ihre Brüste

Viele haben den Titel gehört und verstanden, dass ich eine Art Mockumentary drehe, in der ich mich selbst als Filmfigur nach Cannes schicke und die Schauspielerin statt meiner auf die Bühne geht. Sie haben sich sicher gedacht: „Mist, warum hatte ich diese Idee nicht?" Ich wollte mich einreihen in die Feministische Bewegung von „La Barbe"[1] die einen ähnlichen Titel für ihr Manifest benutzen und in Cannes als Frauen mit Bärten herumliefen, um die Sehgewohnheiten durcheinanderzuwirbeln. Mein Film ist nur ein weiterer Teil einer nicht mehr aufzuhaltenden Leidenschaft der Frau, selber zu machen. Isabell trägt weder Kleider noch Bart. Sie ist eine neue Frauenfigur und das ist mir wichtig. Sie ist kämpferisch und nervig und selbstbewusst und sie scheitert an sich selbst. Kein Mann wird dafür gebraucht oder ist schuld daran. Hier beginnt im Film die Frage, was will ich und wer bin ich. Für Isabell kommt nicht in Frage, sich in die stereotypischen Dresscodes in Cannes pressen zu lassen. Was für eine Frau bedeuten würde, dass sie hohe Schuhe trägt und ein Hauch von Nichts, wenn sie appetitlich aussieht. Aber das alleine ist nicht das Problem, sondern dass sich Isabell trotz Einladung völlig fehl am Platze fühlt. Natürlich laufen in Cannes Frauen rum, die dafür ernst genommen werden, was sie zu sagen haben. Allem voran die arte-Redakteurin Barbara Häbe aus meinem Film. Aber mit denen wirbt Cannes nicht und das nervt. Ich habe für mich eine Arbeitssituation geschaffen, in der ich es einfach mache, beweise, dass es auch anders geht als dastehen und lächeln. Jeder aus dem Team hat 500 Euro in den Finanzierungstopf geworfen, damit wurde gedreht. Via Crowdfunding haben wir 10.000 Euro gesammelt, die Postarbeitspartner damit bezahlt und den Film auf Filmfestivals wie Zürich, Hof, Torino, Max Ophüls und Achtung Berlin platzieren kön-

Von links nach rechts: Anne Haug, Molly Julery, Matthias Weidenhöfer in MÄNNER ZEIGEN FILME UND FRAUEN IHRE BRÜSTE (2014)

---

1 „La Barbe" (der Bart) ist eine aktive französische Frauengruppe, die sich 2008 in Frankreich gegründet hat. Die Aktivistinnen bemängeln die Abwesenheit und die Unter-Repräsentation von Frauen in allen gesellschaftlichen Bereichen Frankreichs: in Wirtschaft, Politik, Kultur und Medien. Zu den politisch-künstlerischen Aktionen gehörten Demonstrationen auf dem roten Teppich des Festival de Cannes 2012, wo sie mit falschen Bärten für Aufmerksamkeit und Unruhe sorgten, da die 22 Wettbewerbsfilme ausschließlich von männlichen Regisseuren stammten.

nen. Alles Festivals, die ich dafür schätze, dass sie eine Vernetzung für den Nachwuchs versuchen und im Wettbewerb ein fast gleichberechtigtes Verhältnis zwischen Filmarbeiten von Männern und Frauen hatten. Mein Film soll vor allem sagen: „machen" – und am besten viele Fehler – statt „hinnehmen."

Meine Fantasie ist mein besttrainierter Muskel

Es gab für mich nie eine andere Wahl: Ich musste schon immer Geschichten erzählen. Ich kann mir alles in das System der Bilder übersetzen. Wenn ich einen Film sehe, eine Geschichte lese oder Menschen erzählen höre, erlebe ich tiefste Befriedigung.

Alles was ich nicht verstanden habe, konnte ich in Spielen, die ich mir ausdachte, nachvollziehen. Diese Spiele waren Vorreiter für das Verständnis einer Dramaturgie. Ich habe sämtliche Kinder immer wieder in meine Feld- und Straßenschlachten eingebunden. Es kam nicht selten vor, dass sie weinend nach Hause gerannt sind, weil ihnen meine Fantasiewelt zu real war. Später waren Filme Teil meiner Aufklärung, Filme haben meine Welt und Toleranz geweitet, haben gezeigt, dass meine Eltern nicht in allem Recht haben, dass es andere Möglichkeiten zu leben gibt. Die Figuren waren meine Freunde, ihr Scheitern mein Kampf, ihre Freiheit meine Tränen. Denn durch Filme wurden mir meine menschlichen Grenzen klar, die sich zu einer endlosen Sehnsucht formten, das Unmögliche zu überwinden. Und in diesem Beruf geht das, hier kann ich das Leben randvoll ausfüllen. Zwischen Realität und Traum auswählen, eine permanente Aufforderung, zu sich selbst zu stehen und starke Lebens- und Arbeitspartner zu finden.

Nur weil ich eine Frau bin, heißt das nicht, dass ich Frauen verstehe

Ich erzähle von Männern und von Frauen. Das eine kann nicht ohne das andere. Ich bin unkonventionell aufgewachsen, mein Vater war zu Hause, meine Mutter hat gearbeitet und mein großer Bruder ist das bunteste Etwas, das ich kenne. Durch ihn habe ich gelernt, Fragen zu stellen. Nicht weil er es mir vormachte, sondern um nicht von seinem Wissen abhängig zu sein. Ich wuchs zum Glück in einem Geschwisterverhältnis auf, in dem Konkurrenz eine Berechtigung hatte und sportlich ausgetragen wurde. Meine größte Stärke liegt in meiner Neugier. Ich will Männer und Frauen verstehen, um in meiner Persönlichkeit zu wachsen, um etwas zurückzugeben in dieses wunderschöne Leben. Um zu zeigen, dass es immer eine Vielzahl an unterschiedlichsten Geschichten und Perspektiven gibt und auch die der Frauen.

Die Themen müssen sich ändern

Ich will ins Kino gehen und Geschichten über Frauen sehen, die morgens aufstehen und beschließen, ihr Leben zu verändern. Die meinetwegen im Krieg kämpfen, weil sie ihr Land lieben, die nachts in Schwimmbäder einbrechen, die nichts bereuen, die Sehnsucht haben, die sich fragen und nicht stillstehen, bis sie sich selbst lieben können. Ich freue mich auf weibliche Figuren, die nicht per se gute Mütter sind. Warum ist das Wort „Held" universeller als „Heldin"? Heute geht es nicht mehr um Erfindungen, heute geht es um Geld. In der Zeit der großen Erfindungen wurden Frauen weder gleichberechtigt gefördert, noch durften sie so viel Zeit in ihre Talente investieren wie Männer. Somit ist es leicht, heute zu sagen, Männer hätten viel mehr erfunden und

JETZT ABER BALLETT (2011)

wären einfach besser in so vielen Kategorien wie Technik, Kunst und Handwerk. Die Geschichte beweist es doch, schau, fast nur Männer, die alles erfunden haben, was wir heute verehren. Aber es ist genau andersrum. Wären Frauen immer schon so gefördert worden wie Männer, wären wir einer Gesellschaft, in der Menschen vor allem für ihre Eigenschaften geschätzt werden, näher. Diskutieren, erfinden, jagen, erobern, bekämpfen sind keine Eigenschaften, die aus männlicher Urquelle entstanden sind, es sind ganz einfach Verben. Die von Schauspielerinnen genauso interessant ausgefüllt und erlebbar gemacht werden können wie von männlichen Darstellern. Also muss der Fehler woanders liegen als in der Unmöglichkeit des Talents einer Frau.

Ich kann auch sehr sexistisch sein

Weil es manchmal Spaß macht, sich selbst zu veralbern und leicht zu sein. Ich will mich als Frau reflektieren dürfen, aber das kann auch mit einem Augenzwinkern passieren. Feminismus ist heute etwas anderes als das, was viele mit Alice Schwarzer verbinden. Manchmal sitze ich mit meinen Freunden am Tisch und lache über die bösesten chauvinistischsten Klischeewitze, weil sie eine Wahrheit in sich tragen. Vorurteile und Klischees helfen aber auch dabei, Selbstverständliches in Frage zu stellen. Wenn ich über sie lache, dann weil ich mich ertappt fühle. Danach fange ich an, darüber nachzudenken. Eines wird mir immer klarer: Sexismus ist nur eine Form der Diskriminierung, und die begegnet mir im Alltag ständig. Es hat mit Angst zu tun. Ob es nun mit Schwarzen, Behinderten, Juden, Taliban, Männern oder Frauen passiert. Diskriminierung wird immer ausgelöst, weil etwas fremd ist und einseitige Aufklärung besteht. Dann wird reduziert und das Selbstbild darin angenommen. Und da stellt sich mir die Frage, ob sich Männer und Frauen heute tatsächlich noch so fremd sind?

Aufz. BSB

Sabine Derflinger

REGISSEURIN, AUTORIN
(ÖSTERREICH0)

Sabine Derflinger wurde 1963 in Wels geboren, lebt und arbeitet heute in Wien und Berlin.

1991 begann Sabine Derflinger ihr Studium an der Filmakademie Wien mit den Fachrichtungen Buch und Dramaturgie, nachdem sie zuvor schon mehrere Jahre als Regie- und Produktionsassistentin beim Film tätig war. 1996 schloss sie ihr Studium mit der Diplomarbeit *Filmerzählungen zwischen Epik und Dramatik* ab.

Sabine Derflinger ist bekannt für zahlreiche Spiel- und Dokumentarfilme, viele ihrer Werke sind preisgekrönt. In den letzten Jahren machte sie durch mehrere Fernsehproduktionen auf sich aufmerksam. So ist sie die erste Frau, die bei der österreichischen Ausgabe der Kultkrimiserie TATORT Regie führte. Mittlerweile hat sie zwei österreichische (FALSCH VERPACKT; ANGEZÄHLT) und einen deutschen Tatort (BOROWSKI UND DAS MEER) realisiert. Der Tatort ANGEZÄHLT, der im Wiener Prostitutionsmilieu spielt, gab Anstoß zu einer breitgefächerten medialen Debatte über das Thema Prostitution. Weitere ORF-Serien, bei denen Sabine Derflinger Regie führte sind PAUL KEMP – ALLES KEIN PROBLEM und VIER FRAUEN UND EIN TODESFALL.

2010 gründete Sabine Derflinger die Produktionsfirma Derflinger Film und wurde als Produzentin bei den folgenden Filmen aktiv: THE ROUNDER GIRLS, SCHNELLES GELD, EINE VON 8 und WAS BLEIBT.

2013 wurde Derflinger Film als Serviceproduktion für den brasilianischen TV-Sender *Globo TV* engagiert, der in Wien mehrere Folgen der Telenovela EM FAMÍLIA drehte.

Man wird nur als Frau wahrgenommen – aber man will ja Filme machen

Ich bin als Regisseurin wie ein Kapitän: Ich höre allen zu, ordne das Ganze ein, wähle aus. Ich caste mir zum Drehen die Crew, mit der ich arbeiten möchte, sei es die Kostümbildnerin oder der Tonassistent. Ich kenne und vertraue jedem einzelnen und sie können sich mit ihren Ideen einbringen. Bei mir ist alles stark inhaltlich motiviert, auch meiner Kamerafrau Christine Maier sage ich nicht, wie ich die Kameraeinstellung gern hätte, sondern wir reden lang über den Inhalt, und dann kommen kreative Ideen. Aber die Entscheidung darüber, was den Film am Ende ausmacht, die kann nur ich treffen. Du kannst schließlich nicht dem Kapitän das Steuer wegnehmen und sagen: Juchhu, jetzt fahre ich selber. Jedes Detail hängt mit jedem zusammen. Sonst kann der Film gar nicht erfolgreich sein! Diese Stärke und die Entscheidungskraft traut man Männern fälschlicherweise mehr zu als Frauen.

Ich befehle gerne

Ich habe eine natürliche Führungskompetenz, ich muss mich nicht anstrengen. Ich befehle gern 150 Leute, das macht mir Spaß, ich zweifle keine Sekunde an mir. Als die Beleuchter bei meinem ersten Spielfilm komische Grimassen machten, habe ich gesagt: „Wenn ihr nicht die Goschen haltet, haue ich euch vom Set! Wenn ich rede, habt ihr Pause! Aus, Schluss!"

Filme machen ist zwar etwas sehr Feinfühliges: Die Figuren entwickeln, die kreative Vorstellungen, das ist wie ein Elfenbeinturm. Aber der Beruf des Regisseurs am Set ist doch eher etwas Handfestes, etwas Pragmatisches. Da gibt es verschiedene Methoden, die meistens bei Männern besser funktionieren: Wenn ein Regisseur verschroben ist, arbeitet man trotzdem gern mit ihm, wenn er tolle Filme gemacht hat. Dann gibt es die Despoten, die alle in Angst und Schrecken versetzen. Das ist die Generation der Kinder der Faschisten, die linke Vorstellungen haben, aber einen rechten Umgang mit den Menschen. Und wir sind es durch die Gesellschaft gewohnt, auf Peitschenschlagen und Gewalt zu reagieren. Aber die Frage ist: Wer will das? Herumschreien und Leute fertig machen, das kann ich wahnsinnig gut! Ich mach das nicht gerne, aber wenn es sein muss, dann kann ich das auch! Ich kann alles! Ich kann sehr cholerisch sein, aber das bringt nichts, weil das nicht den gleichen Effekt hat wie bei einem Mann.

Ich bin mittlerweile Großmutter, und die meiste Autorität habe ich, wenn ich die Mutterrolle übernehme: Beim Drehen habe ich öfter gesagt: „Kommt Kinder, sonst stehen wir übermorgen noch da." Das haben dann auch alle gemacht. In die Mutterrolle oder in die Großmutterrolle zu wechseln, das klappt am besten, was Autorität betrifft. Da merkt man natürlich, dass die Menschen so sozialisiert sind, wie die Konzepte im Alltag funktionieren.

In meinen Anfängen gab es einen Moment beim Drehen, an dem ich nicht weiter wusste. 50 Leute haben mir zugeschaut, wie ich mir die Haare raufe und angefangen habe zu weinen. Aber das habe ich überlebt, und die Stärke, die ich jetzt habe, resultiert daraus, dass ich durch diese Angst hindurchgegangen bin. Von daher gestehe ich es mir manchmal zu, meine Schwächen zu zeigen, und nicht immer stark sein zu müssen. Menschlich zu bleiben.

Bei Männern geht es ständig darum: Wer ist der Bestimmer?

Wenn viel Geld im Spiel ist, teilen das Männer unter sich auf: Sie kommen einfach nicht auf die Idee, eine Frau reinzuholen. Bei diesen Veranstaltungen mit Regisseuren und Produzenten bin ich oft die einzige Frau, die nicht die Ehefrau von irgendwem ist. Wenn diese Männer gemeinsam an die Bar gehen und etwas zu trinken bestellen, ist schon klar, wer sich wem unterordnet, noch bevor sie den ersten Drink in der Hand halten. Ich schaue zu und denke: Genial, und wo soll ich mich jetzt hinstellen? Wie geht man damit um? Als Verhaltenskodex. Es gibt dieses kumpelhafte Getue. Soll ich mich jetzt so an die Bar lehnen und „He, super!" sagen? Eine Gruppe Männer verhandelt an einem Tisch und sofort geht ein Mechanismus los: Als erstes muss die Rangordnung bestehen. So konferieren sie und so sind sie. Bei einem Regisseur, einem Produzenten und einem Förderer geht es um die Frage: Wer ist der Bestimmer? Wer ist der Chef der Gruppe?

Frauen sind nicht drauf geprägt, eine Rangordnung haben zu müssen

Wir wollen verstanden werden, wir wollen die anderen verstehen, wir wollen, dass die Probleme gelöst werden. So sind wir sozialisiert. Oder wir sind Frauen, die von allen begehrt werden und stellen uns in den Mittelpunkt und sind auf Konkurrenz aus. Diese beiden Modelle gibt es für Frauen. Ich glaube, dass die Frauen, die auf Frauen stehen, leichter Karriere machen können, weil sie in dieses Dilemma des Begehrens des männlichen Geschlechts nicht kommen. Aber als heterosexuelle Frau bist du schnell in diesem Fahrwasser, und dadurch entsteht Konkurrenz. Es ist schwer, wenn Frauen da sind, wie wir uns das alle gewünscht haben, und die nichts Besseres zu tun haben, als miteinander in Konkurrenz zu treten. Wenn man es schafft, nicht in diese Falle zu tappen, dann findet man Frauen, mit denen man wirklich gut arbeiten kann, und es ist die schönste Arbeit auf der Welt. Frauen, die sich wirklich verstehen, arbeiten super zusammen!

Ich glaube, dass Männer und Frauen sich sehr ähnlich sind

Die Ähnlichkeit zwischen Männern und Frauen ist oft verblüffend. Aber wir sind in einer patriarchalen Gesellschaft sozialisiert: Männer sind die Spieler, sie müssen immer gewinnen, es muss immer alles toll sein, man kann nicht über Schwierigkeiten reden, die verdrängt man und die teilt man um Gottes Willen keinem mit. Ich habe mir lange die Frage gestellt: Warum komme ich da nicht hin? Welcher Teil in mir ist mein Geschlecht und welcher Teil ist die Rolle?

Oft können Frauen sich nicht so gut verkaufen. Sie haben diese Strategien in ihrer Kindheit und Jugend meistens nicht erlernt, weil das für sie nie wichtig war. Man hat sie andere Sachen lernen lassen; im klassischen Sinne mit ihrem Aussehen und ihrer Schönheit erst im Auge des Betrachters ihren Wert zu bekommen. Du bist ja immer darauf angewiesen: Du kannst dich ja nicht hinstellen und sagen: „Ich bin das tollste auf der Welt", wie das ein Junge macht. Sondern die Prinzessin muss sich hinstellen und warten, bis jemand sagt: „Du bist die schönste Prinzessin dieser Welt." Sie wird erst durch das Auge des Betrachters jemand, und das macht die Sache so schwierig. Weil das ganz lang gehegte Strukturen sind.

Ich hätte nie erzählt, dass ich ein Kind habe

Meine Tochter ist jetzt 30. Ich habe angefangen, beim Film zu arbeiten, als ich 20 war und habe sie mitgenommen, als ich an der Filmakademie studiert habe. Ich habe in fast allen Filmfunktionen gearbeitet, um Geld zu verdienen: Hunderte Komparsen gecastet für JAMES BOND und für Damiano Damiani und die durch's Bild geschickt. Wenn ich Anfang der 1980er-Jahre gesagt hätte, dass ich ein Kind habe, hätte ich niemals einen Job gekriegt, ich habe das verheimlicht. Bin heimlich das Kind aus der Kindergruppe abholen gegangen und habe in der Nacht für die Kindergruppe gekocht. Morgens bin ich aufs Set gegangen, damals war ich noch jung, da musste ich noch nicht so viel schlafen.

Es ist schwer, den Beruf Regisseur mit der Familie zu vereinen; sich eine Struktur aufzubauen. Meine männlichen Kollegen haben öfter drei bis vier Kinder und ein gut funktionierendes Familienleben, aus dem sie auch ihre Kraft schöpfen, sie kommen aufs Set aus der Normalität eines geordneten bürgerlichen Lebens. Aber diese Regisseure haben alle Frauen, die sich um die Kinder und um den Haushalt kümmern.

Es gibt nicht die „bösen" Männer und die „guten" Frauen

Es gibt Frauen, die froh sind, wenn der Mann sie unterhält, weil ihnen das Berufsleben zu anstrengend ist. Diese Frauen gehen einen gewissen Deal ein, das ist vollkommen in Ordnung. Aber was fehlt, ist dieses Selbstverständnis, dass Frauen die Möglichkeit haben, sich selber zu finanzieren. Ich kann mich erinnern, dass es lange gedauert hat, bis ich einen Fernsehfilm bekommen habe, weil es immer hieß: „Die Männern müssen ihre Familien ernähren". Aber was ist mit mir, muss ich mich nicht finanzieren?

Ich glaube, oft hat man gar nicht an Frauen gedacht, das ist alles nicht bösartig, es gibt nicht „die bösen Männer" und die „guten Frauen", alle arbeiten in diesen Strukturen. Mir geht es um eine andere Form der Gesellschaft, in der die Machtaufteilung der Geschlechter paritätischer ist. Es gibt sowohl Männer, die dafür hellhörig sind, als auch Frauen. Es gibt Männer, die wissen, dass es toll ist, wenn man auch eine Beziehung zu seinen Kindern aufbauen kann, dass man im Alter dann Kinder und Enkelkinder hat und mit denen man *social benefits* hat, dass es toll ist, wenn man auch den Mund aufmachen kann und sich auch über seine Gefühle artikulieren kann. Die schätzen dann Frauen, die auch Macht übernehmen, die auch arbeiten gehen. Die haben überhaupt kein Problem mit ihrem Mann – sein, weil sie es auch spannend finden, etwas anderes zu machen als ihre Väter und Großväter und nicht alles blind übernehmen. Genauso, wie man sich auch als Frau die Frage stellt: Was übernimmt man aus der letzten Generation und was macht man anders?

Prostitution ohne Leid gibt es nicht

Mich hat Prostitution immer beschäftigt, deswegen habe ich den Film TAG UND NACHT über zwei Studentinnen gedreht, die die Idee haben, sich ihr Studium als Escort-Girls zu verdienen. Die Frage hat mich interessiert: Zwei Frauen beschließen freiwillig aus Jux und Tollerei, sich gegen Geld zu verkaufen – und was passiert dann? Sie haben als Frau ein großes sexuelles Bedürfnis, aber keine Möglichkeit, das auszuleben. Sie denken, dass der Austausch von Sexualität sowohl vom Freier als auch von der Prostituierten gleichwertig funktionieren kann, aber das stellt sich als Irrglaube heraus. Denn man tauscht ja nicht nur Sexualität aus, da sind zwei Menschen, die sich sehr nahe kommen, und dabei nimmst du diesen Menschen in dich auf. Und viele Freier kaufen sich Frauen, um ihre Macht zu demonstrieren. Das schreibt sich in den Körper ein. Es ist ein Irrglaube, zu denken, dass man mit Geld den Austausch von Sexualität legitimiert und reglementiert, dass da nichts passiert. In einer Gesellschaft, in der es per se eine Abwertung für Frauen bedeutet, viele Männer zu haben, kann man nie eine Aufwertung durch den Beruf Prostitution erfahren. Und hier manifestiert sich dieses Nicht-Gleichgewicht zwischen Männern und Frauen: Ein Mann gewinnt, wenn er herumpudert, und eine Frau verliert automatisch. Das heißt, in diesem Sexgeschäft wirst du als Frau immer verlieren. Du wirst irgendwann Geld haben, aber du verlierst an Wert. Weil die Gesellschaft sagt: Du bist entwertet. Aus, basta.

Die Protagonistinnen in meinem Film probieren „den Job Prostituierte" aus, und die Quintessenz von TAG UND NACHT ist, dass es Prostitution ohne Leid nicht gibt. Die Frau ist Ware und muss sich selbst liefern, wie einen Gegenstand.

Huren werden bestellt wie der Champagner

Prostitution ist dazu da, die Monogamie aufrechtzuerhalten, weil der Mensch vielleicht einerseits das Bedürfnis hat, sich an eine Person zu binden, sexuell die Bedürfnisse aber vielleicht ganz andere sind. Und da das so kompliziert ist – was man vielleicht mit dem Herz und seiner Seele will und was man mit seiner Geilheit will – ist Prostitution etwas Tolles. Gleichzeitig ist das, was dieses Triebhafte ist, etwas, was den Männern zugestanden wird, den Frauen nicht so. Wenn ich auf Festivals als einzige Frau in einer Runde von Männern unterwegs bin, werden irgendwann die Huren bestellt und man weiß nicht, was man mit mir tun soll. Die Huren werden so selbstverständlich bestellt wie der Champagner und das Rindsschnitzel. Das hat etwas mit Macht zu tun. Da geht's nicht um Geilheit, sondern darum, dass sich das jemand leisten kann.

Ich habe zwar einen Film über freiwillige Huren gedreht, aber darüber hinaus werden Frauen verkauft, umgebracht, wie Tiere behandelt und misshandelt. Den Leuten muss bewusst werden, dass es Prostitution ohne Leid nicht gibt. Dass sie den normalen Frauen zugestehen müssen, ihre eigene Lust leben zu dürfen und keine Heiligenbilder abgeben zu müssen.

Für mich als Frau und Filmemacherin ist klar: Ich gehöre einem Geschlecht an, das verkauft, gebrandmarkt, verschleppt und umgebracht wird. Und da ich eine Vertreterin dieses Geschlechts bin, muss ich die Frage „Fühle ich mich gleichwertig?" mit „Nein" beantworten. Da kann ich mich nicht gleichwertig fühlen. Auch nicht, wenn ich auf einem Set herumstehe und herumkommandiere. Tatsache ist: Ich bin in dieser Gesellschaft nicht gleichwertig und nicht mit gleichen Rechten ausgestattet.

Gleichberechtigung ist keine Frage von Regisseurinnen, die einmal mehr Regie machen wollen

Gleichberechtigung zwischen Männern und Frauen ist die einzige Utopie, die einen Sinn macht, ohne sie wird es keinen besseren Planeten geben. Gleichberechtigung ist keine Privatsache von uns Frauen, die einmal mehr Regie führen wollen, nein, das ist eine ganz grundsätzliche Angelegenheit! Ja, ich bin Feministin, ich habe damit überhaupt kein Problem. Auch, wenn es früher hieß: „Wer nicht genug gepudert wird, wird Feministin."

Die Gesellschaft ist in den letzten Jahren durch eine wahnsinnige Individualisierung gegangen. Diese amerikanische Lebensphilosophie hat überhand genommen, dass jeder seines Glückes Schmied ist. Damit wurden gesellschaftliche Bewegungen gestoppt. Ich bin auch ein freiheitsliebender Mensch und ich glaube an die Kraft des Einzelnen. Aber ich finde auch, dass wir mit dieser Idee an ein Ende gekommen sind. Es ist jetzt Zeit für gesellschaftliche Veränderungen. Bei den Herausforderungen, die wir jetzt zu meistern haben, ist Solidarität und gemeinsames Handeln gefragt: Wir müssen Strukturen verändern und umstürzen.

Man wird nur als Frau wahrgenommen – aber man will ja Filme machen

Sowohl die Frauenbewegung als auch die Arbeiterbewegung sind von der bürgerlichen Schicht gestartet worden, denn nur Frauen in Führungspositionen, Frauen, die Macht haben, Frauen, die sich das leisten können, können die Frauensache pushen. Und nicht diejenigen, die die Kinder in die Kindergruppen bringen und sich von morgens bis abends um einen Job kümmern müssen. Und hier liegt das Problem, weil diese Frauen es ja geschafft haben, sich in einer männlichen Welt einzugliedern, und sie werden sich meistens hüten, die Leute daran zu erinnern, dass sie eine Frau sind, weil sie sonst auch ganz schnell wieder draußen sind. Das kenne ich ja auch von mir; ich denke manchmal: Die Frauen gehen mir jetzt auf den Nerv, ich möchte endlich meine Filme machen. Lasst mich doch in Ruhe mit der Frauensache. Weil man ja merkt, wenn man sich selber auf diese Frauensache eicht, dann wird man wieder nur als Frau wahrgenommen. Und man will ja Filme machen!

Aufz. BSB

Claudia Schmid

REGISSEURIN, AUTORIN

Claudia Schmid, geboren 1956 in Köln, studierte zunächst drei Jahre Musik an der Hochschule für Musik und darstellende Kunst in Wien für eine Solistenlaufbahn als Querflötistin. 1978 wechselte sie in die bildende Kunst und studierte Bildhauerei, Malerei und Konzeptkunst an den Kunstakademien in Wien und Düsseldorf. Seit 1986 arbeitete sie als freischaffende Künstlerin in Italien, Düsseldorf und Köln und erhielt diverse Preise und Stipendien. Ihre Skulpturen wurden von den Galerien Guenzani, Mailand, Galerie Carini, Florenz und Galerie Buchholz, Köln ausgestellt.

1991 begann Claudia Schmid als Filmautorin und Regisseurin für den WDR, arte und 3sat zu arbeiten. Im Laufe der Jahre hat sie etwa 15 Dokumentationen mit dem Schwerpunkt Bildende Kunst und Künstlerportrait realisiert. Der Film DIE STILLE DER UNSCHULD – DER KÜNSTLER GOTTFRIED HELNWEIN von 2009 (116 Min.) war ihr erster abendfüllender Dokumentarfilm für das Kino. Es folgten die Dokumentarfilme DIE GEZEICHNETE WELT – DER KÜNSTLER HEINZ EMIGHOLZ, 2009 (64 Min.) und RICHARD DEACON – IN BETWEEN, 2013 (89 Min.).

Zurzeit arbeitet sie an dem 90-minütigen Kino-Dokumentarfilm (AT) DIE HÄLFTE DES HIMMELS, ein Film über weltweite Gewalt gegen Frauen.

Gewalt gegen Frauen ist brutal und flächendeckend

Der Weg zu der Filmemacherin, die ich heute bin, verlief nicht geradlinig, sondern über viele Jahre vielschichtig verzweigt. Ich bin über die Musik und bildende Kunst zum Film gelangt, und bei all meinen Filmen spürt man mein „erstes Leben" durchschimmern – neben der bewussten Bildgestaltung haben sie einen skulptural-musikalisch geprägten Aufbau. Bei der Erarbeitung meiner Filmdramaturgie stelle ich mir den Film als ein komplex verzweigtes dreidimensionales Modell mit den einzelnen Themen und Handlungssträngen vor, bei denen die Bildebene, die Geräusch-/Klangebene, als auch die O-Tonebene getrennt für sich dramaturgisch funktionieren müssen.

Schon als Kind der späten 1950er-Jahre realisierte ich, dass das männliche Geschlecht in der Gesellschaft eine privilegierte Rolle spielte. Ich spürte, dass ich nicht in das „normale" Frauenbild passte und wehrte mich gegen jegliche gesellschaftlich postulierten Einschränkungen. Ich war abenteuerlustig und freiheitsliebend, stromerte lieber mit Jungen durch die Heide, als mit Puppen Familie oder Krankenschwester zu spielen.

Ich bin in chaotischen, aber kreativen Familienverhältnissen aufgewachsen. Meine elterliche Prägung zur Frau setzt sich u. a. aus einem mehr oder weniger nicht vorhandenem leiblichen Vater, einem partiell vorhandenen Stiefvater und einer willensstarken, exzentrischen Mutter zusammen, die sich zwar dem festgelegten Geschlechterbild der Kriegs- und Nachkriegszeit widersetzt hat und auf der Akademie Malerei studierte, aber dennoch unterschwellig vom „heldenhaften", idealisierten Männerbild geprägt war. Ein merkwürdig schizophrenes Gender-orientiertes Wertebild, das darin endet, sich als Ziel zu setzen, genauso gut, stark und erfolgreich wie die Männer zu sein, jedoch in Konkurrenz zu den Frauen. Diesem Phänomen bin ich immer wieder sowohl in den Jahren als Künstlerin als auch als Filmemacherin begegnet. Starke Frauen, die die tradierten Wertmaßstäbe der Männer unhinterfragt verinnerlicht haben und sich mit Männern gegen die Frauen verbünden, um Teil der Erfolgselite zu sein.

Als 19-jährige Musikstudentin entdeckte ich den Feminismus, verschlang die entsprechende Literatur und begann für Freiheit und Gleichberechtigung zu kämpfen. Ich demonstrierte für Frauenrechte und den Frieden, beschäftigte mich mit fernen Ländern, Religionen und bereiste im Alleingang per Fahrrad Europa. Ich wollte mich als Frau mit blonden langen Haaren ohne Einschränkungen in südländischen Ländern bewegen, wollte meine Angst vor möglichen männlichen Übergriffen besiegen, radelte allein tausende Kilometer durchs Landesinnere und übernachtete nur mit einem Schlafsack und einer Isomatte in freier ungeschützter Natur. Mit 24 – mittlerweile von der Musik in die bildende Kunst gewechselt – bereiste ich neun Monate Indien und Sri Lanka, wohnte zusammen mit ärmlichen, kinderreichen Familien in kleinen abgelegenen Dörfern unter einfachsten Bedingungen und zeichnete die halbe

Dorfgemeinde, lebte zwei Monate in einer winzigen Büffelkothütte mitten im Busch, umgeben von Elefanten, Büffeln und anderen wilden Tieren, saß nachts meist schweigend mit den Tribes vorm offenen Feuer, trank Ingwertee und bewachte mit ihnen die Baumwollplantagen.

Sowohl während meines Musik- als auch Kunststudiums realisierte ich, dass Männer in Bezug auf eine mögliche Karriere von Professoren bevorzugt gefördert wurden. Immer wieder wurde behauptet, dass Männer die besseren, durchsetzungsstärkeren und stringenteren Künstler wären. Ich begriff, dass sogar in der Kunst die geschlechtsspezifischen Spielregeln der Gesellschaft galten und eine Frau wesentlich mehr leisten musste, um den gleichen beruflichen Erfolg zu haben. Männliche Künstler vernetzten sich, schoben sich nicht selten Ausstellungen zu und teilten sich untereinander den Ruhm. Künstlerinnen hingegen traten meistens in Konkurrenz, bekämpften sich gegenseitig und verbündeten sich mit den „erfolgreichen" Männern über ihre Partner.

Trotz vielversprechender Karriere als bildende Künstlerin mit Preisen und Ausstellungen wechselte ich 1991 zum Film und arbeitete als Filmautorin und Regisseurin für die Kulturredaktionen des WDR, arte und 3sat. Heute realisiere ich Kino-Dokumentarfilme mit der Absicht, kompromisslose Filme, die künstlerisch entscheidende Visionen sichtbar machen und gesellschaftlich relevante Themen reflektieren, umzusetzen. Dabei interessieren mich sowohl eigenwillige Künstler der Gegenwart, die mit ihren komplexen Werken stilprägend die Kulturwelt bereichern, als auch originäre Persönlichkeiten, Kämpfernaturen, die eine kritische Sicht auf die Gesellschaft verkörpern – sei es aus dem Bereich Kultur, Wissenschaft, Wirtschaft oder Politik. Neben Portraits setze ich mich mit sozialen und gesellschaftspolitischen Themen auseinander – immer mit einem feministisch kritischen Auge: Filme, die Menschenrechtsverletzungen, Unterdrückung und Gewalt gegen Frauen, soziale und politische Ungleichheit und die Folgen der Europapolitik, Globalisierung und des „entarteten Kapitalismus" thematisieren.

Seit zwei Jahren arbeite ich an einem internationalen Dokumentarfilm über Gewalt gegen Frauen und lasse traumatisierte Frauen, die nie Beachtung, geschweige denn Gerechtigkeit erfahren haben, zu Wort kommen. Dabei ist es mir wichtig, den Frauen auf Augenhöhe, bescheiden, ohne Vorurteile oder Vorbehalte zu begegnen und die Kraft der Frauen, die Bewundernswertes geleistet haben, sichtbar zu machen. Anhand von fünf Ländern (Indien, Bangladesch, Benin, DR Kongo, Deutschland) möchte ich die weltweiten Strukturen der Gewalt herausarbeiten. In den letzten zwei Jahren habe ich Frauen in den „hintersten Winkeln" dieser Erde, mitten im Busch aufgesucht, mit ihnen Essen und den nackten Lehmboden geteilt und mir ihre Geschichten angehört. Nachdem ich langsam ihr Vertrauen gewonnen hatte, erzählten sie mir von ihrem Kampf ums nackte Überleben, ihren Ängsten und Hoffnungen und ihren aktuellen Versuchen, ein neues Leben jenseits der Gewalt aufzubauen. Die Geschichten waren manchmal kaum auszuhalten: Die Frauen in den von mir bereisten Ländern Asiens und Afrikas haben außerhalb der modernen Großstädte selten die Möglichkeit, ein

Claudia Schmid bei Dreharbeiten für den Kino-Dokumentarfilm VOICES OF VIOLENCE in Adjouhan, Benin, Februar 2013

selbstbestimmtes Leben zu führen – vor allem in den Dörfern und auf dem Land, die von Armut, Arbeitslosigkeit und niedriger Bildung gezeichnet sind. Mädchen und Frauen gelten in diesen Gesellschaften als wertlos und werden massiv diskriminiert. Sie sind mittellos, obwohl sie den ganzen Tag hart arbeiten, während die Männer oft nur herumlungern, Tee oder Bier trinken und sich vergnügen. Ihr Alltag ist geprägt von Gewalt, Rechtlosigkeit und Überlebenskampf. Millionen von Witwen in Südasien sind sogar dreifach stigmatisiert: als Frau, als Witwe und als Verstoßene.

Der Ehemann hat das Recht, die Frau nach seinen Vorstellungen zu erziehen. Gehorcht sie nicht, wird sie gezüchtigt und irgendwann durch eine neue ersetzt – so zumindest in oft polygamen Verbindungen Benins. Wenn sie Glück hat, darf sie als Nebenfrau im Haus wohnen bleiben, muss sich jedoch in die vorgegebene Hierarchie einfügen und die niederen Arbeiten verrichten. Die Männer haben uneingeschränktes Recht auf sexuelle Befriedigung, die Lust der Frauen darf nicht existieren. Ohne Mann ist die Frau Freiwild, hat keinerlei Rechte und Schutz. Männer dominieren überall das Straßenbild. Mit vor Kraft strotzenden Körpern stehen sie in Gruppen herum, sitzen in Teestuben oder laufen durch die Straßen und füllen den Raum aus. Frauen sieht man mit zentnerschweren Säcken die Straßen entlanglaufen, auf Märkten kleine Gemüsehäufchen verkaufen, das Land bestellen, Essen zubereiten, Kinder versorgen... Tradierte Vorstellungen, wie ein Mann oder eine Frau zu sein hat, jahrhundertelang überliefert, sind in den Köpfen aller verankert. Eine Frau, die studieren will, sich wehrt, für ihre Rechte kämpft, ist für viele traditionelle Männer eine Hexe und muss bekämpft werden. Ich bin mitten im Busch auf eine Empowerment Frauengruppe gestoßen, die bei männlicher Gewalt zusammenhalten, sich gegenseitig beschützen und gemeinsam für ihre Rechte und die Freiheit kämpfen. Sie verständigen sich per Handy, versammeln sich, bringen die Täter vor Gericht, bilden Kooperativen, beraten und unterstützen sich finanziell. Zum Glück gibt es aber auch in besagten Ländern einige Männer, die ihre Frauen halbwegs gut behandeln und sogar auch einige wenige, die sie liebevoll unterstützen.

Die Situation von Frauen in Kriegsgebieten ist die schlimmste. Die Frauen sind nonstop komplett ungeschützt der Gewalt der Männer und im Speziellen den wütenden Rebellen ausgesetzt – wenn die Frauen das Land kultivieren, wenn sie zum Fluss gehen, um Wasser zu holen, wenn sie einkaufen oder Brennholz holen gehen, wenn sie nachts auf Toilette gehen – Tag und Nacht. Kongolesische Frauen, die nach brutalen Massenvergewaltigungen und Folter, acht Monate im Rebellenkamp unter Todesangst nackt wie Vieh verbrachten und die sadistischen Erotikvorstellungen stinkender, barbarischer Männer 15-mal täglich bedienen mussten. Die vor den Augen aller mit frisch abgesäbelten Brüsten und Geschlechtsorganen bis zu ihrem Tode tanzen mussten – wer einen Ton von sich gab, wurde sofort erschossen. Manchen Frauen wurden bei vollem Bewusstsein die Bäuche aufgeschnitten, die Organe oder ungeborenen Babies herausgerissen und vor ihren Augen mit der Machete zerstückelt. Die rohen Fleischstücke mussten sie anschließend essen. Die Frauen, die dies alles miterlebt haben und es geschafft haben, nicht nur weiter zu leben, sondern sogar ein neues Leben aufzubauen, strahlen ein tiefes Wissen über das Leben und menschliche Abgründe aus und beeindrucken mich zutiefst. Zurück in der Freiheit, zuhause in ihrem Dorf werden diese Frauen entsprechend der Tradition und dem Gesellschaftsbild sowohl von den Frauen als auch den Männern geächtet und vegetieren vor sich hin. Nur wenige schaffen es, die Gewaltstrukturen und Unterdrückungen zu durchbrechen.

Gerade treffe ich Frauen in Deutschland, die extreme häusliche Gewalt erfahren haben und Opfer von Mädchen- bzw. Frauenhandel waren. Ich habe erste Interviews gemacht und bin fassungslos, wie unerwartet grauenvoll auch hier im sauberen, demokratischen Deutschland die Geschichten sind. Es dauert Wochen, um das Vertrauen der Frauenhäuser und betroffenen Frauen zu erlangen. Die vergewaltigten, geschlagenen, gedemütigten und gequälten Frauen haben sich mit Hilfe von Frauenhäusern und Schutzzentren aus den Horrorszenarien herausgekämpft und ein neues selbstbestimmtes Leben begonnen. Noch Jahre später sind die Traumata so stark, dass es sie extrem viel Kraft kostet, sich diesen Erinnerungen zu nähern. Frauen, die schon als Kinder von ihren Eltern vernachlässigt und verletzt wurden, mit 15 vergewaltigt, an einen Zuhälterring verkauft, mit Crystal vollgestopft wurden und zu Schleuderpreisen deutsche Kunden befriedigen mussten. Deutsche Frauen, die ihr Leben lang sowohl von den Eltern als auch späteren Ehemännern gedemütigt und psychisch gequält wurden und schlimmste häusliche Gewalt erfahren mussten, fast zu Tode geprügelt wurden. Ich könnte endlose Beispiele berichten.

In Westeuropa glauben wir an einem Punkt angelangt zu sein, an dem die Gleichberechtigung zwischen den Geschlechtern kein Thema mehr ist. Dabei ist Gewalt gegen Frauen brutal und flächendeckend. Eine Umfrage in Deutschland zeigt, dass 15 Prozent aller Frauen bei uns mindestens einmal im Leben Opfer eines sexuellen Übergriffs werden.

Im globalen Durchschnitt ist jede Dritte häuslicher Gewalt ausgesetzt (WHO Studie). Bei Frauen zwischen 15 und 45 Jahren ist die Wahrscheinlichkeit, dass sie von ihren Männern zu Krüppeln geschlagen oder zu Tode geprügelt werden, weit größer als das Risiko, an Krebs, Malaria, einem Verkehrsunfall oder im Krieg zu sterben. Die UNIFEM und WHO gehen davon aus, dass in einigen Ländern der Erde bis zu 70 Prozent aller Frauen mindestens einmal im Laufe ihres Lebens Opfer physischer oder sexueller Gewalt werden – meist durch ihre Ehemänner oder Partner.

Neben Waffen und Drogen ist der Handel mit Frauen und Mädchen einer der lukrativsten Geschäftszweige und unterliegt letztendlich dem globalen Netz der Mafia. Jeder Tag, an dem diese Frauen zur Prostitution gezwungen werden und ihren Körper verkaufen, lässt die Kassen der Kriminellen klingeln. Laut UN leben zurzeit 27 Millionen Menschen in sklavenähnlichen Verhältnissen. Das sind mehr als im 16. bis 19. Jahrhundert, als zwölf Millionen Afrikaner versklavt und verschleppt wurden. Fast 80 Prozent dieser neuen Sklaven sind Prostituierte.

Laut Statistiken „fehlen" weltweit 107 Millionen Frauen. In Ländern, wo Frauen mehr oder weniger nichts wert sind, „verschwinden" jedes Jahr mindestens zwei Millionen Frauen und Mädchen. Wenn die Föten weiblichen Geschlechts nicht gleich abgetrieben oder direkt nach der Geburt getötet werden, sterben die weiblichen Babys an Unterernährung oder fehlender medizinischer Versorgung, weil ärmere Familien oft den männlichen Nachkommen den Vortritt geben. Erschütternd für mich ist immer wieder, wie viele Frauen den Männern hilfreich zur Seite stehen, anstatt sich mit den Frauen zu solidarisieren. Es fängt beim Beruf und der Karriere an und endet in der Ausübung der Gewalt und dem Geschäft der Prostitution und des Mädchenhandels. Warum nur halten die Frauen nicht alle zusammen?!

Im Moment überschlagen sich die Medien mit Berichten über Vergewaltigungen, Menschenhandel und Prostitution. Im Fernsehen laufen Dokumentar- und Spielfilme. Wenngleich ich froh bin, dass das Thema nun endlich Beachtung findet, regen mich die meisten Filme auf. Der inhaltlich unreflektierte Umgang mit Romantizismen, sowohl inhaltlich verklärten Klischees als auch bildlich verschönten Kitsch- oder gestylten Kunstbildern macht mich bei solchen Themen wütend. Ich lehne in diesen Zusammenhängen eine durchgestylte Bildästhetik ab, die, mit dem Impetus Kunst zu schaffen, schöne farbenfrohe Bilder der Armut und der Gewalt komponiert und somit Prostituierten- und Elendsviertel so schön anzuschauen macht. Solche Themen sollten weder künstlich dramatisiert noch verharmlost oder plakativ verstümmelt werden.

Mir ist es wichtig, dieses Thema in seiner Komplexität darzustellen. Gewalt durchdringt alle Schichten einer Gesellschaft. Sie kann nur gemeinsam bekämpft werden – von Männern und Frauen.

Irit Neidhardt

VERLEIHERIN, KURATORIN, PRODUZENTIN

Irit Neidhardt (geb. 1969) ist in Deutschland und Israel/Palästina aufgewachsen. Nach dem Studium der Islamwissenschaft, Ethnologie und Politikwissenschaft in Münster arbeitete sie zunächst in der kulturellen und politischen Erwachsenenbildung.

Seit 1999 arbeitet sie als freiberufliche Kuratorin und Referentin zum Bereich Kino und Nahost, der 2002 in die Gründung von mec film eingeflossen ist. mec film (middle eastern cinemas) ist eine Verleih-, Vertriebs- und Ko-Produktionsfirma für Filme aus dem Nahen Osten und repräsentiert kurze, mittellange und abendfüllende Filme, die einen anderen Blick auf die Region ermöglichen, immer aus der Innenperspektive.

Irit Neidhardt arbeitete als dramaturgische Beraterin mit dem palästinensischen Schriftsteller Sayed Kashua (TANZENDE ARABER) an der Drehbuchadaption seines Romans *Da ward es Morgen* sowie für Pary el-Qalqili's SCHILDKRÖTENWUT (D 2012). Sie ist Ko-Produzentin von Mahmoud al Massads mehrfach ausgezeichnetem Dokumentarfilm RECYCLE (JOR/D/NL/CH/USA 2007), Simon El Habres preisgekrönter abendfüllender Dokumentation THE ONE MAN VILLAGE (LB 2008) sowie seinem zweiten Film GATE #5 (UAE 2011), Kamal Aljafaris hochgelobtem Filmessay PORT OF MEMORY (Palästina/D 2009) und Damien Ounouris preisgekröntem FIDAI (DZ/F/CHN/D/KWT 2012).

Sie ist Herausgeberin der Bücher *Wir sind die Guten. Antisemitismus in der radikalen Linken* (zusammen mit Willi Bischof, Münster 2000) sowie *Mit dem Konflikt leben?! Berichte und Analysen von Linken aus Israel und Palästina* (Münster 2002) und Autorin zahlreicher Artikel zum Themengebiet Kino und Nahost.

Sie ist Mitglied in der AG Kino, AG Dok, der DAVO (Deutsche Arbeitsgemeinschaft Vorderer Orient) sowie im wissenschaftlichen Beirat der deutschen Ausgabe des Global Media Journal und der inamo (Informationsprojekt Naher und Mittierer Osten).

www.mecfilm.de

Die Frauen müssen befreit werden!

Während der Filmkunstmesse 2002 las ich in einem Leipziger Café *Die Tageszeitung (TAZ)* und stieß auf eine kurze Notiz, die sinngemäß sagte, in Reaktion auf die Anschläge vom 11. September 2001 sei in Münster ein kleiner Verleih für Filme aus dem Nahen Osten gegründet worden. Es brauchte etwas, bis ich verstand, dass mein Unternehmen gemeint war. Nur selten, wie jetzt vor dem weißen Blatt, erinnere ich mich daran, obwohl diese Art von Tangenten meine Arbeit seither ständig berührt. Ich wolle die Welt retten oder zumindest die unterdrückten Frauen des Orients. Ich sei mutig, mich als Frau den arabischen Männern auszusetzen oder dem Krieg. Das sei bewundernswert, ein Geschäftsmodell sei es jedoch nicht, so die neuen Kollegen. Zwei andere kommerzielle Verleihe für Kinofilme in Deutschland waren zu jener Zeit in reiner Frauenhand – knapp ein Prozent der Unternehmen. Außereuropäischen Migrationshintergrund hatte niemand.

Dass viele mec film (middle eastern cinemas) kein langes Leben voraussagten, ist mir mittlerweile verständlich. Verleihe und internationale Vertriebe kommen und gehen, mal unbemerkt und mal mit Paukenschlag. Meist von dem Glauben geleitet, der Handel mit illusionsgefülltem Zelluloid sichere den Lebensunterhalt. Oder refinanziere zumindest die Investitionen.

Über die Einkünfte aus der Neugründung hatte ich viel nachgedacht, denn ohne mein verlässliches Zutun hätte die Familie nicht auskommen können. InhaberInnen etablierter Filmverleihe, das war bei der Planung der Unternehmensgründung schnell recherchiert, haben noch mindestens eine zusätzliche Firma, ihr Betrieb hat verschiedene Geschäftsfelder oder sie sind freiberuflich tätig. mec film war aus meiner Arbeit als Kuratorin entstanden, die ich immer beibehalten habe. Schnell kamen der internationale Vertrieb und später die Ko-Produktion hinzu.

Balanceakt

Die ersten Jahre arbeitete ich darüber hinaus weiter als Trainerin für Selbstbehauptung und Selbstverteidigung für Mädchen und für Frauen sowie in der Geschäftsstelle des örtlichen Frauensportvereins. Eine Erdung und Selbstvergewisserung unschätzbaren Wertes. Ein enormer Realitätsbezug. Wie sehr sich das nicht-kommerzielle Filmschaffen auch der Lebensrealität zuwendet, spielen die meisten Geschichten doch in erfundenen, fremden oder zugespitzten Welten. Sie haben oft den Anspruch, ihren ProtagonistInnen eine Stimme zu geben, aber sprechen nicht selten an ihrer Stelle. Filme als Spiegel der Gesellschaft entstehen im Korsett von Förderrichtlinien, Marktpotenzial und globalisierter Klassengesellschaft.

Wenn mich jedoch in meinen Selbstbehauptungs- bzw. Selbstverteidigungskursen eine Zweitklässlerin fragte, ob sie im Kurs lerne, wie sie sich gegen die Jungen wehren kann, die ihr Fahrrad auf dem Nachhauseweg am Gepäckträger festhalten, und derentwegen sie Angst vor dem Schulschluss hat, spürte ich Bodenhaftung. Die Mädchen und Frauen brachten ihre über Jahre aufgebauten Ängste in die Kurse mit. Alle verband ein diffuses Gefühl persönlicher Unfähigkeit und ein vages Wissen, dass die Ursachen größtenteils in gesellschaftlichen Strukturen und Machtverhältnissen zu suchen und zu finden sind. In jedem Kurs ging es darum, den Opferstatus zu überwinden und Handlungsfähigkeit zu erlernen. Um Emanzipation mit all ihren kraftvollen und unbequemen Aspekten. Um Solidarität.

Das permanente Austarieren von Grenzen, das Zusammenspiel von Wachsamkeit und Gelassenheit, das sich in der jahrelangen Übung im Kampfsport und in der Selbstbehauptung einstellt, sind mir unerlässliche Werkzeuge für meine Arbeit in der Filmindustrie geworden. Die Erinnerung an Situationen in den Kursen und die frauenpolitische Verbandsarbeit im Sport, an die permanente Verzahnung von Theorie und Praxis, müssen mir heute die fehlenden Diskurse und Kämpfe um Frauenbilder und Frauenrollen sowie die damit verbundenen sozio-ökonomischen Fragestellungen in der Filmbranche ersetzen.

Frauen im Blick

Wenn es um den Nahen Osten geht, die Region, aus der die Filme im mec film-Katalog kommen und in der ich einen Teil meiner Kindheit und Jugend verbrachte, sind Fragen rund um das Thema Frau nicht wegzudenken. Während in US-amerikanischen und europäischen Filmen die Hauptfiguren meist männlich sind, scheinen in Streifen aus dem Nahen Osten, die in westlichen Ländern einen gewissen Kassenerfolg verzeichnen, Protagonistinnen dominant. In Amos Gitais KADOSH (Israel/F 1999) leidet die kinderlos verheiratete Rivka unter dem strikten Regime der ultra-orthodoxen jüdischen Gemeinschaft in Jerusalem. Eran Riklis lässt Mona in DIE SYRISCHE BRAUT (HA-KALAH HA-SURIT, Israel/D/F 2004) in eine zweifelhafte Freiheit nach Syrien heiraten, während ihre ältere Schwester Amal, der eigentliche Star des Films, heimlich in Haifa studiert – eine Chance, die sie der israelischen Besatzung der syrischen Golan-Höhen, dem Wohnort der Familie, verdankt. In Hany Abu Assads Oscar-nominiertem PARADISE NOW (AL-JANA ALAN, Palästina/NL/D 2005) über zwei palästinensische Selbstmordattentäter, ist es die Rückkehrerin Suha, die versucht, die Männer von der Tat abzuhalten und damit zu einer zentralen Figur des Plots wird. Haifaa Al-Masours DAS MÄDCHEN WADJDA (WADJDA, Saudi-Arabien/D 2012) gilt bereits als Sensation, weil eine Frau aus Saudi-Arabien den ersten abendfüllenden Spielfilm des Landes gedreht hat. Dieser Film wird mehr noch als die anderen als authentischer Einblick in eine verschlossene Welt missverstanden.

Im Kurzfilmprogramm der Berlinale 2013 lief der Spielfilm SANCTITY (HURMA, Saudi-Arabien/F 2012) der saudischen Schauspielerin und Regisseurin Ahd, die auch eine der Hauptrollen, die Schulleiterin Frau Hussa, in DAS MÄDCHEN WADJDA spielt. Beide saudischen Regisseurinnen werfen einen kritischen Blick auf ihre Gesellschaft. Al-Mansours Wadjda setzt erfolgreich alles daran, ein Fahrrad zu kaufen, um mit dem Nachbarsjungen Rennen zu fahren. Um so sein zu können wie er. Areej, die Protagonistin in SANCTITY, ist eine schwangere Witwe und damit eine Ausgestoßene. In dieser Situation öffnet sich ihr Blick für andere aus der Gesellschaft gefallene Gruppen. Sie nimmt einen obdachlosen Jungen bei sich auf, der als Gastarbeiter ins Land gekommen war, und jetzt, ohne Papiere, seinen kargen Lebensunterhalt als Dealer bestreitet. Behutsam und bestimmt rüttelt Ahd an Tabus ihrer Gesellschaft. Indem sie Formen der Diskriminierung und Gewalt in Saudi-Arabien in größerem Zusammenhang thematisiert, statt sie auf Frauen zu reduzieren, durchbricht sie den stereotypen Blick, in dem arabische Frauen seit Jahren gefangen sind und den sie zum Teil verinnerlicht haben.

Frauenfiguren in Filmen aus der und vor allem über die arabische oder die islamische Welt, die in Europa ökonomischen Erfolg versprechen, dienen den Regisseuren – selten sind es Regisseurinnen – als Symbole für Phänomene von Unterdrückung und Befreiung. Die erlösende Wandlung wird immer durch die Kleidung, oft durch das Abnehmen des Kopftuchs gekennzeichnet: eine visuelle Reise von den verschlossenen arabischen, oft gleichgesetzt mit den islamischen, zu den freien westlichen Werten. Die Frauen fungieren als Medium, als Trägerinnen einer ideologischen Botschaft – Persönlichkeit besitzen sie nicht.

Die Dialektik der Frau

In der Hochzeit des populären arabischen Kinos, das vor allem aus Ägypten (1940er- bis 1980er-Jahre) kam, bis Kriegsbeginn 1975 aber auch im Libanon produziert wurde, trugen Frauen immer westliche Kleidung. Die Röcke waren je nach Mode mal kurz, mal kürzer. Ein Kopftuch trugen sie höchstens bei der Überlandfahrt im offenen Cabriolet. Die Kino-Heldinnen waren oft selbstbewusst: Sie verführten, widersprachen, waren listig, schossen, waren fürsorglich, nahmen Rache, weinten, tanzten, lachten, träumten, küssten, sangen. Sie irrten, fanden Lösungen oder verharrten in Trauer. Sie waren widersprüchlich und manchmal zwielichtig. Nach der Revolution der ägyptischen Freien Offiziere unter Gamal Abdel Nasser 1952 und dem anschließenden sozialistischen Umbau der Gesellschaft wurde an den weiblichen Filmfiguren nicht selten die Dialektik des behandelten Themas aufgefächert. In Kamal El-Sheikhs Politthriller WHOM SHOULD WE SHOOT? (ALA MIN NOTLIQ AL-RASAS?, EG 1975) spielt die Schauspiel-Ikone Souad Hosni die junge Sekretärin Tahani, die bei einem Baumagnaten arbeitet. Sie erfüllt sich ihren Traum von schnellen Autos und einer schicken Wohnung durch die Ehe mit ihrem Chef. Dessen billig hochgezogene Sozialwohnbauten stürzen manchmal ein, doch mithilfe von Korruption und Intrigen zieht er seinen Kopf aus der Schlinge und bringt an seiner Stelle andere hinter Gitter. Ein missglückter Mordversuch, den Tahanis ehemaliger Verehrer vollführt, ein überzeugter Sozialist und vielleicht Tahanis wahre Liebe, bringt die Skandale ans Licht. Der Herzschmerz, der im populären ägyptischen Kino notwendig dazugehört, steht dem Film gut zu Gesicht. Während die politische Frage von Gut und Böse von Anfang an klar definiert ist, verdeutlicht Tahanis Wechselbad der Gefühle, dass politische Theorie und Lebenspraxis nur schwer unter einen Hut zu bringen sind, wenn überhaupt. Als sich Tahani am Ende ihrer Liebe zuwenden will, erfährt sie, dass der auf der Flucht schwer verletzte Attentäter tot ist. Sie hat den falschen Traum gelebt, die falsche Wahl getroffen. Denn Träume zu leben, auch dazu fordert der sozialistische Film auf, sollte jede und jeder versuchen.

Die Werte der europäischen Moderne haben mit der Nahda, der arabischen Renaissance, seit der zweiten Hälfte des 19. Jahrhunderts ihren festen Platz in der arabischen Oberschicht gefunden und wurden mit der Dekolonisierung zum Programm. Der Prozess der Entschleierung war oft mit Repression verbunden. So wurde die Muslimbruderschaft unter Präsident Gamal Abdel Nasser in Ägypten verboten, auch unter Muhammad Husni Mubarak füllten die Brüder, bald auch immer mehr Schwestern, die Knäste. In Tunesien wurde das Kopftuchtragen unter anderem an Universitäten untersagt, sodass es als Form politischen Widerstands galt, verschleiert zum Unterricht zu erscheinen.

Die sozialistischen Regierungen[1] nutzen das populäre Kino ideologisch. Diskutiert wurde, durchaus kritisch, wie die eigenen Ideale verwirklicht werden könnten. Für alternative politische Modelle war, wie in fast allen kinematographien, kein Platz. Nach der Reprivatisierung der (Film-)Industrie unter Anwar Al-Sadat in den 1970er-Jahren wurden die Leinwandheldinnen züchtiger. Die Kleidung war weniger körperbetont, vielleicht aber bequemer, und die Küsse fielen aus. Der konservative Golf war zum Absatzmarkt der ägyptischen Unterhaltungsindustrie geworden. Auch die riesige Gruppe ägyptischer Gastarbeitet die zunächst nach dem Friedensschluss mit Israel 1979 und dann im Zuge des Golfkrieges 1991 ihre Arbeit in den reichen Ölstaaten verlor und die konservativen Werte mit nach Hause brachten, wollte *sauberes Kino (al-sinima al-nazifa)* sehen. Die Kinoproduktion war bis zu den Erhebungen 2011 staatlich säkular gesteuert, während die Mehrheit der Gesellschaft sich längst der Religion zugewandt hatte.

An den Frauen vorbei blicken

Filme aus dem Nahen Osten in deutsche Kinos oder auf internationale Filmfestivals zu bringen, ist für mich durch das gestiegene Interesse an der Region zunehmend schwierig geworden. Gerade weil sich das westliche Publikum für vordergründige Frauenthemen interessiert. Kritische RegisseurInnen bestehen auf Filmen, die sich mit ihren Fragestellungen auseinandersetzen und nicht an den Interessen des Marktes orientiert sind. Feministinnen der Region vermeiden mitunter, sich in ihren filmischen Arbeiten mit Frauenthemen zu befassen. Die palästinensische Regisseurin Annemarie Jacir, deren Kurzfilme ich früh in den Weltvertrieb übernahm, sagte der britischen Zeitung *Independent* beispielsweise im Frühjahr 2013, sie wolle nicht als arabische Regisseurin kategorisiert, nicht auf dieses Label reduziert werden. Das Online-Magazin *Arabian Business.com* fasste das Interview mit ihr unter dem Titel „Judge me by my work" zusammen.

Filme mit komplexen Figuren werden oft als „nicht authentisch" deklariert, als unverständlich oder nicht mutig genug, die wahren Probleme anzusprechen. Joseph Pitchhadzes SHNAT EFFES – DIE GESCHICHTE VOM BÖSEN WOLF (Israel 2006), ein Film

---

[1] Bis Mitte der 2000er-Jahre haben nur die arabischen Republiken, die außer dem Libanon sozialistisch waren, Kinofilme hergestellt. Marokko war bis dahin die einzige arabische Monarchie mit einer nennenswerten Kinoproduktion.

über den gesellschaftlichen Verfall im Zuge der Globalisierung, klammere z. B. die Palästina-Problematik aus. Vielen Deutschen schien der Film nicht „israelisch genug". Über Damien Ounouris FIDAI (Algerien/F/China/D/Qatar/Kuwait, 2012), dem Portrait eines einfachen Ex-Kämpfers der ALN, wurde mir gesagt, der Film habe Bedeutung für Frankreich, nicht aber für Deutschland.

Vor einiger Zeit hörte ich morgens Bernadette La Hengst, zu ihrer Zeit die Frontfrau der Hamburger Band Die Braut haut ins Auge, in meinem Radiowecker sagen, Feminismus sei immer anti-kapitalistisch. Ich dachte sofort an eine Freundin, die glaubt, dass es den Feminismus nach wie vor gibt, weil wir ihn noch nicht fertig definiert haben. Ich hätte gern, dass Feminismus anti-kapitalistisch wäre, wenn das einschließt, dass er nicht rassistisch ist. Nicht nur in den Filmen mit arabischen oder muslimischen Protagonistinnen, die sich für den Verleih und die Produktion rechnen, werden Frauen zu Markte getragen.

Was hier zu Lande als authentischer arabischer Film gilt, sind europäisch-arabische Ko-Produktionen, in denen das Geld oft rein öffentlich europäisch ist. Produkte dieser Art müssen für das hiesige Publikum verständlich sein. Aufgrund des Machtungleichgewichts zwischen Europa und der arabischen Welt, der westlichen Erziehung der arabischen Oberklassen und der 200-jährigen Durchdringung des arabischen Raums mit westlicher Kultur sind arabischen RegisseurInnen sowie dem arabischen Publikum europäischer Filme die entsprechenden Codes vertraut. Umgekehrt funktioniert die Lesbarkeit nicht. Die Ko-Produktionen werden mal subtil und mal direkt mit Zeichen, Erklärungsmustern und Erzählstrukturen gebaut, die die europäischen ZuschauerInnen sicher durch den Film und in eine fremde Welt führen. Die Betonung liegt immer auf dem Fremden und dem Unvereinbaren. Die Filme sind oft Prozesse des Anders-Machens arabischer oder muslimischer Frauen.. Wir leiden für sie und wollen sie befreien, während wir uns für die Komplexität ihres Lebens, für ihre Person nicht interessieren. Und vergessen – um mit Jean-Luc Godard zu sprechen –, dass Film nicht die Reflexion der Realität, sondern die Realität der Reflexion darstellt.

Weil VerleiherInnen nie nur vom Verleih leben, ist die Unternehmensstruktur von mec film wie ein Mobile aufgebaut. Es gibt Jahre, in denen der Verleih die meiste Aufmerksamkeit bekommt, andere, in denen es das Kuratieren, das Schreiben und die Filmgespräche sind, oder auch internationale Lizenzverkäufe und Ko-Produktionen. Bisher schwingen alle Elemente in einem fragilen Gleichgewicht miteinander. Wie im Kampfsport geht es um Konzentration und Beobachtung, um schnelles und gezieltes Reagieren. Darum, nicht aufzugeben, wenn man mal daneben geschlagen und auch nicht, wenn man eins auf die Nase bekommen hat. Manchmal einfach zu gehen. Und woanders wieder aufzutauchen.

Tatjana Turanskyj

FILMEMACHERIN

Studium der Soziologie, Theater- und Literaturwissenschaft in Frankfurt am Main. Gründerin des Performance-Filmkollektivs Hangover ltd.* (2001–2007). Seit 2008 Mitinhaberin der Produktionsfirma turanskyj & ahlrichs GbR (www.turankyj-ahlrichs.com).
Lebt als Filmemacherin in Berlin.

RADICAL PERFORMANCE: DIE „HANGOVER KOLLEKTIV"-FILME
2007 KORLEPUT (72 Min., DV)
2004 DESIRE TO SHOOT, A FILM PERFORMANCE (60 Min., DV)
    REMAKE (19 Min., DV)
2003 PETRA (73 Min., DV)
2001 HANGOVER (73 Min., DV)

DIE KURZFILME
2008/2014 I WANT TO A BE A DANCER (8 Min., DV)
2004 WEDDING (5 Min., 35 mm, Ko-Director: Wiebke Berndt)

DIE „FRAUEN UND ARBEIT"-TRILOGIE
2014 TOP GIRL ODER LA DÉFORMATION PROFESSIONNELLE (94 Min., dcp)
2010 EINE FLEXIBLE FRAU (97 Min., HDCAM)

Dies ist unsere Zeit, weil wir sie erschaffen

Die Erfolgsfrau

Hurra! Die Forderungen der Frauenbewegung sind obsolet geworden, denn es schlägt die Zeit der „Erfolgsfrau". Wir haben es geschafft! Wir haben Zugang zur Macht, wir haben Humor, wir sind Kanzlerin. Als Beweis laufen wir als hysterische, narzisstische oder pragmatische Aufziehpuppen ständig durchs Fernsehen.

Man kann also nicht sagen, Frauen kommen nicht vor! Wir wuürden keine Rolle(n) spielen.[1] Dabei sind wir nie krank oder alt. Wir erleben keine Krisen, wir haben keine Zukunfts- und Versagensängste, wir leben nicht prekär. Nein wir leiden nicht, wir werden nicht geschlagen oder werden durch Klasse, „Race", Alter und Geschlecht diskriminiert. Ja, wir leben in einer Scheinemanzipation! Nein, wir trinken nicht!

Mit meinem Film EINE FLEXIBLE FRAU, mit dem ich 2008[2] angefangen habe, wollte ich dieser Scheinemanzipation etwas entgegensetzen: die Idee der Verweigerung als Kritik. Es sollte ein Film werden, der eine andere Form- und Bildsprache hat, der keine Psychologisierung vornimmt, der nicht die Figur erklärt, sondern der – altmodisch formuliert – etwas über „Verhältnisse"[3] aussagt. Darüber hinaus wollte ich das „Prekär"-Werden von Biografien durch unsichere Lebens- und Arbeitsverhältnisse darstellen, was typisch für Berlin und unsere Zeit ist.[4]

---

1 Der „Frauenfilm" oder auch „Chickflick", der die Bilder für diese Scheinemanzipation liefert, läuft zur Primetime und wird selbstverständlich auch von Frauen gemacht, gefördert und produziert. Mit schlichter Identitätspolitik – wenn Frauen Filme machen, erzählen sie anders, kritisch etc., wie es der Differenzfeminismus der Filmemacherinnen in den 1970er-Jahren noch politisch programmatisch propagieren konnte – kommen wir heutzutage nicht weiter. Auf der anderen Seite ist es Fakt, dass Regisseurinnen und Filmerinnen, Bühnenbildnerinnen und Kamerafrauen immer noch am Rand stehen, weniger Aufträge und geringere Budgets haben und (deshalb) weniger verdienen, von Kinderbetreuung ganz zu schweigen. Es gibt natürlich Ausnahmen. Das sind die Auserwählten, die üblichen Ausnahmefrauen, die jedes System zu seiner Rechtfertigung braucht. Seht her, sagt das System, hier sind unsere Frauen, sind sie nicht wunderbar? Ja sie sind es. Aber ihre Anwesenheit ändert nichts an den Verhältnissen, sondern schürt Neid und Missgunst, Spaltung statt Solidarität.
2 2008 gab es – wie heute übrigens auch – eine kleine feministische Welle. Was ich damals vermisst habe, war ein Gedanke, der nicht fragt „Wie kommen Frauen ‚heute' nach oben?", sondern die Kritik an den bestehenden Verh.ltnissen, „heute".
3 Mir war nur halbbewusst, dass ich mit meinem Film an den feministischen Film der 1970er-Jahre angeknüpft habe. Aber ich bin vor allem eine Feministin und für mich ist der Feminismus eine machtkritische Haltung. Von dieser Position aus habe ich meinen Film konzipiert. Übrigens bin ich schon mein ganzes Leben lang Feministin – was soll man auch anderes werden. Meine Vorstellung von Feminismus ist nicht ans Geschlecht gebunden. Das war natürlich nicht immer so. Aber es geht darum, die Heterosexuelle Matrix, in der wir uns befinden, aufzuweichen – und auch Männer sind ja keine Naturwesen. Was ich interessant finde ist, dass die Meisterinnen unter den Filmemacherinnen z.T. explizit keine Feministinnen sind. Dabei sind ihre Filme so kämpferisch, so analytisch, wild, experimentell – feministisch?!
4 Ich wollte, dass sich meine Haltung, meine Sicht auf unsere Gesellschaft so klar und auch einfach wie möglich herstellt. Eine Klarheit in der Struktur, in der Figur, in der Art und Weise, wie Greta als einsame fiktive Heldin gegen den Rest der (einer von mir als real imaginierten) Welt kämpfen muss. Es ist schwer zu sagen, wie viel „Ich" in der Frauenfigur Greta M. steckt. Tatsächlich denke ich einfach nicht so. Aber

Die erste Inspiration für Eine flexible Frau war Richard Sennets Buch *Der flexible Mensch*. Sennet beschreibt die harten Veränderungsanforderungen des postmodernen, flexibilisierten Kapitalismus an das Individuum. Diese Grundtatsache aktueller, gesellschaftlicher Entwicklung wollte ich mit der speziellen Situation von Frauen verknüpfen und die Frage aufwerfen, inwieweit das propagierte und medial vermittelte Bild der „modernen emanzipierten Frau" (s.o.) nichts weiter ist als eine Affirmation des derzeitigen Status quo und deshalb eine „konservative Emanzipation".

Die Geschichte von Greta M., 40, ist daher eher einfach: Eine Frau mit einer postmodernen, brüchigen Architektinnenbiografie verliert ihren Job. Wie Don Quichotte kämpft sie gegen unheimliche Mächte an: ihren Sohn, den Bewerbungscoach, die verhinderte Architektur des neuen Berlins und nicht zuletzt gegen die eigene Paranoia, eine Frau ohne Auftrag zu sein. Sie trinkt und driftet zwischen Anpassung und Widerspruch durch ihr Leben und trifft auf „die Stadt der Frauen"[5]. Kommentiert wird die Lage der Frauen von „Kluge", einem feministischen Blogger und Stadtführer.

Die Ökonomie ist nicht geschlechtsneutral

Auch wenn uns die Medien und die Politik ein anderes Bild vermitteln, differenziert der Arbeitsmarkt zwischen Männern und Frauen. Am eklatantesten zeigt sich dies in der Überzahl von Frauen, die in Teilzeit oder im Dienstleistungssektor, schlecht bezahlt und z.T. ohne feste Verträge arbeiten.[6] Auf der anderen Seite ist offensichtlich, dass Frauen heutzutage Zugang zu Führungspositionen (auch im Filmbizz, im Fernsehen, in den Medien und Gremien) haben und diese Macht strategisch zu nutzen wissen.

Die Welt, in der wir leben, „der flexibilisierte globalisierte Kapitalismus" kann sich offene Diskriminierung gar nicht mehr leisten, denn er braucht Frauen als (flexible) Arbeitskräfte und treue, kaufkräftige Konsumentinnen. Vereinfacht gesagt produziert er dafür permanent Bilder, die Teilhabe suggerieren und Erfolg versprechen. Dieses Surrogat schmeckt natürlich besser als die alte Leier von Emanzipation und

---

ich denke mir auch nichts aus, sondern beschreibe, was ich sehe und fühle durch eine Figur. Es geht mir nicht um eine Geschichte, sondern um einen Zustand, ein Gefühl, das der Zuschauer nachvollziehen kann, ein Gefühl, das erlebbar wird. Wenn es überhaupt Vorbilder für Greta M. gibt, dann sind das fiktiven Figuren aus dem Kino, dem Tanz und der Literatur.

5   Es ging mir darum, die verschiedenen, typischen „Rollen" zu zeigen, die Frauen in unserer Gesellschaft selbstverständlich zur Verfügung stehen: Lehrerin, Sachbearbeiterin, Coach, selbstständige Beraterin, Dienstleisterin, Chefin eines „Kommunikationsunternehmens" und die Mutter und Ehefrau. Die Frauen in meinem Film sind alle zutiefst unzufrieden, sie spüren ein Unbehagen, aber sie betrachten das alles ausschließlich individuell und auf ihre Person bezogen. Das Gesellschaftliche, die Krise, der neue neoliberale Diskurs – das alles ist ausgeblendet. Ich habe sie mit der Kamera in ihre Büros und Arbeitsplätze „eingerahmt", um ihre Isolierung zu zeigen. Da sitzen sie und verwalten, coachen und telefonieren: einsame Frauen in ihren selbstgewählten Frauenschicksalen. Greta M. hingegen ist eine Außenseiterin, eine scheinbar unangepasste Person, die sich verweigert. Aber, auch wenn das widersprüchlich scheint, auch an der Gesellschaft teilhaben will. Die Geschichte der Greta M., das ist auch eine Beschreibung einer großen inneren Krise.

6   Ca. 80 Prozent aller Teilzeitarbeitsplätze sind in Frauenhand. Warum ist das so? Sehr polemisch und verknappt: Betreuungs-und Pflegearbeit sind nach wie vor in Deutschland „Frauensache", dazu kommen fehlende Einrichtungen für die Kinderbetreuung, ein meines Erachtens konservatives Rollenverständnis, etc.

Gleichberechtigung. Gleichzeitig leben wir aber in einer heterosexuellen Matrix, einer Geschlechterhierarchie, die Frauen sehr wohl weiterhin strukturell ausgrenzt. Nur so lässt sich also erklären, warum kaum eine Handvoll Filme von Frauen ins Kino kommen, dass auch im Fernsehfilmbereich oder Doku weniger Frauen am Werk sind und/ oder weniger kontinuierlich arbeiten. Und auch, wenn es um die öffentliche und mediale Wahrnehmung von Filmemacherinnen, Künstlerinnen, Wissenschaftlerinnen oder Kindergärtnerinnen etc. geht, ist Gleichbehandlung in Sachen „Repräsentation" kaum in Sicht. Aber das wird heutzutage gar nicht mehr in Frage gestellt.

Für mich ist die „Unterdrückung der Frauen", wie man sieht, keineswegs beendet. Sie hat bloß das Kostüm gewechselt und sich in Shape gebracht. Das Ergebnis kann sich sehen lassen und hei.t struktureller Sexismus. Dieser Sexismus ist subtil und schwer zu fassen, denn die neue neo-konservativ-liberale Ordnung kennt nur „individuelles Versagen" oder „individuellen Erfolg" oder auch „Talent". Sie negiert gesellschaftliche Strukturen[7] und kreiert so eine Ideologie des Scheiterns, die ausschließlich im Unvermögen des Individuums begründet ist: Nicht das Sein ist verantwortlich, sondern das Bewusstsein – Kritik an den gesellschaftlichen Verhältnissen ist nicht nur unangemessen, sondern einfach dumm. Wer z.B. einen „ordentlich finanzierten Film" machen will, muss durch sehr enge Nadelöhre. Die Nadeln heißen mangelnde Netzwerke und ein als „Geschmack und Qualität maskierter Sexismus".[8] Viele Frauen schaffen es nicht durch das Nadelöhr – da ist dann das Thema zu speziell („findet kein Publikum"), man traut ihnen keine effiziente Budgetkontrolle zu, oder sie sind schlicht „untalentiert" – es gibt viele Gründe, aber niemand würde heute noch sagen, dass es mit dem Geschlecht zu tun hat. Das ist ein Anachronismus und wer das anzweifelt, ist eine beleidigte kleine Leberwurst.

Do It Yourself oder Selbstausbeutung ist auch keine Lösung

Ich wollte immer Filme machen, mich ausdrücken. Das war aber mehr ein Traum, eine Fantasie und hatte etwas mit den Filmen zu tun, die ich gesehen hatte. Konkret hatte ich für mich keine Möglichkeit gesehen, in dieser Männerwelt zu agieren. Deshalb habe ich erst spät als Autodidaktin angefangen, zusammen mit dem von mir mitgegründeten Film- und Performancekollektiv „hangover ltd".[9] Und plötzlich war alles ganz einfach: Wir konnten Filme machen! Wir hatten eine kleine DV-Kamera, einen AVID-Schnittplatz und uns als Darstellerinnen. Von 2001 bis 2007 haben wir drei Langfilme, eine Filmperformance in der Volksbühne und einen Kurzfilm gemacht, der 2005 in Oberhausen gewonnen hat. Für unsere Filme haben wir eine eigene Methode entwickelt: Wir haben Szenen aus der Filmgeschichte als Vorlagen genommen und sie auf unser Leben übertragen, re-dramatisiert und gesampelt.

---

7 „There is no such a thing as society." – Margaret Thatcher.
8 Michaela Meise: Solidarität statt Sympathie. In: *Texte zur Kunst*, Nr. 84, 22/2011. S. 77.
9 hangover ltd* waren Christine Gross., Sophie Huber, Claudia Splitt, Ute Schall und ich.

Unsere Filme sind experimentell, und sie haben eine eigene Handschrift. Die Konflikte unseres Kollektivs haben sich ebenso in die Filme eingeschrieben, wie die Szenen und Filme, auf die wir uns bezogen haben.

Gefördert wurden wir von der Volksbühne und auch mit geringen Mitteln von der offiziellen Filmförderung. Wir haben uns allerdings freiwillig nie aus dem „Underground" herausbegeben – eine typische Frauengeste sicher. Vielleicht aber auch, weil wir insgeheim wussten, dass wir mit unseren überdrehten ex- und egozentrischen Geschichten von Frauen, die Raubtiere sind (PETRA) oder Männer mieten, um neben Sex auch eine Hochzeit zu inszenieren (KORLEPUT), keine müde Mark machen würden.

Nach der Trennung von hangover ltd* und der nachfolgenden Auflösung des Kollektivs 2008 habe ich zusammen mit Jan Ahlrichs meine eigene Filmproduktion gegründet, um meinen Filmtraum zu leben: Ich hatte ja im do-it-yourself gelernt, wie man Filme macht und produziert. Außerdem kannte ich Schauspielerinnen, Performerinnen, Tänzer, Kostümbildnerinnen und Künstlerinnen, die alle Lust hatten, an meinem Film mitzuwirken und auch mich zu unterstützen, was eine irre Erfahrung war. Ich habe dann eine Drehbuchförderung bekommen – von der Künstlerinnenförderung des Berliner Senats und den Film mit der sogenannten künstlerischen Low-Budget-Förderung gedreht.[10] Das sind Budgets, die ein „normaler" Regisseur als Gage erhält. Es sind Randförderungen, Alibi-Kohle für die verbleibenden Filmemacher. Aber ich bin froh, dass es sie gibt, denn ohne diese Förderungen würde ich gar keine Filme machen können. Außerdem bin ich meine eigene Produzentin, d.h. unabhängig, und das soll auch so bleiben.

Unabhängigkeit ist für eine Filmemacherin das höchste Gut: Drehbuch, Casting, Dramaturgie, Musik, Director's Cut – *das* bestimmt den Film. Und das sollte auch der/die Filmemacherin bestimmen und nicht der/die Redakteur oder Produzentin. EINE FLEXIBLE FRAU lief auf vielen wichtigen, großen und kleinen Filmfestivals, weltweit. Das Fernsehen hat den Film übrigens nicht angekauft – die Thematik und die Form haben nicht überzeugt. Auch meinen zweiten Film TOP GIRL (2012/13) konnte ich dank der künstlerischen Low-Budget-Förderung sowie der BKM-Drehbuch- und Filmförderung machen. TOP GIRL ODER LA DÉFORMATION PROFESSIONNELLE ist der 2. Teil meiner FRAUEN UND ARBEIT-Trilogie[11]. Er handelt von der Schauspielerin Helena (Julia

---

10 Man sieht EINE FLEXIBLE FRAU an, dass er wenig Geld gekostet hat, dadurch sieht manches „roh" aus. Das wurde von der Kritik häufig mit „ehrlich" verwechselt, und diese Verwechslung ist symptomatisch für unsere Zeit. Es ist eine romantische Idee, dass ein „armes Kino" freiwillig entsteht. Es entsteht, weil sonst gar nichts entstünde. Es ist allerdings an der Zeit, sich auch das F.rdersystem unter dem Sexismusproblem anzusehen.

11 Die FRAUEN UND ARBEIT-Trilogie untersucht in drei Langspielfilmen unsere neoliberale (Dienstleistungs-) Gesellschaft. Dabei interessieren mich das Verhältnis von Form und Inhalt. Der Fokus liegt auf den asymmetrischen Geschlechterverhältnissen in unserer Gesellschaft. Es sind Filme, die sich an der Realität reiben und dennoch fiktiv und artifiziell sind. HIGH POTENTIAL ist eine filmische Analyse der „Erfolgsfrau" und der letzte Teil der Trilogie. Der Film spielt in einer PR-Agentur. Hier sind die Machtkämpfe subtil und kaum wahrnehmbar, gekotzt wird hinterher auf der Toilette. Ein Vorfall spaltet die Agentur in Männer und Frauen. HIGH POTENTIAL ist übrigens erneut von der Berliner Künstlerinnenförderung gefördert worden.

Hummer), die sich mehr und mehr in die Sexarbeiterin Jacky verwandelt. Es geht um Sexarbeit und Sex als Performance. Außerdem stellt der Film die Frage, was eine sexuelle Dienstleistung eigentlich ist. Mit knapp 198.000 Euro ist der Film unterfinanziert, sagen die einen. Trotzdem war ich froh, dass ich nach EINE FLEXIBLE FRAU weiterarbeiten konnte, denn ich will weiter Filme machen und produzieren – am Mainstream vorbei – die eine hohe künstlerische Affinität haben und (auch) meine feministische Sichtweise widerspiegeln.

Aber ich mache mir keine Illusionen: Der Markt sucht nach anderen Filmen und auch der Kinoraum ist enger geworden, neue Vertriebs- und Förderstrukturen – vom illegalen Download mal abgesehen – sind noch nicht wirklich in Sicht.

Geringe Budgets haben allerdings auch einen hohen Preis: die finanzielle (Selbst) Ausbeutung und auch die von Mitarbeiterinnen und Schauspielerinnen. Eine Tatsache, die ich gerade unter der oben beschriebenen asymmetrischen Gesellschaftsstruktur schwierig finde.

Deshalb hat mich ein Zitat aus Helke Sanders berühmtem Text *Die Madonna mit der Kreissäge*, den ich zu Recherchezwecken nochmals gelesen habe, mehr als nachdenklich gestimmt. Der Text ist von 1980, seine Analyse scharf, präzise und schnörkellos politisch. Er gibt mir zu denken, ob meine selbstgewählte Position – lieber Filme mit wenig Geld als gar keine Filme – nicht bereits eine bedingungslose Kapitulation ist und ob es nicht an der Zeit ist, gemeinsam eine wirkliche Teilhabe zu erkämpfen.

„Definitiv ist es keine Wunschvorstellung von Frauen, in der Subkultur, am Rand zu bleiben. Natürlich möchte jede Identität mit der Gesellschaft, in der sie lebt. Arbeit soll diese Identität herstellen. Frauen machen sich entweder die Subkultur zu eigen, richten sich in ihr ein, oder kämpfen gegen sie an. In keinem Fall aber partizipieren sie selbstverständlich in ihrer Eigenheit, ihrem Bewusstsein, über ihre Erfahrungen als Frauen an der bestimmenden Kultur."[12]

So schlimm, fragt mein strenges, gegendertes, identitätskritisches Über-Ich? Ja, sagt meine Erfahrung als „Frau" in der mich bestimmenden Kultur – das Unbehagen bleibt.

Die heterosexuelle Matrix sprengen

Wir brauchen eine 50-Prozent-Frauen-Quote, das ist klar, das leuchtet ein – sonst ändert sich nichts, und in 20, 30 Jahren sitzen die Töchter da und wundern sich. Außerdem sollten auch die Förderstrukturen einer wissenschaflichen und feministischen Sexismusanalyse unterzogen und dementsprechend geändert bzw. „ge-gendert" werden. Was wir aber noch viel mehr brauchen, ist eine Genderquote für Filme, die versuchen, die heterosexuelle Matrix zu sprengen und Geschlechterbilder in Frage zu stellen und neu zu erfinden. Filme, die nicht nur inhaltlich, sondern vor allem auch formal intelligent, sexy, obszön, wild und experimentell sind.

---

12 Helke Sander: „Die Madonna mit der Kreissäge". In: *Frauen in der Kunst*, Bd. 1. Hrsg. von Helke Sander, Gislind Nabakowski, Perter Gorsen. Frankfurt/Main 1980.

Aysun Bademsoy

DOKUMENTARFILMREGISSEURIN

Geboren 1960 in Mersin/Türkei, 1969 Übersiedlung nach Westberlin. Studium der Publizistik und Theaterwissenschaft an der FU Berlin, parallel Arbeit als Schauspielerin, u.a. in ZUHAUSE UNTER FREMDEN, (Peter Keglevich 1978), EINGANG HINTERHAUS (Izzet Akay 1980) sowie den Serien LIEBLING KREUZBERG (1985) und MOTZKI (1992). Editing von Michael Hammons Film BÜFFELFÄNGER und Christian Petzolds DAS WARME GELD, Regieassistenz und Produktionsleitung u.a. bei Harun Farockis Filmen KAMERA UND WIRKLICHKEIT (1992) und EIN TAG IM LEBEN DES ENDVERBRAUCHERS (1993) sowie Christian Petzolds PILOTINNEN (1995) und CUBA LIBRE (1996).

DOKUMENTARFILME (Auswahl)
2010 EHRE (Ma.Ja.De. Filmproduktion in Ko-Produktion mit BR/ARD; Filmfest München, Kassel Documentary Film & Video Festival 2011, Türkische Filmwoche Berlin, Adana Altin Koza Filmfestival 2012 und Festivals in Istanbul und Boston)
2008 ICH GEHE JETZT REIN (Harun Farocki Filmproduktion und ZDF/Das Kleine Fernsehspiel; Viennale Wien 2008, Internationale Hofer Filmtage, 34. Duisburger Filmwoche, Festivals in Prag, Nürnberg, Ankara, Istanbul)
2005/2006 AM RAND DER STÄDTE (Harun Farocki Filmproduktion; 56. Internationale Filmfestspiele Berlin 2006, Crossing Europe, Filmfestival Linz 2006 und Festivalpräsentationen in Marseille, Tübingen, Amsterdam, Göteborg, Paris, Lille, Mar del Plata; Dokumentarfilmpreis Internationale Filmfestspiele Innsbruck 2007, Best Documentary Award, Documentary & Short Film Competition, Boston/USA 2012)
DEUTSCHLÄNDERSIEDLUNG (Loop im Auftrag der Bundeskulturstiftung)
2004/2005 DIE HOCHZEITSFABRIK (ZDF/3sat; Crossing Europe, Linzer Filmfestival 2005)
1999/2000 JETZT, IN DIESEM AUGENBLICK (Gemeinschaftsproduktion mit deutschen und französischen Regisseuren, Arte/La Sept)
1999 DEUTSCHE POLIZISTEN (SWR/ARD; Berlinale 2000)
1997 NACH DEM SPIEL (ZDF/Kleines Fernsehspiel; Berlinale 1998)
1996 EIN MÄDCHEN IM RING (ZDF/3sat; 21. Duisburger Filmwoche)
1995 MÄDCHEN AM BALL (ORB; 19. Duisburger Filmwoche)
1994 NIRGENDS IST MAN RICHTIG DA (ZDF/3sat)
1990 DETEKTEI FURKAN – EIN TÜRKISCHER PRIVATDETEKTIV IN BERLIN (FAB Fernsehen)

Ethnologie zweier Welten

In Mersin an der türkischen Südküste, wo ich aufgewachsen bin, ging meine Mutter jedes Wochenende mit uns in ein Freilichtkino. Fatma Girik, die Schauspielerin, die später Bürgermeisterin in Istanbul wurde, war damals ein großer Star und ein Vorbild für mich. Diese besondere Sommeratmosphäre im Kino hat einen tiefen Eindruck bei mir hinterlassen.

Durch meine Mutter, Sabahat Bademsoy, die in den 1970er-Jahren in der türkischen Theaterszene in Berlin viele Freunde und Bekannte hatte, kamen mein Bruder Tayfun Bademsoy und ich in Kontakt zu Personen der Berliner deutsch-türkischen Film- und Theaterszene. 1979 entdeckte Peter Keglevich uns drei für seinen Film ZUHAUSE UNTER FREMDEN, einen der ersten Filme zum Thema Migration, für den er auch einen Grimme-Preis gewann. Ich war die Partnerin von Herbert Grönemeyer in einer „problematischen" deutsch-türkischen Liebesbeziehung. Die Laufbahn meiner Familie bekam durch diesen Regisseur einen gewissen Schub, sodass ich damals, als ich gerade mein Abitur machte, mehrere Spielfilmangebote erhielt. Aber ich begann, an der FU Berlin Theaterwissenschaft und Publizistik zu studieren. Mir war noch nicht klar, wofür ich mich entscheiden würde.

Türkin spielen

Es stellte sich mit der Zeit heraus, dass ich immer die gleichen Rollen spielen musste. Schon die Kostümbilder, diese Pumphosen, hässlichen Trenchcoats und Kopftücher fand ich deprimierend. Obwohl ich mit der Schauspielerei sehr gut mein Studium finanzieren konnte, hatte ich bald keine Lust, nur ein Stereotyp der Türkin darzustellen. Selbst wenn ich moderne Türkinnen spielte, stammten sie aus dörflichen Strukturen und waren prinzipiell unterdrückt. Bilder der modernen türkischen Städte und des Bildungsbürgertums, aus dem ich stamme, existierten nicht.

Mersin ist einer der bedeutendsten Umschlaghäfen zwischen Europa und Asien, sehr modern, leider inzwischen ein wenig verbaut und hässlich. Als ich dort in den 1960er-Jahren zur Schule ging, besaß die Stadt ein Lebensgefühl, das von Europa inspiriert war. Viele europäische Firmen und Wirtschaftsvertretungen hatten hier Dependencen und es entstanden moderne, an die Bauhaus-Tradition angelehnte Gebäude. Mersin strahlte etwas Freies aus.

Meine Mutter war damals eine der ersten Frauen, die sich zur Schneiderin ausbilden ließen und ein selbstständiges Leben erstrebten. Sie war es auch, die 1969 entschied, dass wir nach Deutschland gehen. Mein Vater, der studiert hatte, befürwortete die Idee zunächst überhaupt nicht. Als sie längst abgeflogen war, dachte er noch, sie würde es sich anders überlegen.

Während meines Studiums arbeitete ich immer öfter hinter der Kamera. Mir wurde klar, dass ich nicht weiter als Schauspielerin arbeiten konnte. Ich hätte dem *deutschen*

Klischee einer Türkin entsprechen müssen. Auch mein Bruder Tayfun störte sich eine Zeit lang daran, immer die gleichen Typen zu verkörpern. Er spielt weiter, meine Mutter auch, aber ich entfernte mich von der Idee. Parallel arbeitete ich als Skript-, Regie- und Cutterassistentin in verschiedenen Filmproduktionen und hospitierte bei Peter Steins berühmter Theaterinszenierung von Anton Tschechows *Drei Schwestern*. Ich übernahm die Recherche für ein großes Projekt von Harun Farocki und bei einigen seiner Filme die Produktionsleitung. Obwohl ich die Praxis der Spielfilmarbeit lernte, interessierte ich mich intensiver für den Dokumentarfilm.

Ethnologie zweier Welten

Das Gefühl vieler Türken, in Deutschland nur Gast bzw. „Gastarbeiter" zu sein, hat mich oft gestört. Die Männer in meinem Umfeld, auch meine Brüder, empfanden übrigens viel stärker als ich, dass man als Türke in diesem Land nicht gern gesehen ist. Mädchen und Frauen erfahren im Allgemeinen weniger Ablehnung, stattdessen sind sie mit verqueren erotischen Projektionen konfrontiert. Als ich mit neun Jahren nach Deutschland kam und meine Mutter mich einer Nachbarin vorstellte, beugte sich die Frau herunter, fasste meine Beine an und machte Komplimente über meine braune Haut. Als Türkin bist du die Exotin, die hübsche Fremde mit den großen Augen. Sie meinte es nicht böse, aber mich irritierte es sehr.

Ich interessierte mich mehr und mehr für die schwierige Auseinandersetzung mit dem Leben in Europa. Die Fragen der Eingewöhnung und all die Probleme mit der Moral, wenn du in türkischen Familienstrukturen lebst, sind mir vertraut. Wie sehen diese Menschen Deutschland? Ich interessiere mich für diese Perspektive, zumal es mir leicht fällt, einen Bezug zu den Menschen zu entwickeln. Während der Arbeit ist der Einblick in mein Leben für meine Protagonisten immer interessant. Ich lebe anders, was sie oft merkwürdig finden, aber es bringt sie dazu, ihre eigenen Perspektiven zu hinterfragen. Ich versuche, die komplizierten psychischen und sozialen Prozesse der Migration sichtbar zu machen und wie sich unter diesen Bedingungen Neues entwickelt.

NIRGENDS IST MAN RICHTIG DA (1994), mein erster Dokumentarfilm, der auf ein Volkshochschulprogramm der evangelischen Kirche zurückgeht, erzählt von türkischen und palästinensischen Jugendlichen, die nicht in Deutschland aufgewachsen sind und sich hier fremd fühlen. Alle meine Filme beschreiben die Erfahrungswelt junger deutsch-türkischer Frauen und Männer, ohne das Klischee des dörflichen, ungebildeten, desinteressierten Türken zu bedienen.

Fußball

Töchter, die einerseits fest in ihren türkischen Familien verwurzelt sind, sich aber auch souverän in Männerdomänen bewegen, habe ich in einer Langzeitbeobachtung über fünf Fußballerinnen in MÄDCHEN AM BALL (1995), NACH DEM SPIEL (1997) und ICH GEHE JETZT REIN (2008) portraitiert.

Anfangs sind die Mädchen voller Energie, aber ihre Träume stoßen an Grenzen, wenn die Umgebung, die sie absichert und in Watte einhüllt, mit dem Erwachsenwerden wegfällt. Stellvertretend für ihre Generation kristallisiert sich heraus, dass viele Migranten noch nicht verstanden haben, dass man ohne Bildung kaum Chancen in dieser Gesellschaft hat. Ihre Eltern waren als Fabrikarbeiter geholt worden, aber die industrielle Arbeitsperspektive existiert kaum mehr. Kann man erwarten, dass sie ihren Kindern Bildung ermöglichen, wo sie selbst meist nur die Grundschule besucht haben? Ich versuche, Brüche und Entwicklungen zu verstehen, wenn ich ihre Überforderung thematisiere.

Die Fußball-Mädchen träumten von der Leichtigkeit des Aufstiegs. Im Lauf der Zeit wurde ihnen aber bewusst, dass ihre eigenen Kinder die deutsche Sprache beherrschen und eine Ausbildung machen sollten. Sie sahen sehr richtig, dass sie selbst ihre Möglichkeiten ausloten mussten. In ICH GEHE JETZT REIN konnte ich beobachten, wie schwer es einigen fiel, ihr Scheitern einzugestehen und daraus zu lernen.

Ich sehe mich aber nicht als verlängerter Arm von Beratungsinstitutionen. Mein filmischer Blick kann widersprüchliche Binnenentwicklungen spürbar machen, auch wenn ich die Tabus unserer gemeinsamen Ursprungskultur achte.

Wenn ich einen vierten Film über die Fußballerinnen drehen sollte, würde ich wieder fragen, was sich in ihrem Umfeld verändert hat, wie sie sich selbst im Vergleich zum ersten Film sehen. So vertraut wir miteinander sind, gibt es da sicher Momente, in denen sie sich öffnen. Und wenn sie schweigen oder sich abwenden, ist auch das ein wahrhaftiger Ausdruck.

Umbruchsituationen

Ich versuche, so gut es geht, meine Protagonisten nicht aus den Augen zu verlieren. Fikrye Selen, die Boxerin aus EIN MÄDCHEN IM RING (1996), traf ich in New York wieder. Sie ist ein gutes Beispiel für meine These, dass alte Strukturen irgendwann zerfallen.

Als ich den Film drehte, war sie eine der ersten türkischen Boxerinnen in einem Kölner Verein, wo sie mit drei Brüdern trainierte, die sie wie ihre kleine Schwester gehegt, gepflegt und verteidigt haben. Ich fragte die Sparringspartner, die Fikriye später im Disco- und Türsteher-Milieu wiedersah, was ihnen an ihr gefiel. Die überraschende Antwort: „Fikrye ist die einzige von uns, die Abitur hat! Sie ist sehr klug." Diese Sätze sehe ich als Symbol für die Energie, von der mein Film erzählt.

Durch ihre Erfolge bekam Fikrye einen Werbevertrag mit einer Haarpflegefirma. Das Geld setzte sie für ihr Studium an einer Hochschule für internationale Ökonomie in London ein, arbeitete dann bei einer international tätigen deutschen Firma und heiratete einen Türken, der ebenfalls studiert hatte. Beide zogen nach New York, wo sie in einem Auktionshaus arbeitet und für dessen Geschäfte in drei Regionen der Welt zuständig ist. Wahnsinn, wie zielstrebig diese Frau ihr Leben in die Hand genommen hat!

Als wir den Film damals präsentierten, wohnte sie noch bei ihren Eltern und betonte, wie wichtig ihre türkische Familie für sie sei, aber es war zu spüren, dass sie sich vorgenommen hatte, die Enge zu überwinden und selbst über ihre Zukunft zu entscheiden. Fikrye und ich sind uns mit Respekt, Toleranz und Interesse begegnet. Die Wahl meiner Protagonistinnen ist nicht zufällig. Ich suche nach neuen türkischen Frauenbildern und verkörpere selbst vielleicht ein Rollenmodell für sie.

Streitkultur

Ich recherchiere lange und meine ProtagonistInnen wissen, worauf sie sich einlassen mit mir. So bekomme ich auch ein Gefühl dafür, dass sie über bestimmte Themen nicht sprechen möchten. In der türkischen Kultur ist es auch in Zeiten von Facebook verpönt, private Dinge öffentlich zu machen. Man mag nicht, wenn von außen in die Familie geschaut oder gar Einfluss ausgeübt wird. Diskutiert wird selten. Streitkultur entwickelt sich erst in den letzten Jahren. Die Demonstrationen seit den Ereignissen um den Gezi-Park in Istanbul und das Grubenunglück in Soma sind vielleicht erste Anfänge. Es gibt Diskussionsbedarf.

Auch in den Familien beginnen Gespräche. Die Generation meiner Eltern hat nie gelernt zu streiten. Meine Mutter schwieg, mein Vater ging weg. Drei Tage war es still, dann fing das alltägliche Gerede wieder an. Konflikte anzusprechen, musste ich in Deutschland erst mühsam lernen. In meiner türkischen Verwandtschaft stoße ich immer wieder darauf: Beziehungsprobleme, Scheidungsgründe, die Suche nach alternativen Lebensformen, all das ist erst in den letzten Jahren nicht mehr tabu.

AM RAND DER STÄDTE (2006) fragt Rückkehrer, die verloren in den Betonburgen an der türkischen Südküste leben, nach den Beziehungen zwischen Eltern und Kindern. Ein Vater kämpft mit seiner Erschütterung, wenn er andeutet, seine Kinder zurückgelassen zu haben, als er nach Deutschland ging – für ihn ein unwiederbringlicher Verlust. Seine Frau beantwortet die heikle Frage nicht, lieber erzählt sie von ihrer Fließbandarbeit und den Schulranzen, die sie in Deutschland hergestellt hat. Bestimmte Dinge bleiben in Schweigen gehüllt, das kenne ich aus meiner Familie.

Öffentlichkeit

Die Medien greifen das Thema Migration auf, wenn Menschen scheitern, wenn ihre Rückständigkeit stört oder bedrohlich wirkt. Ich arbeite an einem Perspektivwechsel. Mein Augenmerk richtet sich auf selbstbewusste türkische Frauen, gegen herrschende Klischees. Ich schaue auf die dritte und vierte Generation Deutsch-Türken, Deutsch-Palästinenser und frage, warum sie in der Politik und den Medien so wenig präsent sind. Warum gibt es nicht mehr türkische NachrichtensprecherInnen? 50 Jahre Migrationsgeschichte in Deutschland sind eine Geschichte der Versäumnisse von beiden Seiten.

Als ich nach Deutschland kam, ging ich in den Religionsunterricht, um zu verstehen, wie diese Gesellschaft funktioniert und worin sie wurzelt. Meine Eltern haben mir die ethischen Grundsätze des Islam vermittelt und gleichzeitig Interesse für das Christentum eröffnet. Warum begreift nicht umgekehrt die Mehrheitsgesellschaft die

Migrantenkultur als Bereicherung und beschäftigt sich mit dem Islam? Warum lernen nicht mehr Lehrer Türkisch oder Arabisch? Warum wird erst heute in einigen wenigen Bundesländern der Islam als Religionsfach in die Unterrichtspläne aufgenommen? Muslime bringt man selbstverständlich mit Fundamentalismus in Verbindung, obwohl auch christliche Fundamentalisten eine Form von Terror ausüben können.

Ehre

In den 1990er-Jahren arbeitete ich in einem Frauenhaus in Berlin-Spandau und betreute eine Frau, Nuriye Bekir, die später von ihrem Mann vor den Augen ihrer Kinder ermordet wurde. Bei der Gerichtsverhandlung pochte der Angeklagte darauf, das Richtige getan, nämlich „im Namen der Ehre" getötet zu haben.

Ich frage mich, wie es sein kann, dass Hatun Sürüncüs Familie die eigene Tochter und Schwester tötete und diesen Mord als Ehrensache begriff. Ich kannte Hatun und begleitete sie mehrere Monate durch ihren Alltag, als ich für einen neuen Film recherchierte. Hatun wusste um die Bedrohung. Sie hatte sich von ihrer Familie gelöst, lebte mit ihrem sechsjährigen Sohn allein und hatte eine Lehre begonnen. Ich habe gespürt, dass sie in großer Not war, aber sie konnte nicht erzählen, was sie bedrückte. In meinem Film EHRE (2008), den ich Hatun Sürüncü gewidmet habe, zeige ich alltägliche Orte, eine Telefonzelle, eine Straßenkreuzung, ein Wohngebiet in 360°-Schwenks – Orte, an denen in Deutschland „Ehrenmorde" geschehen sind.

Produktionsbedingungen

Als ich mit dem Filmemachen anfing, wurde mir schnell klar, dass ich mich in einer Männerdomäne bewege. Bei meinem ersten Projekt brach man mir fast das Genick: Kameramann und Tonmann drehten hinter meinem Rücken weiter, der Produzent holte das Material aus dem Schneideraum und schnitt es um. Es sollte unter seinem Namen auf arte gesendet werden. Ich musste meine Urheberrechte in einem Gerichtsverfahren durchsetzen.

Die Gender- und Machtkonfrontation am Drehort ist eigentlich müßig, ich strebe immer eine Arbeitssituation an, in der alle an einem Strang ziehen. Bisher hatte ich Glück mit sehr guten Mitarbeiterinnen. Männern muss ich ständig erklären, was ich warum tue. Nach so vielen Jahren Berufserfahrung fällt es manchen immer noch schwer zu respektieren, dass sie der Ansage einer Frau zu folgen haben. Aber vielleicht ist auch dieses Phänomen in Auflösung begriffen. Bei meinen letzten Dreharbeiten mit einem jungen französischen Tonmann war ich erleichtert, dass er kein Problem damit hatte. Außerdem liegt es in unserer Hand, unsere Söhne so zu erziehen, dass sie dem Klischee nicht folgen und andere Frauen- und Männerbilder entwickeln!

Aufz. CL

Britta Wandaogo

REGISSEURIN, AUTORIN,
PROFESSORIN

Die 1965 in Unna geborene Dokumentarfilmerin Britta Wandaogo studierte Kommunikationsdesign und Fotojournalismus an der Bergischen Universität. Anschließend postgraduiertes Studium an der Kunsthochschule für Medien Köln (KHM). 1994 entstand ihr erster Dokumentarfilm DEN AFFEN TÖTEN. 2000 gründete sie ihre eigene Produktionsfirma wandaogo productions. 2003 war sie Gründungsmitglied des Dokumentarfilmnetzwerks LaDoc. Ihr vielfach ausgezeichnetes filmisches Werk ergänzen Musikvideos und audiovisuelle Installationen. Nach Lehraufträgen an der FH Düsseldorf University of Applied Sciences im Fachbereich Design ist Britta Wandaogo dort seit 2010 Stellvertretende Professorin für Audiovisuelle Medien.

FILMOGRAFIE (Auswahl)
2012 KROKODILE OHNE SATTEL (CROCODILES WITHOUT SADDLES)
2011 NICHTS FÜR DIE EWIGKEIT (BELIEVE IN MIRACLES)
2009 OHNE MEIN VIERTES KIND
     HALBSCHWARZ GEHT NICHT
2007 1200 BRUTTO
2003 DIE KROKODILE DER FAMILIE WANDAOGO
2001 LIEBE SCHWARZ-WEISS (LOVE BLACK AND WHITE)
1998 BILFOU BIGA
1995 EIGENTLICH GEHT'S JA UM NICHTS (WITH A BIG MONSTER)
1994 DEN AFFEN TÖTEN

PREISE
Special Jury Award
German Short Film Award
German Social Award
CIVIS Media Award
Film Award NRW
Spiridon-Neven-DuMont-Award
Cologne Media Award
Audience Award IFFF
Filmpreis Große Klappe
1. Preis NRW Wettbewerb 59. Kurzfilmtage Oberhausen

Schlummerschlaf versus Sturm, Drang und Risiko

Als ich erfahren habe, dass mein Bruder Dirk drogenabhängig ist, wusste ich nicht, was alles auf ihn und auf mich zukommen würde. Ich habe ihm am Wochenende meine Kamera mitgegeben und ein kleines Konzept für einen Film geschrieben. Aber das gefilmte Band, das ich von ihm wiederbekam, war komplett anders und mein Bruder war so, wie ich ihn nicht kannte: Die Aufnahmen waren fast nur auf Toiletten gedreht, zwischendrin Interviews, die er im Bahnhofshäuschen geführt hatte. Ab dem Zeitpunkt bin ich jedes Wochenende nach Dortmund auf die Platte gefahren. Die Leute, die er gefilmt hatte, sind mir direkt über den Weg gelaufen und daraus wurde mein erster Film; DEN AFFEN TÖTEN. EIN FILM VON UND MIT JUNKIES (1994), so habe ich ihn damals im Untertitel genannt. Ich habe die Protagonisten als Teilhaber des Films gesehen. Ich mache „nur" den Kopf auf und versuche normalsterblich zu sein und nicht einen Blick von oben auf jemanden zu werfen. Bei den meisten Menschen, auch bei den Junkies, die sehr weggestoßen leben, gibt es oft unheimlich viel Redebedürfnis. Die Aufnahmen von Dirk, die er später nie wieder auf der Platte gemacht hat, bilden den Rahmen des Films. Ich hatte damals vom Filmemachen überhaupt keinen Plan, habe gerade an der KHM angefangen, aber nicht unbedingt um Film zu studieren. Seit DEN AFFEN TÖTEN habe ich mich hauptsächlich mit Dokumentarfilmen beschäftigt.

In erster Linie wollte ich Dirks Leben verstehen und auch was in den Köpfen von Heroinabhängigen vorgeht. Ich wollte Dirk eher in seinem Leben begleiten, als ständig auf ihn einzureden, das wäre eh nicht gegangen. Das fing erst später vehementer an, als er immer tiefer abrutschte: Ich suchte Möglichkeiten, „ihn rauszuholen"; ich habe ihn bei mir aufgenommen und wir sind zusammen ein paar Monate in die Dominikanische Republik gefahren. Nach einer seiner vielen Entgiftungen hat mein Bruder eine Zeit lang mit einer Freundin bei mir gelebt. Ich habe noch drei weitere Filme über Drogensucht gemacht, einen in Dortmund (WITH A BIG MONSTER, 1995), einen über seine Freundin und ihn (FIRST LOOK, 1997) und dann einen längeren über Dirk und mich (EIGENTLICH GEHTS JA UM NICHTS, 1995). Dirk ist 2005 gestorben. Fünf Jahre später habe ich NICHTS FÜR DIE EWIGKEIT (2011) geschrieben. Mir fielen die ganzen Hi8- und DV-Kassetten von früher wieder in die Hände, und manches war schon ziemlich kaputt. Filme, die einen längeren Zeitraum und Wandel beschreiben und in denen man Lebensveränderungen spürt, haben mich schon immer fasziniert. Ich hatte die meisten Aufnahmen nicht speziell für einen Film gedreht.

Dirk war für mich immer mit der wichtigste Mensch auf der Welt. NICHTS FÜR DIE EWIGKEIT beschreibt die letzten zwölf Jahre zwischen Dirk und mir. Später auch mit meiner Tochter Kaddi und unseren Eltern. Halt eine ganz normalsterbliche Family aus einer Kleinstadt. Meine Eltern haben früher immer gesagt: „Unsere Tochter macht brotlose Kunst, warum hast du überhaupt studiert...?" Das ganze übliche Programm.

Aber Anwalt oder Arzt zu werden, stand weder für Dirk, noch für mich zur Debatte. Wenn mein Bruder etwas gemacht hätte, was ihn wirklich interessiert hätte und wo er seine immense Kraft hätte reinlegen können, wäre einiges anders geworden. Er hat bei der Post gearbeitet, war nicht ausgelastet und hatte unheimlich viel Zeit, um sich woanders auszuleben. Und ich habe meine Energie in meine Projekte gelegt, die Filme haben mich sozusagen ein wenig aufgefangen.

Einen Film aus dem Blickwinkel der Kinder erzählen

Ich habe meinen Mann Salif in den 1990er-Jahren in Köln kennengelernt. Als dann 1996 unsere Tochter Kaddi auf die Welt kam, sind wir jeden Winter zu unserer Familie nach Burkina Faso gefahren und ich habe sporadisch auf dem Hof der Familie gedreht. Ich wollte wissen, wie Kinder dort aufwachsen. Daraus entstand der Film BILFOU BIGA (1998, 30 Min.) und später auch DIE KROKODILE DER FAMILIE WANDAOGO (2003, 61 Min.) Ich wollte die Kinder nicht mit einem ethnologischen Blick betrachten, sondern ich habe versucht, den Film aus dem Blickwinkel der Kinderaugen zu erzählen. Ich war mittlerweile oft in Burkina gewesen und kannte einige „Sichtweisen" auf das Leben. Aber letztendlich erzählt der Film DIE KROKODILE DER FAMILIE WANDAOGO den Konflikt zwischen mir und Salif: Wie unterschiedlich wir in Burkina und in Deutschland sind. In Deutschland kamen wir so halbwegs klar, aber dort hat nichts mehr funktioniert. Der Film zeigt einerseits, wie sich zwischen uns das Leben verändert, und andererseits das freie Leben der Kinder, wie sie alle rumspringen und wie Kaddi mit ihren Geschwistern (Cousins und Cousinen) lebt und wie viel Kraft das Leben für sie dort hat – und wir beide als Paar „am Rad drehen". Nach dem Film haben wir noch ein paar Jahre zusammengelebt, bis wir uns getrennt haben. Unsere Tochter ist jetzt schon fast 18.

Ich wollte eine Kinoauswertung des Films, aber die Produktionsfirma hat nicht mitgezogen. Ich hatte zwar die ganze Zeit gearbeitet, war aber trotzdem pleite, musste Geld verdienen und dachte: „Du arbeitest jetzt fürs Fernsehen!" Solange ich dokumentarisch frei arbeiten kann und nicht in vorgefertigten Dokumentationsschemata denken muss und zu meiner Arbeit stehen kann, kann ich das machen. Ich habe viel für „Menschen hautnah" gearbeitet, konnte mich mit der Themenwahl und der Filmsprache ganz gut durchsetzen.

Frauenfilmfestivals

Ich bin nie in der Kategorie „Frauenfilm" gelaufen. Es ist wichtig, dass Frauenfestivals mit ihrem speziellen Fokus existieren. Das habe ich früher nicht ganz verstanden oder mich nicht damit auseinandergesetzt und natürlich spürt man immer diesen Blick: „Ja wieso Frauenfilmfestival?" Es gibt Festivals für alle möglichen Schwerpunkte, und jedes Festival hat sein Profil. Bei Frauenfilmfestivals existiert ein anderer Umgang mit Themen, die Spannbreite ist sehr groß. DIE KROKODILE DER FAMILIE WANDAOGO und auch NICHTS FÜR DIE EWIGKEIT liefen auf Frauenfilmfestivals, beide Filme könnte man

Krokodile ohne Sattel (2012)

nicht mit dem Etikett „Frauenfilm" versehen, wenn es überhaupt Filme gibt, die man so nennen kann. Wobei wir wieder bei Spannbereite und Intensität sind. Heute glaube ich, Frauenfestivals sind wichtiger denn je. Insbesondere für Independent Filme, die nicht mit riesigen Bugets operieren, aber ihre Qualität und Besonderheit haben.

Ich möchte keine Drei-Millionen-Budgets

Entscheidungsgremien urteilen danach, was für sie funktioniert und wem man was zutraut. Und die meisten „Entscheiderpositionen" sind zu ca. 80 Prozent männlich besetzt. Die Meinung, dass Frauen weniger zuzutrauen ist, hält sich bis heute. Je höher die Budgets, umso dünner wird die Luft. Bei den Projekten, in denen ich mich bewege, ist der Markt etwas ausgeglichener. Aber steigen die Budgets, sieht man fast keine Frauen mehr. Ich wäre nicht daran interessiert, ein Drei-Millionen-Projekt zu machen, fiktionaler Film interessiert mich nicht sonderlich, dort ist so viel mehr Mainstream vorhanden. Die meisten Filme, die mit hohen Budgets produziert werden, sind reine Geldmaschinen.

Domänen und Mechanismen

Ich glaube, dass man sich sehr wohl darüber bewusst sein sollte, dass sich in den letzten 20 Jahren ziemlich wenig bewegt hat. Solange man nicht in einer Position arbeitet, nimmt man dies vielleicht nicht so wahr, aber als Professorin an einer Hochschule spürt man die Mechanismen. Mir ist erst später aufgefallen, dass ich mein ganzes Studium nur von Männern unterrichtet wurde, aber das hat nie eine Rolle gespielt. Es fiel

Kaddi, Nattou, Hindou, Fat Taco und Bintou in Tenkodogo, Burkina Faso, bei den Dreharbeiten zu
DIE KROKODILE DER FAMILIE WANDAOGO (2003)

mir erst auf, als ich im gleichen Berufsfeld angekommen war. Seitdem blickt man ganz offen in Grabenkämpfe und Geschiebe, in das ganze verklebte Programm. Man muss sehr wach sein in dieser Männerdomäne und die Spielregeln erkennen – oder darüber hinwegsehen bzw. nicht „mitspielen" – aber sie begreifen. Jede Institution hat ihre alteingesessenen, festen Strukturen, und solange alles halbwegs gut funktioniert, soll es natürlich so bleiben. Alteingesessene Strukturen sind immer männlich dominiert. Also ist man deutlich mit dem Programm „Übernahme der Position" konfrontiert. Ist man unbedeutend, ist es sowieso egal. Fakt ist, es lähmt jede Kraft für Erneuerung und Tatendrang. Wie lange diskutieren wir nun schon über eine Selbstverständlichkeit? Wie lange hätte dies längst erledigt sein können, wenn sich die Strukturen seit den 1970er-Jahren geändert hätten? Stattdessen verzehrt man sich an dem schönen Wort „Quote", setzt Klauseln und Konformitätsindizes auf: Frauen und Schwerbehinderte sind bei gleicher Qualifikation ... bevorzugt zu behandeln. Absurd – um was zu verhindern? Macht, Einfluss...

Männer und Frauen

Für Frauen ist das Thema wichtiger als die Tatsache, „einen Film zu drehen". Ich bekomme mit, wie Studentinnen mit ihren Themen umgehen und woran Studenten interessiert sind. Bei Studenten geht es oft in erster Linie darum: „Ich mache einen Film." Die Tatsache, einen Film machen zu wollen, ist wichtiger als die Idee. Ein absurder Unterschied in der Haltung. Der Begriff „der weibliche Blick" hat eine abgenutzte Färbung, deswegen benutze ich ihn ungern. Aber mit einem Thema auf die Suche zu gehen, sich zu fragen, was die Welt braucht oder was gesellschaftlich relevant ist, sich stärker in Themen hineinzubegeben – auch persönlich, sie eine Zeit lang zu leben –, das sehe ich eher bei meinen Studentinnen. Nicht nur zu überlegen, was habe ich jetzt davon in meiner Karriere oder wohin bringt es mich nach dem Film? Also den Film nicht als weiteren Zyklus in der Biografie zu sehen.

Wir befinden uns im Schlummerschlaf – Sturm Drang und Risiko

Die jetzt so 20–30-Jährigen kommen – ob Frau oder Mann – gut miteinander aus. Man sieht schon, dass sie anders ticken und andere Ziele haben. Die Studentinnen denken früher darüber nach: „Wo stehe ich, wie geht es weiter?" Viele Frauen wollen das klassische Familienleben, aber denen fehlen die Männer, mit denen sie das leben könnten, weil die in erster Linie an ihrer Karriere basteln. Nicht, dass die Studentinnen dies nicht auch täten, aber meistens spielt Familie für sie eine bedeutendere Rolle. Viele Mütter pampern ihre Söhne, und die gewöhnen sich natürlich ganz gerne daran. Wenn ich eine Frau zur Eigenständigkeit erziehe, dazu, an sich zu glauben, dann braucht sie auch einen Mann der eigenständig ist.

Man denkt ja, dass die Fragen von Gleichberechtigung und Emanzipation sich in der Generation unserer Eltern erledigt hätten, aber im Prinzip hat sich vieles schleichend weitergetragen. Es ändert sich nur etwas, wenn es einen harten Umbruch gibt. Und danach schläft das Ganze wieder ein und die gleichen Strukturen kommen wieder zum Vorschein. Wir befinden uns schon ziemlich lange in einer Art Schlummerschlaf. Strukturen, an die man sich gewöhnt hat oder die man insbesondere medial extrem vorgelebt bekommt, die verfestigen sich unbewusst in den Köpfen.

Mich interessiert, wie die Generation der heute 20-Jährigen in zehn Jahren miteinander umgeht und was für Beziehungsmodelle sie leben. Ich habe den Eindruck, sie kommen wieder in dieses klassische Modell hinein: Den ersten Jungen, den du mit 16 kennenlernst, mit dem lebst du am besten dein ganzes Leben lang. Passt eigentlich wenig zu unserer schnelllebigen Zeit oder es liegt genau daran, dass Sicherheit wieder eine Rolle spielt. Nur in der Sicherheitszone ist wenig Bewegung. Die *comfort zone* ist das Gegenteil von Sturm, Drang und Risiko.

Aufz. BSB

Maike Mia Höhne

REGISSEURIN, AUTORIN,
KURATORIN

Geboren 1971 In Hannover, arbeitet seit 2001 als Autorin, Kuratorin, Fotografin und Regisseurin in Hamburg und Berlin. Nach dem Studium der visuellen Kommunikation an der Hamburger Hochschule für bildende Künste (HfbK) und dem Filmstudium in Havanna arbeitet sie seit 2007 als Kuratorin für die Internationalen Filmfestspiele Berlin und leitet die Berlinale Shorts.

Als Kuratorin der Berliner Shorts hat Maike Mia Höhne den Kurzfilm in Deutschland erheblich geprägt und den Standort Berlin für diese radikale Kunstform im A-Filmfestival Berlinale bekannt gemacht. Sie spricht sich aus für die politische Dimension der filmischen Kunst, dafür, kreative Kritik an jenen Verhältnissen zu üben, die unser Leben, Demokratie und Politik dominieren.

Ihre Arbeit teilt sich in Lehre, u. a. Seminaren an der Hamburg Media School (hms) und Lehraufträgen an der HfbK und anderen Kunsthochschulen für experimentellen Film, kuratorische Arbeit, u. a. DVD-Produktionen „sexy things" und „back to politics" und ihre eigene filmische Praxis. 2014 wird ihr Spielfilm ¾ seine Premiere feiern.

Für arte/Kurzschluss produziert sie immer wieder Beiträge. Sie arbeitet als Moderatorin im Festivalkontext und wird als Jurorin weltweit auf Festivals eingeladen. Retrospektiven ihrer Arbeiten wurden im Berliner arsenal-Institut für Film und Videokunst und in Timișoara, Rumänien gezeigt.

Sie lebt mit ihrem Mann und ihren beiden Kindern in Hamburg.

FILMOGRAFIE (Auswahl)
2014 ¾
2011 WARUM WIR WAREN WAS WIR WAREN
2005 EINE EINFACHE LIEBE
2001 VON DER HINGABE
1999 FIN DE SIGLO
1997 PETIT VOYAGE

Keine formatierten Schablonen auf die Filme legen

„Wer schreibt, der bleibt.", sagt man beim Kartenspielen.

Wer Geschichte schreibt, der bleibt in eben dieser sichtbar, wichtig, hat sich selber eingeschrieben oder ist/wird eingeschrieben. Banale Wahrheit. Aber deswegen eine nicht weniger wichtige Wahrheit. Eine Wahrheit, die für uns Frauen bedeutet, nach uns zu suchen. Wo sind wir geblieben in der Geschichte – wo stehen wir – wer sind wir? In der allgemeinen Geschichtsschreibung wird seit vielen Jahren eine differenzierte Auseinandersetzung über die Bedeutung der *oral history* für den Blick und vor allem das Verständnis von Geschichte und bestimmten Ereignissen geführt. Das Alte Testament steht genau dafür – eine Verdrängung der weiblichen *oral history* und Traditionen zugunsten einer männlichen monotheistischen Verhältnisbildung.

In der mächtigsten filmischen Gattung, weil mit am meisten Geld verbunden, dem Spielfilm, ist die Geschichtsschreibung und Umsetzung fest in Männerhand.

Geschichte ist Plot. Geschichte sind die Charaktere, die sie bewegen. Die Festschreibung von Rollenbildern in Charaktere, das schablonenhafte Kopieren von Charakterzügen und Abläufen, die die Geschichte bewegen, macht es noch wichtiger diese Charakterzüge, Abläufe, Narrationen unter die Lupe zu halten. Zu vergrößern, aufzudecken. Bevor wir Geschichten erzählen können, müssen wir die bestehenden Klischees als wahr etablierte Momente händisch, mit der Lupe, mikroskopisch genau, untersuchen. Abläufe verlangsamen, um in der Zeitlupe zu entdecken, wie es aus einer möglichen weiblichen Perspektive aussehen kann.

Kino ist ein politischer Ort

Kino ist ein politischer Ort. Hier werden zu den Geschichten die Bilder etabliert. Von hier aus gehen die Bilder in die Welt, ins Fernsehen, in Blogs und auf Facebookseiten. Wenn im Kino eine Bewegung stattfindet, wird sie sich einschreiben in das Außen. Wenn wir die Zahlen offenlegen, wie viele Geschichten von Männern erzählt werden und wie viele von Frauen, dann ist klar, dass die Geschichte so bleibt, wie sie ist, weil sie in einer frappanten Überzahl von Männern erzählt wird. Und wenn Männer das weibliche Kinobild in der Geschichte mit hysterischen Frauen besetzt haben, dann will ich das ändern.

Besonders auffällig in der Fortschreibung von Sexualität. Wie viele Frauen haben wir nicht schon auf dem Rücken liegend gesehen – leidend, während sie Sex haben. Dieser Blick von oben auf diese Frau, die, die Arme ausgestreckt, in das imaginäre Nichts im Oben schaut – Ahhh.

Auffällig ist, dass in Filmen von weiblichen Regisseuren der Alltag eine andere Abbildung findet. Alltägliche Handlungen wie Einkaufen, Spülen und Aufräumen finden Eintritt in den filmischen Raum. Nicht im Rahmen einer nach vorne drängenden Erzählung, sondern als Aktion selber, die Geschichte ist. Weibliche Geschichte, weiblicher Alltag. Allein daran kann oft das Geschlecht in der Regie erkannt werden.

Filme haben Vorbildcharakter. Das, was wir oft sehen, bleibt haften, und sei es in unserem tiefsten Unterbewussten. Wenn die Darstellung von allein erziehenden Müttern in den allermeisten Fällen als Bestrafung erscheint – weil das Kind sich gegen die Mutter richtet, wenn die Mutter vernachlässigt aussieht, keinen Mann mehr abbekommt, aber sich natürlich nichts sehnsüchtiger wünscht als einen neuen Mann oder den alten Mann zurück an ihre Seite, wenn die Mutter nur noch gestresst ist, hysterisch, dann ist klar: Das kann nicht der richtige Weg für eine Frau sein. Was ist die Schlussfolgerung daraus? Dass die Frau noch immer ohne den Mann nicht existieren kann?

Im Science Fiction ist die Frau auf einmal ein strenges Monster, eingehüllt in 1950er-Jahre-Kleidung, Die Haare streng zurückgekämmt. Domina.

Nur in wenigen Filmen gibt es eine weibliche Haltung zu wesentlichen Fragen, wie Mutter und Kind. WANDA (1971) von Barbara Loden ist ein solcher Film, EINE FLEXIBLE FRAU (2010) von Tatjana Turanskyj ein anderer. Filme, in den Frauen einfach sind.

Einen eigenen Blick auf Verhältnisse trauen

Meine Auseinandersetzung mit Kino und Geschichte spiegelt sich auch in der Auswahl für die Berlinale Shorts wider, dem Wettbewerb um den Goldenen Bären für den besten kurzen Film innerhalb der Internationalen Filmfestspiele Berlin.

Die Regel, das hat es schon gegeben, ist außer Kraft gesetzt, kann leicht ausgehebelt werden, wenn die Lupe angesetzt wird. Die Lupe ist geschlechtsunabhängig, wird aber eher von denen, die nicht männlich, weiß und heterosexuell sind, angesetzt – aber: Ausnahmen bestätigen die Regel: Jöns Jönsson[1] ist eine solche Ausnahme. Im Programm der 62. Berlinale, Berlinale Shorts hatte ich das erste Mal einen sehr ausgeglichenen Jahrgang mit 13 Filmen von Frauen und 13 von Männern. Ich verstehe mich nicht als spezielles Frauen-Förder-System. Was ich tun kann, ist Fragen anders zu stellen, zu versuchen, den anderen Blickwinkeln, die mir begegnen, mit einer anderen Haltung zu begegnen und keine formatierten Schablonen auf die Filme zu legen. Gespiegelt wird meine Haltung durch Filme, die sich selbstbewusst, wider ein Erstarktes konservatives Außen, einen eigenen Blick auf Verhältnisse trauen.

---

1 Jöns Jönsson, schwedischer Regisseur, 1981 in Stockholm geboren. Er studierte Regie an der HFF Potsdam-Babelsberg. 2009 war sein Film HAVET im Programm der Berlinale Shorts. 2013 drehte er mit LAMENTO seinen Abschlussfilm.

Mein Untersuchungsfeld ist der Alltag

Bei meinen eigenen Filmen geht es um eine Abbildung von *oral history*[2], um den Alltag, die konkrete „Beziehungsarbeit": poetisch, verspielt in PETIT VOYAGE (1997), klar und direkt in EINE EINFACHE LIEBE (2005), ohne Worte in VON DER HINGABE (2002) und als Blick auf den Anderen mit der Entfernung von einem Land zum anderen in FIN DE SIGLO (1999) – dazwischen weitere kurze Arbeiten – immer sich drehend, umeinander. Jetzt ist dieses „Denken an" in dem Spielfilm ¾ (2013) kulminiert. Ein Paar. Sie will ein Kind, er hat schon eins. Die Bewegungen in dem Film hinsichtlich einer Erlösung, einer Klimax sind innerhalb jeder Szene gut verteilt, aber insgesamt bewegt sich der Film sicherlich weniger aggressiv in ein spekulatives Vorne als viele andere Filme. Ich bin der festen Überzeugung, dass solange ich nicht die traditionellen Raster von Geschichtsschreibung unter dem Mikroskop seziert haben werde, keine wirklich andere Position sich einschreiben kann. In ¾ mache ich genau das: in sehr ruhig kadrierten Bildern. Ich bleibe dicht an den beiden Protagonisten. In meinen Filmen dominiert die Perspektive der Frau, was es aber auf keinen Fall unmöglich macht, sich als Zuschauer nicht für eine Seite entscheiden zu können – wenn das überhaupt von Bedeutung ist. Die Konflikte der Charaktere bewegen sich oft um das Sexuelle, die Lust, den Verlust des Anderen. Was, wenn der Mann keine Lust mehr auf mich hat – warum, wieso, weshalb – was tun?! ist eine Frage, die in dem kurzen Film EINE EINFACHE LIEBE auftaucht – immer wieder. In WARUM WIR WAREN WAS WIR WAREN (2011) sind es zwei ältere Schwestern, die sich im wahrsten Sinne des Bildes und Wortes

EINE EINFACHE LIEBE (2005)

VON DER HINGABE (2002)

FIN DE SIGLO (1999)

---

2   *Oral history* ist eine Methode der Geschichtswissenschaft, die auf dem Sprechenlassen von Zeitzeugen basiert. Dabei sollen die Zeitzeugen möglichst wenig vom Historiker beeinflusst werden. Verwendet wird die Methode vor allem für die Alltagsgeschichte und Volkskunde, auch Lokalgeschichte. Der Begriff *oral history* kam in den 1930er-Jahren auf und wird seit den 1960er-Jahren auch im deutschen Sprachraum verwendet.

umeinander drehen, kreisen – zwei Schwestern, deren Lebensläufe und -entwürfe sehr unterschiedlich sind, die sich treffen am Nachmittag, um dann, ein weiteres Mal, miteinander nicht weiterzukommen in ihren Differenzen – und trotzdem verlassen sie sich nicht. Denn es sind die Differenzen, die ihre Beziehung und schließlich das Leben ausmachen. Innerhalb der vorgefundenen Beziehungsstrukturen und in der Genese meiner Drehbücher spielt das Fundstück Alltag in meinem Umfeld eine wichtige Rolle, finde ich Momente, die in ihren Details bestechen – singulär im Allgemeinen. Ich mache also Filme, die in einem nicht zu großen Abstand zum Betrachter entstehen und so einen Dialog auszulösen vermögen.

Praxis erweitert das Sehvermögen

Durch meine kuratorische Arbeit sehe ich viele Filme. Dieses Sichten von Bildern ermöglicht mir eine Anordnung meiner eigenen Bilder; die Praxis erweitert das Sehvermögen. Meine Arbeitsweise innerhalb der Inszenierung hat sich natürlich über die Jahre hinweg verändert, doch dabei ist mir immer wichtig gewesen, eine Freiheit in der Gestaltung und im Betrachten zu finden – was nicht immer leicht ist, weil die Konventionen an jeder Ecke und in den Zwischenräumen warten. In diesem Zusammenhang sind es immer wieder körperliche Filme, die mich sehr berühren, manchmal sind es einzelne Szenen aus Filmen, die mich lange begleiten. Manchmal ist es ein Bild, das lange nachhallt. Für meinen Spielfilm habe ich versucht, einen Sender zu gewinnen, eine Redakteurin, damit die Finanzierung gut aufgestellt ist. Das hat leider nicht funktioniert. Alleine diese Suche hat damals viel Zeit in Anspruch genommen. Letztlich wurde das Buch nicht abgenommen bzw. der Film nicht gefördert. Es hieß, weil die Dialoge als zu realistisch empfunden wurden, der dramaturgische Bogen wahrscheinlich als zu gering. Ohne die sehr engagierte Arbeit des Produzenten, Dirk Manthey[3], wäre der Film nicht dort, wo er jetzt ist. Ich glaube, es braucht einfach noch eine Weile, bis sich diese „anderen" Dramaturgien auch im 20:15 Uhr Fernsehen durchsetzen werden oder zumindest auftauchen dürfen. Der hohe Serienkonsum ist ein guter Weg hin zu anderen Sichtweisen. Ich bin zuversichtlich, dass sich immer mehr andere Geschichten aus anderen Perspektiven erzählen lassen werden.

Der industrielle Markt ist mit standardisierten Körpern gefüllt

Neben der Inszenierung von Körperlichkeit, in der mich auch mein Blick auf Körper und Sex interessiert – ausgehend von meinen Bedürfnissen, Ideen und Wünschen –, geht es mir auch darum, die Vielfältigkeit als solche zu zeigen. Dass diese Vielfältigkeit wahnsinnig groß und womöglich ohne Ende ist, ist klar, weil eben jede Frau anders ist und Anderes als gut empfindet. Der industrielle Markt ist mit standardisierten Bil-

---

3 Dirk Manthey, deutscher Verleger und Produzent, 1954 in Hamburg geboren. Manthey führte die Zeitschriften *Amica* (1996), *Tomorrow* (1998) und *Amico* (2003) ein. 1989 gründete er die Verlagsgruppe Milchstraße, die er 2004 an den Burda-Konzern veräußerte. 2008 startete er das Internetportal Meedia.de, das er 2013 verkaufte.

dern und Körpern gefüllt – mit Oberflächen und Schnellbefriedigung. Die Zukunft braucht die Nachhaltigkeit – da bin ich dran! Das schwedische Filminstitut hat vor wenigen Jahren sehr erfolgreich das Kompilationsfilmprojekt Dirty Diaries[4] gefördert: pornografische Filme von Frauen für alle. Filme unterschiedlichster Couleur sind dabei herausgekommen. Die Filme liefen sehr erfolgreich weltweit auf Festivals. In den schwedischen Videotheken waren sie lange unter den Top 20.

Kinderbetreuung müsste ein fester Posten einer Filmkalkulation sein

Es wäre interessant zu sehen, wie viel geförderte Projekte von Frauen in welchen Stadien stehengeblieben sind, nicht umgesetzt worden sind. Und es wäre interessant zu erfahren, woran das jeweils lag. Natürlich spielen unterschiedlichste Faktoren eine Rolle – ein nicht zu unterschätzender ist der Familienfaktor. Die Tatsache, dass Frauen Kinder bekommen, ist einfach nach wie vor der wichtigste Unterschied zwischen den Geschlechtern. Kinder bekommen, ja oder nein? Für Frauen in den 30ern eine wichtige Frage, egal, wie sie sich entscheiden. Für Männer gibt es keine biologische Eile. Und wenn sie Kinder bekommen, heißt das noch lange nicht, dass sie zu Hause bleiben – der Fokus bleibt Film. Die Mutter erweitert ihren Fokus. Bei der Beantragung von Fördergeldern für Filme müssen Mittel für die Kinderbetreuung mit eingeplant werden – noch besser wäre natürlich, wenn von Regierungsseite eine Quote vereinbart werden würde, die eine grundsätzliche Förderpolitik vorsehen würde: Hälfte/Hälfte, zusätzlich bei Kinderbetreuungsgeldern bei Anträgen von Müttern und Vätern.

Die Einführung einer Quote ist unumgänglich. In dem Zusammenhang müssten auch gesetzliche Bestimmungen getroffen werden, was bestimmte Sitzungen usw. angeht – also bis wie viel Uhr entscheidende Sitzungen stattfinden dürfen. Dazu kommt, einfach kontinuierlich weiterhin dafür zu plädieren, sich Arbeiten zu teilen, egal, welchem ursprünglichen Rollenbild sie entsprechen. Dazu müssen Möglichkeiten entwickelt werden, die Kinder versorgt zu wissen, ohne Sorgen haben zu müssen, ohne schlechtes Gewissen oder Ähnliches – dafür braucht es ein grundsätzliches Umdenken in bestimmten Schlüsselpositionen dieser Gesellschaft. Nicht das Geld alleine sollte über den Wert eines Menschen und damit über seine gesellschaftlichen Möglichkeiten und Freiheiten entscheiden, denn die Frau wird so oft durch den Mann bestimmt; welches Geld ihr von seiner Seite aus zur Verfügung steht, danach darf sie frei agieren oder auch nicht. Die Gesellschaft muss vielmehr ein Interesse daran haben, allen Geschlechtern gleichermaßen Freiheit zu geben.

---

4   Dirty Diaries ist eine Sammlung von 13 pornographischen Kurzfilmen, die von schwedischen Feministinnen produziert und realisiert und von Mia Engberg herausgegeben wurden. Die einzelnen Filme sind ganz verschieden, doch die meisten verfügen über Humor und verschiedene Formen von *Queer Sex*. Die kreativen Entscheidungen wurden auf der Basis eines Manifests getroffen, welches das Ziel verfolgte, nicht-kommerzielle Pornografie für Frauen zu schaffen.

Julia Fabrick

KURATORIN KURZFILMFESTIVAL WIEN (ÖSTERREICH)

Geboren 1986 in Wien, studierte Julia Fabrick Theater-, Film- und Medienwissenschaft an der Universität Wien, schrieb ihre Diplomarbeit über Die (kultur-)politischen Formen eines Filmfestivals am Beispiel der Viennale, sammelte in verschiedenen Bereichen der Film- und Festivalbranche Berufserfahrung, zuletzt bei der Berlinale 2013, arbeitet seit sieben Jahren für Vienna Independent Shorts (VIS), Österreichs größtes internationales Kurzfilmfestival und ist seit 2013 Producer bei makdio film in Wien.

Trust me, I'm not saying I don't love a man-generated film, because I do. I just think there is a certain imbalance when it comes to female driven stories. But I don't write movies thinking about that. I just think women are interesting and complicated creatures, and at least half of the world's population.

Kurzfilme von Frauen sind längst keine Nischenfilme mehr!

Seit 2008 arbeite ich bei VIS Vienna Independent Shorts, Österreichs größtem internationalen Kurzfilmfestival und seit 2011 präsentiere ich als Kuratorin Kurzfilmprogramme bei nationalen und internationalen Filmfestivals. Die inhaltliche Auseinandersetzung mit bestimmten Themen, das kritische Betrachten und Infragestellen von gesellschaftlichen Normen, das Aufbrechen von Erwartungshaltungen, das Aufspüren von neuen Tendenzen und das Experimentieren mit verschiedenen Formen und Ästhetiken stehen bei meiner Arbeit deutlich im Vordergrund.

Ein Filmfestival, das sich jedes Jahr wieder zur Aufgabe macht, die Fülle und Vielgestaltigkeit des gegenwärtigen Filmschaffens in geeignetem Rahmen zu präsentieren, trägt meines Erachtens auch die Verantwortung für eine gewisse Ausgewogenheit im Programm – sprich, in etwa gleich viele Filme von Männern und Frauen aus möglichst vielen Ländern für eine breitere Öffentlichkeit zur Diskussion zu stellen.

2013 feierte VIS sein zehnjähriges Bestehen. Dies gab mir Anlass den Filmanteil von Frauen und Männern beim Festival in den letzten zehn Jahren zu beobachten.[1] Dabei hat sich gezeigt, dass sich der Filmanteil von Frauen zwischen 16 und 47 Prozent bewegt, wobei der Höchstwert an Filmen von Frauen interessanterweise genau in der Mitte, nämlich 2008, liegt. Während der Frauenanteil in den ersten fünf Festivaljahren kontinuierlich gestiegen ist, hat er in den letzten fünf Jahren wieder ein wenig abgenommen und liegt 2013 bei 32 Prozent. Die statistische Auswertung konzentriert sich maßgeblich auf die Wettbewerbsprogramme, die sich ab 2007 in zwei und seit 2010 in drei Wettbewerbsschienen gliedern: Fiction and Documentary, Animation Avantgarde und den Österreich Wettbewerb. Der Prozentanteil an Filmen von Frauen und Männern beim Festival lässt sich in den meisten Fällen ziemlich genau auf den Prozentanteil der Einreichungen zurückführen. Demnach gab es in den ersten Jahren bis 2007 einen Anstieg an Einreichungen von Filmemacherinnen, der sich von 2008 bis 2013 auf etwa 30 Prozent eingependelt hat. Trotz der guten zwei Drittel Mehrheit an männlichen Filmschaffenden, ragt das Talent der weiblichen Filmschaffenden durchaus hervor. Seit 2005 werden bei VIS Preise in den unterschiedlichsten Kategorien vergeben und seit 2006 sind Frauen zahlreich bei den Preisträgern vertreten. Seit 2010 gibt es bei VIS eine kleine Initiative innerhalb der Preispolitik, zur Anerkennung von weiblichem Filmschaffen. Die beste Regieleistung einer Frau im internationalen Wettbewerb wird mit dem Elfie von Dassanowsky Preis ausgezeichnet.

Vor allem in Österreich und innerhalb des nationalen Wettbewerbs bei VIS rücken immer mehr Frauen, die sich durch ihre originelle und wieder erkennbare Hand-

---

1 Datenquelle zur Auswertung: independent Cinema – Verein zur Förderung unabhängigen Filmschaffens.

schrift auszeichnen, in das Licht der Aufmerksamkeit. Das erwies sich auch 2013 in der Vergabe der Preise im nationalen Wettbewerb, die fast ausschließlich an Frauen verliehen wurden. Regisseurinnen wie Kurdwin Ayub, Mirijam Baker, Michaela Grill, Ulrike Putzer, Ella Raidel, Billy Roisz, Clara Stern, Lisa Weber (um nur ein paar zu nennen) haben sich durch ihre Arbeiten in der österreichischen und auch internationalen (Kurz-)Filmszene bereits einen Namen gemacht. Die Beobachtung der letzten zehn Festivaljahre kommt zu dem Ergebnis, dass Kurzfilme von Frauen längst keine Nischenfilme mehr sind.

Innerhalb der österreichischen Filmfestivallandschaft gibt es Festivals, – wie die Diagonale[2] in Graz oder das Crossing Europe[3] in Linz – die bewusst auf die gleichmäßige Geschlechterverteilung im Programm achten. Österreichs größtes internationales Filmfestival macht wiederum den gegenteiligen Anschein. Im Filmprogramm der Viennale[4] sind 90 Prozent der Filme von Männern und nur 10 Prozent von Frauen. Unweigerlich kommt in diesem Zusammenhang die Frage auf, ob die Ergebnisse unter anderem auf die Festivalleiter zurückzuführen sind. Im Gespräch mit Hans Hurch, Festivalleiter der Viennale seit 1997, war dieser sichtlich überrascht und führte das Ergebnis darauf zurück, dass er bei der Entscheidung, einen Film bei der Viennale zu zeigen, nicht auf die äußeren Umstände, sondern auf Form und Inhalt des Films achtet. Dennoch lässt sich vermuten, dass es für Festivalleiterinnen eine größere Bedeutung hat, Werke von Frauen zu zeigen, sie sich bewusster auf die Suche machen und das stärkere Interesse in der reichlicheren Präsenz von Filmemacherinnen im Programm sichtbar wird. Filmfestivals wie die FrauenFilmTage[5] und Tricky Women[6] in Wien konzentrieren sich sogar ausschließlich auf das weibliche Filmschaffen im fiktionalen, dokumentarischen und animierten Bereich. Bei VIS tragen meist gleich viele Frauen wie Männer die Verantwortung für das Programm und das wirkt sich positiv auf den relativ gleichmäßigen – dem jeweiligen Anteil der Einreichungen entsprechenden – Filmanteil von Frauen und Männern aus.

Im Zuge der statistischen Aufarbeitung zwischen Regisseurinnen und Regisseuren bei VIS der letzten zehn Jahre stellt sich unmittelbar die Frage: Gibt es einen Frauenfilm? Und wenn ja, wodurch unterscheiden sich „Frauenfilme" von „Männerfilmen"?

Auf der Suche nach einer Antwort, habe ich die fiktionalen und dokumentarischen Kurzfilme von weiblichen Filmschaffenden bei VIS auf ihr Thema hin untersucht. In der Themenwahl selbst lassen sich kaum Unterschiede erkennen. In der Perspektive, Wahrnehmung und Fragestellung aber schon: In Russland dokumentiert Alina Rudnitskaya[7] einen Workshop, der jungen Frauen beibringt, wie man sich einen Mil-

---

2 Diagonale, Festival des österreichischen Films. Info: www.diagonale.at
3 Crossing Europe Filmfestival Linz. Info: www.crossingeurope.at
4 VIENNALE, Vienna International Film Festival. Info: www.viennale.at
5 FrauenFilmTage. Info: www.frauenfilmtage.at
6 Tricky Women. International Animation Filmfestival. Info: www.trickywomen.at
7 KAK STAT STERVOI (VIXEN ACADEMY), Alina Rudnitskaya, Russland 2008, 29 Min.

lionär angelt und sich ein angenehmes Leben sichert. Die ironische Animation von Cecilia Lundqvist[8] zeigt eine Hausfrau am Küchenboden sitzend, die sich betrinkt, während sie davon spricht, wie glücklich sie ist. Sadaf Foroughi[9] veranschaulicht durch ihren Dokumentarfilm, was es für eine Frau im heutigen Iran bedeutet Busfahrerin zu sein und welche gesellschaftliche Grenzen und Gesetze es dabei zu überwinden gibt. Wie verhalten sich Frauen, die zum Militär gehen? Das Brechen von Gesellschaftsbildern und wie Frauen Männerspiele spielen, steht bei Rachel Lang[10] im Vordergrund. Die Annahme, dass die weiblichen Figuren im „Frauenfilm" starke Frauen und mutige Heldinnen sind, lässt sich nicht bestätigen. Vielmehr werden Frauen in ihrem kulturellen Umfeld und den jeweiligen Begebenheiten gezeigt und lassen den Zuseher an ihren Herausforderungen und Konflikten teilhaben. Sie werden dadurch nicht als die Opfer dargestellt, aber es darf auch mal „verloren" werden. Sofern man also von einem Frauenfilm sprechen kann, ist es wohl jener, der von den Sehnsüchten, Zielen, Dilemmas und Rollenverteilungen erzählt, mit denen sich Frauen in der vergangenen und gegenwärtigen Gesellschaft beschäftigen und mit denen sie in den unterschiedlichsten Kulturen konfrontiert werden. Genauso spannend ist es auch zu untersuchen, wie Männerfiguren von Frauen und Frauenfiguren von Männern in Filmen dargestellt werden und welche Motive sie verfolgen.

Ich würde nicht direkt von einem Frauen- oder einem Männerfilm sprechen, sondern von einem Medium, das uns, den Machern wie den Rezipienten, eine wahrhaftige und zugleich individuelle Auseinandersetzung mit gesellschaftsrelevanten Themen ermöglicht.

Mein gegenwärtiger Blick auf die Film- und Festivallandschaft vermittelt den Eindruck, dass wir mehr und mehr auf eine gleichmäßige Besetzung der Positionen in den Bereichen Regie, Drehbuch, Produktion, Redaktion, Festival und Kuratierung hinsteuern. Meine bisherigen Erfahrungen in dieser Branche zeigen auch, dass man als Frau nicht minder geschätzt und die weibliche Präsenz nicht weniger spürbar ist – eine schöne Entwicklung und ein guter Weg, der sich hoffentlich in dieser Form fortführen und das weibliche Schaffen aufblühen lässt.

---

8   OH, I'M SO HAPPY, Cecilia Lundqvist, Schweden 2008, 3 Min.
9   FÉMININ, MASCULIN (FEMININE, MASCULINE), Sadaf Foroughi, Iran/Südafrika 2007, 9 Min.
10 POUR TOI JE FERAI BATAILLE (FOR YOU I WILL FIGHT), Rachel Lang, Belgien 2010, 21 Min.

Marijana Stoisits

VIENNA FILM COMMISSION (ÖSTERREICH)

Marijana Stoisits wurde 1960 in Güssing (Österreich) geboren. Sie studierte Ethnologie, Kunstgeschichte und Kulturmanagement in Wien, Berlin und Hamburg. Ihre Promotion verfasste sie zum Thema „Volkskunde und Film". Von 1982 bis 1991 war Stoisits freie Mitarbeiterin beim Fernsehen des Norddeutschen Rundfunks. 1986 realisierte sie als Regisseurin und Produzentin mit Michael Rabe den Dokumentarfilm UND DAMIT TANZEN SIE NOCH IMMER – STINJAČKE ČIŽME.

Von 1993 bis 1997 war sie Redaktionsleiterin und Moderatorin bei Spiegel TV. 1997 kehrte Stoisits nach Wien zurück und war fortan bis 2004 als Moderatorin, PR-Beraterin und freie Journalistin für Print und TV tätig.

Von 2004 bis 2008 übernahm sie die Redaktions- und Büroleitung der Wiener Niederlassung von Spiegel TV.

Seit Februar 2009 ist Stoisits Geschäftsführerin der Vienna Film Commission. Sie lebt mit ihren beiden Kindern in Wien.

JA und NEIN sagen

Rückblickend verdrillen sich die losen Fäden zu einem festen Strang. Dass ich mir als Kind immer die Nase an der Scheibe des Schusters in meiner burgenländisch-kroatischen Heimatgemeinde Stinatz plattgedrückt habe. Dass ich mir zum 18. Geburtstag ein paar Stiefel von diesem Schuster gewünscht und bekommen habe. Dass ich acht Jahre später einen Dokumentarfilm (UND DAMIT TANZEN SIE NOCH IMMER – STINJAČKE ČIŽME, 1986) darüber gemacht habe, wie diese Stiefel gefertigt werden und welche Bedeutung sie für das Dorf, seine Bewohner und die burgenländischen Kroaten haben. Bis heute fühle ich mich meinen volkskundlichen Wurzeln aus der Feldforschung verbunden: der Beschäftigung mit dem Alltag der Menschen, der Kommunikation auf Augenhöhe und dem genauen Blick, fokussiert durch das Objektiv der Kamera.

Ich bin in einer kleinen Gemeinde im Osten Österreichs in einfachen Verhältnissen aufgewachsen. Meine Eltern haben relativ spät einen Fernsehapparat gekauft, dafür dann aber gleich einen, der das Programm in Farbe ausstrahlen konnte – eine Sensation im Dorf. Für mich war das das Tor zur großen weiten Welt, der Gegenentwurf zur dörflichen Enge. Mein erster Berufswunsch Mitte der 1970er-Jahren war Programmansagerin. Die gibt's heute gar nicht mehr. Dafür aber findet man Frauen in allen Sparten und Positionen beim Fernsehen und beim Film.

Mein erster eigener Schritt in die große weite Welt war der Beginn des Studiums der Europäischen Ethnologie in Wien. Zum Dokumentarfilm bin ich über den Umweg der Feldforschung gekommen. Oral history war neu und en vouge, ich habe damals stundenlange Interviews geführt, mich explizit mit Frauenthemen beschäftigt. Wien wurde mir schnell zu eng und ich ging, ausgestattet mit einem Stipendium des DAAD, erst nach Berlin, dann nach Hamburg, wo ich TV-Leute kennenlernte. Das Studium finanzierte ich mir ab 1982 als freie Mitarbeiterin des NDR-Fernsehens mit Kulturbeiträgen. Über mein Studium und die Beschäftigung mit dem wissenschaftlichen, volkskundlichen Film kam ich zum Dokumentarfilm, der in den frühen 1980er-Jahren eine beachtliche Historie im deutschen Fernsehen vorweisen konnte. Klaus Wildenhahns Arbeiten etwa haben mich als Volkskundlerin fasziniert. Die theoretische Beschäftigung mit dem Dokumentarfilm war mir aber zu eingeschränkt. Mit STINJAČKE ČIŽME habe ich selbst versucht, Filme zu machen. Ich wagte mit Lebensmittelpunkt in Deutschland den Blick zurück auf meine eigene Herkunft. Produziert wurde der Film in Österreich und natürlich fast ohne Budget. Dieses Projekt zu verwirklichen, das Geld dafür von verschiedenen Seiten zusammenzukratzen, das war eine der wichtigen Stationen in meinem Berufsleben.

Der Film wurde überaus positiv im Kino in Österreich aufgenommen, lief in Deutschland und auf einigen europäischen Festivals, aber ich war auf der Suche nach einem Brotberuf. Ich wollte von meiner Arbeit auch leben können. Also begann ich mit dem Aufbaustudium Kulturmanagement in Hamburg, um die richtigen Leute kennenzulernen. Ein mehrmonatiges Praktikum im Vorstandsbüro für Elektronische Medien bei Bertelsmann war der Türöffner zu einer Festanstellung bei Spiegel TV. Ich hatte mich beworben, wurde empfohlen und genommen. Ich bin dort aufgrund meiner Leistung gefördert worden (von Männern, denn an der obersten Spitze gab es keine Frauen), fühlte mich in meiner Fernseharbeit gleichwertig und gleich ernst genommen wie männliche Kollegen. Es gab bei Spiegel TV viele Redakteurinnen und auch Redaktionsleiterinnen, die mit ihren als gemeinhin klassisch „weiblich" definierten Tugenden wie Fleiß, hohe Sozialkompetenz und Gewissenhaftigkeit reüssierten. Meine Stärke war und ist mein Kommunikationstalent. Ich besitze die Fähigkeit von Leuten etwas zu erfahren. Manchmal auch Dinge, die sie gar nicht erzählen wollen. Ich durfte als Österreicherin in Norddeutschland in der Glotze den Mund aufmachen, live moderieren. Das war für mich etwas ganz Besonderes – auch eine wichtige Station im Berufsleben.

25 Jahre habe ich insgesamt für das deutsche Fernsehen gearbeitet, zunächst freiberuflich, dann als angestellte Redakteurin, Moderatorin und Redaktionsleiterin, später als Büroleiterin von Spiegel TV in Wien. Als ich begann, die Vienna Film Commission aufzubauen, fand ich die Film- und Fernsehbranche in Österreich sehr viel stärker männerdominiert vor, als ich es in der deutschen TV-Landschaft je wahrgenommen hätte. Ich habe tatsächlich einen längeren Augenblick gebraucht, um zu verstehen, dass man in der österreichischen TV- und Filmwelt schlicht noch nicht so weit ist, wie man dass für die 10er-Jahre im 21. Jahrhundert annehmen würde: Dass Frauen und Männer einen annähernd gleichen Teil vom Kuchen abkriegen, dass das selbstverständlich ist und dass beide Geschlechter einander mit entsprechendem Respekt begegnen.

Zur Vienna Film Commission bin ich durch Zufall und Glück gekommen: Ich habe die Stellenanzeigen in der Zeitung überflogen, sie herausgerissen, mich beworben. Mir war klar: Das will ich machen!

2009 wurde die Vienna Film Commission gegründet, und unter meiner Leitung als Geschäftsführerin haben wir sie in den vergangenen Jahren mit Leben gefüllt. Das Konzept, die Inhalte, die Mitarbeiter, die Strategie – da hatte ich innerhalb des Budgets freie Hand und konnte meine Kreativität mal anders einsetzen. Die Vienna Film Commission versteht sich als Bindeglied zwischen der Stadtverwaltung und der Filmbranche. Meine Aufgabe ist es, Wien als Drehort mit dem bestmöglichen Rundum-Sorglospaket zu positionieren. Während ich früher vielleicht gesagt hätte: Probleme will ich nicht, begrüße ich sie heute, denke sie durch, suche Lösungen und nutze dafür alle meine Kontakte in- und außerhalb der Stadt. Bei deutsch-österreichischen Ko-Produktionen übersetze ich nicht selten, wirke als interkulturelle Dolmetscherin der hiesigen Gepflogenheiten. Bei der Vienna Film Commission bekommen alle die gleiche Unterstützung: ob mehrfach oscarprämierter Regisseur oder Jungfilmerin. Schon in meiner TV-Zeit hat es mir Spaß gemacht, Talente zu entdecken, junge Kollegen und vor allem Kolleginnen explizit zu fördern. Auch heute ist mir der Nachwuchs ein Anliegen. Studierende, junge Filmemacherinnen, Quereinsteigerinnen, die für ihre Projekte brennen, können sich meiner Unterstützung sicher sein.

Die Claims in Österreichs kleiner Filmbranche sind klar abgesteckt. Es gibt nur eine Handvoll Produzentinnen in Österreich. Die Zahlen sind nicht ermutigend. Der Frauenanteil in der Filmbranche allgemein beträgt 36 Prozent, der zweitschlechteste Bereich nach der Musikbranche. Im Vergleich arbeiten in der darstellenden Kunst 52 Prozent Frauen, in der bildenden Kunst 51 Prozent. Die finanzielle Situation ist im Filmbereich durch fragmentierte Arbeitsverhältnisse ohnehin schwierig, und auch in dieser Branche verdienen Frauen im Schnitt 30 Prozent weniger als Männer. Der Frauenanteil in den verschiedenen Produktionsbereichen liegt zwischen 10 und maximal 30 Prozent, wobei Kamerafrauen am unteren Ende der Spanne liegen, Regisseurinnen im Mittelfeld, Drehbuchschreiberinnen und Dokumentarfilmerinnen kratzen an der obersten Marke. Bei den Filmförderungen erreichen von Frauen eingereichte Projekte maximal 30 Prozent der Fördermittel. In der Ausbildung gibt es derzeit ein klares Missverhältnis von einer Professorin zu sieben Professoren an der Filmakademie in Wien. Unter den emeritierten Professoren gibt es keine einzige Frau und aktuelle Neubesetzungen entwickeln alles andere als eine Signalwirkung. Erklären kann ich mir das nicht wirklich. Lediglich feststellen, dass Österreich nicht nur in diesem Bereich anderen Ländern um Meilen hinterherhinkt, denn männliche Seilschaften gibt es vermutlich auch in anderen Ländern. Da bleibt nur eins: dranbleiben und beständig an den dicken Brettern weiterbohren! Denn unter Österreichs jungen Filmfrauen gibt es einige, die hervorragende Filme machen und sich von Männern nicht unterbuttern lassen, obwohl der Kampf gegen sich hartnäckig haltende männliche Vorurteile viel zu viel Energie bindet, die eigentlich in die kreative Arbeit fließen sollte. Das Durchhaltevermögen dieser Frauen stimmt mich optimistisch. Es ist ein bisschen wie bei den eigenen Kindern: Man will sie unterstützen, nach Möglichkeit nicht bevormunden, ihnen aber trotzdem etwas Besonderes mitgeben – vielleicht auch eine Art von Unterstützung, die ich mir selbst in jungen Jahren von Frauen gewünscht hätte. Das Gute am Älterwerden ist ein großer Erfahrungsschatz gepaart mit der Selbstsicherheit, auf der eigenen Meinung zu beharren und sich nicht alles gefallen zu lassen. Weil auch Männer nur mit Wasser kochen, und viele bringen es nicht mal zum Sieden.

Fazit und Appell an junge Frauen: Holt euch das Geld ab! Lasst euch nicht mit Brotsamen abspeisen, geht auf's große Geld! Traut euch mehr zu und fahrt, wenn nötig, auch die Ellenbogen aus! Vernetzt euch, denkt und handelt strategisch! Von vermeintlich vornehmer Zurückhaltung kommt nichts. Da kann man viel von Männern lernen. Man kriegt als Frau nichts geschenkt, man muss es sich schon holen, auch wenn einem der Wind scharf ins Gesicht bläst. Aber das auszuhalten lohnt sich. Was Männer können, können Frauen schon lange!

Und: Verzichtet nicht auf Kinder, aber tragt exakt nur 50 Prozent der Verantwortung und keinen einzigen Prozentpunkt mehr. Männer sind unter anderem deshalb beruflich erfolgreicher, weil sie immer noch viel zu viele Frauen finden, die für sie die Erziehungsarbeit und Verantwortung übernehmen.

Also: An der richtigen Stelle JA sagen und an der richtigen Stelle NEIN sagen!

Sophie Maintigneux

DOP

Geboren 1961 in Frankreich. Nach Kamerapraktikum und -assistenz seit 1984 Kamerafrau bei über 60 Dokumentar- und Spielfilmen. Zusammenarbeit u. a. mit: Éric Rohmer, Jean-Luc Godard, Michael Klier, Jan Schütte, Rudolph Thome, Hans Erich Viet, Philip Gröning, Marcel Gisler, Georg Maas, Aysun Bademsoy, Doris Metz, Judith Kennel, Lilo Mangelsdorff, Mirjam Kubescha, Katinka Feistl, Erica von Möller, Maria Teresa Camoglio, Klub Zwei, Annika Larsson, Michael Radford, Mareike Wegener, Sung-Hyung Cho, Ingo Haeb.

SPIELFILME (Auswahl):
LE RAYON VERT – DAS GRÜNE LEUCHTEN (1984); LES QUATRES AVENTURES DE REINETTE ET MIRABELLE – VIER ABENTEUER VON REINETTE UND MIRABELLE (1985); KING LEAR (1987); LE JARDIN DES VEUVES (1988); ÜBERALL IST ES BESSER, WO WIR NICHT SIND (1988); RUPTURE (1988); WINKELMANNS REISEN (1990); OSTKREUZ (1991); LIEBE AUF DEN ERSTEN BLICK (1991); ROSA NEGRA (1991); DAS TRIPAS CORACAO (1992); FRANKIE, JOHNNY UND DIE ANDEREN (1992); WIEDERKEHR (1994); KÜSS MICH (1994); L'AMOUR, L'ARGENT, L'AMOUR (1997); F. EST UN SALAUD (1997); DER BEBUQUIN. RENDEZ-VOUS MIT CARL EINSTEIN (1999); ZORNIGE KÜSSE (1999); HEIDI M. (2000); NEUFUNDLAND (2001); LIEBE UND VERLANGEN (2002); SIEHST DU MICH? (2004); KRIEG DER FRAUEN (2005); HANNAH (2006); ALTER UND SCHÖNHEIT (2007); FRÄULEIN STINES FÄHRT UM DIE WELT (2008); ROSIE (2012); DAS ZIMMERMÄDCHEN (AT, 2013); ARTIKEL 3 (AT, 2013)

DOKUMENTARFILME (Auswahl):
JETZT UND ALLE ZEIT (1992); ABBIE CONANT (1994); WENN DU WAS SAGST, SAG NICHTS (1995); MÄDCHEN IM RING (1996); NACH DEM SPIEL (1997); HIMMEL UND ERDE (1998); MIT HAUT UND HAAR (1998); DEUTSCHE POLIZISTEN (1999); VENUS BOYZ (2000); GOTTESZELL (2000); ICH WERDE REICH UND GLÜCKLICH (2001); DAMEN UND HERREN AB 65 (2002); LIEBE DICH (2003); SCHATTENVÄTER (2004); PREMIER NÖEL DANS LES TRANCHÉES (2004); BALORDI (2005); AM RANDE DER STADT (2005); WIR SEHEN VONEINANDER (2006); GUTEN MORGEN ÖSTERREICH (2006); BLUES MARCH (2007); DIE DÜNNEN MÄDCHEN (2008); DER ESEL, DER HUND, DIE KATZE, DER HAHN (2008); LIEBE GESCHICHTE (2009); BLIND (2010); PETRUCCIANI, LEBEN GEGEN DIE ZEIT (2010); MARK LOMBARDI. KUNST UND KONSPIRATION (2010); 11 FREUNDINNEN (2011).

Seit 1990 Lehrtätigkeit an verschiedenen Filmhochschulen;
seit 2011 Professorin an der KHM (Köln).

Ich wollte dort sein, wo ich jetzt bin

Mein Bruder und ich hatten das Glück, mutige Eltern zu haben. Sie wollten nicht, dass wir in die Schule gehen, deswegen haben wir zu Hause gelernt. Das Kino hat immer eine sehr wichtige Rolle für unsere Familie gespielt. Meine Kindheit ist mit dem Programmkino von Gif-sur-Yvette verbunden, damals noch eine kleine Stadt, 40 km von Paris entfernt. In diesem Kinosaal habe ich zum ersten Mal DIE VERLORENE EHRE DER KATHARINA BLUM (1975), LA STRADA (1954), CITIZEN KANE (1941), DEUTSCHLAND BLEICHE MUTTER (1980), DER MANN, DER DIE FRAUEN LIEBTE (1977), HERBSTSONATE (1978) oder KLUTE (1971) gesehen.

Das Licht geht aus, ich hebe den Kopf, die Leinwand erleuchtet, und ich bin ganz allein. Einen Film zu sehen ist eine einsame, intime, geheime Aktivität, die allerdings geteilt werden soll, sobald die Lichter wieder angehen. Kino ist für mich die Kunst der Kommunikation par excellence, denn ich muss die Erfahrung, die ich gerade gemacht habe, weitererzählen. Über einen Film zu sprechen ist ebenso essenziell, wie ihn zu sehen.

Als ich elf Jahre alt war und mein Bruder zehn, haben wir in einem Film mitgespielt. Dieses Erlebnis war für mich eine Erleuchtung. Ich habe die Kamera gesehen und ich wusste: „Ich will dort sein, ich möchte hinter dieser Maschine stehen." Als ich mit 15 Jahren mit Praktika anfing, war ich ein Exot. Im Grunde haben die Leute gedacht, ich sei noch zu jung und zu naiv um zu bemerken, wie hart dieser Beruf sein kann. Aber manche haben auch erkannt: „Dieses junge Mädchen will das wirklich!" und sie haben mich unterstützt. Ich habe die klassische Laufbahn beschritten: von der Materialassistentin zur ersten Kameraassistentin, und nach meinem Abitur hatte ich bereits bei vielen Filmen mitgewirkt. Kisten schleppen, Optiken pflegen, Filmmaterial im Dunkelsack umlegen, die Schärfe ziehen, Tücken und Fallen der einzelnen Kameras begreifen, den Kameramann unterstützen – ich habe es geliebt, Kameraassistentin zu sein, so wie ich es jetzt genieße, Kamerafrau zu sein. Ich wollte immer dort sein, wo ich jetzt in meinem Leben bin.

Du bist zu dünn, du kannst die Kamera nicht tragen

Natürlich hatte ich Ende der 1970er-, Anfang der 1980er-Jahre Schwierigkeiten, respektiert zu werden, weil ich eine Frau war. In Frankreich gab es wie überall Frauenverachtung und es war manchmal sehr hart für mich und die wenigen Kolleginnen, die ich hatte. Damals kamen noch Argumente wie: „Ihr könnt als Frau die Kamera nicht tragen!" „Ihr seid so dünn, Ihr habt nicht genug Muskeln." Der ständige Zweifel an unserer körperlichen Konstitution wurde uns immer wieder bescheinigt. Schon damals habe ich darüber gelacht: Warum denken Männer, dass wir keine Kamera, dafür aber Kinder und schwere Einkaufstaschen herumtragen können?!?

Wie ich von meinen Kolleginnen in Frankreich weiß, hat sich die Situation glücklicherweise komplett verändert.

Wir galten als „freche Mädchen"

Das französische Kino in den 1980er-Jahren war gekennzeichnet von festgefahrenen Strukturen, fetten Budgets und aufwändigen Studiodrehs.

Éric Rohmer[1] wollte sich von diesem „Sicherheits-Kino" entfernen und möglichst „frei" erzählen: nicht im Studio, sondern ein Road Movie auf 16mm mit einem möglichst kleinen Team drehen. Er entschied sich 1984 zu dem Experiment DAS GRÜNE LEUCHTEN (LE RAYON VERT, 1985). Der Film ist das Portrait der jungen, schönen und einsamen Delphine und ihrer Schwierigkeit in Kontakt zu anderen Menschen zu treten. Das Drehbuch bestand nur aus wenigen Seiten, die sich mit der Thematik beschäftigten. Rohmer wusste nicht mal, ob bei diesem Experiment ein Film heraus kommen würde. Er hatte die Idee, sich ein Team aus lauter Frauen zu suchen, doch es gab nur Assistentinnen. Er suchte also zuerst eine Tonassistentin und fand Claudine Nougaret[2]. Er machte ihr das Angebot, den Ton für diesen Film zu übernehmen, und fragte sie, ob sie eine Kamerafrau kenne. Claudine und ich waren befreundet und hatten bereits zwei Filme als Assistentinnen zusammen gedreht. Sie sagte: „Ja, ich kenne eine Kamerafrau!" Éric Rohmer musste uns vertrauen und das tat er. Ich hatte bereits viele Kurzfilme als Kamerafrau gedreht und ich habe ihn gefragt, ob er davon etwas sehen möchte. Er sagte: „Nein, nein! Wir drehen den ersten Tag, warten die Muster ab und dann entscheide ich mich!" Natürlich war ich an diesem Tag und die Zeit bis zur Mustersichtung extrem nervös. Und dann hat er nur gesagt: „Wir machen weiter." Schlussendlich waren wir zu dritt: Claudine Nougaret als Tonfrau, Francoise Etchegaray[3] als Aufnahmeleiterin, Kostüm- und Maskenbildnerin (und den ganzen Rest) und ich als Kamerafrau (ohne Assistenz, ohne Beleuchter/in). Wir haben ganz Frankreich mit einem kleinen Auto (kein Kombi) durchquert, in das wir das gesamte Equipment hineingestopft haben. Ich war 23, Rohmer selbst war schon sehr berühmt und über 60. Was damals in Frankreich passierte, hat es so in Deutschland nicht gegeben: die „Papi-Generation", die Gründer der Nouvelle Vague[4], wollten wirklich etwas anderes pro-

---

1 Éric Rohmer, französischer Regisseur (1920–2010). Zunächst Kinokritiker bei Les Cahiers du Cinéma, von 1957 bis 1963 Chefredakteur, gehört mit Godard, Rivette und Truffaut zu den Gründern der Nouvelle Vague.
2 Claudine Nougaret, französische Toningenieurin, geboren 1958 in Montpellier, gilt als die erste Tonfrau Frankreichs.
3 Francoise Etchegaray, französische Regisseurin und Produzentin. Sie produzierte mehrere Filme von Éric Rohmer: L'ARBRE, LE MAIRE ET LA MÉDIATHÈQUE (1993), LES RENDEZ-VOUS DE PARIS (1995), CONTE D'ÉTÉ (1996), CONTE D'AUTOMNE (1998), L'ANGLAISE ET LE DUC (2001), TRIPLE AGENT (2004) und LES AMOURS D'ASTRÉE ET DE CÉLADON (2007).
4 Nouvelle Vague (Neue Welle): Stilrichtung, die im französischen Kino der späten 1950er-Jahre entstand. Die bekannten Regisseure dieser Stilrichtung sind Jean-Luc Godard, Francois Truffaut, Éric Rohmer und Jacques Rivette. Sie wendeten sich vom gut ausgeleuchteten teuren und künstlichen Kino der 1930er- bis 1940er-Jahre ab und drehten in den Straßen, oft mit kleinen Teams und kleinem Budget.

Sophie Maintigneux bei der Arbeit

bieren und haben junge Frauen hinter die Kamera geholt. Caroline Champetier[5], die inzwischen die bekannteste Kamerafrau in Frankreich ist, hat in den 1980er-Jahren mit Jacques Rivette[6] und Jean-Luc Godard[7] angefangen.

Für Godard habe ich 1987 auch meinen ersten 35mm-Film als Kamerafrau gedreht, KING LEAR. Wir waren jung, wir waren sehr engagiert. Alle diese Männer haben uns unglaublich ermutigt und gepuscht.

---

5   Caroline Champetier, französische Kamerafrau, geboren 1954 in Paris. Nach ihrer Ausbildung am Institut des hautes études cinématographiques (IDHEC) trat sie für neun Jahre der Arbeitsgruppe um den Kameramann und Regisseur William Lubtchansky bei. Seit 1987 arbeitet sie mit Jean-Luc Godard, Jacques Doillon, Benoît Jacquot, Philippe Garrel, Xavier Beauvois, Amos Gitaï und Nobuhiro Suwa. Für ihre Arbeit an VON MENSCHEN UND GÖTTERN (2010) erhielt sie einen César.
6   Jacques Rivette, französischer Regisseur, geboren 1928 in Rouen, gilt als einer der führenden Köpfe der Nouvelle Vague. Vom Kritiker bei der Zeitschrift *Cahiers du Cinéma* wurde er ab 1963 bis 1965 zu deren Chefredakteur. 1958 dreht er seinen ersten abendfüllenden Spielfilm PARIS NOUS APPARTIENT. Weitere Filme: DIE NONNE (1966), L'AMOUR FOU (1968), UNSTERBLICHES DUELL (1976), AN DER NORDBRÜCKE (1981), STURMHÖHE (1985), DIE VIERERBANDE (1988), DIE SCHÖNE QUERULANTIN (1991), DIE HERZOGIN VON LANGEAIS (2007).
7   Jean-Luc Godard, französischer Regisseur, geboren 1930 in Paris, gab der Nouvelle Vague mit seinem Film AUSSER ATEM (1960) die emblematische Stilrichtung und prägte das französische Kino nachhaltig. Wie Rivette und Rohmer war auch er zunächst Kinokritiker der *Cahiers du Cinéma* (1950–1959). Zu seinen bekanntesten Filmen zählen: AUSSER ATEM (1960), EINE FRAU IST EINE FRAU (1961), DIE VERACHTUNG (1963), DER KLEINE SOLDAT (1960), DIE GESCHICHTE DER NANA S. (1962), DIE AUSSENSEITERBANDE (1964), LEMMY CAUTION GEGEN ALPHA 60 (1965) oder ELF UHR NACHTS (1965).

Éric Rohmer bekam den Goldenen Löwen, ich bekam bissige Kritik

Für DAS GRÜNE LEUCHTEN hat Rohmer den Goldenen Löwen in Venedig bekommen und Marie Rivière[8] alias Delphine den Darstellerpreis. Ich habe als Reaktion unheimlich viel Kritik von Kollegen bekommen: weil ich akzeptiert hatte, ohne Filmcrew zu arbeiten, würde ich die Berufsstruktur und die etablierten Arbeitsgewohnheiten zerstören. Die Reaktionen waren extrem heftig und bissig gegen mich! Ich habe keine Filmhochschule besucht, sondern bin Autodidaktin und ich habe mich sehr allein gefühlt. Das war damals eine emotional schwierige Situation, die mich richtig fertiggemacht hat.

Marie Rivière und Vincent Gauthier in DAS GRÜNE LEUCHTEN (1986, Regie: Éric Rohmer)

Trotzdem habe ich mit verschiedenen Regisseur/innen weitergearbeitet. 1985 kam der zweite Film mit Éric Rohmer, dann KING LEAR von Jean-Luc Godard, dann ein dritter Film mit Éric Rohmer, bei dem ich Schwenkerin war. 1988 habe ich mich entschieden, eine „Pause" als Kamerafrau zu machen und ein Jahr als Beleuchterin zu arbeiten.

Die geistige Freiheit Berlins

1985 kam ich zum ersten Mal nach Berlin; ich sollte die Bilder für einen französischen Dokumentarfilm über eine Travestieshow von Romy Haag[9] machen. Romy Haag war der bekannteste Travestiekünstler Berlins. Es war ein wahnsinniger Dreh, diese Stimmung im Kabarett war genial, und ich habe mich sofort in Berlin verliebt! Berlin war für mich eine faszinierende Stadt: kinematografisch, hässlich, schön, erotisch, lebendig, traurig, frech, frei und eingegrenzt zugleich. Diese Freiheit, geistig gesehen, war für mich, aus Paris kommend, eine wunderschöne Erfahrung. Ich bin lesbisch, und in

---

8   Marie Rivière, französische Schauspielerin, geboren 1956 in Montreuil-sous-bois, wurde durch ihre Rollen in Filmen von Éric Rohmer bekannt: DIE FRAU DES FLIEGERS ODER MAN KANN NICHT AN NICHTS DENKEN (1981), HERBSTGESCHICHTE (1998), DIE LADY UND DER HERZOG (2001), DIE ZEIT DIE BLEIBT (2005).
9   Romy Haag, deutsche Sängerin, Schauspielerin, Tänzerin und Nachtclubbesitzerin, geboren 1951 als Edouard Frans in den Niederlanden. 1974, mit 23 Jahren, eröffnete sie in Berlin-Schöneberg das Kabarett „Chez Romy Haag". Viele berühmte Gäste wie Udo Lindenberg, Zizi Jeanmaire, Patricia Highsmith, Bryan Ferry, Freddie Mercury, Lou Reed und Mick Jagger und David Bowie kamen ins „Chez Romy Haag".

Berlin war es möglich und sogar gewollt, offen die eigene Sexualität zu leben und dazu zu stehen. Nach den Dreharbeiten bin ich wieder nach Paris zurückgekehrt, aber als mich Ende 1988 Michael Klier[10] anrief und mir sagte, dass er gerne mit mir in Berlin arbeiten würde, war ich zwei Tage später hier und bin bis heute geblieben.

Wir sind da und wollen mehr

Die Frauen im Filmbereich haben in den letzten 20 Jahren viel erreicht und sie wollen mehr. Sie wollen im professionellen Bereich arbeiten als Regisseurinnen, Produzentinnen, Kamerafrauen, Oberbeleuchterinnen, Bühnenfrauen und Tonfrauen. Und das nicht nur für Low-Budget-Filme!

Seit 1996 habe ich angefangen, statistische Erhebungen darüber anzustellen, wie viele Filme pro Jahr in Deutschland mit welchem Budget von Regisseurinnen gemacht werden. Vor 17 Jahren lag der Anteil der von Frauen gedrehten Filme bei 13 Prozent. Es ist ein bisschen besser geworden, der Anteil liegt in den letzten Jahren bei 22 bis 25 Prozent. Doch, wenn man bedenkt mit wie viel Geld diese Filme finanziert werden, dann relativiert sich alles. Zwischen 16 und 20 Prozent der von Filmförderungen zur Verfügung gestellten Gelder werden an Filmprojekte von Regisseurinnen vergeben. Dies beweist, dass die meisten Filme von Frauen immer noch Low-Budget sind. Bei ungefähr 105 Millionen Euro Filmförderung pro Jahr sprechen wir von mehr als fünf Millionen, die den Regisseurinnen „zugunsten der Regisseure" vorenthalten werden. Daran erkenne ich, dass man in Frauen weniger Vertrauen setzt, und dass sie um ihren Erfolg mehr kämpfen müssen. Das ökonomische Ungleichgewicht zwischen den Geschlechtern beherrscht immer noch unser Produktionssystem.

Die Schweden wollen ab 2014 eine absolute Parität zwischen Regisseurinnen und Regisseuren in der Filmbranche einführen. Davon sind wir noch sehr, sehr weit entfernt. Zumindest sollten wir eine Gleichberechtigung in der Ausbildung erreichen, was Professorinnen, Dozentinnen und Studentinnen betrifft. Ich persönlich habe mich sehr engagiert, Frauen hinter die Kamera zu holen, erst an der dffb und jetzt an der KHM in der Aufnahmekommission für den Kamerastudiengang. Die Zahl der Kamerabewerberinnen liegt in Deutschland jetzt bei ca. 15 Prozent.

Seit 2001 gibt es im Rahmen des Internationalen Frauenfilmfestivals Dortmund/Köln von Silke Räbiger[11] initiiert einen Preis für Bildgestalterinnen. Von Anfang an bin ich dort Jurymitglied und muss leider feststellen, dass sich die Anzahl der Einreichungen von Kamerafrauen nicht wirklich erhöht hat.

Bei diesem Filmfestival findet zudem schon seit Jahren das „Werkstattgespräch Kamera" statt. Ich lade eine andere Kamerafrau ein und wir diskutieren anhand verschiedener Filmausschnitte fünf Stunden lang über ihre Arbeit und unseren Beruf.

---

10 Michael Klier, deutscher Regisseur, geboren 1943 in Karlsbad, drehte TV-Portraits und Spielfilme. Für OSTKREUZ (1991) und HEIDI M. (2001) erhielt er den Grimmepreis. Für ÜBERALL IST ES BESSER, WO WIR NICHT SIND (1989) den Fernsehfilmpreis der Deutschen Akademie der Darstellenden Künste.
11 Silke Räbiger, deutsche Festival-Leiterin (s. S. 468).

Wir sprechen über Licht, Drehbücher, über Teamfähigkeit, darüber Entscheidungen zu treffen, über Vorurteile gegen Frauen, über die Notwendigkeit, die Technik zu dedramatisieren, über Quoten, über Inspiration und Bildkomposition. Damit erreichen wir junge Frauen, die wir motivieren können.

Ich freue mich, dass heutzutage ca. zehn Kamerafrauen in Deutschland von ihrem Beruf leben können. Gleichzeitig bin ich traurig darüber, dass sich die Gleichberechtigung so langsam und zäh durchsetzt. Ich vermisse bei jungen Frauen das Bewusstsein für ihre Situation und ihre zukünftige Chance auf dem Markt. Sehr oft denken sie, „Die Mamas haben schon alles erreicht." Einerseits weiß ich, dass ich ein Vorbild für viele junge Kamerafrauen bin, auf der anderen Seite muss ich die Studentinnen immer noch unglaublich ermutigen.

Wir sind keine Rabenmütter

Ich spreche sehr offen mit den Studentinnen über ihren Kinderwunsch. Nehmen wir eine junge Frau, die sich mit Ende 20 an einer Filmhochschule beworben hat, vier bis fünf Jahre studiert hat und die mit 33/34 Jahren ein Kind möchte. Diese junge Frau steht vor einem unlösbaren Konflikt. Entweder verzichtet sie auf ihr Kind, weil es Zeit ist, sich auf dem Markt zu etablieren, oder sie erfüllt sich ihren Kinderwunsch und muss ihren Beruf auf Eis legen. Wir sind wieder in einer Gesellschaft, in der Mütter, die ihre Kinder zur Tagesmutter bringen, schlechte Mütter sind. Ich bin immer noch erschrocken, wenn mir Studentinnen sagen: „Ich kann nicht mein Drehbuch schreiben, weil ich auf mein Kind aufpassen muss." Diese verdammte große Angst eine schlechte Mütter/Frau zu sein, diese bittere Tatsache lässt das kreative Potenzial der Frauen versiegen in einem Lebensabschnitt, der so wichtig ist für ihre berufliche Entfaltung.

Haben Sie heute schon einen Film von einer Frau gesehen?

Frauen können andere Geschichten erzählen! Wir gehen mit Konflikten, mit Gewalt und Schmerz, Sehnsucht und Liebe anders um als Männer. So ist das auch im Leben. Warum sollte das in der Filmkunst anders sein? Wir sollten nicht den Ruf von François Truffaut[12] im Sande verlaufen lassen: „Eine Filmkultur ohne Frauen ist eine Halbkultur".

Was ich immer noch tragisch finde ist, dass Filme, realisiert von Frauen, nicht gezeigt werden. Wir haben jahrelang während der Berlinale einen Flyer verteilt: „Haben Sie heute schon einen Film von einer Frau gesehen?" Leider ist es mittlerweile selbstverständlich, dass diese Filme auf einem A-Festival in Cannes, Berlin, Venedig, San Sebastian... nicht existieren, sondern nur auf dem sogenannten Frauenfilmfesti-

---

12 François Truffaut, französischer Regisseur der Nouvelle Vague, bekannteste Filme: SIE KÜSSTEN UND SIE SCHLUGEN IHN (1959), SCHIESSEN SIE AUF DEN PIANISTEN (1960), JULES UND JIM (1962), FAHRENHEIT 451 (1966), DIE BRAUT TRUG SCHWARZ (1967), GERAUBTE KÜSSE (1968), TISCH UND BETT (1970), DIE AMERIKANISCHE NACHT (1973), DER MANN, DER DIE FRAUEN LIEBTE (1977), DIE LETZTE METRO (1980), AUF LIEBE UND TOD (1983).

val. Es hat wieder mit Geld zu tun. Um ein internationales Niveau zu erreichen, damit man mit einem Film in solche Wettbewerbe kommt, müssen sie in der Regel ausreichend finanziert sein.

Mein Herz schlägt schnell bei Frauenthemen

In der Tat habe ich in den letzten Jahren beim Dokumentarfilm meist mit Regisseurinnen gearbeitet, denn da gibt es ein gemeinsames Interesse: z. B. DIE DÜNNEN MÄDCHEN (2013), ein Film über junge Frauen, die an Anorexie leiden. Oder neulich habe ich die Bildgestaltung gemacht für einen Fernsehspielfilm, der den Kampf von Elisabeth Selbert (SPD) erzählt, eine von vier weiblichen Abgeordneten. Sie hat 1948 in der verfassungsgebenden Versammlung den Artikel 3 des Grundgesetzes durchgesetzt: Männer und Frauen sind gleichberechtigt. *Aufz. BSB*

DIE DÜNNEN MÄDCHEN (2013)

Christine A. Maier

DOP

Ausbildung an der Hochschule für Musik und Darstellende Kunst, Wien, Abteilung Film und Fernsehen; Hauptfach: Kamera- und Bildtechnik.

FILMOGRAFIE
2014 Love Island (Regie: Jasmila Zbanic)
2013 For Those Who Can Tell No Tales (Regie: Jasmila Zbanic)
     Provenance und Lot 246 (Regie: Amie Siegel, Think Award, Berlinale 2014)
2010 Black Moon (Regie: Amie Siegel) Semaine De La Critique Filmestspiele Cannes
     Satte Farben vor Schwarz (Regie: Sophie Heldman)
2009 Na Putu/On The Path (Regie: Jasmila Zbanic) im Wettbewerb Berlinale 2010, NDR Spielfilmpreis, Jury Award for Best Cinematography, Pune Iff 2011, Indien
2008 DDR-DDR (Regie: Amie Siegel)
     Die Liebe der Kinder (Regie: Franz Müller) Bester Spielfilm Schwerin 2010
2007 Free Rainer – Dein Fernseher lügt (Regie: Hans Weingartner)
     Itty Bitty Titty Committee (Regie: Jamie Babbit) Jury Award Austin, Texas, Panorama/Berlinale 2007
2006 Lucy (Regie: Henner Winckler)
     Grbavica (Regie: Jasmila Zbanic) Goldener Bär Berlinale 2006, Grand Jury Prize Afi Fest Los Angeles 2006, nominiert für den Europäischen Filmpreis
2005 Zeppelin (Regie: Gordian Maugg)
2003 Der junge Herr Bürgermeister (Regie: Britt Beyer) Mitteldeutscher Medienpreis 2003
2002 Befreite Zone (Regie: Norbert Baumgarten) Studio Hamburg Nachwuchspreis
1999 Nordrand (Regie: Barbara Albert) Fipresci-Preis 1999, Wiener Filmpreis 1999, Best First Feature Stockholm Filmfestival, Max Ophüls Förderpreis, FEMINA-Preis für Kameraarbeit, Großer Diagonale-Preis, John-Tempelton-Filmpreis der Berlinale
1998 Noc je, mi svijetlimo (Regie: Jasmila Zbanic)
     Sonnenflecken (Regie: Barbara Albert)
1997 Lubav je... (Regie: Jasmila Zbanic)
1996 Somewhere Else (Vienna-Sarajevo) (Regie: Barbara Albert)
     Die Frucht deines Leibes (Regie: Barbara Albert)

Wir müssen Netzwerke spannen

Kontrast

Meine Tante war etwa 40 und hatte einen Bären in Jugoslawien erlegt. Ich war sechs oder sieben Jahre alt und meine Mutter schickte mich zu ihr, um mir das Bärenfell anzusehen. Meine Tante erzählte mir en detail, wie sie das erlebt hatte und dass sie, wenn sie daneben getroffen hätte, jetzt nicht mehr unter uns wäre. Diese Geschichte hat mich damals sehr beeindruckt, und man kann sich wahrscheinlich vorstellen, wie hoch der Kontrast war zwischen eben meiner Tante und dem Volksschuldirektor, dem Priester und der Handarbeitslehrerin aus meinem Dorf.

Ich bin in Österreich auf dem Land aufgewachsen, von der Stimmung her eher in den 1950er- als in den 1970er-Jahren, in einem sehr konservativen Klima, in dem es klare Vorstellungen davon gab, was du als Mädchen zu tun und zu lassen hattest. So durfte ich etwa in der Kirche nicht ministrieren und auch die katholischen Bräuche zu Ostern waren nur Buben vorbehalten. Und die waren für uns Kinder natürlich sehr attraktiv, weil man sich damit ein bisschen Geld und Süßigkeiten verdienen konnte. Daraufhin bin ich nicht mehr in die Kirche gegangen, weil ich das als ungerecht empfand.

Trotz der konservativen Grundstimmung wurden in meiner Familie klassische Frauenbilder unterwandert. Ich bin interessanterweise in einem Matriarchat groß geworden. Bei uns in der Familie haben die Frauen über drei Generationen hinweg mehr verdient als die Männer, trotzdem gab es Strategien, das Aufbrechen des klassischen Rollenmodels nach außen hin zu kaschieren: Ich treffe zwar die Entscheidungen, aber ich tue so, als ob sie der Mann treffen würde. Mich haben die Frauen in meiner Familie sehr geprägt. Insofern habe ich von Anfang an gesehen, dass Geschlechterrollen erst einmal eine äußerliche Behauptung sind. Das gilt für Männer wie Frauen.

Filme haben mir die Augen geöffnet

Ich war schon immer vom Kino begeistert. Aber meine Filmsozialisation hat fast ausschließlich über das Fernsehen stattgefunden. Es gab zwei österreichische Sender, und jeden Tag war ein Spielfilm im Programm: Am Montag gab es einen Arthouse Film, freitags einen Western, mittwochs Film Noir und die legendäre Sendung KUNSTSTÜCKE mit Dieter Moor, in der ich im Alter von 15, 16 Jahren Filme von Derek Jarman und Valie Export gesehen habe. Für das damalige Fernsehprogramm bin ich immer noch wirklich dankbar, denn die Filme haben mir die Augen geöffnet für die Welt „da draußen".

Ich kannte niemanden, der auch nur ansatzweise etwas mit Kino oder Fernsehen zu tun hatte. Die ersten Berührungspunkte kamen in Wien. Meine Schlüsselereignisse waren die Begegnungen mit Leuten, die Kunst studierten. Ich hatte mit 14 bereits mit

Freunden angefangen, auf Super 8 und mit der Videokamera meines Vaters Filme zu drehen. Dabei war ich oft alles in einem: Regie, Kamera, Schnitt. Mit diesen frühen Filmen habe ich mich beworben.

„Welche Kamerafrau kennen Sie?"

An der Filmakademie war ich in einem Jahrgang mit Barbara Albert, Jessica Hausner und Antonin Swoboda. Wir waren 16 Studierende, vier für Kamera, vier für Regie, vier für Schnitt, vier für Drehbuch. Unser Regiejahrgang war der erste, in dem es zwei Frauen gab, ich war im Kamerastudium die einzige. Aber zwischen uns Studierenden spielte das Geschlecht keine so große Rolle.

Bei meiner Aufnahmeprüfung wurde ich gefragt, welche Kamerafrau ich kenne. Ich kannte niemanden. Jemand in der Prüfungskommission erwähnte dann Elfi Mikesch (s. S. 134). Nachdem ich zum Studium zugelassen wurde, dachte ich mir: *Die* werde ich jetzt kennenlernen! Ich suchte mir aus dem Telefonbuch ihre Telefonnummer heraus, rief sie an und fragte, ob ich bei ihr arbeiten könne. Wir verabredeten, uns drei Wochen später in Hamburg zu treffen. Es war ein bisschen verrückt. Ich kannte sie ja nicht, ich wusste nicht einmal, wie sie aussah. Es war eine magische Begegnung, es passte einfach. Seitdem verbindet mich mit Elfi Mikesch eine Freundschaft, die mich bis heute begleitet. Sie war meine erste Mentorin. Durch sie habe ich eine andere Filmwelt kennengelernt. Bei vielen Dokumentarfilmen von Elfi Mikesch habe ich mitgearbeitet und später mit ihr auch bei Werner Schroeter, einem unglaublich inspirierenden Menschen, der leider nicht mehr lebt. Die Zusammenarbeit von ihm und Elfi, das war kein normales Drehen, das war wie Tanz. Es gab zwischen ihnen bei der Arbeit etwas unheimlich Sinnliches. Die ganze Atmosphäre, die Elfi Mikesch und Werner Schroeter schufen, war eine ganz besondere Erfahrung für mich. Für Werner Schroeter war das Drehen genauso wichtig wie der Film selbst. Das war Teil der Kunst.

„Feministin" – Das böse F-Wort

Im ersten Jahr meines Studiums an der Filmakademie lernte ich die Kamerafrau Johanna Heer kennen, die dort kurze Zeit Gastdozentin war. Sie sagte mir, sie habe Österreich in den 1970er-Jahren verlassen, da sie keine Chance sah, hier Kamerafrau zu werden. Ich glaube, ich wurde aufgenommen, weil mit Johanna Herr zum ersten Mal eine Frau in der Prüfungskommission saß.

Frauen in Entscheidungspositionen haben manchmal nicht genug Selbstbewusstsein, um andere Frauen zu fördern, weil sie Angst davor haben, dann als „Feministin" abgestempelt zu werden. Frauen müssten die Angst davor verlieren, Netzwerke zu spannen. So wie FC GLORIA, ein österreichischer Verein, der das Filmschaffen von Frauen fördert, sie haben ein Phänomen erkannt und daraus eine Forderung abgeleitet: dass man nicht nur die jungen Frauen fördert, sondern vor allem auch diejenigen, die 40 und älter sind. Denn als junge Frau ist es noch leicht, einen männlichen Mentor zu finden, der dir Wege eröffnet. Doch mit 40, spätestens 50 funktioniert das Mentorensystem für dich als Frau nicht mehr. Männer sind in diesem Alter bereits seit langer Zeit in gut funktionierende Netzwerke eingebunden, die ihre Karrieren befördern. Die Frauen hingegen stehen meistens ohne Netzwerke da und verschwinden deswegen oft genug einfach von der Bildfläche.

Ein guter Film ist ein guter Film

Ich wehre mich gegen eine starre Einteilung in „männlichen Blick" und „weiblichen Blick", aber so lange die Sozialisationen noch so unterschiedlich sind, erzählen Frauen zwangsläufig andere Geschichten als Männer. Unterschiedliche gesellschaftliche Positionen erzeugen unterschiedliche Perspektiven. Es ist sehr wichtig, all diese gesellschaftlichen Perspektiven im Kino zu sehen. Wir brauchen Vielfalt. Kino hat die Kraft, Menschen in ihrer Wahrnehmung zu beeinflussen. Daran glaube ich fest. Der Film GRBAVICA, den ich für die bosnische Regisseurin Jasmila Zbanic fotografiert habe, gewann als Erstlingsfilm den Goldenen Bären auf der Berlinale 2006. GRBAVICA erzählt die Geschichte von Esma, einer alleinerziehenden Mutter, die nicht weiß, wie sie ihrer Tochter sagen soll, dass ihr Vater nicht der Kriegsheld ist, den sie sich ersehnt, sondern ein namenloser Soldat, der ihre Mutter vergewaltigte. Der Film, sicherlich auch in Kombination mit der Ehrung auf der Berlinale und der damit verbundenen Öffentlichkeitswirksamkeit, löste eine überfällige Diskussion über Vergewaltigungsopfer des Bosnienkrieges aus, die schließlich in Bosnien Herzegowina zu einer Gesetzesänderung führte. Gewalt gegen Frauen wird mittlerweile juristisch als Kriegsverbrechen anerkannt und bestraft. Dadurch haben die Opfer eine Chance auf Rehabilitierung und Entschädigung. Der Film hat in dieser Hinsicht viel erreicht.

Es geht um Geld und Macht

Um die Situation für Frauen im Film nachhaltig zu verbessern, muss man von allen Seiten an die Probleme herangehen: Von der Struktur über die Arbeitsbedingungen bis zur Quote. Filmförderung besteht aus Steuergeldern. Steuergelder bezahlen alle. Es spricht nichts dagegen, Fernsehfilme 50/50 zwischen Regisseurinnen und Regisseuren aufzuteilen. Wenn argumentiert wird, das Gute setze sich durch, dann frage ich mich, warum es so viele mittelmäßige bis schlechte Fernsehfilme gibt. Ich möchte, dass eine Frau genauso einen schlechten POLIZEIRUF oder einen mittelmäßigen Fernsehfilm drehen darf – und die guten sowieso. Die kulturelle Filmförderung ist heute weitgehend der Wirtschaftsförderung gewichen. Man fördert gerne kleine Projekte von Frauen, aber sobald es um hohe Budgets geht, ist die absolute Zahl der weiblichen Head of Departments viel zu gering. Wir brauchen eine Quote! Wenn man sagen würde, 40 Prozent der Projekte müssten mit Regisseurinnen eingereicht werden, würden die Produzenten Regisseurinnen finden. Das ist das Grundprinzip von Angebot und Nachfrage.

Aufz. BSB

Wilbirg Brainin-Donnenberg

MENTORIN (ÖSTERREICH)

Wilbirg Brainin-Donnenberg ist Filmkuratorin und Publizistin und seit 2012 auch Geschäftsführerin des drehbuchFORUM Wien. Sie studierte Psychologie und Soziologie in Wien, Paris und Salzburg (Buchveröffentlichung: *Mutter im Widerspruch. Wie Frauen ihr Muttersein erleben*, Salzburg 1993).

Von 1993–2004 arbeitete sie für sixpackfilm (Independent Film&Video Verleih), ab 2004 Kuratierung zahlreicher Filmreihen in Österreich (u. a. PHANTOME. METAMORPHOSEN. ANIMISMUS IM FILM für die Generali Foundation Wien, WISSENSCHAFTLERINNEN IM FILM, FRAUEN UND WAHNSINN IM FILM, DOUBLE TAKE – MEDIENKUNSTPIONIERINNEN IN ÖSTERREICH) und international (Int. Frauenfilmfestival Dortmund/Köln, Int. Kurzfilmfestival Hamburg). Filmvermittlungs- und Jurytätigkeiten bei österreichischen und internationalen Filmfestivals, Mitherausgeberin des Buchs *Gustav Deutsch. Filmemacher* (Wien 2009), Konzeption von Filmveranstaltungen und Symposien u. a. für das Österreichische Filmmuseum, Int. Kurzfilmtage Oberhausen, Synema, von 2010–2013 auch das Branchentreffen der Diagonale – Festival des Österreichischen Films. Sie ist Vorstandsmitglied von Synema – Gesellschaft für Film und Medien und FC GLORIA.

www.fc-gloria.at

Strategien der Veränderung
FC GLORIA – Frauen Vernetzung Film

Die Selbstdarstellung einer Initiative kann eitel, selbstverherrlichend, unkritisch, mythenverliebt ausfallen. Ich möchte die Entstehungs- und Entwicklungsgeschichte der Initiative FC GLORIA dynamisch, die Diskussionsprozesse kontrovers, unsere Aktivitäten animierend, unsere Selbstzweifel in Maßen, unsere Anliegen fordernd und unsere Zukunftspläne motivierend beschreiben.

FC GLORIA nennt sich eine Gruppe Frauen, die aktiv die gesellschaftspolitischen und künstlerischen Interessen von Frauen in der österreichischen Filmszene vertritt. 15 Frauen im Vorstand, mehr als 80 Mitglieder und zahllose Sympathisantinnen kämpfen auf verschiedenen Ebenen für die Gleichstellung und Sichtbarkeit der Frauen in der Filmbranche. Weltweit realisieren Frauen weniger Filme als Männer, sie bekommen seltener große Budgets und sind in den Wettbewerben um begehrte Preise, die bessere Produktionschancen nach sich ziehen, kaum vertreten. In Österreich besteht zusätzlich in manchen Bereichen noch ein größerer Aufholbedarf als anderswo in Europa. Der Anteil der weiblichen Lehrkräfte ist an der Filmakademie in Wien, der zentralen Ausbildungsstätte Österreichs, klein und keines der Hauptdepartments wird von einer Professorin geleitet. Dieser Umstand zieht den Mangel an weiblichen Mentorinnen in der Lehre wie auch in der filmischen Praxis nach sich und wirkt sich auch auf die Auswahl der Studierenden aus, nicht zuletzt auch auf die Geschichten, die erzählt werden.

Es gibt kaum Produzentinnen in Österreich – einer der Gründe, warum international erfolgreiche Regisseurinnen wie Barbara Albert (s. S. 456), Ruth Beckermann, Sabine Derflinger (s. S. 288), Jessica Hausner und Nina Kusturica in den letzten Jahrzehnten eigene Produktionsfirmen gründeten, um ihre Geschichten realisieren zu können. Auch im österreichischen Fernsehen sind zentrale Redaktionsleitungen längst nicht ausgewogen besetzt. Zeit für Veränderungen also.

Seit 2009 trifft sich eine Gruppe Frauen der österreichischen Filmbranche einmal monatlich zu einem Jour fixe, der zunächst als informeller Austausch begonnen hatte. Von Anfang an war klar, dass es sich nicht um einen Jammer-Stammtisch handeln sollte, sondern konkrete Schritte folgen würden. Die Verbesserung der sozialen, künstlerischen, wirtschaftlichen und gesellschaftspolitischen Stellung der filmschaffenden Frauen sollte durch Diskussionen, Aktionen und Lobbying sowie eine Webseite und eine Datenbank als Vernetzungsplattform erreicht werden. Frauen aus allen wesentlichen Bereichen der Filmproduktion und unterschiedlichen Generationen konnten dafür gewonnen werden.

Da wir alle Veranstaltungen und Aktivitäten, auch ein Mentoring-Programm, kostenlos anbieten wollten, brauchten wir die Unterstützung der Förderinstitutionen. Aus der kleinen, zunächst vielleicht anarchistischen Gruppe entwickelte sich so nach einigem Abwägen der Furcht vor Vereinnahmung schließlich ein ordentlicher Verein.

Wir wählten 15 (!) Frauen in den Vorstand, dies auch als Zeichen der Auflehnung gegen herkömmliche Vereinsstrukturen, und besetzten drei Obfrauen. So waren wir bewusst breit, eben nicht hierarchisiert aufgestellt und konnten die ehrenamtliche Arbeit unter uns aufteilen. Wichtig ist ein großer Vorstand auch, um den Anfeindungen, die unsere Forderungen und Aktionen erwartungsgemäß nach sich ziehen, nicht individuell ausgeliefert zu sein. Dennoch bliebt festzuhalten, dass einzelne Mitglieder unser Engagement nachteilig zu spüren bekommen.

Geheimloge oder Plattform?

Bei einem ersten öffentlichen Auftritt, zu dem wir 70 befreundete Filmfrauen einluden, überprüften wir unsere Ziele. Das Interesse war groß, die Diskussionen heftig – auch innerhalb des Vorstands. Sollten wir weiter in der Art einer Geheimloge agieren und die Interessen der Frauen in der Filmbranche durch konsequentes Lobbying vertreten oder eher verstärkt durch öffentliche Veranstaltungen und Aktionen auftreten? Beides erschien uns wichtig.

Das Schlagwort Feminismus sorgte bei diesem ersten Salon für einige Aufregung und Berührungsängste unter den Filmschaffenden. Es zeigte sich, dass die Vermittlung zwischen Gendertheorie und Filmpraxis in der männerdominierten Branche wichtig ist, um gemeinsam für ein Anliegen zu kämpfen. Schnell wurde auch das dringlichste und umstrittenste Thema deutlich, die Etablierung einer Frauenquote in den Entscheidungsgremien.

Diskussionssalons zur strategischen Weiterbildung

Unter dem Titel *Frauenquote – Quotenfrauen* luden wir also zum zweiten Salon Expertinnen aus Wissenschaft und Sozialpolitik ein, um von deren Erfahrung für die Filmbranche zu lernen. Im dritten Salon zum Thema *Eigensinn-Courage-Humor* ging es um Strategien der Durchsetzung auf der persönlichen und der gesellschaftspolitischen Ebene. Im vierten Salon *Girls' Stories* stellten wir die Narrative in den Vordergrund, da z. B. unter den Oscar-prämierten Filmen der letzten 50 Jahre nur vier Filme Geschichten erzählten, in denen es zentral um Frauen ging. Wir brauchen andere Geschichten, andere Erzählweisen, andere Heldinnen. Wie können wir sie realisieren? Was sind die Hindernisse? Welche weiblichen Rollenklischees machen wir uns selbst zu eigen, wenn wir in einem männlich dominierten Kino filmsozialisiert sind?

FC GLORIA goes public

Die Diagonale – das Festival des österreichischen Films, veranstaltet seit 2011 jährlich gemeinsam mit FC GLORIA eine Podiumsdiskussion, die regen Zuspruch findet. Die Titel der Gespräche orientierten sich an den in den Salons erarbeiteten Themen: *Ripping Reality: Gleichstellung von Frauen – (k)ein Thema in der Filmbranche? Heldin-*

nen! – Mehr Frauengeschichten für Kino und TV und Manche mögen's gleich. Zur Praxis von Quotenmodellen.

Seit 2012 organisiert FC GLORIA sogenannte Kino-Salons, die mehrmals im Jahr im Wiener Admiral Kino stattfinden, einem wunderschönen, 100 Jahre alten Kino und eines der wenigen, das von einer Frau geführt wird. Die Salons bieten die Gelegenheit, gemeinsam aktuelle österreichische und internationale Filme von Frauen zu sehen und mit den Regisseurinnen zu diskutieren.

Die Fakten auf den Tisch – die Bierdeckelaktion

In Kooperation mit der Diagonale und der Akademie Graz produzierte FC GLORIA seit 2011 rund 130.000 Bierdeckel. Jährlich fünf verschieden gestaltete Bierdeckel bringen die (Un-)Gleichstellung von Frauen und Männern in drastischen Zahlenbeispielen auf den Tisch, jedes Jahr von einer anderen Grafikerin entworfen, 2013 z. B. im Stil einer Graphic Novel.

Bierdeckel-Aktion von FC GLORIA 2014

Gloria Pool und Website

Wir sammelten über 900 Adressen von Frauen in der österreichischen Filmbranche und realisierten eine Website, die der Vernetzung und Information dient. Wir pflegen den Gloria Pool, eine Online-Datenbank, die als Jobbörse und Plattform die Besetzung von weiblichen Filmteams erleichtert. Die stärkere Sichtbarkeit und Vernetzung soll auch der fortschreitenden wirtschaftlichen Prekarisierung im Filmbereich entgegenwirken. Alle Aktivitäten von FC GLORIA, auch die Eintragung in die Datenbank stehen allen Frauen in der Filmbranche kostenlos offen. Es bedarf keiner Mitgliedschaft. Dennoch freuen wir uns über ständig steigende Mitgliederzahlen.

Mentoring

Eine weitere Kernaufgabe von FC GLORIA ist das Mentoring-Programm, das Nachwuchsfrauen unterstützt, aber auch erfahrenere, die spezielle Probleme überwinden müssen und vom professionellen Wissen der Mentorinnen profitieren können. Da die familienunfreundlichen Arbeitszeiten am Filmset den Wiedereinstieg vieler Frauen nach der Babypause erschweren, können die Mentorinnen besonders in dieser Phase helfen.

Das Zwiebelprinzip – die Organisation von FC GLORIA von innen nach außen

Beim monatlichen Jour Fixe werden die wichtigen Themen und Aktionen im Vorstand besprochen. Ein wichtiges Kriterium des Zusammenhalts unserer heterogenen Gruppe ist der Respekt für die Meinungsvielfalt innerhalb des Vorstands. Ideen gibt es meist viele, der Bedarf nach Vernetzung ist sehr groß und unsere politischen Anliegen drängen, doch parallel müssen wir mit der Arbeitsüberlastung durch unsere Jobs zurechtkommen. Folge der permanenten Überlastung ist nun die Bestellung einer Geschäftsführerin, um alle Anliegen bündeln und effizienter vorantreiben zu können.

Arbeitsgruppen z. B. zum Thema Genderbudgeting oder zu den Bierdeckel-Aktionen bilden die nächste Zwiebelschicht der Organisation. Wir planen neue Organisationsformen, indem wir Tandems bilden, um mehr engagierte Frauen in die Arbeit einzubeziehen. Internationale Kooperationen, z. B. mit WIFT Germany oder dem Internationalen Frauenfilmfestival IFFF Dortmund/Köln stellen die äußere Schicht der Aktivitäten dar.

Forschung und Forderung

Zusätzlich zu den genannten Schwerpunkten sehen wir als wesentliche Kernaufgabe unsere Lobby-Arbeit zur Veränderung der Fördersituation an. Rasch stellte sich die Dringlichkeit einer Zahlenerhebung heraus, um fundiert argumentieren zu können, wenn es um die mangelnde Gleichberechtigung bei der Vergabe von Fördersummen geht. Daher gaben wir eine Studie in Auftrag, die die Auswirkung der Gleichstellungspolitik in den nordeuropäischen Ländern untersuchte. Parallel erhoben wir die Verteilung der Fördersummen der wichtigsten österreichischen Institutionen Österreichisches Filminstitut und Filmfonds Wien. Es zeigte sich, dass durchschnittlich nur 20 bis 30 Prozent der jährlichen Fördermittel an Frauen vergeben wurden, also ein dringender Handlungsbedarf herrscht.

Wir sehen eine Branchenvereinbarung, wie sie etwa in Schweden getroffen wurde, als gangbaren Weg zu einer Verbesserung an. Diese wird zwischen den Berufsvertretungen, Förderinstitutionen, Verleihfirmen und Sendeanstalten getroffen und hat folgende Ziele:

- Die geschlechterrepräsentative Besetzung der Entscheidungskommissionen, Jurys und Intendantenpositionen
- Die Genderschulung der Kommissionsmitglieder
- Die Durchsetzung von prozentualen Mindestbesetzungen in Produktion, Regie, Buch, Kamera und deren Kontrolle und Evaluation
- Spezielle Fördermaßnahmen bzw. Extrafonds für Frauen, solange bis die Ausgewogenheit bzw. die vereinbarte prozentuale Zielvorgabe erreicht ist.

Zukunftspläne

Wir wollen die Chancengleichheit für Frauen in der Filmbranche und die gendergerechte Vergabe der Fördermittel erreichen. Wir verstärken die Lobby-Arbeit und internationale Vernetzung auch mit dem Ziel eines gemeinsamen Data-Monitorings. Wir wollen die Arbeit von Frauen durch einen speziellen Filmpreis sichtbar machen. Ziel ist es, die Bedeutung der künstlerischen Arbeit der mitwirkenden Frauen für das Gesamtresultat eines Films hervorzuheben. Workshops und Coaching sollen spezielle Weiterbildungen ermöglichen. Und wir wollen junge filmschaffende Frauen gewinnen, die noch nicht von der Notwendigkeit eines feministischen Engagements überzeugt sind.

Fünf Jahre sind zu wenig Zeit, um die Welt zu verändern. Aber FC GLORIA hat mittlerweile eine politische Realität geschaffen. Förderstellen nehmen sie zur Kenntnis und mehr Kommissionen und Gremien werden gendergerecht besetzt.

Das FC GLORIA-Kollektiv – Frauen Vernetzung Film: Barbara Albert, Karin Berghammer, Sandra Bohle, Wilbirg Brainin-Donnenberg, Sabine Derflinger, Nike Glaser Wieninger, Astrid Heubrandtner, Gabriele Kranzelbinder, Nina Kusturica, Katharina Mückstein, Barbara Pichler, Kathrin Resetarits, Karina Ressler, Ursula Wolschlager, Katharina Wöppermann. Geschäftsführerin: Andrea Pollach. Mehr Informationen unter www.fc-gloria.at.

Marina Ludemann

GOETHE-INSTITUT

Marina Ludemann studierte Literatur und Geschichte und arbeitete zunächst als Journalistin, bevor sie 1988 begann, beim Goethe-Institut zu arbeiten. Von 1989 bis 1992 war sie in für das Goethe-Institut in Berlin tätig, von 1992 bis 2002 als Leiterin der Programmabteilung in São Paulo, Brasilien, von 2002 bis 2009 wieder in Berlin als Leiterin des Besucherprogramms und von 2009 bis 2013 im Filmbereich in der Zentrale in München.

Seit 2013 leitet sie das Goethe-Institut in Porto Alegre, Brasilien.

Das Goethe-Institut und der Frauenfilm

Seit 60 Jahren zeigt das Goethe-Institut deutsche Filme im Ausland. Seit etwa 40 Jahren trägt ein wachsender Anteil dieser deutschen Filmproduktionen die Handschrift von Frauen. Goethe-Institute in New York, Buenos Aires und Paris waren Vorreiter in Sachen Frauenfilm. Ingrid Scheib-Rothbart, die die Filmarbeit des New Yorker Instituts 26 Jahre lang koordinierte, erinnert sich, dass sie seit 1972 verstärkt Filme von Frauen programmiert hat. Einer der ersten war GESCHICHTEN VOM KÜBELKIND von Edgar Reitz und Ula Stöckl, der bei der Vorführung heftige kontroverse Reaktionen auslöste. DEUTSCHLAND BLEICHE MUTTER von Helma Sanders-Brahms war einer der Filme, die von Colleges und Universitäten am meisten nachgefragt wurden. Viele Filme deutscher Filmemacherinnen fanden, nachdem das Goethe-Institut sie das erste Mal gezeigt hatte, nichtkommerzielle Verleiher in den USA.

Auch das Pariser Institut hat die Geburt des Neuen Deutschen Frauenfilms von Anfang an begleitet. Es ist Partner des 1979 gegründeten Festival International de Films de Femmes in Créteil bei Paris. Damals waren zwei Prozent der französischen Regisseure Frauen, heute sind es 15 bis 20 Prozent, mehr als im gesamteuropäischen Durchschnitt, der bei 12 Prozent liegt.[1] Deutsche Filme waren in Créteil, anders als in Cannes, jedes Jahr dabei. Zur 25. Edition des Festivals kamen 2004 Helma Sanders-Brahms, Margarethe von Trotta (s. S. 126), Hanna Schygulla (s. S. 120), Ingrid Caven, Ulrike Ottinger, Helke Sander, Ula Stöckl und Claudia von Alemann (s. S. 32). „Es war einfach nicht zu übersehen", sagt Gisela Rueb, die Filmbeauftragte des Goethe-Instituts Paris, „wie sehr das deutsche Kino von Frauen geprägt ist".

In den 1980er-Jahren griffen die Goethe-Institute weltweit das Thema auf die eine oder andere Weise auf. Der Filmbereich der Goethe-Zentrale in München, der Filme für die Institute lizenziert und untertitelt, stellte 1983 zwei englisch untertitelte Filmprogramme „Women's Cinema in Germany" mit neun bzw. fünf Spiel- und Dokumentarfilmen sowie ein spanisch und brasilianisch untertiteltes Programm mit zehn Filmen zusammen. Die Auswahl spiegelte die Vielfältigkeit der Stile wider, die den Frauenfilm auch damals schon auszeichnete. Helke Sanders DIE ALLSEITIG REDUZIERTE PERSÖNLICHKEIT – REDUPERS war darunter, auch Filme von Rebecca Horn, Elfi Mikesch (s. S. 134), Ulrike Ottinger, Margarethe von Trotta, Helma Sanders-Brahms, Jutta Brückner, Ula Stöckl, Helga Reidemeister (s. S. 108) u. a. Aus heutiger Sicht antiquiert klingt die Ankündigung im Katalog, die Filmpakete dienten der „Vermittlung von Frauenproblemen in der Gesellschaft". Als Zielgruppen wurden Frauenorganisa-

---

[1] „Journée des femmes: encore trop peu de femmes derrière la caméra", Artikel von Jackie Buet, Leiterin des Festivals Films de Femmes, siehe http://leplus.nouvelobs.com/contribution/374995-journee-des-femmes-encore-trop-peu-de-femmes-derriere-la-camera.html (Zugriff 8.3.2012).

tionen, Frauenfilmgruppen, Gewerkschaften und karitative Organisationen genannt. Aus dieser Nische haben sich Filmemacherinnen weltweit herausgearbeitet.

Berlin&Beyond

Die 1980er-Jahre waren die große Zeit der Women's Film Festivals in den USA. Ulrike Ottinger hatte eine große Fangemeinde in Los Angeles, in San Francisco war Doris Dörrie Publikumsliebling des vom Goethe-Institut gegründeten deutschsprachigen Filmfestivals Berlin&Beyond. „Wenn sie in roten Turnschuhen, Stretchhosen und weißer Windjacke auf die Bühne sprang, jubelten die Zuschauer im vollgepackten Kino", erinnert sich Ingrid Eggers, ehemalige Goethe-Mitarbeiterin und Leiterin von Berlin&Beyond. Sie habe Amerika als Quotenland kennengelernt, sagt sie, ein Filmprogramm ohne Regisseurinnen zu veranstalten, sei für sie undenkbar gewesen. Andererseits sind 77 Prozent der 5.765 Juroren, die jedes Jahr in Hollywood über die wichtigsten Preise der Filmindustrie entscheiden, männlich, und in acht Jahrzehnten Oscar-Prämierungen durch die Academy of Motion Picture Arts and Sciences wurde erst einmal eine Frau, Kathryn Bigelow, 2010 für die beste Regie ausgezeichnet. Margit Kleinman, die die Filmarbeit des Goethe-Instituts in unmittelbarer Nachbarschaft von Hollywood koordiniert, hat immer eher auf ein „non-mainstream Publikum" gesetzt, auf das z. B. Birgit und Wilhelm Hein große Anziehungskraft ausübten. Die Stars der Schwulen- und Lesben-Szene waren Monika Treut (s. S. 144) und Elfi Mikesch.

Skandinavien

Ausschlaggebend für die zeitlichen Verzögerungen, mit denen sich die Goethe-Institute in verschiedenen Weltregionen mit dem Thema Frauenfilm beschäftigten, ist nicht das Geschlecht der Filmbeauftragten oder der sogenannten Ortskräfte, denen an dieser Stelle explizit gedankt sei. Ohne ihr Engagement und ihre Kompetenz auch und gerade in Sachen Frauenfilm wären die Filme deutscher Regisseurinnen im Ausland nicht so bekannt, wie sie es heute sind. Seit den 1970er-Jahren stricken die lokal beschäftigten MitarbeiterInnen an internationalen Netzwerken, bringen deutsche Regisseurinnen, Kamerafrauen, Kritikerinnen, Filmwissenschaftlerinnen, Drehbuchautorinnen, Produzentinnen, Festivalleiterinnen und Verleiherinnen mit Kolleginnen in den Gastländern zusammen und fördern Filmschaffende in aller Welt. Das Goethe-Institut spiegelt die gesellschaftliche Situation in Deutschland wider, muss andererseits in den im Gastland vorhandenen Strukturen arbeiten. Es braucht starke KooperationspartnerInnen und ein interessiertes Publikum.

Wie sehr sich die Gastländer in Bezug auf die Genderfrage unterscheiden, sieht man am Beispiel von Dänemark und Schweden. In Dänemark wird die Frauenquote als Stigmatisierung betrachtet. Wenn das Goethe-Institut Dänemark Vorschläge zu genderspezifischen Filmreihen im Dialog mit Partnern machte, stieß dies nie auf Interesse. In Schweden gibt es dagegen ein geschlechtsspezifisches Quotensystem in der

Filmförderung. „Frauen und Männer sind heute in Schweden wirklich gleichberechtigt", sagt Rita Stetter, die 1977 angefangen hat, die Filmarbeit des Goethe-Instituts in Stockholm aufzubauen. DIE ALLSEITIG REDUZIERTE PERSÖNLICHKEIT war dort bereits 1978 zu sehen. In Zusammenarbeit mit der Kinemathek des Schwedischen Filminstituts und später mit dem Verband schwedischer Filmarbeiterinnen zeigte das Goethe-Institut regelmäßig Filme deutscher Regisseurinnen.

Gender und Qualität

Die dänische und die schwedische Einstellung repräsentieren Positionen, die die Diskussion im Goethe-Institut bis heute polarisieren. Die einen sagen, Gender spiele keine Rolle, nur die Qualität zähle und die sei geschlechtsunabhängig. Die anderen sagen, solange Frauen und Männer innerhalb und außerhalb der Filmwelt nicht gleichberechtigt sind, müsse der Frauenfilm auch vom Goethe-Institut gefördert und durch Veranstaltungen thematisiert werden.

Die Hoch- und Tiefdruckgebiete des Frauenfilms verschieben sich je nach politischer Großwetterlage. In Europa hat sich das Hochdruckgebiet im Laufe der 1990er-Jahre deutlich abgeschwächt. Zum Beispiel in Glasgow: Das Goethe-Institut unterstützte in den 1980er-Jahren etliche Aktivitäten zur Förderung des Frauenfilms in Schottland. 1989 gründete sich das Frauenfilmfestival Hertake, das das Goethe-Institut mit der Feminale in Köln und der Medienkooperative Bildwechsel in Hamburg vernetzte. An die Vorführung von Jutta Brückners Film EIN BLICK – UND DIE LIEBE BRICHT AUS erinnert sich Marlies Pfeifer, die Programmreferentin des Glasgower Instituts, auch heute. „Vorführung und anschließende Diskussion fanden im ausverkauften Programmkino in Glasgow statt und am nächsten Abend in Edinburgh. Ein Journalist bezeichnete die Veranstaltung als ‚cultural highlight of the year'. In beiden Städten wurde ausführlich über die im Film angesprochenen Themen diskutiert, den Mythos romantischer Liebe, über Liebessehnsucht und weibliche Sozialisation, auch über ästhetische Entscheidungen der Regisseurin und die Situation des deutschen Frauenfilms. Dabei hat das junge Publikum wissbegierig von der Frauenbewegung der 1970er-Jahre lernen wollen."

Im Lauf der 1990er-Jahre ebbten die Frauenfilm-Initiativen nicht nur in Schottland ab. Zwar wurden weiterhin Filme von Frauen gezeigt, aber nicht mehr in einem frauenspezifischen Kontext. In den letzten 20 Jahren hat sich der Anteil weiblicher Mitarbeiter in den schottischen Programmkinos, Filmfestivals und Filmabteilungen der Kunstzentren deutlich erhöht. Die meisten Partner des Goethe-Instituts sind Frauen. Aber das führte nicht dazu, dass mehr Filme von Frauen auf Festivals und in Programmkinos zu sehen sind. „Nach meiner Einschätzung ist dies eine Folge des politischen Neoliberalismus und mehr oder weniger subtil geäußerten feindseligen Reaktionen auf die Frauenbewegung", so Marlies Pfeifer.

In London veranstaltete das Goethe-Institut 2009 mit dem Bird's Eye View Women's Film Festival eine Podiumsdiskussion mit Helke Sander. Das Festival habe zwar das erklärte Ziel, sagt Maren Hobein, Programmreferentin des Londoner Instituts, die Sichtbarkeit von Frauen in der Filmbranche zu erhöhen, aber das Wort „feministisch" komme nicht vor und der Ansatz sei auch nicht mehr so politisch wie noch Anfang der 1990er-Jahre.

Heterogene Szenen

Auch in Barcelona sind mittlerweile etwa die Hälfte der Festivalleiter und Filmkuratoren, mit denen das Goethe-Institut zusammenarbeitet, Frauen. Aber die starke Präsenz der Frauen schlägt sich nicht im Programm nieder, im Gegenteil, sagt Bettina Bremme, die Programmverantwortliche des Goethe-Instituts Barcelona. Sie hatte mit dem Filmfestival L'Alternativa 2010 eine Filmreihe mit dem Titel „Frauen vor und hinter der Kamera" geplant, doch das Projekt scheiterte, weil es unmöglich war, sich mit den Festival-Kuratorinnen auf eine gemeinsame Filmauswahl zu einigen. „Es wird immer schwieriger und ist vielleicht auch nicht mehr wünschenswert und zeitgemäß, Veranstaltungen unter dem Label ‚Frauenfilm' zu machen", schließt Bettina Bremme daraus. „Im Gegensatz zu den 1970er- und 1980er-Jahren gibt es inzwischen eine große, heterogene und unübersichtliche Szene, sodass es nicht klug ist, diese unter dem Gender-Etikett zu subsummieren."

Auch in Belgien spielt der Gender-Aspekt keine Rolle mehr, obwohl das Frauenfilmfestival *Elles tournent – Dames draaien*, mit dem das Institut in Brüssel kooperiert, 2010 eine Studie veröffentlicht hat, der zufolge man in der Filmbranche noch weit entfernt sei von der Gleichberechtigung. Obwohl es in der Wallonie wie in Flandern mehr weibliche als männliche Filmstudenten gebe, würden weniger Regisseurinnen Förderanträge stellen und ihre Projekte würden proportional weniger gefördert. Die Ergebnisse dieser Studie waren so alarmierend, dass in einer „Brüsseler Erklärung" die Gleichstellung von Frauen und Männern in den audiovisuellen Berufen und die nichtsexistische Darstellung von Frauen und Männern in den Medien gefordert wurde.

Independent in Lateinamerika

Lateinamerikanische Filme haben in den letzten zehn Jahren ihren Weg von den Festivals in die Kinosäle der ganzen Welt gefunden. Welchen Anteil haben Frauen an diesem Erfolg? „In Venezuela ist der Autorenfilm immer schon Frauensache gewesen; denn die männlichen Regisseure sind auf den finanziellen Erfolg aus", sagt Mariella Rosso, Programmreferentin des Goethe-Instituts in Caracas. „Auf den wichtigsten Festivals der Welt haben vor allem Filme von venezolanischen Frauen Anerkennung gewonnen", sagt sie, deshalb plane das Institut im Bereich Frauenfilm keine speziellen Veranstaltungen.

Auch in Peru sind Frauen in der Filmindustrie immer schon wichtig. Claudia Llosa hat mit La teta asustada – Eine Perle Ewigkeit 2009 den Goldenen Bären der Berlinale gewonnen. Allerdings erreichen Frauen auch hier nur im Independent Film einen gewissen Bekanntheitsgrad. 2012 kuratierte Petra Behlke-Campos, Leiterin des Goethe-Instituts Lima, ein über das Jahr verteiltes Programm mit dem Titel *Palabra de Mujer – Wort der Frau*, einen Zyklus mit Filmen, in denen Frauen die Hauptrolle spielen.

In Argentinien gebe es kaum mehr ein Publikum für das Thema Frauenfilm, meint Inge Stache, die Programmverantwortliche in Buenos Aires. Das hinderte sie nicht daran, 2008 eine Helke-Sander-Retrospektive und 2011 eine von Ulrike Ottinger zu organisieren und damit die Kulturbeilagen der argentinischen Tageszeitungen zu füllen. Wie Argentinien ist auch Brasilien vom Machismo geprägt, obwohl Frauen die höchsten Positionen innehaben. Die wichtigen internationalen Filmfestivals in Rio de Janeiro und São Paulo werden von Frauen geleitet. Auch in Chile arbeiten viele Frauen im Filmbereich, und doch sind Filme von Frauen in chilenischen Kinos selten. Um diesem Missstand abzuhelfen, wurde 2011 das erste chilenische Frauenfilmfestival gegründet. Das Goethe-Institut in Santiago unterstützt die Initiative nach Kräften und vermittelte erfolgreich den Austausch mit dem IFFF Frauenfilmfestival Dortmund/Köln.

Rebellion und Diven

In politischen Umbruchsituationen stellen sich Genderfragen neu. Fauzi Soliman, der 25 Jahre lang den Filmclub des Goethe-Instituts Kairo organisierte, berichtet, dass er seit Ende der 1980er-Jahre immer wieder Filme ägyptischer Filmemacherinnen gezeigt hat. Manche von ihnen spielen heute eine Schlüsselrolle in Gremien, im Produktions- und Distributionsbereich. Auch in Marokko geht die Saat auf, die das Goethe-Institut seit Jahrzehnten beackerte. Layla Triqui ist eine der Filmemacherinnen, die das Goethe-Institut Marokko seit über 15 Jahren unterstützt.

Frauen spielen eine wichtige Rolle im marokkanischen Film, sagt Irene Seeger vom Goethe-Institut Rabat. Die Cinémathèque de Tanger und die Filmhochschulen in Rabat und Casablanca werden von Frauen geleitet. Etwa die Hälfte der an marokkanischen Filmhochschulen eingeschriebenen Studenten sind weiblich. Im letzten Jahrzehnt hat sich der Frauenanteil an Produktion und Regie erhöht, aber bis zur Gleichstellung sei noch viel zu tun, sagt sie. Auch in Tunesien gehörten die Intellektuellen, die die Revolution entscheidend mitgetragen haben, seit Jahren zum Stammpublikum des Goethe-Instituts. Cecilia Muriel, von 1989 bis 2007 Programmreferentin des Goethe-Instituts Tunis, hat beobachtet, wie vor allem das weibliche Publikum über die Jahre wuchs. Schauspielerinnen wie Pola Negri und Marlene Dietrich, Franka Potente und Nina Hoss – „Es waren die Frauen, die unser Publikum begeisterten", sagt Cecilia Muriel.

Mit der Reihe „Diven! Von Marlene zu den Heldinnen des deutschen Films heute", haben die Goethe-Institute auch in Italien das Publikum verführt. Im Griechenland der politisch-sozialen Umbrüche sieht das Filmprogramm des Goethe-Instituts anders aus. Die Helke Sander-Gesamtwerkschau, die das Institut in Athen zeigte, war ein großer Presse- und Publikumserfolg.

Subsahara Afrika

In der Region wird Frauenfilm groß geschrieben. „Es geht nicht darum, ‚das Weibliche' zu fördern", so Katharina von Ruckteschell, bis 2013 Leiterin des Goethe-Instituts Südafrika und Regionalleiterin Subsahara Afrika. Ziel ist vielmehr, Frauen, die in den künstlerischen Berufen in Afrika immer noch eine verschwindende Minderheit sind, durch Netzwerke die Möglichkeit zum Austausch und zur gegenseitigen Unterstützung zu bieten. Dazu haben die Goethe-Institute in Subsahara Afrika eine Plattform ins Leben gerufen. Aus dem ersten Treffen 2010 in Johannesburg, an dem etablierte Filmemacherinnen aus 14 afrikanischen Ländern teilnahmen, sind konkrete Projekte hervorgegangen, die Frauen helfen sollen, ihre Filme zu produzieren, bekannt zu machen und zu vermarkten. „Vor allem Künstlerinnen sind bereit, Traditionen zu hinterfragen und zu modernisieren; denn sie sind diejenigen, die am meisten unter der traditionellen Macht des Patriarchats zu leiden haben."[2] In Kamerun, wo es keine staatliche Filmförderung und öffentlich geförderte Filmausbildung gibt, hilft das Goethe-Institut beim Aufbau von Infrastruktur, auch hier mit besonderem Augenmerk auf weibliche Filmschaffende. So ist die Gründung eines Verbandes kamerunischer Filmemacherinnen ein Ergebnis der Workshops, die das Institut 2010 und 2011 in Yaoundé für Kameruner Dokumentarfilmemacherinnen durchführte. Ohne die Unterstützung des Goethe-Instituts hätte ein Film wie KOUNDI OU LE JEUDI NATIONAL der jungen Kameruner Filmemacherin Astrid Atodji, der zahlreiche internationale Dokumentarfilmpreise gewann, nicht entstehen können.

Kein Thema

In Asien ist das Bild diffuser. Bis in die 1980er-Jahre waren Frauen in der philippinischen Filmindustrie aktiv. Zwei Frauen produzierten zahlreiche Kinofilme in ihren eigenen Filmstudios. Das Goethe-Institut zeigte 1980 Trottas DAS ZWEITE ERWACHEN DER CHRISTA KLAGES im Tandem mit dem Film TANIKALA – CHAINS von Marilou Diaz-Abaya, einer international bekannten und preisgekrönten Regisseurin des philippinischen Kinos und Leiterin des wichtigsten nationalen Filmgremiums.

In Vietnam dagegen ist Frauenfilm kein Thema. Frauen sind in der sozialistischen Gesellschaft Vietnams formal gleichberechtigt, haben gleiche Bildungschancen und auch Führungspositionen inne. „Tatsächlich heißt das aber nicht, dass ein emanzipatorisches Bewusstsein herrschen würde, im Gegenteil", sagt die Leiterin des Goethe-Instituts in Hanoi, Almuth Meyer-Zollitsch: „Im Grunde ist Vietnam zutiefst machistisch und Frauen tragen leider – als Mütter und Schwiegermütter – in vieler Hinsicht dazu bei, dass das so bleibt".

Das ist in China nicht anders. Erst allmählich beginnen Frauen, wichtige Positionen in der chinesischen Filmwirtschaft einzunehmen. Auch in Hongkong wird die Filmindustrie von Männern dominiert. Die Entwicklung leichterer Kameras wie auch die Nachwuchsförderung tragen jedoch dazu bei, dass in den letzten Jahren mehr und mehr weibliche Filmschaffende die Bühne betreten haben. Ann Hui gehört zu dieser Generation des „New Wave Cinema". Dank der Unterstützung des Goethe-Instituts

---

2 Katharina von Ruckteschell im internen Bericht zu „Frauenplattform" vom Goethe-Institut Südafrika, die 2011 stattfand.

Hongkong war sie mit ihrem neuen Film ALL ABOUT LOVE 2011 auf dem Berliner Asian Film Festival vertreten.

Die formale Gleichberechtigung der Geschlechter, die in den ehemaligen Ostblockländern dekretiert wurde, mag mit ein Grund dafür sein, dass Frauenfilm bis heute in diesen Ländern kein Thema ist. Zu diesem Schluss könnte man kommen, wenn man sich die Aktivitäten der Goethe-Institute in Russland, der Ukraine oder in Ex-Jugoslawien anschaut. Die Filmbeauftragten in Moskau, Kiew, Budapest, Warschau, Krakau, Sarajevo und Zagreb erklären unisono, dass es keine Filmprogramme gab, die sich dem Thema „Filme von Frauen" gewidmet hätten. Zwar liefen natürlich auch dort Filme von Trotta, Ottinger, Dörrie, Link u. a., aber „Frauenfilm" war nie ein Thema. „Wir folgen nicht dem Genderprinzip, sondern Qualitätsstandards", sagt Ivanka Jagec, Filmbeauftragte am Goethe-Institut Zagreb. Allerdings wurde 2007 Voxfeminae, das erste Frauenfilmfestival in Kroatien gegründet.

Zehn Jahre älter ist das International Women's Film Festival (IWFFIS) in Seoul, heute nicht nur eines der wichtigsten koreanischen Filmfestivals, sondern auch das größte internationale Frauenfilmfestival der Welt. „Until now feminism was centered on the West", sagte Lee Hyae-kuoung, die Leiterin des IWFFIS bei der Gründungsveranstaltung. Damals zählte die 70-jährige koreanische Filmgeschichte nur sieben Filmemacherinnen. Das Goethe-Institut Seoul unterstützte das Festival von Anfang an, sagt Oan-Ho Meng, einer der wenigen männlichen Filmbeauftragten des Goethe-Instituts. Er lud fast alle wichtigen deutschen Regisseurinnen zum Festival nach Seoul ein. Anlässlich des zehnjährigen Jubiläums wurde Ulrike Ottinger beauftragt, einen Film zu produzieren, SEOUL WOMAN'S HAPPINESS, der auf dem IWFFIS 2008 als Weltpremiere präsentiert und unter dem Titel DIE KOREANISCHE HOCHZEITSTRUHE bei der Berlinale 2009 gezeigt wurde. Das Beispiel zeigt, dass deutsche Filmemacherinnen, die über die Goethe-Institute durch die Welt reisen, immer einen beidseitigen Austausch pflegen. Heute gibt es mehr als nur sieben Regisseurinnen in Korea, die einheimische Filmbranche ist dennoch männerdominiert.

„Solange ein Ungleichgewicht in und außerhalb der Filmwelt existiert, bleibt der Auftrag des IWFFIS unverändert bestehen und solange müssen wir unbeirrt am feministischen Standpunkt festhalten", schrieben die Festivalleiterinnen im Programmheft 2009. Vielleicht muss der Westen heute konstatieren, dass der Feminismus aus dem Fernen Osten und aus dem Süden kommt.

Elena Bromund Lustig

CUTTERIN, REGISSEURIN

Elena Bromund Lustig wurde 1969 in Frankfurt am Main geboren. Nach dem Abitur absolvierte sie einen Montagelehrgang bei der Neue Sentimental Film Frankfurt. Danach war sie als freie Editorin in Frankfurt und Hamburg tätig. Sie hielt Seminare und Tutorien für Digitalen Filmschnitt an der Hochschule für Gestaltung in Offenbach, der Universität Weimar und der ifs Köln. Und sie war Jury-Mitglied des Werbe-Preises vdw und Deutscher Werbefilmpreis, des Schnitt-Preises Film+ und des Film-Festivals Sehsüchte in Potsdam.

Seit 1998 lebt Elena Bromund Lustig in Berlin und arbeitet als freie Editorin und Regisseurin für Produktionen im Bereich Werbung, Dokumentarfilme und Spielfilme.

2006 war sie für den Deutschen Filmpreis für Schnitt nominiert für ALLES AUF ZUCKER.

FILME (Auswahl)
2011 FENSTER ZUM SOMMER (Regie: Hendrik Handloegten)
2010 DAS LEBEN IST ZU LANG (Regie: Dani Levy)
2007 WAR IN PEACE (Regie: Wim Wenders)
   DANCE FOR ALL (Regie: Elena Bromund, Viviane Blumenschein)
2004 ALLES AUF ZUCKER! (Regie: Dani Levy)
2003 LIEGEN LERNEN (Regie: Hendrik Handloegten)
   VERGISSMEINNICHT (Kurzfilm; Regie: Till Endemann)
   GENAUSO WAR'S und J'ADORE CINEMA - DVD GOODBYE LENIN (Regie: Elena Bromund)
2002 VÄTER (Regie: Dani Levy)
   LA VIDA (Kurzfilm; Regie: Winfried Oelsner)
2001 KUSCHELDOKTOR (Regie: Anja Jacobs)
   POEM - SOZUSAGEN GRUNDLOS VERGNÜGT und POEM - GLAUBEN UND GESTEHEN (Regie: Ralf Schmerberg)
2000 PLANET ALEX (Regie: Uli Schüppel)

„Wir können dich leider nicht voll bezahlen, weil du nicht voll einsetzbar bist. Du hast ja ein Kind."

Dass ich mir diesen Satz einmal würde anhören müssen, hatte ich befürchtet. Deswegen habe ich immer gesagt: Ich hätte gerne Kinder, aber ich hätte auch gerne eine Frau dazu. Und ich frage mich ernsthaft, ob meine männlichen Kollegen, die Kinder haben, jemals vor so einer Situation standen. Und ich frage mich, wie sie reagiert hätten. Und ich frage mich, warum meine männlichen Kollegen meistens mehr verdienen als ich. Und ich frage mich, was passieren muss, damit sich etwas ändert.

Um mal eins ganz klar festzuhalten: Mütter arbeiten schneller! Keine Zeit für eine Zigarettenpause, einen Kaffeetratsch, geschweige denn ein Mittagessen außer Haus. Die Zeit ist knapp und muss optimal genutzt werden!

Ich glaube, ich kann behaupten, als eine der ersten in Deutschland an einem digitalen Schnittsystem gearbeitet zu haben. Ich war 1991/1992 Praktikantin bei einer Werbefilm-Produktion, die mutig genug war, der digitalen Technik eine Chance zu geben. Ich war fasziniert von den Möglichkeiten, die das Schneiden am Computer bot. Und ich bin mir ziemlich sicher, dass ich am 35mm-Schneidetisch nicht Film-Editorin geworden wäre.

Ich hatte keine Ahnung von Schnitt. Ich war mir nicht einmal bewusst, dass es so etwas überhaupt gibt, bis ich in der Produktionsfirma anfing. Mein Wunsch, kreativ zu arbeiten, war groß, aber vage. Ich hatte gerade mein Jura-Studium an den Nagel gehängt und den – aus heutiger Sicht – weisen Beschluss gefasst, mich von jetzt an beruflich dort zu engagieren, wo es mir wirklich Spaß macht. Nur so kann ich wirklich gut werden.

Die digitale Technik hatte ich relativ schnell im Griff, und das brachte mir den entscheidenden Vorteil. Als es immer üblicher wurde, digital zu schneiden, wurde ich gebucht und begann mir in der Werbefilm-Szene zügig einen Namen zu machen. Das Inhaltliche des Schneidens habe ich „on the Job" gelernt. Ich bin allen, die mir dabei geholfen haben, sehr dankbar. Bis heute verstehe ich nicht so ganz, warum ich so viele Chancen bekam. Vielleicht war ich frech genug. Und ich habe oft schlecht geschlafen, wenn ich mal wieder einen Job angenommen hatte, der eigentlich eine Nummer zu groß für mich war. Aber ich muss auch gut gewesen sein, denn ich habe es immer gerockt und es hat mir Spaß gemacht. So ging meine Idee langsam auf. Natürlich habe ich hart gearbeitet, Tage und Nächte im Schneideraum verbracht aus Mangel an Erfahrung viel ausprobieren müssen (ich war Anfang 20). Aber ich war schnell. Bald wurden

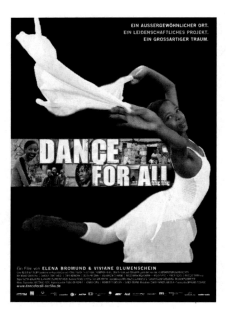

Filmplakat von DANCE FOR ALL (2007, Regie: Elena Bromund Lustig und Viviane Blumenschein)

mir Musikvideos angeboten, dann kamen die ersten Dokus. Für's ZDF. Und dann zog ich nach Berlin und durfte dort sofort meinen ersten Kinofilm schneiden.

Ich verbinde alle Film-Genres, habe mich nie festgelegt, immer frei gearbeitet und diese Freiheit auch genossen. So konnte ich mir meine Projekte aussuchen und weiter wachsen.

Wirklich interessant finde ich, dass der Filmschnitt durch den Wandel zum Digitalen aus der „Frauen-Domäne" herausgewachsen ist. Einige meiner älteren Kolleginnen haben den Weg zum digitalen Schnitt gar nicht mehr mitgemacht. Und dann wuchsen die jungen digitalen Burschen wie Pilze aus dem Boden und nutzten ihre Affinität zu Computern und Technik, um diese Domäne aufzubrechen. Abgesehen von wenigen sehr bekannten 35mm-Männern war das Schneiden ein traditioneller Frauenjob.

Bis heute sitzen wir allein oder mit Regie in einem dunklen Kämmerlein, in dem es einzig und allein auf die Arbeit und ihre Ergebnisse ankommt. Dort gibt es keine Plattform für Selbstdarstellung. Und meistens kennt mich noch nicht mal das Team. So gesehen ist Schneiden sehr uneitel. Und fast schon klischeehaft ein Frauenberuf: dienend, sachlich, zurückhaltend.

Mich freut es, dass heute mehr Männer in diesem Job arbeiten. Aber es macht es auch schwerer für Frauen wie mich, die nicht auf Familie und Kinder verzichten wollen und deswegen ihre Prioritäten verschieben müssen. Ich kann einfach nicht mehr spontan bis in die Nacht arbeiten. Das muss meistens auch nicht sein. Aber es gibt leider viele Regisseure und Produzenten, die diese Möglichkeit per se haben wollen. Denen Planbarkeit nicht so wichtig ist. Die über ihren Editor uneingeschränkt verfügen wollen. Ich habe mir tatsächlich bei einer Gagenverhandlung für einen Kinofilm den Satz anhören müssen, dass ich nicht voll bezahlt werden kann, weil ich ja nicht voll einsatzfähig sei. Wegen meines Sohnes. Und das, obwohl ich für den Film davor für den deutschen Filmpreis nominiert war. Immerhin waren die Produktionsleiterin und der Herstellungsleiter ehrlich. Ich habe mich natürlich nicht unterbuttern lassen und entgegengehalten, dass ich ja für die Qualität meiner Arbeit und nicht für meine Anwesenheit bezahlt werde!

Ich denke, dass Politik sehr wenig für die Gleichstellung der Frauen tun kann, solange die soziale Leistung der Frauen, die Familie haben u n d einen herausfordernden Job machen wollen, nicht aus dem ‚Inneren' der Arbeitswelt heraus anerkannt wird. Gerade die männlichen Regisseure, mit denen ich arbeite, die selbst Kinder haben und wissen, was das bedeutet, buchen mich nicht mehr. Sie wissen, dass ich irgendwann weg muss. Sie wissen, dass mein Leben nicht mehr ausschließlich um den Film, die Probleme im Schnitt und womöglich auch um ihre persönlichen Probleme kreist. Sie haben unter Umständen selbst eine Frau, die sich mehr um die Kinder kümmert und ihre eigene Karriere zurückgestellt hat. Die eventuell auch mehr will, als die private Familien-Orga zu handhaben. Und mich beschleicht manchmal der Gedanke, dass einige Regisseure im Schneideraum deshalb von diesen Dingen verschont bleiben wollen. Aber natürlich gibt es hier auch Ausnahmen!

Ich finde es für die persönliche Entwicklung eines Menschen sehr gut, sich um andere und vor allem um die eigenen Kinder zu kümmern. Mich holt das immer auf den Boden der Realität. Es relativiert vieles. Soziale Tätigkeiten lenken den Blick auf wirklich wichtige Dinge. Und wenn man sehr alte Menschen fragt, was ihr Leben erfüllt hat, sagen sie fast immer: die Menschen um mich herum. Die Familie und die Freunde.

Ich bin mir sicher, dass ich durch meine Familie zu einem besseren Menschen geworden bin. Ich muss immer noch viel lernen. Aber ich bin weicher, reifer, ehrlicher, klarer und ich bin mit Sicherheit eine bessere Filmeditorin als noch vor zehn Jahren.

Julia von Heinz

REGISSEURIN UND AUTORIN

Julia von Heinz, geboren 1976 in Berlin, ist Filmregisseurin und Drehbuchautorin. Nach einer Ausbildung zur Mediengestalterin beim WDR in Köln absolvierte sie eine Ausbildung zur Diplomkamerafrau für Audiovisuelle Medien, die sie 2005 an der Beuth Hochschule für Technik Berlin (TFH) abschloss.

Während ihrer Studienzeit realisierte sie mit den Kurzspielfilmen DIENSTAGS (2001), DORIS (2002), LUCIE UND VERA (2003) erste Projekte, die alle mehrfach preisgekrönt wurden. Ihr Langfilmdebüt WAS AM ENDE ZÄHLT feierte auf der Berlinale 2007 in der Reihe „Perspektive deutsches Kino" Premiere und wurde anschließend auf zahlreichen internationalen Festivals gezeigt und preisgekrönt. Unter anderem erhielt der Film den Deutschen Filmpreis in Gold als „Bester Jugendfilm".

Danach drehte Julia von Heinz den Dokumentarfilm STANDESGEMÄSS (2007/2008) und erhielt dafür 2009 den Bayerischen Fernsehpreis Blauer Panther.

Im Frühjahr 2012 kam ihr Kinderfilm HANNI & NANNI 2 nach der gleichnamigen Romanserie von Enid Blyton in die Kinos. Er war als einer der erfolgreichsten Filme des Jahres 2012 nominiert für den Publikumspreis des Bayerischen Filmpreises und für den Deutschen Filmpreis 2013.

Zusammen mit den renommierten Regisseuren Tom Tykwer, Chris Kraus, Robert Thalheim und Axel Ranisch drehte Julia von Heinz den Dokumentarfilm ROSAKINDER (2012) über die Beziehung zu ihrem gemeinsamen „Filmvater" und Mentor Rosa von Praunheim.

Im Jahr 2014 startete die deutsch-israelische Ko-Produktion HANNAS REISE erfolgreich in Deutschland und Israel.

Julia von Heinz ist Mitglied der Deutschen Filmakademie und der Europäischen Filmakademie

Ich möchte nicht meine private Situation offenlegen müssen

Mein Weg als Filmemacherin ist maßgeblich davon geprägt worden, Mutter und Autodidaktin zu sein. Beides habe ich lange als Erschwerung begriffen, erst im Nachhinein wird mir klar, dass ich auch da bin, wo ich bin, weil ich früh Kinder bekommen habe und an den Filmhochschulen abgelehnt wurde.

Spät, erst mit Mitte 20, kam ich auf die Idee, Regisseurin zu werden. Ich folgte damit meiner Liebe zu Figuren und Geschichten, die sich früh in exzessivem Lesen gezeigt hatte. Seit ich denken kann verschlinge ich Bücher, es gibt kein erstes Kinoerlebnis, das ich schildern könnte, dafür unvergessliche Momente des Lesens und der Identifikation mit Figuren wie Effie Briest oder Toni Buddenbrook – Frauenfiguren, die zu viel Kraft haben, zu viel Selbstbewusstsein, zu viele Wünsche für die Umstände, in denen sie leben.

Zum anderen folgte ich einem gewissen missionarischen Eifer, den ich viele Jahre in politischem Engagement ausgelebt hatte. Von 15 bis 25, gute zehn Jahre war ich in die Parallelwelt der linksradikalen Szene abgetaucht, hatte mich in einen Ameisenkrieg gegen Neonazis und die kapitalistische Gesellschaft hineingesteigert, und das wollte ich weiterführen. Und so lesen sich auch meine ersten Drehbücher und Ideenskizzen wie die Flugblätter und Pamphlete, die ich für die Antifa geschrieben hatte. Von Kino, von Bildsprache, von Erzählformen hatte ich keine Ahnung, als ich beschloss, Regisseurin zu werden.

Vielleicht war es diese Naivität dem Medium gegenüber, die mich an den Filmhochschulen scheitern ließ, vielleicht waren meine Inhalte zu didaktisch. Parallel zu den Bewerbungen nahm ich jedenfalls an der Technischen Fachhochschule in Berlin ein Kamerastudium auf. Zwischen verstaubten Tonspurgeräten und Röhrenkameras aus den 1980er-Jahren, unter Dozenten und Studenten, die oftmals frustriert schienen, habe ich meine wichtigsten Lektionen gelernt: Niemand wartet auf einen neuen Regisseur. Und: Das Wichtigste, was man zunächst zum Filmemachen braucht, ist das Gefühl, etwas zu sagen zu haben, etwas unbedingt sagen zu wollen. Das verlieh mir die Kraft, die das Filmemachen erfordert.

Eventuell haben mir die Ablehnungen der Filmhochschulen gerade als Frau einen Vorteil verschafft: Es ist bekannt, dass Frauen und Mädchen exzellente Ergebnisse erzielen, solange sie sich innerhalb schulischer Systeme beweisen müssen. Der große Einbruch kommt auf dem freien Markt, wo plötzlich weniger Talent und Fleiß als Kampfgeist gefragt ist. Diesen konnte ich während meiner vier Studienjahre, in denen auch zwei meiner Kinder zur Welt kamen, extrem ausprägen. Ich bin meiner Schule im Nachhinein für die große Unterstützung sehr dankbar.

Mit Sigalit Fuchs bei den Dreharbeiten zu HANNAS REISE

Ich hatte mit meinen Kurzfilmen schon erste Preise gewonnen und Festivals besucht. Mit meinem Mann John Quester zusammen hatte ich einen Stoff entwickelt, in dem ich mein Hadern mit der Mutterrolle verarbeitete. In den Figuren Lucie und Carla aus WAS AM ENDE ZÄHLT (2007) ließ ich meine widerstreitenden Gefühle zwischen Freiheitsdrang und Sehnsucht nach Familie aufeinanderprallen. Aber der Schritt zum ersten Langfilm erwies sich als schwer.

Ein wichtiger Schritt, um die notwendigen Branchenkontakte zu knüpfen, die die Umsetzung eines ersten Films ermöglichen, war meine Begegnung mit Rosa von Praunheim, damals Regieprofessor an der HFF Potsdam Babelsberg.

Wie ich legte er in seiner Arbeit wenig Wert auf Form und Stil, war aber besessen von seinen Themen und hatte eine große Energie. Als ich mich ihm in seinem Wohnzimmer als Praktikantin vorstellte, arbeitete er an einem Dokumentarfilm über schwule Neonazis. Es war Liebe auf den ersten Blick. Nachdem ich ihm bei seinem Improvisationsfilm DEIN HERZ IN MEINEM HIRN (2005) assistiert hatte und diesen auch schnitt, machte er mich zu seiner Assistentin an der Filmhochschule. Für mich war diese Zeit eine Chance, etwas von dem nachzuholen, was ich verpasst hatte, vor allem das Knüpfen eines Netzwerkes mit anderen Filmemachern. Viele meiner Mitarbeiter stammen aus dieser Zeit, genauso wie manche Freundschaften, die ich mit anderen Filmemachern schloss.

Was ich allerdings bis heute nicht nachholen konnte, ist eine Auseinandersetzung mit dem Medium Film, indem man gemeinsam mit Dozenten und Mitschülern Filme schaut, sie bespricht und seziert. Dem trauere ich bis heute nach, fühle mich mangelhaft in meinem filmgeschichtlichen Wissen und warte auf den Tag, an dem ich endlich Zeit habe, um all die Filme zu sehen, die ich schon immer sehen wollte! Denn je länger ich selber Filme mache, desto mehr interessiert mich neben Inhalten die Erzählweise, erkenne ich interessante und innovative Erzählperspektiven und will selbst neue erfinden. Aber da musste ich als Autodidaktin, die keine Cineastin ist, erst hinkommen.

Fehlende Zeit ist bis heute eines meiner großen Themen: Was könnte ich nur alles schreiben, wie viele Filme sehen, Reisen, Ausstellungen, Meetings, wenn ich nicht drei Kinder hätte. Dieser Gedanke kommt immer wieder. Allerdings weiß ich auch, dass meine Kinder mir wiederum Kraft und Sinn schenken, dass auch meine Filmthemen, die sich um familiäre Bindungen und Verstrickungen ranken, von meiner Elternrolle inspiriert werden. Oft hadere ich und bin zerrissen, reiche mir überall nicht aus und wünsche mir ein Mann zu sein, denn bei Männern ist von solcher Zerrissenheit nichts zu spüren ist, wenn sie Kinder haben.

Es gibt das eigene schlechte Gewissen, aber auch das berufliche Umfeld, das mir als Frau immer wieder spiegelt: Regisseurin und Mutter sein, das passt einfach nicht zusammen.

Bei den Dreharbeiten zu HANNAS REISE

Es gab für mich keine weiblichen Vorbilder, die mich darauf vorbereiteten, mit welchem Selbstbewusstsein man sich wappnen muss, als Mutter in diesen Beruf zu starten.

Gänzlich Unbekannte fragen mich an Konferenztischen, wie ich es denn mit dem Stillen halte. Das hörte ich so häufig, dass ich es schon als normal empfand.

Die Standardfrage in jeder beruflichen Kennenlernsituation ist: „Wie schaffen Sie das denn mit den drei Kindern?" Was zunächst fürsorglich klingt, beweist nichts anderes als das Rollenklischee, das der Fragende im Kopf hat. Oder wird ein Christian Petzold[1] je gefragt, wie er das denn schaffe, seine Filme zu drehen, wo er doch Kinder habe? Selbstverständlich geht man davon aus, dass einem Mann „der Rücken frei gehalten" werde. Mich bringt die Frage in die perfide Situation, meine private Lebenssituation offenzulegen vor Menschen, denen ich mich vielleicht gar nicht öffnen will.

John Quester und ich haben uns in der linken Szene kennengelernt, als Jugendliche noch, Frauen waren hier auf Augenhöhe. Unsere Kinder, das Schreiben, das Drehen, wir sehen es als gemeinsames Lebensprojekt, es ist egal, wer was macht. In der Filmbranche, die so liberal daherkommt, bekomme ich gespiegelt, dass das sonderbar ist. Es ist nicht immer leicht, sich dagegen zu wappnen.

Mein Debütfilm WAS AM ENDE ZÄHLT hatte es zunächst schwer und wurde nicht zum erwünschten Ticket in den Beruf.

Ich empfinde die Phase des Filmemachens, in der meine Filme nach Außen gehen und all die professionellen Filmbewerter mit ihrer Arbeit beginnen, bis heute als die anstrengendste. Sie erfordert von mir mehr Kraft, als das Filmemachen selbst. Seit meinem Debütfilm weiß ich, dass ein Film ein Chamäleon ist, eine amorphe Angelegenheit, die sich zu verwandeln scheint, je nachdem wie erfolgreich sie im Sinne der Branche ist. Menschen, die den Film vorher uninteressant oder schlecht fanden,

---

1 Christian Petzold, deutscher Regisseur, geboren 1960 in Hilden. Studierte von 1988–1994 an der dffb. Wurde bekannt mit Filmen wie DIE INNERE SICHERHEIT (2000), GESPENSTER (2005), YELLA (2007), JERICHOW (2008) und BARBARA (2012). Arbeitete häufig gemeinsam mit Harun Farocki.

äußern sich plötzlich euphorisch, wenn ein wichtiger Preis gewonnen ist. Man darf sich dabei selbst den Blick auf das eigene Werk nicht verstellen lassen.

Was mich bis zum deutschen Filmpreis, den WAS AM ENDE ZÄHLT zwei Jahre nach Fertigstellung erhielt, weiter an mein Berufsziel glauben ließ, war die Arbeit an meinem Dokumentarfilm STANDESGEMÄSS (2007/2008). Ich erzähle darin von drei adeligen Singlefrauen, die daran scheitern, ihren Status zu erhalten.

Auch dieser Stoff hatte sich aus meiner persönlichen Lebenssituation entwickelt. Mir war klar geworden, dass ich mit dem Regieberuf, für den ich oft wochenlang abtauchen muss, in die klassische Rolle des Familienversorgers schlüpfen werde. Ich kann nicht jeden Tag meine Kinder vom Kindergarten abholen oder ihre Hausaufgaben betreuen und gleichzeitig einen Spielfilm vorbereiten. Gegen diese Verantwortung habe ich mich zunächst mit Händen und Füßen gewehrt. Aus der Auseinandersetzung mit meiner eigenen Herkunft, die mit bestimmten Rollenklischees einhergeht, haben John und ich das Treatment zu STANDESGEMÄSS entwickelt, den wir dann auch selbst produzierten.

Es war eine große Chance, die ich vom BR und SWR bekommen habe, einen langen Dokumentarfilm realisieren zu dürfen, ohne etwas in dieser Richtung vorweisen zu können und hat meine Liebe zum dokumentarischen Erzählen geweckt. Ich hoffe, dass ich immer wieder Dokumentarfilme drehen werde, auch wenn mir das finanziell schwierig erscheint.

Allerdings weiß ich, dass es genau diesen Mut noch immer wieder dringend brauchen wird: Ich bin heute an einem Punkt angelangt, wo ich viele Angebote bekomme, Fernsehfilme zu drehen. Diese Drehbücher unterscheiden sich natürlich von dem, was ich selbst schreibe, sie sind auf bestimmte Sendeplätze und Formate hin entwickelt und sollen bestimmte Ansprüche erfüllen. Vielleicht werde ich demnächst meinen ersten Fernsehfilm drehen, allerdings nur, wenn ich hier etwas Persönliches umsetzen kann, das mich wirklich interessiert. Einen Film zu machen kostet so viel Kraft, dass ich gut überlegen muss, welchem ich diese Energie schenke, welcher für mich eine gewisse Nachhaltigkeit haben wird.

Derzeit sehe ich bei einer Fernseharbeit die Möglichkeit, mit interessanten Schauspielern zu drehen, Dinge auszuprobieren und einfach besser zu werden, anstatt in einem Rhythmus zu leben von sehr langen Pausen und dann dem ungeheuren Zeitdruck, unter dem jeder Dreh steht. Zwischen meinen selbst geschriebenen Filmen WAS AM ENDE ZÄHLT und LOVE IS REAL (2013) liegen sechs Jahre. Hier strebe ich nach mehr Regelmaß und hoffe, in Zukunft der Verlockung zu widerstehen, Angebote anzunehmen, hinter denen ich nicht stehe, allein der finanziellen Sicherheit wegen. Es erfordert Mut zu sagen: Ich sage das jetzt ab und schreibe mein nächstes Drehbuch, selbst wenn es ein Jahr dauert und kein Mensch es danach finanzieren will. Oder ich drehe einen Dokumentarfilm, der mir viel bedeutet. Auch hier fiele mir die Entscheidung sicherlich leichter, wenn ich nicht drei Kinder zu versorgen hätte.

Hannas Reise (2014)

Zuletzt las ich in einem *Emma*-Artikel mit dem Titel „Was ist nur mit den deutschen Frauen los?" über mich: „Wenn man so lebt mit Gefühlen und Trallala (gemeint war das Leben mit Kindern), dann macht man eben keine großen Filme mehr, sondern Hanni und Nanni 2. Das ist der neue Film von Julia von Heinz."

Mich hat das unheimlich geärgert. Kein Mensch schreibt so etwas über Detlev Buck[2], wenn er Bibi und Tina (2014) dreht. Abgesehen davon ist es auch falsch, denn Hanni und Nanni 2 (2012) ist mit einem Budget von vier Millionen Euro ein großer Film und hat mir meinen nächsten eigenen Film Love is real durch seinen Kinoerfolg erst ermöglicht. Dass ich bei Hanni und Nanni als Regisseurin austauschbar bin, weil es sich um eine Serie mit klaren Genreregeln handelt, ist mir klar.

Bei meinen eigenen Filmen wünsche ich mir noch mehr Mut zu einer Erzählweise, die nicht schon von vornherein zu sehr das Publikum mitdenkt. Mir kommt meine Konfliktscheue oft typisch weiblich vor, ich will niemanden langweilen oder vor den Kopf stoßen und erzähle deshalb manchmal zu gefällig. Auch vom Set kenne ich dieses Verhalten, wo ich in Drucksituationen nicht immer klar auf meiner Vision beharre. *Nicht* überall beliebt sein zu wollen, wird für mich der wichtigste Lernprozess in den nächsten Jahren.

---

2   Detlev Buck, deutscher Regisseur, Schauspieler und Produzent, geboren 1962 in Bad Segeberg. Studierte von 1985 bis 1989 an der Deutschen Film- und Fernsehakademie Berlin (dffb). Schauspieler und Produzent, wurde bekannt mit Filmen wie Erst die Arbeit und dann? (1984), Karniggels (1991), Wir können auch anders (1993), Männerpension (1996), Sonnenallee (1999), Knallhart (2006), Hände weg von Mississippi (2007), Same same but different (2009).

Claudia Steffen

PRODUZENTIN

Claudia Steffen ist seit 1998 bei Pandora Film Produktion in Köln, seit 2005 Mitgesellschafter, seit 2012 auch Geschäftsführung. Sie betreut Spielfilme mit Geschichten von Filmemachern aus der ganzen Welt.

Von 1994 bis 1998 arbeitete sie für die Gemini Films in Köln und spezialisierte sich auf das Management von internationalen Ko-Produktionen.

Seit 1997 leitet Claudia Steffen regelmäßig Seminare über Film(-Ko)produktionen.

Sie ist Mitglied bei ACE-Atelier du Cinéma Européen und der deutschen Filmakademie.

Als Schülerin war sie Gründungsmitglied der Videokunstgruppen „montevideo" & „zyklop" mit vielen preisgekrönten Kurzfilmen und Videoinstallationen, sowie TV-Feature-Beiträge.

Sie ist geboren und aufgewachsen in Rostock.

AKTUELLE PRODUKTIONEN

2014 VERGISS MEIN ICH von Jan Schomburg hatte seine Weltpremiere im Tiger Awards Wettbewerb Rotterdam 2014

2013 LAYLA FOURIE von Pia Marais, eine südafrikanische Geschichte uraufgeführt im Berlinale Wettbewerb 2013 (Special Mention)

IL FUTURO von Alicia Scherson, eine chilenische Ko-Produktion mit Weltpremiere im Wettbewerb in Sundance und Rotterdam 2013 (KNF Award)

LES SALAUDS von Claire Denis war eingeladen in Cannes Un Certain Regards 2013

Der stille Wille zur Perfektion

Ich bin in der DDR aufgewachsen, meine Mutter war Lehrerin, mein Vater Mathematiker. Meine Mutter hat voll gearbeitet, bekam zwei Kinder, war ein halbes Jahr zuhause, dann arbeitete sie wieder Vollzeit. Ich komme nicht aus einem intellektuellen Haushalt, aber mir wurde das Gefühl vermittelt: Ich kann alles werden. Mir wurde mitgegeben, dass es an einem selber liegt, dass man nicht abhängig von den Umständen ist. Diese Rollenverteilung zwischen Mann und Frau, die ich heute erlebe, steht dazu in einem krassen Gegensatz.

In meiner Schulzeit war ich in einer Theatergruppe, aus der sich ein Filmclub entwickelt hat. Das war damals ungewöhnlich, es gab gar kein richtiges Equipment in der DDR, an Super-8-Filmmaterial ranzukommen, war schwer. Langsam kam VHS auf. Das war für mich der Schlüssel; mit 13 machten wir ein eigenes Magazin und drehten Kurzfilme. Mit 18 war mir klar: Ich will in die Produktion. Leute zusammenzubringen, das ist meine Stärke.

Zwei Jahre vor meinem Abitur fiel die Mauer. Und eigentlich erst, als ich angefangen habe zu arbeiten, wurde ich mit der „Frauen-Männer"-Thematik konfrontiert: Filme machen, auch von der Produktionsseite her, hat etwas mit Technik zu tun. Zum ersten Mal habe ich es in einem Tonstudio erleben müssen, dass nur mit den Jungs gesprochen wurde, nicht mit mir. Oder ich bekam zu hören: „Ach, du weißt, was 35mm ist?" Ich rätselte damals, ob diese Frage bedeutete: „Ach, du bist Produzent und weißt, was 35mm ist?" Oder ob es bedeuten sollte: „Ach, du bist eine Frau und weißt, was 35mm ist?" Manchmal bin ich mir nicht sicher: Interpretiere ich gewisse Verhaltensweisen auf dieses Thema hin, weil ich schon so viel darüber gelesen habe und immer wieder über die Unterschiede und Rollenbilder Mann-Frau geredet wird? Oder sind die Vorurteile doch subtil sehr stark vorhanden? Früher war die Rollenverteilung zwischen Mann und Frau jedenfalls nie ein Thema für mich.

Ich erlebe als Frau Vorurteile von Frauen

Ich erlebe in unserer Branche viele Vorurteile von Frauen, nicht von Männern. Mich hat noch nie ein Mann gefragt: „Warum hast du keine Kinder?" Von Frauen wurde ich das schon oft gefragt. Lustigerweise kommt von vielen Anruferinnen oft: „Nein, aber ich möchte Ihren Kollegen sprechen." Als hätte ich als Frau sowieso nichts zu sagen. Oder: „Nein, das bespreche ich dann lieber mit Soundso…" Es ist mir auch passiert, dass bei einer Premiere ein Foto gemacht wurde und die Bildunterschrift lautete hinterher: „Der berühmte Regisseur… mit seiner Begleitung." Damit meinten sie die Regisseurin und mich, die Produzentin des Films, mit einem Mann. Solche Faux-pas kamen bisher von Frauen! Man muss sich eindeutig auch als Frau mit dem Frauenklischee auseinandersetzen, um sich untereinander nicht mit den gleichen Vorurteilen zu begegnen.

Wo ist unsere deutsche Susanne Bier?

Als Frau in einem Filmberuf muss man sich bewusst oder unbewusst entscheiden, ob man eine Beziehung oder Kinder haben möchte. Denn wenn man ständig unterwegs ist, ist beides schwierig. Ich glaube, dass Männer oft egoistischer sind und an sich denken, wenn sie den nächsten Film machen wollen und nicht nach rechts und links gucken.

Ich denke nicht, dass man Frauen generell nicht zutraut, Filme zu machen, das funktioniert subtiler. Frauen verkaufen sich anders, sind nicht so aggressiv und werden daher weniger wahrgenommen. Als Produzentin für Pandora Film habe ich einige Debütfilme produziert und mir ist aufgefallen, dass Frauen ihren eigenen Filmen oft kritischer gegenüberstehen, sie analysieren und reden darüber, was ihnen alles nicht so gut gelungen ist. Selbst, wenn der Film erfolgreich war. Männer hingegen betonen ihre Erfolge, auch, wenn sie noch so klein sind. Frauen sollten weniger Skrupel haben zu sagen: „Ich bin gut." Denn was die inhaltliche Arbeit angeht, ist dieser kritisch analysierende Blick auf jeden Fall gut. Aber das Brutale ist, dass es bei unserer Branche nicht nur auf die inhaltliche Arbeit ankommt – das musste ich auch erst lernen. Filmkünstler müssen eine Marke schaffen, sodass die Zuschauer wegen dem Regisseur ins Kino gehen. Diese Regisseure können ihre Filme relativ leicht finanzieren, aber das sind fast ausschließlich Männer. Das empfinde ich als ein großes Manko! Wo ist unsere Deutsche Susanne Bier? Ich bin sicher, die gibt es irgendwo, wir müssen sie nur noch entdecken!

Die Wahrnehmung von Filmen von Frauen ist oft sehr verkrustet

Ich mache Kino in einem Nischenbereich. Und da geht es sehr oft um „Genie" und diese Beurteilung liegt im Auge des Betrachters. Zum 65-jährigen Cannes-Jubiläum 2012 kamen alle Goldenen-Palme-Gewinner und als einzige Frau Jane Campion. Diese Unterrepräsentanz liegt zum einen sicher an den Frauen selber, zum anderen aber auch daran, wie Filme von Frauen aufgenommen werden, und das ist immer noch sehr verkrustet – wer in welchen Positionen darüber entscheidet: Was ist ein großes Meisterwerk?! Festivaldirektoren und Kuratoren spielen eine große Rolle, ähnlich wie Museumskuratoren in der bildenden Kunst. Aber das ändert sich, da kommt eine neue Generation, die einen anderen Blick hat. Auch eine neue Generation von Männern.

Frauen gelten schnell als hysterisch

Wir haben mit Pandora Film gerade zwei Filme mit der französischen Regisseurin Claire Denis koproduziert, die für viele Frauen als Regisseurin ein großes Vorbild ist. Ich fand sie sehr beeindruckend; sie ist Mitte 60, und sie ist nicht vornehm, zurückhaltend und bescheiden – all diese Attribute, die die Umwelt von dir als Frau erwartet. Wenn ein männlicher Regisseur am Set schreit, wird gesagt: „Ach, der ist ein bisschen cholerisch", und wenn eine Frau exakt das Gleiche macht, vielleicht auch schwierig ist, was immer das heißt, und vielleicht auch mal keine Erklärung abgibt und vielleicht auch mal nicht immer „Bitte" und „Danke" sagt, dann wird sie als hysterisch kritisiert.

Ich will am liebsten auch mal einfach nur stur sein

Wir sind bei Pandora Film sechs Produzenten und arbeiten meist zu zweit an einem Film, weil es teilweise fünf bis sechs Jahre dauern kann, bis wir einen Film produziert bekommen. Ich merke, dass ich mich selber auch in die Position des Vermittlers drängen lasse und versuche bei Streit ausgleichend zu wirken, diplomatisch zu sein. Hinterher denke ich: Warum kann ich nicht auch einfach mal total stur sein und sagen: „Ich will das so und so?!" Aber jeder muss seine Rolle finden. Diese „weibliche Art", Empathie zu zeigen, hat auch viele Stärken. Dass man vielleicht eher gelernt hat, etwas emphatischer zu sein, ist im Leben von Vorteil, daraus resultieren positive Eigenschaften.

Mir fällt bei Regisseurinnen, Drehbuchautorinnen, Schauspielerinnen und auch bei mir selber immer wieder ein stiller Wille zur Perfektion auf, was zur Folge hat, dass man sich mit vielen Details beschäftigt. Oft ist es so, dass die Frauen noch arbeiten oder diskutieren, und die Männer sitzen schon längst seit 18:00 Uhr beim Bier. Bei ihnen zählt mehr das Ergebnis und nicht der Weg da hin. Ich möchte auch den Weg dahin gut haben, auch wenn der am Ende im Film nicht sichtbar wird.

Frauen müssen solidarischer miteinander sein

Noch vor zehn Jahren, wenn Leute mich zu einem Frauennetzwerk oder dergleichen eingeladen haben, dachte ich: Natürlich nicht. Ich bin doch keine Randgruppe! Mittlerweile denke ich: Wenn man sich austauscht, vielleicht den Blickwinkel öffnet, das tut allen gut.

Ich glaube, man muss als Frau damit anfangen, selber zu anderen Frauen solidarischer und offener zu sein. Ich habe viele Mitarbeiterinnen, die Kinder bekommen, einige hören dann auf zu arbeiten und sind drei Jahre verschwunden, kommen nur noch halbtags wieder, andere heiraten, andere nicht, die einen hören auf, Filme zu machen... Ich erwarte nicht, dass alle das Gleiche machen wie ich! Vielfalt ist wichtig. Für mich ist es in Ordnung, wenn jemand sagt: „Ich möchte gerne zu Hause sein und gar keine Filme machen." Aber umgekehrt muss es auch möglich sein.

Wenn ich ein Team zusammenstelle, finde ich es erfrischend, wenn Männer und Frauen sich gut durchmischen, nur Männer oder nur Frauen ist beides nicht optimal. Neulich rief eine Kostümbildnerin an, bewarb sich und sagte: „Ich wollte nur sagen: Ich habe ein Kind." Ja und? Sie konnte dienstags nur bis 16:00 Uhr. Dafür haben wir eine Lösung gefunden. Hier müssten Produzenten und Regisseure generell offener sein, wenn sie Leute beschäftigen.

Aufz. BSB

Connie Walther

REGISSEURIN

1962 geboren in Darmstadt, Studium der Soziologie und Spanischen Literatur an der Philipps-Universität in Marburg. Ausbildung zur Werbefotografin in Düsseldorf, danach Regiestudium an der Deutschen Film und Fernsehakademie Berlin (dffb).

Ihr Abschlussfilm DAS ERSTE MAL (1996) mit Lavinia Wilson erhielt 1997 den Studio Hamburg Nachwuchspreis und eine Lobende Erwähnung beim Prix Europa.

Connie Walther arbeitete parallel zum Studium als Beleuchterin, Produktions- und Regieassistentin an Filmen (u.a. von Dominik Graf, und Wolfgang Becker) mit.

Neben ihrer Arbeit als Regisseurin und Autorin lehrte sie an verschiedenen deutschen Filmschulen.

Connie Walther ist Mitglied der Filmakademie, von 2010 bis 2011 war sie Mitglied des Vorstands. Sie lebt in Berlin.

FILMOGRAFIE (Auswahl)
2012 ZAPPELPHILIPP (Deutscher Kamerapreis Kategorie Bester Schnitt 2013,
    FIPA d'Or als Bester TV-Film)
2009 FRAU BÖHM SAGT NEIN (Grimme-Preis 2010, 3sat-Zuschauerpreis)
2008 SCHATTENWELT (Buch mit Uli Hermann; Beste Regie bei der Femina)
2007 12 HEISST: ICH LIEBE DICH (Fernsehfilmpreis der Deutschen Akademie der Darstellenden
    Künste 2008, Deutscher Fernsehpreis für die Beste Regie 2008)
2005 EI IN JAPAN
    TSUNAMI ODER DIE MAXIMALE MITMENSCHLICHKEIT (Buch und Regie mit Matthias Schwelm)
2001 WIE FEUER UND FLAMME (Nominierung in der Kategorie Bester Film beim Deutschen
    Filmpreis 2002, Deutscher Kamerapreis 2002, Deutscher Drehbuchpreis 2001,
    diverse Festivalpreise)
1998 HAUPTSACHE LEBEN (Regie, Drehbuch mit Anke Schenkluhn; Grimme Preis in Silber 1999)
1996 DAS ERSTE MAL (Regie, Buch mit Anne Schenkluhn; Förderpreis der GWff als Bester
    Absolventenfilm deutscher Filmhochschulen, 1. Preis Studio Hamburg Nachwuchspreis)

Wie bestimmt das Frausein meine Arbeit?

Das Frausein bestimmt meine gesamte Existenz, also auch meine Arbeit. Ich habe eine Sozialisation hinter mir, die schlicht eine andere ist als die meines Bruders, weil ich weiblich bin und er männlich ist.

Ich habe mich noch nie geprügelt und bin sicher, dass es bei mir daran liegt, dass ich eine Frau bin. Übers Schienbeintreten und Fingerumbiegen bin ich nie hinaus gekommen. Inzwischen bedaure ich manchmal, nie erfahren zu haben, wie es sich anfühlen muss, *„eins auf die Fresse"* zu kriegen. Früher hätte ich das entrüstet von mir gewiesen: *Das brauch' ich wirklich nicht im Leben, das braucht kein Mensch!* Heute denke ich anders. Ich bin inzwischen fast sicher, gewaltsame Auseinandersetzungen gehören zum Menschsein dazu. Egal, ob man das gut oder schlecht findet.

Ich bin sehr froh, dass ich in dieser Welt als Frau gelernt habe, meinen Willen anders als mit der Faust oder mit männlichem Imponiergehabe durchzusetzen, aber ich glaube nicht daran, dass das globaler Standard wird.

In bestimmten Momenten beneide ich meine männlichen Kollegen, die groß, kräftig und mit tiefer Stimme einfach auf den Tisch hauen, sofort Gehör finden und überhaupt kein Problem damit zu haben scheinen. Einmal tat ich es, ganz bewusst, habe laut, sehr laut meine Stimme erhoben und meine Forderungen in einer reinen Männerrunde auf diese Weise durchgesetzt. Aber leicht ist es mir nicht gefallen, weil ich darin schlicht keine Übung habe. Es kostete mich viel Kraft und raubte mir noch stundenlang Energie und Konzentration beim Inszenieren. Es gehört einfach nicht zu meinem Standard-Repertoire. Ich glaube, Männer, die das gelernt haben, haben es unter Männern leichter. Und unter Frauen schadet es ihnen ebenso wenig.

Ein schwer erreichbares Ideal

Wenn alle Männer solche Frauen wären wie ich und also keiner jemals gelernt hätte, sich zu prügeln, laut, breitbeinig und deftig zu werden, um schnellstmöglich zum Ziel zu kommen – wäre die Welt eine andere? Wenn sich alle „klassisch weiblich sozialisiert" verhalten würden? Vermutlich würde mehr geredet, mehr nachgedacht (ja, vielleicht meist in dieser Reihenfolge), länger abgewogen. Prozesse würden langsamer werden. Herrlich, oder? Wenn die Welt hier und heute etwas braucht, dann ist es die Entschleunigung. Dagegen hätte ich nichts.

Fast alle Frauen in Führungspositionen haben jedoch gelernt, sich den Gepflogenheiten in Chefetagen und auf politischen Bühnen anzupassen, also pragmatisch, sachlich, schnell, effizient zu agieren und vor allem Anderen zuerst auf den eigenen Vorteil (oder den des Teams, falls es ein Team zur Durchführung der Sache braucht) bedacht zu sein. Das Rezept garantiert Erfolg, auf jeden Fall kurzfristig, oft auch ein

Tsunami oder Die maximale Mitmenschlichkeit (2005)

ganzes Berufsleben lang. Ich habe das auch gelernt, wende es oft in meiner Arbeit an und bin damit in Entscheidungsprozessen durchaus erfolgreich. Kreative Prozesse sind davon eher wenig berührt.

Die Welt, in der wir leben, wurde maßgeblich von Männern geprägt. Gleichberechtigung gibt es erst seit kurzer Zeit und nicht mal in unserem Land ist sie vollständig erreicht. Wie auch? Die Geschichte spricht dagegen und die Tatsache, dass Männer und Frauen nun einmal verschieden sind. Gleichberechtigung und Ausgewogenheit bleiben darum ein Ideal, das nur selten erreicht wird und schwer kontinuierlich zu gewährleisten ist. Allerdings lohnt es sich, immer unbedingt und uneingeschränkt für ein Ideal einzutreten – nicht nur in der Frauenfrage.

Authentisches Verhalten

Regieführen, vor allem Schauspieler zu inszenieren, hat für mich sehr viel mit authentischem Verhalten (Ich weiß, man darf dieses Wort zur Zeit kaum noch benutzen, weil es so stark missbraucht wird, aber es ist das zutreffendste Adjektiv für das, was ich meine.) zu tun. Wenn ich inszeniere, denke ich nicht darüber nach, dass ich eine Frau bin. Aber ich kann mir mein Frausein nicht wegdenken. Ich weiß es doch immer. Ich fühle es. Ich bin ja ich. Wenn ich ein Problem lösen will, dann bin ich im Kopf. Wenn ich versuche zu beschreiben, wie eine Stimmung ist, wie ein Empfinden, bin ich in meinem Gefühl. Das Emotionale ist für mich immer auch körperlich. Um erklären zu können, was gezeigt oder verborgen werden soll, muss ich das Gefühl, das ich evozieren will, in mir abrufen. Dann kann ich am besten vermitteln, wohin ich will, oft auch ohne Worte. Was davon ist jetzt mein weiblicher, was mein männlicher Anteil? Und ist das nicht sehr individuell, wer wie viel wovon hat? Ich würde viel Zeit verlieren, wenn ich darüber nachdenken würde bei der Arbeit.

Ich glaube, ich lasse mich vor allem leiten von meiner Vision zu einem Stoff. Aber gerade bei Auftragsarbeiten ist sie oft nur indirekt im Spiel. Die Vision entwickelt sich aus meiner Grundhaltung, dass sich eine Geschichte zunächst aus sich selbst heraus erzählen muss. Ich versuche, mich in den Geist einer Geschichte zu stellen. In meinen eigenen Stoffen, an denen ich seit mehreren Jahren schreibe, steht meine Vision immer im Vordergrund. Das macht das dramaturgische Schreiben mitunter schwer, aber ich kann es nicht anders.

Regie zu führen ist deshalb eine wunderbare Arbeit, weil man/frau mit der Erfahrung immer besser werden kann (solange man sich erlaubt, immer wieder alles neu infrage zu stellen). So erklärt sich, warum ich es inzwischen manchmal sogar schade finde, dass ich mich in meinem Leben nicht ein einziges Mal geprügelt habe. Diese Erfahrung

SCHATTENWELT (2007)

fehlt mir, da muss ich auf fremde Erfahrungen zurückgreifen. Ich kann natürlich sofort beurteilen, wie eine gute Prügelei auszusehen hat, aber vermutlich benötige ich dazu mehr Worte, als wenn ich die Erfahrung in meinem Körper abgespeichert hätte. Glücklicherweise gibt es in meinen Filmen wenige Prügelszenen – ein Zusammenhang?

Was für Filme mache ich?

Ich glaube, die Geschlechterfrage ist heute stärker als früher eine Frage der eigenen Identität. Sie wird vor allem individuell beantwortet: *Was für eine Frau bin ich, was für ein Mann bin ich, was für Filme mache ich? Was ist das für ein Mann, der mein Produzent ist? Was ist das für eine Frau, die meine Redakteurin ist?*

Dass wir so fragen und es uns leisten können, individuell auf einen Sachverhalt zu schauen, nicht pauschal und ideologisch alles in einen Topf werfen zu müssen, ist eine hohe Qualität unserer gegenwärtigen Gesellschaft. Selbstverständlich ist dieses Ausdifferenzieren nicht, denn es muss immer wieder neu erarbeitet, geübt, erfahren werden. Dass ich heute die Freiheit besitze, mir die Frage *Was für eine Frau bin ich, die hier Regie führt?* ganz persönlich zu stellen und die Beantwortung dieser Frage eine Relevanz erzeugt und wahrgenommen wird, ist ein Resultat der Sensibilisierung unserer Gesellschaft. Das ist für mich eine unglaublich hohe Errungenschaft, erreicht durch eine fortgeschrittene Gleichberechtigung, durch die mit Nachdruck gestellte Frauenfrage, die ins kollektive Bewusstsein Eingang gefunden hat.

Beschleunigung

Andererseits muss man sehen, dass die Produktionsformen aufgrund ökonomischer Entscheidungen sehr eng geworden sind. Das führte zwangsläufig zu einer Abwertung der Kreativität. Der Produktionsdruck fordert schnelle und effiziente Entscheidungen, aber Geschwindigkeit und Effizienz führen eben nicht oder nur sehr selten zu mehr Kreativität, meist eher ins Gegenteil. *Schnelle* Regisseure vom Typ Macher und Entscheider stehen heute darum höher im Kurs als *Künstler*. Eine Künstlerin braucht eigentlich immer Zeit. Vor allem muss sie/er sich gegen die bestehenden Verhältnisse stellen. Ich kann nicht erkennen, dass Kunst aus Anpassung heraus entsteht. In der Schauspielerei verhält sich das ähnlich. In solchen Verhältnissen kommt das Frauenthema schnell unter die Räder, weil es scheinbar so „altmodisch" ist.

Ich arbeite oft in mehrheitlichen Frauenteams. Das ergibt sich meist so. Bei ZAPPELPHILIPP (2012), meinem Fernsehfilm über einen hyperaktiven Jungen, waren deutlich mehr Frauen als Männer im Team, wir hatten sogar eine Oberbeleuchterin! (Ich habe vor meinem Studium auch als Beleuchterin gearbeitet – ein Zusammenhang?) Auch schon mein zweiter Film, HAUPTSACHE LEBEN, über eine an Brustkrebs erkrankte Frau, entstand 1998 mit einem großen Frauenteam.

Ästhetische Experimente

Was den Verlust der Avantgarde im Kino angeht: der deutsche Filmmarkt, der von amerikanischen Majors dominiert und vom deutschen Fernsehen stark beeinflusst wird, lässt Filmkunst kaum noch zu. Sie wird zwar nach wie vor gefördert – als Mitglied der Kommission für Film- und Drehbuchprojekte beim BKM (Bundesministerium für Kultur und Medien) bin ich an der Förderung von solchen Projekten beteiligt) – aber sie findet in der öffentlichen Wahrnehmung kaum mehr statt. Durch diese Verdrängung ist eine Abwertung entstanden. Filmkunst war selbstverständlich noch nie mehrheitsfähig, aber in Zeiten, wo es fast ausschließlich um Märkte und Mehrheiten geht, gehen Inhalte flöten, und Ausnahmen sowieso. „Besondere" Filme landen heute mehrheitlich in Sonderverwertungen, auf Festivals, in Goethe-Instituten, in Archiven... Und was nicht gesehen wird, ist irgendwann nicht mehr wert, dass es existiert. Eine fatale Wechselwirkung, der es sich unbedingt entgegenzusetzen gilt. Mit der Frauenfrage ist das nicht sooo viel anders...

Film ist eine sehr zeitintensive Kunst, wenn er Kunst sein darf. Kunst hat eine gesellschaftliche Funktion, die allgemein unterschätzt wird, die man aber nicht unterschätzen darf. Gesellschaftliche Veränderungen, Korrekturen, Impulse, Sinnstiftungen kommen oft aus der Kunst. Der Film/die Filmkunst ist ein wichtiger Bestandteil hiervon. Wir müssen Sorge gegenüber dieser steigenden Unterbewertung tragen. Das ist in etwa so, wie wenn man alle Feinschmeckerlokale abschaffen würde, nur weil McDonalds alles aufkauft und die Kinder inzwischen glauben, dass Hamburger Hauptnahrungsmittel sind. Ich möchte nicht in einer reinen MacDonalds-Welt leben. Nur leider sind wir auf dem besten Wege dazu, weil wir uns von den unterschiedlichen Etiketten (Labels) darüber hinwegtäuschen lassen, dass die Inhalte dieselben sind und dass 100 verschiedene Waschmittelmarken keinen echten Zugewinn an Lebensqualität bedeuten. Überfluss schafft Ausschluss.

Dass wir Kreative gegenwärtig vor dringlichere Fragen als die Frauenfrage gestellt sind, beispielsweise die höchst relevante Frage nach dem Schutz unserer Urheber-

Connie Walther mit ihrer Assistentin Clauida Beewen bei Dreharbeiten zu SCHATTENWELT 2007

rechte, bedeutet nicht, dass die Frauenfrage obsolet geworden ist. Wir sollten uns die Welt, die uns umgibt, kritisch anschauen und uns nicht ablenken lassen. Was ist wesentlich, was brauchen wir, um glücklich und zufrieden zu sein? Was ist aus unseren Idealen geworden? Wohin sind bestimmte Themen verschwunden? Und ist es gut, dass sie nicht mehr behandelt werden? Sind die Probleme wirklich gelöst oder kümmern wir uns nur nicht mehr um sie? Stellen wir uns die Frauenfrage also bitte möglichst oft und erlauben wir uns, sie immer wieder neu zu beantworten.

Nina Grosse

REGISSEURIN, AUTORIN

1958 geboren in München, aufgewachsen z.T. in Genf. Nach dem Abitur ein Jahr in Paris. 1979-1981 Studium der Philosophie, Germanistik und Theaterwissenschaft in München. 1981-1987 Regiestudium an der Hochschule für Film und Fernsehen in München (HFF) Ihr Abschlussfilm DER GLÄSERNE HIMMEL wurde mit dem Bayerischen Filmpreis ausgezeichnet und für den Deutschen Filmpreis nominiert. Nina Grosse schrieb und inszenierte zahlreiche Fernseh- und Kinofilme. Einige, z.B. DER GLÄSERNE HIMMEL, die Hölderlin-Biografie FEUERREITER (1998) und OLGAS SOMMER (2003) sind von ihrer Liebe zum französischen Kino geprägt. Sie unterrichtet an der Filmhochschule Baden-Württemberg, der Hochschule für Film und Fernsehen (HFF) „Konrad Wolf" und der HFF München. 2004-2007 Vorstandsmitglied der Deutschen Filmakademie. Nina Grosse lebt in Berlin.

FILME (Auswahl)
2014 DIE PROTOKOLLANTIN (Konzept für eine Fernsehserie nach einer Idee von F. Ani)
2013 SCHULD, NACH FERDINAND VON SCHIRACH – DER ANDERE (Mini-Serie; Buch)
   IN DER FALLE (Fernsehfilm; Buch & Regie)
2011 VERBRECHEN, NACH FERDINAND VON SCHIRACH (Mini-Serie, 2 Episoden; Buch)
2012 DAS WOCHENENDE (Kinofilm; Buch & Regie)
2009 ROSA ROTH – MENETEKEL (Fernsehfilm; Buch)
2008 DER VERLORENE SOHN (Fernsehfilm; Buchbearbeitung, Regie, 2010 Prix Circom,
   2009 Bernd-Burgemeister Fernsehpreis)
   ROSA ROTH – DAS MÄDCHEN AUS SUMY (Fernsehfilm; Buch)
2004-2007 FRANZISKA LUGINSLAND (3 Filme der Reihe; Regie & Buch z.T. mit F. Ani)
2002 OLGAS SOMMER (Kinofilm; Buch & Regie)
2001 TATORT – SCHLARAFFENLAND (Fernsehfilm; Regie)
2000 DOPPELTER EINSATZ – BLACKOUT (Fernsehfilm; Regie)
1999 TATORT – KRIEGSSPUREN (Fernsehfilm; Regie)
1997/1998 FEUERREITER (Kinofilm; Regie)
1996 TATORT – DER KALTE TOD (Fernsehfilm; Regie)
1994 TATORT – DER SCHWARZE ENGEL (Regie; Adolf-Grimme-Preis-Nominierung)
1992 THEA UND NAT (Regie & Buch mit Susanne Schneider, 1. Preis Fernsehfilmfestival Shanghai)
1991 NIE IM LEBEN (Kinofilm; Regie mit Helmut Berger, Max-Ophüls-Preis)
1987 DER GLÄSERNE HIMMEL (Kinofilm, Buch & Regie, Bayerischer Filmpreis, Bundesfilmpreis-
   Nominierung
1985 DER TRAUM DER SCHWESTERN PECHSTEIN (Fernsehfilm; Buch/Regie)

Der Eifersuchtsfaktor ist unser großes Handicap

Von Kindheit an habe ich von einem kreativen Beruf geträumt. Die Vermischung von Literatur und Musik, Schauspiel, Tongestaltung und Ausstattung reizt mich immer wieder: Schauspieler entdecken, Motive finden, Räume kreieren, Menschen und Geschichten inszenieren, das ist für mich die vollkommene Erfindung einer zweiten Welt. Von Anfang an zog es mich leidenschaftlich zum Filmemachen hin.

Das Erzählen hat mich immer begleitet. Familienfundstücke zeigen, dass ich schon früh ganze Bücher geschrieben und gemalt habe. Später verlegte ich mich auf Gedichte und Kurzgeschichten, und weil Schreiben für mich auch Gestalten bedeutet, habe ich damals schon mit großer Lust ausprobiert, meine Geschichten umzusetzen. Als Einzelkind musste ich selbstständig meine Welten bauen und Leute zum Spielen suchen, denen ich dann Rollen und Kostüme verpasste. Meine Überlebensstrategie wurde später mein Beruf.

Ich hatte eine unruhige Kindheit. In Genf, wo meine Eltern zeitweise arbeiteten, besuchte ich die École Internationale und musste von einem Tag auf den anderen Französisch lernen. Zurück in München ging ich für drei Monate als Austauschschülerin nach Paris, verliebte mich in die wunderbare Stadt und in einen Mann. Meine Affinität zu Frankreich, seiner Sprache und seinem Kino ist seither nicht mehr aus meinem Leben wegzudenken. Gleich nach dem Abitur fuhr ich wieder nach Paris, um ein ganzes Jahr zu bleiben. Kein Zufall also, dass ich auch meine ersten Filme dort gedreht habe.

Learning by doing

Nach dem Paris-Jahr kehrte ich nach Deutschland zurück und begann in München, Philosophie, Deutsche Literatur und Theaterwissenschaft zu studieren. Schnell stellte ich fest, dass pure Theorie und Schreiben mir zu einsam waren. Über einen Freund angeregt, bewarb ich mich an der Filmhochschule, zunächst in der Abteilung für Dokumentarfilm, weil ich hoffte, unkomplizierter angenommen zu werden. Aber selbst meine dokumentarischen Arbeiten mochte ich nie ohne fiktive Szenen drehen. Schon in meinem ersten Film, dem semi-dokumentarischen METROPOLITAIN, rezitierte ein alter Mann in der Pariser Metro Baudelaire-Gedichte.

Fiktionale Formen wurden von Klaus Schreyer, dem Leiter der Dokumentarfilmabteilung, großzügig akzeptiert. Bald schon orientierte ich mich klar in Richtung Spielfilm. In Julio Cortázars großartiger Kurzgeschichte *Der andere Himmel* entdeckte ich all die Dinge, die mich zu dem Zeitpunkt faszinierten. Da betritt ein Mann eine alte Passage in Buenos Aires und wird in einer Pariser Passage wieder ausgespuckt. Er pendelt zwischen den Sphären und reist durch die Zeit. Damals taugte diese magische Vorstellung auch wunderbar für mein Selbstbild. Ich hatte mich als Deutsche in Paris in eine andere Welt begeben und genoss die Mischung verschiedener Kulturen.

Cortázars Geschichte schrieb ich für meinen ersten Spielfilm DER GLÄSERNE HIMMEL (1987) vollständig auf Pariser Schauplätze um. Ich traf seine Witwe und erzählte ihr in meiner Blau- oder Grünäugigkeit von dem Projekt. Mir war gar nicht bewusst, dass man die Rechte an der Geschichte erwerben musste, das Geld dafür hätten wir sowieso nicht gehabt. Ich glaube, sie war charmiert von meinen jugendlichen Anfängen, sodass sie uns die Rechte mehr oder weniger schenkte.

DER GLÄSERNE HIMMEL sollte ein kleiner Abschlussfilm der HFF werden, aber das Projekt wuchs, sodass es mit 20.000 DM Etat nicht zu bewältigen war. Aber ich bekam Nachwuchsförderung, eine Produktionsfirma stieg ein und auch mein Hauptdarsteller Helmut Berger, mit dem mich damals eine Beziehung verband, machte sich für den Film stark. So wurde ein schöner Kinofilm daraus.

Meine Zeit an der Münchener HFF habe ich in guter Erinnerung. Im Gegensatz zu heute, wo Filmhochschulen durchdiszipliniert und verschult funktionieren, waren wir ein kreativer loser Haufen. Es gab Helmut Färber, den charismatischen Cineasten der Zeitschrift *Filmkritik*, der großartige Filmgeschichtskurse hielt. Klaus Schreyer und Wolfgang „Lä" Längsfeld, sein Antipode in der Spielfilmabteilung, gaben der HFF ein unverkennbares Profil. Jörg Müller, der Chef der Technik, half, wo er konnte. Alles andere folgte dem Motto: Wir basteln uns unsere Filme selbst. Learning by doing prägte uns mit dem vollen Rückhalt der Professoren.

Das Filmemachen war damals sehr viel mehr dem Bereich der Kunst zugeordnet und weniger marktorientiert als heute. Man darf nicht vergessen, dass bis Mitte der 1980er-Jahre nur zwei öffentliche Fernsehsender existierten. Die Helden des Neuen Deutschen Films, Rainer Werner Fassbinder, der 1982 starb, Wim Wenders, Werner Herzog, Volker Schlöndorff u. a. m. nahmen wir als Übervater wahr. Diese Nachkriegsgeneration hatte das Erzählen sehr vital noch einmal neu erfunden. Im Vergleich zu ihnen fühlten wir Baby-Boomer uns als satte Nachkömmlinge, die von der Furcht erdrückt wurden, wenig zu sagen zu haben. Dennoch erfuhr ich uns als sehr kreativ. Vielleicht zweifelten wir mehr an uns selbst, als dass man uns von außen in Frage gestellt hätte.

Regisseurinnen

Doris Dörrie und Vivian Naefe studierten in den Jahrgängen über uns. Doris' erster großer Erfolg MÄNNER (1985) wurde zur Initialzündung für eine ganze Welle von zunehmend seichteren Komödien. In unserem Jahrgang 1981 kamen unter 15 Anfängern erstmals fünf Frauen zusammen – eine Sensation. Wir blieben versprengte Einzelkämpferinnen, anders als die starken Männercliquen um den Filmverlag der Autoren, die miteinander redeten, planten und taktierten. Wir hatten nicht das Gefühl, uns vernetzen zu müssen, wie es für die Männer selbstverständlich war.

Wir sahen uns auch nicht als Opfer einer Männergesellschaft, darin grenzten wir uns von der ersten Generation feministisch bewegter Filmemacherinnen ab. Zu unserer Zeit begann es „normal" zu werden, dass sich Frauen für den Filmberuf interessieren. Wir wurden an der Filmhochschule aufgenommen, weil wir gut waren, egal ob Mann oder Frau. Erst später begriff ich, dass wir diesen Luxus einer „Mütter"-

Generation von Filmemacherinnen wie Margarethe von Trotta (s. S. 126) oder Helma Sanders-Brahms zu verdanken hatten, die uns diesen Weg geebnet hatten.

Karriere

Familiäre Widerstände gegen meinen Berufswunsch erlebte ich nie, aber subkutan war doch immer die gesellschaftliche Drohung präsent, dass ich mich zwischen dem aufreibenden, existenziell unsicheren Beruf und einer eigenen Familie entscheiden müsse. Den vermeintlichen Zwiespalt verinnerlichte ich so, dass ich keine Kinder bekam. Heute würde ich den Filmstudentinnen, die ich unterrichte, raten, ihre Kinder zu bekommen und für diesen Weg zu kämpfen. Andererseits ist der Regieberuf ein hartes Terrain. Ich verstehe jeden, der sich davon verabschiedet, weil es immer mehr um marktwirtschaftliche Aspekte und immer weniger um kreative Inhalte geht. In diesem harten Konkurrenzkampf werden Männer bevorzugt, das erschwert die Lage für Filmfrauen mit Kindern zusätzlich.

Früher war die Fernsehlandschaft kreativer und flexibler. Redaktionen wie das „Debüt im Dritten" unter Susan Schulte öffneten uns Freiräume im damaligen Südwestrundfunk (SWR). Der Sender verstand sich als hoch ambitionierte Spielstätte nach dem Motto: Probiert euer Handwerk bei uns aus und macht gutes Fernsehen. Folglich konnten sich Regisseure meiner Generation zwischen ihren Kinofilmprojekten gut darauf einlassen, sogenannte amphibische Filme zu drehen, die auch im Fernsehformat visuelle und erzählerische Qualitäten boten, die sonst dem Kino vorbehalten sind.

Heute empfinde ich einen enormen Verlust, weil der Quotenwahn und die daraus resultierenden Beschränkungen und Einmischungen seitens der Redaktionen extrem zugenommen haben. Mein Kameramann Benedict Neuenfels sagt, dass Kinofilme „an den Rändern ausfransen", dass sie „atmen" müssen. Den Filmen im hermetisch reglementierten Fernsehen geht dagegen viel zu oft die Luft aus.

Rollenwechsel

Von uns Kreativen wird verlangt, dass wir unter extrem erschwerten Bedingungen gleichbleibende Qualität herstellen. Irgendwann wird es kaum mehr möglich sein, die Folgen von Budgetkürzungen und verfestigten Strukturen auf unserem Rücken auszutragen. Das deutsche Fernsehen wird einen Strukturwandel durchlaufen müssen.

Undenkbar, dass man Autoren bei uns den Freilauf für Experimente zuerkennt, ihnen vertraut und wirklich Unkonventionelles riskiert. Ein Erzählstil, der Seherwartungen und Denkgewohnheiten aufbricht, braucht Zeit, um vom Publikum akzeptiert zu werden. Von dieser Art Experiment gibt es in Deutschland viel zu wenig.

Die FRANZISKA LUGINSLAND-Serie, die Oliver Berben zwischen 2004 und 2007 für das ZDF produzierte, war für mich ein erfolgreicher Versuch, originelles Fernsehen zu machen. Die Hauptdarstellerin Katja Flint rief die Figur und ihre Geschichten selbst ins Leben. Weil sie immer wieder als kühle Eiskönigin und Marlene-Typ besetzt wurde,

Nina Grosse und Katja Flint während der Arbeit an Franziska Luginsland – Liebe und andere Gefahren

wollte sie aus dem Klischee ausbrechen und eine andere Rollenidentität suchen. Als wir uns bei meinem Kinofilm Olgas Sommer (2002) kennenlernten, fragte sie mich, ob ich Lust hätte, ihr dabei zu helfen. So haben wir zusammen mit dem Krimi-Autor Friedrich Ani die Figur einer alleinstehenden Frau entworfen, die zwischen ihrem Beruf als Kosmetikerin und dem Aushilfsjob in der Kneipe ihres Bruders pendelt und in verrückte Kriminalfälle verwickelt wird. Vier Folgen wurden produziert: 21 Liebesbriefe, Franziskas Gespür für Männer, Die im Herzen barfuss sind (Regie: Connie Walther) und Liebe und andere Gefahren.

Mir gefiel, dass Franziska unter ihrem Singledasein nicht leidet, sondern einen klarsichtigen, humorvollen Blick auf die Gesellschaft entwickelt. Sie sagt sich: Ich bin eine Außenseiterin, aber deshalb kann ich sehen, was andere nicht sehen. Sie ist leicht melancholisch und sehnt sich nach der großen Liebe, registriert aber auch, dass Alleinsein das Leben erleichtert. Außerdem schrieben wir ihr die Fähigkeit zu hexen ins Drehbuch.

Meine Filme handeln immer wieder von Menschen an den Rändern der Gesellschaft. Außenseiter faszinieren mich. Sie bereichern die Gesellschaft, die sie ablehnt. Wie versuchen sie, Fuß zu fassen? Warum gelingt es nicht? Feuerreiter (1998), mein Film über Friedrich Hölderlin, erzählt von einem Mann, der genau aus dieser

Außenseiterposition die Kraft für seine Dichtung bezog, DAS WOCHENENDE (2013) von einem RAF-Terroristen, der nach seiner Haft erkennen muss, wie sehr ihn seine Entscheidung für den Untergrund aus allen Zusammenhängen katapultiert hat.

Handicaps

Intuition leitet die Arbeit mit Schauspielern. Dabei entsteht fast ein tranceartiger Austausch, eine besondere Sprache. Das Team aber funktioniert am Set über klare Ansagen und Geschwindigkeit. So kommt es manchmal zu Konflikten. Ich brauche Zeit und Ruhe für die Regie – manchmal ein Grund für Kollisionen, weil das Team einfach seine Arbeit tun will. In solchen Situationen kann ich laut werden, ich war schon als Kind ein heftiger Mensch. Ausbrüche werden bei einer Frau nicht gerne gesehen, die dürfen sich nur Männer erlauben. Wenn ein Mann laut wird, hat er seinen Kopf, wenn eine Frau schreit, ist sie hysterisch. Ich würde Frauen immer raten: Schämt euch nicht, wenn euch der Kragen platzt, Verstellung kann nicht der Sinn der Sache sein. *Never complain, never explain.*

Frauen in höheren Positionen umgeben sich lieber mit jungen Männern als mit gleichaltrigen Frauen. Leider führen die merkwürdigen Konkurrenzen unter erfolgreichen Frauen dazu, dass sie einander nicht helfen, obwohl sie in der Minderzahl sind. Haben wir es geschafft, fühlen wir uns in unserem singulären Status bestärkt und wollen niemanden neben uns. Selbst das Reden über Filme gelingt mit Regiekollegen oft besser als mit Kolleginnen. Dieser Eifersuchtsfaktor ist unser großes Handicap, denn unter Männern funktioniert das Networking vehement. Die Reihen sind in der Filmwirtschaft fest geschlossen, man unterstützt sich und vermittelt gegenseitig Jobs. Man weiß genau, wer die eigenen Interessen gut vertritt und wie man seine Leute in Sendern und Gremien platziert.

Das alles funktioniert unter Frauen nicht gut. Wir sollten beinhart reklamieren, dass Frauen in wichtigen Positionen andere Frauen fördern, denn anders kommen wir aus dem Einzelkampf nicht heraus. Benachteiligung wird erst mit zunehmendem Alter richtig deutlich, wenn man plötzlich anders mit dir umgeht, wenn der Faktor Sexyness nicht mehr zählt. Älterwerden in unserem Beruf ist wahrlich ein heikles Thema, aber ich sehe es kämpferisch: Was gibt es zu tun? Wie gehen wir es an?

Aufz. CL

Regina Ziegler

PRODUZENTIN

Mit 29 Jahren produzierte sie ihren ersten Film, ICH DACHTE, ICH WÄRE TOT von Wolf Gremm (ihrem späteren Ehemann) auf Pump – und gewann damit den Bundesfilmpreis. Seitdem hat Regina Ziegler nie aufgehört, Ökonomie und Kunst zusammenzubringen. So ist eine Berufsbiografie der gemeisterten Widerstände entstanden, ein Lebenswerk von 40 Jahren und mehr als 400 Produktionen für Film und Fernsehen.

Zwei ihrer Filme wurden für den Oscar nominiert, für den historischen Dreiteiler DIE WÖLFE bekam sie den International Emmy Award.

Die Liste ihrer Auszeichnungen ist lang, sie reicht vom Bundesverdienstkreuz über den Grimme-Preis, die Berlinale-Kamera bis zur Retrospektive im Museum of Modern Art, New York und dem Prix Europa Lifetime Achievement Award.

Frauen, die produzieren – geht das?

Meine Mutter war Journalistin. Sie hat viel fotografiert. Sie hat mich schon mit ins Kino genommen, als ich noch nicht alles verstanden habe, was es da zu sehen gab. Das hat sie mir dann erklärt. Bilder haben mich von früh an fasziniert – so lege ich mir das heute zurecht, wenn ich mich frage, was mich schließlich in die Profession einer Produzentin geführt hat, die doch eigentlich gar nichts war für Frauen. Dabei glaube ich nicht, dass ich mir da heute etwas zurechtlege. Denn als ich dann auf eigenen Füßen zu stehen angefangen habe, als ich nach Berlin kam und Jura studieren sollte, habe ich das nur halbherzig getan. Sobald es sich ergeben hat, habe ich mein Studium unterbrochen (und nie mehr fortgesetzt) und mich beim SFB, dem Vorgängersender des RBB beworben, und zwar bei der Abteilung, in der die Fernsehspiele entstanden, die damals, Ende der 1960er-Jahre, eine erste Blüte erlebt haben.

Nicht, dass diese „Lehrzeit" das reine Vergnügen gewesen wäre. Meine Arbeit war Azubi-Arbeit der alten Sorte. Kaffee kochen, das Auto des Chefs suchen, wenn der abends abgestürzt war, Schauspieler am Empfang abholen, für belegte Brötchen sorgen. Pass mal auf, Mädel, so sagten sie dann, mach doch mal... Ich habe gemacht. Aber das habe ich in Kauf genommen. Denn dafür konnte ich beobachten, wie man ein Fernsehspiel produziert. Mich hat vor allem interessiert, wie die zahlreichen Gewerke ineinandergegriffen haben und welche Fehler dabei passieren konnten. Ich war erstaunt, wie viele verschiedene Berufe da auf einen Nenner zu bringen waren, wenn ein gutes Produkt entstehen sollte. Mir wurde klar, dass Zeit Geld ist. Ich habe gesehen, dass es vor allem der Leiter einer Produktion war, auf den alles angekommen ist. Natürlich habe ich auch gemerkt, dass Frauen in dieser Welt selten waren. Man traf sie in der Maske und beim Schnitt. Sonst traten die Männer auf, und sie traten sich auch gerne auf die Füße. Die Machtkämpfe am Set habe ich besonders gerne beobachtet und früh festgestellt, dass Macht und Geld (auch) in diesem Gewerbe eng zusammenhängen.

Irgendwann hatte ich das Gefühl, ich könnte das, was ich bisher nur beobachten konnte, eigentlich auch selbst machen. Ich hatte Selbstvertrauen genug, um eine eigene Produktionsfirma zu gründen. Geld hatte ich dagegen weniger. Da war es ein Segen, dass ich gleich für meine erste Produktion, ein Stück von Wolf Gremm, einen Bundesfilmpreis bekommen habe (ICH DACHTE, ICH WÄRE TOT, 1973). Im selben Jahr gründete ich gleich noch eine zweite Firma, die Bärenfilm, zusammen mit Ulrich Schamoni. Unser erstes (und für lange Zeit letztes) Produkt war der Kinofilm CHAPEAU CLAQUE.

Dass ich als Frau in diesem männlich dominierten Beruf des Film- und Fernsehproduzenten eine echte Rarität war, blieb mir nicht verborgen. Was das bedeutet hat, habe ich dann schnell gemerkt. Die Herren haben, wenn wir uns begegnet sind, dieses Lächeln der Barmherzigkeit im Gesicht getragen, so als wollten sie sagen: Liebes, gutes Mädchen, wohin hat es denn dich verschlagen! Das ist doch nichts für Frauen! Das ist ein Job für harte Männer! Husch, husch, zurück an den Herd! Doch diese für den klassischen Macho typische Haltung, die mich eher amüsiert als geärgert oder gar betroffen gemacht hat, hielt sich nicht sehr lange. Auch nicht bei den Bankern, die ich um Kredite anging. Schon zwei Jahre später, 1975, als ich SOMMERGÄSTE produziert habe, mit dem Ensemble der Schaubühne, mit Peter Stein als Regisseur, mit Botho Strauß als Drehbuchautor, mit Michael Ballhaus an der Kamera – spätestens da habe ich einen gewissen Respekt wahrgenommen. Und als ich dann 1978 FABIAN produziert habe – mit Wolf Gremm als Regisseur – und auch noch DIE GROSSE FLATTER, mit Hanna Schygulla, mit Günther Lamprecht, mit Richy Müller, war das Thema „Frau als Produzentin" eigentlich erledigt. Jedenfalls habe ich keine Erinnerung daran, dass irgendjemand mich schräg von der Seite angesehen hätte und gemurmelt hätte: Was will denn die hier? Im Gegenteil. Es kam nun öfter vor, dass jemand von den alten Haudegen mir ins Ohr flüsterte, dass ich stolz sein könne auf diese oder jene Produktion. Und da habe ich nichts von Herablassung gespürt, eher eine gewisse Hochachtung. Es hatte sich ja auch herumgesprochen, wie ich produziere – von den Erfolgen ganz abgesehen, gegen die nicht einmal das damals noch wuchernde Kraut der partiellen Frauenverachtung gewachsen ist. Zugleich hat sich in der Gesellschaft ganz allgemein ein Wandel bemerkbar gemacht, so etwas wie eine Reform der Vorurteile. Mindestens theoretisch war klar, dass kaum ein Beruf ein typischer Beruf für Männer oder eben auch für Frauen ist, dass beiden Geschlechtern alles offen steht.

Merkwürdig ist etwas anderes. Was bis heute nicht aufgehört hat, ist die Frage selbst. Immer wieder glauben Interviewer, bei mir auf die blanke Empörung zu treffen, wenn sie fragen: Und wie ist das so, eine Frau in diesem Haifischbecken? Da erwarten sie, dass ich tieftraurige Geschichten von Unterdrückung und Verachtung erzähle. Meine Erfahrung ist jedoch eine ganz andere. Die meisten dieser Haifische haben gar keine Zähne. Sie gleichen eher der Bachforelle, wie sie bei Schubert besungen wird. Vor allem aber muss ich feststellen, dass sich heute eigentlich kein Mensch im Ernst mehr dafür interessiert, ob ein Mann oder eine Frau bei einer Film-oder Fernsehproduktion das letzte Wort hat. Kein vernünftiger Mensch (Mann) bezweifelt heute, dass Frauen, wenn es um Dynamik oder Hartnäckigkeit, aber auch, wenn es um Geduld und Sensibilität geht, auch nur einen Deut schwächer agieren als Männer. Man könnte höchstens monieren, dass es nach wie vor noch immer zu wenige Frauen sind, die sich mit Film und Fernsehen beschäftigen. Auch heute noch ist die Produzentin nicht der Normalfall. Aber nicht, weil jemand dagegen wäre, weil es da unüberwindliche Barrieren gäbe. Eher, weil es sich immer noch zu wenige trauen. Im Übrigen habe ich den Eindruck, dass auch diese Phase ihrem Ende zugeht. Es ist jetzt eigentlich nur noch das Problem, wie Frauen in derartigen Berufen, die etwas notorisch Unregelmäßiges haben, was die zeitliche Belastung angeht, mit der Familie klar kommen. Doch darin unterscheidet sich die Fernsehproduzentin keinen Deut von der Oberärztin.

Dass die Alternative Mann oder Frau bei Film- oder Fernsehproduktionen – und zwar in allen Gewerken – sich mindestens faktisch, auf alle Fälle aber ideologisch nahezu erledigt hat, hängt natürlich auch damit zusammen, dass sie sich auch anderswo erledigt hat. Es gibt immer mehr Intendantinnen, Direktorinnen und Redakteurinnen, deren Karrieren längst nicht mehr etwas Besonderes, Extraordinäres oder gar Anstößiges an sich haben. Da sagt keiner mehr: Schau, eine Frau! Um sich dann kopfschüttelnd abzuwenden. Es gibt Professorinnen (wenn auch längst noch nicht genug), es gibt Sterneköchinnen, und schon eine ganze Weile gibt es auch eine Kanzlerin. Für sie alle spielt nicht die Frage nach dem Geschlecht eine Rolle, sondern es stellen sich die Fragen nach Eignung und Kompetenz – und natürlich nach dem Erfolg.

Zwar habe ich immer zusammen mit anderen Frauen versucht, die eine oder andere Frage zu Gunsten von Frauen voranzubringen. Doch ich habe keinen Augenblick meiner Karriere als Produzentin mit anderen Frauen zusammen für die Gleichheit der Geschlechter gekämpft. Das habe ich als meine Sache angesehen, die ich allein durchstehen muss. Und so viel durchzustehen gab es, nach einer gewiss nicht ganz einfachen Anfangszeit, gar nicht. Ich gebe zu, dass mich das öffentliche Agitieren vermutlich überfordert hätte. Zugleich bin ich ganz sicher, dass der Kampf der Frauen für ihre Rechte, wie ihn andere Frauen geführt haben, auch mir das Leben leichter gemacht hat. Dass ich davon profitiert habe, dass diese Frauen einen gesellschaftlichen Klimawandel betrieben haben, der allen etwas gebracht hat. Wenn meine Tochter nun den größeren Anteil an meiner Firma übernommen hat, dann werden wir nicht mehr gefragt, ob Frauen denn auch produzieren könnten. Doch jetzt gibt es eine neue Frage. Jetzt ist offenbar nur noch interessant, ob sich Mutter und Tochter unter einem Dach auch vertragen. Dass ist sicher auch eine Art von Frauenfrage. Männern, die ihre Firma an ihre Söhne weitergeben, ist sie meines Wissens so nie gestellt worden. Aber auch hier könnte ich nicht mit der Vermutung dienen, dass Frauen etwas völlig anderes als Männer sind. Mit anderen Worten: Meine Tochter und ich vertragen uns tatsächlich wie Vater und Sohn.

Claudia Gladziejewski

REDAKTEURIN IM FERNSEHEN DES
BAYERISCHEN RUNDFUNKS BR

STUDIUM
Anglistik, Germanistik und Journalistik an der Universität Hamburg, Comparative Literature und Film, Creative Writing an der University of East Anglia, Norwich/England.
 MA Comparative Literature with a film-element, UEA, Norwich, Promotion an der Universität Hamburg: *Dramaturgie der Romanverfilmung* (Georg Hoefer Verlag, 1998).

BERUFSTÄTIGKEIT
1984-1997 Lektorin/Dramaturgin für Sender und Filmproduktionen, seit 1997 Redakteurin beim Bayerischen Rundfunk. 1997-2007 Redaktion „Film und Teleclub", seit 2007 Redaktionsleitung „Kurzfilm und Debut": Ko-Produktion von Kurzfilmen, Spielfilmen und Dokumentarfilmen; seit 2007 Leitung der Drehbuchwerkstatt Nürnberg.
 Jury-Tätigkeiten: Internationale Jury u. a. beim Tampere Film Festival, Kurzfilmfestival Hamburg, Regensburger Kurzfilmwoche; Lehraufträge an Filmhochschulen (HFF München, dffb, FABW).
 Seit 2001 Drehbuchaufstellungen, seit 2006 Aufstellungen zu Dokumentarfilmen.

FILMOGRAFIE (Auswahl)
2013 DER BLINDE FLECK (Regie: Daniel Harrich)
2010 DAS LIED IN MIR (Regie: Florian Cossen)
2009 ACHOLILAND (Buch/Regie: Dean Israelite)
2007 FATA MORGANA (Buch/Regie: Simon Groß)
  SHOPPEN (Buch/Regie: Ralf Westhoff)
2006 DAS LEBEN DER ANDEREN (Buch/Regie: Florian Henckel von Donnersmarck)
2005 FOLGESCHÄDEN (Regie: Samir Nasr)
2003 DIE GESCHICHTE VOM
  WEINENDEN KAMEL (Dokumentarfilm, Buch/Regie: Byambasuren Davaa, Luigi Falorni)
  DIE KINDER SIND TOT (Dokumentarfilm, Regie: Aelrun Goette)
  HIERANKL (Buch/Regie: Hans Steinbichler)
2002 DAS VERLANGEN (Buch/Regie: Iain Dilthey)
1999 QUIERO SER (Buch/Regie: Florian Gallenberger)

Aus dem Leben einer Fernsehredakteurin

Fernsehredakteure werden in der Presse gern als die natürlichen Feinde des deutschen Kinofilms bezeichnet. Ich habe noch nie einen großen Unterschied zwischen Film und Fernsehen gemacht. Weil meine Eltern auf dem Land lebten, habe ich meine Filmbildung aus dem Fernsehen. Dort habe ich quer durch alle Programme Filme aufgezeichnet und später auf VHS geschaut; Filme, die mich interessierten, und das waren viele. Insofern habe ich nie linear ferngesehen und verstehe die Aufregung um das drohende Verschwinden des linearen Fernsehens nicht. Linear oder non-linear ist doch egal; gut muss Fernsehen sein, und musste es immer sein, um bestehen zu können. Als ich alt genug war, um allein mit öffentlichen Verkehrsmitteln eine Stunde in die Stadt zu fahren, habe ich mir von meinem kargen Taschengeld eine Kinokarte in meinem Lieblingsprogrammkino gekauft, habe mich zwischen den Vorstellungen unter den Bankreihen versteckt und auf diese Weise bis zu fünf Filme hintereinander gesehen. (An dieser Stelle möchte ich den wunderbaren Betreibern des Metropolis-Kinos in Hamburg danken und um Verzeihung bitten, aber ich war da erst 13.)

Später habe ich nur deshalb Anglistik studiert, weil dort die besten Filmseminare angeboten wurden. Journalistik studierte ich im Nebenfach, weil ich herausgefunden hatte, dass es für Journalistik-Studenten einen dunklen Keller voll aufregender Geräte gab, mit denen man alles Mögliche aufzeichnen und elektronisch schneiden konnte (Blue Screen war damals der letzte Schrei). Die haben wir ausgiebig für unsere Spielfilm-Experimente zweckentfremdet. (An dieser Stelle möchte ich der Universität Hamburg danken und um Verzeihung bitten, aber ich war da erst 19.)

Mein Studium setzte ich dank eines Stipendiums des Zigaretten-Multis BAT (Sorry for not smoking) in Norwich/England fort, weil sie dort ein tolles Film-Department hatten. Nach dem Master promovierte ich wieder in Hamburg über die *Dramaturgie der Romanverfilmung* und arbeitete parallel als Lektorin für Sender und Produktionsfirmen. Seit 1997 bin ich Redakteurin beim Bayerischen Rundfunk, und seit 2007 habe ich meine eigene kleine Redaktion: „Kurzfilm und Debut", die sich der Ko-Produktion von Kurzfilmen, Spielfilmen und Dokumentarfilmen widmet. Seitdem leite ich auch das Nürnberger Autorenstipendium. Seit 2001 biete ich regelmäßig Drehbuchaufstellungen an (www.script-doctors.com). Einige Filmhochschulen buchen uns seit Jahren für ihre Studenten, und immer mehr Autoren und Produzenten wissen dieses lebendige, ungemein effiziente dramaturgische Werkzeug für sich zu nutzen. Darunter sind übrigens ebenso viele Frauen wie Männer, deren Aufgeschlossenheit gegenüber neuen, nicht direkt naturwissenschaftlich erklärbaren Methoden sehr erfrischend ist.

Von meiner Schulzeit an wurde ich hauptsächlich von Männern unterstützt und gefördert, wohl auch deshalb, weil sie die Positionen innehatten, aus denen heraus man junge Frauen wie mich fördern konnte. Im BR stieß ich dann auf eine starke Frauentruppe. Männer waren und sind da eher eine Randerscheinung. Sehr unterstützend sind meine, inzwischen ja schon legendären Chefinnen, die beiden Bettina R's vom BR. Ihnen verdanke ich die enorme Freiheit und den Rückhalt, aus dem heraus ich auch formal und inhaltlich gewagte Projekte entwickeln und realisieren darf. Es entstanden über die Jahre so unterschiedliche Filme wie SHOPPEN von Ralf Westhoff (Buch/Regie), DIE GESCHICHTE VOM WEINENDEN KAMEL, der Dokumentarfilm von Byambasuren Davaa und Luigi Falorni (Buch/Regie) und DAS LEBEN DER ANDEREN von Florian Henckel von Donnersmarck (Buch/Regie). Alle diese Filme wurden nicht nur vielfach ausgezeichnet, sondern spielten auch ein Vielfaches von dem ein, was sie gekostet haben. Außerdem durfte ich mit dem damals noch nicht mal 30-jährigen Daniel Harrich DER BLINDE FLECK realisieren über die Nicht-Aufklärung des Oktoberfestattentats 1980. Das zeugt vom großen Vertrauen meiner Vorgesetzten und auch des FFF, der ein toller Partner war und ist. Und auch in den Partnersendern erlebe ich immer wieder Menschen, die leidenschaftlich für den Film kämpfen, partnerschaftlich und ohne kleinkariertes Proporz-Denken. Mindestens genauso wichtig aber sind die Frauen, die unsichtbar hinter den Kulissen wirken: Kämpferinnen um Etats und Verträge, um Pressearbeit und Programmplanung, und allen voran meine Assistentin, die so weit vorausdenkt, dass ich selbst kaum noch mitkomme.

Jetzt, wo ich diesen Artikel schreibe, fällt mir auf, dass die oben genannten Filme fast ausnahmslos von Männern gemacht wurden. Warum? Vielleicht liegt es daran, dass mich besonders politisch relevante Themen interessieren, die möglicherweise eher Männer reizen. Oder auch nicht. Fakt ist, dass es mir einfach egal ist, ob ein toller Stoff von einem Mann oder von einer Frau kommt. Ich kann mit beiden gut zusammenarbeiten. Meine Projektauswahl wird auch nicht davon bestimmt, ob es starke Frauenrollen gibt. Eher im Gegenteil. Was fehlt in unserer Fernseh- und Kino-Landschaft sind keine starken Frauenrollen. Die sind in der Fiktion leider viel stärker vertreten als in der Realität – vielleicht, um uns etwas vorzugaukeln? Nein, woran es in meinen Augen wirklich mangelt, sind starke Männerrollen, echte männliche Vorbilder. Was ich auf der Leinwand (mehr noch als auf dem Bildschirm) sehe, sind vor allem immer wieder Loser und Arschlöcher (Verzeihung) der unterschiedlichsten Provenienz. Was ich wirklich sehen möchte, sind dagegen Männer, die mutige Entscheidungen jenseits konventioneller Erwartungen treffen, die liebevoll und stark sind, die uns Frauen ernst nehmen und mit Respekt behandeln. Das tun nämlich weder die „Loser" noch die Superhelden. Die sind einfach nur langweilig. Wenn ich meinen Studenten gegenüber diese Sehnsucht äußere, reagieren gerade die jungen Männer mit ehrlicher Betroffenheit. „Wo sollen wir die denn hernehmen?" entgegnete mir unlängst einer dieser jungen Hoffnungsträger. Ja, das ist genau das Problem – und die eigentliche Baustelle, und das nicht nur im *deutschen* Film.

Dabei müssten sie sich nur selbst anschauen. Sie sind oft noch unsicher und etwas ungelenk, nicht nur in ihrer Art des Erzählens. Aber was für Visionen haben sie! Diesen jungen Filmemachern und Filmemacherinnen ist unsere Gesellschaft alles andere als egal! Sie wissen, dass es so mit uns nicht weitergehen kann. Ihnen geht es nicht mehr um Geschlechterkampf, sondern um den gemeinsamen Kampf für eine gerechtere, lebenswertere Welt. Ich idealisiere? Dann schauen Sie sich doch mal die Kurzfilme dieser neuen Film-Generation an, z. B. in den thematisch ausgerichteten Kurzfilmnächten, die zehnmal im Jahr im Bayerischen Fernsehen laufen. Da gibt es nicht nur originelle Erzählweisen und eigene Handschriften zu sehen, sondern jede Menge politisch relevante, engagierte und berührende Filme.

Auf die Frage, warum der Anteil weiblicher Regisseure so gering ist, obwohl Frauen und Männer an den Filmhochschulen eigentlich gleich stark vertreten sind, habe ich keine Antwort. Vielleicht wollen die frischgebackenen Regie-Absolventinnen letztlich lieber Autorin oder Cutterin werden, weil sich das besser mit Kindern vereinbaren lässt und sie den Wert einer gelungenen Balance aus Arbeit und Privatem zu schätzen wissen, die für Regisseure oft schwer zu realisieren ist. Unsere Antwort darauf sollte aber kein Murren oder Fordern sein, sondern eine Aufwertung genau jener, für den Film so essenziellen Bereiche, die Frauen so gern für sich auswählen. Warum sprechen wir immer nur über die Regisseure, sagen viel zu oft „ein Film von", gerade so als ob es die Leistung eines Einzelnen sei. Was wäre denn der beste Regisseur ohne ein gutes Buch, einen kongenialen Schnitt? Für mich ist das Buch das Rückgrat eines Films und mein Hauptkriterium bei der Auswahl meiner Projekte. Und im Schneideraum werden oft wahre Wunder vollbracht. Hier habe ich mehr als einmal erlebt, dass ein unerfahrener Regisseur von einer begnadeten Cutterin durchs Ziel getragen wurde. Den Ruhm aber erntet in der Regel am Ende der Regisseur. *Hier* sollten wir ansetzen, und zwar zuallererst an unserer eigenen Wahrnehmung.

Selber Filme machen wollte ich nie. Ich tobe mich auf anderen Gebieten kreativ aus, vor allem in der Musik. Für mich ist es ein tief empfundenes Privileg und zugleich eine machtvolle Aufgabe, die verantwortungsvoll gelebt sein will, als Dramaturgin junge Filmemacher zu begleiten und zu unterstützen. Mein Ziel ist es, sie zu ermutigen, ihre eigene Wahrheit zu erkunden und ihren ganz eigenen Ausdruck dafür zu finden. Oft fordere ich sie dazu auf, die Mainstream-Schere im Kopf fallen zu lassen und Ungewöhnliches auszuprobieren: „Trau dich! Noch hast du die Möglichkeit! Heb dich ab von der Masse!" An meiner Erfahrung können sie sich reiben, reifen und noch besser werden. Dass ich so vielseitig arbeiten und neben Kurzfilmen und langen Spielfilmen auch Dokumentarfilme betreuen darf, und das ganz ohne Quotendruck, ist für mich ein großes Geschenk. Mir ist bewusst, dass ich mit meiner kleinen Redaktion eine paradiesische „Ökonische" innehabe, und mein Erleben nur bedingt verallgemeinerbar ist.

Uns wird immer wieder vorgeworfen, dass wir die Kreativen gängeln, lähmen und in ihrer Gestaltungsfreiheit beschneiden. Das ist nicht meine Erfahrung, zumindest nicht im Debut-Bereich. Wer für ein festes Format arbeitet, weiß um dessen Vorgaben. Diese gilt es kreativ auszugestalten, zusammen mit der Redaktion, nicht gegeneinander. So entsteht in Deutschland, zumindest was das Filmangebot betrifft, nicht nur das beste Free-TV der Welt, sondern auch ein Kino, das sich gemessen an anderen, nicht englischsprachigen Kulturräumen sehen lassen kann. Klar, da ist immer noch Luft nach oben. Wir könnten immer noch mehr Wert legen auf gute, in Ruhe entwickelte Bücher und einen sorgfältigen Soundtrack. Aber jammern, so meine ich, können andere, nicht wir, die Menschen im Film – Frauen wie Männer. Denn was wir alle gemeinsam haben, das ist doch einer der schönsten Berufe der Welt!

Heike-Melba Fendel

PR-AGENTUR BARBARELLA,
FILMKRITIKERIN, AUTORIN

Heike-Melba Fendel wurde am 12.7.1961 in Köln geboren und lebt in Köln und Berlin.
   Nach dem Abitur zweijähriger Aufenthalt in New York. Ab 1985 journalistische Tätigkeit mit Schwerpunkt Film- und Frauenthemen.
   1991 gründet sie mit zwei Partnerinnen die Barbarella Entertainment GmbH, eine Veranstaltungs-PR und Künstleragentur, seit 1994 ist sie alleinige Inhaberin und Geschäftsführerin. Parallel weiterhin Tätigkeit als Autorin (u. a. für *epd Film*, *FAZ*, *Tagesspiegel* und Publikationen des Bertz Verlages), Moderatorin (u. a. für die Deutsche Filmakademie, das Medienforum NRW, die Friedrich Ebert Stiftung sowie bei Filmpremieren und Festivals) und Dozentin für Film- und Fernsehmarketing (Filmakademie Baden-Württemberg, Deutsche Filmakademie, IHK-Köln).
   Im September 2009 erschien ihr Roman *nur die – ein Leben in 99 Geschichten* im Verlag Hoffmann und Campe. Sie ist Ko-Autorin des Blogs *Ich. Heute. Zehn vor Acht* auf faz.de.

www.barbarella.de

„So what do you do?" – Karriere als Strategie des Ja-Sagens

Filme sind mir begegnet wie Menschen. Nicht zur Erbauung, nicht aus Kenntnis ging ich ins Kino, sondern aus Gelegenheit. Aus den Filmen nahm ich Bilder, Stimmungen, Frisuren, am meisten aber Übersehenes oder rasch Vergessenes mit.

Im Stadtteilkino in Köln-Longerich, einem kleinen Flachbau, der zunächst eine Kampfsportschule wurde und nunmehr ein Wettbüro ist, sah ich die HERBIE-Filme der 1970er-Jahre. Mit Klassenkameradinnen schlich ich mich ins Schachtelkino auf der Schildergasse heimlich in VIER IM ROTEN KREIS (1970). Es gab eine nackte Frau, deren Haut weiß schimmerte. Im Jugendheim zeigten sie BIRD ON A WIRE (1974). Leonhard Cohen weinte und ich fand das unangemessen. TOTAL VERROCK'N ROLLED gab es dort irgendwann auch zu sehen, ein Titel, den ich sehr deutsch aussprach, ein Tanz, den ich viel später erst beherrschte und ein Fats Domino, dessen Lied mir gefiel: „I found my freedom..."

Die Filme bildeten weder mein Leben noch mein Sehnen ab, ich nahm sie mit, wie ich zu ihnen mitgenommen wurde – achtlos. Sie gingen unter zwischen den vielen Büchern. Geschichten erlebte ich in den Büchern der leergelesenen Stadtteilbüchereien, nicht auf den Leinwänden der Vorortkinos.

Nach der Schule und den Büchern zog ich fort aus der Vorstadt, dem Vorleben in eine Welt ohne Vorgeschichte. Einsam war ich in New York und so ging ich ins Kino, alleine nun, so wie man ja auch alleine liest. Es war so kalt in jenem ersten Winter und ein Doublefeature im St. Marks Theatre hielt bis zu fünf Stunden warm, auch wenn HONEYSUCKLE ROSE und PRIVATE BENJAMIN Anfang der 1980er-Jahre zu einem gänzlich uninteressanten Double Feature zusammengeschnürt waren. Uptown tanzte Fred Astaire in TRIPLE FEATURES die Wände hoch. Filme wurden zu Orten, an denen es sich aushalten ließ.

Eine richtige Wohnung hatte ich nicht, dafür viele Männerbekanntschaften, die sich zumeist auf kaum bezogenen Matratzen in kahlen Räumen im East Village abspielten. New York sollte mir etwas erzählen, in dem ich selbst eine Protagonistin abgeben konnte, betrachtet und beachtet wurde.

Dann DER LETZTE TANGO IN PARIS (1972). Paris – okay, nicht New York, aber das Liebesnest war so vorläufig wie meine Matratzenlager, die Begegnung so vage und Marlon so bestimmt. Als ich das Kino verließ, war die Welt eine andere. Straßen und Bürgersteine glitzerten. Das Licht hatte sich verändert, die Menschen hatten sich verändert – sie hatten sich sexualisiert. Auch ich musste mich verändern und ließ mir beim nächsten Friseur Locken machen, wie das namenlose Mädchen sie trug. Eine scheußliche Dauerwelle, ohnehin hatte ich keine Ähnlichkeit mit Maria Schneider, aber es ging um die Verbindung, den Griff hinter die Leinwand. Die Projektionsfläche als semipermeable Membran, die meine Sehnsüchte durchlässt. Kino-Osmose.

PERMANENT VACATION (1980), in dem der junge Charlie Parker auf die Frage nach seiner Beschäftigung die Titel gebende Antwort erteilt, während er ansonsten nur auf Matratzen liegt und Musik hört und spazieren geht, war eine Momentaufnahme des Driftens, das dem meinen so sehr entsprach. Ein, zwei Leidenschaften pflegen und sich ansonsten in den Tag begeben, der einem mal zeigen sollte, was er so drauf hatte, was er so zu erzählen wusste. In die Tage wie ins Kino gehen, ohne den Film zu kennen. Ohne Plan, ohne Furcht und ohne Tadel.

Es gibt Geschichten, die das Leben anspült, Geschichten die in Büchern erzählt werden, oder jene, die im Kino laufen. Und dann gibt es Geschichten, die sich zwischen diesen Formen entspinnen. Das Kino spricht mit dem Leben, das erzählt es den Büchern und alle zusammen brauchen Menschen, die sich bereitfinden, sich der gelebten wie konsumierten Narration hinzugeben. Schauspieler machen daraus einen Beruf. Andere ihr Schicksal. Etwa indem sie sich den Verfassern der Bücher, den Machern der Filme nähern, als weiterer Zug in dem Spiel mit Erleben und Fiktion.

Oder die Macher treten gleich selbst heran: Der ungarische Filmemacher Gábor Bódy entwickelt ein unverständliches Videoprojekt. Frau Bódy bittet mich als Freundin eines Freundes um Standhilfe auf der Buchmesse. Ich sage Ja, sitze am Stand, weiß von nichts und stehle ab und zu ein paar Bücher. Ein paar Monate später wird INFERMENTAL (1980) auf der Berlinale gezeigt und da fahre ich halt auch mal hin. Man schaut die Filme, in die man sich ebenso hereinschummeln kann wie auf die Partys. Nachts auf der Bleibtreustraße steht ein Mann aus Kuwait. Er lädt mich zum Essen ein, schenkt mir einen Kaftan und eine Einladung nach Cannes. Soso Cannes. Mehr Film also. Ich sage Ja. Festivals machen Kino zum Spektakel. Sie serialisieren Einzelfilme zu Festival-Staffeln. Rote Fäden werden nicht in Programmierungen eingewoben, sie verlaufen durch die Zeiteinheit Festival, verweben sich mit den zehn Tage dicken Erinnerungssträngen. Filme reden miteinander und wir hören zu. Oder weg. Später reden wir dann über sie. Kritik ist Klatsch, das Petit Carlton der Dorfplatz: „Weißt du schon, hast du schon gesehen?"

Wir setzen uns zu den Menschen, die wir soeben auf riesigen Leinwänden gesehen haben, und verkleinern sie auf Interviewmaß. Peter O'Toole sagt, er habe Angst vor den vielen Menschen, weil er nicht einmal weiß, ob sie seinen Film gesehen haben, bevor er sie 30 Minuten aushalten muss. Jane Fonda sagt, Kultur helfe gegen Traurigkeit, und Alan Rudolph sagt, wir seien alle wahnsinnig. Die einzige Gewissheit sei das Ungefähre. Was Menschen halt so sagen, je nachdem, wie alt oder wie klug sie sind. Wir reden mit ihnen, der Filme wegen oder des Jobs oder des Groupietums wegen. Wir suchen Affären und finden sie.

Eine führt nach Edinburgh auf das Filmfestival und wird rasch fad, aber auch das Leben kennt seine „red herrings", denn wirklich interessant ist eine Frau, die komische Kurzfilme zeigt und meine Freundin wird. Wir streifen durch die Landschaft, biegen Äste beiseite und sprechen über Männer.

Ein paar Festivals später – Festivals rhythmisieren das Jahr wie für andere Menschen Urlaube, Feiertage oder Sportturniere – zeigt sie einen Film im Wettbewerb von

Cannes. Ein dickes Mädchen zieht sich in ein Baumhaus zurück und stirbt. Ihre Schwester ist seltsam berührt. Ich bin es auch. Der Film fällt durch. Ich lobe ihn in *epd Film*. Wegen Jane. Aber auch so.

Dann ist Jane Campion in Berlin. Sie sitzt mir gegenüber an einem Bistrotisch mit weißer Marmorplatte. Sie trägt einen Hut, hält einen meiner Ohrringe umfasst und fragt mich, was ich so mache. Nun, ich interviewe sie zu AN ANGEL AT MY TABLE (1990) wie so viele andere auch. Der Film ist sehr beliebt. Aber Jane interessiert sich nicht so sehr für Evidenzen, sondern für Möglichkeiten. Sie habe gedacht, ich mache Filme, sagt sie.

Um ihr Recht zu geben, schmeiße ich den Journalismus, in dessen Kino ich ja auch nur versehentlich gelandet bin, gleich hin und gründe eine Firma mit einem schicken Namen, vier Chefinnen und zwei Standorten. Was wir machen, bleibt unklar. Auch Firmen können als „permanent vacation" beginnen.

Ich hatte wieder einmal Ja gesagt. Zu Janes Unterstellung oder mindestens: Warum nicht? Man lässt sich ja auch mit Fremden auf Gespräche oder mehr ein. Menschen wie Filme wie Firmen: Mal gucken. Jemand schreibt, filmt, ein anderer wählt aus, programmiert und ich gucke mal. Willkür ist bloß mit Hybris angereicherter Zufall. Nichts gegen Hybris. Man muss sich schon toll finden, um sich gegen fehlende Tatsachen zu behaupten.

Und wir fanden uns toll und dachten uns immer neue Superlative in eigener Sache aus, die wir Geschäftsfelder nannten. Nach zwei Jahren waren es zehn. Vom Casting über Marketing bis zur Produktion war alles dabei. An allem versuchten, an manchem verhoben wir uns. Keine Ahnung und davon eine Menge. Wir waren jung und brauchten kaum Geld. Und weil die 1990er-Jahre ein wohlhabendes Jahrzehnt und die Medien eine boomende Branche waren, ließ man uns genial dilettieren.

Jane wird ganz berühmt und bekommt einen Oscar. In DAS PIANO (1993) sehe ich ihre sexuellen Fantasien, es sind nicht meine, aber ich verstehe. Sie spricht weiter mit mir, wie damals auf unserem Spaziergang in Edinburgh. Den Sex in IN THE CUT (2003) verstehe ich, weil er von Gefahr durchsetzt ist. Ich verstehe auch, dass sich Meg Ryan danach an die Schönheitschirurgie verlor. Für sie wird der Kunstversuch zum Flop. Für mich lässt dieser Film noch einmal die Straße glitzern, diesmal sogar in Köln.

Die Post-AG lädt Stammkunden zu einem sogenannten Incentive auf die Berlinale, wir organisieren, schippern seltsame Männer nach Babelsberg und zu Kevin Spaceys Partys. Zwischendurch eine komische Diskussion mit seltsamen Menschen, außer einem, Hans Helmut Prinzler, und wenn auch er seltsam war, so doch auf außerordentliche Weise. Ein wenig später ließ er fragen, ob ich über Melina Mercouri schreiben wolle. Für seine Retrospektive zu Diven. Ich sagte Ja, waren ja nur ein paar Seiten. Im Jahr darauf waren die jungen Frauen im Stummfilm die „City Girls" Thema.

Stummfilm – keine Ahnung... und dann sitzen wir in einem Kinoverschlag im Filmhaus am Potsdamer Platz und sehen einen Sommer lang Filme von überall in jedweder technischen Verfassung. Und es beginnt eine neue Liebesgeschichte zwischen mir und den jungen Frauen jener Jahre und der Weise, in der das Kino sie dokumentiert und erträumt hat. 60 Seiten waren es nunmehr, der längste zusammenhängende Text bis dato. Da kann man ja gleich weitermachen mit dem Schreiben, zwei, drei Mal die Ja-Kurve genommen und der Weg zum Roman ist frei von Hemmschwellen.

Immer mehr Filme, immer mehr Leben, beide immer mehr von Leistungswillen, Leistungsfolklore durchsetzt. Texte beginnen sich neuerlich in den Vordergrund zu schieben, eigene und andere. Die Zufallsbekanntschaften im Kino nehmen ab.

Es bleibt die Firma, voll junger Frauen auch sie, ihre Lebenslust in Alltag und Leistungsdruck gepresst. Die Partnerinnen längst entschwunden, in den ganz großen Erfolg die eine, in die Unsichtbarkeit die andere. Die 2000er-Jahre von Panik bestimmt, das Geld wird knapp oder knapp gehalten. Panik verhindert Freiheit. Die Freiheit der 2000er-Jahre ist die Freiheit, das passende Gerät zu erwerben und zu konfigurieren. Alles muss ins Gerät. Die Geräte werden immer kleiner und stutzen den sogenannten Content auf Sardinenformat. Kleine Fische all die Gedanken, Ideen, Bilder aus dem See unserer Wirklichkeit.

„Was machen Sie eigentlich den ganzen Tag?", fragte ein fremder Mann beim Diner. Ich telefoniere und tippe. Oder ich treffe Menschen, dachte ich, ohne zu antworten. Das macht er im Zweifel auch genauso. Das machen alle im Büro und daheim. Reden und Schreiben. Sich erklären, Welt erklären, Dinge erklären und dabei möglichst gut 'rüberkommen.

Mein Beruf und der der jungen Frauen um mich herum ist zu erklären, wie man so gut 'rüberkommt, dass man nicht mehr in Bedeutungslosigkeit oder gar Unbekanntheit zurückfällt.

Wir sind die Fährfrauen. Tag für Tag befördern wir Menschen und Produkte vom Ufer der Ambition, vom Land der guten Hoffnung auf die Insel der Sichtbarkeit. Nicht jeder kommt an, nicht selten gibt das Personal das Ruder aus der Hand und dümpelt mit den Passagieren auf dem Meer des Ungefähren. Kurz – wir machen PR. Keiner weiß so recht, was das ist, im Wortsinne ist Public Relation ja die Beziehung zur Öffentlichkeit. Gerne übersetzen es unkundige Dolmetscher mit „Press-Work". Und irgendwie passt das. Man presst und presst und redet und tippt und am Ende passieren Dinge, die doch nicht abzusehen waren: Jemand wird berühmt – oder nicht. Ein mäßiger Film wird gemocht, ein wesentlicher geht unter. Das Fernsehen verklebt vom Gel der flotten Mittdreißiger, die BWL zum Maß der Fiktion erklären. Wir sind so lange dabei, wir haben so oft Ja gesagt – immerhin auch zu eigenen Ideen – vielleicht haben wir auch einfach nur so lange durchgehalten, bis auch wir jene Insel der Sichtbarkeit bewohnen, auf der es stets ein wenig zu hell ist.

Es gibt viele Missverständnisse und viel Ratlosigkeit im Reich des Fiktionalen. Es liegt im Clinch mit dem Reich der Geräte. Ein Algorithmus ist keine Narration. Ein Pitch vermeidet Poesie. Und das BWL-Gel verklebt längst auch Low-Budget-Projekte. Ja-Sagen kann zur Plage werden, wo es Affirmation statt Offenheit postuliert. Das Ja hat sich in „Sehr gerne" umbenannt. Sehr gerne machen wir Promis. Sehr gerne schubsen wir sie in die Affirmation. Promis sind Stars fürs Gerät, sie sind die Hashtags ihrer selbst, die Logline ohne Leinwand.

Jane macht jetzt auch Fernsehen. Letztes Jahr trafen wir uns nach 20 Jahren auf der Berlinale wieder. TOP OF THE LAKE (2013) heißt ihre Miniserie und ich lasse mich zum Interview eintragen, gleichsam als Zitat wie Revival. Sie erkennt mich nicht wieder.

Sie erzählt wenig vom Fernsehen, aber viel vom Leben. Es schwingt Resignation in ihren Sätzen, aber ebenso die Bereitschaft, dieser Resignation eine Form zu geben, sie zu kontrastieren mit der Jugend ihrer Protagonistin, der Hoffnung für die schauspielernde Tochter. Am Ende schaut sie mich noch einmal an: „Ich habe Sie schon einmal gesehen, Sie waren gestern auf der Pressekonferenz, richtig?"

„Ja", sage ich „richtig".

War ich nicht. Aber auch der Irrtum bezeugt Ahnung. Können wir ja mal was draus machen, Jane. Du und ich. Ja?

Caroline Link

REGISSEURIN, AUTORIN

Caroline Link wurde 1964 in Bad Nauheim, Hessen, geboren und zog im Alter von 16 mit ihren Eltern nach München, wo sie von 1986 bis1990 an der Hochschule für Fernsehen und Film (HFF) zunächst in der Abteilung Dokumentarfilm studierte.

Für ihren Film JENSEITS DER STILLE (1995) erhielt Caroline Link u.a. den Bayerischen Filmpreis (1996), den Bundesfilmpreis in Silber (1997) und eine Oscarnominierung.

Ihr Film NIRGENDWO IN AFRIKA (2001) erhielt zahlreiche Preise, darunter 2002 den Bayerischen und den Deutschen Filmpreis und 2003 den Oscar in der Kategorie Bester ausländischer Film.

2002 Geburt ihrer Tochter Pauline. Caroline Link lebt mit ihrer Tochter und ihrem Mann Dominik Graf in München und arbeitet seit 2002 als Honorarprofessorin an der HFF, München.

FILMOGRAFIE
2013 EXIT MARRAKECH (Buch und Regie)
2008 IM WINTER EIN JAHR (Bavaria Filmverleih, Buch und Regie)
2001 NIRGENDWO IN AFRIKA (Buch und Regie)
1998 PÜNKTCHEN UND ANTON (Kinderspielfilm nach Erich Kästner, Buch und Regie)
1996 JENSEITS DER STILLE
1994 CHILDREN FOR A BETTER WORLD (Werbespot und Kampagne; Regie)
1992 KALLE DER TRÄUMER (Kinderfilm, Buch und Regie)
1990 SOMMERTAGE (Abschlussfilm HFF, Kodak Förderpreis)
Diverse Werbefilme

Aufbrechen in andere Welten

Eigentlich bin ich eher zufällig zum Film gekommen. Es ist nicht so, dass ich wegen einer großen Leidenschaft für das Kino schon als Mädchen Filme machen wollte.

Ich habe vielmehr nach einem Beruf gesucht, der es mir ermöglichen würde, neugierig sein zu dürfen. Mit dem ich in fremde Welten aufbrechen konnte, gemeinsam mit Gleichgesinnten, im Team, und durch den ich mich kreativ ausdrücken durfte. Ein Beruf, in dem ich etwas über meinen persönlichen Blick auf das Leben erzählen konnte. Was ich am Film liebe, ist die Möglichkeit, das Unbekannte und das Fremde zu erforschen und herauszufordern, egal ob es die Welt der Gehörlosen ist, Kenia, Marokko oder fremde Menschen an der nächste Straßenecke. Genauso gut hätte ich auch Journalismus studieren können oder Fotografie, was lange eine Option für mich war.

Ich bin in Bad Nauheim aufgewachsen, einer Kleinstadt in der Nähe von Frankfurt. Meine Eltern hatten ein Restaurant, dort haben beide kameradschaftlich zusammen gearbeitet. Sie zogen an einem Strang und zahlten beide in die Familienkasse ein. Ich habe nie nach einem Mann gesucht, der mein Leben finanziert. Trotzdem war mein Vater der Chef in meiner Familie. Er hat mehr oder weniger bestimmt, was gemacht wird. Ich hatte eine sehr liebevolle und behütete Kindheit. Als ich 16 war, kaufte mein Vater in Schwabing eine kleine Frühstückspension und wir zogen auf Wunsch meiner Mutter nach München. Hier hatte ich als Schülerin meine ersten Jobs am Drehort, zuerst vor allem als Komparsin oder zum Kaffeekochen.

Nach der Schule ging ich als Au-pair-Mädchen ein Jahr nach Amerika, um besser Englisch zu lernen.

Danach war ich mir noch immer unsicher, was ich studieren wollte.

Beim Jobben am Drehort habe ich 1984 den Kameramann Gernot Roll kennengelernt. Ihn hab ich gefragt, ob ich seinem Team bei der Arbeit zuschauen dürfe. Die Produktion hatte nichts dagegen und ich spielte mit dem Gedanken, eine Ausbildung als Kamerafrau zu beginnen. Allein das Geschleppe von schwerem Equipment hat mich schlussendlich davon abgehalten. Ich dachte, das schaffe ich nie, dazu bin ich körperlich gar nicht in der Lage. Aber ich wollte am Set bleiben und hab mich zum ersten Mal intensiver damit beschäftigt, wer am Drehort überhaupt was macht. Nach einem einjährigen Praktikum in den Bavaria Filmstudios hab ich mich dann 1986 endlich getraut, mich an der Münchner Filmhochschule zu bewerben.

Meine Eltern hatten mit meinen beruflichen Experimenten und meiner Entscheidung, einen künstlerischen Beruf zu ergreifen, nie ein Problem.

Vielleicht lag es auch daran, dass mein Vater dachte: Eigentlich ist es wurscht, was ein Mädchen studiert, irgendwann heiraten sie ja doch. Meine Eltern nahmen staunend zur Kenntnis, dass sich an der Filmhochschule Hunderte bewarben und nur 15 Studenten aufgenommen wurden. Sie konnten gar nicht glauben, dass ich eine von ihnen war. Es herrschte eine gespannte Neugierde darüber, was das wohl werden würde.

Niemand wollte mir eine Chance geben

Aus pragmatischen Gründen habe ich mich damals für die Dokumentarfilmklasse beworben; weil mir die Aufnahmebedingungen in diesem Jahrgang besser gefallen haben. Ich musste eine Fotoreportage über einen Menschen machen, der in seinem Alltag viel mit anderen Menschen zu tun hat. Das lag mir. Ich wusste nicht, ob ich jemals mit Schauspielern arbeiten wollte. Ein bisschen fürchtete ich mich sogar davor. Ich drehte an der Schule zunächst einen Dokumentarfilm mit Kommilitonen (GLÜCK ZUM ANFASSEN, 1987) und anschließend eine Regieübung mit Schauspielern auf Film (BUNTE BLUMEN, 1988). Danach drehte ich gleich meinen ca. 45-minütigen Abschlussfilm SOMMERTAGE (1990).

Nachdem ich an der Filmhochschule fertig war, kam kein einziges Angebot, obwohl mein Abschlussfilm ein paar renommierte Preise gewonnen hatte. Meine männlichen Kollegen hatten zum Teil schon einen Fuß im Seriengeschäft, ich hätte es, glaube ich, auch gar nicht gewollt. Ich wollte immer gerne meinen ersten Kinofilm vorantreiben, aber dem Drehbuch hat lange Zeit niemand eine Chance gegeben.

Ob das jetzt daran lag, dass ich eine Frau bin, bezweifle ich. Ich glaube, es lag vor allen Dingen daran, dass es ein deutscher Film mit gehörlosen Darstellern war. Da dachte einfach jeder, das muss zwangsläufig wahnsinnig langweilig werden.

Mein erster Film hat meine Vorstellungen weit übertroffen

Es war wirklich ein großes Glück, dass das, was ich mit dieser speziellen Familiengeschichte zu erzählen hatte, in so ein Vakuum traf. Wenn ich heute JENSEITS DER STILLE (1996) drehen würde, würde der Film sicher keine zwei Millionen Zuschauer mehr machen. JENSEITS DER STILLE hatte damals die Zeit, sich durch Mundpropaganda positiv herumzusprechen und sich immer weiter zu entwickeln. Die Besucher- und Kopienzahlen fingen ganz klein an, wuchsen immer weiter und der Film hielt sich fast ein Jahr im Kino. Das ist heute, im Zeitalter von DCPs und digitalem Kino fast nicht mehr möglich. Mittlerweile bin ich demütiger geworden, im Sinne von: Man weiß nie genau, zu welchem Zeitpunkt die Leute was sehen wollen. Vielleicht würde der Film heute immer noch funktionieren und die Herzen der Menschen berühren, aber er würde nicht mehr diese Zeit bekommen. Sein Erfolg hat alle unseren Erwartungen weit übertroffen.

Ich bin nicht repräsentativ

Ich habe das Gefühl, dass man Frauen im Kino ihre eigenen individuellen Geschichten sehr wohl zutraut, aber sie nicht unbedingt sofort als Auftragsregisseurinnen engagiert. Für die interessanteren TV-Reihen, Krimis oder Zweiteiler entscheiden sich die Redaktionen dann anscheinend doch eher für einen Mann. Warum auch immer.

Exit Marrakech (2013)

Weil mein erster Film erfolgreich im Kino lief, hatte ich es mit den Folgeprojekten nicht so schwer. Dass ich mit Nirgendwo in Afrika (2001) einen Oscar gewonnen habe, hat mir eine Zeitlang das Leben leichter gemacht. Aber nach zwei Filmen, die kommerziell nicht übermäßig erfolgreich waren Im Winter ein Jahr (2008) und Exit Marrakech (2013) muss auch ich jetzt wieder um meine Finanzierungen kämpfen. Mehr als jeder Preis oder jede Auszeichnung zählt in Deutschland, bei der Finanzierung von Kinofilmen, der kommerzielle Erfolg des letzten Projekts.

Man muss den Begriff „Frauenfilm" überprüfen

Wenn jemand sagt: „Das ist ein typischer Frauenfilm", dann meint er damit meistens etwas Negatives. Aber was bedeutet das, ein „Frauenfilm"? Beschreibt es die Machart? Geht es ums Tempo, die Bildsprache? Oder sind es die Inhalte, die Themen? Ich denke, wir Frauen könnten mit dem Begriff „Frauenfilm" selbstbewusster umgehen. Wenn ein Film vor allem ein weibliches Publikum anspricht, dann ist das nichts Schlechtes. Bei allen meinen Filmen kamen die Marktforscher bei Testscreenings vorab zu dem Ergebnis, dass wahrscheinlich eher Frauen ins Kino gehen würden. Aber das ist ja keine kleine oder unbedeutende Gruppe. Oftmals sind es schließlich die Frauen und Mädchen, die entscheiden, in welchen Film man am Wochenende geht. Und mit diesen sogenannten „Frauenfilmen" habe ich einige Male sehr viele Zuschauer gemacht. Auch die Filme von Matthias Schweighöfer oder Til Schweiger könnte man als „Frauenfilme" bezeichnen, wenn man dabei von ihrer Zielgruppe ausgeht.

Der innere Kern

Der innere Kern in meiner Geschichten war bisher immer die Familie. In meinen ersten Filmen steht eine Vater-Tochter-Beziehung im Mittelpunkt. Lange bevor ich bei JENSEITS DER STILLE wusste, dass ich einen Film mit Gehörlosen machen will, waren die Beziehungen der Figuren zueinander klar, die sich als Familie verbunden fühlen und trotzdem ausbrechen wollen, sich befreien wollen, von einer Liebe, die ganz schnell in eine große Feindseligkeit umkippen kann – und trotzdem überlagert wird von dem Gefühl: Diese Menschen werde ich nicht los. Das ist nun mal mein Zuhause, das sind meine Wurzeln, das ist meine Familie, das ist das, was ich selbst bin!

Bei NIRGENDWO IN AFRIKA wurde der Roman von außen an mich herangetragen. Die Kinderfigur, Regina, die in Stefanie Zweigs Vorlage im Zentrum steht, hat mich persönlich nur zweitrangig interessiert. Ich wusste, sie hat das größte emotionale Potenzial, weil sie so zuversichtlich ist und sich so schnell in der neuen Welt zurechtfindet. Aber ganz besonders hat mich die Ehegeschichte gereizt. Was passiert mit einem selbst und mit dem Partner, wenn man sich unter völlig neuen Bedingungen noch einmal neu entdecken muss? Wenn man den anderen auch dafür lieben muss, dass er in dieser Welt versagt oder kein Held mehr ist. Wenn alles, was in dem alten Leben von Bedeutung war, an Bildung und Intellektualität, die gesellschaftliche Stellung, unwichtig wird und wegfällt. Was macht das mit einer Beziehung?

Manchmal sind es nur wenige Szenen oder Momente, für die ich den ganzen Film machen will. Wo alles für mich auf den Punkt kommt. Wo ich weiß: Um diesen Konflikt geht es mir.

Wo sind all die Frauen?

Wo sind all die Frauen, die mit mir an der Filmhochschule studiert haben? Wieso drehen sie keine Filme? Wir haben 50:50 angefangen, Männer und Frauen. Wo sind meine Kolleginnen jetzt? Arbeiten sie nicht in diesem Beruf, weil man sie nicht lässt? Ich weiß nicht, ob das wirklich die ganze Wahrheit ist.

So wie ich das erlebe, werfen viele Frauen zu früh das Handtuch, geben den Kampf auf. Und es ist ein Kampf, der immer wieder neu ausgefochten werden will. Es beginnt mit der Projektfindung, der Suche nach einem interessierten Produzenten, einem Redakteur beim Fernsehen und dem ganzen langen Weg der Finanzierung. Sich dabei immer wieder neu zu motivieren, hart zu bleiben und unermüdlich am Drehbuch zu feilen, erfordert viel Kraft und Selbstvertrauen. Dazu ist Regieführen ein Job, der uns als Frauen oftmals an unsere Grenzen bringt. Wenn ich am Drehort für meine Sache kämpfe, mag ich mich manchmal selbst nicht, empfinde mich als zu tough, dominant und unweiblich. Ich spüre, wie das Frauenbild, das mir nicht zuletzt mein Vater eingeimpft hat, von der ‚sanften, zurückhaltenden, attraktiven' Frau, die die Klappe hält, wenn der Mann spricht, dass dieses Frauenbild mit meinem Job und mit meinem Ehrgeiz am Drehort nicht zusammenpasst. Kein Mann grübelt nachts im Bett über seine Dominanz oder Aggressionen. Frauen haben oftmals die Tendenz, zurückzutreten, anderen den Vortritt zu lassen, sich selbst in Frage zu stellen. Das geht bei Gagenverhandlungen los und hört am Drehort auf. Wir sind nicht stolz darauf, der ‚Boss' zu sein, wir bezweifeln viel zu oft, ob wir das überhaupt können und dürfen.

Wenn jemand zu mir sagt: „Du bist aber dominant!" Dann zucke ich zurück und denke: Das ist aber nicht schön, dass ich das bin. Jedem Mann würde die Brust schwellen. „Ja, ich bin dominant, ich kann führen, ich soll so sein."

Ich bin nicht immer gerne der ‚Boss'

Ich erinnere mich an eine bezeichnende Psychologie-Studie unter Studenten in den USA: Die Arbeitgeber, Manager in Führungspositionen, „James" und „Jenny", wurden in einem Persönlichkeitsprofil beschrieben. Da standen Eigenschaften und Kompetenzen wie „dominant, willensstark, benutzt private Kontakte, um sich berufliche Vorteile zu erarbeiten…". Die Beschreibungen der beiden waren identisch und wurden zwei verschiedenen Bewerber-Gruppen vorgelegt. Überwiegend wurde ‚Jenny' als unsympathische potenzielle Chefin empfunden, für die man lieber nicht arbeiten möchte, während dieselben Eigenschaften bei ‚James' als positive Führungsqualitäten wahrgenommen wurden. Männer und Frauen werden also mit zweierlei Maß gemessen.

Am Drehort bin ich, wie ich bin, und wir wissen alle: Wenn man kreativ arbeitet und unter Druck ist, kann man nicht versuchen jemand zu sein, der man nicht ist. Man zeigt sich. Und das ist auch gut und wichtig so. Nur so kommen ehrliche und interessante künstlerische Arbeiten zustande.

Ich bin den Frauen dankbar

Für mich ist der Begriff „Feminismus" nicht negativ besetzt. Ich habe einen großen Respekt vor den Frauen und bin denen dankbar, die mir den Weg freigemacht haben. Dafür, dass ich mein kreatives Arbeiten heute als Selbstverständlichkeit ansehen kann, auch wenn man als Frau in einer Führungsposition doch wieder mit sich hadert. Aber dass das möglich ist und ich grundsätzlich darauf bestehen darf und sagen kann: „Was ist denn hier das Problem? Natürlich mache ich Regie", dass ich mir das zutraue, das verdanke ich dieser Generation von Frauen, die da vorausgegangen ist. Ich habe nicht unbedingt das Gefühl, dass ich heute noch mit gezücktem Schwert voranschreiten muss, weil ich gar nicht so viele Gegner in meinem Weg vorgefunden habe. Ich bin in meinem Beruf nicht vielen Männern begegnet, die mir gesagt haben: „Jetzt halte dich mal zurück, du bist doch nur eine Frau!" Das erlebe ich nicht mehr und das habe ich auch nie erlebt. Das liegt vielleicht auch an mir als Person. Ich hatte relativ früh Erfolg, das wurde mir geschenkt! Deswegen bin ich in einer privilegierten Position. Es ist mir völlig klar, dass es andere Frauen, die vielleicht nicht so auftreten, nicht so fordernd sind, wesentlich schwerer haben. Was ich allen Frauen zurufen möchte ist: „Geht Euren Weg! Traut Euch, Euch durchzusetzen. Es ist nicht unweiblich, der Boss zu sein!"

Aufz. BSB

Imogen Kimmel

REGISSEURIN, AUTORIN

Geboren in Solingen. Ihr Filmstudium absolvierte sie an der Hochschule für Fernsehen und Film (HFF) München und in England an der Northern School of Film and Television (NSFTV) Leeds (1 year postgraduate studies.) In Berlin studierte sie an der FU Berlin (Magister in Germanistik und Kunstgeschichte). Sie arbeitete von 1988 bis 1991 an der HFF München als Assistentin, war Jurymitglied des Bayerischen Fernsehpreises (1990–1995), Vorstandsmitglied des BVR (2008–2012) und realisierte zwischen 1995 und 1998 diverse Kurzfilme und TV-Beiträge.

Ab 1993 hatte sie Lehraufträge an der HFF München, HFF Babelsberg und an der Filmakademie Ludwigsburg. 1992 gewann Imogen Kimmel mit dem social spot KRIEG DEN ARSCH HOCH (zusammen mit Maris Pfeiffer) einen Preis beim New York Filmfestival, der Spot wurde an 250 Kinos verkauft. Ihr Kurzfilm ALL OUT AT SEA lief auf A-Festivals weltweit, ebenso wie ihr international gedrehter Kinofilm SECRET SOCIETY, der 2001 den Publikumspreis auf dem Festival Films des Femmes Créteil Paris gewann.

2011 lebte sie für fünf Monate in Phnom Penh, Kambodscha, wo sie zusammen mit Konstantin Rüchardt zwei Kunstprojekte mit Jugendlichen realisierte und die Arbeit an einem Dokumentarfilm über Kambodscha begann.

FILMOGRAFIE
2013 HERZENSBRECHER (Folgen 3 und 4)
2011/12 FUCHS UND GANS (Folgen 1, 5–8)
2010 MEIN BRUDER, SEIN ERBE UND ICH
2009 EIN SOMMER IN … KAPSTADT
2008 FRISCHER WIND
2008 DER SCHWARZWALDHOF: FALSCHES SPIEL
2007 VATER AUS LIEBE
     EINMAL TOSKANA UND ZURÜCK
2006 EINE ROBBE UND DAS GROSSE GLÜCK
2003 EIN BABY FÜR DICH
2001 SECRET SOCIETY – CLUB DER STARKEN FRAUEN
1994 ALL OUT AT SEA
1993 JACKPOT
1991 ICH WOLLT 'N BISSCHEN FREIER WERDEN
1990 KRIEG DEN ARSCH HOCH
1988 AUGEN…BLICKE

QUI-QUA-QUOTE?

Die Mutation

Meine Mutter war groß, stark und wild und tat, was ihr in den Sinn kam. So kam es mir als Kind jedenfalls vor, und ich sah auch keine Veranlassung, nicht so zu werden. Es gab einen harten Drill bei uns was gesellschaftliche Konventionen betraf, aber nie unter „gender"-Aspekten, wie man heute sagen würde. Ich erinnere mich – ich war acht oder neun Jahre alt – an eine unglaubliche Verwirrung meines bis dahin existierenden Weltbildes. Jemand hatte zu mir gesagt, das dürfe ich als Mädchen nicht tun: „Das macht man nicht." Leider weiß ich nicht mehr, was es war, keine große Sache, aber ich erinnere mich deutlich an meine Fassungslosigkeit. Es war, als hätte mir jemand den Boden unter den Füßen weggezogen, plötzlich war ich ein „Etwas", plötzlich war ich ein „Mädchen", vorher war ich einfach ein Mensch und ein Kind gewesen. Meine Mutter meinte, so würden manche Leute eben denken, aber das sei Blödsinn. Dennoch blieb dieses Erlebnis für mich der Verlust einer Unschuld, wie ich es im Nachhinein benennen würde.

Sex

Ich war 12. Meine Eltern waren in Köln im Theater und ich allein zu Hause, und im „Kleinen Fernsehspiel" lief um 22.00 Uhr DIE SAMMLERIN (1967) von Éric Rohmer. Nachdem ich diesen Film gesehen hatte, wollte ich Filme machen. Filme machen bedeutete für mich damals, so zu sein wie die Leute in Rohmers Film. Noch heute habe ich das Tagebuch, in das ich damals schrieb: „Doll! Der Film war faszinierend!! Und wie offen die miteinander waren, das Mädchen zum Beispiel, wenn es mit jemandem schlief, ließ es einfach die Tür auf!!!" Eigentlich hatte ich mich frühpubertär in den Hauptdarsteller Patrick Bauchau verknallt, der im Film den schönen Melancholiker spielt, so einen, der Frau gern „erlöst" und darüber meist selbst unglücklich wird, aber hauptsächlich fand ich faszinierend, dass in diesem Film Sexualität so „einfach" war. Sex als eine Form der Kommunikation, das gefiel mir. Nicht mehr nur Gedichte schreiben! Filme machen und unverkrampft durch Sex in Kommunikation treten – das erschien mir ein verlockendes Leben zu sein.

Das ist mir einigermaßen gelungen... so schien es mir jedenfalls eine ganze Weile lang. Die ganzen Abstürze, die Zweifel, Zerfleischungen, all das, was jeder Künstler/Filmemacher kennt, all die unerreichten Träume und Wünsche – auch die ungeborenen Kinder – das gehört alles zu unserem Leben.

The morning after

Das, was mich angetrieben hat – meine Lust mit Menschen in Kontakt zu treten, die Welt verstehen und erforschen zu wollen und das mit Filme machen zu tun – habe ich

Secret Society (2001)

versucht zu realisieren, und zwar bei jedem Film, den ich gemacht habe, selbst wenn es eine weniger geliebte Auftragsproduktion war, denn wenn man die Arbeit ernst nimmt und um Wahrhaftigkeit kämpft, gibt es immer Glück und Erkenntnis. Aber irgendwann ließ mich etwas in meinem ewigen Dauergalopp innehalten. Ich sah mich genauer um und wunderte mich, eine bestimmte Stufe nicht erreicht zu haben, eine merkwürdige bleierne Stagnation umgab mich. Zuerst habe ich die Gründe bei mir gesucht, die berühmten Zweifel wurden zu Dämonen... dennoch, weitergemacht und auch wieder weitergekommen, immer weitergekämpft – ich Widder, große Kämpferin. Aber dann bemerkte ich ein Raunen, es wurde lauter, und auch ich hörte: diese Redaktion arbeitet so gut wie nicht mit Frauen, jene Produktionsfirma arbeitet nur mit Männern. Was? Wie bitte? Nicht mein Problem, dachte ich zunächst, und dann kam irgendwann vor einem guten halben Jahr der Anruf einer Kollegin und die Frage, ob ich auch bemerkt hätte, dass manche männlichen Kollegen vorbeiziehen würden, ohne dass ihre Filme nun überdurchschnittlich sensationell seien, auf jeden Fall nicht besser?

Hm... Dann sagte ich: „Ist mir auch schon aufgefallen."

Das Haifischbecken des Filmemachens

Natürlich gibt es noch eine ganz andere Seite. Meine große, tolle, schöne Mutter, die mir so emanzipiert erschien und erscheint, war eine Konkurrenz-Bestie. Sie machte mir als Kind schnell klar, dass ich niemals so schön und künstlerisch begabt sein würde wie sie, alle meine künstlerischen Aktivitäten (damals Bildhauerei) fand sie lächer-

Mein Bruder, sein Erbe und ich (TV-Film, ZDF 2012)

lich, und sie, die Erwachsene, die eine Kunstschule besucht hatte, war natürlich und tatsächlich viel besser. Ich wurde geopfert auf ihrem Altar der Selbstverwirklichung und -behauptung. Sozusagen eine gute Vorbereitung auf das Haifischbecken des Filmemachens, und man könnte auch denken auf die Konkurrenz unter Frauen – gerne als „Stutenbissigkeit" bezeichnet, besonders von Männern. Übrigens: was für ein würdeloser Ausdruck! – ist mir persönlich aber nicht passiert, oder nicht so, dass ich es wahrgenommen hätte. Im Gegenteil, den größten Teil meines Filmerlebens habe ich viel und sehr gut mit Frauen zusammengearbeitet. Den prägenden Konkurrenzkampf, den ich mit der Mama gefochten hatte, habe ich noch einmal mit einer Freundin und Kollegin durchexerziert und war den alten Mustern eine lange Zeit hilflos ausgeliefert. Aber diese Freundin und ich haben es letztendlich geschafft, diesen Wahnsinn zu überwinden. Eine große Liebesleistung würde ich sagen. Ja, ich liebe Frauen, liebe meine Freundinnen, ohne eine lesbische Frau zu sein. Auch ein Erbe meiner Mutter und, ganz wichtig, meiner 14 Jahre älteren Schwester, meiner lebenslangen Retterin, wenn ich neben der gefährlichen Mutter unterzugehen drohte.

Ich habe mich also immer in der Dominanz von Frauen befunden. Vater und großer Bruder, von denen ich mich zeitlebens kritiklos geliebt gefühlt habe, waren der Nährboden. Das mich Herausfordernde waren die Frauen.

Ich nehme die Welt nun mal als Frau wahr

Geprägt haben mich aber Filme von Männern: Polanski, Scorsese, die Coen Brothers, Michael Winterbottom, Herzog u.v.a. Ich weiß noch, wie ich zu Beginn meines Filmstudiums an der HFF München auf der Suche nach Filmen von Frauen den Film WEGGEHEN UM ANZUKOMMEN (1982) von Alexandra von Grote gesehen habe und das Gefühl hatte, das hat nichts mit mir als Frau und Filmemacherin zu tun. Die Suche nach dem weiblichen Blick, dem speziell weiblichen Erleben war mir fremd. Ich war vor allem auf der Suche nach den Unangepassten, egal ob Mann oder Frau, nach den Borderlinern, den Ausgestoßenen, nach denen, die unangepasst ihre ganz eigene Freiheit suchen. Die Erleuchtung, was für Geschichten ich wirklich erzählen will, hatte ich gegen Ende meiner Filmhochschulzeit, als ich im Isabella Kino in München HAROLD AND MAUDE (1971) von Hal Ashby zum zweiten Mal nach zehn Jahren gesehen hatte. Unmittelbar nach dem Film war ich von so etwas wie dem klassischen Gefühl der Erhabenheit überwältigt. Ich hatte den Film als etwas erlebt, was mich in meiner Suche nach Individualität und Anderssein versteht, bestärkt, weiterbringt – dieses die Wünsche leben und Freiheit, Freiheit, Freiheit! Von da an wollte ich Filme machen, die meinem Publikum genauso ein Gefühl vermitteln. Filme, die die Zuschauer in ihre höchst eigene Kraft versetzen, ihre höchst eigenen Wünsche anzupacken. Bei den Vorführungen meines Filmes SECRET SOCIETY (2001) – einer international gedrehten, nordenglischen Arbeiterkomödie mit lauter dicken und sehr dicken Frauen, die Sumoringerinnen werden – ist mir das dann wunderbarerweise auch oft begegnet. Der Film lief in vielen Ländern im Kino, aber die bewegendsten Vorstellungen in übervollen, aus allen Nähten platzenden Kinosälen hatte ich – wer hätte es gedacht, ich jedenfalls nicht – auf dem Frauenfilmfestival in Créteil, wo der Film dann auch bezeichnenderweise den Publikumspreis gewann. Hatte ich also doch einen Frauenfilm gemacht? Ohne es jemals beabsichtigt zu haben? In den Rezensionen war dann etwas zu lesen über den anderen Umgang mit dem weiblichen Körper, der Ästhetisierung von Fettleibigkeit (weiblicher) und weiblicher Kraft und von Schönheit, die man so noch nicht gesehen hat. Im Nachhinein würde ich sagen, ja, ich habe einen Frauenfilm gemacht, was denn sonst, wenn ich als solche die Welt wahrnehme und diese Wahrnehmung ernst nehme.

Zenh Jahre später

Warum schreibe ich hier, in diesem Buch?

Zurück zum „Erwachen" aus meiner mehr oder weniger heilen Filmerinnenwelt, in der jedes Nichtgelingen allein mein Versagen war, und es damit aber eben auch reparabel war – ich konnte mich ja noch mehr anstrengen und es noch mal versuchen und damit besser machen.

Zunächst kam ein Wundern, dass es nicht richtig weitergeht, einen Moment, den natürlich alle Filmemacher kennen, den aber dann doch übernatürlich viele einigermaßen erfolgreiche Frauen kennen, und der in der einschlägigen Literatur auch als die „gläserne Decke" beschrieben wird, wie ich inzwischen weiß. Dem folgte der oben beschriebene Anruf der Kollegin – mein *call to adventure* – vor gut einem halben Jahr. Wir haben inzwischen eine Gruppe gebildet und angefangen, uns mit dem Nadelöhr des Filmemachens in Deutschland, nämlich den TV-Redaktionen, zu beschäftigen. Zunächst haben wir händisch geprüft, wie viele Regieaufträge in den Redaktionen an Männer und wie viele an Frauen vergeben wurden. Es war in dieser Hinsicht ein heißer Monat April im Jahr 2013, und seit diesen Nächten bin ich atem- und fassungslos auf einer ganz neuen Reise, von der ich niemals gedacht hätte, dass ich sie je antreten würde. Ich bin durch diese Reise auf der Seite der Emanzipation gelandet. Wie altmodisch!!! „Emanzipation" war vor meiner Zeit, und ich habe wirklich tausend Probleme in meinem Leben gehabt, aber das war nie mein Problem. Irrtum! Irrtum, Irrtum... Was ich gelernt habe in den letzten Monaten ist, dass das Schlagwort Emanzipation Teil davon ist, wenn man sich als Frau in dieser Gesellschaft bewegen und weiterkommen will, und es einfach nur naiv und selbstverliebt war zu denken, dass mich dieses Thema nicht betreffen würde.

„Quote" – wie weit hätte ich diese Forderung noch vor einem Jahr von mir gewiesen! Nein, der Bessere soll den Auftrag bekommen, ist doch klar! Und dafür bin ich immer noch, nur – so läuft es eben nicht. Untersuchungen der DGA (Directors' Guild of America) und aus Schweden und Frankreich zeigen, dass das nicht allein ein deutsches Problem ist. Und obwohl ich gegen die Quote bin, betrachte ich heute die Forderung danach als politisches Instrument, als einen notwendigen Anfang, um erstmal überhaupt Bewegung in die Sache zu bekommen.

P.S.

Ich habe zwei Kinder mit einem Altersunterschied von zehn Jahren. (Zwischendurch hatten mein Mann und ich einfach keine Zeit zum Kinderkriegen.) Schwangerschaft und Geburt des zweiten Kindes habe ich – erfolgreich – vor der Filmbranche versteckt. Bis zum siebten Monat sah man es kaum – ich wirkte einfach ein bisschen „fetter", passte ja zum Film! –, und die letzten drei Monate habe ich mich im Branchenrevier einfach nicht mehr gezeigt. Dann war plötzlich das zweite Kind da, und da ich während Schwangerschaft und Geburt bereits bewiesen hatte, dass ich weiter zuverlässig arbeite, fiel das eigentlich auch nicht großartig auf.

Nach SECRET SOCIETY und dem zweiten Kind habe ich parallel zu „meinen" Filmen begonnen, TV-Auftragsfilme zu inszenieren, denn ich bin neben all dem anderen auch der Hauptenährer unserer Familie. „Wirklich sehr tüchtig die Frauen heutzutage," sagen jetzt die, die damals gesagt haben: „Das dürfen Mädchen nicht." – Es ist Zeit, dass sich etwas ändert. Und zwar für Frauen und für Männer.

Katinka Feistl

REGISSEURIN, AUTORIN

Katinka Feistl wurde 1972 in Aachen geboren und begann 1996 ein Regiestudium an der dffb. Bereits mit ihrem ersten Kurzfilm NICHT AUF DEN MUND (1998) gewann sie zahlreiche Preise, u. a. den Preis für den besten Kurzfilm auf dem Filmfest Ludwigsburg, für ihren zweiten Kurzfilm WILDE EHE (2001) erhielt sie u. a. den Short Tiger Award.
    Ihr Spielfilmdebüt BIN ICH SEXY? (2003) erhielt zahlreiche Preise.
    Katinka Feistl lebt mit ihrem Freund und ihrer Tochter in Frankfurt am Main.

FILMOGRAFIE (Auswahl)
2014 EIGENWILLIGE MISS M.
2012 SCHLEUDERPROGRAMM
       MUSCHI MIT ZÄHNEN
2009 ICH STEIG DIR AUFS DACH, LIEBLING
2007 WENN LIEBE DOCH SO EINFACH WÄRE
2005 KRIEG DER FRAUEN
2004 SIEHST DU MICH?
2003 BIN ICH SEXY?
2001 WILDE EHE
1998 NICHT AUF DEN MUND

Frauen, Filme, Lebensentwürfe

„Das schaffen sie doch sowieso nicht!" hatte der Direktor meiner Filmhochschule (dffb) zu mir gesagt, als ich mit meinem Anliegen zu ihm kam. Ich hatte schon vor meinem geplanten Diplomfilm eine Anfrage bekommen, einen 90-Minüter für das ZDF Kleines Fernsehspiel zu drehen. „Wenn Sie jetzt eine Auftragsarbeit annehmen, setzen Sie die in den Sand, und danach können Sie ihren eigenen Film auch vergessen!" Gott sei Dank, habe ich nicht auf meinen Direktor gehört. Ich drehte den Film BIN ICH SEXY? (2003), und es wurde ein großer Erfolg. Danach drehte ich meinen eigenen, etwas subtileren Film, auch er wurde ein Achtungserfolg. Immer wieder ist mir dieses Phänomen begegnet: Männer bekommen andere Ratschläge als Frauen. Derselbe Direktor sagte zu einem Kommilitonen von mir, der seinen ersten, sehr aufwändig budgetierten Kinofilm (12 Millionen D-Mark) in den Sand gesetzt hatte: „Das kann passieren, weitermachen!"

Die meisten Menschen, denen ich als junge Filmemacherin begegnet bin, haben mir leidenschaftlich gerne Ratschläge gegeben. Meistens waren sie wohlmeinend. Und meistens falsch. Wie kommt es, dass man jungen Frauen so gerne erzählt, wie sie zu sein haben? Schon immer habe ich mich hinweggesetzt über Ratschläge, die mich klein machen wollten. Erst mit der Zeit habe ich bemerkt: Oft haben Warnungen und Zweifel anderer in meinem Unbewussten trotzdem ein Eigenleben geführt. (Sätze wie: „Wer Fernsehen macht, verkauft seine Seele." Oder: „Deine eigene Stimme entwickeln und Geld verdienen – das funktioniert nicht.") Und diese kleinen, subtilen Sätze haben kaum spürbar Barrieren errichtet. Ich habe einige Zeit gebraucht, um mich von ihnen zu befreien und meinen eigenen Weg zu gehen.

Dabei hatte ich gedacht, es wäre alles so einfach

Ich wuchs in einem winzigen Provinznest in der Nähe von Aachen auf. Dort gab es Felder, Wälder, ein Schwimmbad und die Grenzen zu Holland und Belgien. Aber kein Kino. Meine Eltern hatten – unter dem Einfluss der Waldorfpädagogik – lange Zeit keinen Fernseher. Ich liebte Filme, ich liebte das Fernsehen mit seinen fantastischen, schillernden 20:15 Uhr-Filmen. Heimlich schlich ich mich zu den Nachbarn, um alle meine geliebten Kinderserien zu sehen. Ganz besonders begehrt war die Jerry Lewis-Videosammlung einer Schulfreundin. Erst spät, mit 14, entdeckte ich das Provinzkino im Nachbarort. Dort lief amerikanischer Mainstream: DIRTY DANCING (sechs Mal gesehen), TOP GUN (vier Mal gesehen). Ich war ganz verrückt nach dem Kino. Ständig überredete ich die Mütter meiner Freundinnen, und auch meine eigene Mutter, mit mir nach Aachen ins Kino zu fahren. Ende der 1980er-Jahre sah ich dann zum ersten Mal einen Film, der alles andere als Mainstream war: I'VE HEARD THE MERMAIDS SINGING (1987) von Patrizia Rozema. Dieser Film war völlig anders als alles, was ich bis dahin gesehen hatte. Verzaubert wanderte ich durch die Felder nach Hause und fühlte mich zum ersten Mal erkannt und zutiefst berührt. Später folgten die Jim Jarmusch-Filme in ihrer wundervollen Langsamkeit. Auch Agnès Varda war für mich eine wichtige Entdeckung. Und plötzlich wusste ich es: Ich wollte Filme machen, Schauspieler inszenieren, Geschichten erzählen – nichts anderes.

Von Bin ich sexy? zu Siehst Du mich? – die Diktatur der Schönheit

Viel zu viele Mädchen und Frauen überall auf der Welt werden durch Medien, Zeitungen und vor allem Filme dazu verleitet, sich nur noch mit dem eigenen Aussehen zu beschäftigen. Bin ich sexy? ist ein Film über eine für viele Frauen entscheidende Frage über Gelingen oder Misslingen des eigenen Lebens. Da kam mir als junger Filmemacherin dieses wunderbare Drehbuch in den Schoß gesegelt, in dem es um ein junges Mädchen ging, das zwar alles andere als hübsch war, dafür aber sehr selbstbewusst. Trotz aller Widerstände will Mareike (gespielt von Marie-Luise Schramm) an den Miss-Baden-Württemberg-Wahlen teilnehmen. Das hat mich sehr gereizt an dem Film, dass ein Mädchen sich so mutig hinwegsetzt über alles, was ihr die Außenwelt suggeriert. Natürlich habe ich diesen Film machen wollen. Und ich habe ihn auf die mir eigene Art gemacht: Das Komische lag immer sehr nahe am Tragischen. Und Erlösung bietet am Ende vor allem die Kraft der Fantasie.

Bin ich sexy? (2003)

Siehst du mich? (2004)

Oft sind die Filme zu mir gekommen, die gerade in meine Lebensphase oder in ein wichtiges Lebensthema von mir passten. Auch mein nächster, eigener Film Siehst Du mich? (2004) beschäftigte sich mit dem Thema Schönheit. Wieder ging es um ein Mädchen, Tiffany (Viktoria Gabrysch), das nach gängigen Maßstäben nicht schön ist. Um die Liebes eines Mannes zu erringen, unterzieht sich Tiffany einer Operation, nur um hinterher festzustellen, dass es nicht an ihrem Äußeren liegt, dass die beiden nicht zusammenkommen. Es liegt viel mehr an einem Problem des Mannes, das er ihr aus Feigheit nicht hatte eingestehen können.

In beiden Filmen hatte ich die Gelegenheit gehabt, Mädchen in den Hauptrollen zu besetzen, die ganz andere Körper hatten, als es den gängigen Idealen entspricht. Sie sind nicht dünn, aber trotzdem schön, rund und weich, mit einer eigenwilligen Schönheit und Ausstrahlung, mit Wut im Bauch und großer Verletzlichkeit, weil sie ausgegrenzt werden. Das ist für mich immer noch ein wichtiges Thema: die vielfältige Schönheit der Frauen, jenseits des Perfektionismus. Immer noch besetze ich gerne Frauen, die auf individuelle, nicht stereotype Art schön sind.

Siehst du mich? (2004)

Krieg der Frauen – Netzwerke für Frauen

Als nächstes kam der ZDF-Film Krieg der Frauen (2005). Hier krachten zwei Freundinnen mit völlig unterschiedlichen Lebensauffassungen aufeinander. Die eine glaubt, nur Mutter und Ehefrau sein zu können und neidet der Freundin die Karriere. Die Single-Karriere-Mom neidet der Freundin die intakte Familie und Ehe. Beide Frauen fangen an, sich zu bekriegen, weil ihnen das fehlt, was die andere hat. Auf humorvolle Art konnte ich die vielen Anforderungen durchleuchten, mit denen sich heute die meisten Frauen konfrontiert sehen. Was passiert mit Träumen und Lebensentwürfen, wenn man Kinder, Karriere, Mann und Selbstverwirklichung unter einen Hut bringen will? Um es kurz zu fassen: Es wird sehr, sehr schwierig. Man muss dem Chaos mit Humor begegnen, sonst geht man unter.

Auch auf andere Weise berührt mich das Thema Loyalität unter Frauen und ist zu einem Lebensthema geworden: dem Aufbau von Netzwerken. Schon an der Filmhochschule konnte ich beobachten, wie sich Männergruppen bildeten, die teilweise bis heute bestehen und die den Männern dauerhaft Erfolge bescheren. Bei den Frauen war das anders – da gab es dieses Gemeinsame nicht oder es ging relativ schnell in die Brüche. Seilschaften, sich gegenseitig unterstützen und helfen – das hatte ich mir gewünscht, aber nicht gefunden. Deshalb gründete ich mit Ende 20 mein erstes, bis heute bestehendes Frauennetzwerk, die „Golden Feminists" (www.goldenfeminists.de).

Ein zweites Netzwerk folgte vor gut einem Jahr, als ein paar Kolleginnen und mir immer klarer wurde, wie stark Regisseurinnen in unserem Beruf benachteiligt werden. Sie verdienen weniger, bekommen viel weniger Aufträge der Fernsehsender, die Prestigeprojekte und die Filmförderungen gehen fast immer an Männer. Gegen diese ungerechte Verteilung werden wir uns zur Wehr setzen und wir haben ein neues Netzwerk gegründet. Ich wünsche mir von diesem Netzwerk auch, dass Frauen lernen, zusammenzuhalten und zueinander loyal zu sein.

Trotzdem glaube ich nicht, dass man als Frau per se Probleme in der Filmwelt hat. Aber es wird schwierig, wenn man nicht einem bestimmten Frauentypus entspricht. Verspielte Frauen, wie ich es lange war (was auch die Qualität meiner Filme ausgemacht hat), haben es deutlich schwerer, ernst genommen zu werden. Allmählich habe ich gelernt: In meinem Inneren kann ich bleiben, wie ich bin. Aber ich muss an meinem Auftreten etwas ändern. Ich musste erst lernen, zu führen und mich durchzusetzen. Strenge und Härte anwenden zu können, war ein langer Prozess. So etwas bekommt man als Mädchen nicht beigebracht. Deshalb müssen Frauen selber dafür sorgen, an ihrem Führungsstil zu arbeiten. Denn Regie führen bedeutet knallhart, die Führung zu übernehmen.

Dann kam SCHLEUDERPROGRAMM (2012), ein Film, der in vielerlei Hinsicht gut zu meinen Lebensumständen passte, die selber wie im Schleudergang rotierten. Ich hatte ein Kind bekommen und war der Liebe wegen in eine andere Stadt gezogen. Plötzlich steckte ich in einer Patchwork-Familie, viele alte Freunde verschwanden aus meinem Leben und die Filmbranche steckte in der Krise. Da kam ein Drehbuch zu mir, eine Roman-Adaption einer Bestsellerautorin. Vieles empfand ich als verbesserungswürdig. Ich schrieb ein neues Exposé, das Anlass gab für ein neues Drehbuch, das kaum noch etwas mit der Romanvorlage zu tun hatte. In SCHLEUDERPROGRAMM geht es um eine Operndiva, die durch ihre Exzentrizität und Selbstsucht alles verliert und ganz unten wieder anfangen muss. Im Gefängnis soll sie mit inhaftierten Männern den Gefangenenchor von Nabucco einstudieren. Zwei Welten prallen aufeinander. Dieser Stoff war wie gemacht für mich. Besonders gerne verknüpfe ich das Heitere mit dem Ernsten, das Tiefgründige mit Humor und Magie. Und in diesem Film konnte ich all das einfließen lassen. Es war zwar eine Auftragsarbeit, aber ich konnte trotzdem meine eigene Stimme erklingen lassen. Ich merkte sehr deutlich, dass man nicht seine Seele verkauft, nur weil man Geld verdienen muss. Man kann seinen Idealen und Geschichten treu bleiben, aber man muss lernen, andere davon zu überzeugen.

Es ist gerade ein guter Moment für Filmschaffende, denn die Filmwelt befindet sich im Umbruch. Das ist immer eine gute Möglichkeit, neue Wege zu gehen. Das Fernsehen wird viel professioneller und differenzierter erzählen müssen, um auf dem Weltmarkt, neben den amerikanischen Sendern und den Internetanbietern, bestehen zu können. In einem Umfeld, in dem sich so viel ändern wird, kann man sich als Filmemacher nach innen radikal treu bleiben. Wenn man nach außen radikal Wert darauf legt, eine Filmemacherin zu sein, mit der Sender und Produzenten gerne arbeiten.

Mein aktuellster Film ist EIGENWILLIGE MISS M. (2014). Das war die erste Arbeit, die ich unabhängig von Redakteuren und Produzenten fertigstellen konnte. Es geht um die 13-jährige eigenwillige Annie (Maya Freund) und ihre ungewöhnliche Art, mit ihrer erwachenden Sexualität umzugehen. Bei diesem Kurzfilm stand ich vor der reizvollen Aufgabe nachzuforschen, wie genau diese fast noch kindliche Sexualität eines Mädchens aussieht. Ich wollte Bilder finden, die diese körperlichen Sehnsüchte zeigen, nach etwas, was man noch gar nicht kennt. Und ich wollte Annies Gefühle darstellen, die den ganz normalen Wahnsinn der Pubertät erahnen lassen.

Für meine berufliche Zukunft wünsche ich mir, universell erzählte Filme zu machen über Themen, die für meine Begriffe zu selten und zu plakativ erzählt werden. Dazu gehören Themen wie weibliche Sexualität, der weibliche Blick auf die Welt, Schönheit, Unfruchtbarkeit, die Geschichten älterer Frauen. Auch archaische Themen gehören dazu, wie das alte Wissen, das in unseren Genen von Generation zu Generation weitergereicht wird, Wiedergeburt, Selbstheilung, Schamanentum und Riten. Ich bin überzeugt, dass man jedes Thema so erzählen kann, dass es das Potenzial hat, ein großes Publikum zu erreichen. Man muss diese „alten Themen" in unserem modernen Leben nur neu- oder wiederentdecken. Auf diese Weise kann der „weibliche Blick" auf die Welt, ebenso wie der „männliche Blick", ein universeller sein.

Aufz. BSB

Maren Ade

REGISSEURIN, PRODUZENTIN, AUTORIN

Maren Ade studierte ab 1998 an der HFF München zuerst in der Abteilung Produktion und Medienwirtschaft und wechselte im Herbst 2000 innerhalb der HFF München in die Abteilung Film und Fernsehspiel.

2001 gründete sie gemeinsam mit Janine Jackowski die Filmproduktionsfirma Komplizen Film, mit der sie 2003 ihren HFF-Abschlussfilm DER WALD VOR LAUTER BÄUMEN produzierte. Der Film erhielt unter anderem den Special Jury Award des Sundance Film Festivals 2005 und wurde im selben Jahr für den Deutschen Filmpreis nominiert. Der Film wurde auf einer Vielzahl internationaler Festivals gezeigt.

Ihr zweiter Film ALLE ANDEREN hatte seine Uraufführung im Wettbewerb der Internationalen Filmfestspiele Berlin 2009 und wurde dort mit dem Silbernen Bären als Bester Film (Großer Preis der Jury) und mit dem Silbernen Bären für Birgit Minichmayr als Beste Darstellerin ausgezeichnet. ALLE ANDEREN startete in über 18 Ländern im Kino und erhielt drei Nominierungen für den Deutschen Filmpreis.

Maren Ade produziert nicht nur ihren eigenen Filme selbst, sondern ist auch bei anderen Produktionen als Produzentin tätig.

FILMOGRAFIE
2014 ÜBER-ICH UND DU (Spielfilm von Benjamin Heisenberg; Produzentin)
2013 REDEMPTION (Kurzfilm von Miguel Gomes; Ko-Produzentin)
   TANTA AGUA (Spielfilm von Ana Guevara und Leticia Jorge; Ko-Produzentin)
2012 DIE LEBENDEN, (Spielfilm von Barbara Albert; Ko-Produzentin)
   TABU (Spielfilm von Miguel Gomes; Ko-Produzentin)
2011 SCHLAFKRANKHEIT (Spielfilm von Ulrich Köhler; Produzentin)
2009 ALLE ANDEREN (Spielfilm; Buch und Regie)
2006 HOTEL VERY WELCOME (Spielfilm von Sonja Heiss; Produzentin)
2003 DER WALD VOR LAUTER BÄUMEN (Spielfilm; Buch und Regie)
2002 KARMA COWBOY (Spielfilm von Sonja Heiss und Vanessa van Houten; Produzentin)
2001 VEGAS (Kurzfilm; Buch und Regie)
2000 EBENE 9 (Kurzfilm; Buch und Regie)

Feministin sein war uncool

Wenn zu meiner Zeit an der Filmhochschule eine Studentin gesagt hätte „Ich bin Feministin", wäre das uncool gewesen. Ich hätte damit verbunden, dass jemand sich auf eine bestimmte Art gegen Männer stellt und das Gefühl hat, sich wehren zu müssen, sprich: ein Opfer zu sein. Auch heute würde ich mich nicht als Feministin bezeichnen, weil ich den Begriff überfrachtet finde, aber ich denke mittlerweile sehr in diese Richtung. Ich achte mehr darauf, was andere Frauen machen, arbeite extrem gern mit ihnen zusammen und brauche andere Frauen zur Orientierung in meinem Beruf und im Privaten.

Das heißt nicht, dass ich mit einem Regiekollegen nicht ein genauso interessantes Gespräch führen kann. Ich freue mich aber mehr, wenn eine Frau etwas macht, was ich gut finde, einfach weil es immer noch eher die Ausnahme ist. Auf Festivalreisen merke ich oft, dass ich die einzige Regisseurin unter Männern bin. Das hat zwar auch einen Reiz, aber ich freue mich immer, wenn ich andere Frauen treffe und merke, dass ich mich ihnen auf eine andere Art nahe fühle. Feminismus hat für mich viel mit Solidarität, Austausch und Zusammenhalt zu tun, auch mit einer Überprüfung. Wir können noch nicht mit den gesellschaftlichen Rollenbildern zufrieden sein und erst recht nicht damit, dass Frauen in manchen Berufen immer noch benachteiligt sind.

An der Filmhochschule dachte ich, das sei kein Thema. In gewisser Weise stimmte das seinerzeit auch, weil in unserem Jahrgang ebenso viele Frauen wie Männer studierten. Das Thema kam wieder hoch, als ich mit unserer Produktionsfirma „Komplizen Film" die berufliche Verantwortung für größere Filme übernahm und unsere Stoffe stärker rechtfertigen musste. Die gläserne Decke, von der oft gesprochen wird, sehe ich im künstlerischen Bereich weniger stark als in der Wirtschaft. Frauen wird viel zugetraut, und immerhin gibt es in Deutschland deutlich mehr Regisseurinnen als in anderen Ländern.

Die ungelösten Probleme zeigen sich beispielsweise in dem Moment, in dem es um die kommerzielle Einschätzung eines Stoffes geht. Sofort entsteht die Hauptfrage, wer sich wie mit der Hauptfigur identifizieren könnte: Wer geht mit ihrer Geschichte mit? Wer versteht das Thema und fühlt sich davon angesprochen? Über die Frage nach Identifikationsmustern ist man schnell bei der Frage nach der männlichen oder weiblichen Zielgruppe. Gerade bei Frauenfiguren mache ich die Erfahrung, dass die Sympathiefrage eine große Rolle spielt. Ist die Frau sympathisch? – Letztlich ist das bei jeder Figur eine furchtbare Frage.

In der Arbeit spielt die Frage nach Mann oder Frau kaum noch eine Rolle. Ich traue mich immer mehr, die Chefin zu sein und habe auch Spaß daran. Früher wusste ich manchmal nicht, ob mich bestimmte Dinge Überwindung kosten, weil ich eine Frau bin. Heute denke ich, dass Druck für jeden schwierig auszuhalten ist.

Frauenfiguren, Klischees, Tabus

Ich kann heute oft nicht unterscheiden, ob ein Film von einer Frau oder einem Mann stammt. Die Filmgeschichte ist voller Filme von Männern über Frauen, in denen ich mich wiederfinden kann. Wenn ich nicht wüsste, dass A WOMAN UNDER THE INFLUENCE (1974) von John Cassavetes ist, würde ich denken, eine Frau hätte ihn gemacht. Umgekehrt finde ich viele Filme von Frauen nicht besonders weiblich. Vielleicht sind sie offener, weniger geradlinig und stellen weniger Behauptungen auf.

Letztlich ist doch uninteressant, immer danach Ausschau zu halten. Mich beschäftigt eher die Frage, warum Frauenfiguren oft Gefühle wie Traurigkeit und Angst in einen Film bringen, während Männer das verständnislose Gegenüber verkörpern oder einsame Helden sind, wenn sie Gefühle zeigen. Versucht man, dieses Schema umzudrehen, bedeutet das immer etwas. Eine Frau in einer Männerwelt oder ein schwacher Mann fallen in Filmen mehr auf als im Alltag. Solch eine Konstellation wird sofort zum zentralen Thema. Manchmal habe ich das Gefühl, das Kino hinkt dem Leben hinterher, meine Filme eingeschlossen.

Bei Frauenfiguren kommt immer noch ein Schmerz um die Ecke – und das wird wahrscheinlich auch bei allen meinen Filmen so bleiben. Es gibt eine Wunde, eine Sensibilität, an der die Figur verzweifelt. In ALLE ANDEREN (2009) ist Birgit Minichmayr[1] zwar auch wütend und springt aus dem Fenster, aber davor geht sie durch eine Phase, in der sie sich extrem anpasst und leidet. ALLE ANDEREN dreht sich um die Mann-Frau-Rollenverteilung in einer Beziehung. Interessant war, dass viele den Mann als Aggressor und Täter wahrnahmen. „Der ist unmöglich zu ihr!", „Was für ein Arsch!", waren häufige Reaktionen. Von mir aus habe ich den Film so nicht konzipiert. In meinen Augen war die weibliche Hauptfigur ganz klar selbst schuld an ihrer Situation. Niemand hat sie gebeten, sich derart anzupassen und bei dem anderen Paar anzubiedern. Ich verließ mich darauf, dass sie klar als starke Frau eingeführt wird und ihre Meinung sagt. Egal was ihr Freund sagt, kann man von ihr erwarten, dass sie standhält. Das tut sie aber nicht und davon handelt der Film, ohne den Mann an den Pranger zu stellen.

Trotzdem wurde das häufig anders gelesen, etwa so: der Mann als Täter, sie als Opfer. Ich fand diese Lesart fast reaktionär, aber vielleicht war ich nicht präzise genug. Mich interessierte mehr, dass die Hauptfiguren Gitti und Chris unabhängig voneinander von dem zweiten traditionelleren Paar, das eine konservative erwachsene Beziehung lebt, beeindruckt sind und deren Rollenverteilung zu einer Art Sehnsuchtsbild für sie wird, obwohl sie als modernes Paar eigentlich darüber hinweg sein sollten.

Vor kurzem sah ich noch einmal LA NOTTE (1961) von Michelangelo Antonioni und dachte über die Figur von Marcello Mastroianni nach. Mit ihm, nicht mit Jeanne Moreau, konnte ich mich extrem identifizieren, weil er der Held des Films ist. Wir sind es als Frauen gewohnt, uns mit Männern zu identifizieren, und tatsächlich gibt es viele Überschneidungen mit solchen Männerfiguren. Dennoch lande ich schnell bei einer

---

1 Birgit Minichmayr, deutsche Schauspielerin, geboren 1977 in Linz, Österreich. Ausbildung am Max Reinhardt Seminar, erhielt für ihre Rolle als „Gitti" in Maren Ades Film ALLE ANDEREN den Preis für die beste Hauptdarstellerin (Silberner Bär) auf der Berlinale 2009.

Am Set von ALLE ANDEREN

bestimmten Art der weiblichen Verzweiflung. Es fällt mir auf, dass es keine klassische Tradition weiblicher Heldinnen gibt. Danach sehne ich mich manchmal, ohne zu wissen, wie sie aussehen könnte. Ich stelle mir solch eine Frau nicht besonders hart vor, eher so, dass sie sich in ihrem Körper relativ wohlfühlt, selbst wenn er nicht ideal ist, und die entspannt, höchstens etwas melancholisch, im Sessel hängt, eine schlabbrige Unterhose anhat und gerade deshalb attraktiv wirkt. Solch eine Figur wäre bestimmt möglich, nur: Wie inszeniert man das, ohne dass es gleich etwas bedeutet und als Statement gelesen wird? Bestimmt gibt es solche Figuren längst, aber spontan fällt mir keine ein.

Manchmal kommt mir der Verdacht, dass ich beim Schreiben selbst dazu neige, Frauenfiguren zu erklären, damit sie transparenter werden. Da entsteht etwas Gefallsüchtiges, Emotionales. Den Männerfiguren traue ich eher ein Geheimnis zu. Da stoße ich an meine Grenzen.

Was ist schon „typisch weiblich"?

Jede Figur, auch die männlichen, die ich schreibe, enthalten viel von mir. Mit Chris[2] in ALLE ANDEREN habe ich mich dennoch schwerer getan als mit Gitti, der Frauenfigur. Ich kam stärker in Zweifel, fühlte mich nicht kompetent, fragte mich, ob ich mich überhaupt in einen Mann hineindenken kann oder ob nicht alles Projektion bleibt.

---

2   Gespielt von Lars Eidinger, deutscher Schauspieler, geboren 1976 in Berlin, Ensemblemitglied der Berliner Schaubühne. Gewann für seine Rolle als „Chris" in ALLE ANDEREN den Preis als bester Hauptdarsteller beim Varna Love is Folly Film Festival 2009.

Männer gehen oft sehr unverblümt an Frauenfiguren heran und behaupten allerhand, was ich manchmal anmaßend finde.

Bei ALLE ANDEREN tauschte ich mich dann mit meinem Freund Ulrich Köhler[3] und mit Lars Eidinger, dem Darsteller von Chris, über meine Zweifel aus. Mit Lars improvisierte ich, wie er bestimmte Sätze sagen und sich verhalten würde. In ALLE ANDEREN stand mir die Frauenfigur näher, bei meinem neuen Stoff ist es umgekehrt. Die Hauptfigur ist ein Mann Mitte 60, dessen Humor mir nahe ist, sodass ich ihn gut schreiben kann.

Ob eine Figur im Sinne von typisch männlich oder typisch weiblich stimmig ist, interessiert mich nicht wirklich, weil es das nicht gibt. Das Buch muss charakteristisch für die Figur sein. Bei meinem ersten Spielfilm DER WALD VOR LAUTER BÄUMEN (2003) trieb ich das auf die Spitze. Die scheiternde Lehrerin Melanie Pröschle[4] ist nicht typisch weiblich, sie ist typisch Melanie Pröschle. Genauso gut hätte ich einen lieben Lehrer als männliche Hauptfigur wählen können, denn im Lehrerberuf gibt es, ehrlich gesagt, ebenso viele Männer, die sich nicht durchsetzen können. Vielleicht wäre das sogar noch schrecklicher gewesen.

Frauen und Autorität

Ich mag die Filme von Agnès Varda[5], Barbara Loden[6], Lucrecia Martel[7], Claire Denis[8], Kelly Reichardt[9], Valeska Grisebach[10] und Andrea Arnold[11], um nur einige zu nennen.

---

3 Ulrich Köhler, deutscher Regisseur und Drehbuchautor von: BUNGALOW (2002), MONTAG KOMMEN DIE FENSTER (2006), SCHLAFKRANKHEIT (2011), Preis für beste Regie (Silberner Bär) auf der Berlinale 2011
4 Gespielt von Eva Löbau.
5 Agnès Varda, französische Regisseurin, geboren 1928 in Brüssel, Belgien. Bekannt für: MITTWOCH ZWISCHEN 5 UND 7 (1961), DAS GLÜCK AUS DEM BLICKWINKEL DES MANNES (LE BONHEUR, 1965), DIE WELT IST EIN CHANSON – DAS UNIVERSUM DES JACQUES DEMY (L'UNIVERS DE JACQUES DEMY, 1995), DIE STRÄNDE VON AGNÈS (LES PLAGES D'AGNÈS 2008).
6 Barbara Loden, 1932–1980, US-amerikanische Schauspielerin, Drehbuchautorin und Regisseurin. Bekannt für: WILDER STROM (1960), FIEBER IM BLUT (1961), FADE-IN (1968) und WANDA (1970).
7 Lucrecia Martel, Regisseurin und Drehbuchautorin, geboren 1966 in Argentinien. Drehte u. a.: LA CIÉNAGA (MORAST, 2001), LA NIÑA SANTA (DAS HEILIGE MÄDCHEN, 2004), nominiert für die Goldene Palme, LA MUJER SIN CABEZA (2008), nominiert für die Goldene Palme für den Besten Film.
8 Claire Denis, französische Regisseurin, geboren 1946 in Paris. Assistentin von Wim Wenders, drehte 1988 ihren ersten Film CHOCOLAT. Es folgten u. a. S'EN FOUT LA MORT (SCHEISS AUF DEN TOD, 1990), J'AI PAS SOMMEIL (ICH KANN NICHT SCHLAFEN, 1994), BEAU TRAVAIL (DER FREMDENLEGIONÄR, 1999), L'INTRUS (DER FEIND IN MEINEM HERZEN, 2004), LES SALAUDS (DIE DRECKSKERLE, 2013).
9 Kelly Reichardt, US-amerikanische Regisseurin, geboren 1964 in Miami, Florida. Bekannt geworden mit ihrem Debütfilm RIVER OF GRASS (1994). Es folgten u. a.: OLD JOY (2006), WENDY AND LUCY (2008), MEEK'S CUTOFF (2010), NIGHT MOVES (2013).
10 Valeska Grisebach, deutsche Regisseurin und Drehbuchautorin, geboren 1968 in Bremen. Gewann mit dem Film MEIN STERN (2001) den First Steps Award und den 1. Preis beim Torino Film Festival 2001. Es folgten: SEHNSUCHT (2006) und NARBEN (2007). SEHNSUCHT lief 2006 im Wettbewerb der Internationalen Filmfestspiele Berlin.
11 Andrea Arnold, britische Regisseurin, Schauspielerin und Oscar-Preisträgerin, geboren 1961 in Dartford, Kent. Mit ihrem Film WESPEN (2003) gewann sie den Kurzfilmoscar. Es folgten RED ROAD (2006) und FISH TANK (2009), für die sie zahlreiche Preise gewann, u. a. den Preis der Jury in Cannes und den British Academy Film Award.

Aber unter meinen Lieblingsfilmen überwiegen die von Regisseuren. In entscheidenden Momenten der Filmgeschichte waren Frauen damit beschäftigt, sich überhaupt erst Plätze zu erkämpfen, oder vielleicht neigen Frauen nicht sehr zum Größenwahn, der beim Filmemachen nützlich sein kann.

Gitti und Sana in ALLE ANDEREN

In meinem Beruf empfinde ich viel Druck. Man möchte einen guten Film machen, hat aber auf der anderen Seite eine Führungsposition. An manchen Drehtagen habe ich wirklich keine Lust, auch noch diese Rolle auszufüllen. Wenn ich konzentriert mit den Schauspielern arbeiten will und inhaltliche Probleme habe, spiele ich nur ungern den Anführer. Filmteams können sehr führungshungrig sein, und wenn du sehr viele Takes drehst oder etwas anders als üblich machst, wird dir schnell Unsicherheit unterstellt.

Gitti und Chris in ALLE ANDEREN

Das Schwierigste ist, herauszufinden, wo die eigene Autorität gut funktioniert, damit ich nicht den halben Tag damit beschäftigt bleibe, den Chef zu spielen. Im Vorfeld von ALLE ANDEREN besprach ich lange auch mit dem Technikteam, wie ich arbeiten will. Ich sagte, dass ich zu manchen Sachen nicht unbedingt in der Lage bin, dass ich gern konzentriert arbeite und erklärte meine Methode. Das war gut für mich. Ich habe lange darüber nachgedacht, wie ich am besten arbeiten kann. Ich gehe strategisch heran und höre in mich hinein. Man muss sich der Rolle des Ansagers entziehen, um kreativ zu sein, davon bin ich überzeugt. Meine Erfahrung ist: Wenn das Team versteht, was dich inhaltlich antreibt, und du umgekehrt dein Team ernst nimmst, entsteht die Autorität leicht. Es kommt vor allem darauf an, dass man gerecht und authentisch ist.

Das Herzstück

Die Arbeit mit den Darstellern ist das Herzstück, der schwierigste und aufregendste Teil der Arbeit. Schon beim Casting spüre ich meinen persönlichen Zugang. Nicht nur, welche Schauspieler gut spielen, interessiert mich, sondern auch, wen ich mag, mit wem ich mich wohlfühle und es aushalte. Man muss beim Filmemachen eine Menge zusammen durchstehen, das schaffe ich nicht mit jedem, egal wie gut er spielt. Ich

Lars Edinger als Chris in ALLE ANDEREN

hatte bislang immer Glück, ich brauche eine bestimmte Art Verliebtheit für die Figur und damit auch für die Schauspieler.

Bei der Besetzung von Chris in ALLE ANDEREN habe ich mir viele Gedanken gemacht und beim Casting darauf geachtet, ob sich die männlichen Schauspieler entspannt etwas von mir sagen lassen. Das Problem ist vollkommen geschlechterunabhängig. Manchmal sind Schauspieler bockig und brauchen Zeit, bis sie sich öffnen und vertrauen. Meine Antennen funktionieren gut, sodass ich merke, ob es dabei um Inhaltliches geht oder sich ein Machtkampf anbahnt, zu dem ich keine Lust habe. Weder bei Lars Eidinger noch bei Birgit Minichmayr spielten sich solche Machtkämpfe ab. Lars war bei den Dreharbeiten von Frauen praktisch umzingelt – er hatte noch den Kameramann, dem er zuwinken konnte –, aber ich schätzte extrem, wie offen er war.

Der Moment, in dem die Schauspieler dazukommen und etwas Neues entsteht, macht mir beim Filmemachen am meisten Spaß. Plötzlich muss man sich an das, was im Augenblick geschieht, hingeben. Plötzlich bin ich von der Akribie und Pedanterie befreit, in die ich bei der Vorbereitung manchmal verfalle.

Wie bin ich zum Film gekommen?

Mit 15 bekam ich eine Videokamera geschenkt, weil ich herumfilmen wollte. Ich bin immer gern ins Kino gegangen, denn ich durfte zu Hause nicht viel fernsehen. Als Teenager bin ich in Karlsruhe oft nachmittags in die Stadt gefahren und habe mir in der

Schauburg, einem guten Kino, allein Filme angeschaut, z. B. MY PRIVATE IDAHO (1991) von Gus Van Sant mit Johnny Depp oder DER MIT DEM WOLF TANZT (1990) von Kevin Costner, meist keine große Filmkunst, aber es hat mich angezogen.

Mit 16 drehten meine Freunde und ich dann einen kleinen Film. Dabei habe ich auch den Schnitt gemacht – in der Landesbildstelle, zusammen mit meinem damaligen Freund. Meine Eltern unterstützten meinen Wunsch, auf eine Filmhochschule zu gehen. Ich fing mit einem Praktikum in der Produktionsfirma Claussen und Wöbke in München an und bewarb mich an der Hochschule für Film und Fernsehen für die Produktion. Eine Zeitlang nahm die Münchener Filmhochschule lieber ältere Semester, die schon studiert hatten, aber dann begann ein Jugendwahn. Ich war bei Beginn meines Studiums 21 Jahre alt und viele aus meinem Jahrgang kamen direkt von der Schule.

Ich bereute schnell, dass ich mich nicht für Regie beworben hatte. Eigentlich wollte ich dorthin, traute mich aber zunächst eben nicht. Als mir klar wurde, dass die Regiestudenten auch nicht mehr vorzuweisen hatten, wollte ich wechseln. Ich schaute ihnen sehnsüchtig hinterher, wenn sie in ein Kamera-Seminar gingen und wir Urheberrecht pauken mussten. Janine Jackowski[12], mit der ich später „Komplizen Film" gründete, studierte im selben Jahrgang. Nach einem Jahr fragte ich sie, ob sie meinen ersten Film produzieren würde. Schließlich machten wir 2000 zusammen außerhalb der Hochschule den Kurzfilm EBENE 9, in den ich viel Energie steckte. Weil ich nicht in der Regie-Klasse war, hatte ich das Gefühl, ich müsste mich besonders beweisen. Geld bekamen wir vom Bayrischen Rundfunk. Laura Tonke (s. S. 436) und Frank Giering[13] spielten ein ehemaliges Pärchen, das sich wiedertrifft. In einem Parkhaus fangen sie wieder etwas miteinander an, aber der Mann wird unangenehm und jagt die Frau durch das Parkhaus, weil er auf Rache aus ist. Ein bisschen überladen war das, aber die Schauspieler waren wirklich toll.

Ich merkte, dass es das ist, was mich am meisten interessiert, und durfte in die Regie-Klasse wechseln. Ich musste zwar nicht von vorne anfangen, aber dafür hatte ich all die guten Seminare vorher verpasst. Mein Abschlussfilm DER WALD VOR LAUTER BÄUMEN, auch von Janine Jackowski produziert, kam relativ schnell. Im Nachhinein ist alles gut gelaufen, denn das Studium hat mir einen Zugang zur Produktion verschafft. Dass ich meine Filme in unserer Firma selbst produziere, ist heute selbstverständlich – alles andere könnte ich mir nicht vorstellen.

---

12 Janine Jackowski, deutsche Produzentin, 1976 in Karlsruhe geboren. Gründete gemeinsam mit Mare Ade 2001 die Filmproduktionsfirma „Komplizen Film". Janine Jackowski produzierte alle Filme von Maren Ade und Sonja Heiss, außerdem Filme von Miguel Gomes, Ulrich Köhler, Benjamin Heisenberg und Barbara Albert.
13 Frank Giering, deutscher Schauspieler, 1971–2010. Studierte Schauspiel an der HFF Potsdam-Babelsberg und war ab Mitte der 1990er-Jahre in zahlreichen TV-Filmen und Serien zu sehen. Seine wichtigsten Kinofilme sind ABSOLUTE GIGANTEN (1999), ANATOMIE 2 (2003), DIE NACHT SINGT IHRE LIEDER (2004), SCHWARZE SCHAFE (2006).

Pia Marais

REGISSEURIN

Pia Marais wurde 1971 in Johannesburg/Südafrika als Tochter eines südafrikanischen Schauspielers und einer Schwedin geboren und wuchs in Südafrika, Schweden und Spanien auf. Sie studierte in London, Amsterdam und Düsseldorf Bildhauerei und Fotografie, bevor sie ihr Filmstudium an der Film- und Fernsehakademie Berlin (dffb) absolvierte.

Pia Marais lebt in Berlin. Sie realisierte mehrere Kurzfilme und arbeitete als Casting-Direktor und Regieassistentin, bevor sie 2007 mit dem Spielfilm DIE UNERZOGENEN debütierte, der u. a. den Tiger Award beim Filmfestival in Rotterdam 2007 gewann.

Ihr zweiter Spielfilm IM ALTER VON ELLEN wurde im Rahmen der Résidence du Festival de Cannes entwickelt und feierte seine Premiere im Wettbewerb beim Filmfestival Locarno 2010.

Ihr in Südafrika angesiedelter Thriller LAYLA FOURIE wurde in den Wettbewerb der Berlinale 2013 aufgenommen und erhielt eine lobende Erwähnung der Internationalen Jury.

Pia Marais bereitet gegenwärtig den Film ALMA UND PIET (Buch: Carola Diekmann) vor.

FILMOGRAFIE
2013 LAYLA FOURIE
2010 IM ALTER VON ELLEN
2007 DIE UNERZOGENEN
2003 17 (Kurzfilm)
1999 TRICKY PEOPLE (Kurzfilm)
1998 DERANGED (Kurzfilm)
1996 LOOP (Kurzfilm)

Mich interessiert die starke Konstruktion

Ich wünschte, ich könnte sagen, dass bestimmte Filme mich dazu bewogen haben, Regisseurin zu werden. In einem gewissen Alter, als meine Familie von Südafrika nach Schweden gezogen war, habe ich Filme geguckt – mein Vater war ja Schauspieler –, aber das blieb sehr restriktiv. Mein Interesse entstand vielmehr erst, als ich Kunst studierte.

Ich wollte unbedingt einen Beruf, mit dem ich mich versorgen kann. Ursprünglich wollte ich Architektur studieren, aber dann ging ich aus Schweden weg nach England und studierte Bildhauerei, weil die Dozenten mich davon zu überzeugen versuchten. Nach einem Jahr wechselte ich an die audiovisuelle Abteilung einer Kunsthochschule in Holland, wo ich hauptsächlich mit Fotografie arbeitete.

Dann kam ich an die Kunstakademie Düsseldorf. In dieser Zeit der Suche wuchs das starke Gefühl, dass die bildende Kunst nichts für mich sei, weil ich nicht allein arbeiten mag. Darin drückte sich ein klares Bedürfnis aus. Als Bildhauerin muss man sehr fest an sich glauben, denn die Wahrscheinlichkeit, dass ein anderer es tut, ist äußerst gering.

Die künstlerische Auseinandersetzung mit Zeit

Damals boomte der Kunstmarkt, auch unter den Professoren der Kunstakademie waren einige enorm erfolgreiche Leute. Die Galerien, die jetzt in Berlin sind, stellten damals in Köln und Düsseldorf aus. Und trotzdem zweifelte ich.

In Düsseldorf schrieb ich mich in eine Filmklasse ein, weil mich das Medium interessierte.

In Südafrika hatte ich von Freunden meiner Eltern zwei ältere 16mm-Kameras geschenkt bekommen. Eine Professorin unterstützte mich bei der Idee, damit zu filmen, weil ich in Südafrika Videos mit der Lochkamera fotografiert hatte und diese Bilder überraschenderweise sehr filmisch wirkten. In dieser künstlerischen Auseinandersetzung mit Zeit habe ich mich sehr schnell gefunden.

Man riet mir auszuprobieren, wie ich einen Film in der 16mm-Kamera schneiden und quasi einen Trickfilm mit Schauspielern herstellen könnte. Ich drehte drauflos, um festzustellen, dass einiges nicht stimmte. In meiner kleinen FRÄULEIN-JULIE-Interpretation, oben unter dem Dach der Akademie mit fast nichts gedreht, guckten die Leute aneinander vorbei. Achsenverhältnisse und dergleichen kannte ich nicht. Eine deutsche Freundin, Cutterin unter anderem an einer Filmschule in Kapstadt, half mir damals. Andere Freunde, die am Beta-Studio-Schnittplatz der Akademie arbeiteten, sorgten für die Korrektur des Materials, indem wir es einfach mit der Videokamera vom 16mm-Projektor abfilmten. Ich bekam Lust, alles besser zu verstehen und bewarb mich an der Film- und Fernsehakademie in Berlin (dffb), wo ich 1996 angenommen wurde.

LAYLA FOURIE (2013)

Der Gedanke, dass man an einer Filmhochschule alles lernt, ist etwas naiv. Man lernt nur so viel, wie man lernen will, das meiste muss man sich selbst holen. Ich hatte das Bedürfnis, in einem künstlerischen Bereich zu arbeiten, wo ich nicht allzu „frei" und allein bin. Dennoch hat mich die Zeit an der Kunstakademie stark geprägt in der Weise, wie ich mit Film umgehe.

Ich mag das Erzählkino, was nur auf den ersten Blick ein Widerspruch ist. Obwohl mir einige Leute sagen, ich müsste mutiger in die andere Richtung gehen, weil mir das Erzählkino doch nicht liege, habe ich mit meinem Film LAYLA FOURIE (2013) genau das gegenteilige Gefühl. Mich interessieren das Erzählerische, die Idee und die Konstruktion. Jeder Film ist enorm konstruiert, sonst gäbe es keine Geschichte. Ich meine damit mein Interesse daran, *wie* etwas erzählt wird. Da entstehen die wirklichen Kinomomente, die man anstrebt, weil sie mehr als Erzählung sind, mehr als pure Information. Vielleicht geht meine Art des Erzählens in Richtung physisches Kino.

Südafrika erzählen

Bei den Dreharbeiten zu LAYLA FOURIE war die Hauptdarstellerin Rayna Campbell von ihrer Rolle als alleinerziehende Mutter und Security-Angestellte wie besessen. Ich habe ihr intensives Innenleben sehr stark gespürt. Diese Frau hatte sechs Jahre lang nicht gearbeitet. Nicht einen einzigen Job beim Film bekam sie. Sie gründete eine Firma für Glatthaarperücken, um leben zu können. Man muss wissen, dass fast alle schwarzen Frauen in Südafrika Glatthaarperücken tragen, nach den Vorbildern von Michelle Obama und Naomi Campbell. Auch als Layla Fourie trägt Rayna solch eine Perücke. Südafrikas Haare sind eine fast ebenso riesige Industrie wie die Security. Zusätzlich benutzen manche Frauen auch gefährliche Bleichmittel, um ihre Haut aufzuhellen. Da findet allmählich eine Transformation à la Michael Jackson statt.

Einen Moment lang überlegte ich, ob wir nicht im Schlussbild Raynas echte Haare zeigen sollten. Sie trägt ihren wundervollen Afro-Look unter der Perücke – *like a pen-*

LAYLA FOURIE (2013)

flow! Aber dann entschied ich mich dagegen, weil es ein starkes Statement gewesen wäre, das mit dem Film nichts zu tun hat.

LAYLA FOURIE erzählt eine ödipale Liebesgeschichte zwischen Layla und ihrem zehnjährigen Sohn (Rapule Hendricks), der alles von seiner Mutter weiß und sie herausfordert. Es geht auch um Misstrauen, um die totale innere Ausweglosigkeit. Das Misstrauen zwischen Mann und Frau, die Rayna Campbell und August Diehl verkörpern, ist ein geschlossener Zirkel. Er wird durch Laylas Kind, das die erste tiefe Eifersucht seines Lebens erlebt, gespiegelt.

Eine schwarzweiße Liebesgeschichte zwischen Rayna Campbell und August Diehl wäre ein vollkommen anderer Film geworden. Man hätte ihn ausschließlich über diese Beziehung erzählen müssen wie etwa bei Liliana Cavanis DER NACHTPORTIER. In unserem Fall musste die Liebe unentschieden bleiben. Im letzten Bild dreht sich Layla um und sieht August Diehl, wie er durch eine Menschenmenge läuft. Weiß man, ob sie sich begegnen, und was er an diesem Ort in diesem Moment macht?

Die schöne Seite des Patriarchalen

Bei meinem ersten Film arbeitete ich mit einem Kameramann zusammen, der ein Autoritätsproblem herausforderte, wie ich es vorher noch nicht erlebt hatte. Ich stamme aus einem Elternhaus, in dem schon damals die Gleichberechtigung galt. Eigentlich aber entschied meine Mutter, wo es langgeht – nicht aus einem Machtkampf heraus, sondern weil sie fähiger war. Für mich war immer selbstverständlich, dass ich gleich gut oder gleich schlecht wie jeder Kollege bin, obwohl ich weiß, dass ein großer Typ mehr Autorität ausstrahlt als eine schmale Frau.

Mag sein, dass Männer eine Spur narzisstischer sind. Frauen, so viel steht fest, sind selbstkritischer bei der Arbeit. Aber beim Filmemachen geht es nicht um einen selbst. Es ist eher wie in einer Familie, in der man schauen muss, dass es funktioniert, statt sich in die Mitte zu stellen mit einem: „Hallo! Ab jetzt kreist alles um mich!" Der

Kameramann meines ersten Films versuchte, mich in die Knie zu zwingen, aber ich bin immer wieder aufgestanden. Eigentlich wünschte ich mir im Drehprozess einen Partner, so wie es die Kameraleute meiner anderen Filme waren.

Der Konflikt entstand um technische Abläufe, nicht um stilistische Fragen. Der Kameramann hatte vorher mit einem großen südamerikanischen Autorenfilmer gearbeitet, bei dem es sicher anders ablief als bei mir. „Bau mal den Kran auf! Mach mal eine Fahrt hier!" Bei mir war es ein bisschen suchender und chaotischer. Das verwirrte ihn vielleicht. Aber wenn jemand den Konflikt mit mir will, bekommt er ihn. Ich riskiere ihn, wenn es nicht anders geht. Ursprünglich wollte ich in Südafrika mit der großartigen französischen Kamerafrau Hélène Lovart arbeiten, aber ich entschied mich anders , weil ich einen Mann an meiner Seite brauchte, damit das Team nicht auf die Barrikade gehen würde, wenn zu viele Frauen in Führungspositionen arbeiten. Manche weißen Männer dort kommen nicht so gut damit zurecht, weil sie wahrscheinlich darunter leiden, dass sie entmachtet wurden. Ich musste diplomatisch sein, nachdem es bei IM ALTER VON ELLEN ab und zu kleine Arbeitsverweigerungen gegeben hatte.

Andererseits hat das gewisse Patriarchale auch eine schöne Seite. In Südafrika erlebe ich den Verlust jetzt auf Seiten der weißen Männer. Da kann mein Herz brechen, wenn ich mich erinnere, wie schön es war, wenn die Väter Verantwortungsgefühl für die Familien getragen haben. Jetzt ist das Selbstverständnis der Weißen, das früher stark mit Autorität verbunden war, in Frage gestellt, weil sie am unteren Ende der Einstellungsquoten oft keine Arbeit finden. Wenn sie können, verlassen sie das Land in Richtung angelsächsische Länder, oft nehmen sie ihre Familien mit. In meiner Kindheit habe ich noch ein Familienverhalten kennengelernt, das mir in Deutschland zu fehlen scheint. Ich finde es erstaunlich, wie viele Menschen hier allein sind. Zu LAYLA FOURIE bekam ich viele Zuschriften von alleinerziehenden Müttern, die sich angesprochen fühlten.

Auch wenn ich vielleicht gern ein Kind hätte, frage ich mich, ob ich die Kraft hätte, als allein erziehende Mutter einen Film zu machen. Es gibt Leute, die es schaffen, aber die meisten versinken im Alltag. Wie halten sie die freiberufliche Arbeit aus, die man selbst strukturieren muss? Leider hat man beim Film kein geregeltes Leben. Kaum jemand schafft es, seiner Familie Priorität einzuräumen. Und wenn, dann kümmern sich die anderen, die keine Familie haben, selbstverständlich um die Firma, egal ob Frau oder Mann. Am Set gibt es überhaupt kein Privatleben.

Bei vielen jungen Eltern beobachte ich heute, dass sie sich hoch ambitioniert und merkwürdig intolerant für ihr Kind einsetzen. Man will eine gesellschaftliche Leistung erbringen, ohne die man sich als wertlos empfindet. Mir fehlt dabei die Großzügigkeit. Frauen denken, die Welt ändert sich, wenn die Männer sich um die Kinder kümmern, aber ich finde, diese starke Idee wird entwertet, solange man dabei nicht tolerant gegenüber anderen bleibt.

Alles super

In der dffb, in der ich studierte, gab es bestimmte Zirkel unter männlichen Kollegen, die alle relativ erfolgreich wurden. Ich konnte da beobachten, dass sie untereinander Aufträge weiterreichten, wenn sie selbst keine Zeit hatten. Handeln Frauen ähnlich? Ich frage mich, warum die Konkurrenz unter Frauen so groß ist und zu so vielen Ambivalenzen führt. Warum können wir nicht pragmatisch funktionieren wie Männer? Ich erlebe diese schwer verständliche Konkurrenz, bin aber zum Glück auch großartigen Frauen begegnet, die nicht Männer für grundsätzlich besser halten.

Auf Festivals erzählen männliche Kollegen gern, dass ihr Film super ist, die Reaktionen auch: „Alles super und fantastisch!" Ich würde vermutlich sagen, wie es war. Frauen erlebe ich viel selbstkritischer. Als ich einmal bei einem Panel zum Thema *Tradition und Widerstand* mit Volker Schlöndorff, Bruno Dumont und Emily Atef auf dem Podium saß, fragte ich mich plötzlich: „Was tue ich hier?" Ich interessiere mich gezielt für bestimmte Themen und gehe dabei analytisch vor, aber ich interessiere mich nicht so sehr für das große allgemeine Geschehen und die professoralen Gesten und kam mir in der Konstellation mit dem grandiosen Bruno Dumont, der einmal Philosophielehrer war, wie ein *Lightweight* vor. Emily Atef und ich sollten ein Gegengewicht darstellen, aber die Balance funktionierte nicht und ich fühlte mich unwohl.

In zehn Jahren ist das sicher anders, wenn wir die Chance haben, weiter Filme zu machen. Es werden hauptsächlich Debütfilme gefördert, weil es dafür noch Sendeplätze im Fernsehen gibt. Wenn man aber den dritten, vierten oder fünften Film machen möchte, muss man ganz auf Fernsehniveau produzieren oder jahrelang auf Förderung warten. Das bedeutet, dass Filmemacher und Filmemacherinnen, die langsam Form annehmen, immer weniger Filme machen können. Natürlich braucht man Debütanten, aber ich komme inzwischen in eine Position, in der mich diese Förderungspolitik trifft. Das kappt die Stimmen, das verhindert Arbeiten, die sich zu einem neuen deutschen Film entwickeln könnten.

Aufz. CL

Laura Tonke

SCHAUSPIELERIN

1989 wurde Laura Tonke von dem Regisseur Michael Klier auf dem Schulhof für die Rolle der Elfie in OSTKREUZ entdeckt. Anschließend wirkte sie in zahlreichen Fernsehproduktionen mit und arbeitete hierfür mit Regisseuren wie Dominik Graf, Oskar Roehler, Bernd Schadewald, Tom Tykwer, Tatjana Turanskij, Sonja Heiss und vielen mehr zusammen.

Im Jahre 2000 erhielt sie die Goldene Kamera als Beste Nachwuchsschauspielerin.

Für die Filme BAADER und PIGS WILL FLY wurde sie für den deutschen Filmpreis nominiert. 2004 erhielt sie den Filmpreis der Stadt Hof.

Ihr Theaterdebüt gab sie 2003 an der Berliner Volksbühne unter der Regie von Frank Castorf in dem Stück „Forever Young"; weitere Stücke, vor allem mit der Theatergruppe Gob Squad, folgten.

Ich will noch lange sichtbar bleiben

Zwei Berufswünsche hatte ich als Kind: Stewardess und Schauspielerin. Ich wollte „gesehen" werden. Das wird man ja in beiden Berufen. Angeschaut.

Mit drei Jahren spielte ich zum ersten Mal in einem Film mit. Der Regisseur war Harun Farocki[1], der damals ab und zu Episoden von SANDMÄNNCHEN drehte.

Ich sollte an der Hand meiner Mutter über die Straße gehen und dann im Rinnstein eine gehäkelte Katze finden und sagen: „Mama, guck mal, kann ich die haben?", und meine Mutter sollte antworten: „Nein, lass die liegen, die ist dreckig."

Es war meine eigene gehäkelte Katze, die da lag, meine Oma hatte sie mir gehäkelt ich verstand nicht, warum ich sagen sollte: „darf ich die haben?", wenn es doch meine Katze war! Sie gehörte mir doch schon. Also sagte ich nichts. Und so wird in dieser Szene jetzt nichts gesagt.

Ich wollte spielen

Filmplakat zu OSTKREUZ (1991)

Mit 15 wurde ich von Michael Klier[2] auf dem Schulhof angesprochen, ob ich in einem Film mitspielen wolle. Ich wusste sofort: Das ist meine Chance und die wollte ich nutzen, ich wollte diese Rolle unbedingt. Meine Mutter erzählte mir später, dass es ihr damals vorkam, als sei ich aufgewacht. Ich habe zum ersten Mal in meinem Leben echten Ehrgeiz entwickelt.

Über mehrere Monate hinweg wurde ich getestet, wie der Regisseur des Films, Michael Klier, es damals nannte und ich musste dabei immer wieder über meinen eigenen Schatten springen. Ich erinnere mich noch, wie ich dem anderen Hauptdarsteller Miroslaw Baka[3] als Test ins Gesicht spucken sollte. Ich fand das furchtbar, dachte: „Oh Gott, was, wenn er sich vor mir ekelt?!" Schrecklich peinlich.

---

1 Harun Farocki, deutscher Filmemacher, drehte 1977 einige Folgen der Reihe DAS SANDMÄNNCHEN, in einer davon spielte Laura Tonke als Dreijährige mit.
2 Michael Klier ist Regisseur. 1989 drehte er den Film OSTKREUZ mit Laura Tonke als „Elfie" in der Hauptrolle, Sophie Maintigneux (s. S. 338) machte Kamera.
3 Miroslaw Baka ist Schauspieler und wurde durch seine Rolle in dem Film EIN KURZER FILM ÜBER DAS TÖTEN von Krzysztof Kieślowski bekannt, er spielt in OSTKREUZ neben Laura Tonke die Hauptrolle.

Am Ende bekam ich die Rolle. Vielleicht auch weil ich Miroslaw Baka ins Gesicht gespuckt habe, wer weiß.

Bereits nach dem ersten Film fand ich mich berühmt. Es hingen Plakate in der Stadt, darauf war ich zu sehen, und mein Name war darauf zu lesen. Aber ich stellte fest: Das war nicht halb so gut wie das Drehen selbst – das habe ich geliebt und hätte es von da an am liebsten nur noch gemacht.

Ich wollte gefallen

In meiner Erinnerung fand Michael Klier alles was ich machte toll. Es hat mir ehrlich gesagt viel Spaß gemacht, dass das, was ich tat, ihm und später auch anderen Regisseuren so gefiel. Dass sie mir gern zusahen. Ich hatte es also geschafft: Ich wurde „gesehen".

Von Jahr zu Jahr hat sich mein Anspruch an die Rollen erhöht. Mich interessierte vor allem das Extreme: Junkies, Nutten und Vergewaltigungsopfer. Alles andere lehnte ich eine Weile konsequent ab.

Mir gingen diese Rollen sehr nah, viel näher als gut für mich war. Ich war nicht in der Lage, die Rollen mit Abstand zu spielen. Ich weiß nicht, ob ich das heute kann, ich glaube nicht. Es wurde mir dann immer wichtiger – den Regisseuren zu gefallen. Es ist natürlich das Ziel des Schauspielers, dass es dem Regisseur gefällt, was man macht, aber wenn es nur noch darum geht, wird es gefährlich. Die Abhängigkeit von der Meinung anderer war ungesund und endete bei mir damit, dass ich nach zwölf Jahren Drehen, also mit 27 Jahren, beschloss aufzuhören.

Theater mit Gob Squad

Ich machte nur ein Jahr Pause, aber dieses Jahr hat viel verändert. Heute will ich nicht mehr nur gefallen oder berühmt sein. Mir geht es mehr darum, durch meine Rollen etwas zu erzählen, soweit das Drehbuch das hergibt, und seit fast zehn Jahren spiele ich Theater. Die Gruppe, mit der ich arbeite heißt Gob Squad[4] und ist ein Kollektiv. Es gibt dort keinen Regisseur, alles wird von allen entschieden. Ich liebe Gob Squad – man ist dort als Schauspieler so viel mehr verantwortlich für die eigene Arbeit, es gibt ja niemanden der sagt: „Spiel das noch mal ganz anders, ich schneid' mir das dann im Schneideraum so zusammen wie ich es brauche."

Und bei den Proben mit Gob Squad habe ich zum ersten Mal gespielt, ohne dass es sechs Monate später im Fernsehen oder im Kino kam. Ich war ja nicht auf der Schauspielschule und habe praktisch nie mal „nur Quatsch" gemacht, ausprobiert und experimentiert. Aber bei Gob Squad kann man das und man merkt von ganz allein sehr schnell, wenn was nicht funktioniert.

---

4 Gob Squad ist ein englisch-deutsches Theaterkollektiv. Vor 20 Jahren gegründet, haben sie bis heute über 20 Stücke gemacht. Gob Squad ist eine der modernsten und avantgardistischsten Künstlergruppen, die es zurzeit gibt.

Aber auch beim Film hat sich für mich viel verändert. Ich arbeite immer häufiger mit Regisseurinnen zusammen – Tatjana Turanskyj[5] (s. S. 306) und Sonja Heiss[6] (s. S. 440) sind zwei von ihnen und sie machen beide tolle Filme über interessante Frauen und ich bin dankbar, dass es heute solche Filmemacherinnen gibt. Die beiden haben etwas in mir gesehen, von dem ich weiß, dass das nicht viele in mir sehen – und sie haben mir dementsprechende Rollen gegeben. Eine Rolle, die etwas zu sagen hat. Mit beiden Regisseurinnen gab es viele Gespräche und Auseinandersetzungen über die Figur. Wir sind uns alle bewusst, wie wichtig es ist, Filme über interessante Frauen zu machen, die interessante Dinge tun und die möglichst auch noch den Bechdel-Test[7] bestehen.

Zur Zeit sehe ich in Film und Fernsehen wenig Frauen, die 50 oder älter sind und interessante Dinge tun dürfen. Oder diese Frauen kommen einfach gar nicht vor bzw. werden von zehn Jahre jüngeren Frauen gespielt. Die Frauen ab 50 sind im deutschen Film und Fernsehen fast unsichtbar. Wie unheimlich. Ich will nicht ab 50 unsichtbar werden. Ich will noch lange sichtbar bleiben.

Aufz. BSB

---

5 Tatjana Turanskyj ist Regisseurin. 2010 drehte sie den Film EINE FLEXIBLE FRAU, in dem Laura Tonke eine Callcenter-Chefin spielt.
6 Sonja Heiss ist Regisseurin und Schriftstellerin. Sie besetzte Laura Tonke für die Titelrolle in dem Film HEDI SCHNEIDER STECKT FEST (2014).
7 Der Bechdel-Test wurde von der US-amerikanischen Comicautorin Alison Bechdel erfunden und beruht auf drei Fragen, die man in Bezug auf einen Film mit Ja beantworten können muss, damit ein Film den Test besteht:
1. Kommt in dem Film mehr als eine Frau vor und haben sie Namen?
2. Sprechen die Frauen miteinander?
3. Reden die Frauen miteinander über etwas anderes als Männer?

Sonja Heiss

REGISSEURIN, AUTORIN

Sonja Heiss wurde 1976 in München geboren. Von 1998 bis 2001 studierte sie an der HFF München und begann danach zunächst, in der Werbung als Casting Director und später auch als Regisseurin zu arbeiten.

Mit ihrem Spielfilmdebüt HOTEL VERY WELCOME (2005-2007) erhielt sie den First Steps Award. Mit ihrem Kurzgeschichtenband *Das Glück geht aus* (2011), debütierte sie als literarische Erzählerin.

Sonja Heiss lebt mit ihrer Tochter June in Berlin.

FILMOGRAFIE
2013/14 HEDI SCHNEIDER STECKT FEST (Spielfilm)
2005-2007 HOTEL VERY WELCOME (Spielfilm)
2004 CHRISTINA OHNE KAUFMANN (Kurzfilm)
2001 KARMA COWBOY
1999 SCHNELL & SAUBER (Kurzfilm)

Ich vergesse oft, dass ich eine Frau bin

Ich habe den Begriff „Feminismus" gegoogelt und festgestellt, dass ich nach der sachlichen Definition des Begriffes dann doch tatsächlich eine Feministin bin: „Feminismus (abgeleitet von französisch *féminisme*) ist sowohl eine akademische als auch eine politische Bewegung, die für Gleichberechtigung, Menschenwürde, die Selbstbestimmung von Frauen sowie das Ende aller Formen von Sexismus eintritt. (...) Feminismus tritt für eine Gesellschaftsstruktur ein, in der die Unterdrückung von Frauen, die er als gesellschaftliche Norm analysiert hat, beseitigt ist und die Geschlechterverhältnisse durch Ebenbürtigkeit geprägt sind."[1]

Ich bin zwar eine ziemlich feminine Feministin, die gender-gaps ignoriert, Männer mag und ausschließlich Röcke trägt. Aber doch schlicht Feministin. Und das bin ich nicht zuletzt, weil ich Filmemacherin bin. Beziehungsweise bin ich vielleicht Filmemacherin, weil ich Feministin bin.

In dem Wikipedia-Artikel steht, dass auch Männer Feministen sein dürfen. Mein Vater ist auch einer. Er hat zwei Töchter, deren Zukunft er nie in der Rolle der Hausfrau oder Halbtagskraft sehen wollte. Von ihm habe ich gelernt, Gleichberechtigung als selbstverständlich zu betrachten.

Absurderweise wurde mir erst in den letzten Jahren wirklich klar, dass diese gar nicht so allgegenwärtig ist, wie ich dachte. Verwundert stellte ich fest, dass Dinge, die ich für selbstverständlich gehalten hatte, für die Allgemeinheit gar nicht als solche gelten. Vor allem nachdem ich ein Kind bekam, ging mir langsam auf, dass die Welt nicht ganz so emanzipiert ist, wie ich dachte, Deutschland nicht dieses moderne, emanzipierte Land, für das ich es gehalten hatte. Es war mir auch schon früher aufgefallen, dass es sehr wenige erfolgreiche, bekannte Regisseurinnen gab, nicht viele Top-Managerinnen oder weibliche Bankvorstände, aber ich hatte es immer für möglich gehalten, selber eine solche zu werden. Und es ist ja auch möglich. Die Frage ist nur, wie und zu welchem Preis.

Manchmal finde ich es schwierig, eine weibliche Filmemacherin zu sein. Obgleich ich auch eine Menge Spaß daran habe und oft schlicht vergesse, dass es einen Geschlechterunterschied gibt. Der fällt mir meistens nur auf, wenn ich gar nicht arbeite. Ich habe beispielsweise auf Festivals, Premieren etc. oft bemerkt, dass sich Männer in unserer Branche besser verkaufen können, dass es ihnen wesentlich leichter fällt, ihre Vorzüge zu benennen und sehr selbstbewusst aufzutreten. Dass es ihnen Freude bereitet, anderen näher zu bringen, wie begabt, erfahren oder erfolgreich sie sind. Vor allem in der Werbung, in der ich lange gearbeitet habe, fiel mir das auf. Dort ist die Anzahl der Regisseurinnen auch so gering, wie mir scheint, dass man eigentlich noch nicht einmal davon sprechen muss, dass es welche gibt.

1 Siehe http://de.wikipedia.org/wiki/Feminismus.

Jedenfalls hielt ich das Talent von Männern, sich zu verkaufen, stets für einen Grund für die Unterrepräsentation von Frauen im Regiebereich.

Aber sind wir wiklich nur deshalb nicht so erfolgreich wie die Männer, weil wir ehrlicher und bescheidener sind? Wir geben nicht an. Wir sind eben gute Menschen. Was soll man dagegen schon sagen. Und vor allem: Was soll man dagegen schon tun? Soll man jetzt ein schlechter Mensch werden, nur damit man Karriere macht? Natürlich nicht. Also ist es auch in Ordnung, wenn wir keine Karriere machen... Ich stelle mir die Frage, ob es nicht eine Falle ist, an diese Idee zu glauben und ob „sich verkaufen" nicht viele Gesichter haben kann. Ob es nicht möglich wäre, sich gut zu verkaufen und dabei trotzdem ehrlich und bescheiden zu sein.

Natürlich habe ich oft mitbekommen, wenn männliche Regisseure über die drei Waschmittel- und Wurstwarenwerbungen oder mittelmäßige Kurzfilme, die sie bis dato gedreht hatten, gesprochen haben als wäre ihnen der vierte Teil von DER PATE gelungen. Und einem derartigen Verhalten will man ja nun wirklich nicht nacheifern. Aber sollte es nicht möglich sein, sich zumindest dann gut „zu verkaufen" und Selbstbewusstsein zu vermitteln, wenn man bereits etwas Relevantes gemacht hat?

Ist es wirklich unsere moralische Überlegenheit, die unserer Karriere im Weg steht? „Ich weiß nicht, ich habe halt keine Lust, etwas darzustellen." Das klingt so wahrhaftig und reif. Erwachsen einfach. Wir sind also erwachsener und die Männer dafür die erfolgreicheren Regisseure.

Aber ist Selbstbewusstsein nicht auch eine erwachsene Eigenschaft?

Zweifeln wir Frauen zu viel an uns? Haben wir mehr Ängste? Oder liegt es an unserem Gewissen, wo wir schon wieder an dem Punkt der moralischen Überlegenheit wären. Wir kämpfen ständig mit unserem Gewissen, die Männer denken nicht so viel darüber nach, nicht wahr? Männer denken überhaupt viel weniger nach, wie sie ja auch viel weniger reden, oder? Sie diskutieren ja auch weniger und gehen weniger Kompromisse ein. Sind das alles die Gründe? Ist unsere *Unterrepräsentation* im Film also tatsächlich unseren menschlich positiven Eigenschaften geschuldet? Irgendwie traue ich diesem Konzept nicht, obgleich es allzu plausibel scheint.

Zurück aber zu den Zweifeln und Ängsten, die uns im Weg stehen. Ich bin gerade in der Postproduktion meines zweiten Kinofilmes, in dem es auch um die Angststörung einer Frau geht. Frauen sind wesentlich häufiger von Angst- und Panikstörungen betroffen als Männer. Ich frage mich, ob dies etwas damit zu tun hat, dass wir gelernt haben, unserer Wut nicht freien Lauf zu lassen. Angst ist häufig Ausdruck unterdrückter, nach innen gerichteter Wut. Eine Frau, die laut ist, das ist unangenehm. Sie gilt schnell als hysterisch, nervig, anstrengend. Ein Mann hingegen kann schon mal laut werden, vor allem am Set. Ich habe beim Drehen oft darüber nachgedacht, dass ich freundlich und ruhig bleiben muss. Und das bin ich auch meistens. Denn eine Regisseurin, die ihrem Unmut Luft macht, ist schnell eine anstrengende Zicke. Ein Mann hingegen weiß eben, was er will und hat Autorität. Zumindest habe ich diese Idee im Kopf.

Regisseure haben auch mehr Recht darauf, schwierig zu sein. Das ist schließlich Teil des Berufes, man wäre ja gar kein Regisseur, wäre man nicht auch schwierig. Die Frau

HOTEL VERY WELCOME (2005–2007)

hingegen gilt schnell als nervtötend, weinerlich, zickig. Und wer will das schon sein? Also lieber ruhig bleiben und darauf hoffen, dass sich die Autorität alleine durch die Tatsache einstellt, dass man die Regisseurin ist. Nur ist das nicht immer der Fall. Das Problem ist am Ende aber nicht nur, dass es diese Meinungen und Klischees gibt, das Problem ist wohl eher, dass wir selbst sie im Kopf haben. Oder vielleicht spreche ich besser nur für mich. Ich tue es. Ich habe bei Zeiten ein sehr großes Harmoniebedürfnis am Set. Das funktioniert auch gut. Trotzdem stelle ich mir oft die Frage, ob ich es mir damit nicht schwerer mache als nötig. Und was spricht eigentlich dagegen, dass manche denken, man sei eine Zicke?

Natürlich haben nicht alle Frauen dieses Harmoniebedürfnis. Da könnte man ja gleich mit Sternzeichen weitermachen. „Mit Sternzeichen Waage ist's ganz hart Regie zu führen." Dennoch denke ich, da ist eine Tendenz. Es gibt Ausnahmen, ich kenne Regisseurinnen, die sich ohne Zweifel und Skrupel durchsetzen, und auch ich selbst tue das nicht selten. Diese Frauen empfindet man dann aber gerne als „ganz schön hart für eine Frau". Es ist eben nicht normal. Weder innerhalb des Systems noch außerhalb. Das passt nicht gut zu einer Frau. Man gilt schneller als man denkt als die Angela Merkel des Alltags. Das ist unsexy, unsympathisch und auch ein wenig unheimlich.

Mir wurde bei Streitgesprächen in der Familie schon gesagt, dass der Streit im Prinzip nur daraus resultieren würde, dass ich auch im wahren Leben Regie führen würde. Das sei eben mein Beruf, der mache mich hart. Und deshalb würde ich jetzt auch so auf meiner Meinung bestehen. (Als ob das Frauen mit anderen Berufen prinzipiell nicht täten.) Man stellt sich generell vor, dass ich beim Filmemachen immer ganz radikal,

Sonja Heiss bei den Dreharbeiten zu HEDI SCHNEIDER STECKT FEST (2013/14)

kalt, bestimmend und abgeklärt sein muss. Und damit liegt man ja auch nicht gänzlich falsch. Aber auch nicht richtig.

Und genau deshalb ist Filmemachen für viele ein Beruf, der nicht zu einer Frau passt. Schließlich ist es ja auch ein Beruf, der mit Macht zu tun hat. Und mächtige Frauen machen Angst. Frauen sollten besser weich, sensibel und mütterlich sein, und seltsamerweise kann man sich nicht vorstellen, dass man gleichzeitig sehr sensibel sein und doch Filme machen kann. Dass man letztlich gar keine wirklich guten Filme machen kann, ohne ein hohes Maß an Sensibilität und Reflexion.

Die Macht ist auch so ein Punkt, den ich als Frau schwierig finde. Sie bleibt mir fremd. Ich genieße sie nicht, auch wenn ich durchdrehen würde, würde man mir auf einmal Vorschriften machen. Eine Art Paradox.

Der Dreh ist der Zeitpunkt des Filmemachens, wo dieses Thema für mich am deutlichsten zu Tage tritt. Und interessanterweise kenne ich viele Regisseurinnen, die alles am Filmemachen lieber mögen als das Drehen. Mich eingeschlossen. Fast alle Regisseure, die ich kenne, sagen wiederum, dass sie das Drehen am meisten genießen. Sie haben scheinbar weniger Probleme mit dem enormen Druck, mit der Rolle, die man da ausfüllen muss. Und vielleicht genießen sie auch irgendwo die Macht, die sich hier am klarsten offenbart. Hier ist man der Chef eines großen Teams. Ein Haufen Menschen, die einen alle respektieren müssen, damit es funktioniert. Im Normal- und Idealfall ergibt sich der Respekt von selbst, schlicht daraus, dass das Team sieht, dass der Regisseur weiß, was er will, dass er Ahnung hat, Talent. Doch ein Film ist so komplex, dass man nicht in jedem Moment sicher sein kann, wie es sein muss. Vor allem nicht, wenn man nicht schon 100 Filme gedreht hat. Offen geäußerte Zweifel des Regisseurs allerdings sind eine große Gefahr. Man wirkt schnell unsicher, und wenn es nur durch ein paar Blicke oder eine fehlende Antwort ist. Männer können ihre Zweifel besser verstecken, denke ich oft. Man sieht ihnen ihre Angst nicht so schnell an. Ich weiß allerdings nicht, ob sie einfach die besseren Performer sind oder ob sie schlicht weniger zweifeln.

Was ich an mir oft beobachte ist, dass ich Schutz vor dem Druck und dem permanenten Autoritätsanspruch suche. Ich arbeite deshalb gerne mit Männern zusammen. Sei es der Kameramann oder der Producer. Ich arbeite auch sehr viel mit Frauen, in erster Linie mit zwei Produzentinnen, mit denen ich seit der Filmhochschule Filme mache. Janine Jackowski und Maren Ade (s. S. 422). Aber auch alle möglichen anderen Positionen besetze ich mit Frauen. Das Regiedepartment meines letzten Filmes war ausschließlich weiblich. Dennoch: Ein paar Männer in wichtigen Positionen brauche ich als Regisseurin um mich herum, um mich sicher und auch, ja, beschützt zu fühlen.

Ich kann also, auch wenn ich Feministin bin, nicht ohne Männer sein.

Frauen befinden sich schnell in der Bredouille, eine berufstätige Mutter zu sein, die als Filmemacherin einer Arbeit nachgeht, die phasenweise das ganze Leben vereinnahmt. Damit gehen Zweifel und Gewissensbisse einher, denn das deutsche Mutterbild hat wieder Hochkonjunktur. Trennungen und Scheidungen häufen sich und es ist fast unmöglich, als Künstlerin mit Kind genug zu erwirtschaften und gleichzeitig eine gute Mutter und erfüllende, weibliche Partnerin zu sein.

Während Männer eher mal arbeiten bis sie umfallen oder ihre Kinder sie nicht mehr erkennen, neigen Frauen dazu, die perfekte Balance zu suchen (die ihnen nie glückt), und sich damit beruflich zu blockieren.

Ich für meinen Teil mache einfach weiter. Ich, eine Frau mit einem Kind, einem Film und Röcken. Ich vergesse an den entscheidenden Stellen, dass ich eine Frau bin und hoffe, so irgendwann mehr Frauen zu motivieren, Filme zu machen, nicht damit aufzuhören, wenn sie Kinder bekommen und es einfach so zu machen, wie es sich für sie richtig anfühlt. Egal was man von ihnen denkt. Und ich bin glücklich über jede einzelne Frau, der ich bei meiner Arbeit begegne.

Aufz. BSB

Anna Thalbach

SCHAUSPIELERIN

1973 in Ostberlin geboren, aufgewachsen in Westberlin. Ihre Mutter ist die Schauspielerin und Regisseurin Katharina Thalbach, ihr Vater der Schauspieler Vladimir Weigl, ihre Großeltern mütterlicherseits sind die Schauspielerin Sabine Thalbach und der Regisseur Benno Besson. 1976 reist sie mit ihrer Mutter und ihrem Stiefvater, dem Schriftsteller Thomas Brasch nach Braschs Protest gegen die Ausbürgerung von Wolf Biermann aus der DDR aus.
    Erster Auftritt vor der Kamera in Thomas Braschs Film ENGEL AUS EISEN (1981).
    Nach der mittleren Reife Hospitanz in der Kostümschneiderei des Berliner Schillertheaters und erste Bühnenrollen, u.a. mit ihrer Mutter in Brechts *Mutter Courage*, seither über 50 Fernsehspiele und Kinofilme, daneben Theaterrollen, oft unter Katharina Thalbachs Regie sowie über 60 Hörbücher und Hörspielrollen.
    2011 Deutscher Hörbuchpreis für *Paint it black* von Janet Fitch.
    2014 mit ihrer Mutter, ihrem Stiefonkel Pierre Besson und Tochter Nellie in *Roter Hahn im Biberpelz*, einer Stückbearbeitung von Gerhart Hauptmann, in einer Doppelrolle auf der Bühne.
    Anna Thalbach lebt in Berlin.

www.digithalbach.de

FILME (Auswahl)
2013: VON GLÜCKLICHEN SCHAFEN (Regie: Kadir Sözen), 2012: SAMS IM GLÜCK (Regie: Peter Gersina), 2011: FRIEDRICH – EIN DEUTSCHER KÖNIG (Regie: Jan Peter), EINE DUNKLE BEGIERDE (Regie: David Cronenberg, 2010: DER SCHAKAL (Regie: Olivier Assayas), 2009 EIN SOMMER MIT PAUL (Regie: Claudia Garde), 2008: DER BAADER-MEINHOF-KOMPLEX (Regie: Uli Edel), KRABAT (Regie: Marco Kreuzpaintner), 2005: MARIA AN CALLAS (Regie: Petra K. Wagner), 2004: EDELWEISSPIRATEN (Regie: Nico von Glasow), HAMLET X/VOL. 3 (Regie: Herbert Fritsch), DER UNTERGANG (Regie: Oliver Hirschbiegel), 2001: TATORT – KINDSTOD (Regie: Claudia Garde; Deutscher Fernsehpreis, Beste Schauspielerin in einer Nebenrolle), 1996: GEFÄHRLICHE FREUNDIN (Regie: Hermine Huntgeburth), 1994: MESMER (Regie: Roger Spottiswoode), 1993: BURNING LIFE (Regie: Peter Welz), 1992: DIE ZWEITE HEIMAT (Regie: Edgar Reitz), ZÄRTLICHE ERPRESSERIN (Regie: Beat Lottaz; Beste Nachwuchsdarstellerin, Max Ophüls Preis, Saarbrücken),
1990: HERZLICH WILLKOMMEN (Regie: Hark Bohm)

Don't blame the actor

Ich weiß nicht, wer den Satz gesagt hat: „Die Kunst gibt dem Denken Rätsel auf", aber ich zitiere ihn gern. Schon die Höhlenmalereien erzählen davon, dass Menschen ihre Wahrnehmungen und Emotionen in Bildern besingen und die Schönheit festhalten wollen.

Kunst ist für mich der Anfang zur Veränderung der Dinge. Sie erweitert den Blickwinkel und kann den Menschen zeigen, dass sie in ihren Nöten nicht die einzigen sind, selbst wenn sie es persönlich so empfinden.

Ich habe Lust, mich auszudrücken, als Schauspielerin und Sprecherin, Malerin und vielleicht auch als Filmemacherin. Seit meinem siebten Lebensjahr stehe ich auf der Bühne, mit acht spielte ich neben meiner Mutter Katharina Thalbach in ENGEL AUS EISEN (1981), einem Film meines Schriftsteller-Papas Thomas Brasch. Als ich die Schule mit 16 satt hatte, arbeitete ich in der Kostümwerkstatt des Westberliner Schiller-Theaters, aber sehr schnell stand fest, dass ich Schauspielerin werde wie meine Mutter. Damals schon war ich unabhängig, weil ich mich selbst finanzieren konnte.

„Mach das nicht, mach was Anständiges", solche Sätze habe ich von meiner Mutter nie gehört. Sie hat mich aufgeklärt über unseren Beruf, hat davor gewarnt, mich blenden zu lassen und die Demut zu verlieren. Sie hat vorausgesagt, dass es mit 30 schwierig wird. Jetzt nach meinem 40. Geburtstag bin ich zu jung für die alten Rollen und zu alt für die jungen. Es kommt vor, dass ich monatelang nicht drehe, ausgenommen Studentenfilme, die mir immer wieder schöne Rollen bieten.

Zum Glück lese ich gern. Der Beruf der Vorleserin bei Audioproduktionen und Hörspielen ernährt mich oft besser als der der Schauspielerin. Aber ich bin umtriebig und offen für vieles. Ich male und zeichne schon lange und arbeite an einem Kinderbuch. Seit meinem ersten Kurzfilm weiß ich, dass ich auch einen großen Spielfilm drehen kann, ich weiß, wie's geht, auch wenn es nur einer sein wird. Ich plane keine Karriere, ich habe einfach Lust zu spielen, z. B. in einem Horrorfilm, in dem ich die Böse sein könnte, weil mich das Andere, Fremde, das Gegenteil von mir reizt.

Es ist nicht so, dass sich die Drehbücher bei mir zu Hause stapeln. Ich spiele manchmal auch Rollen, für die ich mir eigentlich zu fein bin, einfach weil ich ein Kind habe und als Single in einer schönen Wohnung lebe, aus der ich nicht ausziehen mag. Trotzdem versuche ich, in solchen Rollen so humorvoll, stolz und fein wie möglich zu agieren.

Familie

Wir stammen aus einer Ostberliner Theaterfamilie. Meine Großmutter war die früh verstorbene Theaterschauspielerin Sabine Thalbach, mein Großvater der Schweizer Theaterregisseur Benno Besson, der die Comedia dell'arte in die Ostberliner Theater trug. Katharina Thalbach, meine Mutter, war Meisterschülerin bei Bert Brechts Witwe Helene Weigel und debütierte mit 16 in der *Dreigroschenoper*. Parallel zu ihrem Schauspielberuf arbeitet sie schon lange als Theater- und Opernregisseurin. Auch mein Schriftsteller-Papa Thomas Brasch, mit dem meine Mutter und ich 1976 nach seinem Protest gegen die Ausbürgerung von Wolf Biermann die DDR verlassen mussten, hatte eine entschiedene innere Haltung zur Kunst, zur Gesellschaft und zu sich selbst.

Ich fand die kreativen Ideen meiner Familie immer befruchtend, ich teile ihre Einstellung und bin sehr dankbar dafür, von früh an miterlebt zu haben, wie mein Großvater, der ein sehr strenger Regisseur war, meine Mutter dirigiert hat.[1] Wir verstehen uns als Gesamtes, da liegt es nah, dass man sich auf gemeinsame Grundideen einigt. Meine Mutter und ich haben schon oft in Theaterinszenierungen und Filmen zusammengearbeitet, und jetzt wächst auch meine Tochter Nellie in unseren „Familienbetrieb" hinein, seit wir am 19. Januar 2014, dem 60. Geburtstag von Katharina Thalbach, zum ersten Mal zu dritt auf der Bühne standen. Zusammen mit Pierre Besson und unter der Regie von Philippe Besson, die Halbbrüder meiner Mutter sind, haben wir Gerhart Hauptmanns Volkstheaterkomödie *Roter Hahn im Biberpelz* aufgeführt, eine Kompilation der beiden Komödien *Biberpelz* und *Roter Hahn*. Übrigens ist dieses Stück-Arrangement über den Aufstieg und Niedergang der Mutter Wolffen zum ersten Mal 1951 unter Bertolt Brecht am Theater am Schiffbauerdamm probiert worden. Im ersten Teil versucht Mutter Wolffen mit Witz und Schläue und Durchtriebenheit, ihre Familie aus der Armut herauszubringen, im zweiten will sie um jeden Preis noch mehr Wohlstand erreichen, auch mit Lug und Trug, was der Anfang vom Ende ist.

Ich bin stolz auf unseren Clan. Es ist doch sehr besonders, dass wir den runden Geburtstag meiner Mutter mit einem wilden Theaterspaß gefeiert haben und trotzdem aktuelle Botschaften überbringen, ganz ohne pädagogischen Zeigefinger. Wenn man anfängt nachzudenken, kommt man immer wieder darauf, dass der Verursacher vieler Probleme das kapitalistische System ist. Das in Formen zu erzählen, die nicht eins zu eins die Realität sind, sondern ins Fantastische und Märchenhafte gehen, wirkt viel tiefer. Man sollte nicht drüber wegtäuschen, dass wir uns wie die Wolffen in eine Richtung entwickeln, die nicht komisch ist: Viele denken nur noch wie verrückt ans Geldverdienen, auf der anderen Seite aber kürzt man die sozialen Bereiche, sodass die Erzieher, Ärzte und Pfleger fehlen.

Fernsehen

Wer sagt denn, dass die Masse im Recht ist, nur weil sie die Masse ist? Ich warte jeden Tag, dass mehr Leute das Quotendenken ablehnen. Wir könnten die Demokratie nutzen und deutlich sagen, dass wir Gebühren zahlen, damit die Fernsehmacher an der Qualität arbeiten und schönes Fernsehen machen.

Wir Frauen haben uns im Vergleich zu anderen Ländern auf ein halbwegs gutes Emanzipationslevel gehoben. Wir können arbeiten, ohne den Mann zu fragen, können allein wohnen und gelten nicht als Schlampe, wenn wir einen kurzen Rock tragen. Ich bin unabhängig und habe nie Geld vom Staat oder einem Mann bekommen. Aber in

---

[1] 1992 in *Hase, Hase...* am Schiller-Theater Berlin.

den Medien stehen die Zeichen auf Rückschritt. Castingshows, Modelshows und die Werbung reduzieren die Frau wieder auf Superweibchen und Süßholzraspeln. Es gibt Anne Will, aber auch jede Menge Tussis, würde meine Tochter sagen. Siehst du gut aus, kriegst du einen Typen, der dich finanziert und dein Kleidchen kauft. Das wird zelebriert und salonfähig gemacht, obwohl es völlig old school ist.

Es hat sich eingebürgert, dass Gäste in Talkshows eingeladen werden, die die Fernsehmacher eigentlich nicht leiden können. Teil der Sendung ist, sie nicht ausreden zu lassen oder ihnen Kommentare hinterher zu schicken, wenn sie den Raum verlassen. Gehässiges Lästern salonfähig zu machen, halte ich für kulturlos. Wenn Fernsehmacher zickig sind, sind die Gäste auch zickig, das schaukelt sich einfach hoch. Man muss sie zu nehmen wissen, darf nicht zu viele Talkshows machen und muss vermeiden, zickig zu reagieren. Weil ich eine Thalbach bin, gelte ich als vorlaut, wenn ich etwas sage, und als arrogant, wenn ich nichts sage. Das sollte man aber nicht persönlich nehmen, weil es in jedem Betrieb passieren könnte. Roche & Böhmermann, die Talkshow auf ZDFkultur[2], die inzwischen gottseidank eingestellt wurde, war solch eine absurde Erfahrung. Zu der Kontroverse, die meine Äußerungen anlässlich des Gerichtsurteils gegen Pussy Riot nach sich zogen, möchte ich nichts mehr sagen. Ich bin nicht meinungsmachend, ich erkläre nicht die Welt, sondern sage, wie meine ist.

Schauspiel

Luis Buñuel hat in seinem Aufsatz über die Poesie im Kino kluge Worte gefunden für die Erzählformen, die mich interessieren. Filme sind nicht der Ort, um der bloßen Kopie des Lebens zu frönen. Man muss andere Bilder als den Eins-zu-eins-Realismus suchen.

„Don't blame the actor", sage ich gern, obwohl ich mich manchmal auch über faule Schauspieler ärgere. Wenn z. B. jemand seine Hausaufgaben nicht erledigt und stur in seiner privaten Schnodderschnauze spricht, verschenkt er eine Chance, die Rolle zu gestalten und von seiner blöden Befindlichkeit wegzukommen. Es ist ja nicht die Aufgabe des Schauspielers, sich selbst zu spielen.

Aber zum Nuancieren braucht man Zeit und eine gute Regie. Wie soll die gelingen, wenn beim Fernsehen die Regisseure manchmal in ihren Smartphones rumpulen, während man die Szene spielt? Die Feinarbeit müssen sich die Schauspieler oft selbst holen, indem sie nicht damit zufrieden sind, den Text richtig aufzusagen. Du

---

2 Talkshow von Charlotte Roche und Jan Böhmermann, ZDFkultur. Anna Thalbach war Gast der 14. Folge, 2. Staffel am 29./30.9.2012. Angesprochen auf einen Kommentar, den sie am 17.8.2012 (neben Hertha Müller, Nina Hagen, Alice Schwarzer, Julia Jentsch) zu dem von zahlreichen Menschenrechtsorganisationen und Politikern als unverhältnismäßig kritisierten Gerichtsurteil gegen zwei Mitglieder der Punkband Pussy Riot wegen ihrer Protestperformance in der Moskauer Christ-Erlöser-Kathedrale geäußert hatte, sagte Anna Thalbach, sie sei vom ZDF dafür bezahlt worden. Über die Passage, in der vermutlich eine Summe genannt wurde, war ein Piepton gelegt. Die Äußerung wurde am 28.1.2013 zur Hauptnachrichtenzeit im russischen Staatsfernsehen wiederholt und als skandalöser Beweis dafür gewertet, dass der deutsche Sender Prominente für antirussische Propaganda bezahle. Anna Thalbach und das ZDF betonten den Satire-Charakter der Äußerung bei Roche & Böhmermann. Verlauf und Argumentationen des Vorfalls siehe http://www.youtube.com/watch2v=2oJ_-4mB1js und weitere Youtube-Kanäle.

spielst dich frei und nutzt dein Handwerk, wenn du anfängst loszulassen und nicht mehr nachdenkst: Was muss ich sagen? Dann kannst du nuancieren. Leider geben sich viele Regisseure damit zufrieden, dass Fernsehschauspieler auf Stichwort spielen. Das Zuhören und Nachdenken zwischen den Sätzen wird nicht mehr gespielt und so entstehen keine Interaktionen mehr.

Früher wurden Szenen oft erst nach dem ausführlichen Proben in Einstellungen aufgelöst. Immer noch besser als heute, hat das doch viel Zeit vor Ort gekostet und wenig Überblick über das Ganze gebracht. Die Regie müsste den Rhythmus des Films vor sich sehen, so wie ein Komponist die Takte und Kurven der Musik in Noten sieht, deshalb verstehe ich nicht, warum in Deutschland so selten vor dem Dreh ein Storyboard gezeichnet wird.

Frauen

Ich finde, dass wir Frauen unsere frauliche und charmante Seite nicht verlieren sollten. Warum nicht trotzdem unabhängig sein, sich wohlfühlen im eigenen Körper, geschminkt, mit hohen Schuhen und sexy? Das sehe ich nicht als Klischee, sondern eher als Metapher für eine bestimmte Schönheit und einen Humor, den wir nicht aufgeben sollten. Ich teile viele Anliegen der Frauen, aber ich halte wenig davon, sich konfrontativ von den Männern abzugrenzen. Wenn die Femen-Frauen glauben, sich ausziehen zu müssen, sind sie nicht so weit, weil sie ihren Körper instrumentalisieren, wie es die Gesellschaft verlangt. Warum behalten sie ihre schönen Busen nicht für sich und zeigen sie denen, die sie lieben?

FRIEDRICH – EIN DEUTSCHER KÖNIG (2011)

Wir wollen die Rechte mit den Männern teilen, deshalb wäre es doch an der Zeit, eine Ebene zu finden, auf der man nicht mehr auf Abgrenzung bestehen muss. Ich finde spannend, darüber nachzudenken, warum die Filme von Frauen eine Nische darstellen wie der Frauenfußball. Ich habe dazu keine Antworten außer meinem subjektiven Wunsch, dass es letztlich egal sein sollte, ob ein Film von einem Mann oder einer Frau stammt.

Die Frauen müssen „aus dem Quark" kommen und neue Stoffe suchen, vielleicht klassische Geschichten, wie sie meine Mutter inszeniert hat: Shakespeares Komödie Was ihr wollt ausschließlich mit Frauen, das funktioniert.

Es geht eigentlich nicht darum, eine Frau oder einen Mann zu spielen. Als meine Mutter und ich in Jan Peters Film

FRIEDRICH – EIN DEUTSCHER KÖNIG (2011) die Hosenrolle des jungen bzw. alten Königs übernahmen, spielten wir die Einstellungen und Gefühle unserer Figur. Bei solch einer Hosenrolle kannst du wild und frei sein, weil du nicht mehr der persönlichen Eitelkeit unterworfen bist, die tief drin in dir konditioniert ist. Sobald Männer Frauen spielen und den Rock anziehen, fallen sie in überweibliche Klischees und sprechen hoch, als ob alle Frauen eine hohe Stimme hätten. Du fragst dich, wie sollst du eine Frau spielen? Was ist eine Frau, was ist ein Mann? Bis auf bestimmte Sachen, die nicht wegzuleugnen sind, ist kein Geschlecht festgelegt.

Aufz. CL

Bettina Blümner

REGISSEURIN, AUTORIN

1975 geboren in Düsseldorf. 1998-1999 Studium der Medienkultur und -gestaltung an der Bauhaus-Universität in Weimar.

1999-2004 Studium an der Filmakademie Baden-Württemberg in Ludwigsburg (Schwerpunkt Regie) sowie Teilnahme an einem Austauschprogramm an der Escuela Internacional de Cine y Televisión in Kuba. Während des Studiums zahlreiche Kurzfilme, darunter den 2005 mit dem Förderpreis des Filmfestivals Münster ausgezeichneten LA VIDA DULCE über Muttertagsbräuche in Kuba, welcher das Prädikat Besonders wertvoll erhielt.

Für ihr Langfilmdebüt, den Dokumentarfilm PRINZESSINNENBAD (2008) über drei 15-jährige Mädchen aus dem Berliner Stadtteil Kreuzberg erhielt Bettina Blümner den Preis Dialogue en Perspective der Berlinale 2007 und den Deutschen Filmpreis 2008.

2008 und 2011 führte sie bei Theaterinszenierungen im Theater Hebbel am Ufer in Berlin Regie.

2013 feierte ihr Spielfilmdebüt SCHERBENPARK seine Kinopremiere.

Bettina Blümner lebt als Dokumentar- und Spielfilmregisseurin in Berlin.

FILMOGRAFIE (Auswahl)
In Vorbereitung PARCOURS D'AMOUR (Kinofilm)
2014 HALBMONDWAHRHEITEN (Fernsehfilm)
2013 SCHERBENPARK (Kinofilm)
2010 GESTERN, HEUTE, ÜBERMORGEN - 20 X BRANDENBURG (i. A. RBB)
2007 PRINZESSINNENBAD (Kinofilm)
2006 NAKED CITY (Kurzfilm)
2005 13+15 (Kurzfilm)
2005 LA VIDA DULCE (Kurzfilm)
2004 DIE KETTE (Kurzfilm)
2002 WASH & GO (Kurzfilm)
2001 SOMMERSONNE (Kurzfilm)
2000 OST-WEST IST KRASS (Kurzfilm
1999 KING OF SEX (Kurzfilm)
      KING OF SWING (Kurzfilm)
1998 JONNY, OLDIE & LÖFFEL (Kurzfilm)

Ich will Klischees brechen, statt sie zu reproduzieren

Aufgewachsen bin ich in einem Elternhaus, in dem Diashows eine große Rolle spielten. Jede Reise, jedes Familienevent wurde mit dem Kodachrome 64 Diafilm festgehalten. Wenn der Film fertig belichtet war, schickte ihn mein Vater in die Schweiz und einige Wochen später lagen die ungerahmten Dias bei uns im Briefkasten. Einrahmen und Aussortieren – ein umständliches Prozedere folgte, bis er seinen alten Leica Diaprojektor vom Dachboden holte. Als Geologe fotografierte mein Vater bevorzugt Landschaftsformationen, Erosionen, Vulkane oder Prärien. Unsere Familie und die Verwandtschaft fotografierte er wie ein Fotograf der alten Schule, wir mussten uns seinem Arrangement fügen, uns kaum bewegen und oft war uns das Lachen schon längst vergangen, bevor er zufrieden auf den Auslöser drückte. Die Bilder erinnerten eher an Fotografien von August Sander statt an lebendige Familienportraits. Trotz allem liebte ich die Diaabende mit der Familie: das Geräusch des Projektors, die alte Leica meines Vaters und die Betrachtung der festgehaltenen Augenblicke.

Später wurde ich an unserem Gymnasium Mitglied der Foto-AG meines Englischlehrers Herr Klitsch. Eine weitere wichtige Bezugsperson war meine Kunstlehrerin Frau Schlagenhauf-Koch, die uns Ausstellungen und Filme nahebrachte und die Kunstakademie Düsseldorf zeigte. Ich glaube, ich wollte so werden wie sie, doch meine Mutter verfolgte den Plan, aus mir eine Zahnärztin zu machen. Noch als ich Ende 20 war, sprach sie davon, im Grunde gab sie die Hoffnung nie auf. „Du kannst ja nebenbei Deine Kunst machen." Aber mir wurde schummrig, wenn man mir Blut abnahm. Ich konnte es mir einfach nicht vorstellen.

Nièpce und Schlingensief

In der 11. Klasse fuhr ich für ein Austauschsemester nach Chalon-sur-Saône, dem Geburtsort von Nicéphore Nièpce, einem der Erfinder der Fotografie. Dort besuchte ich die Fotoklasse, die sich einmal in der Woche nachmittags im Fotografie-Museum des Ortes traf. Damals entdeckte ich die Fotografie als mein Ausdrucksmedium. Ich hatte immer meine Fotokamera dabei, ich entwickelte die Schwarzweißfilme selbst und bewohnte die Dunkelkammer regelrecht. Nach dem Abitur machte ich dann eine Ausbildung zur Fotografin, die ich vor allem dazu nutzte, meine eigenen Fotoarbeiten voranzutreiben.

In dieser Zeit realisierte ich mit einem Freund auch meine ersten Super-8-Trickfilme. Das Prinzip war einfach, denn die Aneinanderreihung von Einzelbildern führt zum Film. Film, das sind 24 Fotos oder Einzelbilder in der Minute. Die kurzen Super-8 -Stücke weckten meine Neugier für das Filmmedium und den Beruf der Regisseurin. Um das Inszenieren zu lernen, bewarb mich bei mehreren Regisseuren um ein Praktikum und landete schließlich als Hospitantin bei Christoph Schlingensief an der

Volksbühne in Berlin. Es war toll zu sehen, wie er arbeitete und keine Grenzen setzte. Er sprühte vor Energie und Leidenschaft, er machte Filme, Happenings und Theater und verlieh sogar selbst seine Filme. Er baute im Prater, dem zweiten Spielort der Volksbühne, Zirkuszelte auf und improvisierte mit Schauspielern und Laien gleichermaßen. Es war spannend und inspirierend, den Probenprozess eines seiner Stücke von Anfang an zu begleiten, Christoph Schlingensief immer mittendrin. Ich mochte den tiefgründigen Humor seiner Inszenierungen, der durch seine ganz persönliche Herangehensweise entstand. Seither sind menschliche Widersprüche, Ironie und Humor ein wichtiges Motiv meiner Arbeit.

Mein erster Kurzfilm JONNY, OLDIE & LÖFFEL (1998), halb ein inszenierter, halb ein dokumentarischer Film über Johnny Pfeifer, den ältesten Bodybuilder Deutschlands, war stark von meinen Eindrücken bei Christoph Schlingensief inspiriert. Die Kombination von bewegten Bildern, Dialogen und Texten forderte mich ganz neu heraus. Mit diesem Film wurde ich an der Filmakademie Baden-Württemberg in Ludwigsburg zum Regiestudium angenommen.

Klischeebrüche

Während meines Studiums spielte die Genderfrage nur eine geringe Rolle. Überall im Filmgeschäft treffe ich selbstverständlich auf aktive tolle Filmemacherinnen, z. B. die Dokumentarregisseurin Helga Reidemeister, die meine Dozentin war, oder Jolanta Dylewska, eine meiner Kameradozenten, oder die georgische Schauspielerin und Regisseurin Nino Kirtadzé, die ich während eines Workshops der Europäischen Filmakademie in Israel kennenlernte. Die Liste ist unendlich lang.

Bei einem Workshop der Filmakademie Ludwigsburg an der University of California (UCLA) in Los Angeles behauptete eine Regisseurin, dass Frauen stärker an Inhalten interessiert seien und bevorzugt „kleinere" Filme mit geringeren Budgets drehen würden. Frauen gehe es mehr um die „Sache an sich", nicht so sehr darum, wie etwas darstellbar sei. Analyse und Auseinandersetzung stünden im Vordergrund. Ich kann dazu nur bemerken, dass ich nichts dagegen hätte, mit größeren Budgets zu arbeiten.

Ich lasse mich sehr gern aufs Filmemachen ein, weil ich glaube, dass man in den Dingen besonders gut ist, die einem Spaß bereiten. Das Filmemachen erfüllt mich und trotz aller Widrigkeiten ist es meine Art geworden, mich und meine Sicht auf die Welt auszudrücken.

Das Filmemachen besitzt für mich immer auch eine politische Dimension. Ich frage mich, wie ich meine Figuren darstelle, wie die Frauen und Mädchen. Mich interessiert einfach, wie ich Klischees brechen kann, statt sie zu reproduzieren. In meinen Dokumentarfilmen gehe ich häufig von alltäglichen Orten aus, die zu gewöhnlich scheinen, als dass man richtig hinschaut. So war es in PRINZESSINNENBAD (2007) oder in PARCOURS D'AMOUR (2014). Warum ein Freibad oder ein Pariser Tanzcafé? Was ist das Besondere daran? Es sind Orte, an denen sich Menschen Nähe oder Liebe wünschen, „authentische" Orte, an denen ihre Sehnsüchte durch die Atmosphäre schwirren. An solchen Plätzen finde ich meine Protagonisten.

Filmemachen ist ein schöner, langer und mühsamer Prozess. Die Recherche kostet viel Zeit, auch das Vertrauen zwischen den Protagonisten und der Regisseurin muss allmählich wachsen. Schließlich dauern die Finanzierungsphasen und nicht zuletzt die Dreharbeiten. Dass meine Protagonisten keine Angst vor der Kamera entwickeln dürfen, stellt mich vor hohe Anforderungen. Ich brauche als Regisseurin die Sicherheit, dass sie sich natürlich verhalten und nichts vorspielen. Die Euphorie der Protagonisten, an einem Dokumentarfilm mitzuwirken, kann nach wenigen Drehtagen verfliegen. Einen Film gut zu Ende zu bringen fordert also von beiden Seiten viel Durchhaltevermögen.

Vieles ist beim Filmemachen Intuition, manches ist Erfahrung, einiges Glückssache. Immer wieder erlebe ich euphorische Momente, wenn unerwartet einzigartige, absurde und lustige Situationen bei den Dreharbeiten entstehen. Auch bei einem Spielfilm wie SCHERBENPARK (2013) überzeugen mich einzelne Szenen und Figuren besonders intensiv, dass es unbedingt richtig war, diesen Film zu machen. Es sind Dinge, die ich selbst gern auf der Leinwand sehen möchte: Dialoge, die mich faszinieren, Humor, der mich überrascht.

Zukunft

Als Filmemacherin, die ihre Basis in Berlin hat, fühle ich mich wohl. Mit einem guten Netzwerk aus Freunden, Geschwistern oder Großeltern, dazu einer guten Kitabetreuung und – das Allerwichtigste – einem verständnisvollen engagierten Partner ist es möglich, Filme zu machen und eine Familie zu haben. Zu bestimmten Zeiten verbringt unsere Tochter mehr Zeit mit meinem Partner, zu anderen Zeiten mit mir. Manchmal begleitet sie mich auf einen Dreh oder besucht mich an drehfreien Tagen.

Wenn mich jemand fragt, was ich mir für die Zukunft meiner Tochter wünsche, würde ich sagen, sie soll gesund und glücklich bleiben. Allerdings ertappe ich mich bei dem Gedanken, sie sollte vielleicht doch lieber einen anderen Beruf als meinen ergreifen. Physikerin oder Chemikerin beispielsweise! Sie hat andere Pläne, das lässt sie uns seit einiger Zeit wissen.

Neulich war ich mit meinem Partner, der auch Filmemacher ist, auf einem Filmfestival, wo ich das Glück hatte, drei Preise für meinen Spielfilm SCHERBENPARK zu gewinnen. Seither spricht unsere Tochter davon, dass sie später auch Filme machen möchte, so wie ihre Eltern. Außerdem wolle sie ihrem Vater in Zukunft beim Filmemachen helfen, damit er auch drei Preise auf einem Filmfestival gewinnt, genau wie Mama.

Barbara Albert

AUTORIN, REGISSEURIN,
PRODUZENTIN, PROFESSORIN

Barbara Albert wurde 1970 in Wien geboren. Sie studierte zunächst Theaterwissenschaft, Germanistik und Publizistik, bevor sie 1991 mit dem Regie- und Drehbuchstudium an der Wiener Filmakademie begann. Sie arbeitete als Regie- und Schnittassistentin und spielte als Schauspielerin unter anderem in MEMORY OF THE UNKNOWN (Regie: Natalie Alonso Casale) und CRASH TEST DUMMIES (Regie: Jörg Kalt) mit.

Ihren international erfolgreichen Kurzfilmen folgte der erste Langspielfilm NORDRAND, der 1999 bei den Filmfestspielen in Venedig gezeigt wurde. Nina Proll gewann den Marcello Mastroianni-Preis als beste Nachwuchsschauspielerin.

Im selben Jahr gründete Barbara Albert gemeinsam mit Martin Gschlacht, Jessica Hausner und Antonin Svoboda die Produktionsfirma Coop99 in Wien.

Barbara Albert fungierte als Ko-Autorin bei GRBAVICA (Goldener Bär bei der Berlinale 2006), SLUMMING (im Wettbewerb der Berlinale 2006), DAS FRÄULEIN (Goldener Leopard in Locarno 2006) und STRUGGLE (Cannes 2003). Außerdem schrieb sie das Drehbuch zum Spielfilm AUSWEGE (Regie: Nina Kusturica, Berlinale 2004, Perspektiven des jungen Films).

Als Produzentin war Barbara Albert mitverantwortlich für DARWIN'S NIGHTMARE (Hubert Sauper), DIE FETTEN JAHRE SIND VORBEI (Hans Weingartner) und SCHLÄFER (Benjamin Heisenberg).

Daneben war (und ist) sie als Gastprofessorin und Lektorin an mehreren Hochschulen in Österreich und Deutschland tätig (Wiener Filmakademie, ifs Köln, KHM Karlsruhe, FH St. Pölten). Seit 2013 ist sie Professorin für Filmregie an der Hochschule für Film und Fernsehen „Konrad Wolf"

2007 wurde ihr Sohn Tristan Sunny geboren, seit 2010 lebt sie in Berlin.

Ich probiere mich mit jedem Film neu aus

Immer habe ich neben dem Schreiben und Regieführen Geld mit anderen Berufen verdient. Ich schreibe als Ko-Autorin an Drehbüchern mit, verdiene als Produzentin dazu und unterrichte Regie, weil ich von meinen Filmen allein nicht leben kann.

An der Hochschule für Film und Fernsehen „Konrad Wolf" in Potsdam, wo ich seit 2013 lehre, setzen wir uns gerade mit dem Realismusbegriff im Zusammenhang mit dem österreichischen Spiel- und Dokumentarfilm auseinander. Ich möchte den Begriff nicht mit dem Bedürfnis nach einer eindimensionalen Darstellung der Realität verwechseln – das interessiert mich auch in meinen eigenen Filmen nicht.

Michael Haneke, Ulrich Seidl u. a. werfen scharfe Blicke auf die Gesellschaft und ihre Abgründe. Seit ihre Filme international erfolgreich sind, hat ihr Wirklichkeitszugang großen Einfluss auf das Filmschaffen in Österreich. Langsam habe ich aber auch das Gefühl, dass es sich daraus emanzipiert. Auf der Berlinale 2014 liefen sehr unterschiedliche österreichische Filme von Sudabeh Mortezai, Andreas Prochaska, Hubert Sauper und Umut Dag, in Saarbrücken zuletzt auffällig die Filme von Frauen, Johanna Moder und Katharina Mückstein. Mit dem Dokumentarfilm beschäftigte ich mich aktiv als Studentin mehr als heute – und zuletzt 2001 in ZUR LAGE, den ich zusammen mit Michael Glawogger, Ulrich Seidl und Michael Sturminger drehte. Aber ich fühle mich dem Spielfilm näher. Ich möchte Realität mit meinen filmischen Mitteln *herstellen*, nicht ‚nur' abbilden.

Das neorealistische Kino und die sozialrealistischen Filme der DDR und der Sowjetunion zogen mich zu Beginn meines Studiums sehr an. Später war ich davon hingerissen, wie auch hochformalistische Filme Realität erzählen können. Ich bin nicht so streng an formalen ästhetischen Fragen interessiert wie etwa Seidl, Haneke, Jessica Hausner oder Anja Salomonowitz. Mir geht es auch nicht um stilistische Perfektion, ich probiere mich mit jedem Film neu aus. Als Regisseurin will ich mich aber weder selbst analysieren noch irgendwo einordnen.

Ich kam über das Geschichtenerzählen zum Kino, weil ich schon als Kind gern Figuren erfand und diese gerne sehr detailliert beschrieben habe. 1989 begann ich, in Wien Germanistik, Theaterwissenschaft und Publizistik zu studieren. Ich wollte Journalistin werden, aber das Arbeiten mit sekundären Inhalten machte mir keine Freude. Auch erschienen mir diese Inhalte immer viel zu wenig objektiv. Die Berichte zur rumänischen Revolution 1989 und zum Krieg in Kuwait konfrontierten mich damit, dass es im politischen Journalismus gar nicht ausschließlich um Objektivität geht. Ich war enttäuscht, wo ich doch auf der Suche nach objektiver Wahrheit war. Ich fing an, mich für filmischen Realismus zu interessieren, doch dabei wurde mir klar, wie viel auch von deiner persönlichen Haltung in deinen Filmen zu spüren ist. Bei all meinen Filmen bin ich immer zuerst nach den autobiografischen Spuren gefragt worden, vielleicht weil man Frauen unterstellt, sie erzählten ihre persönlichen Geschichten, und Männern zutraut, ein Genre zu bedienen oder Fremdstoffe zu bearbeiten.

Verantwortung

In Interviews zu meinem Film DIE LEBENDEN (2013) komme ich am autobiografischen Hintergrund des Stoffs nicht vorbei. Es wäre auch absurd zu verschweigen, dass mich die Offenlegung eines Familiengeheimnisses beschäftigt hat, nämlich die Tatsache, dass mein Großvater SS-Wachmann in Auschwitz war.

Ich bin der typische Fall einer Täter-Enkelin, die als Kind und Jugendliche über die „andere Seite" las, u. a. Judith Kerrs Trilogie, beginnend mit *Als Hitler das rosa Kaninchen stahl*. Da war immer ein moralischer Schulterschluss mit den Opfern, deren Geschichten mich aufwühlten. Erst mit 30 – nach dem Tod meines Großvaters – begann ich, das Tabu, das Familiengeheimnis um seine Geschichte zu lüften. Vorher hätte ich rebellisch sein müssen, aber das lag mir einfach nicht.

Vielleicht bin ich zu österreichisch geprägt, bei uns ist man nicht gewohnt, Dinge klar auszusprechen. Viele meiner Generation behaupten, sie hätten genug über Schuld gehört, obwohl doch die Großeltern und Eltern nie darüber gesprochen haben. Ich denke, dass sich entsprechend unserer Geschichtsschreibung die Überzeugung verfestigt hat, die Österreicher seien immer Opfer gewesen, schon im Ersten Weltkrieg. Sie geben die Verantwortung für ihr Mittun mit der Begründung ab, Hitler-Deutschland habe Österreich annektiert. Folglich reden sich auch die Jüngeren damit heraus, dass „die vor uns" die Geschichte verarbeitet hätten, obwohl es nicht stimmt.

Wie also Verantwortung übernehmen? Um dieses Thema kreist DIE LEBENDEN wie alle meine Filme. Ich wollte den Großvater nicht an den Pranger stellen, fragte mich aber, warum er sich nie seinen Taten stellen konnte. Du musst Verantwortung übernehmen, um ein Familiensystem oder die Gesellschaft zu verändern, davon bin ich zutiefst überzeugt. Meine Protagonistin Sita (Anna Fischer) begreift erst im Lauf der Ereignisse, was Verantwortung bedeutet. Sita wird bewusst, dass sie mit allem, was sie tut, letztlich mitbestimmt, denn unser individuelles Handeln hat in jedem Fall gesellschaftliche Auswirkungen.

Als ich 1995 meinen ersten Spielfilm NORDRAND schrieb, spürte ich den Hass gegen Ausländer, den der rechte Populist Jörg Haider damals für seinen Wahlkampf nutzte. Diese politische Situation beeinflusste mein Drehbuch unmittelbar.

Lobby

An der Wiener Filmakademie studierten außer interessanten männlichen Kollegen auch Jessica Hausner, Kathrin Resetarits, Valeska Grisebach, Ruth Mader und Mirjam Ungar, die alle schon mit ihren Kurzfilmen auffielen. „Nouvelle Vague Viennoise" nannte uns der Regisseur Michael Klier damals, ein Kompliment, das die Regisseure der Berliner Schule in der Filmzeitschrift *Revolver* aufgriffen. Mir gefiel der Ausdruck, weil ich den neuen Realismus, die neue Tonlage im österreichischen Kino bemerkte.

Aus diesem Aufbruch heraus schlossen sich Jessica Hausner, Antonin Svoboda, der Kameramann Martin Gschlacht und ich zu unserer Produktionsfirma Coop99 zusammen.

Die starke weibliche Filmemacherinnentruppe in Wien verstand sich Mitte/Ende der 1990er-Jahre auch privat sehr gut, aber ein theoretischer feministischer Ansatz verband uns nur teilweise. Wir sahen aufgrund unserer geringen Erfahrungen noch nicht die Notwendigkeit, kämpferische Frauen- und Filmpolitik zu machen. Vor vier Jahren habe ich den Verein FC GLORIA mitgegründet und beteilige mich mit anderen österreichischen Filmemacherinnen daran, Frauen in Filmberufen zu fördern. Je länger ich in der Filmbranche arbeite, desto deutlicher wird, dass sich in Sachen Genderbewusstsein nicht viel bewegt hat. Wenn Du mit Mitte 20 die ersten Kurzfilme drehst, begreifst Du nicht, was dir die Branche à la longue in den Weg stellt. Ich sehe freilich auch, dass ich als eine der wenigen Regisseurinnen Filme machen kann, will also keineswegs jammern. Viele haben kaum die Chance. Inzwischen hat sich ein Bewusstsein für die Situation entwickelt, auch unter den nicht mehr ganz jungen Frauen. So entstand das Bedürfnis nach besserer Vernetzung. Irgendwann ging uns nämlich auf, dass die Frauen kein Pendant zur Lobby der Männer aufzubieten haben. FC GLORIA verdankt seine Gründung dieser Erfahrung einer „gläsernen Decke".

Andererseits bleibt der Regie-Beruf immer auch ein Alleinkampf. NORDRAND entstand zu einer Zeit, als noch niemand unter meinen Freunden und Freundinnen einen abendfüllenden Spielfilm bewältigt hatte. Ich musste es allein meistern. Selbst wenn es sich wie ein Klischee anhört: Du bist allein, weil du am Ende für alle Entscheidungen gerade stehst.

Frauenrollen

Ich werde oft gefragt, warum ich weibliche Hauptfiguren wähle. DIE LEBENDEN machte mir wieder deutlich, dass mich die männliche Perspektive offensichtlich nicht genug interessiert. Im Kino beobachte ich an mir, dass ich mich gern mit männlichen Figuren identifiziere, was Frauen anscheinend häufiger gelingt als Männern, die nicht gern mit den oft als schwach dargestellten weiblichen Figuren mitfühlen mögen. Meine Protagonistin stand mir so nahe, dass ich sie den kompletten Film tragen ließ.

Die weibliche Seite der SS-Vergangenheit interessiert mich über mein Projekt hinaus, weil ich mich frage, wie unsere Großmütter das System getragen haben. Wo haben sie sich schuldig gemacht? Warum haben sie geschwiegen und schweigen noch? Hätte ein männlicher Protagonist so hartnäckig nachgefragt und so wenig nachgegeben wie Sita? Vielleicht fragen die heutigen Enkelinnen der Geschichte penetranter, vielleicht übernehmen Männer den Schuldkomplex, der uns umtreibt, auf andere Weise und leiden stärker unter ihren Familiengeschichten als Frauen, die die Dinge distanzierter betrachten, aus der Perspektive des „anderen" Geschlechts.

Sita ist wie im Hamsterrad immer in Bewegung. Sita lebt in innerer Unruhe, weil sie nicht weiß, wo sie herkommt. Wenn du deine Wurzeln nicht spüren kannst, irrst du umher, ohne zu merken, dass du in dir selbst suchen könntest. Sita wiederholt dieselben Fehler, lässt sich auf nichts ein, auch nicht auf die Liebe. Sie will nicht ankommen. Möglich, dass eine solche Frau nie eine klassische Bindung eingeht, aber das kann sowieso nicht das ausschließliche Lebensziel sein. Erst als sie beginnt, in der eigenen Familie nachzuforschen, kommt sie und mit ihr mein Film zur Ruhe. Psychologisch gesprochen lernt sie, die Familienschuld zu integrieren und wird erwachsen.

Meine Gespräche mit dem Publikum kreisen immer wieder um Fragen der Identitätssuche. Ich kann mich nicht darauf zurückziehen, dass ich nur eine Geschichte erzähle, weil zu viele Menschen solche Familiengeheimnisse haben. Es macht mir nichts aus, ein Katalysator für die widersprüchlichsten Gefühle zu werden, aber nach all den Jahren mit dem schwierigen Stoff der Vergangenheitsbewältigung bin ich froh, den autobiografischen Teil meiner Filme in Zukunft kleiner halten zu können. Ich habe Lust, Geschichten über Deutschland zu erzählen. Seit ich mit meiner Familie nach Berlin gezogen bin, greifen die Synapsen im Hirn anders ineinander. Du fühlst dich durch so einen Wechsel der Umgebung inspiriert und siehst schärfer.

Filmemachen mit Kind

Eine Freundin hat sehr schön gesagt: Wenn Du ein Kind bekommst, schließt sich eine Tür hinter dir, und du weißt, dass du nie wieder zurück kannst. Mein Leben mit Kind hat eine Parallelwelt geöffnet, die ich vorher nicht kannte. Lange setzte ich Muttersein mit Unfreiheit gleich, aber vor dem Kind wusste ich vielleicht gar nicht, was Unfreiheit ist, folglich auch nicht, was Freiheit bedeutet. Plötzlich für einen Menschen verantwortlich und vollkommen an ihn gebunden zu sein, war eine absolut neue Erfahrung. Mit Kind hast du ein anderes Lebensgefühl, kein Weg führt daran vorbei, obwohl ich meine individuellen Freiheiten mit seinem Heranwachsen wiedergewinne.

Anna Fischer in DIE LEBENDEN (2013)

Mein Partner und ich haben die Kinderbetreuung und Familienverantwortung von Anfang an geteilt. Er bleibt zu Hause, wenn ich mit meinem Film reise. Umgekehrt gibt es Zeiten, in denen er als freiberuflicher Regisseur auswärts arbeitet und ich die Hauptverantwortliche bin. Wenn ich mein Dasein als temporär Alleinerziehende bei voller Berufstätigkeit betrachte, verstehe ich, dass viele Frauen ein Kind als Karriereknick sehen. Filme zu machen, hat mit geregelten Arbeitszeiten nichts zu tun. Ich weiß wirklich nicht, ob ich es mir antun würde, als Single-Mutter einen Film zu drehen.

Wie jede/r Regisseur/in wünsche ich mir im Grunde, dass jemand meinen Film organisatorisch und produktionstechnisch übernimmt, dass jemand mich will und sich dafür interessiert. Aber DIE LEBENDEN habe ich selbst produziert, was vielleicht auch zu viel Verantwortung war. Es dauert so lange, das nötige Geld für ein Projekt aufzubringen, aber ein Leben „zwischen den Projekten" gibt es nicht wirklich, weil du im Innern die ganze Zeit daran weiterarbeitest. Tatsache ist, dass niemand davon leben kann, nur alle fünf Jahre einen Film zu drehen, weil andere Arbeiten dich zerstreuen und davon wegtragen. Wenn ich mich ausschließlich auf meine eigenen Filme konzentrieren und davon leben könnte – das wäre ein Traum.

Zurück zum Lehren: Meine Professur in Filmregie bedeutet mir dennoch mehr als nur eine Verdienstquelle. Die Arbeit an der HFF in Potsdam-Babelsberg bestätigt und befriedigt mich, sie hält mich wach und inspiriert mich immer neu, über Film und Kino zu reflektieren. Nicht zuletzt bekomme ich viel von den Studierenden zurück.

Aufz. CL

Fritzi Haberlandt

SCHAUSPIELERIN

Fritzi Haberlandt, Jahrgang 1975, studierte an der Hochschule für Schauspielkunst „Ernst Busch" in Berlin. Ihre erste Rolle spielt sie 1997 in „Saints and Singing" am Berliner Hebbel Theater. 2000 und 2001 wurde sie vom Magazin *Theater heute* zur Nachwuchsschauspielerin des Jahres gekürt.

Erste Filmerfahrungen macht sie 1998 in DIE BRAUT (Regie: Egon Günther).

Für die Hauptrolle in KALT IST DER ABENDHAUCH (2000) erhielt sie als „Beste Nachwuchsschauspielerin" den Bayerischen Filmpreis. Ihre Rolle in Hendrik Handloegtens LIEGEN LERNEN (2002) brachte ihr den Deutschen Filmpreis ein. Neben August Diehl überzeugt sie in Andreas Kleinerts FREISCHWIMMER. 2006 spielt sie in Detlef Bucks preisgekröntem Kinder- und Jugendfilm HÄNDE WEG VON MISSISIPPI. Für ihre Darstellung in EIN SPÄTES MÄDCHEN erhielt Haberlandt 2007 den Hessischen Fernsehpreis.

Fritzi Haberlandt hatte Engagements am Thalia Theater Hamburg, am Maxim Gorki Theater Berlin und am Burgtheater in Wien. Sie ist Ensemble Mitglied am Schauspiel Stuttgart.

Volle Kraft voraus

Der ganze Blick auf Film ist männlich dominiert, und gleichzeitig weiß ich, dass ich jemand bin, der das unterläuft, der sich ganz anders positionieren musste und nicht vor diesem männlichen Blickurteil als „die schöne Schauspielerin" bestehen konnte. Immer sanft und zart sein zu müssen, das wurde nie von mir erwartet, weder im Beruf noch privat. Das ist natürlich auch ein Vorteil, aber manchmal ist man auch sanft und zart und das wird dann nicht so schnell gesehen. Aber so wurde ich geprägt: die Dinge mit Humor zu sehen und ein bisschen taff zu sein. Das kommt sicher auch daher, dass ich nicht durch Augenklimpern und an-meinen-Haaren-drehen auffalle. Das hat noch nie zu mir gepasst. Deswegen versuche ich „Volle Kraft voraus" die Situation zu meistern. Auch, wenn das manchmal nur eine Flucht ist. Auf mich kommt keiner zu „Ach, junge Frau, so allein?" Ich musste es anders schaffen.

Die allerersten Workshops in „Darstellendes Spiel" habe ich 1990–1991 an der Schule gemacht. Als ich 15 war, sind wir nach Hamburg umgezogen. Dort habe ich die Inszenierungen von Bob Wilson gesehen und war begeistert, dass erwachsene Menschen so etwas machen und dann noch Geld dafür kriegen. Ich dachte: Einen Beruf haben und erwachsen sein muss nicht heißen, zwischen gestresst und gelangweilt sein Leben zu fristen, sondern man kann echt aufregende Dinge tun. Am Thalia Theater gab es auch Schülerkurse und ich merkte schnell: Das ist meine Passion. Meine Eltern wussten natürlich nicht, ob bei mir wirklich ein Talent vorhanden war, ob ich in dem Beruf bestehen kann und natürlich haben sie sich, wie alle Eltern, Sorgen gemacht. Aber spätestens, als ich die Schauspielschule bestanden hatte, waren sie Feuer und Flamme und auch stolz.

Ich dachte nie, ich müsste wahnsinnig gut aussehen

Ich hatte gerade am Anfang der Schauspielschule unheimliche Komplexe. Ich fand mich nicht schön. Aber dann kam KALT IST DER ABENDHAUCH (2000), und Rainer Kaufmann gab mir gegen alle Erwartungen die Hauptrolle. Danach durfte ich tolle Rollen spielen, und deswegen dachte ich jahrelang: Läuft doch super, man erkennt mein Talent! Damals stand auch noch nicht so oft „Schräg: Fritzi Haberlandt" in der Zeitung. Vielleicht war ich noch etwas jünger oder ich war noch nicht so reflektiert. Aber ich dachte nie: Jetzt musst du aber wahnsinnig gut aussehen! Ich habe einfach so gut gespielt, wie ich konnte. Alles andere hat mich nicht interessiert. Für so wahnsinnige Schönheiten auf der Kinoleinwand habe ich nicht viel übrig, das finde ich oft langweilig. Vielleicht auch, weil ich selber anders durchs Leben gehe und da nicht anknüpfen kann.

Beim Film kann ich immer wieder etwas Neues lernen

Ich wollte immer Theater machen, und damals an der Schauspielschule hatten wir überhaupt nichts mit Film zu tun, es war eine reine Theaterausbildung. Ich wurde vollkommen unvorbereitet in den Dreh gelassen, und das war furchtbar für mich. Mein Regisseur war nicht besonders geduldig, oder er hat nicht verstanden, dass ich vieles nicht wusste. Dazu kommt, dass ich eher ein exaltierter Typ bin, dann wurde schnell alles zu groß. Ich fand es schlimm, wie ich hilflos dastand, der Regisseur mich einfach nur anschrie und ich gar nicht wusste, wo das Problem ist. Ich habe ja nicht gemerkt, dass ich meine Augen aufreiße oder mit dem Kopf zucke. Veronika Ferres war damals meine Filmschwester, und sie hat mir sehr geholfen, einen Zugang zum Spielen im Film zu finden. Da ich ein sehr großes Interesse am Handwerklichen habe, habe ich das schnell gelernt.

Von Anfang an im Charakterfach gelandet

Ich finde es immer affig, wenn es über irgendwelche halbbegabten, ganz ansehnlichen Schauspielerinnen heißt: „Jetzt hat sie ins Charakterfach gewechselt", wenn sie eine Rolle spielt, wo sie mal alle Schminke weglässt und auch mal nicht einfach nur toll aussieht. Und dann wird das gefeiert als ein großartiger Schauspielvorgang. Ich frage mich, was daran Schauspiel sein soll, wenn man sich mal ungeschminkt vor die Kamera stellt und das durchhält. Das ist vielleicht für manche Frauen sehr schwer und ein persönlicher Erfolg, aber das hat für mich nichts mit Schauspiel zu tun. Vielleicht, weil ich in dieser Hinsicht von Anfang an im Charakterfach gelandet bin. Zum Glück herrscht seit einiger Zeit die Idee, eine Rolle möglichst gegen die Erwartung zu besetzen, und davon habe ich profitiert. Dass ich Lulu gespielt habe, das hätte es sicher vor 20 Jahren noch nicht gegeben am Theater. Lulu ist eine große Verführerin, die ganz große erotische, aber unschuldige Frau, bei der alle Männer sofort die Hose runter lassen. Sie spielt mit allen, aber merkt es selbst gar nicht. So eine Rolle würde ich im Film niemals spielen dürfen, das funktioniert nur am Theater und das ist natürlich das Tolle, dass du am Theater mitunter Rollen spielen darfst, die eigentlich nicht für dich geschrieben sind. Im Film ist klar: die Femme Fatale wird es für mich nicht mehr, aber das ist auch gut, denn so muss ich mich nicht durch die ganzen Ehefrauen im Hintergrund quälen. Es gibt andere interessante Rollen für mich.

Du bist eine eigene Type, nimm diese Chance wahr!

Eigentlich hat man doch oft noch den Eindruck, dass sich viele wünschen: Frauen sollen in erster Linie gut aussehen und den Mund halten. Ich empfinde das als Aufgabe, sich selber im Alltag davon frei zu machen, damit man nicht in die Falle gerät, auch nur in hohen Schuhen und kurzen Röcken rumzustaksen, weil das mehr dem Bild von einer Frau entspricht. Natürlich sollen Frauen auch ihr Dekolletee zeigen, wenn sie das möchten, aber die Frage ist: Wozu macht man das und worin fühlt man sich selbst wohl? Was will man als erstes von sich zeigen? Viele sagen ja heutzutage: Ich will das so! Ich fühle mich wohl. Aber ich glaube, das kommt von woanders; von einem Bild das über allem schwebt. Man muss sich sagen: Du bist eine eigene Type. Nimm diese Chance wahr! Das ist nicht immer leicht: Wenn man aussieht wie ein Modell, wird man als guter Mensch besetzt, wenn nicht, dann gehört man ins „Charakterfach", dann ist man Freak oder Psychopath. Ich habe gerade TOP OF THE LAKE geguckt, die neue Serie von Jane Campion. Da spielt Elisabeth Moss die Hauptrolle und ich finde sie großartig! Da mache ich mir überhaupt keine Gedanken darüber, wie die aussieht, sondern erlebe mit ihr und sie trägt diese Geschichte über sechs Folgen. Sie ist eine Type, eben nicht die klassische Superbeauty. Das ist nur möglich, weil eine Frau die Serie geschrieben und inszeniert hat. Weil eine Frau einen ganz anderen Blick auf ihre Hauptdarstellerin hat und sie nicht nur eine Hülle hinstellt, die dann mal ein Tränchen kullern lässt oder mal einen Ausbruch spielen darf, bei dem man dann denkt: Toll, was die alles drauf hat!

Auf die Mädchenrollen abonniert

Ich höre oft Leute über Schauspielkolleginnen sagen: „Wow, die ist aber alt geworden!" Das ist das Härteste in diesem Beruf. Bei mir nicht so wichtig, weil ich immer schon im „Charakterfach" gelandet bin. Aber natürlich gibt es da weniger Rollen. Ich bin jetzt langsam dabei, mich von dem Mädchenimage zu lösen. Aber gestandene Frauen zu spielen, das fällt mir am Theater schon manchmal etwas schwer. In dem Film DAS VERSPRECHEN spiele ich eine erwachsene Frau, und irgendwann spielt sie sich als Kind. Und das ist immer noch meine Lieblingsrolle; wenn ich so Blödsinn machen und so tun darf, als wäre ich sieben. Dann merke ich: Da stimmt jeder Impuls.

Man selber ist doch für sich eine ganze Welt

Ich habe gerade den Nachwuchspreis „human brand" bekommen, da geht es um Marken und um Persönlichkeit. Ich verstehe schon, was die mir sagen wollen, wenn sie mich als etwas „Eckiges", aber auch total „Positives", „Lebensfrohes" beschreiben, wie ein Produkt. Aber ich finde es auch gruselig, weil am Ende nur ein paar komische Begriffe übrig bleiben und man selber ist doch für sich eine ganze Welt. Ich kann doch meine Persönlichkeit nicht in fünf Worte packen. Ich finde, dass ich viele unterschiedliche Rollen spiele, und die Leute sagen immer: Das bist echt du! Ich sage dann immer: Guck mal, da habe ich etwas ganz, ganz anderes gespielt und da steht auch wieder: Typisch Fritzi Haberlandt. Das ist mittlerweile meine liebste Aufgabe in dem Beruf; dass ich versuche, diese ganzen Gegensätze zusammenzubringen und es dann trotzdem heißt: Typisch! Und die Darstellungen sind meilenweit voneinander entfernt: Einerseits introvertiert, schräg, geheimnisvoll, andererseits auch das Lustige, das Sympathische, mit einem offenen Herzen durch die Welt zu rennen – das sind alles Rollen, die in mein Schubfach fallen. Aber was übrig bleibt, sind Begriffe wie „eckig", „kantig"... In mir kommen Gegensätze zusammen, deswegen hat mein Mann Hendrik Handloegten den Film EIN SPÄTES MÄDCHEN mit mir gemacht. Er wollte beides zeigen.

Ich sehe das „Ostige" positiv

Ich war schon 14, als die Mauer fiel, habe also noch viel von der DDR mitbekommen. Meine Eltern waren recht kritisch, haben sich mit Politik auseinandergesetzt, und das ist eine Prägung, die das ganze Leben anhält: Dass man nicht einfach alles hinnimmt und versucht, das Beste für sich herauszuziehen. Für mich hat das etwas mit meiner DDR-Vergangenheit zu tun. „Jeder kämpft für sich allein", das ist einfach nicht Osten. Ich finde es immer noch befremdlich, in einer übervollen U-Bahn zu sitzen, und jeder sitzt ganz für sich alleine. Im Osten saßen wir in Gruppen. Viele empfinden das „Ostige" ja als Makel oder entschuldigen sich dafür, aber ich sehe das positiv. Ich bin total froh, dass ich das genau richtig biografisch erleben durfte, dass ich die DDR erlebt habe, aber später keine Einschränkungen mehr hatte. Nicht, weil ich die DDR so toll fand, sondern weil ich dadurch gelernt habe, anders zu denken und die Welt wahrzunehmen. Ich frage mich als Schauspielerin: Was hat das, was ich mache, mit der Gesellschaft zu tun? Wo befinde ich mich gerade?

Es wird vorgegaukelt, dass beides zu schaffen sei; Familie und Karriere

Im Osten haben sich die Frauen meistens allein um die Kinder gekümmert – sie waren arbeiten, haben Kinder und Haushalt gemacht – und haben es hingekriegt. Und das sind nicht alles gestörte alkoholabhängige alte Frauen, sondern das war Normalität. Das hat mich geprägt. Ich habe am Deutschen Theater mit Margit Bendokat gespielt. Ich sagte ihr: Wenn ich morgens probe und abends Vorstellung habe, muss ich Mittagsschlaf machen, ich schaffe das sonst körperlich nicht. Da sagte sie: Stell dir vor, als ich in den 1970er-Jahren Kinder hatte, war ganz klar: Sie macht diesen super, super, super anstrengenden Beruf und dann auch noch Kinder und Haushalt! Und sie musste für abends jemanden organisieren, der auf die Kinder aufpasst, das hat auch nicht der Mann gemacht! Aber im Osten blieb man nicht zuhause, da wurde wieder ans Theater gegangen. Dass du ein paar Jahre komplett auf dem Zahnfleisch kriechst, ist deine Sache, das ist gar keine Diskussion. Die meisten Frauen wollen nicht in diese Falle tappen, aber finden sich dann doch darin wieder. Es wird einem als Frau oft vorgegaukelt, dass auf jeden Fall beides zu schaffen sei: Familie und ein ausgefülltes Berufsleben. Es ist zwar zu schaffen, aber es bleibt immer etwas auf der Strecke. Alles zu 100 Prozent supergut gelaunt zu erledigen funktioniert nicht. Aber ich glaube nicht, dass man sich entscheiden muss, denn ich bin ja auch aus dem Osten, und für mich ist es klar, dass es geht. Deswegen habe ich im Freundeskreis eher Probleme mit Frauen, die im Berufsleben standen, Kinder bekommen haben und ihre Arbeit damit aufgeben. Wie geht das finanziell? Wie regelt man das auch untereinander? Abgesehen davon merke ich, dass ich das uninteressant finde. Ich finde es zwar toll, wenn Mütter ganz viel für ihre Kinder da sind, wenn sie das auch ausfüllt, aber da ich noch so viele andere Dinge erlebe, finde ich es auch schade, wenn dieses Leben als selbstständige Frau so lange auf der Strecke bleibt. Vielen Frauen wird das Berufsleben schwer gemacht. Ich kenne das aus dem Theater: Wenn Kolleginnen sagen: „Ich muss um halb drei los, das Kind abholen, lass uns bitte die Proben eine halbe Stunde früher aufhören", dann wird mit den Augen gerollt und gemeckert: „Also, die hat es ja nicht im Griff!" Wenn dagegen ein Mann sagt: „Du, ich habe da noch einen Termin mit einem Cutter, weil wir die Werbung noch schneiden müssen", dann wird gesagt: „Ja, klar, kein Problem, machen wir eine Stunde früher Schluss, kannste gehen..." Aber wenn die Frau sagt, dass ihre Kinder krank sind, dann wird das nicht akzeptiert.

Mit der neuen Frauengeneration kommt eine neue Freiheit

Bei einem Polizeiruf habe ich zum ersten Mal erlebt, wie das Arbeiten mit einer Regisseurin ist: Total anders! Natürlich willst du als Schauspielerin dem Regisseur gefallen. Und du musst dem auch gefallen. Was immer das heißt! Bei mir sicherlich nicht vor allem äußerlich. Aber man muss sich gut finden. Sonst hat der keine Lust, mir zuzugucken und sonst habe ich auch keine Lust, mich vor dem zu entblättern. Man will als Schauspielerin schon gelobt werden und das vermischt sich oft damit, dass man auch als Frau gemocht wird. Das ist einfach nur freundlich und professionell, aber das spielt eine Rolle. Wenn eine Frau Regie macht, versucht man eher, Freundinnen zu sein. Man will viel zusammen lachen und so eine Nähe aufbauen. Als ich meinen letzten Film mit Lola Randl gemacht habe, habe ich mich einfach nur gefreut, jemanden zu haben, der genauso denkt wie ich, wo all dieses „Gefallen wollen" dieses „Ah, sehe ich gut aus? Findet der mich jetzt gut?" weggefallen ist. So etwas kann man nur mit einer Frauen erleben: Dass es nur um die Arbeit geht und nicht um die Eitelkeiten drum herum. Das ist so eine neue Freiheit, die jetzt mit den neuen Frauen kommt. Auch wie Maren Ade (s. S. 422) Brigit Minichmayer in ihrem Film ALLE ANDEREN inszeniert hat, das kann nur eine Frau so inszenieren, denn das lässt sich nicht einordnen: Sie darf genauso hässlich sein wie schön. Sie ist alles! Sie ist ein Mensch aus Fleisch und Blut. Sie darf alles spielen, und das in den Emotionen genauso. Diese Ehrlichkeit und Freiheit, die man in solchen Rollen und mit solchen Möglichkeiten bekommt, die ist toll, die macht Film aus, und die brauchen wir.

Hier stehen wir doch alle zusammen

Allgemein kommt gerade wieder die große Diskussion um die Quote auf und ich bin absolut dafür, ganz vehement. Es wird einem ja immer unterstellt, dass man vieles nicht könnte, als Frau. Und dagegen kämpft man dann an – aber oft nur für sich. Frauen treten oft in Konkurrenz. Sie sehen nicht die Gemeinsamkeiten, sondern fixieren sich auf die Unterschiede. Jede hat ihre individuelle Geschichte, aber: Hier stehen wir doch alle zusammen. Es gibt zu wenig Frauen in Führungspositionen, das verändert sich sehr langsam und es wird sich wahrscheinlich auch weiterhin eher langsam verändern. Aber mit der Quote geht es schneller. Denn für die Ungleichheit gibt es ja keinen Grund, außer dass Männer lieber sich selbst wählen und ihresgleichen um sich haben. Durch die Quote werden die fähigen Frauen endlich die Chance haben, diese Posten zu bekleiden.

Aufz. BSB

Silke Johanna Räbiger

LEITERIN DES INTERNATIONALEN
FRAUENFILMFESTIVALS DORTMUND | KÖLN IFFF

Sie wurde 1953 in Heide/Holstein geboren und studierte Germanistik, Politik-, Geschichts- und Erziehungswissenschaften in Göttingen und Hamburg. Nach dem zweiten Staatsexamen folgten Tätigkeiten in einem Filmverleih und die Leitung einer kulturpädagogischen Initiative mit dem Schwerpunkt Kunst- und Kulturvermittlung für Kinder.

Seit 1986 arbeitete sie zunächst ehrenamtlich beim Frauenfilmfestival in Dortmund. Seit 1992 war sie dessen Leiterin und seit 2007 ist sie Leiterin des Internationalen Frauenfilmfestivals Dortmund/Köln.

In den Jahren 2009–2011 betreute sie den Aufbau eines Filmkunstkinos im Dortmunder U – Zentrum für Kunst und Kreativität.

Sie ist Mitglied der Deutschen Film- und Medienbewertung (FBW) und seit 2009 Mitglied der Auswahlkommission Max-Ophüls-Preis Saarbrücken.

www.iff.com

Denkanstöße geben, Ungleichheiten benennen, Wege aufzeigen

Will man die Geschichte des Frauenfilmfestivals Dortmund/Köln (IFFF) verstehen, muss man einen kurzen Blick auf den Ausgangspunkt werfen, ohne den die Anmaßung der Frauen, eigene Festivals zu kreieren, nicht zu verstehen ist. Stefanie Schulte-Strathaus schrieb 1997: „[Es macht wenig] Sinn, die wunderbar aktivistischen Filme der Frauen aus den siebziger Jahren einfach nur wieder zu zeigen, im Genuss der Siebziger-Jahre-Ästhetik zu schwelgen und gerührt zu sein von der Radikalität, mit der die Frauen damals ihr Erscheinen in der Männerdomäne Film nur eingebettet in den politischen Kampf anmelden konnten."[1] 40 Jahre nach dem ersten Internationalen Frauen-Filmseminar, das Helke Sander und Claudia von Alemann in Berlin organisierten, begleitet der Zwang zur Rechtfertigung die Frauenfilmfestivals noch immer.

Die Berliner Veranstaltung im November 1973, die 249 Teilnehmerinnen und 45 Filme aus sieben Ländern zählte, war eine Pionierleistung. Es gab keinerlei Recherchen, Institutionen, Adressenlisten oder Netzwerke, auf die Helke Sander und Claudia von Alemann zurückgreifen konnten, und nur analoge Brief-, Telex- und Telefonkommunikation.

1979 fand dann erstmalig das Internationale Frauenfilmfestival in Sceaux, später in Créteil bei Paris statt, nach New York, Toronto, Edinburgh, London und dem Berliner Frauen-Filmseminar die sechste Frauenfilmveranstaltung weltweit, im selben Jahr wurde in Rom das Laboratorio Immagine Donna gegründet. 1984 setzten Studentinnen der Theater-, Film- und Fernsehwissenschaften ihre Seminare zu feministischer Filmarbeit in eine Initiative um, aus der die Feminale in Köln entstand, das erste kontinuierlich arbeitende Forum feministischer Filme der BRD.

Köln startete mit Programmen nordrhein-westfälischer Filmemacherinnen und dehnte sie später auf Filme aus dem deutschsprachigen Raum, ab 1988 aus ganz Europa aus. „Eine ziemlich bunte und wüste Mischung" aktueller Filme, „die strapaziös ist, aber auch viele Chancen zu Entdeckungen bietet", erklärte eine der Gründerinnen auf der ersten Konferenz europäischer Frauenfilmfestivals 1997. 1987 wurde das Festival femme totale in Dortmund gegründet, zunächst ein Filmwochenende mit deutschsprachigen Filmen zum Thema Macht und Gewalt in Filmen von Frauen. Das Credo dieses Auftakts lautete: „... wir wollen *machen*, was [die Zeitschrift] *Frauen und Film* schreibt: „'Das Neuland der aufgeworfenen Fragen'[2], das Unsichtbare im Sichtbaren zu entdecken/anderen mitzuteilen/eine Präsentationsweise für Filme von Frauen zu suchen, die diese Wünsche für uns und andere erfüllt: die interessanten, kaum gezeigten, meist unterbewerteten, gehaltvollen Filme von Frauen besser kennen zu lernen/sie wieder

---

1 Stefanie Schulte Strathaus: „*...es kommt darauf an, sie. zu verändern.*". Freunde der deutschen Kinemathek e.V. und Blickpilotin e.V. Berlin 1997.
2 Helke Sander, *Frauen und Film*, Nr. 34, *Der König ist tot, es lebe er König*, S. 16f.

zu sehen."³ Die Kombination von Kino und Kongress zu jeweils wechselnden thematischen Schwerpunkten wurde zum Markenzeichen von femme totale.

Die kostengünstigere Videotechnik bot vielen Frauen die Möglichkeit, autonom und experimentell neue Ausdrucksformen zu erproben und spielte daher in den Anfangsjahren eine wichtige Rolle. Daneben widmete sich femme totale der Wiederentdeckung großer Namen der weiblichen Filmgeschichte: Mabel Normand, Lois Weber, Alice Guy, Asta Nielsen, Dorothy Arzner, Germaine Dulac und Nell Shipman. Große Avantgardistinnen und Regisseurinnen des realistischen Kinos wurden ebenso gewürdigt, z. B. Marguerite Duras, Agnès Varda, Lina Wertmüller, Vera Chytilová, Jutta Brückner, Ula Stöckl, Helke Sander, Ulrike Ottinger, Helga Reidemeister, Gurinda Chada, Margarethe von Trotta u.v.m. Es folgten Reihen zum US-amerikanischen, lateinamerikanischen und asiatischen Kino. Auch der feministische Diskurs um die Gleichstellung der Frauen in der Filmproduktion spielte immer wieder eine große Rolle.

Zahlen und Netzwerke

1992 wurde im nordrhein-westfälischen Landtag eine Große Anfrage[4] zur Frauenkultur der Region diskutiert, bei der es auch um die Situation der Filmkünstlerinnen ging. 20 Prozent Frauen waren im Bereich Regie tätig, 16 Prozent der regionalen Filmförderung und 11 Prozent allgemeine Fördermittel gingen an Frauen. 2013 gab das Frauenkulturbüro Nordrhein-Westfalen eine Studie zum Thema Gleichstellung in Auftrag, die nach der aktuellen Partizipation von Frauen in öffentlich geförderten NRW-Kulturinstitutionen fragte und nicht wesentlich bessere Zahlen zu Tage förderte, obwohl die Frauen nahezu 50 Prozent der Absolventen an Film- und Kunsthochschulen stellen[5].

Nach zahlreichen informellen Treffen bildete sich 2012 ein neues Netzwerk, das International Womens Filmfestival Network IWFFN[6], das sich u. a. zum Ziel gesetzt hat, belastbare Zahlen zur Gleichstellungsproblematik im Filmbereich zu erheben, um in den jeweiligen Ländern politisch agieren zu können. Vertreterinnen der aktuell etablierten Frauenfilmfestivals in Brüssel, London, New York, München, Hamburg, Rio de Janeiro, Santiago de Chile und dem niederländischen Assen trafen auf dem IFFF Dortmund | Köln, dem Folgeprojekt von femme totale und Feminale, 2012 mit Filmemacherinnen, Verleiherinnen und anderen Netzwerkerinnen zusammen. Daraus entwickelte sich eine Google-Group zur schnellen Kommunikation und eine Website, die die unterschiedlichen Festivals präsentiert und verlinkt.

Vorläufer dieses Austauschs unter Frauenfilmfestivals waren das Pandora-Netzwerk, das in den 1980er-Jahren an der Université des Femmes in Brüssel gegründet wurde und die Arbeitsgruppe Frauen und Film in Europa, die in den 1990er-Jahren

---

3 Vorwort zum Programmheft des Festivals Macht und Gewalt in Filmen von Frauen, Dortmund 1987.
4 Antwort der Landesregierung, *Drucksache 11/6095*, 23.11.1993.
5 Siehe http://www.frauenkulturbuero-nrw.de. Die Studie erscheint im Frühjahr 2014. Informationen siehe *Kulturpolitische Mitteilungen – Zeitschrift für Kulturpolitik der Kulturpolitischen Gesellschaft* IV/2013: http://www.kupoge.de/kumi/pdf/kumi143/kumi143_56–57.pdf.
6 Siehe http://www.iwffn.com.

im Rahmen der European Coordination of Filmfestivals entstand. Vertreterinnen von 17 europäischen Frauenfilmfestival-Initiativen nahmen 1997 an einer ersten Konferenz der Arbeitsgruppe teil. Beide Netzwerke existieren heute nicht mehr. Auch im Rahmen der Berlinale agiert das IFFF, um die Präsenz von Regisseurinnen in der Programmauswahl und den Jurys internationaler Festivals zu verbessern. 2013 fand eine gemeinsam mit dem Athena Filmfestival New York konzipierte Veranstaltung statt, zu der zahlreiche Festivalgäste und MedienvertreterInnen erschienen. 2014 veranstaltete das IFFF während der Berlinale das Treffen *Get yourself connected*.

In Europa, dem Nahen Osten, in Nord- und Südamerika und Asien wurden in den 2010er-Jahren Studien zu den komplexen Hintergründen mangelnder Gleichstellung in der Filmkultur auf den Weg gebracht. Das Schwedische Filminstitut (SFI) formulierte 2013 als erstes europäisches Land die explizite Zielvorgabe, bis 2015 die Geschlechtergleichheit bei der Vergabe von Fördermitteln zu erreichen. Das Sundance Institute und das Netzwerk Women in Film & Television (WIFT) gingen 2014 in den USA eine Kooperation ein und gründeten die Women Filmmaker's Initiative, die den Regisseurinnen-Mangel erforschen und einen Wandel forcieren soll, um „den Erfolg von Frauen als Geschichtenerzählerinnen, die unsere Kulturlandschaft prägen, zu beschleunigen."[7] Das European Women's Audiovisual Network EWA arbeitet zudem mit dem Birbeck College, der Universität London und der Akademie der Künste in Stockholm zusammen, um ebenfalls gezielte Studien zur Gender- und Medienproblematik in Europa zu initiieren. Nicht zuletzt schalteten sich 2013 14 Organisationen in die Debatte um „staatliche Beihilfen für Filme und andere audiovisuelle Werke"[8] der Europäischen Kommission in Brüssel ein, auch hier mit dem Ziel, die Geschlechtergleichberechtigung voranzutreiben. Noch gibt es keine greifbaren Ergebnisse, aber die Sensibilität für das Thema ist gewachsen und es ist an uns, es am Kochen zu halten.

Themen

Frauenfilmfestivals verdanken sich der Frauenbewegung der 1970er- und 1980er-Jahre. Ihre politischen Implikationen standen außer Frage. Sie setzten sich für die Aufhebung der Benachteiligung der Frauen ein, kämpften um die öffentliche Wahrnehmung ihrer künstlerischen Arbeit und reflektierten die sozialen und kulturellen Bedingungen, unter denen Frauen Gewalt erleben, ihre Kinder allein erziehen. Frauenfilmfestivals boten kritisches Anschauungsmaterial, stellten Tabus in Frage, spielten mit Rollenkonventionen und Schönheitsnormen. Die Suche nach Identität und Verortung in der Geschichte war ein wiederkehrendes Thema, auch die Frage nach adäquaten ästhetischen Ausdrucksformen. Ein gewaltiges Reservoir an Geschichten und Visionen galt es in die öffentliche Wahrnehmung zu rücken. Die 1990er-Jahre brachten erste Erfolge, ein breites Filmschaffen von Frauen nährte den Eindruck, dass die Gleich-

---

7   Siehe http://www.sundance.org/programs/women-filmmakers-initiative.com.
8   Siehe ec.europa.eu | Öffentliche Konsultationen | Wettbewerb: Beurteilung staatlicher Beihilfen für Filme und andere audiovisuelle Werke.

stellung erreicht sei. Andere Probleme drängten in den Vordergrund, die Migration, neue bewaffnete Konflikte in Osteuropa, der zweite Golfkrieg oder die Umweltfragen. Die Themen des Dortmunder Festivals femme totale funktionierten wie Seismografen dieser gesellschaftlichen Prozesse. Mit dem Thema *Maschinenstürmerinnen* glaubten wir z. B. 1991, das Elend der Welt auf unsere Schultern geladen zu haben, ein Schwerpunkt zur *Subversiven Kraft des Lachens* war 1993 unsere Antwort darauf. Die Kölner Feminale setzte deutlicher auf aktuelle Strömungen in der Videoproduktion, zeigte Experimentelles und Programme wie *GirlsGangsGuns – Zwischen Exploitation-Kino und Underground*, daneben Retrospektiven von Helke Sander, Elfi Mikesch, Ulrike Ottinger, Ula Stöckl, Valie Export u. a. Das Jubiläum zur 100-jährigen Geschichte des Films 1995 zeigte indes, dass wenig erreicht war. Die kursierenden Bestenlisten zur Filmgeschichte ignorierten Regisseurinnen konsequent. Sogar die Bundeszentrale für politische Bildung[9] legte 2003 einen skandalösen Kanon der 100 besten deutschen Filme vor, in dem Werke von Regisseurinnen schlicht nicht existierten.

Zwickmühlen

Die Kölner Festivalmacherinnen formulierten 2000 ihren Frust: „…wir werden uns auch weiterhin querstellen, wenn darauf gedrängelt wird, grundsätzliche Kriterien für unsere Film- und Programmauswahl anzugeben. Oder die leidige Was-ist-Feminismus?-Frage. Ein Festival, das sich vorgenommen hat, spannende Themen und Diskussionen zu versammeln, kann sich durch Zwangsfestschreibungen nur selbst beschneiden."[10] Eine gewisse Stagnation wurde manifest und die finanzielle Situation setzte der Freiheit scharfe Grenzen. Ein erbitterter Kampf um Etats begann, vor dem die konzeptionellen Fragen manchmal verblassten. Ausgerechnet die NRW-Landesregierung der SPD/Grünen reduzierte die Etats 2004/2005, sodass die Fusion der Dortmunder und Kölner Festivals unausweichlich wurde. Obwohl sie interessante Filme und Debatten boten, war ihre öffentliche Wahrnehmung und Wertschätzung nicht in dem Maß gegeben, das notwendig gewesen wäre, um zwei Frauenfilmfestivals in NRW erhalten zu können. Wir standen vor der Entscheidung, entweder mit äußerst knappem Geld in alten Strukturen zu verharren oder einer Fusion zuzustimmen. Ein langwieriger Prozess der Konzeptionssitzungen, politischen Gespräche, Zerwürfnisse und schließlich des Neubeginns markierte die Zeit bis 2007.

---

9 Mitglieder der Kommission: Andreas Dresen, Dominik Graf, Erika Gregor, Alfred Holighaus, Prof. Dr. Thomas Koebner, Eva Matlok, Katja Nicodemus, Christian Petzold, Hans Helmut Prinzler, Uschi Reich, Dr. Rainer Rother, Volker Schlöndorff, Reinhold T. Schöffel, Ruth Toma, Tom Tykwer, Andres Veiel, Burkhard Voiges, Horst Walther.
10 Verena Mund im Vorwort des Festivalkataloges der FEMINALE 2000, S. 10.

Was zu tun bleibt

Einige mögen es Anpassung an politische und gesellschaftliche Konventionen nennen, wir nennen es Professionalisierung. Mit der Fusion zum Internationalen Frauenfilmfestival Dortmund/Köln (IFFF) hat das Festival seit 2006 ein neues Profil gewonnen, das hoch dotierte Wettbewerbe, eine professionelle Presse- und Öffentlichkeitsarbeit und den Ausbau der Filmbildung gemäß der NRW-Landespolitik einschließt. Der professionelle Rahmen lässt uns selbstbewusster auftreten. Stärker als zuvor steht das Kuratieren der Filme im Mittelpunkt. Das Profil der Festivalsektionen musste durch die Einführung der Wettbewerbe und die Ausweitung des Weiterbildungsprogramms geschärft werden, was ihnen gut getan hat. Der Blick ist schärfer, die Filmauswahl kompromissloser geworden.

Plakat zum IFFF Köln 2014

All das hat auch in Fachkreisen das Interesse am Festival verstärkt, während andererseits der Druck durch die Politik und die Kulturverwaltung und die Abgrenzung zu anderen Festivals deutlich spürbarer geworden sind. Wir konnten die Situation der Frauen in der Filmindustrie nicht wirklich beeinflussen, weder ihre Diskriminierung im Fördersystem noch bei der Job-Vergabe. Die Lage filmschaffender Frauen ist nicht deutlich besser als vor 20 Jahren, entsprechend dem allgemeinen gesellschaftlichen Status quo, der Frauen selten Führungspositionen eröffnet. Als Filmfestival stehen wir zudem vor einer neuen Herausforderung, der dramatischen Veränderung der Kinolandschaft. Vor dem Hintergrund der digitalen Verfügbarkeit von Filmen im Internet müssen wir uns neu aufstellen. Die Digitalisierung macht einerseits die Filmherstellung für viele erschwinglich, andererseits wird das Feld der Formate unübersehbar groß, sodass viele unabhängig produzierte Filme zukünftig auf Festivals vielleicht gar nicht oder nur mit hohem technischem Aufwand projiziert werden können.

Eine wichtige Aufgabe wird bleiben: Frauenfilmfestivals müssen sich stetig neu in aktuellen feministischen Debatten definieren, Denkanstöße geben und nicht aufhören, bestehende Ungleichheiten zu benennen und Wege aufzuzeigen, dagegen vorzugehen. Wir brauchen auch in Deutschland präzise Studien ähnlich denen, die das Schwedische Filminstitut und das Sundance Institute u. a. initiiert haben. Und wir werden nicht um die Frage einer Quotierung der öffentlichen Filmförderung herumkommen.

Nach Gesprächen mit Claudia Lenssen

Julia Jentsch

SCHAUSPIELERIN

Geb. 1978 in Berlin, Ausbildung an der renommierten Schauspielschule Ernst Busch.
 2001 bis 2006 Ensemblemitglied der Münchener Kammerspiele, dort zahlreiche klassische und zeitgenössische Rollen. 2002 beste Nachwuchsschauspielerin des Jahres (*Theater heute*). Seit 2001 zahlreiche deutsche und internationale Kino-Filme. Die Titelrolle in SOPHIE SCHOLL – DIE LETZTEN TAGE (2004) trug ihr den Deutschen und den Europäischen Filmpreis sowie den Silbernen Bären der Berlinale 2005 ein. Daneben rollen in BLOCH-, TATORT- und MARTHALER-Filmen sowie ausgewählten Fernsehspielen, doch Julia Jentsch macht sich im Fernsehen eher rar.
 Julia Jentsch arbeitete im Theater u.a. unter der Regie von Monika Gintersdorfer, Lars Ole Walburg, Luk Perceval, Andreas Kriegenburg, Peter Zadek, Stefan Pucher, in Kino- und TV-Filmen mit Judith Kennel, Stefan Krohmer, Sven Taddicken, Rainer Kaufmann, Franziska Buch, Maria von Heland, Bettina Oberli, Malgorzata Szumowska, Antonin Svoboda, Margarethe von Trotta (s. S. 126), Til Schweiger, Andreas Kleinert u.a. Seit 2009 ist sie Ensemblemitglied des Schauspielhauses Zürich. Sie lebt mit ihrer Familie in Zürich.

FILME (Auswahl)
2014 DA MUSS MANN DURCH (Marc Rothemund)
2014 MONSUN BABY (Andreas Kleinert)
2013 KOKOWÄÄH 2 (Til Schweiger)
2012 HANNAH ARENDT (Margarethe von Trotta)
2012 DER FALL WILHELM REICH (Antonin Svoboda)
2010 HIER KOMMT LOLA (Franziska Buch)
2009 TANNÖD (Bettina Oberli)
2008 EFFI BRIEST (Hermine Huntgeburth)
2008 33 SZENEN AUS DEM LEBEN (Malgorzata Szumowska)
2007 FRÜHSTÜCK MIT EINER UNBEKANNTEN (Maria von Heland)
2004 DER UNTERGANG (Oliver Hirschbiegel)
2004 DIE FETTEN JAHRE SIND VORBEI (Hans Weingartner)
2001 MEIN BRUDER, DER VAMPIR (Sven Taddicken)
2000 ZORNIGE KÜSSE (Judith Kennel)

Spiele mit Rollen und Verhaltensklischees finde ich spannend

Beim Internationalen Frauenfilmfestival Köln saß ich 2012 mit der chinesischen Autorin und Regisseurin Xiaolu Guo und der mexikanischen Journalistin und Kuratorin Lucy Virgen in der Jury des Wettbewerbs um den besten Debüt-Spielfilm einer Regisseurin. Weil ich selbst oft mit Dreh- und Theaterarbeiten beschäftigt bin und nach der Geburt meiner Tochter eine längere Pause eingelegt hatte, waren diese Tage, in den wir in die Filme eintauchen konnten, ein großer Genuss.

Die Jury sah drei oder mehr Filme am Tag, manchmal mit Publikum, manchmal ohne, und meist setzten wir uns danach in einem türkischen Imbiss in der Nähe des Kinos in der Kölner Südstadt zusammen, weil wir das Bedürfnis hatten, uns auszutauschen. Solch ein konzentriertes Kino-Erlebnis habe ich eigentlich nur in einer Festival-Jury. Spannend war aber auch, wenn keine von uns ein Wort über den Film verlor, den wir gerade gesehen hatten, und alle drei verstanden, was das bedeutet.

Bei jeder Einführung einer Regisseurin war ich wieder aufs Neue überrascht: „Aha, schon wieder ein Film von einer Frau!" Von anderen Festivals, z. B. dem Zürich Filmfestival, wo ich im selben Jahr in die Jury eingeladen wurde, bin ich nicht gewohnt, dass so viele Frauen beteiligt sind und alle Filme von Frauen stammen. Ich finde es weder besser noch schlechter, es ist einfach ein schönes Erlebnis.

Nische

Wenn ich mir die Filme beim IFF und im Kino anschaue, sehe ich, dass Regisseurinnen inzwischen überall präsent sind. Seit meinem Studium an der Schauspielschule „Ernst Busch" in Berlin und meinen ersten Filmrollen habe ich mit Margarethe von Trotta, Hermine Huntgeburth, Malgorzata Szumowska, Bettina Oberli und Judith Kennel Filme gedreht und auch am Theater unter Frauenregie gearbeitet, mit der Regisseurin Monika Ginterdorfer drei Mal. Egal ob Nische oder nicht, das Konzept, ein Festival speziell den Filmen von Frauen zu widmen und viele im Filmgeschäft arbeitende Frauen einzuladen, ist gut. Ich glaube, es bestärkt und macht Mut. Frauen, die noch studieren, können sehen, wie andere angefangen haben und ihre eigenen Filme machen. Man bekommt einen Eindruck davon, wie viele Regisseurinnen und weibliche DOPs sich durchsetzen, auch wenn am Filmset immer noch 80 Prozent Männer vertreten sind. Eigentlich sollte es auch mehr solcher Anlässe geben.

Provokation

Dass Filme von Frauen provozierende neue Themen aufgreifen, kann man nicht unbedingt von ihnen erwarten, jedenfalls fiel mir bei der Juryauswahl, die wir sehen konnten, zunächst eine enorme Vielfalt der Stoffe und Erzählformen auf. Anscheinend ist nicht einmal typisch, dass Regisseurinnen in erster Linie weibliche Protagonistinnen in den Mittelpunkt stellen, obwohl in „meinem" Jury-Jahrgang 2012 Frauen in den meisten Filmen die Hauptrolle spielten. Vielleicht gibt es ein gemeinsames Interesse, sich als Frau mit Frauen zu beschäftigen und ihre Lebensentwürfe zu untersuchen. Dringliche Themen, die unbedingt auf den Tisch gebracht werden müssen, kann ich aber im Kino von Frauen nicht unbedingt entdecken. Neu in diesem Sinn war für mich vielleicht der Spielfilm RETURN (2011) von Liza Johnson. Er handelt von einer amerikanischen Soldatin, die von einem mehrmonatigen Einsatz im Mittleren Osten in ihre Kleinstadt zurückkehrt und nicht mehr an ihre Ehe und dem normalen Alltag anknüpfen kann. Ähnliche Geschichten über männliche Soldaten sind mir schon öfter in Filmen und in den Nachrichten begegnet, hier erlebt man die Kriegsnachwirkungen aus der speziellen Perspektive einer Frau.

Rollenbilder

Es fällt mir auf, dass Filme von Frauen oft weibliche Rollenbilder in Frage stellen. Ein Beispiel, das mich sehr beeindruckt hat, ist der türkische Film ZEFIR (2010) von Belma Baş. Zefir ist ein zehnjähriges Mädchen, von dem man die ersten 20 Minuten des Films annimmt, es handle sich um einen Jungen. Die Regisseurin sagte im Gespräch nach der Vorführung, dass sie die Irritation bewusst einsetzte. Die Geschlechterrolle war bei diesem selbstbewussten Kind, das die Ferien bei den Großeltern verbringt und auf seine berufstätige Mutter wartet, von vornherein nicht eindeutig zuzuordnen. Belma Baş wollte den Zuschauern die Freiheit geben, ob sie die Figur als Junge oder als Mädchen wahrnehmen. Sie spielt mit Erwartungen, was mir als Schauspielerin sehr gefiel.

Interessant war auch der französische Spielfilm 17 MÄDCHEN (2011) von Delphine und Muriel Coulin, der von einem Schwangerschaftspakt unter 17 Schülerinnen einer Schulklasse erzählt und davon wie sie sich bei den Eltern, den Jungs und in der Gesellschaft Respekt verschaffen. Sie suchen selbstbewusst ihre Aufgabe, ganz anders als ihre Mütter, die vor dem Kinderkriegen warnen. Für mich hat der Film nichts mit Feminismus zu tun. Mein Eindruck ist, dass es den meisten Filmen von Frauen vor allem darum geht, von den Schwierigkeiten und Widrigkeiten zu erzählen, die man als Mensch in der Gesellschaft erlebt, egal, ob Frau oder Mann. Dafür stand z. B. auch der marokkanisch-französisch-deutsche Film SUR LA PLANCHE (2010) von Leila Kilani, der unter Arbeiterinnen in einer Fischfabrik spielt. Die Hauptfigur ist eine extrem taffe Frau, fast männlich in der Art, wie sie redet und sich bewegt. Da ist es fast egal, ob sie ein Mann oder eine Frau ist. Es geht einfach um eine Person, die ums Überleben kämpft, quasi Tag und Nacht arbeiten muss und mit ihren Freundinnen auf die Idee kommt, auf Diebeszüge auszuziehen. Meinem Eindruck nach verschwimmt das spezifische Frauenproblem und die Frauen wechseln ihre traditionellen Rollenbilder.

Verkleidung

Spiele mit Rollen und Verhaltensklischees finde ich als Schauspielerin immer spannend. Bislang hatte ich noch kein Angebot, eine Hosenrolle im Film oder im Theater darzustellen, aber ich beobachte andere Menschen und mich selbst immer auch mit einem Augenmerk für den Habitus der Geschlechterrollen. Ich frage mich oft, was auf mich feminin, männlich oder androgyn wirkt. Wenn ich an einem Part arbeite, beschäftigt mich oft, wie jemand auf widersprüchliches Verhalten reagiert.

Im Schauspiel fragt man, um was für einen Charakter es sich bei einer Figur handelt, ist es ein sehr weiblicher oder fast männlicher? Natürlich kenne ich die Lust, mal die eine, mal die andere Seite zu betonen. Ich habe mir Bilder von Glenn Close' Maske in Rodrigo Garcias, von ihr geschriebenem Film ALBERT NOBBS (2011) angesehen, in der sie wie ein verhärmter alter Mann wirkt. Verwandlung ist vielleicht der faszinierendste Teil unseres Berufs und dazu gehört auch die Verwandlung ins andere Geschlecht.

Budget

Das Thema Geld betrifft Regisseure genauso wie Regisseurinnen. Ich höre alle Seiten darüber reden und konnte deshalb bislang in den Filmen, in den ich spielte, keinen speziellen Unterschied zwischen Männern und Frauen feststellen. Es geht mir manchmal so, dass ich ein Drehbuch lese und denke, das wäre ein toller Film, aber dann wird er nie finanziert. Zu wenig Geld, das gab es schon immer. Bislang habe ich mit Regisseurinnen gearbeitet, die nur absolute Low-Budgets zu Verfügung hatten, aber auch mit anderen, hinter denen ein Produzent oder eine Produzentin stand, sodass kein Unterschied im Budget zu bemerken war. Ich kann nicht beurteilen, ob Produzenten die Finanzkrise genutzt haben, um die Budgets von Regisseurinnen enger zu ziehen, aber als Frauenthema habe ich die Geldfrage eigentlich bis jetzt nie wahrgenommen.

Warum auch mit guter Ausbildung am Ende weniger Frauen dauerhaft eine Karriere machen, ist eine schwierige Frage. Bei uns Schauspielerinnen ist von vornherein klar, dass die Konkurrenz immens ist. Zudem gibt es weniger gute Rollen für Schauspielerinnen als für Schauspieler. An der Schauspielschule, an der ich ausgebildet wurde, hat man uns immer darauf hingewiesen, dass die meisten Stücke mehr Rollen für Männer bereithalten, man sich also darauf einstellen müsse, dass es für Frauen schwieriger sein wird, einen Job zu kriegen. Zum Glück werden die festgelegten Rollen heute oft aufgelöst, z.T. werden Männerrollen mit Frauen besetzt und umgekehrt. Man löst sich von den Vorlagen, verändert Stücke oder erfindet Rollen hinzu. Es gibt viele Möglichkeiten, die Klischees aufzubrechen, sodass am Ende die Männerrollen nicht überwiegen.

Warum Kamerafrauen, Regisseurinnen und Frauen in anderen Filmberufen keine Karriere aufbauen, kann ich nicht beurteilen. Ich denke, dass ein Teil vielleicht Familie hat und andere Prioritäten setzt. Ich kann mir auch vorstellen, dass sie in der Arbeitsrealität womöglich keine Lust haben, mit vielen Männern zusammenzuarbeiten, weil die es vielleicht schräg finden, dass eine Frau ihnen sagt, was zu tun ist – wie ich es manchmal erlebt habe. Wenn sie den Konflikt spüren, geben es manche Frauen auf, immer wieder neu die Boss-Position zu erkämpfen. Sie wollen selbstverständlich akzeptiert werden. Da kommt es immer wieder zu Unstimmigkeiten.

Aufz. CL

Melissa Silverstein

AKTIVISTIN, BLOGGERIN

Melissa Silverstein ist Autorin, Bloggerin und Marketing-Beraterin mit den Schwerpunkten soziale Medien und Frauen in der Filmindustrie. Sie ist Gründerin und Redakteurin des Blogs *womeninhollywood.com*, eine der angesehensten Websites zur Arbeit von Frauen im Film und anderen Bereichen der Popkultur.

Sie organisierte das von ihr mitgegründete Athena Filmfestival zur Würdigung von Frauen in Führungspositionen, das im Februar 2011 am Barnard College, NYC stattfand, und war Jury-Mitglied des Frauenfilmfestivals Dortmund Köln (IFFF).

Ihre Kommentare sind auf CNN, in *Newsweek, Salon, Chicago Tribune, Washington Post, New York Times* u.a. veröffentlicht worden. Die Times of London nannte Melissa Silverstein eine der Top 100 Tweeter in Sachen Kunst, Flavorwire eine der zehn wichtigsten FilmkritikerInnen auf Twitter. 2008 listete More Magazine ihren Blog als „Blog to watch", 2009 würdigte *totalfilm.com* ihn als besten Hollywood Blog.

Melissa Silverstein schuf zahlreiche Social-Media-Kampagnen für Filme, darunter DANCING ACROSS THE BORDERS (Anne Bass 2010), THE BOYS ARE BACK (Scott Hicks 2009), YOO-HOO MRS. GOLDBERG (Aviva Kempner 2009), CHERI (Stephen Frears 2009), SUNSHINE CLEANING (Christine Jeffs 2008), THE BUSINESS OF BEING BORN (Abby Epstein 2008), BECOMING JANE (Julian Jarrold 2007), THE HOURS (Stephen Daldry 2002) u.v.a.m.

Melissa Silverstein leitete auch eine Reihe profilierter Bildungskampagnen, darunter *Take our daughters to work day* und das *Pro Choice public education project*. Zuvor arbeitete sie in leitender Position bei der Ms. Foundation, einer Stiftung zur Unterstützung von Frauen. Sie ist im Beirat eines Frauenmedienzentrums in New York, ebenso bei Women, Action & Media (WAM!) und arbeitet bei Women in Film and Television NY (WIFTG) mit.

http://blogs.indiewire.com/womenandhollywood/

Die Girl's Box ist in Ordnung, solange sie gut funktioniert

Ich habe schon früh in Fraueninitiativen gearbeitet und fühle mich in der feministischen Bewegung zu Hause. In den USA kämpften die ersten Feministinnen vor 100 Jahren für das Wahlrecht, die zweite feministische Welle der 1960er- und 1970er-Jahre verstand sich als gegenkulturelle Bewegung, die sich für die Bürgerrechte einsetzte, auch für das Recht auf Abtreibung. Frauen dieser zweiten Generation sind meine Vorbilder. Ich bin mit ihren Zeitschriften herangewachsen und die Initiativen, mit denen sie sich für einen kulturellen Wandel stark machen, haben mich geschult. Ich begann bei Ms. Foundation, einer Stiftung, die sich vor allem für die ökonomische Stärkung und Unabhängigkeit der Frauen und ihr Recht auf selbstbestimmte Fortpflanzung einsetzte. Mein Job war es, bei ihrem Online-Magazin Geld zur Unterstützung ihrer Projekte einzuwerben.

Popkultur und Feminismus

Seit ich denken kann, faszinieren mich Filme und Fernsehen. Meine Arbeit als Journalistin und Bloggerin dreht sich heute um Popkultur, die in meinem Leben immer immens wichtig war. In diesem Bereich der Kultur geht es nach wie vor um substanzielle Frauenfragen, für die wir kämpfen müssen. Ich beobachte die Präsenz von Frauen in der Filmindustrie, analysiere die Verteilung der Rollen vor und hinter der Kamera, vergleiche die Budgets der Regisseurinnen und Regisseure und veröffentliche Zahlen dazu. Ich interessiere mich für die Stoffwahl und das Zielpublikum der Blockbuster-Filmindustrie und ziehe meine Schlüsse. Oft ist das Verhältnis von Produktionskosten und Einspielergebnissen bei Buddy-affinen Blockbustern weniger profitabel als bei Filmen mit kleineren Budgets, die sich gezielt an ein weibliches Publikum wenden. Frauenfilmfestivals und ihre Strategien interessieren mich ebenso sehr. Sie zeigen nicht einfach Filme zu Frauenthemen, sondern schaffen einen öffentlichen Raum für die unterschiedlichsten Stimmen und Visionen. Ich glaube daran, dass die Vermittlung der eigenständigen Perspektiven von Frauen zum sozialen und kulturellen Wandel beiträgt.

Auf dem Filmfestival Toronto wurde der Film WER WEISS, WOHIN? (2011) der libanesischen Regisseurin und Musikvideoproduzentin Nadine Labaki ausgezeichnet, er lief auch auf dem Tribeca-Festival in New York und startete in amerikanischen Kinos. WER WEISS, WOHIN? ist ein tragikomisches Musical über ein libanesisches Dorf, in dem die Männer einander aus religiösen Gründen bekriegen, während die Frauen mit allen Tricks versuchen, das Wiederaufflammen der Kämpfe zu vermeiden. Nadine Labaki zeigt Frauen, die nach unseren westlichen Vorstellungen keinerlei Macht besitzen, aber mit ihren Mitteln viel erreichen. Solche Filme können Horizonte öffnen, davon bin ich überzeugt.

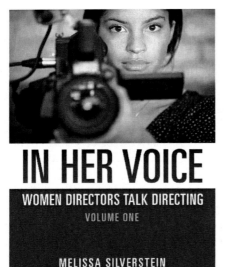

Melissa Silverstein: *In Her Voice*, N.Y. 2014

Ein anderes Beispiel ist der Film CIRCUMSTANCE (2010) der iranisch-amerikanischen Filmemacherin Maryam Keshavarz. 2011 gewann er den Publikumspreis beim Sundance Filmfestival und startete in amerikanischen Kinos. CIRCUMSTANCE schildert anhand der Liebesgeschichte zweier Frauen die unsichtbare Jugendkultur im modernen Iran. Maryam Keshavarz kreiert das Bild eines repressiven religiös-politischen Systems, das homosexuelle Beziehungen verbietet. Filme zeigen uns im Westen, wie Frauen in Ländern des Mittleren Ostens das Medium nutzen, um sich zu artikulieren und in der Öffentlichkeit zu behaupten. Sie animieren Diskussionen, auch darüber, dass es muslimischen Frauen nicht darum geht, einfach nur den Schleier abzulegen. Ich beobachte in meinen Blogs, wie sich solche Themen und Motive entwickeln und auf welch hohem professionellem Niveau die Filmemacherinnen erzählen. Auf den Filmfestivals der Welt zumindest finden diese neuen Bilder viel Beifall. Im internationalen Kino will man den Wandel sehen, sodass immer neue interessante Filme in den Programmen auftauchen. Heißt das nun, dass die Sache der Frauen auch in der Wirklichkeit vorangekommen ist?

Popkultur und Theorie

Ich würde gern eine feministische Film-Bewegung gründen, die sich von der feministischen Filmwissenschaft unterscheidet. Sie befeuert Diskussionen, weil man sich auf Konferenzen trifft, in Ruhe miteinander redet und viel publiziert. So dringen die Thesen im Lauf der Jahre zur Allgemeinheit vor. Aber AkademikerInnen leben in einer Blase, ich fühle mich in der alltäglichen Popkultur wohl. Als ich mich für Filme zu interessieren begann und in die feministische Filmtheorie der 1970er- und 1980er-Jahre vertiefte, sprachen mich die abgehobenen Konstruktionen nicht an. Mein Lieblingsbuch, Molly Haskells *From Reverence to Rape*, wurde schon 1973 veröffentlicht, zählt aber leider nach wie vor nicht zum akademischen Lektürekanon. Für mich ist diese furiose Analyse weiblicher Stereotypen im amerikanischen Film die Keimzelle aller Theorien, die darauf folgten. Ich träume von einem Buch, das Molly Haskells scharfen Blick auf die aktuelle populäre Kultur anwendet.

Die Welt funktioniert heute in kurzen Taktschlägen, im Internet und der Bloggersphäre sind alle Formate kleiner, kürzer und schneller geworden. Ich bin spontan, weshalb ich zwar in dicke Bücher und theoretischen Stoff hineinschaue, aber diese feministische Ideenproduktion wird nie meine Sache werden. Ich glaube, dass wir Teil einer feministischen Bewegung sind. Alle, die echte Veränderungen für Frauen im Unterhaltungsgeschäft durchsetzen wollen, sollten sich als Teil einer Bewegung verstehen, nur so können wir Fortschritte erreichen.

Die mächtige Kulturindustrie akzeptiert die Selbstorganisation der Menschen nicht, die Strukturen wirklich verändern wollen. Sie würde nämlich Macht verlieren. Mein Job ist es, mich mit diesen Machtverhältnissen im Entertainmentbusiness auseinanderzusetzen, weil Regisseurinnen meist eher damit beschäftigt sind, Jobs zu bekommen und Filme durchzusetzen. Sie sehen den größeren Rahmen oft nicht. Ich nehme die eine Regisseurin wahr, die ihren Film macht, eine andere, die das gleiche erreicht, dann weitere sechs und ihre Projekte. Je mehr weibliche Stimmen wir haben, desto besser kommen wir trotz der Machtverhältnisse voran, das gibt mir Energie. Ich sammle Zahlen, ich recherchiere, ich zündle gern und schreibe über heikle Probleme.

Machtfragen

Das Gefühl, in einer Nische steckenzubleiben, beschleicht Teilnehmerinnen eines Frauenfilmfestivals manchmal, aber mir kommt es nicht in den Sinn. Frauen sind nun einmal in der Girl's Box, das ist in Ordnung, solange sie gut für uns funktioniert.

Andererseits gilt immer noch die Norm, dass von Frauen produzierte Dinge weniger wert sind. Diese Abwertung weiblicher Erfahrungen kränkt. Feministin zu sein, ist kein Spaß, Kämpfen strengt an. Ich erfahre in Interviews oft, dass sich Regisseurinnen von Problemen belagert fühlen, weil sie das Geld für den nächsten Film nicht auftreiben können. Ich dagegen sehe im größeren Kontext, dass wir eine gute Marke sind. Ich glaube an ihre Visionen, trotz der Schwierigkeit, dass die meisten Frauen kein Geld haben und machtlos sind.

Ich glaube auch, dass Regisseurinnen unbedingt Mainstream-Filme drehen sollten. Sie können gar nicht leugnen, dass sie Girls sind, denn die anderen sehen nicht darüber hinweg. Wenn du mit den Jungs spielen willst und denkst, sie mögen dich, weil du durchblicken lässt, dass du Frauen nicht magst, sehen sie dich trotzdem als Frau.

Auch in den USA studieren 50 Prozent Frauen an den Filmhochschulen, die den ersten Film schaffen, vielleicht den zweiten und dann verschwinden. Ihr Engagement für die Familie scheint mir der Hauptgrund dafür zu sein. Wenn Männer rausgehen und Filme machen, ist die Welt in Ordnung, wenn Frauen Kinder haben, werden sie für ihren beruflichen Ehrgeiz bestraft. Also melden sie sich ein paar Jahre aus der Filmindustrie ab und haben es dann schwer, wieder in den Job zurückzufinden. Sind sie aber trotz Familie ehrgeizig, kommt das schlecht an. Angeblich kümmern sie sich nicht um Heim und Familie. Das ist Sexismus pur.

Aufz. CL

Cornelia Köhler
DRAMATURGIN

Alexandra Georgi
PRODUCERIN

Cornelia Köhler, Jahrgang 1962, abgeschlossenes Studium der Germanistik, Geschichte und Sprecherziehung in Münster. 15 Jahre freiberufliche Tätigkeit als Rhetorik- und Kommunikationstrainerin und Lehrbeauftragte für Sprecherziehung an diversen Hochschulen, u. a. Universität/ GH Siegen, Universität Münster. Regiearbeiten für freie Theatergruppen und Studententheater u. a. Oliver Bukowski: *Bis Denver*, Thalamus- Theater, Kiel (1998); Annette von Droste-Hülshoff: *Perdu*, Werkstatt-Theater, Unna (1997); Maxim Gorki: *Sommergäste*, Studiobühne der Westfälischen Wilhelms- Universität, Münster (1995). Wechsel in die Film- und Fernsehbranche im Jahr 2000. Producerin bei Cologne-Sitcom für die RTL-Serien DAS AMT, BERNDS HEXE und NICHT VON DIESER WELT. Anschließend Entwicklung neuer Sitcom-Formate für Constantin-Entertainment. Seit 2007 freiberufliche Tätigkeit als Dramaturgin und Autorin. Dramaturgische Beratung bei den Kinofilmen POMMES ESSEN (dagstarfilm 2012), LOWLIGHTS (dagstarfilm 2010) und der Animationsserie TIKKO, TONI UND DAS KROKODIL (Elevision-Film – in Entwicklung). Autorin der interaktiven Zeichentrickserie FILIFANT (Elevision-Film). Drehbuch und Regie für die DVD-Reihe DEUTSCH INTERAKTIV (www.deutsch-interaktiv.com), einer Reihe zur deutschen Literaturgeschichte für den Schulunterricht. Seit 2010 Mitglied im Vorstand von Women in Film and Television Germany.

Alexandra Georgi, Jahrgang 1971, Studium der Germanistik und Philosophie an der Universität Duisburg Essen. Praktika als Producer- und Regieassistentin. Nach dem Magister-Abschluss sechs Monate Arbeit als Producer-Assistentin (gefördert durch das European Film Institute Karlsruhe) bei der Filmproduktionsfirma Anagram Pictures, danach bei ZERO WEST (Köln) u.a. Ab 2006 in Berlin Producerin bei der avanti media Film- und Fernsehproduktion, wo sie die TV-Reihe DURCH DIE NACHT MIT... und Dokumentarfilmprojekte betreut. 2008 und 2009 Junior-Producerin bei der Werbefilmproduktion Input Film GmbH. Seither selbstständig (Android Dreams Film) tätig in der Realisierung verschiedenster Formate, daneben Produktionsleiterin für andere Firmen. Seit Februar 2011 Dozentin für Filmproduktion bei der ajb GmbH. Sie leitet dort ein Filmseminar für Langzeitarbeitslose mit psychischen Erkrankungen. Seit 2013 Entwicklung des Dokumentarfilms TURNCOAT WARRIORS als Autorin und Regisseurin in Zusammenarbeit mit Propeller Film (Köln/Berlin). Mitbegründerin von Women in Film & Television Germany (WIFTG), 2005 bis 2013 Vorstandsmitglied

„Die Medienbranche ist voller Frauen, was wollt ihr denn?"
Women in Film & Television Germany (WIFTG)

> *„Ich bin zu einer WIFTG-Veranstaltung gegangen, weil ich eine Partnerin für eine Geschäftsidee gesucht habe – und ich habe eine gefunden." „Ich bin zu einer WIFTG-Veranstaltung zum Thema Drehbuchaufstellung gegangen – das war für mich als Autorin sehr inspirierend." „Ich habe mich schon an der Uni mit frauenpolitischen Themen beschäftigt – da war es für mich klar, dass ich im Job beim Frauen-Film-Netzwerk WIFTG mitmache."*

Solche oder ähnliche Rückmeldungen bekommen wir immer wieder, wenn wir die Teilnehmerinnen unserer Netzwerktreffen fragen, warum sie zu den Veranstaltungen kommen und was sie davon erwarten. Sie zeigen das Spektrum, das der 2005 gegründete Verein Women in Film & Television Germany (WIFTG) abdeckt. WIFTG vernetzt und fördert Frauen in der deutschen Medienbranche und sorgt durch regelmäßige Veranstaltungen für intensiven fachlichen Austausch auch über Berufsgrenzen hinweg.

Die von WIFTG organisierten Branchentreffen in Berlin, Köln und München bieten Medienfrauen aus allen Bereichen die Möglichkeit, sich über aktuelle film- und medienspezifische Themen auszutauschen, das persönliche Netzwerk zu pflegen und zu erweitern und mit anderen Frauen bei konkreten Projekten zusammenzuarbeiten. Im besten Fall trifft die Autorin bei den WIFTG-Treffen auf die Produzentin und diese auf die Fernsehredakteurin und die Verleiherin. Das kommt zwar nicht jedes Mal vor, aber wir arbeiten daran.

Das Bestreben unseres Vereins bleibt nicht immer kritiklos:

> *„Tragt Ihr immer noch lila Latzhosen?" „Brauchen wir im 21. Jahrhundert wirklich noch Frauennetzwerke?" „Die Medienbranche ist doch voll von Frauen, was wollt ihr denn?"*

Auch das sind Aussagen, mit denen wir ehrenamtlichen WIFTG-Organisatorinnen uns auseinandersetzen müssen.

Es stimmt. Wir leben in einer Zeit, in der Frauen nicht nur in den Medien immer mehr Präsenz und Kompetenz zeigen und stolz auf die Errungenschaften ihrer Mütter und Großmütter zurückblicken, die viel für den heutigen Status quo getan haben. In den 1920er-Jahren waren es Frauen wie Mary Pickford in den USA und Henny Porten in Deutschland, die das neue Medium Film entscheidend prägten – nicht nur vor der Kamera, sondern auch als Produzentinnen. Doch schon bald wurde der Film zur männlich dominierten Branche, in der Frauen wenig Macht hatten.

Es dauerte fast ein halbes Jahrhundert, bis sich das ändern sollte. In den 1970er-Jahren organisierte die Herausgeberin des Branchenblattes *The Hollywood-Reporter,* Tichi Wilkerson Kassel, sogenannte Brown-Bag-Lunches in ihrem Büro. Die eingeladenen Frauen verbrachten ihre Frühstückspause gemeinsam und diskutierten dabei ihre Chancen in der amerikanischen Film- und Fernsehindustrie. Die Männer hatten lange schon Buddy Networks – die Zeit war reif für ein Frauennetzwerk.

Das erste Women in Film-Chapter wurde 1973 in Los Angeles gegründet und es dauerte nicht lange, bis andere amerikanische und kanadische Städte folgten. Auch die filmschaffenden Frauen in Europa, Australien, Afrika und Neuseeland zogen nach und gründeten Chapter. In Deutschland veranstalteten Helke Sander und Claudia von Alemann 1973 das erste internationale Frauen-Filmseminar in Berlin und Helke Sander gab ab 1974 *Frauen und Film,* die erste europäische feministische Filmzeitschrift heraus. In den 1980er-Jahren wurden in Köln die Feminale und in Dortmund femme totale, zwei bedeutende Frauenfilmfestivals gegründet, seit 2006 fusioniert zum Internationalen Frauenfilmfestival Dortmund | Köln (IFFF). Mit dem 2009 aufgelösten Verband der Filmarbeiterinnen (VeFi) gab es auch in Deutschland Bestrebungen, Frauen der Medienbranche durch überregionale Zusammenschlüsse zu vernetzen. Was fehlte, war eine organisierte Anbindung an europäische und internationale Frauennetzwerke der Branche sowie die deutsche Anbindung an das internationale Netz der Women in Film. Daher entschlossen sich die Hamburger Filmanwältin Henriette Wollmann und die Wahlkanadierin Rochelle Grayson, die damals Mitglied bei Women in Film & Video Vancouver war, im Jahr 2005 zur Gründung eines deutschen Chapters. Gemeinsam mit der Producerin Alexandra Georgi, die Rochelle Grayson bei WIFV-Vancouver kennengelernt hatte, der Anwältin Bianca Pirk und der Medienanwältin, heutigen WIFTG-Vorstandsvorsitzenden und Verwaltungsleiterin der Deutschen Film- und Fernsehakademie (dffb) Edith Forster wurde der Verein Women in Film & Television Germany gegründet.

Auch nach acht Jahren seit der Gründung befindet sich WIFTG noch im Aufbau. Aber Jahr für Jahr steigen unsere Mitgliederzahlen. Seit 2007 ist WIFTG Teil des weltweiten Women in Film-Netzwerks, das seit 1997 von Women in Film International zusammengehalten wird und inzwischen mehr als 10.000 Mitglieder in 40 Ländern zählt. Für WIFTG-Mitglieder ist es ein Leichtes, Kontakt zu Filmfrauen in anderen Ländern aufzunehmen, sich über Berufsgruppen und Ländergrenzen hinweg auszutauschen und mit ihnen zu arbeiten – ein großer Vorteil in der globalisierten Filmwelt.

WIFTG ist kein Verein mit einer konkreten politischen Ausrichtung, sondern ein Netzwerk mit dem Ziel, Lobbyarbeit für Frauen in der Medienbranche zu leisten und informative Veranstaltungen zu aktuellen medienpolitischen Themen auszurichten. So haben wir unter anderem Veranstaltungen zu den Themen 3D-Technologie, digitale Medien, Drehbuchaufstellung, Postproduktion und Filmmusik angeboten.

Bei einem Thema müssen wir jedoch feststellen, dass Netzwerke und Weiterbildung nicht ausreichen. Ein bislang ungelöstes Problem stellt auch in der Medienbranche die Vereinbarkeit von Familie und Beruf dar. Die Probleme der WIFTG-Mitglieder bilden in dieser Hinsicht die typischen Bedingungen des weiblichen Teils der deutschen Gesellschaft ab. Es gibt die Frauen der geburtenstarken Jahrgänge der 1960er-Jahre, die – oft als erste – eine akademische Ausbildung erreichten und die Vereinbarkeit von Familie und Beruf in ihren Herkunftsfamilien nicht kennengelernt haben. Viele von ihnen entschieden sich, nicht immer leichten Herzens, für die Karriere ohne Kinder oder die Familie ohne Karriere. Bei den Frauen der 1970er-Jahrgänge sieht das Verhältnis anders aus: Hier leben viele Frauen den täglichen Spagat zwischen Familie und Beruf und werden oft mit brutalen Rückschlägen konfrontiert, wenn Arbeitgeber lieber einen Mann als eine Mutter einstellen. Es bleibt abzuwarten, wie sich das Leben der Frauen der 1980er- und 1990er-Geburtsjahrgänge entwickeln wird und sich das bestehende gleichberechtigungs- und familienfeindliche System langfristig ändern wird.

Es sind nicht nur Männer, die Frauen Steine in den Weg legen. Haben Frauen es in der harten Welt der Medien erst mal nach oben geschafft, ist die Solidarität mit ihren Geschlechtsgenossinnen leider nicht selbstverständlich. Nicht selten hört man – meist natürlich hinter vorgehaltener Hand – Aussagen wie diese:

- *„Ihr sucht doch nur eine Frauen-Kuschel-Nische, weil Ihr es nicht geschafft habt."*
- *„Bei aller Frauensolidarität – als Geschäftsführerin einer kleinen Produktionsfirma kann ich mir Frauen im Mutterschutz nicht leisten."*
- *„Tussis mit Stöckelschuhen haben in der taffen Welt der Games-Entwicklung nichts zu suchen."*

Zugegeben, in den letzten zehn Jahren hat sich in der Branche für Frauen viel getan: Die öffentlich-rechtlichen Sender setzen auf starke Frauen, im Programm als TATORT- Ermittlerinnen, als Journalistinnen und politische Talkmasterinnen, innerhalb der Sender auch als Intendantin. Unzählige Frauen arbeiten als Drehbuchautorinnen, Redakteurinnen, Producerinnen, Produzentinnen und Förderreferentinnen. Große deutsche Förderinstitutionen werden von Geschäftsführerinnen geleitet. Noch bevor Kathryn Bigelow als erste Frau in der Geschichte der Academy Awards die begehrte Trophäe als beste Regisseurin erhielt, brachte Caroline Link 2001 als erste Regisseurin für ihren Film NIRGENDWO IN AFRIKA den Oscar für den besten ausländischen Film nach Deutschland.

Dennoch: Solange sich die Namen deutscher Regisseurinnen, die ihre Filme erfolgreich auf die Kinoleinwand bringen, an zwei Händen abzählen lassen, solange Frauen noch immer schlechter bezahlt werden als ihre männlichen Kollegen und in den Führungsetagen der deutschen Filmproduktionen noch immer mehrheitlich Männer das Sagen haben, ist die Arbeit von Women in Film & Television notwendig. Solange organisieren wir Veranstaltungen und bemühen uns gemeinsam mit unseren Schwestern auf der ganzen Welt, Wege zu finden, die das kreative Schaffen von Frauen unterstützen.

Ellen Wietstock

FILMJOURNALISTIN, HERAUSGEBERIN
DER FACHKORRESPONDENZ *BLACK BOX*

Studium der Germanistik und Politischen Wissenschaften an der FU Berlin. 1980 Einstieg in die Filmbranche, u. a. bei der Road Movies Filmproduktion.

Geschäftsführerin des Verbandes der Filmarbeiterinnen (VeFi). 1984 Gründung des filmpolitischen Informationsdienstes *black box*. 1988 Gründung der Reihe *edition black box*, Publikationen zu den Themenschwerpunkten Filmförderung sowie Vertriebsmöglichkeiten und Auswertungschancen deutscher Filme im kommerziellen und nichtkommerziellen Bereich.

Seit 1992 Mitarbeit beim Fischer Film Almanach. Von 2002 bis 2007 Mitglied der BKM-Jury für den Verleiherpreis. Von 2011 bis 2012 Mitglied der Jury für den Hessischen Filmpreis.

Lebt und arbeitet in Berlin.

www.blackbox-filminfo.de

Frauenpolitik ist Filmpolitik

Informationen sind ein wichtiges Gut

Heute weiß kaum jemand mehr, dass der Verband der Filmarbeiterinnen (VeFi) bei seiner Gründung 1979 50 Prozent aller Filmförderungsmittel für Frauen forderte.[1] Diese politische Forderung finde ich auch heute absolut zeitgemäß.

30 Jahre lang bis zu seiner Auflösung 2009 arbeitete VeFi als frauen- und filmpolitische Interessenvertretung von Regisseurinnen, Produzentinnen, Kamerafrauen, Editorinnen, Kostüm- und Szenenbildnerinnen. Als sie ihren Anspruch auf fünfzig Prozent aller Fördermittel und Gremiensitze Ende der 1970er-Jahre auf dem Höhepunkt des Neuen deutschen Films in ihre Satzung aufnahmen, war die Filmförderung in der Bundesrepublik Deutschland eine Männerdomäne. Nur wenige Frauen wie die Journalistinnen Gesine Strempel und Christa Maerker, die Fernsehdokumentaristinnen Gabriele Röthemeyer (s. S. 64) und Charlotte Kerr und die Cutterin Olla Höf arbeiteten zeitweise in der Vergabekommission der Filmförderungsanstalt (FFA) bzw. im Kuratorium Junger deutscher Film mit.

---

1 Der Verband der Filmarbeiterinnen e. V. wurde 1979 in Westberlin gegründet und zählte zeitweise 160 Mitglieder. Im zwanzigköpfigen Gründungsrat und zahlreichen filmpolitischen Initiativen der ersten Jahre waren u. a. Hildegard Westbeld (Initiative *Frauen im Kino*, Gründerin des feministischen Filmverleihs *Chaos-Film*, Aufnahmeleiterin), Margit Eschenbach (Filmton), Helke Sander (*Frauen und Film*), Clara Burckner (Basis Filmverleih), Riki Kalbe, Petra Haffter, Ingrid Oppermann, Anne Morneweg (Filmemacherinnnen) u.v.a. aktiv. (Siehe auch Vorwort) VeFi verfocht von Beginn an die Forderung nach 50 Prozent aller Gremiensitze, Ausbildungsplätze und Filmförderbudgets für Frauen. Die Idee war, Geschlechtergerechtigkeit und eine neue Filmkultur durchzusetzen. Ellen Wietstock leitete zeitweise das, mithilfe projektbezogener Förderung etablierte Büro des Verbandes. 1984 veröffentlichte VeFi das *frauen film handbuch*, das erste, in mühevoller Kleinarbeit zusammengetragene Lexikon deutschsprachiger Frauen in Filmberufen. Eine von Alexander Kluge und seinem Team im Handstreich initiierte Publikation der Ergebnisse einer internen anonymisierten Umfrage des Verbandes unter filmbeschäftigten Frauen, noch immer eine lesenswerte kritische Tour d'Horizon zum Thema *Arbeitsbedingungen und Wünsche(n) an die deutsche Filmlandschaft* in A. Kluge (Hg.), *Bestandsaufnahme: Utopie Film*, Frankfurt/Main 1983 führte zur Trennung des Verbandes von Ellen Wietstock. Hauptargument: Die Kritik der Verhältnisse könne auf einzelne Verbandsmitglieder zurückfallen und ihnen schaden. 1988 reichte VeFi eine Verfassungsbeschwerde beim Bundesverfassungsgericht in Karlsruhe ein, um der Forderung nach einer Quotierung der Fördermittel Nachdruck zu verleihen. (Siehe Vorwort und Helke Sander S. 26) Schriftliche und akustische Dokumente zur Initiative, ihre Redebeiträge und rechtsphilosphischen Begründungen finden sich unter dem Stichwort Medien-Hearing IV, 17.3.1988, im Archiv der Akademie der Künste Berlin. Nach seinem zeitweiligen Wechsel nach Köln verlieh der Verband der Filmarbeiterinnen 1996 bis zu seiner Auflösung 2009 den *Femina Filmpreis* für „hervorragende künstlerische Leistungen einer Technikerin in einem deutschsprachigen Film in den Bereichen Kamera, Kostüm, Montage, Musik oder Szenenbild. Ziel des Preises ist, die Bedeutung der künstlerischen Arbeit der mitwirkenden Frauen für das Gesamtresultat eines Films hervorzuheben." Bis 2011 wurde der Preis von dem gemeinnützigen Verein Femina Filmpreis e.V. weiter vergeben. Die Gründungsmitglieder Silvana Abbrescia-Rath, Bettina Böhler, Anina Diener, Angelina Maccarone, Sophie Maintigneux (s. S. 338), Ann-Kristin Reyels und Dagmar Trüpschuch trugen das Preisgeld von 2000,00 € durch Spenden zusammen. Informationen zur Geschichte und den Spenderinnen unter www.feminafilmpreis.de. (CL)

Bei den großen Filmfestivals sah es kaum anders aus. Während meiner Zeit als Geschäftsführerin von VeFi sandte ich 1982 Rundbriefe an Festivalleiter, in denen wir dafür plädierten, endlich auch Frauen in die Auswahlkommissionen aufzunehmen. Rückmeldungen bekamen wir nicht. Die Verfassungsklage, mit der VeFi 1988 beim Bundesverfassungsgericht in Karlsruhe seiner Forderung nach Geschlechterparität Nachdruck verlieh, wurde nicht zur Verhandlung zugelassen.

Als Herausgeberin von *black box*[2] verstehe ich Frauenpolitik immer auch als Filmpolitik und Filmpolitik als Frauenpolitik. Ich stelle fest, dass die Forderung der Filmarbeiterinnen nach paritätischen Gremiensitzen inzwischen quasi naturwüchsig verwirklicht ist. Rund 45 Prozent Frauen entscheiden in der deutschen Förderlandschaft mit, das ergab eine 2012 von mir vorgenommene *black box*-Recherche. Auch die Spitzen der regionalen Förderinstitutionen sind in der Mehrzahl mit Frauen besetzt, ähnlich verhält es sich in den Fernsehredaktionen. Die Frage ist, was uns das nahezu ausgewogene Genderverhältnis gebracht hat? Wie kommt es, dass individuelle und wagemutige Filme nicht gefördert werden? Dass deutsche Filme auf internationalen Festivals oft nur in Nebensektionen präsent sind? Dass auf den ersten Blick erkennbare Talente, darunter viele junge Regisseurinnen, nicht auf kontinuierliche Unterstützung rechnen können? Der Film TORE TANZT von Katrin Gebbe lief 2013 in der Sektion Certain Regard in Cannes und wurde sage und schreibe mit 150.000 Euro gefördert. Soll heißen: Meiner Meinung nach fließt in Deutschland zu viel Geld in vermeintlich kommerzielle Projekte von Männern, obwohl Frauen an der Spitze der großen Förderinstitutionen stehen und die geschlechterparitätische Besetzung der Gremien fast erreicht ist.

Verfestigte Strukturen

In meinem Fachinformationsdienst *black box* gehe ich seither immer wieder auch auf die Situation der Frauen in der Filmbranche ein. Meine aktuellen Recherchen – beispielsweise in Sachen Filmfördermittel für Regisseurinnen – haben ergeben, dass die Partizipation der Regisseurinnen an den Fördermitteln des Deutschen Filmförderfonds (DFFF) rückläufig ist. Im Jahr 2011 waren es noch 9,1 von insgesamt 60 Millionen Euro, 2012 nur noch 5,9 Millionen und 2013 sogar nur noch 5,1 von 70 Millionen Euro. Für mich ist das ein unhaltbarer Zustand, der nach Analyse verlangt.

Lobby

Momentan kann es nur darum gehen, erst einmal ein Bewusstsein dafür zu schaffen, dass rund 30 bis 40 Prozent aller Regieabsolventen deutscher Filmhochschulen weiblich sind und dass sich diese Quote auch nicht annähernd bei der Vergabe der Fördermittel wiederfindet. Es geht nicht darum, dass die Frauen bestimmte Themen

---

2 black box – Filmpolitischer Informationsdienst, Herausgeberin und Redaktion Ellen Wietstock, Berlin, www.blackbox-filminfo.de.

bearbeiten, es geht darum, dass sie alles bearbeiten können, was sie wollen, jedes Genre, jedes Format. Die Forderung nach 50 Prozent aller Filmfördermittel ist eine politische Forderung, die jeder Entscheider und jede Entscheiderin permanent im Hinterkopf haben sollte. In Deutschland galten Quotenforderungen bislang für nicht durchsetzbar, sicher haben die Medienfrauen mit ihrer herausragenden Kampagne im Jahr 2012[3] hier wichtige Pionierarbeit geleistet. In Schweden gibt es seit einigen Jahren eine Quotierung für Filmfördergelder – der Prozentsatz der geförderten Projekte von Frauen ist seitdem erheblich gestiegen.

Die zweite, nicht weniger wichtige Frage lautet: Welche Filme wollen wir eigentlich? Für welche Arbeits- und Produktionsbedingungen wollen wir heute kämpfen? Wer sind unsere Bündnispartner und wer sind unsere Gegner?

Aufz. CL

---

3 Siehe www.pro-quote.de.

Filmregister

... WIE NÄCHTLICHE SCHATTEN/RÜCK-
FAHRT NACH THÜRINGEN 32
#MANIFESTA 276
10 VIDEOBRIEFE – 10 JAHRE VERBAND
DER FILMARBEITERINNEN 159
11 FREUNDINNEN 338
12 HEISST: ICH LIEBE DICH 378
12. ETAGE 282
1200 BRUTTO 318
13+15 452
17 430
17 MÄDCHEN 476
21 LIEBESBRIEFE 388
¾ 324, 327
33 SZENEN AUS DEM LEBEN 474
7 THESEN ZUM AGITATIONSFILM 39

A
A GIRL'S OWN STORY 76
A WOMAN UNDER THE INFLUENCE 424
ABBIE CONANT 338
ABGEFAHREN 254
ABORT 23
ABSCHIED VOM FRIEDEN 251
ABSTRAKTER FILM 152
ACCATTONE 70
ACHOLILAND 394
AKTFOTOGRAFIE Z.B. GUNDULA SCHULZE 196
AL-JANA ALAN 302
ALA MIN NOTLIQ AL-RASAS? 303
ALBERT NOBBS 477
ALGIER 32
ALL ABOUT LOVE 363
ALL OUT AT SEA 410
ALLE ANDEREN 422, 424-428, 467
ALLE IDEEN BEGINNEN ALS TRAUM 188
ALLE MEINE MÄDCHEN 193, 206, 207
ALLEALLE 266
ALLEINSEGLERIN 232
ALLES AUF ZUCKER! 364
ALMA UND PIET 430
ALS DIESEL GEBOREN... 91
ALTER UND SCHÖNHEIT 338
AM ANFANG 266
AM RAND DER STÄDTE 312, 316
AM RANDE DER STADT 338
AN ANGEL AT MY TABLE 401
AN DER PERIPHERIE 88
ANATOMIE EINES ARBEITSKAMPFES 90
ANDERSON 266, 270, 271
ANGELIKA URBAN – VERKÄUFERIN, VERLOBT 272
ANGÉLIQUE – DAS UNBEZÄHMBARE HERZ 254, 255

ANGEZÄHLT 288
ANNA UND EDITH 76
ANNIE 149
ANOU BANOU – TÖCHTER DER UTOPIE 94
ANTIGONE 100, 103
ARTIKEL 3 338
ATTACKE! FRAUEN ANS GEWEHR 240
AUF DEM SPRUNG 198
AUF DER ANDEREN SEITE 120
AUF GEHT'S ABER WOHIN 160
AUFRECHT GEHEN. RUDI DUTSCHKE – SPUREN 108
AUGEN...BLICKE 410
AUS ERFAHRUNG KLUG 54
AUSTREIBUNG AUS DEM PARADIES 185
AUSWEGE 456
AXENSPRUNG – EIN REISETAGEBUCH 144

B
BAADER 436
BABELSBERG LIVE 226
BABY RJASANSKYE 77
BABY, I'LL MAKE YOU SWEAT 152, 156
BAISE-MOI 177
BALORDI 338
BEAU TRAVAIL 172
BECOMING JANE 478
BEFREIER UND BEFREITE 26, 72
BEFREITE ZONE 234, 346
BEGEGNUNG MIT WERNER SCHROETER 144
BELIEVE IN MIRACLES 318
BERLIN – PRENZLAUER BERG 193
BERLIN ALEXANDERPLATZ 120
BERNDS HEXE 482
BERTOLT BRECHT – LIEBE, REVOLUTION UND ANDERE GEFÄHRLICHE SACHEN 114
BIBI UND TINA 373
BILFOU BIGA 318, 320
BIN ICH SEXY? 416-418
BIRD ON A WIRE 399
BIS ZUM HORIZONT, DANN LINKS! 254, 255
BLACK MOON 346
BLIND 338
BLOCH 474
BLOODY WELL DONE 276, 277
BLUES MARCH 338
BONDAGE 147, 149, 172
BORNHOLMER STRASSE 260
BOROWSKI UND DAS MEER 288
BRÄUTE DES NICHTS – MAGDA GOEB-

BELS UND ULRIKE MEINHOF 114
BRECHT DIE MACHT DER MANIPULA-TEURE 26
BÜFFELFÄNGER 312
BUNTE BLUMEN 406
BÜRGSCHAFT FÜR EIN JAHR 265
BURNING LIFE 254, 255, 446

C
CABARET 224
CASABLANCA 224
CASTING 144
CESIRA – EINE FRAU BESIEGT DEN KRIEG 72
CHAPEAU CLAQUE 391
CHERI 478
CHICA XX MUJER 282, 283
CHILDREN FOR A BETTER WORLD 404
CHIQUITA FOR EVER 266
CHRISTINA OHNE KAUFMANN 440
CHRISTOPHER STRONG 77
CIRCUMSTANCE 480
CITIZEN KANE 339
COMIK/KOMISCH 184
COVER GIRL CULTURE 85
CRASH TEST DUMMIES 456
CROCODILES WITHOUT SADDLES 318
CUBA LIBRE 312

D
DA MUSS MANN DURCH 474
DAMEN UND HERREN AB 65 338
DANCE FOR ALL 364, 366
DANCE, GIRL, DANCE 24, 172
DANCING ACROSS THE BORDERS 478
DANISH GIRLS SHOW EVERYTHING 144
DARK SPRING 47
DARWIN'S NIGHTMARE 456
DAS ALTE LIED 100, 106
DAS AMT 482
DAS BLAUE LICHT 206
DAS ERSTE MAL 378
DAS FAHRRAD 193, 198, 204-205
DAS FRAUENZIMMER 32
DAS FRÄULEIN 456
DAS FRÜHSTÜCK DER HYÄNE 134
DAS GEHEIMNIS IM MOOR 254
DAS GOLDENE DING 106
DAS GRÜNE LEUCHTEN 340, 342
DAS HÖCHSTE GUT DER FRAU IST IHR SCHWEIGEN 66
DAS IST NUR DER ANFANG, DER KAMPF GEHT WEITER 32, 35
DAS LEBEN DER ANDEREN 394, 396
DAS LEBEN IST ZU LANG 364

DAS LIED IN MIR 394
DAS LUFTSCHIFF 214, 217
DAS MÄDCHEN WADJDA 302
DAS NÄCHSTE JAHRHUNDERT WIRD UNS
  GEHÖREN 32
DAS PIANO 401
DAS ROHE UND DAS GEKOCHTE 144
DAS SALZ DER ERDE 39
DAS SCHWACHE GESCHLECHT MUSS
  STÄRKER WERDEN 36
DAS TRIPAS CORACAO 338
DAS VERLANGEN 394
DAS VERSPRECHEN 126, 465
DAS WARME GELD 312
DAS WEINENDE KAMEL 394
DAS WOCHENENDE 384, 389
DAS ZIMMERMÄDCHEN 338
DAS ZWEITE ERWACHEN DER CHRISTA
  KLAGES 126, 129, 362
DASEIN 54
DAUGHTER RITE 84
DAZLAK 26
DDR-DDR 346
DEALER 94
DEIN HERZ IN MEINEM HIRN 370
DEN AFFEN TÖTEN. EIN FILM VON UND
  MIT JUNKIES 318, 319
DEN DRACHEN TÖTEN 224
DEN TIGERFRAUEN WACHSEN FLÜGEL
  144
DEN VÄTERN VERTRAUEN, GEGEN ALLE
  ERFAHRUNG 103
DER AMERIKANISCHE FREUND 90-92
DER BAADER-MEINHOF-KOMPLEX 446
DER BEBUQUIN. RENDEZ-VOUS MIT CARL
  EINSTEIN 338
DER BEGINN ALLER SCHRECKEN IST
  LIEBE 26
DER BLINDE FLECK 394, 396
DER DEFA-KOMPLEX 195
DER DIEB VON BAGDAD 121, 122
DER DOROTHEENSTÄDTISCHE FRIEDHOF
  188
DER EISENHANS 214
DER ESEL, DER HUND, DIE KATZE, DER
  HAHN 338
DER FALL WILHELM REICH 474
DER FANGSCHUSS 114
DER GEKAUFTE TRAUM 108
DER GENTLEMANBOXER HENRY MASKE
  266
DER GLÄSERNE HIMMEL 384, 386
DER HUT 198
DER KAMPF UM BILDUNG 63
DER LETZTE SCHUSS 209
DER LETZTE TANGO IN PARIS 399
DER MANN, DER DIE FRAUEN LIEBTE
  339
DER MIT DEM WOLF TANZT 429
DER MOND UND ANDERE LIEBHABER
  254-255
DER NACHTPORTIER 433
DER PATE 442

DER RADLOSE MANN 227
DER RUF DER SIBYLLA 94
DER SCHAKAL 446
DER SCHARFRICHTER 23
DER SCHLAF DER VERNUNFT 66,
  100, 106
DER SCHWARZWALDHOF: FALSCHES
  SPIEL 410
DER SCHWEIGENDE ENGEL 121, 123
DER SOHN DER KOMMISSARIN 254
DER STILLE DON 209
DER SUBJEKTIVE FAKTOR 26, 70,
  94, 98
DER TRAUM DER SCHWESTERN PECH-
  STEIN 384
DER UNTERGANG 446, 474
DER VERLORENE ENGEL 72
DER VERLORENE SOHN 384
DER WALD VOR LAUTER BÄUMEN 422,
  426, 429
DER WILDE 141
DERANGED 430
DESIRE TO SHOOT, A FILM PERFORMANCE
  306
DETEKTEI FURKAN – EIN TÜRKISCHER
  PRIVATDETEKTIV IN BERLIN 312
DEUTSCH INTERAKTIV 482
DEUTSCHE POLIZISTEN 312, 338
DEUTSCHLAND BLEICHE MUTTER 339,
  357
DEUTSCHLÄNDERSIEDLUNG 312
DIDN'T DO IT FOR LOVE 144
DIE ABHANDENE WELT 126, 127
DIE ALLEINSEGLERIN 226, 227, 230,
  231
DIE ALLSEITIG REDUZIERTE PERSÖNLICH-
  KEIT – REDUPERS 29, 357, 359
DIE AUSTREIBUNG AUS DEM PARADIES
  184
DIE BESTEIGUNG DES CHIMBORAZO
  214, 218-219
DIE BLAUE DISTANZ 134
DIE BLEIERNE ZEIT 126
DIE BRAUT 462
DIE BUNTKARIERTEN 204
DIE DEUTSCHEN UND IHRE MÄNNER.
  BERICHT AUS BONN 26
DIE DÜNNEN MÄDCHEN 338, 345
DIE EHE DER MARIA BRAUN 120
DIE ERBTÖCHTER 114
DIE FETTEN JAHRE SIND VORBEI 456,
  474
DIE FOTOGRAFIN 196
DIE FOTOGRAFIN SIBYLLE BERGEMANN
  266
DIE FRAU MIT DER KAMERA – PORTRÄT
  DER FOTOGRAFIN ABISAG TÜLLMANN
  32
DIE FRAU UND DIE FREMDE 214
DIE FRAUEN VON RJASAN 24
DIE FRUCHT DEINES LEIBES 346
DIE GEISTER BERÜHREN 184
DIE GESCHICHTE VOM WEINENDEN

KAMEL 394, 396
DIE GEZEICHNETE WELT – DER KÜNSTLER
  HEINZ EMIGHOLZ 294
DIE GROSSE FLATTER 392
DIE HÄLFTE DES HIMMELS 294
DIE HOCHZEITSFABRIK 312
DIE IM HERZEN BARFUSS SIND 388
DIE JUNGFRAUENMASCHINE 144, 149
DIE KALI-FILME 153
DIE KETTE 452
DIE KINDER AUS NO. 67 91, 93
DIE KINDER SIND TOT 240, 244,
  245, 394
DIE KLEINEN KLEBERINNEN 54-57, 59
DIE KOMMENDEN TAGE 234
DIE KOMMISSARIN 232
DIE KRANICHE ZIEHEN 210
DIE KROKODILE DER FAMILIE WANDAO-
  GO 318, 320, 322
DIE LEBENDEN 460
DIE LEBENDEN 422, 458, 459, 461
DIE LIEBE DER KINDER 346
DIE LINKSHÄNDIGE FRAU 91
DIE MACHT DER MÄNNER IST DIE
  GEDULD DER FRAUEN 94
DIE MARKUS FAMILY 134
DIE MIENE 94
DIE NOMADIN VOM SEE 15
DIE PROTOKOLLANTIN 384
DIE REISE NACH LYON 32, 36
DIE RÜCKKEHR 126
DIE SAMMLERIN 411
DIE SCHLAFKRANKHEIT 234
DIE SCHWESTER 126
DIE STILLE DER UNSCHULD – DER
  KÜNSTLER GOTTFRIED HELNWEIN
  294
DIE STILLE NACH DEM SCHUSS 254,
  255
DIE SYRISCHE BRAUT 302
DIE TAUBE AUF DEM DACH 202, 203,
  206, 209, 210
DIE UNBERÜHRBARE 94, 99
DIE UNERZOGENEN 430
DIE UNHEIMLICHEN FRAUEN 152,
  154, 156
DIE UNSICHTBARE 260
DIE VERLORENE EHRE DER KATHARINA
  BLUM 126, 339
DIE WERCKMEISTERSCHEN HARMONIEN
  120
DIE WIDERSTÄNDIGEN II „ALSO MACHEN
  WIR WEITER" 100
DIE WÖLFE 390
DIE ZWEITE HEIMAT 446
DIENSTAGS 368
DINGS – DER FILM 276
DIRTY DANCING 417
DIRTY DIARIES 329
DISKO 266
DOPPELTER EINSATZ – BLACKOUT 384
DORIS 368
DOUBLE STRENGTH 76

Dr. Paglia 148-149
DrehOrt Berlin 108
Drei Gauner, ein Baby und die Liebe 226
Drei Schwestern 196
Du bist nicht allein 234, 254, 255
Dunkle Tage 126
Durch die Nacht mit... 482
Dyke Tactics 76

E
Ebene 9 422, 429
Edelweisspiraten 446
Effi Briest 474
Ehre 312, 317
Ei in Japan 378
Eigentlich geht's ja um nichts 318, 319
Eigenwillige Miss M. 416, 420
Ein Baby für Dich 410
Ein Blick – und die Liebe bricht aus 114, 359
Ein ganz perfektes Ehepaar 76, 100, 105, 106
Ein ganz und gar verwahrlostes Mädchen 114
Ein Jahr nach morgen 240, 244
Ein Leben 196
Ein Mädchen im Ring 312, 315
Ein Sommer 446
Ein Sommer in ... Kapstadt 410
Ein spätes Mädchen 462, 465
Ein Tag im Leben des Endverbrauchers 312
Eine dunkle Begierde 446
Eine einfache Liebe 324, 327
Eine flexible Frau 306, 307, 310, 311, 326
Eine Frau mit Verantwortung 77, 100
Eine Prämie für Irene 21, 26, 29, 76
Eine Robbe und das grosse Glück 410
Eine von 8 288
Einer muss die Leiche sein 206
Einer trage der anderen Last 232
Eingang Hinterhaus 312
Einmal Toskana und zurück 410
Eintagsfliegen 152
Em Família 288
Engel aus Eisen 446-447
Engelchen 196
Enkel der Geschichte 248
Erikas Leidenschaften 76, 100, 106
Es kommt drauf an, sie zu verändern 32, 76
Eva Maria, 38 aus Polen 108
Execution – A Study of Mary 76, 134, 138
Exit Marrakech 404, 407
Exprmentl knokke 32

F
Fabian 392
Falsch verpackt 288
Fata Morgana 394
Fatma '75 77
Faust 120
Feest 76
Feldtagebuch – Allein unter Männern 240
Felix 26, 126
Felix und der Wolf 198
Female Misbehavior 144, 149
Fenster zum Sommer 364
Feuerreiter 384, 388
Fidai 300, 305
Fieber 134, 135, 141
Fiftyfifty – Ostberliner Frauen ein Jahr nach der Wende 226
Filifant 482
Film & Fashion 79
Filme der Sonne und der Nacht: Ariane Mnouchkine 32
Fin de Siglo 324, 327
First Look 319
Flake – Mein Leben 266, 268
Folgeschäden 394
For Those Who Can Tell No Tales 346
Francesca 54
Frankie, Johnny und die anderen 338
Franziska Luginsland 384, 387, 388
Franziskas Gespür für Männer 388
Frau Böhm sagt Nein 378
Frau Holle 255
Frau-TV 60
Frauen und Arbeit 310
Frauen von Rjazan 77
Frauen-Fragen 60-61
Frauenbildnisse 196
Frauenträume 184
Fräulein Stines fährt um die Welt 338
Fräulein-Julie 431
Free Rainer – Dein Fernseher lügt 346
Freiheitsberaubung mit Musik 229
Freischwimmer 462
Fremde Oder/Obca Odra 196
Fremdgehen – Gespräche mit meiner Freundin 169
Friedrich – Ein deutscher König 446, 450, 451
Friedrich und der verzauberte Einbrecher 254
Frischer Wind 410
Frühstück mit einer Unbekannten 474
Fuchs und Gans 410
Fundevogel 32
Fürchten und lieben 126

G
Gabriel 160
Gate #5 300
Gay & Lesbian 79
Gefährliche Freundin 446
Genauso war's 364
Gendernauts – Eine Reise ins Land der neuen Geschlechter 144
Geschichten vom Kübelkind 100, 106, 357
Gestern, heute, übermorgen – 20x Brandenburg 452
Ghosted 144, 150
Glück zum Anfassen, 406
Goodbye Lenin 364
Gotteszell – Ein Frauengefängnis 108, 338
Goya 206
Graslöwen 234
Grbavica 346, 349, 456
Grenzland eine Reise 225
Gute Zeiten – Schlechte Zeiten 243
Guten Morgen Österreich 338

H
Ha-Kalah ha-Surit 302
Haben Sie Abitur? 100, 105
Hahnemanns Medizin 134
Halbmondwahrheiten 452
Halbschwarz geht nicht 318
Hamlet X/Vol. 3 446
Hände weg von Mississippi 462
Hangover 306
Hannah 338
Hannah Arendt 73, 78, 126, 133, 474
Hannas Reise 368, 370-371, 373
Hanni & Nanni 373
Hanni & Nanni 2 368, 373
Harold and Maude 414
Hartes Brot 276, 277
Hase und Igel 100, 106
Hat die Katze 100
Hauptsache Leben 378, 382
Haus und Hof 237
Haus.Frauen 196
Healthcaring – From our End of the Speculum 82
Hedi Schneider steckt fest 440, 444
Heidi 121
Heidi M. 338
Heldinnen der Liebe 276
Heller Wahn 123, 126
Herbie 399
Herbstsonate 339
Herzensbrecher 410
Herzlich Willkommen 446
Herzsprung 196
Het land van mijn ouders 78
Heute 58
Hier kommt Lola 474
Hierankl 394
Himmel und Erde 338

HIRNHEXEN 100
HIROSHIMA MON AMOUR 112
HITLERKANTATE 114
HONEYSUCKLE ROSE 399
HOTEL VERY WELCOME 422, 440, 443
HUNGER AUF LEBEN – DAS LEBEN DER BRIGITTE REIMANN 254, 255
HUNGERJAHRE – IN EINEM REICHEN LAND 94, 114, 119, 173
HURENKINDER 254-255
HURMA 302

I
I WANT TO A BE A DANCER 306
I'VE HEARD THE MERMAIDS SINGING 417
ICH BIN DIE ANDERE 126
ICH BIN NICHT SCHÖN – ICH BIN VIEL SCHLIMMER 54
ICH DACHTE, ICH WÄRE TOT 390, 391
ICH DENKE OFT AN HAWAI 77, 134, 139, 140
ICH GEHE JETZT REIN 312, 314, 315
ICH KANN DAS SCHON 54
ICH LIEBE DICH...APRIL! APRIL! 206
ICH STEIG DIR AUFS DACH, LIEBLING 416
ICH WART' AUF DICH 240
ICH WERDE REICH UND GLÜCKLICH 338
ICH WOLLT'N BISSCHEN FREIER WERDEN 410
IL FUTURO 374
IM ALTER VON ELLEN 430, 434
IM GLANZE DIESES GLÜCKS 108
IM JAHR DER SCHLANGE 54
IM LAUF DER ZEIT 90
IM WINTER EIN JAHR 404, 407
IM ZWISCHENREICH DER GEISTER 114
IN DER FALLE 384
IN THE CUT 172, 401
INDIA 158
INFERMENTAL 400
INGLOURIOUS BASTERDS 252
ITTY BITTY TITTY COMMITTEE 346

J
J'ADORE CINEMA 364
JACKPOT 410
JAHRESTAGE 126
JAMES BOND 291
JANA UND JAN 214
JARGO 234
JEANNE DIELMAN, 23 QUAI DU COMMERCE, 1080 BRUXELLES 24
JENSEITS DER STILLE 404, 406, 408
JETZT ABER BALLETT! 282, 287
JETZT UND ALLE ZEIT 338
JETZT, IN DIESEM AUGENBLICK 312
JOHANNA D'ARC OF MONGOLIA 92
JONNY, OLDIE & LÖFFEL 452, 454
JUDENBURG FINDET STADT 134
JÜDISCHE LEBENSWELTEN, JAPAN UND EUROPA, MOSKAU – BERLIN 20

JULES UND JIM 122

K
JUNGE KIEFERN 158
KADOSH 302
KALDALON 24
KALI-FRAUENFILM 153
KALLE DER TRÄUMER 404
KALT IST DER ABENDHAUCH 462, 463
KAMERA UND WIRKLICHKEIT 312
KARGER 234
KARMA COWBOY 422, 440
KASKADE RÜCKWÄRTS 193, 206
KEINE ANGST 240, 244
KHADU BEYKAT – NACHRICHTEN AUS DEM DORF 24
KIJK HAAR (SIE(H) MAL) 76
KINDER SIND KEINE RINDER 26
KINDER. WIE DIE ZEIT VERGEHT 234
KING LEAR 338, 341, 342
KING OF SEX 452
KING OF SWING 452
KLUTE 339
KOKOWÄÄH 2 474
KOLOSSALE LIEBE 114
KOMPLIZINNEN 94, 98
KÖNIG DROSSELBART 254-255
KONZERT IM FREIEN 234
KORLEPUT 306, 310
KOUNDI OU LE JEUDI NATIONAL 362
KRABAT 446
KRIEG – VERGEWALTIGUNGEN – KINDER 26
KRIEG DEN ARSCH HOCH 410
KRIEG DER FRAUEN 338, 416, 419
KRIEG UM ZEIT 94
KRIEGERIN DES LICHTS 144, 150
KRIEGSBILDER 152
KROKODILE OHNE SATTEL 318, 321
KRYLJA 77
KÜCHE –THEATER – KRANKENHAUS 59
KUHLE WAMPE 90
KUNG-FU MASTER 148
KUNSTSTÜCKE 347
KUSCHELDOKTOR 364
KÜSS MICH 338

L
L'AGGETTIVO DONNA – DAS ADJEKTIV FRAU 23
L'AMOUR, L'ARGENT, L'AMOUR 338
L'ANGELO PERDUTO 72
LA CIOCIARA 72
LA FIANCÉE DU PIRATE 77
LA MODERNA POESIA 152
LA NEGRA ANGUSTIAS 77
LA NOTTE 424
LA SIGNORA SENZA CAMELIE – VOCI DAGLI ANNI 50, NOTE A MARGINE 70
LA STRADA 339
LA TETA ASUSTADA – EINE PERLE EWIGKEIT 360

LA VIDA 364
LA VIDA DULCE 452
LASSET DIE KINDLEIN ... 198
LAUFEN LERNEN 114
LAYLA FOURIE 374, 430, 432-433
LE BONHEUR 52
LE JARDIN DES VEUVES 338
LE RAYON VERT – DAS GRÜNE LEUCHTEN 338, 340
LEBEN 54
LES QUATRES AVENTURES DE REINETTE ET MIRABELLE – VIER ABENTEUER VON REINETTE UND MIRABELLE 338
LES SALAUDS 374
LET'S DO IT! 240
LETZTE AUSFAHRT WESTBERLIN – SCHÜSSE AUF DIE „FRIEDRICH WOLF" 138, 254
LETZTE LIEBE 94
LETZTES JAHR IN DEUTSCHLAND 188, 194
LICHTE NÄCHTE 32
LICHTER AUS DEM HINTERGRUND 108
LIEBE AUF DEN ERSTEN BLICK 338
LIEBE DICH 338
LIEBE GESCHICHTE 338
LIEBE KÄLTER ALS DER TOD 120
LIEBE MUTTER, MIR GEHT ES GUT 89-90
LIEBE PAULINE 266
LIEBE SCHWARZ-WEISS 318
LIEBE UND ANDERE GEFAHREN 388
LIEBE UND VERLANGEN 338
LIEBEN SIE BRECHT? 114
LIEBLING KREUZBERG 312
LIEGEN LERNEN 364, 462
LIGHTNING OVER WATER 91
LILI MARLEEN 120, 124
LINIE 1 232
LOLA 126
LOOP 430
LOVE IS REAL 372-373
LOVE ISLAND 346
LOVE STINKS 152
LÖWENZAHN 64, 66-67
LOWLIGHTS 482
LUBAV JE... 346
LUCIE UND VERA 368
LUCY 346
LULLABY TO MY FATHER 120

M
MACHT DIE PILLE FREI? 26, 76
MACUMBA 134
MADAME X 94, 97, 145
MÄDCHEN AM BALL 312, 314
MÄDCHEN IM RING 338
MÄDCHEN IN UNIFORM 77, 79
MÄDCHEN LIEBE 266
MÄDCHENGESCHICHTEN 144
MADE IN GDR 266
MAN FOR A DAY 84
MAN NENNT MICH JETZT MIMI... 206

Mann & Frau & Animal 156
Männer 386
Männer zeigen Filme und Frauen ihre Brüste 282, 285
Mano Destra 153, 172
Marat/Sade 88
Maria an Callas 446
Marie Grubbe 237
Mark Lombardi. Kunst und Konspiration 338
Märkische Chronik 217
Marocain 134
Marta und der fliegende Grossvater 260, 261
Marthaler 474
Maternale 77
Max 149
Mein Bruder, der Vampir 474
Mein Bruder, sein Erbe und ich 410, 413
Mein Herz sieht die Welt schwarz – Eine Liebe in Kabul 108, 109, 113
Mein Tod ist nicht dein Tod 234
Meine Liebe – Deine Liebe 196
Melusine 248
Memory of the Unknown 456
Mesmer 446
Metropolitan 385
Mit Fantasie gegen den Mangel 266
Mit Haut und Haar 338
Mit Haut und Haaren 94
Mit Paul 446
Mit starrem Blick aufs Geld 108
Mitten im Malestream 26
Mondo Lux 134
Monsun Baby 474
Montag kommen die Fenster 234
Motzki 312
Muschi mit Zähnen 416
Muttertier – Muttermensch 26
Muttertochter 114
My Father is Coming 144, 149
My private Idaho 429

N
Na Putu/On The Path 346
Nach dem Spiel 312, 314, 338
Naked City 452
Nebelland 32, 94
NeuFundLand 338
Neun Leben hat die Katze 100, 104-106, 160
Neun Monate 24, 53
Neustadt-Stau. Der Stand der Dinge 234
Nicht auf den Mund 416
Nicht von dieser Welt 482
Nichts für die Ewigkeit 318-320
Nie im Leben 384
Niemand 114
Nirgends ist man richtig da 312, 314

Nirgendwo in Afrika 404, 407, 408, 485
Noc je, mi svijetlimo 346
Nordrand 346, 456, 458, 459
Not a Pretty Picture 76
Novemberkind 260, 261
Nr. 1 – Aus Berichten der Wach- und Patrouilliendienste 26
Nr. 5 – Aus Berichten der Wach- und Patrouilliendienste 26
Nr. 8 – Aus Berichten der Wach- und Patrouilliendienste 26

O
OH! Die vier Jahreszeiten 161
Ohne Bewährung – Psychogramm einer Mörderin 240, 243
Ohne mein viertes Kind 318
Olgas Sommer 384, 388
Opfergang 164
Ost-West ist krass 452
Ostkreuz 338, 436-437
Othello 209

P
Paradise Now 302
Parcours d'Amour 452, 454
Paul Kemp – Alles kein Problem 288
Paul und Paula 52
Paulas Schuld 254
Permanent Vacation 400
Peter Pan ist tot 282
Petit Voyage 324, 327
Petra 306, 310
Petrucciani, Leben gegen die Zeit 338
Phantome. Metamorphosen. Animismus im Film 350
Pigs will Fly 436
Pilotinnen 312
Planet Alex 364
Plätze in Städten 94
Poem – Glauben und Gestehen 364
Poem – Sozusagen grundlos vergnügt 364
Polizeiruf 254, 255, 349
Polizeiruf 110 236, 256
Polly on the Rocks 266
Pommes essen 482
Popp und Mingel 100
Port of Memory 300
Premier nöel dans les tranchées 338
Prima della rivoluzione 70
Prinzessinnenbad 452, 454
Private Benjamin 399
Promised Land 120
Provenance und Lot 246 346
Pünktchen und Anton 404
Pusteblume 64, 66

Q
Quiero ser 394

R
Radio on 91
Reassemblage 84
Redemption 422
Redupers – Die allseitig reduzierte Persönlichkeit 26, 70, 76, 165
Remake 306
Return 476
Richard Deacon – In Between 294
Rodina heisst Heimat 108, 113
Rohfilm 152
Rosa Luxemburg 126
Rosa Negra 338
Rosa Roth – Das Mädchen aus Sumy 384
Rosa Roth – Menetekel 384
Rosakinder 368
Rosenstrasse 126, 131
Rosie 338
Rote Socken im Grauen Kloster 198
Rotes Kornfeld 232
Rupture 338

S
Sag Himmel, auch wenn keiner ist 188
Sams im Glück 446
Sanctity 302, 303
Sandmännchen 437
Satte Farben vor Schwarz 346
Schattenreiter 94
Schattenväter 338
Schattenwelt 378, 381, 383
Scherbenpark 452, 455
Schildkrötenwut 300
Schlaf der Vernunft 106
Schläfer 456
Schlafkrankheit 239, 422
Schleuderprogramm 416, 420
Schneeglöckchen blühen im September 90
Schnell & Sauber 440
Schnelles Geld 288
Schuld, nach Ferdinand von Schirach – Der Andere 384
Schwestern oder die Balance des Glücks 123, 126, 127
Secret Society – Club der starken Frauen 410, 412, 414, 415
Seitensprung 193, 198, 201, 202
Seoul Woman's Happiness 363
Serjoscha 221
Sesamstrasse 64
Sexy Baby 85
Shirins Hochzeit 76, 165
Shnat Effes – die Geschichte vom bösen Wolf 304
Shoppen 394, 396
Sie nannten ihn Dings 281

Siehst du mich? 338, 416, 418, 419
Signale 184
Silver Girls 234
Slumming 456
So ein Zirkus 226
Sofiko 76
Solange du schliefst 254
Soldaten, Soldaten 134
Solo Sunny 202
Somewhere else 346
Sommer '04 an der Schlei 234
Sommergäste 392
Sommergeschichten 254
Sommerliebe 206
Sommersonne 452
Sommertage 404, 406
Sonnabend Abend 17 Uhr 100, 105
Sonnenallee 234, 238
Sonnenflecken 346
Sonntagsmalerei 106
Sophie Scholl – Die letzten Tage 474
Spaghetti Connection 94
Spielzone – Im Sog virtueller Welten 54
Splitter – Afghanistan – Wie kann ich Frieden denken? 108
Spuren – La Trace 94
Stacheldraht 58
Standesgemäss 368, 372
Star im Off 266
Stationen der Moderne im Film 20
Stein 214
Stellmichein! 234
Sternzeichen 254
Stilleben – Eine Reise zu den Dingen 196
Storia vera della signora delle camelie 70
Struggle 456
Stumm wie ein Fisch 94
Stündlich I 274
Stündlich II 274
Subjektitüde 26
Sunshine Cleaning 478
Sur la planche 476

T

Taboo Parlor 144
Tabu 422
Tag und Nacht 292
Take a Picture 266
Tallulah & Killerhead 282
Tangotraum 196
Tanikala – Chains 362
Tannöd 474
Tanta Agua 422
Tanzende Araber 300
Tatort 254, 280, 281, 288, 474, 485
Tatort – Der glückliche Tod 240
Tatort – Der kalte Tod 384
Tatort – Der schwarze Engel 384
Tatort – Kindstod 446
Tatort – Kriegsspuren 384
Tatort – Schlaraffenland 384
Te Rua 237
Teuflischer Engel 254
Texas-Kabul 108 113
The Bigamist 172
The Bloody Child 172
The Boys are Back 478
The Business of being Born 478
The Children's Hour 79
The Emerging Woman 76
The Girl with the Dragon Tatoo 177-178
The Hours 478
The Hurt Locker 172
The One Man Village 300
The quiet roar 120
The Rounder Girls 288
The year of the woman 23
Thea und Nat 384
Thelma and Louise 177
Thérèse and Isabelle 79
Thriller 76
Tierärztin Dr. Mertes 254
Tikko, Toni und das Krokodil 482
To Be Here 158
Top Girl 310
Top Girl oder La déformation professionnelle 306, 310
Top Gun 417
Top of the Lake 403, 465
Tore tanzt 488
Total verrock'n rolled 399
Transit Levantkade 94
Treppe ins Wasser 275
Tricky People 430
Triple Features 399
Trisal 180, 184, 185
True Grit 177
Tsunami oder Die maximale Mitmenschlichkeit 378, 380
Tue recht und scheue niemand 97, 114, 117
Turncoat Warriors 482

U

Über-Ich und Du 422
Überall ist es besser, wo wir nicht sind 338
UCF 100
Umdeinleben 266
Und am Ende das Konzert 188
Unerhört – Die Geschichte der deutschen Frauenbewegung von 1830 bis heute 62, 100
Unser Papa, das Genie 226
Unsere alten Tage 193
Unsichtbare Gegner 165
Unter dem Eis 240, 244
Unter Verdacht – Die elegante Lösung 240
Utes Ende 276, 279

V

Variety 172
Väter 364
Vater aus Liebe 410
Vaterlandsverräter 266, 270
Vegas 422
Veitstanz/Feixtanz 184
Vent d'Est 145
Venus Boyz 338
Verbotene Liebe 214
Verbrechen, nach Ferdinand von Schirach 384
Verdammt in alle Ewigkeit 121
Verführung: Die grausame Frau 134, 144, 147-149
Vergissmeinnicht 364, 374
Verkaufte Heimat 72
Vernunft 100
Veröffentlichung 26
Verrückt bleiben – Verliebt bleiben 134
Vier Frauen und ein Todesfall 288
Vier im roten Kreis 399
Vision – aus dem Leben der Hildegard von Bingen 126
Voices of Violence 297
Volksbühne 248
Vom Spielen zum Lernen 65
Von der Hingabe 324, 327
Von glücklichen Schafen 446
Von Mädchen und Pferden 144
Von wegen „Schicksal" 108, 110-112

W

Wadjda 302
Waende 248
Wanda 77, 160, 172, 326
Wandas letzter Gang 254
Wanted & Illegal 68
War einst ein wilder Wassermann 32
War In Peace 364
Wäre die Erde nicht rund 206
Warum wir waren was wir waren 324, 327
Was am Ende zählt 368, 370-372
Was bleibt 53, 288
Was halten Sie von Leuten, die malen? 206
Was soll'n wir denn machen ohne den Tod 134, 139, 147
Wäschefrau 273
Wash & Go 452
Wedding 306
Wege in die Nacht 234, 238
Weggehen um anzukommen 413
Wengler & Söhne 214
Wenn du was sagst, sag nichts 338
Wenn Liebe doch so einfach wäre 416
Wer fürchtet sich vorm schwarzen Mann? 196
Wer weiss, wohin? 479

Westen 234, 260, 261
Where are my children? 77
Who is Hanna? 177
Whom Should we Shoot? 303
Why Women Stay 81
Wie Feuer und Flamme 378
Wiederkehr 338
Wilde Ehe 416
Willkommen in MeckPomm 254
Winkelmanns Reisen 338
Winter adé 193, 196, 216
Winter's Bone 177
Winterbilder 196
Winterkind 126
Winterreise 120
Wir sehen voneinander 338
With a Big Monster 318, 319
Wohin mit Vater? 254

Y

Yoo-Hoo Mrs. Goldberg 478

Z

Z-man's Kinder 94
Zappelphilipp 378, 382
Zärtliche Erpresserin 446
Zefir 476
Zeit des Zorns 126
Zeppelin 346
Zisternen – Istanbuls versunkene Paläste 134
Zona Norte 144
Zonenmädchen 266
Zornige Küsse 338, 474
Zu schön für mich 240
Zuhause unter Fremden 312, 313
Zur Lage 457
Zur Zeit verstorben 266, 269
Zwischen den Bildern 54
Zwischen Lust und Last 15

Bildnachweise

Maren Ade: Prokino Filmverleih, Florian Braun, Komplizenfilm; **Barbara Albert**: Nick Albert Coop99 Filmproduktion; **Marie-Luise Angerer**: KHM, Screenshots Claudia Lenssen; **Ute Aurand**: Ulrike Pfeiffer, Ute Aurand; **Aysun Bademsoy**: privat; **Bettina Blümner**: Brox+1; **Wilbirg Brainin-Donnenberg**: privat, FC GLORIA, Eva Vasari; **Annette Brauerhoch**: privat; **Heide Breitel**: privat, Heide Breitel Film; **Elena Bromund-Lustig**: Franz Lustig, Farbfilm; **Jutta Brückner**: Inge Zimmermann, privat; **Sabine Derflinger**: Mobilefilm Tag und Nacht; **Julia Fabrick**: Mira Horvath; **Katinka Feistl**: Can Kulens, Julian Attanasov/ Kordes & Kordes, Dirk Jäger/Maran Film; **Heike-Melba Fendel**: Jennifer Fey; **Annette Förster**: privat, Lorena Bernardi; **Alexandra Georgi**: Arnd Drifte; **Milena Gierke**: Ulla A. Wyrwoll; **Claudia Gladziejewski**: Ekkehard Winkler; **Aelrun Goette**: Andreas Kermann; **Erika Gregor**: privat, Arsenal Institut für Film und Medienkunst; **Nina Grosse**: Alessandra Schellneger, Busso von Möller; **Renee Gundelach**: privat; **Iris Gusner**: Michael Löhe, DEFA-Stiftung, Klaus Goldmann; **Angela Haardt**: Cees van Hove, Werner Hewig; **Fritzi Haberlandt**: Mathias Bothor; **Birgit Hein**: Anke Irmer; **Sonja Heiss**: Nikolai von Graevenitz; **Annekatrin Hendel**: Martin Farkas, ItWorks, Beate Nelken; **Maike Mia Höhne**: Simone Scardovelli, Ramiro Civita, Sabine Haupt, Maike Mia Höhne; **Sibylle Hubatschek-Rahn**: privat, Ulrike Ottinger Filmproduktion; **Heike Hurst**: privat; **Julia Jentsch**: Agentur Vogel, Christine Fenzl; **Imogen Kimmel**: Manju Sawhney, Astrid Wirth; **Cornelia Köhler**: privat; **Laura Laabs**: Daniel Pasche; **Caroline Link**: Mathias Bothor, Frizzi Kurkhaus; **Marina Ludemann**: Ottjörg A.C.; **Barbara Mädler-Vormfeld**: privat, DEFA-Stiftung, Wolfgang Ebert, Dietram Kleist; **Christine A. Maier**: Maike Mia Höhne; **Sophie Maintigneux**: Marcel Gisler, Thekla Ehling, Sophie Maintigneux, Screenshots Bettina Schoeller-Bouju; **Pia Marais**: Pandora Film, Fergus Padel; **Elfi Mikesch**: privat, Brigitte Tast; **Helke Misselwitz**: Helga Paris, Anette Suhr; **Irit Neidhardt**: privat; **Anne-Gret Oehme**: Sebastian Bauersfeld, Conny Klein; **Nathalie Percillier**: AK Schaffner, Bühnenplakat Jan Voellmy; **Silke Räbiger**: Guido Schiefer, IFFF Dortmund | Köln; **Helga Reidemeister**: Stephanie Kuhlbach; **Elfi Reiter**: Stefano Ciammiti, Nino Marino; **Gabriele Röthemeyer**: Hanna Lippmann; **Helke Sander**: Brigitte Tast, Abisag Tüllmann; **Katrin Schlösser**: Ev-Katrin Weiß, Senator Film; **Heide Schlüpmann**: Heiko Arendt; **Claudia Schmid**: Helke Frielingsdorf; **Evelyn Schmidt**: Florian Schmidt, Dietram Kleist, DEFA-Stiftung; **Beate Schönfeldt**: privat; **Heide Schwochow**: Rainer Schwochow; **Hanna Schygulla**: Anne Imbert, www.christine.kaufmann.eu, Screenshots Claudia Lenssen; **Melissa Silverstein**: privat, Melissa Silverstein; **Claudia Steffen**: privat; **Ula Stöckl**: Jeanne Richter, Ula Stöckl Filmproduktion; **Marijana Stoisits**: Katharina Schiffl; **Gabriele Stötzer**: Ralf Gerlach; **Isabelle Šuba**: Johannes Louis, Jonas Schmager, Dirk Häger; **Regine Sylvester**: Jens Müller, DEFA-Stiftung, Christa Köfer; **Brigitte Tast**: Brigitte Tast; **Anna Thalbach**: Oliver Wia, RBB, Torsten Jander; **Laura Tonke**: Fabian Schubert, Filmgalerie 451; **Monika Treut**: Ana Grillo, Hyena Films; **Tatjana Turanskyj**: Nika Bahia; **Marion Voigt-Schöneck**: privat; **Claudia von Alemann**: Abisag Tüllmann; **Inge von Bönninghausen**: privat, WDR; **Julia von Heinz**: Ruth Kappus, Vered Adir; **Margarethe von Trotta**: Manfred Breuersbrock, Alexander Vejnovic; **Connie Walther**: Olaf Aue/Nextfilm; **Britta Wandaogo**: Steff Adams, Britta Wandaogo; **Ellen Wietstock**: privat; **Regina Ziegler**: Julia Terjung; **Debra Zimmerman**: WMM.

Zum Thema

Iris Gusner/Helke Sander
Fantasie und Arbeit
Biografische Zwiesprache
304 S., € 19,90
ISBN 978-3-89472-692-8

Die Filmregisseurinnen Iris Gusner und Helke Sander verbindet einiges: Beruf, Engagement, Erfahrungen. Getrennt hat sie viele Jahre lang die Mauer zwischen Ost und West. In diesem spannend zu lesenden Rückblick auf die private aber auch öffentliche Geschichte eröffnen sich überraschende und bewegende Einblicke. Ausgangspunkt war das Bedürfnis nach Orientierung und die Frage, wie man die eigenen Lebensgeschichten als Lernprozess und als Gefühl vermitteln kann.

Universitätsstr. 55 · D-35037 Marburg
Fon 06421/63084 · Fax 06421/681190
www.schueren-verlag.de

Zum Thema

Esther Quetting (Hg.)
Kino Frauen Experimente
192 S., Pb., € 19,90
ISBN 978-3-89472-494-8

Journalistinnen, Wissenschaftlerinnen und Filmkuratorinnen diskutieren Fragen wie: weshalb wurden Kinos im Zuge der sozialen Bewegungen der 1970er und 1980er Jahre für Frauen zu wichtigen Experimentierräumen? Welchen Wert haben Frauenkinoprojekte auf dem medialen Markt und warum sind Queerfilmfestivals attraktiver als Frauenfilmfestivals? Ein Interview mit der FilmemacherinBarbara Albert zeigt auf, mit welcher Selbstbestimmtheit eine junge Regisseurinnen-Generation sich im heutigen Kino behauptet.

Universitätsstr. 55 · D-35037 Marburg
Fon 06421/63084 · Fax 06421/681190
www.schueren-verlag.de

WIE HABEN SIE DAS GEMACHT?

Filme von Frauen aus fünf Jahrzehnten
Hrsg.: Bettina Schoeller-Bouju, Claudia Lenssen

I: SPIELEN UND DOKUMENTIEREN

Originalität, Kampfgeist und Aufmüpfigkeit: 11 Dokumentar- und Spielfilme von Frauen aus Ost- und Westdeutschland, die durch ihre außergewöhnlichen weiblichen Figuren bestechen. 50 Jahre nach dem großen Aufbruch in Deutschland ist diese DVD eine Rückschau in ost- und westdeutschen Kurzfilmen. Wie haben sich die Rollen der Frauen über die Jahrzehnte verändert?

II: NEUE FORMEN

Fiebrig, versponnen und schrill, bisweilen sachlich registrierend, leise komisch oder tastend meditativ: Eine Auswahl deutschsprachiger Kurzfilme von Frauen aus den letzten 50 Jahren – so vielseitig wie ihre Macherinnen selbst. Die vorliegenden Werke aus Ost- und Westdeutschland sind künstlerisch bedeutsam und zugleich Zeugnisse der Filmgeschichte.

DVD 9
PAL
FARBE + S/W
147 MIN.
BEST.NR. 8007

DVD 9
PAL
FARBE + S/W
155 MIN.
BEST.NR. 8008

IM BUCH- ODER FACHHANDEL ODER DIREKT BEI

ABSOLUT MEDIEN GMBH
ADALBERTSTR. 15, D – 10997 BERLIN
TEL.: +49(0)30 28539870 **FAX:** +49(0)30 285398726 **E-MAIL:** INFO@ABSOLUTMEDIEN.DE
WWW.ABSOLUTMEDIEN.DE